D1694205

# Augenoptik in Lernfeldern

Herausgeber: **Jörn Kommnick**

Das Autorenteam:
Jörn Kommnick
Sören Schal
Verena Fricke
Tono Thape
Hermann Fischer

Mitarbeit: **Heiner Bohn**

Holland + Josenhans
Handwerk und Technik

Dank an Juliane Crefeld für den Beitrag „Qualitätsmanagement"
aus HT 3938, Verlag Handwerk und Technik, Hamburg.

2., durchgesehene Auflage 2014

Alle Rechte vorbehalten, das Werk und seine Teile sind urheberrechtlich geschützt.
Jede Nutzung in anderen als den gesetzlich oder durch bundesweite Vereinbarungen
zugelassenen Fällen bedarf der vorherigen schriftlichen Einwilligung des Verlages.

Die Verweise auf Internetseiten und -dateien beziehen sich auf deren Zustand und Inhalt zum
Zeitpunkt der Drucklegung des Werks. Der Verlag übernimmt keinerlei Gewähr und Haftung für
deren Aktualität oder Inhalt noch für den Inhalt von mit ihnen verlinkten weiteren Internetseiten.

Dieses Buch ist auf Papier gedruckt, das aus 100 % chlorfrei gebleichten Faserstoffen hergestellt
wurde.

©Holland + Josenhans GmbH & Co. KG, Postfach 10 23 52, 70019 Stuttgart, Tel.: 0711 / 6 14 39 20,
Fax: 0711 / 6 14 39 22, E-Mail: verlag@holland-josenhans.de, Internet: www.handwerk-technik.de

Zeichnungen: Grafische Produktionen Neumann, Rimpar
Layout und Satz: Bettina Herrmann, Stuttgart
Umschlagabbildung: Picture alliance / KEYSTONE (Gaetan Bally)
Druck und Bindung: Himmer GmbH Druckerei, 86167 Augsburg
ISBN: 978-3-7782-1520-3

# Vorwort

Der Beruf des Augenoptikers zeichnet sich durch eine Vielzahl von handwerklichen Tätigkeiten, kaufmännischen Arbeiten und kundenbezogenen Dienstleistungen aus. Mit Verabschiedung des Ausbildungsrahmenplans sowie des Rahmenlehrplans für die Berufsausbildung zum Augenoptiker / zur Augenoptikerin im Jahre 2011 wurden diese Tätigkeiten erstmals auch unterrichtlich zu vollständigen Handlungsabläufen, den sogenannten Lernfeldern, zusammengefasst.

Jedem Lernfeld sind im Buch exemplarisch Lernsituationen vorangestellt, die eine fachsystematische Erarbeitung des zur Bewältigung der Situation erforderlichen Fachwissens initiiert und begründet. Auch innerhalb der jeweiligen Kapitel finden sich situative Anknüpfungspunkte, die den Zusammenhang zwischen Theorie und betrieblichem Handeln aufzeigen. So unterstützen Tipps für den Praxisalltag und Erklärungen von Fachtermini den Schüler beim Begreifen neuer Inhalte. Weiter befinden sich am Ende jedes Kapitels handlungsorientierte Aufgabenstellungen, zu deren Bearbeitung das zuvor Erlernte in einem komplexen Zusammenhang angewendet werden muss.

In einer vernetzten Welt hat das Beherrschen der englischen Sprache stark an Bedeutung gewonnen. Vom Kontakt mit ausländischen Herstellern bis hin zur augenoptischen Versorgung von Touristen ergeben sich viele Situationen, die die englische Fachsprache verlangen und kommunikative Kompetenz erfordern. Das letzte Kapitel gibt hierzu Hilfestellung durch praxisnahe Dialogübungen, Formulierungshilfen und Fachvokabular.

Im Bereich der Augenoptik existiert eine große Zahl hervorragender Fachbücher, die die behandelten Themen zum Teil in großer fachlicher Tiefe darstellen. Für Auszubildende ergibt sich aufgrund mangelnder Erfahrung unter Umständen das Problem, nicht klar genug zwischen Gesellen- und spezifischem Meisterwissen abgrenzen zu können. Dieses Buch vereint die durch den Rahmenlehrplan festgelegten und in der Gesellenprüfung des Augenoptikerhandwerks geforderten Inhalte. So soll dem Unterrichtenden ein Handlungsleitfaden gegeben und dem Lernenden das Selbstlernen erleichtert werden.

Herzlich danken wir unserem ehemaligen Kollegen Heiner Bohn für die begleitende Beratung bei der Planung und Umsetzung dieses Buches.

Trotz größtmöglicher Sorgfalt können sich in das vorliegende Werk Fehler eingeschlichen haben. Für diesen Fall bitten wir um Korrektur, Kritik, Anregungen und Nachsicht.

Münster, im September 2013

*Die Autoren*

# Inhaltsverzeichnis

## Lernfeld 1: Den Betrieb und das Berufsfeld präsentieren

- **1.1 Das Berufsbild des Augenoptikers** 12
- 1.1.1 Arbeitsbereiche des Augenoptikers 13
- 1.1.2 Konzept und Struktur eines Unternehmens 13
- 1.1.3 Produktpalette und Dienstleistungsangebot 18
- 1.1.4 Ausstattung und Funktion der Betriebsräume 21
- **1.2 Der Auszubildende in der Augenoptik** 24
- 1.2.1 Rechtsgrundlagen der Berufsausbildung 24
- 1.2.2 Arbeitszeiten und Schutzmaßnahmen 28
- 1.2.3 Rechte und Pflichten der Vertragspartner 31
- 1.2.4 Kündigungsbedingungen in der Ausbildung 31
- **1.3 Die tarifliche Situation in der Augenoptik** 34
- 1.3.1 Entstehung und Arten von Tarifverträgen 34
- 1.3.2 Tarifauseinandersetzungen und Arbeitskampf 34
- 1.3.3 Tarifliche Bedingungen in der Augenoptik 36
- 1.3.4 Die tarifliche Situation der Auszubildenden 36
- **1.4 Berufliche Qualifizierung und Weiterbildung** 37
- **1.5 Arbeitsschutz und Unfallverhütung** 39
- **1.6 Die Rolle im Team** 42
- 1.6.1 Anforderungsprofile und Kompetenzen 42
- 1.6.2 Innerbetriebliche Konflikte 45
- **1.7 Informieren und Präsentieren** 47

## Lernfeld 2: Einstärken-Brillengläser kontrollieren und einarbeiten

- **2.1 Grundlagen der geometrischen Optik** 52
- 2.1.1 Natur des Lichts 52
- 2.1.2 Reflexion und Brechung 52
- **2.2 Sphärische Gläser** 56
- 2.2.1 Geometrie 56
- 2.2.2 Wirkung 58
- 2.2.3 Abbildung durch sphärische Linsen in Luft 61
- 2.2.4 Abbildung durch sphärische Linsen in beliebigen Medien 66
- 2.2.5 Kontrolle mit dem Scheitelbrechwertmessgerät 69
- **2.3 Sphärotorische Brillengläser** 70
- 2.3.1 Geometrie 70
- 2.3.2 Wirkungsschema 72
- 2.3.3 Formschema 74
- 2.3.4 Abbildung durch sphärotorische Brillengläser 75
- 2.3.5 Kontrolle mit dem Scheitelbrechwertmessgerät 76
- 2.3.6 Dreh- und Verschiebekontrolle 77
- **2.4 Kenngrößen von Brillenglaswerkstoffen** 79
- 2.4.1 Hauptbrechzahl 79
- 2.4.2 Abbe-Zahl 80
- 2.4.3 Reflexionsgrad 80
- 2.4.4 Dichte 81
- **2.5 Beschichtungen von Brillengläsern** 83
- 2.5.1 Entspiegelungsschichten 83
- 2.5.2 Sauber-Schicht 88
- 2.5.3 Hartschicht 89
- 2.5.4 Schichtpakete 89
- **2.6 Einarbeitung von Brillengläsern** 90
- 2.6.1 Messpunkte im Brillenglas 90
- 2.6.2 Fassungs- und Zentriermaße 90
- 2.6.3 Formrandung des Brillenglases 91
- 2.6.4 Rohglasdurchmesser 92
- 2.6.5 Abgabefähigkeit 94

## Lernfeld 3: Sehtestergebnisse erklären

- 3.1 **Bestimmung der Sehschärfe** 100
  - 3.1.1 Sehschärfe und Visus 100
  - 3.1.2 Sehzeichen 102
  - 3.1.3 Sehteststelle und -bescheinigung 104
  - 3.1.4 Refraktions- und Brillenglasbestimmung 107
- 3.2 **Aufbau des Auges** 109
  - 3.2.1 Faserhaut (Tunica fibrosa) 110
  - 3.2.2 Gefäßhaut (Uvea) 111
  - 3.2.3 Netzhaut (Retina) 113
  - 3.2.4 Brechende Medien des Auges 115
- 3.3 **Sehvorgang** 117
  - 3.3.1 Akkommodationstrias 117
  - 3.3.2 Netzhaut, Sehbahn und Gehirn 118
  - 3.3.3 Gesichts- und Blickfeld 118
  - 3.3.4 Farbwahrnehmung 119
- 3.4 **Fehlsichtigkeiten (Ametropien)** 122

## Lernfeld 4: Zusatzprodukte und Kontaktlinsenpflegemittel anbieten und verkaufen

- 4.1 **Kundenkommunikation** 127
  - 4.1.1 Kommunikationsmodelle 127
  - 4.1.2 Körpersprache 130
  - 4.1.3 Mit Kunden telefonieren 130
- 4.2 **Verkaufsgespräch** 132
  - 4.2.1 Begrüßung 132
  - 4.2.2 Bedarfsermittlung 133
  - 4.2.3 Informationsphase 134
  - 4.2.4 Warenauswahl 135
  - 4.2.5 Verkaufsabschluss 137
  - 4.2.6 Verabschiedung 138
  - 4.2.7 Abgabe und Kundenbetreuung 138
- 4.3 **Warenpräsentation** 140
  - 4.3.1 Grundlagen des Marketing 140
  - 4.3.3 Zielgruppen 144
  - 4.3.4 Verkaufsatmosphäre 145
  - 4.3.5 Warenplatzierung 146
  - 4.3.6 Warenauszeichnung 149
  - 4.3.7 Warenvorlage 150
  - 4.3.8 Warenpflege 151
- 4.4 **Qualitätsmanagement** 152
  - 4.4.1 Begriffsverständnis 152
  - 4.4.2 Der Weg zum Qualitätsmanagement-Zertifikat 152
  - 4.4.3 Die Zertifizierung nach ISO 9001 153
  - 4.4.4 Für wen ist die Einführung eines QM-Systems sinnvoll? 154
- 4.5 **Kontaktlinsenpflegemittel** 155
  - 4.5.1 Vorderer Augenabschnitt 156
  - 4.5.2 Empfehlung von Kontaktlinsen 159
  - 4.5.3 Kontaktlinsensysteme 160
  - 4.5.4 Kontaktlinsenanpassung 161
  - 4.5.5 Informations- und Dokumentationspflicht 163
  - 4.5.6 Kontaktlinsenpflege 163

## Lernfeld 5: Brillen instand setzen oder modifizieren

- 5.1 **Werkstoffe in der Augenoptik** 170
  - 5.1.1 Metallische Fassungswerkstoffe 172
  - 5.1.2 Synthetische Fassungswerkstoffe 182
  - 5.1.3 Natürliche Fassungswerkstoffe 190
  - 5.1.4 Mineralische Brillenglaswerkstoffe 192
  - 5.1.5 Organische Brillenglaswerkstoffe 194
  - 5.1.6 Flächenbearbeitung von Brillengläsern 197
- 5.2 **Bearbeitung von Fassungs- und Brillenglaswerkstoffen** 201
  - 5.2.1 Umformverfahren 202
  - 5.2.2 Trennverfahren 202
  - 5.2.3 Fügeverfahren 212
- 5.3 **Abschätzung und Ermittlung von Reparaturkosten** 216

## Lernfeld 6: Kunden mit Sonnenschutzgläsern versorgen

- **6.1 Adaptation und Blendung** 219
  - 6.1.1 Adaptation 219
  - 6.1.2 Blendung 220
- **6.2 Ultraviolett- und Infrarotstrahlung** 221
  - 6.2.1 Ultraviolettstrahlung 221
  - 6.2.2 Infrarotstrahlung 222
- **6.3 Reduzierende Brillengläser** 223
  - 6.3.1 Reduktion, Transmission, Absorption und Reflexion 223
  - 6.3.2 Solarer UV-Transmissionsgrad und Lichttransmissionsgrad 224
  - 6.3.3 Verkehrs-, Nachtfahr- und Signallichttauglichkeit 225
  - 6.3.4 Transmissionskurven 225
  - 6.3.5 Färbeverfahren 227
  - 6.3.6 Polarisierende Brillengläser 227
  - 6.3.7 Photochromatische Brillengläser 229
  - 6.3.8 Kontraststeigernde Brillengläser 231
- **6.4 Brillenanpassung** 232
  - 6.4.1 Standardausrichtung 232
  - 6.4.2 Anatomische Brillenanpassung 234

## Lernfeld 7: Sphärisch fehlsichtige Kunden beraten und versorgen

- **7.1 Emmetropie** 239
  - 7.1.1 Netzhautbildgröße des emmetropen Auges 239
  - 7.1.2 Augenlänge des emmetropen Auges 240
  - 7.1.3 Fern- und Nahpunktrefraktion des emmetropen Auges 241
  - 7.1.4 Akkommodationsgebiet des emmetropen Auges 242
  - 7.1.5 Akkommodationsaufwand und Akkommodationserfolg 242
- **7.2 Myopie** 244
  - 7.2.1 Netzhautbildgröße des myopen Auges 244
  - 7.2.2 Augenlänge des myopen Auges 245
  - 7.2.3 Fern- und Nahpunktrefraktion des myopen Auges 245
  - 7.2.4 Akkommodationsgebiet des myopen Auges 246
  - 7.2.5 Refraktionsdefizit des myopen Auges 247
  - 7.2.6 Korrektion des myopen Auges 247
- **7.3 Hyperopie** 253
  - 7.3.1 Netzhautbildgröße des hyperopen Auges 253
  - 7.3.2 Augenlänge des hyperopen Auges 254
  - 7.3.3 Fern- und Nahpunktrefraktion des hyperopen Auges 254
  - 7.3.4 Akkommodationsgebiet des hyperopen Auges 255
  - 7.3.5 Refraktionsdefizit des hyperopen Auges 256
  - 7.3.6 Korrektion des hyperopen Auges 256
- **7.4 Brillenglasberatung** 261
  - 7.4.1 Abbildungsfehler 261
  - 7.4.2 Phasen der Brillenglasberatung 264
- **7.5 Optische Brillenanpassung** 268
  - 7.5.2 Festlegung der Zentrierpunkte 270
  - 7.5.3 Abgabe der Brille 273

## Lernfeld 8: Astigmatisch fehlsichtige Kunden beraten und versorgen

- **8.1 Einteilung des Astigmatismus** 276
  - 8.1.1 Irregulärer Astigmatismus 276
  - 8.1.2 Regulärer Astigmatismus 276
- **8.2 Korrektion des Astigmatismus** 279
  - 8.2.1 Korrektion mit Brillengläsern 280
  - 8.2.2 Korrektion mit Kontaktlinsen 282
- **8.3 Brillenglasberatung** 285
  - 8.3.1 Mittendickenreduktion und Gewichtsoptimierung 285
  - 8.3.2 Anamorphotische Verzerrungen 286
- **8.4 Optische Anpassung und Abgabe der Brille** 287

## Lernfeld 9: Dienstleistungen und Verwaltungsarbeiten durchführen

- 9.1 **Grundlagen des Vertragsrechts** 291
- 9.1.1 Geschäfts- und Rechtsfähigkeit 291
- 9.1.2 Arten von Rechtsgeschäften 292
- 9.2 **Der Kaufvertrag** 296
- 9.2.1 Warenbeschaffenheit – Bezugsquellen 296
- 9.2.2 Anfrage und Angebot 297
- 9.2.3 Zustandekommen eines Kaufvertrages 298
- 9.2.4 Erfüllung des Kaufvertrages 300
- 9.2.5 Erfüllungsstörungen beim Kaufvertrag 300
- 9.3 **Dienstleistungen und Vertragsarten in der Augenoptik** 307
- 9.4 **Kundenorientierung und Beschwerdemanagement** 309
- 9.4.1 Kundenbindung und Kundenbetreuung 309
- 9.4.2 Umgang mit Reklamationen 311
- 9.5 **Kalkulation in der Augenoptik** 314
- 9.5.1 Preiskalkulation – Kostenträgerrechnung 314
- 9.5.2 Kostenarten, Kostenstellen und Kostenträgerrechnung 315
- 9.5.3 Verursachungsgerechte Kalkulation 320

## Lernfeld 10: Presbyope Kunden beraten und versorgen

- 10.1 **Auswirkungen der Presbyopie** 324
- 10.2 **Ursachen der Presbyopie** 324
- 10.3 **Korrektion der Presbyopie** 326
- 10.3.1 Akkommodationsbreite und Arbeitsentfernung 326
- 10.3.2 Nahzusatz und Nahkorrektion 327
- 10.4 **Brillenglasberatung** 329
- 10.4.1 Monofokalgläser 329
- 10.4.2 Bifokalgläser 331
- 10.4.3 Trifokalgläser 335
- 10.4.4 Multifokalgläser 338
- 10.5 **Korrektion mit Kontaktlinsen** 343
- 10.6 **Optische Anpassung und Abgabe der Brille** 344
- 10.6.1 Zentrierung von Monofokalgläsern 344
- 10.6.2 Zentrierung von Bifokalgläsern 346
- 10.6.3 Zentrierung von Trifokalgläsern 347
- 10.6.3 Zentrierung von Multifokalgläsern 347
- 10.6.4 Abgabe der Brille 348

## Lernfeld 11: Kunden mit beeinträchtigtem Binokularsehen beraten und versorgen

- 11.1 **Unbeeinträchtigtes Binokularsehen** 351
- 11.1.1 Motorische Fusion 351
- 11.1.2 Sensorische Fusion 352
- 11.2 **Beeinträchtigtes Binokularsehen** 353
- 11.2.1 Heterophorien 354
- 11.2.2 Zentrierfehler 364
- 11.2.3 Heterotropie 366
- 11.2.4 Anisometropie 368

## Lernfeld 12: Kunden mit Sondergläsern und Schutzbrillen versorgen

| 12.1 | **Versorgung mit Sondergläsern** 373 |
| 12.1.1 | Iseikonische Brillengläser 373 |
| 12.1.2 | Slab-off-Schliff 374 |
| 12.1.3 | Lentikulargläser 375 |
| 12.1.4 | Starbrillengläser 376 |
| 12.2 | **Spezialfiltergläser für medizinische Anwendungen** 377 |
| 12.2.1 | Spezialfiltergläser bei Achromasie 377 |
| 12.2.2 | Spezialfiltergläser bei Retinopathia pigmentosa und Retinopathia diabetica 379 |
| 12.2.4 | Filtergläser bei Aphakie 380 |
| 12.3 | **Sportbrillen** 380 |
| 12.3.1 | Lauf- und Radsport 381 |
| 12.3.2 | Winter- und Bergsport 381 |
| 12.3.3 | Wassersport 382 |
| 12.3.4 | Tauch- und Schwimmsport 382 |
| 12.3.5 | Flug- und Luftsport 383 |
| 12.3.6 | Schulsport 384 |
| 12.3.7 | Schießsport 384 |
| 12.3.8 | Farbfilterwirkung von Sportgläsern 385 |
| 12.3.9 | Zentrierung von Sportgläsern 387 |
| 12.3.10 | Handhabung und Pflege der Sportbrille 388 |
| 12.4 | **Arbeitsschutzbrillen** 388 |
| 12.4.1 | Mechanische, chemische und optische Gefahren 388 |
| 12.4.2 | Augenschutzmittel 390 |
| 12.4.3 | Augenschutz bei Kontaktlinsenträgern 391 |
| 12.4.4 | Handhabung und Pflege der Arbeitsschutzbrille 391 |

## Lernfeld 13: Kunden die Anwendung vergrößernder Sehhilfen erklären

| 13.1 | **Sehbehinderung und Blindheit** 394 |
| 13.2 | **Arbeitshilfen und vergrößernde Sehhilfen** 401 |
| 13.3 | **Lupensysteme und ihre Eigenschaften** 402 |
| 13.3.1 | Lupenvergrößerung 402 |
| 13.3.2 | Abbildungsfehler und Lupenausführungen 404 |
| 13.3.3 | Kontrast und Beleuchtung 405 |
| 13.3.4 | Anpassung von Lupensystemen 406 |
| 13.4 | **Fernrohrsysteme und ihre Eigenschaften** 408 |
| 13.4.1 | Grundaufbau und Systemweite 408 |
| 13.4.2 | Abbildung und Vergrößerung 409 |
| 13.4.3 | Gesichtsfeld und Austrittspupille 411 |
| 13.4.4 | Lichtstärke und Dämmerungszahl 413 |
| 13.4.5 | Okularverschiebung 414 |
| 13.4.6 | Anpassung von Fernrohrsystemen 415 |

## English Communication for Opticians

| 1 | **Advising customers** 423 |
| | Glasses or contact lenses 426 |
| | Sunglasses 428 |
| 2 | **Selling products** 430 |
| | Small Talk 431 |
| 3 | **Writing emails** 433 |
| 4 | **Making telephone calls** 437 |
| | Arranging an eye test 439 |

## Anhang

Sachwortverzeichnis 445

## Bildquellenverzeichnis

A.SCHWEIZER GmbH, Forchheim: S. 21/2, 393, 403/1, 403/2, 403/3, 404/2, 404/3, 405/2, 405/3, 406/1, 406/2, 406/3, 406/5, 407, 418/1, 418/2, 418/3, 418/4, 419

Alcon Pharma GmbH, Freiburg i. Breisgau: S. 158/2

Allgemeiner Blinden- und Sehbehindertenverein Berlin, Sehbehinderungs-Simulator unter www.absv.de, Foto: Friese: S. 400

Appel, Manfred, Bremen: S. 100/2, 204/1, 204/2, 208/1, 208/2, 208/3, 209, 212/2 (HT 3010), 185/4 (HT 3000), 204/3 (HT 3013)

Berenbrinker Service GmbH, Verl: S. 367/1

bon Optic Vertriebsges. mbH, Lübeck: S. 69/2

Breitfeld & Schliekert GmbH, Karben: S. 59, 69/3, 189/1, 189/2, 202/1, 203, 207/1, 207/2, 210/1, 210/2, 212/1, 213/1, 213/2, 214/1, 214/2, 214/3, 363

Bühler, Peter, Affalterbach: S. 112/1, 121/1, 121/2, 121/3, 121/4

Bundesanstalt für Arbeitsschutz und Arbeitsmedizin, Dortmund, S. 41

Busse, Holger, Universitäts-Augenklinik Münster: S. 389

Carl Zeiss Vision GmbH, Aalen: S. 19/2, 89, 180/2, 193/1, 193/2, 195/3, 197/1, 197/2, 200/1, 222/1, 226/1, 226/2, 226/3, 230/1, 230/2, 230/3, 231/2, 265/1, 265/2, 267/1, 324/1, 326/1, 339, 374/1, 374/2, 374/3, 375/1, 376/1, 376/2, 376/3, 378/2, 278/3, 379/1, 379/2, 390, 410 (Bild 13.23)

dpa Picture-Alliance GmbH, Frankfurt: S. 13/1 (dpa – Bildarchiv); S. 13/2 (ZB – Fotoreport); S. 13/3, 23/1, 126, 309 (picture alliance / KEYSTONE); S. 22/2 (picture alliance / fStop); S. 23/2 (picture alliance / Frank May); S. 110/1 (dpa Bilderdienste); S. 113/2 (picture-alliance / Wissen Media Verlag), S. 127/3 (picture-alliance / DB Beck)

Eschenbach Optik GmbH, Nürnberg: S. 56/1, 61, 410 (Bild 13.25)

Essilor GmbH, Freiburg, S. 86, 167/1, 195/1, 195/2, 198/1, 198/2, 198/3, 199/2, 199/5, 206, 270

Fa. Eichmüller, München: S. 161/2

Fahrner, Dieter: „Fassungsqualitäten", NOJ 10_1986: S. 180/1

Faulborn, Jürgen, Medical University of Graz: S. 112/3

Fotolia Deutschland, Berlin, S. 20 (Matthias Ott); 27 (Luisa 23); 30, 38/1, 130/1 (Robert Kneschke); 39, 235/3 (bilderzwerg); 44/1 (Rido); 44/2 (Amir Kaljikovic); 45, 129/2 (ArTo); 48/1 (pressmaster); 48/2, 99, 108 (nyul); 110/2 (Robert Neumann); 114 (Alexilus); 115/1 (hammerstudio); 120/2 (Krzysztof Czuba); 127/1, 145/4 (Gina Sanders); 130/2 (Light Impression); 131 (Shestakoff); 133/1 (eyeami); 133/2, 145/5 (contrastwerkstatt); 133/3 (Adam Gregor); 135/2 (Marin Conic); 136 (easyshooting.de); 137 (VRD); 139 (Peter Atkins); 145/1 (K.-U. Häßler); 145/2 (Viktor Pravdica); 145/3 (kichatof), 150 (joegast); 153/2 (endostock); 155/1 (jamstockfoto); 234/1 (ThorstenSchmitt); 238 (MAST); 275 (lightpoet); 132/2, 291 (Picture Factory); 294 (Ivonne Wierink); 299/1 (Lichtmeister); 301 (Lassedesignen); 338/1 (Miroslav Beneda); 350 (Rulan); 383/1 (Jonas Glaubitz)

Fritz Ruck Ophthalmologische Systeme GmbH, Eschweiler: S. 380

Grabner, Stefan, Köln: S. 70, 91/2, 92/3, 107/2, 185/1, 228/1, 248, 271/3, 326/2

Harder, Birgit, Stuttgart: S. 127/3, 128/1, 148/2, 148/3 (mit freundlicher Genehmigung v. Optik Oster, Stuttgart), 148/4 (mit freundlicher Genehmigung v. Top Optik Stuttgart und Jörg Köbele, Haus der Kreativität, Altensteig)

HEINE Optotechnik GmbH & Co.KG, Herrsching | Germany: S. 107/1

http://EyeRounds.org/cases/146-morgagnian-cataract.htm, S. 396/2

INVISIO Contactlinsen GmbH, Wiesbaden: S. 166/3

Johnson Outdoors Vertriebsgesellschaft mbH, Wendelstein: S. 382/2

JULBO, F-Longchaumois: S. 382/1

Kommnick, Jörn, Münster: S. 185/5, 199/3, 199/4, 351, 355/1

M-Service & Geräte – Peter Müller e. K., Bornheim-Roisdorf: S. 404/1, 404/4

Müller, Manfred, Manching, S. 385

OCULUS Optikgeräte GmbH NIDEK CO.LTD, Wetzlar: S. 107/3, 108/1, 108/2, 108/4

## Bildquellenverzeichnis

OCULUS Optikgeräte GmbH, Wetzlar: S. 106, 118/3, 279/1, 283/1, 396/1, 416
Optic Fashion GmbH, München: S. 381/1, 384
Pixelio.de, München, S. 12/1 (Dieter Schütz)
Rodenstock GmbH, München: S. 12/2, 18, 22/1, 147/1, 151, 171, 270/1, 340/1, 340/2, 346/1, 346/2, 347/1, 347/2, 386, 387/1, 387/2, 387/3
Römer, Dominic, mit freundlicher Unterstützung des Bogenclub Magstadt: S. 385/2
Rupp + Hubrach Optik GmbH, Bamberg: S. 199/1, 272
Schneider GmbH & Co. KG, Fronhausen: S. 198/4, 200/2
SEIKO Optical Europe GmbH, Willich: S. 147/2
Shutterstock Images LLC, New York, USA: S. 133/4 (dotshock); 132/1, 135/1 (Malinovskyy Kostyantyn); 166/4 (3103); 166/5 (Yeko Photo Studio); 169 (photosync); 176 (Pan Xunbin); 218 (Andrey Armyagov); 236/1 (baki); 290 (Kasia Bialasiewicz); 303/1 (Bork); 304 (Michal Kowalski); 307 (Tyler Olson); 311 (wavebreakmedia); 313 (William Perugini); 316 (Andrey Popov); 323 (Fotocrisis)
Sickenberger, Wolfang, Jena: S. 156/1, 156/2, 157/1, 157/2, 158/1, 159
Silke Sage / MediaWelt: S. 190/1, 190/2, 191
STEINER-OPTIK GmbH, Bayreuth: S. 411/2
Swarovski Optik , A-6067 Absam: S. 408/1, 408/2
Thinkstock Deutschland, München: S. 11 (Monkey Business); 19/1, 47, 51, 119/3, 381/2, 389/2 (iStockphoto); 383/2 (Digital Vision)
Topcon Deutschland GmbH, Willich: S. 104/2
Traute Kain Brillendesign, Hamburg: S. 187/1, 233/3
Trusetal Verbandstoff GmbH, 33758 Schloss Holte-Stukenbrock: S. 417
Ver.di, Berlin, S. 36/2
Weber Shandwick, Berlin: S. 21/1, 155/2, 160/1, 164/1, 165
Wikipedia, S. 111 (Mcorrens), S. 185/1, 185/2 (Arne Hückelheim); S. 229 (Florian Lindner); S. 358/2 (Video2005); S. 372 (Frank C. Müller); 408/3, 408/4
Willand, Ilka (Chipmunk) – Flickr: S. 142
Wissenmedia in der inmediaONE GmbH, Gütersloh: S. 116
www.culturamora.com: S. 231/1
Zahlenbilder, Bergmoser + Höller Verlag AG, Aachen: S. 300/2
ZDH-ZERT GmbH, Bonn: S. 153/1
Zentralverband der Augenoptiker, Düsseldorf: S. 36/1

# Lernfeld 1
# Den Betrieb und das Berufsfeld präsentieren

Eine wichtige Entscheidung haben Sie bereits getroffen. Sie haben den Ausbildungsvertrag unterschrieben und möchten den Beruf des Augenoptikers erlernen. Jetzt gilt es, sich einen Überblick über die Bedingungen und Voraussetzungen, die Anforderungen sowie die Rechte und Pflichten, die in dieser Ausbildung für Sie von Bedeutung sind, zu verschaffen.

- Welche Informationen sind für Ihre berufliche Orientierung wichtig?
- Welche Erwartungen werden an Sie als Auszubildender und als Mitarbeiter des Betriebs gestellt?
- Welche Zukunftsperspektiven ergeben sich aus Ihrer Berufsausbildung?

- Auf welche Weise können Sie Informationen bekommen?
- Welche konkreten Fragen haben Sie?
- Welche Quellen stehen zur Verfügung?

- Sie erhalten Informationen zu oben genannten Fragen und finden Quellenangaben im Buch, die zusätzliche Informationen bieten.
- Sie sichten diese Quellen und stellen das Material zusammen, das Ihre aufgeworfenen Fragen betrifft.
- Sie führen Gespräche mit Ihrem Ausbilder und Ihren Kollegen und stellen Fragen.

- Sie nutzen Ihre Kenntnisse, um Ihren Betrieb zu präsentieren,
- Ihre Rechte und Pflichten als Auszubildender umzusetzen,
- Ihre Rolle als Teammitglied zu gestalten.
- Besitzen Sie die wichtigsten Informationen für Ihre berufliche Orientierung?
- Haben Sie die richtigen Fragen an die richtigen Personen gestellt?

- Haben Sie mit Ihren Fragen alles Wichtige über Ihren Ausbildungsberuf und Ihren Arbeitsplatz erfahren?
- Kennen Sie sich an Ihrem Arbeitsplatz und in Ihrem Ausbildungsbetrieb aus?
- Wissen Sie, welche Aufgaben Sie in Zukunft haben?
- Bei welchen Punkten besteht noch Änderungs- und Handlungsbedarf?

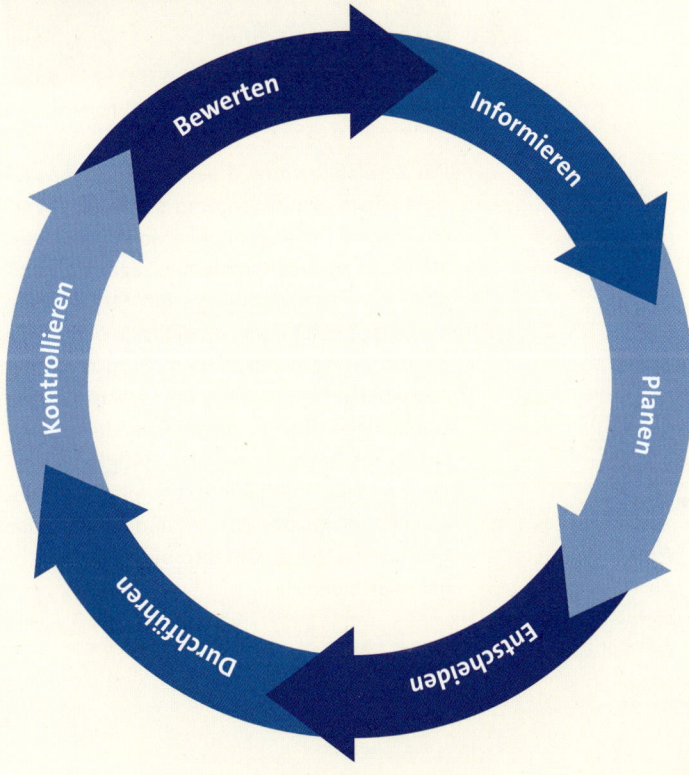

# 1 Den Betrieb und das Berufsfeld präsentieren

## 1.1 Das Berufsbild des Augenoptikers

Wenn das Sehen nicht mehr richtig funktioniert, kann man die Zeitung nicht mehr lesen, der Fernsehfilm wird zum Hörspiel und, noch schlimmer, vielleicht sieht man das rote Bremslicht des vorausfahrenden Fahrzeugs viel zu spät.

Viele Menschen haben den richtigen Durchblick eben nur mit einem geeigneten Korrektionsmittel, und dieses stellt der Augenoptiker bereit. Der Beruf des Augenoptikers ist ein sehr alter Beruf, der bereits im Mittelalter, mit der Entwicklung von Methoden zur Glasherstellung, entstand.

Doch es geht nicht nur um Verbesserung von Sehqualität und -erlebnissen. Auch Gesundheitsfragen, Mode- und Typberatung haben einen Stellenwert im Rahmen der Kundenbetreuung. Brillen haben sich heutzutage zu einem Modeartikel entwickelt, was sich in zahlreichen Variationen von Brillenfassungen und Gläsertypen zeigt. Es geht bei der Beratung also nicht nur um gutes Sehen, sondern auch um gutes Aussehen. Der Augenoptiker berät und unterstützt den Kunden bei der Auswahl der Brillenfassung, des richtigen Glastyps und er sorgt dafür, dass eine – bei allen preislichen und qualitativen Unterschieden – optimale Lösung für den Kunden gefunden wird. Kontakt- und Kommunikationsfreudigkeit, soziale Kompetenz und Empathie sowie Modebewusstsein sind also erforderlich, diese Qualifikationen werden aber auch durch die Berufsausbildung entwickelt und gefördert.

> **soziale Kompetenz:** Fähigkeiten, die für soziale Interaktionen notwendig und nützlich sind
>
> **Empathie:** Einfühlungsvermögen gegenüber anderen Menschen

Bild 1.1  Italienischer Mönch, 14. Jahrhundert

Bild 1.2  Kundenberatung

Das Berufsfeld umfasst ein umfangreiches Tätigkeitsfeld. Im Vordergrund steht der Dienst am Kunden. Der Augenoptiker sorgt dafür, dass Menschen mit Sehproblemen, egal ob kurz-, über- oder altersichtig, ob mit Stellungsfehlern oder Sehschwächen, wieder einen klaren Blick in die Welt bekommen. Dazu berät der Augenoptiker den Kunden, um für ihn das ideale Brillenglas oder die entsprechende Kontaktlinse zur Korrektur seiner Fehlsichtigkeit zu finden. Spezielles mathematisches, physikalisches und physiologisches Wissen rund um das Auge und um geeignete Korrekturmöglichkeiten ist hierzu erforderlich.

Technisches Interesse, handwerkliche Neigung und Geschicklichkeit sind ebenso Voraussetzungen für diesen Beruf. In der Werkstatt werden Gläser und Fassung zum Endprodukt „Brille" vereinigt, indem der Augenoptiker die Gläser exakt einschleift und montiert. Hier sind technische und feinmotorische Fähigkeiten sowie Präzision gefragt.

Die meisten Augenoptiker arbeiten im Handwerk, sie können aber auch in der augenoptischen Industrie tätig sein. Stellenangebote für Augenoptiker bieten ebenfalls Augenkliniken und Arztpraxen. Das Berufsbild umfasst also ein umfangreiches Tätigkeitsfeld, vom Führerscheinsehtest, über den Verkauf von Brillen und Kontaktlinsen, die Fertigung und Reparatur von Fassungen, die Formrandung von Gläsern, bis hin zu kaufmännischen Aufgaben.

> **physiologisches Wissen:** Wissen über den Aufbau und die Funktionen des menschlichen Auges

1.1 Das Berufsbild des Augenoptikers

Laut Umfragen des *Kundenmonitor Deutschland* ist die Zufriedenheit der Kunden mit den Dienstleistungen der deutschen Augenoptiker besonders hoch. Das ist auch ein Verdienst der Ausbildungsqualität in Deutschland.

Die Arbeitslosenquote der Augenoptiker liegt mit derzeit etwa 2,5 Prozent weit unter dem Bundesdurchschnitt. Nach wie vor werden insbesondere qualifizierte Gesellinnen und Gesellen gesucht.

### 1.1.1 Arbeitsbereiche des Augenoptikers

Das Tätigkeitsbild des Augenoptikers lässt sich in drei große Arbeitsbereiche einteilen:

1. **Der Beratungsbereich des Geschäftes**
   Hier werden Kunden empfangen, betreut und beraten. Hier erfolgt der Verkauf von Waren und Dienstleistungen.
2. **Der Werkstattbereich des Geschäftes**
   Hier werden Gläser bearbeitet, Brillen gefertigt und repariert.
3. **Der Augenprüfraum**
   Die Diagnose und Behandlung von Augenkrankheiten ist Aufgabe des Augenarztes. Bei der Korrektur von Ametropien ist der Augenoptiker gefragt. Folgerichtig gehört sowohl die Refraktionsbestimmung als auch die Kontaktlinsenanpassung zum dritten Arbeitsbereich des Augenoptikers.

**Ametropien:** Fehlsichtigkeit

**Refraktionsbestimmung:** Brillenglasbestimmung

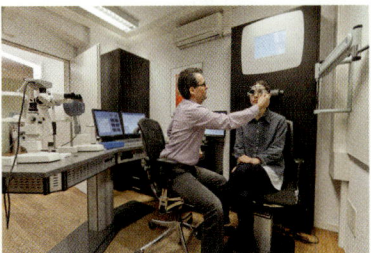

a) Beratungsbereich
  – Fassungsberatung
  – Glasberatung
  – Kontaktlinsenservice
  – Verkauf von Waren und Dienstleistungen

b) Werkstatt
  – Fassungsbearbeitung
  – Glasbearbeitung
  – Reparaturen

c) Augenprüfraum
  – Sehschärfenbestimmung
  – Brillenglasbestimmung
  – Kontaktlinsenanpassung

**Bild 1.3** Arbeitsbereiche des Augenoptikers

### 1.1.2 Konzept und Struktur eines Unternehmens

Deutschlandweit existieren knapp 12 000 augenoptische Fachbetriebe mit insgesamt nahezu 50 000 Beschäftigten. Das bedeutet, dass durchschnittlich für knapp 7000 Bürger ein Fachgeschäft zur Verfügung steht. Jedoch trägt nur gut die Hälfte *aller* Einwohner eine Brille, allerdings knapp 60 % der Erwachsenen. 11 Millionen Brillen und fast 40 Millionen Gläser werden durchschnittlich pro Jahr verkauft. Daraus folgt, dass ungefähr ein Drittel der produzierten Gläser in vorhandene Fassungen eingesetzt werden. Der Wiederbeschaffungszeitraum für Brillen liegt bei ungefähr vier Jahren, könnte vermutlich jedoch in Zukunft leicht ansteigen. Zurzeit geben die Kunden im Schnitt 300 Euro für eine Brille aus.

Die zehn größten Filialisten besitzen ca. 15 Prozent der Fachgeschäfte, erzielen jedoch über ein Drittel des Branchenumsatzes.

An diesen Zahlen des Zentralverbandes der Augenoptiker (ZVA) lassen sich unterschiedliche Unternehmensstrukturen und -konzeptionen erkennen. Die meisten augenoptischen Fachgeschäfte sind Kleinbetriebe mit wenigen Mitarbeitern. Das liegt daran, dass Wohnortnähe für viele Kunden ein entscheidendes Kriterium für die Auswahl ihres Augenoptikers ist.

**www** zentralverband-der-augenoptiker.de

**Wiederbeschaffungszeitraum:** Zeitraum, in dem eine neue Brille gekauft wird

Der zunehmende Einfluss von Großunternehmen, die ihr Marketing nach speziellen Kriterien aufbauen, so steht beispielsweise bei der Werbung sehr häufig der Preis im Vordergrund, führt jedoch dazu, dass auch alteingesessene, kleine Unternehmen sich Gedanken über die Konzeption ihres Geschäftes machen müssen. Dabei sind Informationen zu Kunden- und Kaufverhalten ebenso wichtig wie Kenntnisse über die Mitbewerber und ihre Stärken und Schwächen. Die Wirkung eines augenoptischen Fachbetriebs auf den Kunden muss auf einem schlüssigen Gesamtkonzept basieren, das aus einem Zusammenwirken von Werbung, der Produktpalette, den Service- und Dienstleistungen und den Mitarbeitern besteht.

**Bild 1.4** Wechselseitige Beziehung zwischen Kunden und Anbietern

Der unternehmerische Erfolg in der Augenoptik wird durch die richtige Marktposition bestimmt, die von verschiedenen Faktoren abhängig ist.

1. **Standort des Unternehmens**
   - Wo liegt das Geschäft?
   - Wie ist es zu erreichen?
   - Welche Parkmöglichkeiten bestehen?
   - Welche Anzahl potenzieller Kunden steht zur Verfügung (Verhältnis zur Einwohnerzahl)?

2. **Mitbewerber / Konkurrenz**
   - Welche Mitbewerber sind vorhanden?
   - Welches Verhältnis besteht zu den Mitbewerbern?
   - Welche Unternehmenskonzeption liegt bei den Mitbewerbern vor?
   - Wie kann sich das eigene Unternehmen von den Mitbewerbern abgrenzen?

3. **Kundenpotenzial**
   - Wie viele potenzielle Kunden stehen zur Verfügung?
   - Wie ist die Kaufkraft dieser Kunden einzuschätzen?
   - Wie ist die Altersstruktur dieser Kunden?
   - Wie hoch ist der Anteil an Stammkunden und an Laufkundschaft?

4. **Zielgruppe und Käuferprofil**
   - Welche Kundengruppen sollen besonders angesprochen werden?
   - Wie kann der Kontakt zu diesen Zielgruppen aufgebaut und erhalten werden?
   - Welche Kommunikationsmöglichkeiten bestehen zur Herstellung des Kundenkontaktes?

Aus diesen Aspekten und Fragestellungen lassen sich Marketingkonzeptionen ableiten, mit dem Ziel, das Besondere, besser noch das Einzigartige des eigenen Unternehmens herauszustellen und dies den Kunden zu kommunizieren. Daran orientiert sich die Marketingstrategie des Unternehmens, also die Gestaltung des Geschäftes, der Preise, der Werbung und der Palette an Produkt- und Dienstleistungsangeboten. Einen ganz entscheidenden Einfluss auf den Erfolg und die Außenwirkung des Unternehmens hat jedoch auch jeder einzelne Mitarbeiter, der als Teileinheit in das Gesamtkonzept und in die Verkaufsphilosophie des Betriebes passen muss.

**Bild 1.5** Kundenzufriedenheit und Kundenbindung

### Rechtliche Struktur des Unternehmens

Um ein Unternehmen in der Augenoptik zu gründen, müssen folgende Bedingungen erfüllt sein:

1. Zulassungsvoraussetzung für das Handwerk
   Zulassungsvoraussetzung in der Augenoptik ist der Meisterbrief. In einem augenoptischen Unternehmen muss also ein Meister vorhanden sein.

2. Eintrag in die Handwerksrolle
   Für die Eintragung muss der Gründer persönlich bei der zuständigen Handwerkskammer erscheinen und den gebührenpflichtigen Eintrag vornehmen lassen.

3. Eintrag beim Gewerbeamt
   Nach Eintragung durch die Handwerkskammer kann die Anmeldung beim Gewerbeamt der Gemeinde erfolgen, das dann Finanzamt, Berufsgenossenschaften etc. informiert.

4. Festlegung der Unternehmensform
   Bei der Wahl der Unternehmensform ist entscheidend, inwieweit Partnerschaften und daraus sich ergebene Gesellschaftsformen abgeschlossen werden sollen oder nicht.

**natürliche Person:** ist jeder Mensch. Nach § 1 BGB beginnt die Rechtsfähigkeit des Menschen mit Vollendung der Geburt. Mit der Geburt kann der Mensch also Träger von Rechten und Pflichten sein.

Die häufigste Unternehmensform in der Augenoptik ist das **Einzelunternehmen**. Das bedeutet, dass eine einzelne natürliche Person allein das Unternehmen leitet und Gewinne und Verluste für sich erwirtschaftet. Dem Vorteil der alleinigen Geschäftsführung und Entscheidungsfähigkeit steht der Nachteil gegenüber, persönlich haftbar zu sein und das gesamte Risiko sowie die Finanzierung selbst zu tragen. Deshalb können auch Gesellschaftsformen interessant sein.

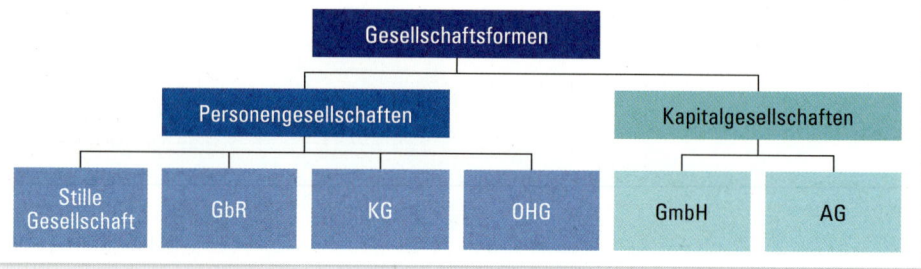

**Bild 1.6** Gesellschaftsformen

**juristische Personen:** Personenvereinigung mit vom Gesetz anerkannter rechtlicher Selbstständigkeit. Die juristische Person ist Träger von Rechten und Pflichten, hat Vermögen, kann als Erbe eingesetzt werden, in eigenem Namen klagen und verklagt werden, z. B. Kapitalgesellschaften.

Eine **Firma** ist rechtlich gesehen der Name, unter dem ein Unternehmen im Handelsregister eingetragen ist und unter dem Geschäfte geführt werden.

Ein **Betrieb** ist die örtliche Produktionsstätte bzw. das Geschäft, in dem Dienstleistungen erbracht und Güter hergestellt werden.

Ein **Unternehmen** ist eine eigenständige, rechtliche und wirtschaftliche Einheit, die in verschiedene Rechtsformen (Unternehmensformen) eingeteilt werden kann. Ein Unternehmen kann von einer einzelnen oder von mehreren Personen gegründet und geführt werden.

Bei der **Personengesellschaft** hat mindestens eine natürliche Person die Geschäftsführung. Die persönliche Mitarbeit und vor allem die persönliche Haftung stehen im Vordergrund. Mindestens eine Person in einer Personengesellschaft ist Vollhafter, das heißt, die Haftung erfolgt nicht nur durch das Firmenkapital, sondern auch durch das persönliche Vermögen (Tabelle 1.1).

**Kapitalgesellschaften** sind juristische Personen und haften, wie der Name schon sagt, mit dem Firmenkapital (Tabelle 1.2).

Neben diesen Gesellschaftsunternehmen existieren auch noch Mischformen, beispielsweise die GmbH & Co KG oder die Kommanditgesellschaft auf Aktienbasis.

Eine Sonderrolle bei den Unternehmensformen nimmt die **Genossenschaft** ein. Die Genossenschaft ist eine rechtsfähige Gesellschaft (juristische Person) mit nicht geschlossener Mitgliederzahl. Auch hier schließen sich mehrere Mitglieder (Genossen) zusammen. Die Genossenschaft ist jedoch keine Erwerbsunternehmung, das heißt, ihr Ziel ist es nicht, Gewinne zu machen, sondern durch die Zusammenarbeit nach dem Solidaritätsprinzip Vorteile für jeden einzelnen Genossen zu erwirtschaften. Durch den Zusammenschluss wollen die Mitglieder gemeinschaftlich ihre Interessen wahrnehmen, weil jeder für sich allein in einer schwächeren Position wäre. In der Augenoptik sind beispielsweise Einkaufsgenossenschaften sinnvoll, da hierdurch günstigere Einkaufskonditionen möglich sind.

## Personengesellschaften

|  | Stille Gesellschaft | Gesellschaft bürgerlichen Rechts (GbR) | Kommanditgesellschaft (KG) | Offene Handelsgesellschaft (OHG) |
|---|---|---|---|---|
| Gründung | kann formfrei gegründet werden, eine weitere Person beteiligt sich mit Vermögenseinlage, stiller Gesellschafter wird aufgenommen | mindestens 2 Gesellschafter | mindestens 2 Gesellschafter (Komplementär = Vollhafter und Kommanditist = Teilhafter) | mindestens 2 Gesellschafter |
| Finanzierung | durch Gesellschafter mit Geldeinlage | durch Gesellschafter | durch Gesellschafter | durch Gesellschafter |
| Mitarbeit | Gesellschafter ist von der Mitarbeit ausgeschlossen | Alle Gesellschafter sind zur Mitarbeit verpflichtet | Teilhafter sind von der Mitarbeit ausgeschlossen; es handelt der Komplementär | Alle Gesellschafter sind zur Mitarbeit verpflichtet |
| Haftung | Inhaber haftet unbeschränkt, Gesellschafter mit seiner Geldeinlage | Alle Gesellschafter haften unbeschränkt, solidarisch und unmittelbar | Komplementär haftet unbeschränkt, Kommanditist mit Geschäftsanteil | Alle Gesellschafter haften unbeschränkt, solidarisch und unmittelbar |
| Gewinnverteilung | nach Vertrag je nach Höhe seiner Einlage | ohne Vereinbarung | nach Vertrag, Berücksichtigung von Einlage und Mitarbeit | ohne Vereinbarung, – 4 % Zins auf den Kapitalanteil, der Rest nach „Köpfen" |
| Verlustverteilung | nach Vertrag | gleichmäßig auf alle Gesellschafter | in angemessenem Verhältnis | gleichmäßig auf alle Gesellschafter |

Tabelle 1.1 Merkmale von Personengesellschaften

## Kapitalgesellschaften

|  | Aktiengesellschaft (AG) | Gesellschaft mit beschränkter Haftung (GmbH) |
|---|---|---|
| Gründung | mindestens 1 Person; Gründungskapital mind. 50 000 €; Gesellschaftsvertrag mit notarieller Beurkundung, Eintragung in Handelsregister | mindestens 1 Person; Stammkapital mind. 25 000 €; Gesellschaftsvertrag mit notarieller Beurkundung, Eintragung in Handelsregister |
| Finanzierung | durch Aktionäre | durch Gesellschafter (Gesellschaftsanteil) |
| Mitarbeit | Aktionär ist von der Mitarbeit ausgeschlossen; es handelt der Vorstand; weitere Organe: Aufsichtsrat und Hauptversammlung | Gesellschafter ist von der Mitarbeit ausgeschlossen, es handelt der Geschäftsführer |
| Haftung | Aktionär haftet mit seinem Anteil (Aktie) | Gesellschafter haften mit Stammeinlage, Gesellschaft mit Gesellschaftsvermögen |
| Gewinnverteilung | Dividende (Teil des Gewinns, den eine AG an ihre Mitglieder auszahlt) | nach Geschäftsanteil |
| Verlustverteilung | keine, bei Konkurs evtl. Verlust des Aktienanteils | nach Geschäftsanteil, zunächst die Rücklagen, wenn Gesellschaft zahlungsunfähig ist, nach 3 Wochen Insolvenzverfahren beantragen |

Tabelle 1.2 Merkmale von Kapitalgesellschaften

# 1 Den Betrieb und das Berufsfeld präsentieren

### 1.1.3 Produktpalette und Dienstleistungsangebot

Ursache von Sehproblemen ist fast immer eine Fehlsichtigkeit. Diese kann in der Regel durch eine passende Sehhilfe korrigiert werden. Der Erfolg eines Unternehmens hängt davon ab, ob es gelingt, die individuellen Anforderungen und Ansprüche des Kunden optimal zu erfüllen. Aufgabe des Augenoptikers ist es, die Bedarfssituation und gegebenenfalls die Leistungsansprüche des Kunden genau zu ermitteln und zu erfüllen. Dabei arbeitet der Augenoptiker ganzheitlich im Dienst am Kunden, von der Refraktionsbestimmung über die Fassungs- und Glasberatung bis hin zur Anfertigung und Anpassung von Brillen. Der professionelle Umgang des Beraters mit dem Kunden entscheidet über den Erfolg eines Unternehmens. Das erfordert vom Berater neben Freundlichkeit und Engagement vor allem umfangreiche optische Fachkenntnisse.

Aufgrund der auffälligen Position im Gesicht kommt der Brille eine zentrale Bedeutung für das Erscheinungsbild und die Ausstrahlung ihres Trägers zu. Die Auswahl an Brillenfassungen und -gläsern wird immer vielfältiger. Sie sind auf der einen Seite Hightech-Produkte, um gutes Sehen zu gewährleisten, auf der anderen Seite modische Accessoires, um besser auszusehen.

**Brillenfassungen und Fassungsberatung**

Bei der Fassungsberatung ist der Kunde stark auf den Augenoptiker angewiesen. Im Gegensatz zu anderen Produkten besteht bei Brillenfassungen keine ausgeprägte Markentreue. Beim ersten Brillenkauf besitzt der Kunde selten klare Vorstellungen hinsichtlich der Fassung. Zudem wird die Brille teilweise vorrangig als gesundheitliche Notwendigkeit, unter Umständen sogar als Prothese zur Behebung eines gesundheitlichen Defizits wahrgenommen, was nicht gerade ein positives Kaufgefühl erzeugt. Eine große Auswahl an funktionellen und zugleich auch modischen Fassungen sowie Marken- und Designerfassungen ist Basis in jedem Unternehmen. Im Regelfall verfügt ein Augenoptikergeschäft über mehr als 500 verschiedene Fassungen, die unterschiedliche Geschmacks- und Budgetanforderungen abdecken.

Zu unterscheiden sind dabei Voll- und Halbrandfassungen sowie randlose Brillenfassungen.

Neben den Korrektionsfassungen für Erwachsene gehört ein umfangreiches Angebot an Kinderbrillen zum Sortiment.

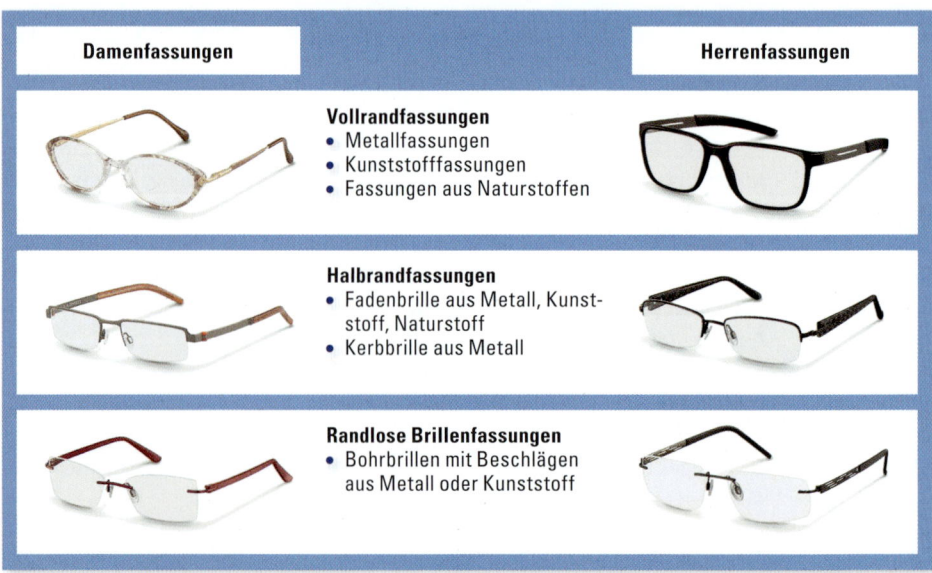

**Bild 1.7** Fassungsarten

## 1.1 Das Berufsbild des Augenoptikers

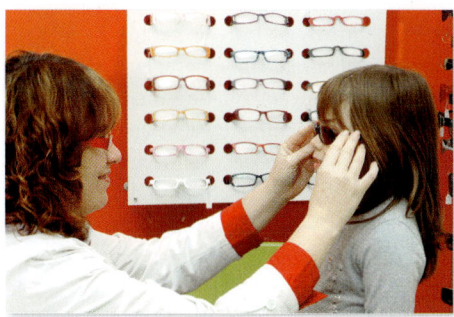

**Bild 1.8** Kinderbrillen

Gerade bei Kinderbrillen ist ein optimaler Sitz und guter Tragekomfort besonders wichtig, da Kinder das Tragen einer Brille häufig als unangenehm und lästig empfinden. Zudem ist darauf zu achten, dass die Fassung möglichst robust und unempfindlich ist. Natürlich sollten die Gläser aus Kunststoff und damit auch bruchsicher sein. Hier ist der Berater besonders gefordert, weil er das Kind auf jeden Fall in die Fassungsauswahl einbeziehen sollte, andererseits aber auch die Interessen der Eltern berücksichtigen muss.

> **Praxis-Tipp**
> Begeben Sie sich als Berater möglichst häufig in die Augenhöhe des Kindes.

### Brillengläser und Glasberatung

Der zweite Schwerpunkt der Kundenberatung besteht in der Auswahl eines geeigneten Brillenglases. Eine genaue Bedarfsermittlung im Laufe des Beratungsgespräches ist Voraussetzung, um dem Kunden ein optimales Korrektionsglas anbieten zu können. Dabei ist vor allem zu berücksichtigen, welche Sehprobleme vorliegen und wann die Brille zu welchem Zweck benötigt wird. Im Folgenden wird ein grober Überblick über die Angebotspalette gegeben.

- **Einstärkengläser**
  Einstärkengläser werden meist von jungen Leuten zur Korrektur ihrer Fehlsichtigkeit getragen. Weil sich ihre Augen noch hervorragend auf alle Entfernungen einstellen können, sehen sie mit den Einstärkengläsern auch in allen Bereichen scharf.

- **Mehrstärkengläser**
  – **Bifokalgläser**
  Zwischen 40 und 45 Jahren ist das Sehen in kurzen Entfernungen häufig nur unter Schwierigkeiten möglich. Mit Bifokalgläsern lässt sich das Problem lösen. Sie verfügen im Grundglas über eine Zusatzlinse, durch die das Sehen in kurzen Distanzen wieder möglich wird.
  – **Mehrstärkengläser**
  Je älter der Proband, desto schlechter funktioniert das Einstellungsvermögen auf kurze und mittlere Entfernungen. In diesem Fall bieten sich die folgenden Alternativen an:
  – **Trifokalgläser**
  Der Prozess der eingeschränkten Anpassungsfähigkeit des Auges schreitet mit zunehmendem Alter voran, sodass schließlich auch in mittleren Entfernungen nicht mehr ausreichend scharf gesehen werden kann. Im Trifokalglas sorgt ein Zwischenteil für die Beseitigung der Problematik.
  – **Multifokalgläser**
  Werden die sichtbaren Trennkanten und Bildsprünge als störend empfunden, bieten sich Multifokalgläser an, die in mehreren Ausführungen von unterschiedlicher Qualität erhältlich sind. Sie erlauben das Sehen in allen Entfernungen ohne irritierende Bildsprünge.

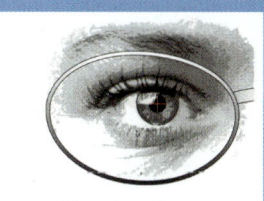
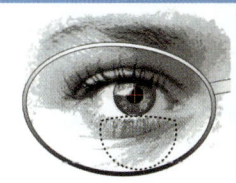
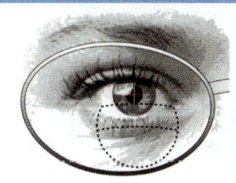
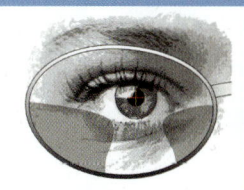

Einstärkengläser — Bifokalgläser — Trifokalgläser — Mulitfokalgläser

**Bild 1.9** Brillengläser

Den Betrieb und das Berufsfeld präsentieren

### Glasmaterialien

Das Brillenglas kann aus unterschiedlichen Materialien gefertigt sein. Alle Materialien haben Vor- und Nachteile, daher ist es besonders wichtig, die Einsatzbereiche der Brille bei der Glasauswahl zu berücksichtigen. Dicke, Gewicht und Erscheinung eines Brillenglases hängen nicht nur vom ausgewählten Material, sondern auch von der empfohlenen Brillenfassung und von seiner Farbgebung und Oberflächenveredelung ab.

Jeder augenoptische Betrieb bietet zahlreiche Brillenglastypen in vielfältigen Ausführungen an. Der Augenoptiker kann sie bei etlichen regionalen und überregionalen Brillenglasherstellern anfordern. Häufig hat ein Unternehmen jeweils ein bis zwei Hauptlieferanten, kann jedoch auch andere Glashersteller beauftragen. Darüber hinaus ist es möglich, Brillengläser durch unterschiedliche Verfahren und Beschichtungen zu schützen und zu veredeln. Kenntnisse zu diesen Verfahren muss jeder Augenoptiker besitzen.

### Sonnenbrillen

Fast jeder Bundesbürger weiß, dass starke Sonneneinstrahlung Gefahren für die Haut mit sich bringt. Dass schwere gesundheitliche Folgen hierdurch auch für die Augen entstehen, ist bei weitem nicht jedem klar. Die Aufklärung in anderen Ländern ist diesbezüglich deutlich ausgeprägter. Auch hier ist der Augenoptiker gefordert, auf die gesundheitlichen Gefahren hinzuweisen, denn gerade beim Kauf einer Sonnenbrille stehen Fragen der Ästhetik und des Modetrends häufig mehr im Vordergrund als die wichtigste Funktion, nämlich der Strahlen- und Blendschutz. Durch die Schädigung unserer Ozonschicht wird der Schutz vor schädlicher UV-Strahlung immer bedeutender. Kinder und Patienten nach bestimmten Augenoperationen sind besonders gefährdet. Ein fehlender UV-Schutz kann zu Augenerkrankungen wie Bindehautentzündungen oder sogar Netzhautschäden führen.

Im Idealfall bietet eine Sonnenbrille einen 100-prozentigen UV-Schutz. Für besondere Anwendungsbereiche stehen zudem Sportsonnenbrillen, Gläser mit kontraststeigernder Wirkung, besonders starker Lichtreduktion (Blendschutz) oder selbsttönende Gläser sowie Spezialgläser zur Verfügung. Deshalb ist es sinnvoll, in Erfahrung zu bringen, ob die Sonnenbrille für besondere Zwecke benötigt wird, beispielsweise zum Sport oder im Hochgebirge. Insgesamt erfreuen sich Sonnenbrillen jedoch immer größerer Beliebtheit, vor allem als modisches Accessoire.

> **Praxis-Tipp**
> Sonnenbrillen können Sie häufig auch als Ergänzung zur bereits verkauften Korrektionsbrille anbieten.

Zu jedem Brillenverkauf gehören Hinweise zur Handhabung der Brille und zu ihrer Pflege. Jeder Augenoptiker muss seinem Kunden Informationen dazu geben können. Produkte für diese Zwecke sind fester Bestandteil augenoptischer Unternehmen. Dazu gehören Brillenetuis, Mikrofasertücher, Reinigungssprays, die häufig als Zugaben im Brillenverkauf enthalten sind, jedoch auch als Produkte im Verkauf angeboten werden, sowie Sicherungs- und Sportbänder.

### Kontaktlinsen

In den letzten Jahren ist die Zahl der Kontaktlinsenträger stetig gestiegen. Nach Angaben des ZVA machte der Umsatz mit Kontaktlinsen momentan knapp 9 Prozent des Jahresumsatzes augenoptischer Fachbetriebe aus. Grundsätzliche Kenntnisse über Typen und

**Bild 1.10** Sonnenbrillenkollektion

Verwendungsmöglichkeiten von Kontaktlinsen sollte jeder Augenoptiker besitzen. Die gezielte Beratung und Anpassung von Kontaktlinsen wird jedoch durch speziell geschulte Augenoptiker vorgenommen.

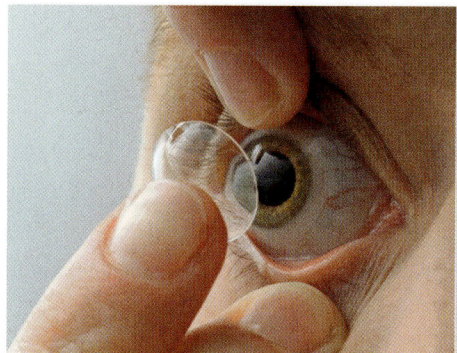

**Bild 1.11** Kontaktlinsenanpassung

Eine genaue Untersuchung und Beratung ist bei der Auswahl einer geeigneten Kontaktlinse unbedingt erforderlich. Die Eignung hängt nicht nur von den physiologischen Gegebenheiten, sondern auch vom Umfeld ab, in dem die Kontaktlinsen getragen werden sollen. Kontaktlinsen können in vielen Anwendungsbereichen eine gute Alternative oder auch Ergänzung zur Brille sein. Jeder Kontaktlinsenträger sollte jedoch eine Ersatzbrille zur Verfügung haben.

> **Praxis-Tipp**
> Bieten Sie Kunden, die Sport treiben, Kontaktlinsen als Ergänzung und Alternative zur Brille an.

Selbstverständlich muss jeder Augenoptiker fundierte Kenntnisse zur Pflege von Kontaktlinsen besitzen und Informationen zur Pflege und den Pflegeprodukten geben können. Ein Sortiment von Kontaktlinsen eines oder mehrerer Hersteller sowie eine Auswahl von Pflegeprodukten sind in jedem Fachgeschäft vorhanden. Eine kurzfristige Bestellung dieser Produkte ist zudem immer möglich.

Beratung und Produktpalette eines augenoptischen Betriebes sind nicht nur auf Brillen und Kontaktlinsen beschränkt, sondern umfassen in der Regel auch den Bereich der vergrößernden Sehhilfen sowie Ferngläser, manchmal auch Mikroskope und Wetterinstrumente.

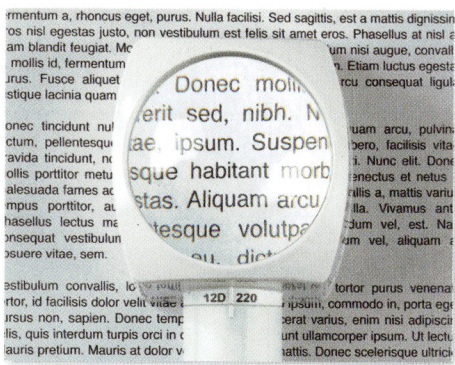

**Bild 1.12** Vergrößernde Sehhilfen

Grundkenntnisse hinsichtlich dieser Produkte muss jeder Augenoptiker erwerben. Schulungen zum Verkauf solcher Produkte werden je nach Ausrichtung und Warensortiment des jeweiligen Geschäftes angeboten.

Zu den klassischen Dienstleistungen eines Augenoptikbetriebes gehören auch die Reinigung und Anpassung von Brillen sowie der Austausch von Fassungsteilen wie Nasenpads oder Schrauben.

## 1.1.4 Ausstattung und Funktion der Betriebsräume

Je nach Größe, Kundenstamm, Lage und Zielgruppe des Betriebs sind augenoptische Fachgeschäfte sehr unterschiedlich gestaltet. Es gibt jedoch Bereiche, auf die kein Betrieb verzichten kann, auch wenn diese nach individuellen Wünschen und Bedürfnissen sowie räumlichen Voraussetzungen strukturiert sind.

Der Kernbereich des Fachgeschäftes ist das Ladenlokal, das Kunden betreten und in dem sie beraten und betreut werden. Schon die äußerliche Gestaltung des Geschäftes spielt eine wichtige Rolle bei der Entscheidung, ob ein Neukunde eintritt. Ein interessant gestalteter Eingangsbereich und ein Aufmerksamkeit und Interesse weckendes Schaufenster können dazu beitragen.

Grundsätzlich sollte das Ladenlokal einen hellen, warmen und damit freundlichen Eindruck machen, damit der Kunde sich wohl fühlt und gern das Geschäft betritt. Er bedarf sofortiger Aufmerksamkeit, weil er meistens ein konkretes Anliegen hat. Er möchte sich nicht, wie beispielsweise in der Bekleidungsbranche üblich, einfach nur umschauen. In größeren Betrieben steht für den Empfang häufig ein Mitarbeiter zur Verfügung, der den eintretenden Kunden im Eingangsbereich begrüßt, sich nach den Wünschen erkundigt und ihn dann entweder sofort bedient oder an einen kompetenten Mitarbeiter verweist. Falls Wartezeiten entstehen, können sie durch den Mitarbeiter am Empfang überbrückt werden, indem dem Kunden ein Platz und ein Getränk angeboten, ihm bestimmte Auslagenbereiche (z. B. Sonnenbrillen) empfohlen werden oder kleine Serviceleistungen, wie beispielsweise die Reinigung der Kundenbrille, durchgeführt werden.

zu begrüßen und ihm beispielsweise durch ein Grußwort oder durch ein freundliches Lächeln oder Kopfnicken zu zeigen, dass man ihn wahrgenommen hat und ihm möglichst bald zur Verfügung steht.

> **Praxis-Tipp**
> Behandeln Sie jeden Kunden so, wie Sie auch gerne als Kunde behandelt werden würden.

Wichtiger Bestandteil des **Kundenbereiches** ist die Auslage der Fassungen. Diese werden in Regalen präsentiert, die möglichst hell und indirekt beleuchtet sein sollten, um die einzelnen Fassungen zur Geltung zu bringen.

**Bild 1.13** Kundenbereich

**Bild 1.14** Fassungspräsentation

In kleineren Betrieben steht im Regelfall dafür kein Mitarbeiter zur Verfügung. Häufig werden diese Aufgaben an Auszubildende delegiert.

Fast immer hat ein Augenoptikgeschäft eine von der Tür aus einsehbare Ladentheke oder einen **Kassenbereich**. Dieser wird von eintretenden Kunden häufig angesteuert, da sie erwarten, hier schnell bedient zu werden. Zumeist ist dieser Bereich durch einen Mitarbeiter besetzt, der sich dann um den Kunden kümmert. Falls sich alle Mitarbeiter im Kundengespräch und in der Beratung befinden, ist es dennoch wichtig, einen eintretenden Kunden

Eine Strukturierung der Fassungskollektionen ist sinnvoll, weil dadurch die Orientierung für den Kunden und die Präsentation durch den Verkäufer erleichtert wird. Diese Strukturierung kann nach Fassungsformen und -materialien, aber auch nach Preisen erfolgen. Der Berater kann den Kunden zu bestimmten Bereichen der Fassungsausstellung begleiten, die Interessen und Vorstellungen des Kunden ermitteln und mit diesem zusammen eine Vorauswahl von Fassungen treffen. Häufig werden Fassungen, die der Kunde interessant findet, auf einem kleinen Tablett gesammelt und mit an den Beratungstisch genommen.

Neben der Fassungspräsentation ist der **Beratungsbereich** das zweite große Tätigkeitsfeld im Ladenlokal des Betriebes. Der Augenoptiker hat die Aufgabe, mit dem Kunden gemeinsam Fassung und Gläser auszuwählen und das Beratungs- und Verkaufsgespräch zum Abschluss zu bringen. Voraussetzung hierfür ist eine Atmosphäre, in der auch persönliche Gespräche geführt werden können und in der Vertrauen aufgebaut wird, denn der Kunde ist im besonderen Maße auf seinen Berater angewiesen.

**Bild 1.15** Beratungsbereich

Im Idealfall existieren Nischen oder abgetrennte Bereiche im Ladenlokal, in die man sich mit dem Kunden zurückziehen und sich ganz auf ihn konzentrieren kann. Die Beratung findet im Sitzen an einem Beratungstisch statt, wobei der Augenoptiker dem Kunden in Augenhöhe gegenüber sitzt. Informationsmedien zu den verschiedenen Glasausführungen gehören ebenso wie Kleinwerkzeuge für die Brillenanpassung zur Ausstattung des Beratungstisches.

Falls keine Rückzugsmöglichkeiten für die Beratung im Ladenlokal vorhanden sind, ist genau zu überlegen, wo Beratungsplätze installiert werden. Sie sollten sich nicht zu zentral im Ladenlokal befinden, um eine gewisse Intimität beim Gespräch zu gewährleisten. Ist der Kunde mit dem Rücken zum Eingang platziert, wird er zwar weniger abgelenkt, fühlt sich aber vielleicht durch neu eintretende Kunden gestört. Als Mitarbeiter des Geschäftes hat man eintretende Kunden sofort im Blick und kann somit signalisieren, dass man sie wahrgenommen hat. Bei umgekehrter Anordnung der Sitzplätze besteht diese Möglichkeit nicht.

Gerade in kleineren Geschäften mit wenig Personal sind die persönliche Zuwendung, die professionelle und individuelle Beratung sowie der Service für den Kunden entscheidend für die Kundenbindung. Wenn diese Faktoren für den Kunden nicht von zentraler Bedeutung sind, lässt er sich bei der Auswahl des Augenoptikers in erster Linie durch den Preis leiten.

Ein weiterer Kernbereich im augenoptischen Fachbetrieb ist die **Werkstatt**. Einige Augenoptiker haben diesen Bereich so minimiert, dass lediglich kleine Reparaturen durchgeführt werden können. Diese Betriebe nutzen den Einschleifservice der Brillenglashersteller oder haben den Werkstattbereich andernorts zentralisiert.

Im Regelfall verfügen die meisten Unternehmen jedoch über eine Fachwerkstatt, in der mithilfe technischer Geräte und handwerklicher Präzisionsarbeit individuelle Sehhilfen hergestellt werden können. Dabei werden die noch im Rohzustand befindlichen Brillengläser zunächst kontrolliert, zentriert und der Formrandung zugeführt. Hierfür sind häufig CNC-gesteuerte Werkzeugmaschinen im Einsatz.

**Bild 1.16** Werkstatt eines augenoptischen Fachbetriebs

Im Werkstattbereich muss der Augenoptiker sowohl auf die für fachgerechte Bearbeitung von Fassungs- und Glaswerkstoffen werkstofftechnischen Grundkenntnisse und manuellen Fertigkeiten zurückgreifen als auch die für die erforderlichen Zentrierungs- und Kontrolltätigkeiten messtechnischen Verfahren beherrschen. Auch das Instandsetzen und Abändern von Brillen gehört zu den Tätigkeiten im Werk-

> **CNC:** computerized numerical control. Maschinensteuerung durch einen eingebauten Rechner. Die Bewegungen eines Werkzeugs werden vorher programmiert. Maschinen mit CNC-Steuerung werden deshalb nicht mehr mit Handhebeln oder Handrädern eingestellt.

stattbereich. Darüber hinaus werden in einigen Fachwerkstätten auch optische Geräte wie Ferngläser und Mikroskope überprüft und repariert.

Für die Brillenglasbestimmung und Kontaktlinsenanpassung stehen im Regelfall weitere Räume zur Verfügung.

> **Aufgaben**
>
> 1. Erläutern Sie die Gründe für Ihre Berufswahl.
> 2. Führen Sie folgende Rollenspiele durch:
>    a) Erläutern Sie Ihrem Gesprächspartner, warum eine Ausbildung in Ihrem Ausbildungsbetrieb besonders attraktiv ist.
>    b) Erklären Sie einem potenziellen Kunden, warum er gerade in Ihrem Betrieb eine Brille kaufen sollte.
> 3. Stellen Sie die rechtliche Unternehmensstruktur Ihres Ausbildungsbetriebes in einem Kurzvortrag vor.
> 4. Führen Sie Gründe an, die für oder gegen ein Gesellschaftsunternehmen sprechen.
> 5. Erstellen Sie ein Informationsblatt zur Pflege von Brillen.
> 6. Formulieren Sie eine exakte Bedienungsanleitung für einen Schleifautomaten.

## 1.2 Der Auszubildende in der Augenoptik

> Der 17-jährige Timo hat einen Ausbildungsplatz in seinem Wunschberuf gefunden. Doch bereits nach einer Woche wird er durch ein Gespräch stark verunsichert, das er mit der 20-jährigen Kollegin Lena führt, die kurz vor der Gesellenprüfung steht. Sie beklagt sich über ungünstige Arbeitszeiten und wenig Urlaub. Außerdem habe sie keinen freien Tag in der Woche und müsse teilweise noch nach dem Berufsschulunterricht in den Betrieb. Zudem sei sie viel zu häufig im Verkauf und zu wenig in der Werkstatt eingesetzt. Timo beschließt, sich vor Ende der Probezeit genauestens zu informieren ...

### 1.2.1 Rechtsgrundlagen der Berufsausbildung

**Ordnungsprinzip:** besagt, dass stets die ranghöhere Regelung maßgeblich ist.

Die rechtlichen Grundlagen der Berufsausbildung sind nicht in einem Gesetz zusammengefasst. Sie sind vielmehr auf zahlreiche Einzelgesetze, vertragliche Regelungen und Vereinbarungen verteilt. Im Folgenden werden die wichtigsten Festlegungen für das Ausbildungsverhältnis dargestellt. Unbedingt beachtet werden sollte dabei, in welchem Verhältnis die einzelnen Regelungen zueinander stehen. Es muss also eine Hierarchie der Gültigkeit berücksichtigt werden, um zu klären, welche Regelung Vorrang hat, besonders dann, wenn zu ein- und demselben Thema verschiedene Aussagen existieren. Diese Regelung erfolgt nach dem **Ordnungsprinzip**. Ein Ausbildungs- und Arbeitsvertrag darf nicht zu Lasten des Arbeitnehmers von Gesetzen, Tarifverträgen und Betriebsvereinbarungen abweichen. Zulässig und wirksam sind dagegen für den Arbeitnehmer günstigere Regelungen im Vertrag.

Grundsätzlich gilt, dass Regelungen im Ausbildungs- und Arbeitsvertrag, in Tarifverträgen und Betriebsvereinbarungen gesetzliche Regelungen zu Gunsten des Arbeitnehmers verbessern, seine Rechtsposition aber nicht verschlechtern dürfen. Das bezeichnet man als **Günstigkeitsprinzip**. Daraus ergibt sich eine Rangfolge der Rechtsnormen unter Berücksichtigung des Ordnungs- und Günstigkeitsprinzips.

Die Berufsausbildung in Deutschland erfolgt im dualen System. Die fachpraktische Ausbildung erhalten Auszubildende am Lernort Betrieb. Hier werden Fertigkeiten und Kenntnisse vermittelt, die für die praktische Ausübung des Berufes erforderlich sind. In der Berufsschule, dem zweiten Lernort, wird in erster Linie der fachtheoretische Teil der Ausbildung vermittelt. Darüber hinaus erfolgt eine Erweiterung und Vertiefung der Allgemeinbildung, wobei jedoch auch in allgemeinbildenden Fächern möglichst ein Bezug zum beruflichen Alltag hergestellt wird.

**GÜNSTIGKEITSPRINZIP** ↑

**Internationales Recht**
z. B. Menschenrechte

**Europäisches Recht**
z. B. EU-Richtlinien

**Grundgesetz**
z. B. Gleichberechtigung

**Gesetze**
z. B. Jugendarbeitsschutzgesetz

**Rechtsverordnungen**
z. B. Erlasse der Regierung auf einer gesetzlichen Grundlage

**Rechtsprechung**
z. B. Urteile in konkreten Rechtsfragen

**Tarifverträge**
z. B. Manteltarifvertrag zwischen ZVA und Ver.di

**Betriebsvereinbarungen**
z. B. Regelungen zum Betriebsurlaub

**Ausbildungsvertrag/Arbeitsvertrag**

**ORDNUNGSPRINZIP** ↓

**Bild 1.17** Ordnungs- und Günstigkeitsprinzip

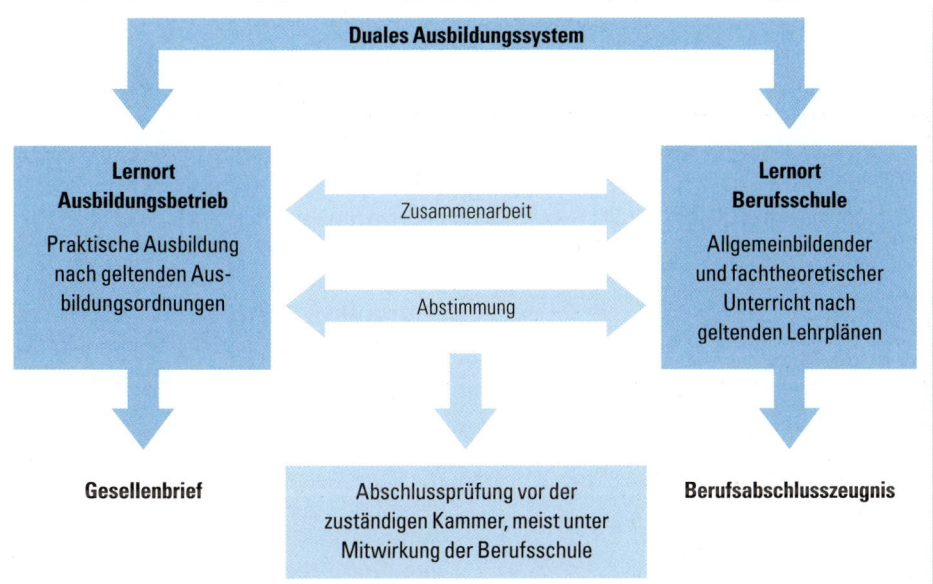

**Bild 1.18** Duales Ausbildungssystem

> **Günstigkeitsprinzip:** besagt, dass eine rangniedrige Regelung Vorrang vor einer ranghöheren hat, wenn sie für den betroffenen Beschäftigten günstiger ist.

Um sich in der neuen beruflichen und schulischen Situation orientieren zu können, ist es notwendig, sich mit den relevanten rechtlichen und inhaltlichen Grundlagen zu beschäftigen.

● Den Betrieb und das Berufsfeld präsentieren

**Wichtige Rechtsgrundlagen für die Berufsausbildung zum Augenoptiker:**

Die nachfolgend aufgelisteten rechtlichen Grundlagen sind für die Ausbildung von großer Bedeutung. Die wichtigsten Aspekte der einzelnen Rechtsgrundlagen werden in diesem Kapitel aufgegriffen und auf den beruflichen Alltag bezogen. Diese Auflistung dient somit als Stichwort- und Suchregister. Die kurzen Zusammenfassungen sollen hierfür Orientierungshilfen geben. Die gesetzlichen Regelungen in Bundesgesetzen finden sich als nicht amtliche Quelle unter dem jeweiligen Stichwort im Internet auf Informationsseiten des Bundesministeriums der Justiz.

> **www**
> gesetze-im-internet.de

Die Regelungen für den Bereich der Berufsschule fußen auf dem Landesrecht. Die wichtigsten Gesetzesgrundlagen dafür sind im Internet auf den Informationsseiten der Schulministerien zu finden.

### Berufsbildungsgesetz (BBiG)

Das Berufsbildungsgesetz bildet die gesetzliche Grundlage für die Berufsausbildung. Es wurde vom Gesetzgeber geschaffen, um die Berufsbildung, d. h. die Ausbildung, die berufliche Fortbildung und die berufliche Umschulung zu regeln. Das Berufsbildungsgesetz ist ein Rahmengesetz, das bundesweit für alle Berufsausbildungen gültig ist. Es gilt somit berufsübergreifend.

Hier wird vorgeschrieben, unter welchen Bedingungen eine Berufsausbildung durchzuführen ist. Festgelegt sind in diesem Gesetz z. B. folgende Punkte:
- Aufbau und Inhalte eines Ausbildungsvertrages
- Rechte und Pflichten der Vertragspartner
- Ausbildungsvoraussetzungen
- Kündigungsbedingungen u. ä.

> **Praxis-Tipp**
> Die wichtigsten Festlegungen für die Ausbildung finden Sie als Auszug des Gesetzes auf der Rückseite des Ausbildungsvertrages.

### Rahmenlehrplan

Der Rahmenlehrplan für den Beruf des Augenoptikers ist durch die Ständige Konferenz der Kultusminister der Länder beschlossen worden und am 1. August 2011 in Kraft getreten. In diesem Rahmenlehrplan, der für das gesamte Bundesgebiet gültig ist, werden die Grundlagen des berufsbezogenen Unterrichts in der Berufsschule festgelegt. Er ersetzt Lehrpläne und Richtlinien, die fächerspezifisch gegliedert waren. Der neue Rahmenlehrplan dagegen ist nach Lernfeldern aufgebaut, die eine stärkere Orientierung am beruflichen Alltag eines Augenoptikers erzeugen sollen. In einigen allgemeinbildenden Fächern, beispielsweise Politik, gelten jedoch auch weiterhin die entsprechenden Richtlinien und Lehrpläne. Der Rahmenlehrplan beschreibt in Abstimmung mit der entsprechenden Ausbildungsordnung des Bundes Mindestanforderungen, um die wesentlichen Voraussetzungen für eine qualifizierte Beschäftigung sowie für den Eintritt in berufliche und schulische Fort- und Weiterbildungsmöglichkeiten zu erzeugen.

### Ausbildungsordnung / Ausbildungsrahmenplan

Hier wird das Berufsbild des Augenoptikers definiert und festgelegt, welche Themengebiete und Inhalte im Rahmen der Ausbildung zum Augenoptiker vermittelt werden müssen. Der betriebliche Ausbildungsplan stellt nach Ausbildungsjahren gegliedert dar, welche Fertigkeiten, Kenntnisse und Kompetenzen zu welchem Zeitpunkt der Ausbildung zu entwickeln und zu beherrschen sind. Er soll damit einen bundesweit einheitlichen Ausbildungsablauf sicherstellen. Für Auszubildende bietet er die Möglichkeit zu überprüfen, ob sie ordnungsgemäß ausgebildet werden. Der Ausbildungsplan wird dem Vertragspartner vom Ausbildenden kostenlos zur Verfügung gestellt.

## Berufsausbildungsvertrag

Grundlage jedes Ausbildungsverhältnisses ist der Berufsausbildungsvertrag. Dieser wird zwischen den Vertragspartnern, dem Auszubildenden und dem Ausbildenden geschlossen. Der Ausbildende hat unverzüglich nach Abschluss des Vertrages, spätestens unmittelbar vor Beginn der Berufsausbildung, den wesentlichen Inhalt des Vertrages schriftlich niederzulegen.

Im Berufsausbildungsvertrag werden die Einzelheiten des Berufsausbildungsverhältnisses geregelt. Er wird von den beiden Vertragspartnern unterschrieben. Bei minderjährigen Auszubildenden muss zudem der gesetzliche Vertreter unterschreiben. Der rechtsgültig unterschriebene Vertrag wird dann bei der Handwerkskammer, wie für alle Handwerksberufe üblich, in das Verzeichnis der Berufsausbildungsverhältnisse eingetragen.

Die notwendigen Inhalte und Bestandteile eines Ausbildungsvertrages werden im Berufsbildungsgesetz (BBiG) aufgeführt. Da für Auszubildende in der Augenoptik kein verbindlicher Tarifvertrag existiert, sind die Festlegungen im Ausbildungsvertrag besonders wichtig, weil diese Vereinbarungen bindend für beide Vertragsparteien sind.

Der Ausbildungsvertrag muss mindestens folgende Inhalte umfassen (§ 11 BBiG):

1. Art, sachliche und zeitliche Gliederung sowie Ziel der Berufsausbildung, insbesondere die Berufstätigkeit, für die ausgebildet werden soll
2. Beginn und Dauer der Berufsausbildung
3. Ausbildungsstätte, Ausbildungsmaßnahmen außerhalb der Ausbildungsstätte
4. Dauer der regelmäßigen täglichen Ausbildungszeit
5. Dauer der Probezeit
6. Zahlung und Höhe der Vergütung
7. Dauer des Urlaubs
8. Voraussetzungen, unter denen der Berufsausbildungsvertrag gekündigt werden kann
9. Ein in allgemeiner Form gehaltener Hinweis auf die Tarifverträge, Betriebs- oder Dienstvereinbarungen, falls diese auf das Berufsausbildungsverhältnis anzuwenden sind.

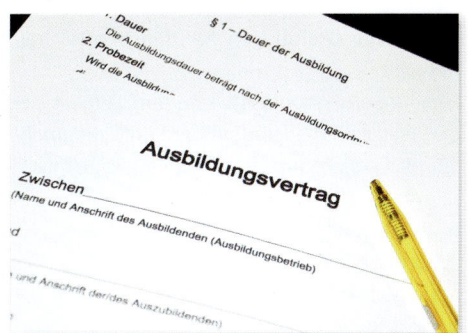

**Bild 1.19** Ausbildungsvertrag

## Jugendarbeitsschutzgesetz (JarbSchG)

Das Jugendarbeitsschutzgesetz stellt jugendliche Auszubildende und Arbeitnehmer unter einen besonderen Schutz, um sie vor Überbelastungen zu schützen und den Einstieg in das Berufsleben zu erleichtern. Für Auszubildende in der Augenoptik sind vor allem die Festlegungen zu den Ausbildungs- und Urlaubszeiten relevant.

## Arbeitszeitgesetz (ArbZG)

In diesem Gesetz werden die gesetzlich zulässigen Höchstarbeitszeiten definiert, die in vielen Branchen jedoch durch tarifliche Vereinbarungen teilweise deutlich unterschritten werden. Da in der Augenoptik kein gültiger Manteltarifvertrag existiert, sind diese gesetzlichen Festlegungen für volljährige Auszubildende sehr wichtig.

## Bundesurlaubsgesetz (BUrlG)

In diesem Gesetz wird der Mindesturlaub für volljährige Arbeitnehmer festgelegt.

## Tarifliche Bedingungen

Der Tarifvertrag ist ein Vertrag zwischen den Tarifparteien, auch Tarifvertragsparteien genannt. Es handelt sich hierbei um Verträge zwischen Arbeitgeber- und Arbeitnehmervertretungen, die grundlegende Fragen des Arbeitsverhältnisses, beispielsweise zu Arbeitszeiten, Urlaubsansprüchen, aber auch zu Vergütungshöhen regeln. Die Situation im Bereich der Augenoptik wird im folgenden Kapitel dargestellt.

**Gesetzliche Grundlagen für den Berufsschulbesuch**

Für die Berufsschule als zweitem Lernort der Berufsausbildung sind neben dem Rahmenlehrplan vor allem zwei gesetzliche Regelungen relevant:
- die „Ausbildungs- und Prüfungsordnung Berufskolleg" (APO-BK) mit ihren Verwaltungsvorschriften
- die Schulgesetze der Bundesländer

Die Schulgesetze der Länder enthalten die gesetzlichen Grundlagen für den Berufsschulbesuch. Wichtig sind hier vor allem die Regelungen zur Berufsschulpflicht. Hierzu wird z. B. im Schulgesetz des Bundeslandes Nordrhein-Westfalen folgendes festgelegt (§ 38):

> **Schulpflicht in der Sekundarstufe II**
>
> Nach der Schulpflicht in der Primarstufe und der Sekundarstufe I beginnt die Pflicht zum Besuch der Berufsschule oder eines anderen Bildungsganges des Berufskollegs oder einer anderen Schule der Sekundarstufe II.
> Wer vor Vollendung des einundzwanzigsten Lebensjahres ein Berufsausbildungsverhältnis beginnt, ist bis zu dessen Ende schulpflichtig.
> Für Jugendliche ohne Berufsausbildungsverhältnis dauert die Schulpflicht bis zum Ablauf des Schuljahres, in dem sie das achtzehnte Lebensjahr vollenden.

### 1.2.2 Arbeitszeiten und Schutzmaßnahmen

Im 19. Jahrhundert war Kinderarbeit der Regelfall. Kinder und Jugendliche mussten häufig 12 oder mehr Stunden am Tag arbeiten. Heute ist Kinderarbeit verboten und Jugendliche im Arbeits- oder Ausbildungsverhältnis stehen unter einem besonderen Schutz.

Für Jugendliche in einem Arbeits- oder Ausbildungsverhältnis trifft das Jugendarbeitsschutzgesetz (JarbSchG) in der aktuellen Fassung von 2008 zu. Als Jugendlicher gilt, wer mindestens 15, aber noch nicht 18 Jahre alt ist.

Dieses Gesetz enthält Regelungen zu den Arbeits-, Ruhe- und Pausenzeiten, Festlegungen zum Urlaub und zur Anrechnung der Berufsschulzeiten sowie Schutzvorschriften gegenüber zu starken körperlichen Belastungen und Gesundheitsgefährdungen.

Für alle Auszubildenden, die noch minderjährig sind, sind diese gesetzlichen Vorgaben sehr wichtig, weil hierdurch wesentliche Eckpunkte hinsichtlich der Arbeitszeiten festgelegt werden (Bild 1.20).

Für volljährige Arbeitnehmer und Auszubildende regelt das Arbeitszeitgesetz (ArbZG) die Arbeits- und Ruhezeiten. Es soll sicherstellen, dass Arbeitnehmer nicht überfordert und vor negativen Folgen geschützt werden. Zahlreiche Studien belegen die Notwendigkeit solcher Schutzmaßnahmen, denn bei Nichtbeachtung steigt das Risiko von Arbeitsunfällen und berufsbedingten Erkrankungen. Diese Regelungen für volljährige Auszubildende in der Augenoptik sind die einzigen Festlegungen zur Arbeitszeit, wenn nicht durch den Ausbildungsvertrag oder durch betriebliche Vereinbarungen günstigere Konditionen bestehen.

Das **Arbeitszeitgesetz** bestimmt folgende Arbeitszeitregelungen für Erwachsene:
- Die werktägliche Arbeitszeit der Arbeitnehmer darf acht Stunden nicht überschreiten.
- Sie kann auf bis zu zehn Stunden nur verlängert werden, wenn innerhalb von sechs Kalendermonaten oder innerhalb von 24 Wochen im Durchschnitt acht Stunden werktäglich nicht überschritten werden.
- Es besteht eine 6-Tage-Woche.
- Die wöchentliche Arbeitszeit beträgt im Regelfall höchstens 48 Stunden
- Arbeitnehmer dürfen an Sonn- und gesetzlichen Feiertagen von 0 bis 24 Uhr nicht beschäftigt werden.
- Für Sonn- und Feiertagsarbeit existieren in einigen Bereichen (z. B. Gastronomie) und zu einigen Anlässen (z. B. Volksfeste, verkaufsoffene Sonntage) Ausnahmen.

## 1.2 Der Auszubildende in der Augenoptik

- Die Arbeitnehmer müssen nach Beendigung der täglichen Arbeitszeit eine ununterbrochene Ruhezeit von mindestens elf Stunden haben.

- Die Arbeit ist durch im Voraus feststehende Ruhepausen von mindestens 30 Minuten bei einer Arbeitszeit von mehr als sechs bis zu neun Stunden und 45 Minuten bei einer Arbeitszeit von mehr als neun Stunden insgesamt zu unterbrechen.

---

**Jugendarbeitsschutzgesetz** (ausgewählte und verkürzte Beispiele)

**Arbeitszeit (§ 4, 8, 15–17)**
Jugendliche dürfen nicht mehr als acht Stunden täglich und nicht mehr als 40 Stunden wöchentlich beschäftigt werden.
Wenn an einzelnen Werktagen die Arbeitszeit auf weniger als acht Stunden verkürzt ist, können Jugendliche an den übrigen Werktagen derselben Woche achteinhalb Stunden beschäftigt werden.
Jugendliche dürfen nur an fünf Tagen in der Woche beschäftigt werden. Die beiden wöchentlichen Ruhetage sollen nach Möglichkeit aufeinander folgen.
An Samstagen dürfen Jugendliche nicht beschäftigt werden.
Zulässig ist die Beschäftigung Jugendlicher an Samstagen nur in offenen Verkaufsstellen und in Betrieben mit offenen Verkaufsstellen.
Mindestens zwei Samstage im Monat sollen beschäftigungsfrei bleiben.
Werden Jugendliche am Samstag beschäftigt, ist ihnen die Fünf-Tage-Woche durch Freistellung an einem anderen berufsschulfreien Arbeitstag derselben Woche sicherzustellen.
An Sonntagen und Feiertagen dürfen Jugendliche nicht beschäftigt werden (Ausnahmen sind möglich).

**Freizeit (§ 13, 14)**
Nach Beendigung der täglichen Arbeitszeit dürfen Jugendliche nicht vor Ablauf einer ununterbrochenen Freizeit von mindestens 12 Stunden beschäftigt werden. Jugendliche dürfen nur in der Zeit von 6 bis 20 Uhr beschäftigt werden (Ausnahmen sind möglich).

**Urlaub (§ 19)**
Der Urlaub beträgt jährlich
1. mindestens 30 Werktage, wenn der Jugendliche zu Beginn des Kalenderjahrs noch nicht 16 Jahre alt ist,
2. mindestens 27 Werktage, wenn der Jugendliche zu Beginn des Kalenderjahrs noch nicht 17 Jahre alt ist,
3. mindestens 25 Werktage, wenn der Jugendliche zu Beginn des Kalenderjahrs noch nicht 18 Jahre alt ist.

**Berufsschule (§ 9)**
Der Arbeitgeber hat den Jugendlichen für die Teilnahme am Berufsschulunterricht freizustellen. Er darf den Jugendlichen nicht beschäftigen
1. vor einem vor 9 Uhr beginnenden Unterricht; dies gilt auch für Personen, die über 18 Jahre alt und noch berufsschulpflichtig sind,
2. an einem Berufsschultag mit mehr als fünf Unterrichtsstunden von mindestens je 45 Minuten, einmal in der Woche,
3. in Berufsschulwochen mit einem planmäßigen Blockunterricht von mindestens 25 Stunden an mindestens fünf Tagen; zusätzliche betriebliche Ausbildungsveranstaltungen bis zu zwei Stunden wöchentlich sind zulässig.

Auf die Arbeitszeit werden angerechnet
1. Berufsschultage nach Absatz 1 Nr. 2 mit acht Stunden,
2. Berufsschulwochen nach Absatz 1 Nr. 3 mit 40 Stunden,
3. im Übrigen die Unterrichtszeit einschließlich der Pausen.

Ein Entgeltausfall darf durch den Besuch der Berufsschule nicht eintreten.

**Bild 1.20** Jugendarbeitsschutzgesetz (ausgewählte und verkürzte Beispiele)

# Den Betrieb und das Berufsfeld präsentieren

Das **Bundesurlaubsgesetz** regelt für volljährige Auszubildende den Urlaubsanspruch. Hier einige Auszüge (§ 1–4):

> Jeder Arbeitnehmer hat in jedem Kalenderjahr Anspruch auf bezahlten Erholungsurlaub.
> Arbeitnehmer im Sinne des Gesetzes sind Arbeiter und Angestellte sowie die zu ihrer Berufsausbildung Beschäftigten.
> Der Urlaub beträgt jährlich mindestens 24 Werktage.
> Als Werktage gelten alle Kalendertage, die nicht Sonn- oder gesetzliche Feiertage sind.
> Der volle Urlaubsanspruch wird erstmalig nach sechsmonatigem Bestehen des Arbeitsverhältnisses erworben.

Diese gesetzliche Regelung trifft auf alle volljährigen Auszubildenden in der Augenoptik zu, wenn nicht durch den Ausbildungsvertrag oder durch betriebliche Vereinbarungen günstigere Konditionen festgelegt wurden.

**Bild 1.21** Das Schulgesetz regelt die Berufsschulpflicht

Hinsichtlich der **Anrechnungszeiten des Berufsschulunterrichts** für volljährige Auszubildende gelten in Teilen Deutschlands Regelungen, die folgendes festlegen:

> Wenn sich betriebliche Ausbildungszeit und Zeiten des Berufsschulunterrichtes überschneiden, ist der volljährige Lehrling freizustellen und zwar nicht nur für die Zeiten des reinen Unterrichtes, sondern einschließlich der Wegezeiten, Pausen und den unterrichtsfreien Zeiten, in denen der Lehrling notwendigerweise in der Berufsschule verbleiben muss. Durch die vom Gesetz angeordnete Freistellung wird die vertragliche Ausbildungspflicht ersetzt. Eine Nachholung ist von Gesetzes wegen ausgeschlossen.
>
> Berufsschulzeiten, die außerhalb der betrieblichen Arbeitszeit stattfinden, haben keine Auswirkung auf die Anwesenheitspflicht des Auszubildenden im Betrieb.
> Jugendliche und volljährige Lehrlinge müssen freigestellt werden für folgende Zeiten:
> – tatsächliche Unterrichtszeit
> – Pausenzeiten zwischen den Unterrichtsstunden
> – Notwendige Wegezeiten zwischen Betrieb und Berufsschule
>
> Unterschiede zwischen Jugendlichen und Volljährigen bestehen lediglich im Hinblick auf die Unterrichtszeiten, die nicht mit betrieblichen Ausbildungszeiten zusammenfallen. Bei Volljährigen wird die außerhalb liegende Berufsschulzeit in keinem Fall angerechnet.

Daraus folgt für volljährige Auszubildende, dass nicht die gesamte Zeit in der Berufsschule auf die tägliche und wöchentliche Ausbildungszeit angerechnet wird.

## 1.2.3 Rechte und Pflichten der Vertragspartner

Der für Auszubildende wichtigste Bestandteil des Berufsbildungsgesetzes besteht in den gegenseitigen Rechten und Pflichten der Vertragsparteien. Die entsprechenden Paragraphen des BBiG sind auf der Rückseite des Ausbildungsvertrages aufgeführt. Zu den wichtigsten Pflichten des ausbildenden Betriebes gehört nach dem Berufsbildungsgesetz dafür zu sorgen, dass dem Auszubildenden die Kenntnisse und Fertigkeiten vermittelt werden, die zum Erreichen des Ausbildungsziels in der vorgesehenen Zeit nötig sind. Dazu gehört auch, den Auszubildenden für den Berufsschulbesuch, für überbetriebliche Maßnahmen und für Prüfungen bei fortlaufender Bezahlung freizustellen.

Dem Auszubildenden dürfen nur Aufgaben übertragen werden, die dem Ausbildungszweck dienen. Das bedeutet nicht, dass Aufgaben wie beispielsweise die Pflege von Kundenkarteien, die Durchführung von Postwegen oder die Gestaltung von Schaufenstern einem Auszubildenden nicht aufgetragen werden dürfen. Sie sollten in die Ausbildung einbezogen werden, denn sie sind Bestandteile des Berufes, dürfen jedoch nicht den Hauptanteil der Ausbildungszeit einnehmen.

Der Auszubildende sollte vor allem das Bestreben zeigen, das Ausbildungsziel zu erreichen und die dafür notwendigen Kenntnisse und Fähigkeiten zu erwerben. Die Teilnahme am Berufsschulunterricht und an Weiterbildungsmaßnahmen sowie die Berichtsheftführung gehören ebenfalls zu den Pflichten des Auszubildenden (Tabelle 1.4).

**überbetriebliche Ausbildung (ÜBA):** Ausbildungsanteile, die von Auszubildenden aus verschiedenen Betrieben genutzt werden, sie ergänzt und unterstützt die betriebliche Ausbildung in Handwerksbetrieben

## 1.2.4 Kündigungsbedingungen in der Ausbildung

Im Berufsbildungsgesetz sind die Kündigungsbedingungen für beide Vertragspartner genau geregelt. Auf der Rückseite des Ausbildungsvertrages sind diese aufgeführt. Eine Kündigung ist ein einseitiges, empfangsbedürftiges Rechtsgeschäft, d. h. es ist für die Kündigung die ausdrückliche Erklärung desjenigen nötig, der die Kündigung ausspricht. Gültig ist die Kündigung jedoch erst, wenn derjenige, dem gekündigt wird, die Kündigung erhalten hat. Deshalb sollte eine Kündigung schriftlich erfolgen und der Erhalt dadurch gesichert sein, dass sie per Einschreiben zugestellt wird.

| Kündigung | durch den Ausbildenden | durch den Auszubildenden |
|---|---|---|
| nur in der Probezeit (1–4 Monate) | fristlos und ohne Angabe von Gründen | fristlos und ohne Angabe von Gründen |
| fristlos, bei schwerwiegenden Gründen | bei unzumutbaren Pflichtverletzungen (z. B. nachgewiesener Diebstahl am Arbeitsplatz, Vandalismus) | bei unzumutbaren Pflichtverletzungen (z. B. sexuelle Belästigung am Arbeitsplatz, Anwendung körperlicher Gewalt) |
| fristlos, nach vorherigen Abmahnungen | bei wiederkehrenden oder häufigen Pflichtverletzungen (z. B. unentschuldigtes Fehlen, Verweigerung von Arbeitsanweisungen, Missachtung von Verboten und Sicherheitsbestimmungen) | bei wiederkehrenden oder häufigen Pflichtverletzungen (z. B. ausbildungsfremde Tätigkeiten in großem Ausmaß, Verstöße gegen JarschG, ausbleibende Vergütung) |
| Ordentliche Kündigung (4-Wochen-Frist) | bei Aufgabe oder Insolvenz des Betriebes | bei Aufgabe oder Wechsel des Ausbildungsberufes |
| Aufhebungsvertrag (Kündigung in beiderseitigem Einvernehmen) | Zustimmung des Auszubildenden erforderlich | Zustimmung des Ausbildenden erforderlich |

**Tabelle 1.3** Kündigungsbedingungen in der Ausbildung

# Den Betrieb und das Berufsfeld präsentieren

| Pflichten des Ausbildenden | Pflichten des Auszubildenden |
|---|---|
| Der Ausbildende ist verpflichtet, … | Der Auszubildende ist verpflichtet, … |
| … dem Auszubildenden die Fertigkeiten, Kenntnisse und Erfahrungen planmäßig zu vermitteln, die zum Erreichen des Ausbildungszieles erforderlich sind.<br>▶ Ausbildungspflicht | … sich zu bemühen, die Fertigkeiten, Kenntnisse und Erfahrungen zu erwerben, die zum Erreichen des Ausbildungszieles erforderlich sind.<br>▶ Lernpflicht |
| … den Auszubildenden zum Besuch der Berufsschule anzuhalten und ihn dafür freizustellen.<br>▶ Freistellung für Berufsschulunterricht | … am Berufsschulunterricht teilzunehmen und sich aktiv um den Erwerb der dargebotenen Lernstoffe zu bemühen.<br>▶ Teilnahme am Berufsschulunterricht |
| … den Auszubildenden für die vereinbarten Ausbildungsmaßnahmen außerhalb der Ausbildungsstätte freizustellen.<br>▶ Freistellung für außerbetriebliche Ausbildung | … an den im Berufsausbildungsvertrag vereinbarten Ausbildungsmaßnahmen außerhalb der Ausbildungsstätte teilzunehmen.<br>▶ Teilnahme an außerbetrieblicher Ausbildung |
| … den Auszubildenden rechtzeitig zu den angesetzten Zwischen-, Abschluss- und Wiederholungsprüfungen anzumelden und für die Teilnahme freizustellen.<br>▶ Freistellung für Prüfungen | … an den durch die Ausbildungsordnung vorgeschriebenen Zwischen- und Abschlussprüfungen teilzunehmen.<br>▶ Teilnahme an Prüfungen |
| … dem Auszubildenden die weisungsberechtigten Personen bekannt zu machen.<br>▶ Benennung weisungsberechtigter Personen | … den Weisungen weisungsberechtigter Personen zu folgen.<br>▶ Weisungsgebundenheit |
| … minderjährige Auszubildende während der betrieblichen Ausbildung zu beaufsichtigen.<br>▶ Aufsichtspflicht | … die für die Ausbildungsstätte geltenden Ordnungsvorschriften zu beachten.<br>▶ Einhaltung der Ordnung |
| … dem Auszubildenden die Ausbildungsnachweise für die Berufsausbildung kostenfrei auszuhändigen und deren ordnungsgemäße, schriftliche Führung durch regelmäßige Abzeichnung zu überwachen.<br>▶ Ausbildungsnachweiskontrolle | … die Ausbildungsnachweise ordnungsgemäß schriftlich zu führen und regelmäßig vorzulegen.<br>▶ Ausbildungsnachweisführung |
| … dem Auszubildenden kostenlos die Ausbildungsmittel zur Verfügung zu stellen.<br>▶ Bereitstellung der Ausbildungsmittel | … die ihm zur Verfügung gestellten Ausbildungsmittel und sonstigen Einrichtungen der Ausbildungsstätte pfleglich zu behandeln.<br>▶ Sorgfaltspflicht |
| … dem Auszubildenden eine angemessene Vergütung zu zahlen.<br>▶ Vergütungspflicht | … bei Fernbleiben von der Ausbildung dem Ausbildenden unter Angabe von Gründen unverzüglich Nachricht zu geben und ihm spätestens am dritten Tag eine ärztliche Bescheinigung zuzuleiten.<br>▶ Benachrichtigungspflicht |
| … dem Auszubildenden ausschließlich Aufgaben zu übertragen, die dem Ausbildungszweck dienen und seinen körperlichen Kräften angemessen sind.<br>▶ Zweckgebundene Übertragung von Aufgaben | … über Betriebs- und Geschäftsgeheimnisse Stillschweigen zu bewahren.<br>▶ Schweigepflicht |

**Tabelle 1.4** Rechte und Pflichten der Vertragspartner (Auszüge)

Während der Probezeit ist von beiden Vertragsparteien jederzeit eine fristlose Kündigung ohne Angabe von Gründen möglich. Die Probezeit dauert ein bis vier Monate. Die exakte Dauer ist im Ausbildungsvertrag festgelegt. Sie kann in besonderen Fällen, beispielsweise bei Krankheit, verlängert werden.

Nach der Probezeit müssen beide Vertragspartner Gründe angeben, um eine Kündigung auszusprechen. Dabei kann eine Kündigung fristlos oder mit einer vierwöchigen Frist erfolgen. Für eine sofortige, fristlose Kündigung gilt, dass der Vorfall, der die fristlose Kündigung begründet, nicht länger als 14 Tage bekannt ist. Eine fristlose Kündigung kann außerdem nach im Regelfall zwei formal korrekten Abmahnungen erfolgen. Eine Abmahnung kann mündlich oder schriftlich vorgebracht werden, sie muss die vorgeworfene Pflichtverletzung sowie die Kündigungsandrohung enthalten. Zudem muss dem Vertragspartner eine angemessene Frist gewährt werden, sein Verhalten zu ändern.

Für Auszubildende ist es wichtig zu wissen, dass es nicht möglich ist, dem Ausbildungsbetrieb zu kündigen, um in einem anderen Betrieb die Ausbildung fortzusetzen. In diesem Fall sollte eine Kündigung im beiderseitigen Einvernehmen mit einem sogenannten Aufhebungs- oder Auflösungsvertrag angestrebt werden. Einen Aufhebungsvertrag kann ein Auszubildender mit seinem Arbeitgeber nur abschließen, wenn dieser mit dem Weggang des Auszubildenden einverstanden ist. Eine Frist muss hierbei nicht eingehalten werden. Es kann frei vereinbart werden, wann der Ausbildungsvertrag endet.

> **Probezeit:** Zeitspanne, die es den Vertragspartnern ermöglicht, Eignung und Leistungen des Auszubildenden und die Ausbildungsbedingungen zu prüfen

### Aufgaben

1. Welche Vor- und Nachteile ergeben sich aus einer dualen Ausbildung? Stellen Sie diese auf einem Wandplakat gegenüber.

2. Erstellen Sie ein Schema, das die rechtlichen Grundlagen Ihrer Ausbildung nach dem Ordnungsprinzip gliedert.

3. Beurteilen Sie die Rechtslage und begründen Sie Ihre Aussagen mithilfe der rechtlichen Grundlagen!
   a) Im Gespräch mit Lena stellt Timo fest, dass er weniger Zeit im Ausbildungsbetrieb verbringt als Lena. Er vermutet, dass dies mit der Anrechnung der Berufsschulzeiten auf die Wochenarbeitszeit zusammenhängt. Beide haben an zwei Tagen in der Woche jeweils 7 Unterrichtsstunden (8:00 Uhr–14:00 Uhr) und einen Fahrweg von 30 Minuten zwischen Berufsschule und Betrieb.
   b) Die 20-jährige Lena beklagt sich, weil der 17-jährige Timo jeden zweiten Samstag nicht in den Ausbildungsbetrieb muss, sie aber schon.
   c) Lena und Timo sollen beide 24 Werktage Jahresurlaub bekommen.

4. Klären Sie die Rechtslage in folgenden Fällen und begründen Sie Ihre Entscheidung!
   a) Timo soll im ersten Ausbildungsjahr jeden Abend die Fassungskollektionen im Ausstellungsbereich überprüfen und sortieren.
   b) Nach vier Monaten soll Timo an einer Fortbildung teilnehmen, dem sogenannten Einsteigerseminar. Er hat jedoch kein Interesse.
   c) Lena soll ausnahmsweise an einem Berufsschultag arbeiten, weil ein Kollege erkrankt ist.
   d) Einem Auszubildenden wird im dritten Lehrjahr fristlos gekündigt, weil er Geld aus der Kasse gestohlen hat.
   e) Einer Auszubildenden wird im zweiten Lehrjahr fristlos gekündigt, weil sie einen Berufsschultag geschwänzt hat.
   f) Ein Auszubildender kündigt im dritten Lehrjahr, weil er bei einem Konkurrenzunternehmen arbeiten möchte.
   g) Einer Auszubildenden wird im zweiten Lehrjahr gekündigt, weil der Betrieb Konkurs angemeldet hat.

## 1.3 Die tarifliche Situation in der Augenoptik

> Durch Gespräche in der Berufsschule erfährt Timo, dass einige seiner Mitschüler deutlich mehr Urlaub haben als er. Außerdem müssen sie in der Woche nur 39 Stunden statt 40 Stunden arbeiten. Timo fragt sich, woran das liegen kann.

### 1.3.1 Entstehung und Arten von Tarifverträgen

Im Tarifvertrag sind Rechte und Pflichten aufgeführt, die das Arbeits- oder Ausbildungsverhältnis zwischen Arbeitgeber und Arbeitnehmer ordnen. Vertragspartner eines Tarifvertrages können auf Arbeitgeberseite entweder der Arbeitgeber eines Betriebes sein, wenn es sich um einen Haus- oder Firmentarif handelt, oder – wesentlich häufiger – ein Arbeitgeberverband, also ein Zusammenschluss von Arbeitgebern. Bei der Entwicklung von Tarifverträgen ist der Staat nicht beteiligt, die Verhandlungen finden ohne Einmischung anderer selbstständig zwischen den Arbeitgeber- und Arbeitnehmervertretungen statt. Ein abgeschlossener Tarifvertrag ist für Mitglieder des Arbeitgeberverbandes und der Gewerkschaft verbindlich und gilt solange, bis er von einer der beiden Seiten gekündet wird. Danach kann ein neuer Tarifvertrag ausgehandelt werden.

**Tarifautonomie:** beide Tarifparteien – die Gewerkschaften und die Arbeitgeber – verhandeln und schließen den Tarifvertrag autonom ab, d. h., ohne dass irgendjemand auf die Verhandlungen Einfluss nehmen darf.

Tarifverträge haben eine Schutzfunktion für abhängig Beschäftigte, indem durch Tarife der Preis der Arbeit geregelt wird und dadurch teilweise die Konkurrenz der Arbeitnehmer untereinander gemindert wird.

Die wichtigsten Arten von Tarifverträgen sind der Manteltarifvertrag und der Vergütungstarifvertrag. Im Mantel- oder Rahmentarifvertrag werden grundlegende Bereiche geregelt wie Urlaubsanspruch, Arbeitszeiten oder besondere Kündigungsfristen. Außerdem werden darin Informationen zur Einstufung von Lohn- und Gehaltsgruppen aufgeführt. In Vergütungsverträgen, auch Lohn- und Gehaltstarifverträge genannt, wird die Höhe des Entgelts für geleistete Arbeit des Arbeitnehmers festgelegt. Dabei wird jeder Lohn- und Gehaltsgruppe ein tariflicher Mindestlohn zugewiesen. Sonderzahlungen wie Urlaubs- und Weihnachtsgeld können hier, zum Teil aber auch in separaten Tarifverträgen, aufgeführt werden.

### 1.3.2 Tarifauseinandersetzungen und Arbeitskampf

**1. Kündigung des Tarifvertrags**
Zu Beginn von Tarifauseinandersetzungen erfolgt die Kündigung des noch laufenden Tarifvertrags. Die Kündigung kann durch beide Tarifpartner erfolgen.

**2. Scheitern der Verhandlungen**
Danach treten die Tarifkommissionen beider Parteien zu Tarifverhandlungen zusammen und verhandeln über vorgebrachte Forderungen der Gewerkschaft und Angebote der Arbeitgeber. Häufig weichen Forderung und Angebot in dieser Phase noch stark voneinander ab. Scheitern die Verhandlungen, kommt es zur Schlichtung.

**3. Schlichtung**
Das Schlichtungsverfahren soll dazu dienen, die festgefahrenen Verhandlungen wieder in Gang zu bringen, zu einer Einigung zu kommen und so einen Arbeitskampf zu verhindern.

Die Schlichtungsstellen sind mit Vertretern der Arbeitgeber- und Arbeitnehmerseite sowie einem neutralen Vorsitzenden, dem Schlichter, besetzt. Sie entwickeln einen Kompromissvorschlag, der von den Tarifpartnern angenommen oder abgelehnt werden kann. Falls der Vorschlag akzeptiert wird, kommt ein neuer Tarifvertrag zustande, andernfalls gilt die Schlichtung als gescheitert.

## 1.3 Die tarifliche Situation in der Augenoptik

Scheitert die Schlichtung, erlischt die Friedenspflicht der Tarifparteien und es kann zu Arbeitskampfmaßnahmen kommen.

### 4. Erste Urabstimmung über Streikmaßnahmen

Vor einem Streik muss die Gewerkschaft eine Urabstimmung durchführen. Hierbei haben alle betroffenen Gewerkschaftsmitglieder in einem bestimmten Tarifgebiet auf einem Stimmzettel zu erklären, ob sie für oder gegen einen Arbeitskampf sind. Mindestens 75 % der abstimmungsberechtigten Gewerkschaftsmitglieder müssen sich für Streikmaßnahmen entscheiden.

### 5. Streik und Aussperrung

Der Streik ist das wichtigste Kampfmittel der Arbeitnehmer. Zum Streik muss durch die Gewerkschaft aufgerufen werden.

Die Arbeitgeber können auf den Streik mit Aussperrung reagieren. Hierbei wird Arbeitnehmern vom Unternehmen der Zugang zu den Arbeitsplätzen verwehrt. Während der Aussperrung ruhen die Rechte und Pflichten aus dem Arbeitsvertrag. Der Arbeitnehmer erbringt keine Leistung und erhält folglich auch keinen Lohn. Dadurch soll Druck auf die Arbeitnehmer ausgeübt werden, um die Streikbereitschaft zu mindern.

### 6. Weitere Verhandlungen

Parallel zu den Arbeitskampfmaßnahmen werden weiterhin Verhandlungen zwischen den Tarifpartnern, in der Regel mit einem Schlichter geführt, um einen Kompromiss zu erzielen und den Arbeitskampf zu beenden. Die Bereitschaft hierfür ist in dieser Phase des Arbeitskampfes relativ groß, denn der Produktionsausfall verursacht hohe Kosten und von Aussperrung Betroffene haben Einkommensverluste.

### 7. Zweite Urabstimmung über Streikende

Wenn bei diesen Tarifverhandlungen eine Einigung zustande kommt, ist eine zweite Urabstimmung zur Beendigung des Streiks notwendig. Bei dieser Urabstimmung müssen mindestens 25 % der gewerkschaftlich organisierten Arbeitnehmer für die Annahme des Verhandlungsergebnisses und damit für die Beendigung des Streiks stimmen.

### 8. Neuer Tarifvertrag

Die Verhandlungsergebnisse werden in einem neuen Tarifvertrag festgehalten.

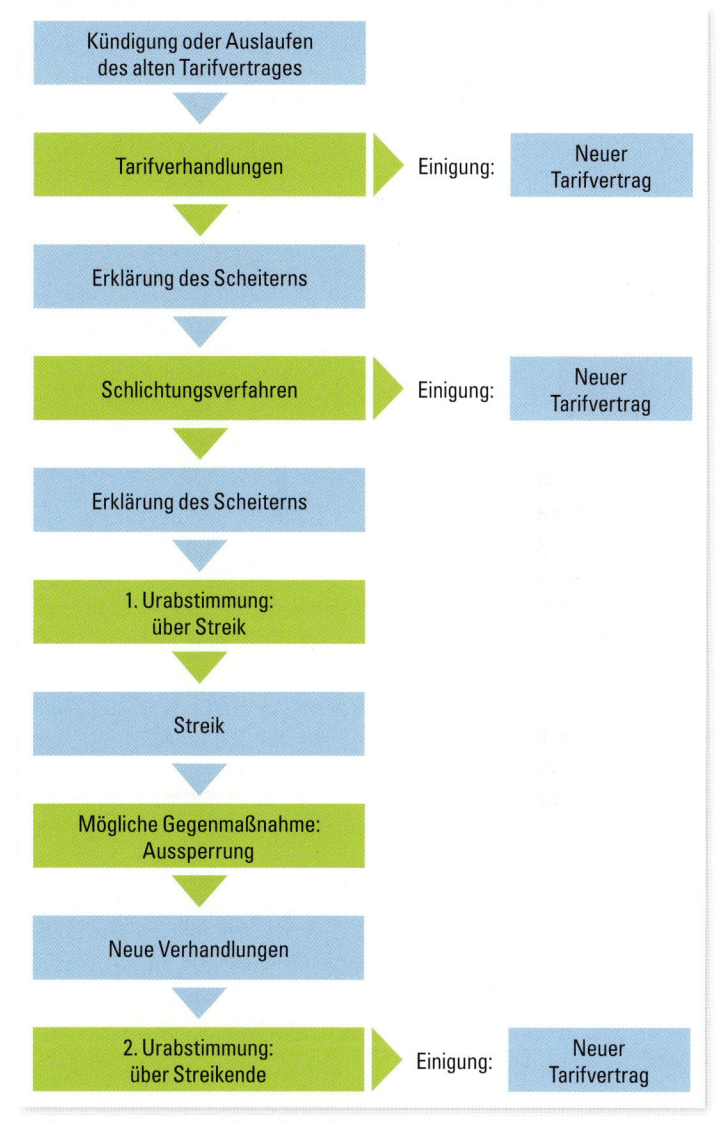

**Bild 1.22** Ablauf von Tarifauseinandersetzungen

Ein Streik ist rechtmäßig, wenn …
- er von der verantwortlichen Gewerkschaft ausgerufen wird.
- ein Streikbeschluss durch die Urabstimmung vorhanden ist.
- der gültige Tarifvertrag ausgelaufen oder gekündigt ist.
- die Tarifverhandlungen gescheitert sind.
- der Schlichtungsspruch einer neutralen Schlichtungskommission abgelehnt ist. Die Friedenspflicht ist damit erloschen.

### 1.3.3 Tarifliche Bedingungen in der Augenoptik

Sozialpartner zur Festlegung tariflicher Vereinbarungen in der Augenoptik sind der Zentralverband für Augenoptiker (ZVA) für die Arbeitgeber und die Gewerkschaft ver.di für die Arbeitnehmer. In den letzten Jahren kamen jedoch Verhandlungen der Tarifparteien nicht zustande bzw. kam es zu keinem Abschluss. Im Moment existiert kein gültiger Manteltarifvertrag, da dieser im Jahr 2007 einseitig von Arbeitgeberseite aus gekündigt wurde. Formal ist der Lohn- und Gehaltstarifvertrag von 2002 noch in Kraft. Es gibt jedoch einseitige Tarifempfehlungen des ZVA hinsichtlich der Gehälter und Ausbildungsvergütungen. Diese Tarifempfehlungen sind ähnlich aufgebaut wie der zuvor existierende Lohn- und Gehaltstarifvertrag. Es bestehen je nach Qualifikation sechs Lohngruppen, denen jeweils eine Mindestlohnempfehlung zugeordnet wird. Die aktuellen **Tarifempfehlungen** sind auf den Internetseiten des Zentralverbandes für Augenoptiker zu finden.

Zusammenfassend ist festzustellen, dass zum jetzigen Zeitpunkt keine tariflichen Festlegungen hinsichtlich Arbeitszeit und Urlaubsanspruch (Regelungen des Manteltarifvertrages) existieren. Die im Manteltarifvertrag von 2002 festgelegte wöchentliche Arbeitszeit von 39 Stunden in den alten Bundesländern gilt ebenfalls nicht mehr. Die oben genannten Empfehlungen gehen wieder von der 40-Stunden-Woche aus. Eine Ausnahme bilden einige größere Unternehmen, insbesondere die Filialisten. Hier existieren Haustarife oder betriebliche Vereinbarungen, die für die Beschäftigten deutlich bessere Konditionen als die gesetzlichen Mindestvorschriften enthalten können.

| | |
|---|---|
| **Gruppe I:** | Augenoptiker mit Gesellenprüfung im Augenoptikerhandwerk, schwerpunktmäßig in der betriebsinternen Werkstatt bzw. schwerpunktmäßig im Verkauf tätig |
| **Tarifgehalt:** | 1.750,00 Euro |
| **Gruppe II:** | Augenoptiker mit Gesellenprüfung im Augenoptikerhandwerk, sowohl in der betriebsinternen Werkstatt als auch im Verkauf tätig |
| **Tarifgehalt:** | 1.830,00 Euro (1. und 2. Tätigkeitsjahr)<br>1.900,00 Euro (3. und 4. Tätigkeitsjahr)<br>1.990,00 Euro (5. und 6. Tätigkeitsjahr)<br>2.080,00 Euro (ab dem 7. Tätigkeitsjahr) |
| **Grupe III:** | Augenoptiker mit Gesellenprüfung im Augenoptikerhandwerk mit spezifischer Qualifikation in den Unternehmensbereichen Verwaltung/Einkauf/Verkauf/Dienstleistung |
| **Tarifgehalt:** | 2.190,00 Euro |
| **Gruppe IV:** | Augenoptiker mit Meisterprüfung im Augenoptikerhandwerk |
| **Tarifgehalt:** | 2.390,00 Euro |

**Bild 1.23** Auszug aus den Tarifempfehlungen des ZVA für Baden-Württemberg, Berlin, Bremen, Hamburg, Hessen, Niedersachsen, Norrhein-Westfalen, Rheinland-Pfalz, Saarland und Schleswig-Holstein (Stand 2012)

### 1.3.4 Die tarifliche Situation der Auszubildenden

Für Auszubildende in der Augenoptik galt schon immer, dass sie vom Mantelvertrag ausgeschlossen waren. Insofern hat sich durch die Kündigung des Manteltarifvertrags durch den ZVA nichts geändert. Daraus folgt, dass für die Auszubildenden in der Augenoptik Festlegungen, die beispielsweise Arbeitszeiten und Urlaubsansprüche betreffen, lediglich durch Gesetze und durch den jeweiligen Ausbildungsvertrag geregelt werden. Es existieren jedoch Empfehlungen der regionalen Verbände des ZVA hinsichtlich der Ausbildungsvergütung und des Urlaubsanspruchs. Diese Empfehlungen gelten nicht bundeseinheitlich und differieren stark zwischen den einzelnen Verbänden. Eine Übersicht der **Ausbildungsvergütungen** bietet der Zentralverband der Augenoptiker auf seinen Internetseiten.

Die Angaben zur Vergütungshöhe gehen dabei von der 40-Stunden-Woche aus. Sie enthalten auch Aussagen hinsichtlich des Urlaubs. Hier werden 26 Werktage für volljährige Auszubildende empfohlen, bei minderjährigen Auszubildenden wird auf das Jugendarbeitsschutzgesetz verwiesen. Diese Empfehlungen sind nicht bindend, werden jedoch in der Regel von vielen Betrieben, vor allem den Mitgliedsbetrieben des ZVA befolgt.

> **Aufgaben**
>
> 1. Ermitteln Sie, wie in Ihrem Ausbildungsverhältnis Arbeitszeiten und Urlaubsansprüche geregelt sind.
> 2. Ermitteln Sie die aktuellen Tarifempfehlungen des ZVA.
> 3. Diskutieren Sie, warum in der Augenoptik der Einfluss der Gewerkschaft eher gering ist. Stellen Sie die Gründe hierfür schriftlich dar.
> 4. Entwerfen Sie ein Plakat, das für einen Eintritt / eine Gründung einer Augenoptikergewerkschaft wirbt.

## 1.4 Berufliche Qualifizierung und Weiterbildung

> Sie stehen zwar erst am Anfang Ihrer Ausbildung zum Augenoptiker, dennoch sollten Sie sich schon frühzeitig damit auseinander setzen, welche Perspektiven sich für Sie nach dem Abschluss der Ausbildung ergeben. Denn dann stellt sich für viele die entscheidende Frage, ob man weiterhin als Geselle im Beruf arbeiten, sich weiterbilden oder sogar umorientieren möchte.

**Schulische Qualifikation**

Für die meisten erfolgreichen Augenoptikauszubildenden ändert sich die schulische Qualifikation durch den Erhalt des Gesellenbriefes und des Berufsschulabschlusszeugnisses nicht. Lediglich Absolventen ohne Fachoberschulreife erhalten diese durch einen erfolgreichen Abschluss.

Für Auszubildende, die zuvor nur den schulischen Teil der Fachhochschulreife erworben haben, gilt, dass sie durch den Berufsabschluss die vollständige Fachhochschulreife und damit die Qualifikation für ein Studium an Fachhochschulen erlangen.

**Weiterbildung innerhalb des Berufes**

Innerhalb des Berufes steht eine Vielzahl von Fort- und Weiterbildungsmöglichkeiten zur Verfügung. Dies beginnt bereits in der Ausbildung. Fortbildungsangebote, die zur Vertiefung und zum Ausbau bestimmter beruflicher Schwerpunkte dienen, sollten nach Möglichkeit bereits innerhalb der Ausbildung besucht werden. Hier bieten sich **Einsteigerseminare** zu verschiedenen Bereichen und Themen an. So können Kurse zur Typ- und Stilberatung, zur Brillenanpassung, zur Sportoptik oder zum Thema „Vergrößernde Sehhilfen" besucht werden. Die Teilnahme an solchen Fortbildungen erhöht nicht nur die Fachkompetenz, sondern signalisiert auch das Interesse am Beruf, was für die Zukunftsperspektiven eine wichtige Rolle spielen kann. Derartige Fachseminare sind natürlich auch für Gesellen geeignet.

## Den Betrieb und das Berufsfeld präsentieren

Ein Schwerpunkt von Fortbildungen als ausgebildeter Augenoptiker sollte auch in der **beruflichen Höherqualifizierung** liegen. Hier bieten sich z. B. Zusatzqualifikationen zur Refraktionsassistenz, Kontaktlinsenberatung oder -anpassung an. Auch eine Weiterbildung in nicht spezifisch augenoptischen Bereichen, wie beispielsweise der Erwerb eines Ausbilderscheins (Teil 4 der Meisterprüfung), ist möglich. Ein reichhaltiges Fortbildungsangebot, nach Eingangsvoraussetzungen und Qualifikationsstufen gestaffelt, findet man u. a. im Seminarprogramm des ZVA-Fortbildungszentrums.

**www**
zva-akademie.de

**Bild 1.24** Weiterbildung im Beruf

Eine weitere Qualifizierung bietet der staatliche Abschluss zum **„Betriebswirt im Handwerk"**. Hier geht es darum, Kenntnisse im Bereich der Betriebswirtschaft zu erlangen, die eine Spezialisierung im Betrieb in diesen Bereichen ermöglicht und eine Basis für die wirtschaftliche Leitung von Betriebsteilen herstellen kann. Eine Fortbildung in diesem Bereich kann berufsbegleitend, aber auch in Vollzeit- oder Teilzeitform durchgeführt werden und dauert zwischen drei und zwölf Monate.

Der klassische Weg der beruflichen Weiterbildung ist jedoch die Qualifikation zum **Augenoptikermeister**. Meisterkurse werden in ganz Deutschland angeboten, zum Teil in Vollzeitform, zum Teil auch begleitend zur Arbeit als Geselle. Die Meisterprüfung besteht aus vier Bereichen. Neben den Anteilen der Fachpraxis und Fachtheorie muss zudem eine Prüfung in einem kaufmännischen und in einem pädagogischen Bereich abgelegt werden. Zugangsvoraussetzung ist im Regelfall die bestandene Gesellenprüfung. Der erfolgreiche Abschluss der Meisterprüfung ist Basis für Leitungsfunktionen in Betrieben, für Filialleitungen oder für den Weg in die Selbstständigkeit.

Darüber hinaus werden an einigen Fachakademien neben dem Abschluss zum Augenoptikermeister auch die Abschlüsse **„Staatlich geprüfter Augenoptiker"**, **„Optometrist"** und **„Heilpraktiker mit dem Schwerpunkt Auge"** angeboten.

Im Zuge des Prozesses, Abschlüsse in Europa anzugleichen, sind in den letzten Jahren, an Stelle des zuvor existierenden Fachhochschulabschlusses „Diplom-Ingenieur für Augenoptik (FH)", neue akademische Abschlüsse entstanden. So ist an einigen Hochschulen und Fachhochschulen in Deutschland der Abschluss „Bachelor of Science – Augenoptik" und in Auf-

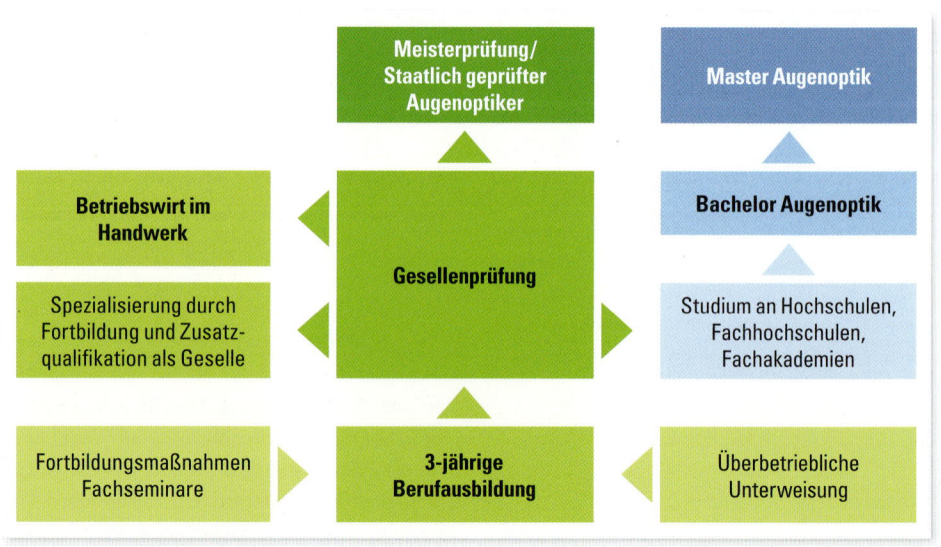

**Bild 1.25** Möglichkeiten der Weiterqualifizierung

stockung dieses Studienganges der Abschluss „Master of Science – Augenoptik" möglich. Voraussetzung für diese Hochschulstudiengänge ist neben dem Berufsabschluss zum Augenoptiker mindestens die Fachhochschulreife.

Derartige Berufs- und Hochschulabschlüsse eröffnen den Zugang zu leitenden Positionen in Betrieben, aber auch in der augenoptischen Industrie. Eine Übersicht über Weiter- und Fortbildungsangebote sowie -standorte ist auf den Internetseiten des ZVA zu finden.

**www**
zva-akademie.de

### Aufgaben

1. Prüfen Sie Ihre Interessenlage und Bereitschaft sich weiterzubilden. Fertigen Sie eine Liste mit Pro- und Contra-Argumenten für Fortbildungen an.

2. Prüfen Sie, welche Fort- und Weiterbildungsmöglichkeiten für Sie zum jetzigen Zeitpunkt möglich sind. Fertigen Sie eine Liste möglicher Fortbildungsmaßnahmen an.

3. Prüfen Sie, ob für Sie nach der Ausbildung ein Studium in Frage kommen kann (schulischer Abschluss, Zugangsvoraussetzungen).

4. Informieren Sie sich über Standorte von Fort- und Weiterbildungsmaßnahmen, die für Sie in Frage kommen. Fertigen Sie eine Liste an.

## 1.5 Arbeitsschutz und Unfallverhütung

Timo soll eine Einführung in die Nutzung der Werkstatt erhalten, doch sein Ausbilder ist verhindert. Timo wird angewiesen, sich zunächst selbst einen Überblick über die Handhabung der Geräte und Maschinen sowie über mögliche Sicherheitsrisiken zu verschaffen.

Jährlich werden von Deutschlands Augenoptikern bis zu 40 Millionen Brillengläser und fast 11 Millionen Fassungen abgesetzt. Für die Beschäftigten in den Betrieben gehören das Schleifen, Bohren und Polieren von Brillengläsern, die Reparatur von Brillenfassungen sowie die Reinigung von Gläsern und das Abziehen von Schleifscheiben zum Berufsalltag. Bei diesen Tätigkeiten können Verletzungen durch Arbeitsunfälle auftreten, aber auch Beeinträchtigungen durch Staub und Lösemittel die Gesundheit gefährden. Die Beachtung von Unfallverhütungsvorschriften und Sicherheitsvorgaben sind die beste Vorbeugung gegen Unfälle und Berufskrankheiten. Maschinen und technische Anlagen dürfen nie ohne strikte Einhaltung der Sicherheitsvorschriften und ohne Einweisung durch sachkundige Mitarbeiter benutzt werden.

**Bild 1.26** Arbeitsschutzbestimmungen

Der Unfall- und Gesundheitsschutz im Betrieb ist in zwei Regelsystemen festgelegt und dient:
- der Verhütung von Unfällen
- der Vorbeugung gegen Berufskrankheiten
- dem Schutz der Mitarbeiter vor Überlastung und Überforderung

## Den Betrieb und das Berufsfeld präsentieren

| Regelsystem | Gesetzliche Vorschriften | Vorschriften der Berufsgenossenschaft |
|---|---|---|
| Erlassen durch | Gesetzgebung / Bundestag | Zuständige Berufsgenossenschaft (Versicherungsträger) |
| Inhalte | • Arbeitszeitgesetz<br>• Jugendarbeitsschutzgesetz<br>• Arbeitssicherheitsgesetz<br>• Arbeitsstättenverordnung<br>• Gefahrstoffverordnung<br>• Gerätesicherheitsgesetz | Gebote und Verbote bei der Benutzung von Werkzeugen, Maschinen und Anlagen, z. B. Schutzeinrichtungen an Maschinen, Sicherheitsvorschriften bei Maschinennutzung, Sicherheitskennzeichnung an Geräten, Sicherheitshinweise beim Umgang mit Gefahrenstoffen |
| Überwachung im Betrieb | • Gewerbeaufsichtsamt<br>• Sicherheitsbeauftragte im Betrieb | • Berufsgenossenschaft<br>• Sicherheitsbeauftragte im Betrieb |

**Tabelle 1.5** Sicherheitssysteme zur Unfallverhütung

Werden die Vorschriften missachtet, können ganz alltägliche und branchenübliche Tätigkeiten die Gesundheit des Augenoptikers beeinträchtigen oder gefährden. Sie lassen sich auf drei Bereiche reduzieren:

1. Bearbeitung von Brillenglaswerkstoffen
   – manuelle und maschinelle Formrandung
   – manuelle oder maschinelle Nachbearbeitung
   – manuelle oder maschinelle Reinigung
2. Bearbeitung von Brillenfassungswerkstoffen
   – Verglasung
   – Reparatur
   – Reinigung
3. Wartung und Instandhaltung von Maschinen und Geräten

Dabei erfordert insbesondere der Umgang mit Gefahrstoffen (Reinigungs-, Lösungs-, Lötmittel) geeignete Sicherheitsvorkehrungen (Tabelle 1.6).

Grundsätzlich gilt für den Unfall- und Gesundheitsschutz im Betrieb:
• Gefahren erkennen
• Schutzmaßnahmen vornehmen
• Gefährdungen vermeiden

Folgende organisatorische und technische Sicherheitsvorkehrungen sollten auf jeden Fall beachtet werden:
• Handwerkliche Arbeiten sollten in vom Beratungsraum abgetrennten Werkstätten durchgeführt werden.
• Werkstätten müssen über eine Belüftungsanlage bzw. ein Fenster verfügen und von ausreichender Größe sein.
• Die eingesetzten Maschinen und Anlagen müssen auf die am Arbeitsplatz gegebenen Bedingungen abgestimmt sein.
• Bei bestimmungsgemäßer Nutzung müssen die Sicherheit und der Gesundheitsschutz der Beschäftigten gewährleistet sein.
• Arbeiten an Maschinen und Anlagen dürfen nur von Beschäftigten ausgeführt werden, die dazu befugt sind, die Arbeiten an Maschinen und Anlagen selbstständig sicher durchzuführen bzw. bei diesen Arbeiten beaufsichtigt werden.
• Für alle Arbeitsbereiche sind Betriebsanweisungen zu erstellen.

Die häufigsten Ursachen für Unfälle im Betrieb sind jedoch nicht auf mangelnde Sicherheit in der Organisation, sondern auf sicherheitswidriges Verhalten zurückzuführen. Deshalb sollte jeder Mitarbeiter durch umsichtiges Verhalten und aktiven Selbstschutz dazu beitragen, Unfälle und Berufskrankheiten zu verhindern.

Dazu gehört unter anderem:
• die Beachtung von Gebots- und Verbotszeichen, z. B. Gefahrenstoffkennzeichnung
• das Tragen von Schutzkleidung und Schutzmitteln, z. B. Schutzbrille beim Schleifen
• die ausschließliche Nutzung von Maschinen und Geräten nach vorheriger Einweisung, z. B. Bedienung des Schleifautomaten
• die Meldung von Unfallgefahren und Störungen
• das Arbeiten unter Beachtung der Regelungen zum Gesundheitsschutz, z. B. in gesundheitsschonender Haltung arbeiten, Einatmen von Dämpfen vermeiden
• die sofortige Meldung von Unfällen

## 1.5 Arbeitsschutz und Unfallverhütung

| Alte Zeichen | | | Neue Zeichen | | |
|---|---|---|---|---|---|
| Gefahrenbezeichnung | Kennbuchstabe | Symbol | Gefahrenbezeichnung | Kennbuchstabe | Piktogramm |
| Explosionsgefährlich | E | | Explodierende Bombe | GHS01 | |
| Hochentzündlich | F+ | | Flamme | GHS02 | |
| Leichtentzündlich | F | | | | |
| Brandfördernd | O | | Flamme über einem Kreis | GHS03 | |
| keine Entsprechung | | | Gasflasche | GHS04 | |
| Ätzend | C | | Ätzwirkung | GHS05 | |
| Sehr giftig | T+ | | Totenkopf mit gekreuzten Knochen | GHS06 | |
| Giftig | T | | | | |
| Gesundheitsschädlich | Xn | | keine Entsprechung | | |
| Reizend | Xi | | | | |
| keine Entsprechung | | | Ausrufezeichen | GHS07 | |
| keine Entsprechung | | | Gesundheitsgefahr | GHS08 | |
| Umweltgefährlich | N | | Umwelt | GHS09 | |

**Tabelle 1.6** Kennzeichnung von Gefahrstoffen

**Wichtig**
Wer Unfallverhütungsvorschriften vorsätzlich oder grob fahrlässig missachtet, verliert den Versicherungsschutz, gefährdet sich und andere und macht sich strafbar.

Informationen und Praxishilfen, wie z. B. eine Checkliste zur Sicherheit und Unfallverhütung im Betrieb, sind auf den Internetseiten der Bundesanstalt für Arbeitsschutz und Arbeitsmedizin zu erhalten.

www
baua.de

baua:
Bundesanstalt für Arbeitsschutz und Arbeitsmedizin

- Den Betrieb und das Berufsfeld präsentieren

> **Aufgaben**
>
> 1. Informieren Sie sich in Ihrem Ausbildungsbetrieb über Unfallverhütungsvorschriften und stellen Sie diese in einer Liste zusammen.
> 2. Informieren Sie sich in Ihrem Ausbildungsbetrieb über Materialien, die als Gefahrenstoffe eingestuft sind, und stellen Sie diese in einer Liste zusammen.
> 3. Ermitteln Sie Sicherheitsrisiken bei der Arbeit mit der Ventilette, mit dem Handschleifstein und dem Lötgerät und stellen Sie diese in einer Tabelle dar.

## 1.6 Die Rolle im Team

**Kompetenzen:** Fertigkeiten, Fähigkeiten, Eigenschaften oder Haltungen, die es möglich machen, Anforderungen und Probleme in komplexen Situationen sinnvoll zu erfassen und effektiv zu lösen

> Lena ist verzweifelt. Sie hat Angst vor der praktischen Gesellenprüfung. Sie ist der Meinung, dass sie viel zu häufig im Verkauf eingesetzt ist und deshalb in der Werkstatt keine entsprechende Leistung bringen kann. Ihre Kollegen belächeln oder vertrösten sie. Ihr Ausbilder hat kaum Zeit für sie und ihr Problem.

### 1.6.1 Anforderungsprofile und Kompetenzen

Während des Berufslebens durchläuft ein Auszubildender in der Entwicklung zu einem kompetenten Augenoptiker mehrere Stufen. Die Entwicklung von Kompetenzen ist allerdings ein lebenslanger Lernprozess. Hinsichtlich der Fachkompetenz ist dieser Vorgang leicht nachvollziehbar: Ein Berufsanfänger ist in seinem zukünftigen Fachgebiet nahezu unwissend, während seiner beruflichen Laufbahn wird er immer mehr Fachkompetenz erwerben. Andere wichtige Fähigkeiten sind in jedem Menschen individuell unterschiedlich ausgeprägt und müssen stetig weiterentwickelt werden.

In der Praxis treten die verschiedenen Kompetenzen nicht isoliert auf: Ein qualifizierter Augenoptiker zeichnet sich weder im Kundenkontakt noch als Mitglied in einem Team ausschließlich durch Fachwissen, sondern durch das Zusammenspiel aller Komponenten aus.

Nachfolgend werden die Kompetenzbereiche differenziert dargestellt.

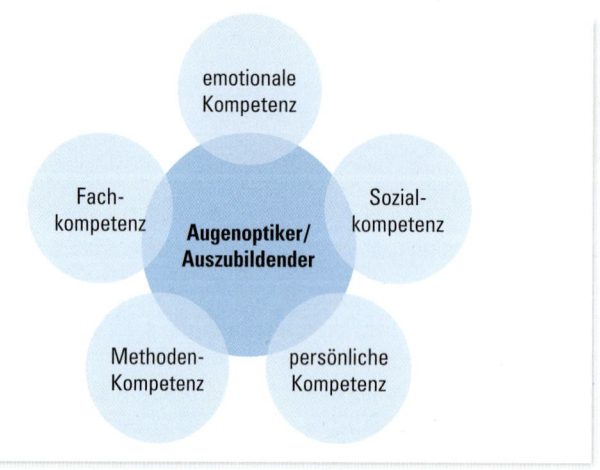

**Bild 1.27** Kompetenzen

### 1.6 Die Rolle im Team

**Fachkompetenz**

Fachliche Fähigkeiten und Fertigkeiten, die der Beruf erfordert, z. B.:

- Fachkenntnisse über den Beruf und zur Branche,
- Fachkenntnisse über das Unternehmen und über Mitbewerber
- Fachkenntnisse zu Produkten und Dienstleistungen
- Fachkenntnisse zur Kommunikation und zu Verkaufstechniken
- Fachliche Fertigkeiten (s. Ausbildungsordnung)
- Fachliche Kenntnisse und Fähigkeiten (s. Rahmenlehrplan)

**Methodische Kompetenz**

Fähigkeit, komplexe Anforderungen und Probleme zielgerichtet zu lösen und das Ergebnis kritisch zu reflektieren, z. B.:

- Lerntechniken beim Aneignen von Fachwissen, beim Beschaffen von Informationen, bei der Analyse von Informationen
- Präsentationstechniken
- Fähigkeiten und Techniken im Bereich Kommunikation, z. B. Techniken der Gesprächsführung, Verkaufstechniken und -strategien, Konfliktlösungsstrategien

**Emotionale Kompetenz**

Fähigkeit, eigene Gefühle wahrzunehmen, zu steuern und in Kommunikationsprozesse einzubringen sowie die
Fähigkeit, Gefühle anderer Menschen wahrzunehmen, sich darauf einzustellen und darauf einzugehen, z. B.:

- Umgang mit eigenen Gefühlen, Launen
- Auswirkung der eigenen Gefühle auf Befinden und Motivation
- Wahrnehmung und Umgang mit Gefühlen anderer Menschen
- Zusammenhang zwischen Gefühlen und Körpersprache
- Einfühlungsvermögen und Menschenkenntnis

**Persönliche Kompetenz (Humankompetenz)**

Persönliche Verhaltensweisen und Fähigkeiten,
Anforderungen an Person und Persönlichkeit, z. B.:

- Zuverlässigkeit, Sorgfalt, Gewissenhaftigkeit
- Lern- und Leistungsbereitschaft
- Ausdauer, Durchhaltevermögen, Belastbarkeit
- Konzentrationsfähigkeit
- Kritikfähigkeit, auch: Selbstkritik
- Realistische Selbstwahrnehmung und -einschätzung
- Verantwortungsbereitschaft, Selbstständigkeit
- Flexibilität, Kreativität

**Soziale Kompetenz**

Bereitschaft und Fähigkeit, soziale Beziehungen einzugehen und mitzugestalten, z. B.:

- Offenheit, Aufgeschlossenheit, Freundlichkeit
- Ehrlichkeit, Echtheit
- Fairness, Toleranz
- Kooperationsfähigkeit, Teamfähigkeit
- Konfliktfähigkeit

Tabelle 1.7

Vor allem die Bereiche der emotionalen, persönlichen und sozialen Kompetenz sind in der Praxis häufig kaum zu trennen. Schwächen hinsichtlich dieser Kompetenzbereiche wirken sich jedoch in der Augenoptik besonders stark aus, denn der Augenoptiker ist ständig in Kontakt mit anderen Menschen, sei es als Berater eines Kunden oder als Mitglied des Unternehmens.

**Teamarbeit** gehört in allen Unternehmen zum Alltag. Die Arbeitszufriedenheit der Mitarbeiter und die Leistungsfähigkeit eines Unternehmens hängen entscheidend davon ab, wie gut die Zusammenarbeit im Team gelingt. Dabei sind die Anforderungen an die Teammitglieder anspruchsvoll und komplex. Erwartet wird nicht nur eine fachlich gute Leistung, sondern auch eine ausgeprägte Fähigkeit zur Kooperation. Jedes Teammitglied sollte über die fachliche Kompetenz hinaus seine Stärken kennen und diese gezielt zur Bewältigung der Aufgaben einsetzen.

Teamfähigkeit beinhaltet, dass Menschen im Berufs- und Privatleben in der Lage sind, sich in eine Gruppe einzufügen. Dabei ist es nicht entscheidend, welche Rolle jemand in der Gruppe übernimmt: Egal, ob es sich eher um eine Führungspersönlichkeit oder um einen Menschen handelt, der lieber als Teil eines Teams aktiv wird – die Teamfähigkeit ist für alle gleichermaßen wichtig. Teamfähigkeit zeichnet Personen aus, die das Miteinander in Beruf und Freizeit als gewinnbringend für eine Gemeinschaft und das Gesamtergebnis betrachten. Nach der Devise, dass jeder im Rahmen seiner Möglichkeiten einen Nutzen für die Gruppe bringt und somit einen positiven Einfluss auf das Arbeitsergebnis hat, wird Teamfähigkeit im Beruf zunehmend als wichtige Fähigkeit wahrgenommen.

Einzelne sind im Regelfall nicht so erfolgreich wie Teams. Da jedes Teammitglied unterschiedliche Kenntnisse und Fähigkeiten einbringt, lässt sich durch das Zusammenwirken dieser Fähigkeiten ein optimales Gesamtergebnis erzielen. Auch Motivation durch andere sowie verbesserte Kritikfähigkeit lassen sich durch Teamfähigkeit erreichen. Da sich Teamfähigkeit als Produkt von unterschiedlichen Charaktereigenschaften (Kooperationsbereitschaft, Kommunikationsfähigkeit, Rücksichtnahme, Sensibilität und Konfliktfähigkeit) zeigt, ist sie ein wesentliches Kriterium für den Erfolg im Beruf und für gute Ergebnisse eines Unternehmens.

**Bild 1.28**  Im Team erfolgreich

**Bild 1.29**  Die Rolle im Team

## 1.6 Die Rolle im Team

In den ersten Tagen als Auszubildender geht es darum, sich in der neuen Umgebung zurechtzufinden, die Arbeitsbereiche kennen zu lernen und die eigene Rolle im Team zu finden. Keiner erwartet von einem neuen Auszubildenden, dass er bereits über größere Fachkompetenz verfügt. Ziel muss es jedoch sein, möglichst schnell und umfassend Fachkenntnisse zu erlangen. Wichtig ist auch, die richtige Beziehung zu Kollegen und Vorgesetzten zu finden. Hierzu ein paar Tipps für den Start in die Augenoptik:

> **Mit den Kollegen umgehen**
> Gehen Sie offen und freundlich auf Ihre neuen Kollegen zu.
> Versuchen Sie, sich die Namen, die Gesichter und die jeweilige Rolle im Team möglichst rasch zu merken.
> Seien Sie sich bewusst darüber, dass Sie neu sind und in der Gruppenhierarchie unten stehen.

> **Fragen stellen und Interesse zeigen**
> Indem Sie Fragen stellen, zeigen Sie Interesse. Stellen Sie neben Fragen zu Ihrer Arbeit, zu Arbeitsabläufen, zu Maschinen und zu Produkten auch allgemeine Fragen zur Firma, zur Firmengeschichte, zu Kunden und zu Mitbewerbern.
>
> **Zuhören und Notizen machen**
> Halten Sie Augen und Ohren offen und beobachten Sie. Allein dadurch erfahren Sie einiges über die Atmosphäre und den Umgang untereinander sowie über den Umgang mit Kunden.
> In der ersten Zeit werden viele Informationen auf Sie einströmen. Machen Sie sich zwischendurch Notizen.

### 1.6.2 Innerbetriebliche Konflikte

Überall, wo Menschen zusammenarbeiten, entstehen Konflikte. Das ist das Ergebnis eines gruppendynamischen Prozesses, bei dem die einzelnen Teammitglieder oder Gruppen innerhalb einer Firma um Positionen, Einfluss und Anerkennung konkurrieren. In vielen Fällen gelingt es den Beteiligten, diese Prozesse intern auszutragen und die anstehenden Konflikte aus eigener Kraft zu bewältigen. Dabei werden Konflikte manchmal offen ausgetragen, man sagt sich die Meinung und ab und zu „fliegen auch die Fetzen". Die Mitglieder des Teams sprechen sich aus, man vereinbart Regeln und nach einiger Zeit entspannt sich die Situation wieder. Es kann aber auch geschehen, dass ein Konflikt sich im Verborgenen weiter entwickelt und eskaliert. Die Kollegen und Kolleginnen sind an der Oberfläche zwar höflich zueinander, aber „hinter dem Rücken werden die Messer gewetzt".

**Bild 1.30** Streit unter Kollegen

Aus kleinen Konflikten können somit auch schnell ganze Krisen erwachsen. Diese hemmen die Arbeitsbereitschaft und stören die Atmosphäre erheblich. Schlechte Arbeitsleistung, im Extremfall auch Mobbing, Ausbildungsabbruch und Kündigungen können die Folgen sein.

● Den Betrieb und das Berufsfeld präsentieren

In einer Studie des Westdeutschen Handwerkskammertags, die auf einer Emnid-Umfrage beruht, wurden von Auszubildenden, die ihre Ausbildung abgebrochen haben, folgende Hauptgründe angeführt.

**Gründe für Ausbildungsabbruch**

- Konflikte mit Ausbilder(n) / Meister(n) / Inhaber
- ausbildungsfremde Tätigkeiten
- mangelnde Fähigkeiten der Ausbilder, Kenntnisse zu vermitteln
- mangelnde Qualität der betrieblichen Ausbildung
- häufige unbezahlte Überstunden
- Überforderung
- schwere körperliche Arbeit
- Konflikte mit Gesellen
- Probleme mit Vertrag, Vergütung, Urlaubsregelung
- Unterforderung

**Tabelle 1.8**

Konflikte zu diesen Themenbereichen sind in der Ausbildung ein wichtiges Thema. Sie sind häufig auf die unterschiedliche Wahrnehmung, die widersprüchlichen Interessen, Wünsche und Erwartungen der Konfliktparteien zurückzuführen und haben Störungen des Ausbildungsalltags und des Ausbildungsergebnisses zur Folge. Hier ist frühzeitiges, sinnvolles Handeln gefragt, denn durch den richtigen Umgang mit Konflikten wird das Betriebsklima verbessert und der Ausbildungsablauf unterstützt.

### Handlungsoptionen des Auszubildenden

1. **Konflikt analysieren**
   - Was ist genau das Problem?
   - Wo liegen die Ursachen des Konflikts?
   - Wie beurteile ich den Sachverhalt?
   - Wie wird mein Konfliktpartner den Sachverhalt beurteilen?
   - Gibt es eine unparteiische, sachkundige Person, die den Sachverhalt beurteilen kann?

2. **Lösungsansätze entwickeln**
   - Welche Problemlösung stelle ich mir vor?
   - Welche Problemlösung wird mein Konfliktpartner wünschen?
   - Kann eine unparteiische Person einen Lösungsvorschlag entwickeln?
   - Gibt es Ansätze für einen Kompromiss?

3. **Praktische Durchführung der Konfliktbehandlung**
   - Konfliktgespräch führen
     Der erste Schritt bei einer Konfliktbehandlung ist immer ein klärendes Gespräch. Es geht hier darum, das Problem darzustellen, die unterschiedlichen Sichtweisen wahrzunehmen und die Position des Gesprächspartners zu erkennen. Im Einzelgespräch öffnen sich die Betroffenen in der Regel schneller und geben ihr eigenes Urteil zur Ursache und Entstehung des Konfliktes ab.
   - Konfliktgespräch mit Moderator
     Ein unparteiischer Gesprächsleiter kann Ruhe und Objektivität in ein Konfliktgespräch bringen.
   - Schriftliche Darstellung des Problems zu Händen des Ausbilders / Ausbildenden
     Die schriftliche Darstellung erhöht die Wirkung des Sachverhalts und dient als Beleg.
   - Schriftliche Mahnung an den Vertragspartner (Darstellung des Problems)
     Dieser Schritt ist erforderlich, wenn auf Verstöße innerhalb der Ausbildung hingewiesen werden soll. Hier können auch Konsequenzen (z. B. Kündigung) angeführt werden.
   - Einschaltung des Lehrlingswarts
     Der Lehrlingswart im Handwerk ist in der Innung die Person, die für alle Fragen rund um das Thema Ausbildung zuständig ist. Er oder sie ist auch Ansprechpartner, um in Konfliktfällen zu beraten, Beratung für Betriebe und Auszubildende anzubieten, zwischen den beteiligten Parteien zu vermitteln, und evtl. die Ausbildungsberatung oder Fachleute anderer Beratungsstellen einzuschalten. Der Lehrlingswart kann natürlich auch zu einem früheren Zeitpunkt eingeschaltet werden.

Wenn ein Konflikt vorhanden ist, gilt es, diesen möglichst bald und zielgerichtet zu lösen. Reines Abwarten oder der Versuch, einen Konflikt zu verdrängen, ist in der Regel nicht erfolgreich, denn jede Störung auf der Beziehungsebene zwischen Kommunikationspartnern wirkt sich negativ auf die Zusammenarbeit aus und kann eine erfolgreiche Kooperation sogar verhindern.

Berechtigte Kritik zielt auf Änderung des Verhaltens. Es geht nicht darum, Recht zu behalten oder nur „Dampf abzulassen". Soll eine Verhaltensänderung des Gegenübers erreicht werden, muss der Gesprächspartner überzeugt und ernst genommen werden.

**Regeln für eine gute Gesprächsführung:**

- Äußern Sie Interessen, aber akzeptieren Sie, dass der Partner andere Interessen haben kann.
- Äußern Sie Gefühle, denn Störungen auf der Beziehungsebene haben Vorrang.
- Vermeiden Sie allgemeine Vorwürfe, Anschuldigungen und Beleidigungen.
- Vermitteln Sie „Ich-Botschaften", statt Forderungen an den Partner zu richten.
- Gehen Sie partnerorientiert vor, z. B. durch aktives Zuhören, Spiegeln.
- Äußern Sie Kritik an der Sache, nicht an der Person.
- Zeigen Sie sich kompromissbereit.
- Bieten Sie Lösungen an.

**Bild 1.31** Konfliktgespräch

**Tabelle 1.9**

### Aufgaben

1. Führen Sie Rollenspiele durch und bewerten Sie die Gesprächsführung:
   a) Gespräch zwischen Lena und ihrem Ausbilder, in dem Lena zwei freie Samstage im Monat fordert.
   b) Gespräch zwischen Timo und dem Ausbildenden über den zu gewährenden Jahresurlaub.

2. Entwickeln Sie eine Mindmap zu Konfliktlösungsstrategien.

3. Wie würden Sie in Lenas Fall (siehe Einstiegssituation S. 42) vorgehen? Begründen Sie Ihre Strategie.

4. Setzen Sie die einzelnen Schritte Ihrer Strategie um und erproben Sie sie im Rollenspiel.

## 1.7 Informieren und Präsentieren

Im Rahmen der Berufsschule haben Sie die Aufgabe, den Mitschülern das Verfahren der anatomischen Brillenanpassung zu erklären. Die Form der Präsentation ist Ihnen freigestellt.

### Informationen beschaffen und Quellen prüfen

Wenn eine Facharbeit oder eine Präsentation zu erstellen ist, besteht der erste Schritt darin, sich Informationen zu verschaffen und diese auf ihre Brauchbarkeit hin zu prüfen. Dabei stehen verschiedene Möglichkeiten zur Informationsbeschaffung zur Verfügung, nicht nur das Internet. Je größer das Quellenspektrum ist, umso verlässlicher sind auch die ermittelten Informationen.

**Mögliche Informationsquellen, z. B.**
- Fachbücher
- Fachzeitschriften
- Dokumentationen
- Informationsmaterial von Firmen
- Umfragen
- Expertenbefragungen
- Interviews
- Internet

## Den Betrieb und das Berufsfeld präsentieren

> **Praxis-Tipp**
> Prüfen Sie im Vorfeld, welche Informationsquelle für Ihre Aufgabe sinnvoll ist und ob Sie diese effizient nutzen können.

Bei Internetquellen besteht die Gefahr, dass die Quellen nicht seriös und die Informationen somit nicht abgesichert sind. Die Verlässlichkeit und Qualität einer Internetquelle ist häufig schwierig einzuschätzen.

**Bild 1.32** Quellen prüfen!

### Einschätzung und Bewertung von Internetquellen

Prüfen Sie folgende Aspekte:
- Gibt der Herausgeber des Textes seinen Namen an?
- Gibt der Herausgeber eine Adresse an, z. B. Postadresse, Website, E-Mail?
- Ist der Herausgeber eine öffentliche Institution, z. B. Behörde, Organisation?
- Ist der Herausgeber nachweislich Experte in dem Fachgebiet, z. B. Berufsangabe?
- Ist der Text durch eine Redaktion oder einen Verlag geprüft?
- Bezieht sich der Text auf weitere angegebene und überprüfbare Quellen?

Sollten gleich mehrere dieser Untersuchungskriterien bei einer Quelle nicht zutreffen, ist die hier zu erhaltende Information auf jeden Fall sehr kritisch zu prüfen.

Vorsicht: Auch Wikipedia ist nicht als 100 % verlässliche Quelle zu werten!

### Die Präsentation

Gegenstand einer Präsentation ist die Darstellung von Gedanken, Ideen, Konzepten, Verfahren, Produkten usw. für Zuhörer oder Zuschauer. Dabei wird immer versucht mit der Präsentation, die Anwesenden zu informieren, aber auch sie zu überzeugen oder zu motivieren. Die Wirkungsabsicht und auch die Überzeugungskraft gelingen besonders gut, wenn die Zuhörer die erforderlichen Informationen über unterschiedliche Kanäle, also unterschiedliche Medien, empfangen.

Neben dem gesprochenen Wort spielt daher auch die richtige Wahl der visuellen Hilfsmittel eine große Rolle. Im Idealfall kann man die Zuhörer aktiv beteiligen, indem sie z. B. Gegenstände in die Hand nehmen, sie im wahrsten Sinne des Wortes begreifen. Oder man lässt das Publikum praktisch etwas ausprobieren und anwenden.

Die Visualisierung kann unter Zuhilfenahme verschiedener Geräte erfolgen, z. B. mit Flipcharts, Metaplanern oder Whiteboards, Tafeln, Overhead-, Dia- oder Videoprojektoren oder Software gestützten Medien wie PowerPoint. Für eine Präsentation können auch mehrere Elemente der Visualisierung verknüpft werden. Doch Vorsicht: Weniger ist oft mehr!

**Bild 1.33** Zuhörer informieren

## 1.7 Informieren und Präsentieren

**Ziele einer Präsentation**
- Informieren
- Erklären
- Veranschaulichen
- Akzeptanz schaffen
- Problembewusstsein schaffen
- Überzeugen
- Motivieren
- Entscheidungen herbeiführen

Für das Gelingen einer Präsentation sind folgende Aspekte wichtig:
1. Zieldefinition: Was wollen Sie beim Zuhörer bewirken / erreichen?
2. Zielgruppenanalyse: Welche Vorkenntnisse und Interessen haben die Anwesenden?
3. Sachkompetenz: Welche Fachkenntnisse brauchen Sie?
4. Aufbau und Darbietung: Wie soll die Präsentation gestaltet werden?

Jede Präsentation verlangt vom Vortragenden ein hohes Maß an Identifikation mit dem Inhalt des Vortrags. Diese entsteht, wenn der Referent sich mit dem Thema und den Inhalten des Vortrags intensiv auskennt.

> **Tipps zur Vorbereitung**
> - Finden und notieren Sie Ideen.
> - Sichern Sie die Quellenangaben.
> - Wählen Sie den Stoff aus.
> - Reduzieren Sie Ihren Stoff.
> - Ordnen Sie den Stoff.
> - Achten Sie auf einen roten Faden.

**Vortrag der Präsentation**
Nichts ermüdet die Zuschauer mehr als ein heruntergelesener Text, denn Reden ist eben doch etwas anderes als Schreiben. Deshalb hier einige Anregungen:

- **Stichwortzettel:**
  Bereiten Sie nach Fertigstellung Ihres Referats einen Stichwortzettel oder Karteikarten für den freien Vortrag vor (A5-Format; farbig markierte Oberbegriffe und Unterpunkte, keine ausformulierten Sätze, diese verleiten zum Ablesen).

- **Thesenpapier (Hand-out):**
  Bereiten Sie als Leitfaden für sich und die Zuhörer ein Thesenpapier vor, an dem sie den Vortrag mühelos verfolgen können.

- **Verstehenshilfen:**
  Ergänzen Sie Ihre Ausführungen mit Tafelbildern, Folien, Bildern, Karten, Tonbeispielen. Eventuell werden dadurch sogar Stichwortzettel verzichtbar.

> - Legen Sie nicht eine Folie nach der nächsten auf. Das ermüdet! Den Zuhörern immer genügend Zeit zur Wahrnehmung lassen.
> - Packen Sie nicht zu viel Inhalt in eine Folie hinein. Die Folie soll den Inhalt nur anschaulich machen.
> - Benutzen Sie nicht zu viele Farben und Bilder.
> - Achten Sie auf eine ausreichend große Schriftgröße.
> - Sprechen Sie langsam und deutlich, um den Zuhörern das Mitdenken und evtl. das Mitschreiben zu erleichtern.
> - Halten Sie Blickkontakt mit den Zuhörern.
> - Setzen Sie Mimik und Gestik als Verstärkung ein.
> - Reden Sie Ihr Wissen nicht klein. Sie sind der Experte!

Die schematische Darstellung auf der folgenden Seite kann als Bewertungsgrundlage für Präsentationen dienen, ist jedoch auch als Kriterienkatalog geeignet, um im Vorfeld der eigenen Präsentation zu überprüfen, auf welche Aspekte bei der Präsentation zu achten ist und worauf man sich gezielt vorbereiten sollte.

> **Aufgaben**
> 1. Präsentieren Sie in einem kurzen Vortrag ein Produkt Ihres Betriebes.
> 2. Präsentieren Sie in einem kurzen Vortrag ein beliebiges Trenn- oder Fügeverfahren.

# Den Betrieb und das Berufsfeld präsentieren

| Information | Vortrag / Auftreten | Visualisierung |
|---|---|---|
| **Aufbau / Gliederung** <br> • Einleitung: <br> Begrüßung, Vorstellung Thema und Ziel <br> • Hauptteil: <br> Inhalte durch das Thema bestimmt, z. B. Arbeitsvorgehen, Vorstellung und Bewertung einzelner Arbeitsergebnisse <br> • Schluss: <br> Zusammenfassung, Bedeutung der Ergebnisse, Handlungsanweisung o. ä. <br><br> **Inhalt** <br> • Verständlichkeit für die Zuhörer <br> • Beschränkung auf das Wesentliche <br> • fachliche Richtigkeit | **Auftreten / Körpersprache** <br> • Erscheinungsbild / Sicherheit <br> • angemessene Kleidung <br> • Zuhörerbezug (Blickkontakt) <br> • Mimik / Gestik <br> • Natürlichkeit / Humor <br><br> **Vortragstechnik** <br> • freie Rede <br> • strukturelle Klarheit bei der Darstellung von Sachverhalten <br> • Flexibilität / Reaktionsfähigkeit <br> • Sicherheit beim Medieneinsatz <br><br> **Sprache, Aussprache** <br> • Lautstärke, Sprechtempo, Pausen <br> • verständliche Formulierung <br> • Vermeidung des Dialekts <br><br> **Reaktionsfähigkeit** <br> bei Fragen von Zuhörern | **Medieneinsatz** <br> Art, Umfang, Auswahl <br><br> **Gestaltung von Medien** <br> • Übersichtlichkeit <br> • Lesbarkeit <br> • Farbgestaltung <br><br> **Sinnvolle Wirkung** <br> • Verdeutlichung, Bestätigung <br> • Hervorhebung des Wesentlichen <br> • Veranschaulichung |

Tabelle 1.10  Bewertungskriterien für eine Präsentation

## Projekt-Aufgaben

1. **Ausbildungsbetrieb:**
   a) Stellen Sie in einer Präsentation mit PowerPoint Ihren Ausbildungsbetrieb vor. Gehen Sie dabei auf die Lage, die Unternehmensstruktur, das Marketingkonzept, die Verkaufsphilosophie, das Kundenprofil, die Arbeitsbereiche sowie das Warensortiment ein.
   b) Verschaffen Sie sich einen Überblick über die Einrichtung der Werkstatt Ihres Ausbildungsbetriebes. Stellen Sie diese in einer Präsentation vor.
   c) Entwickeln und präsentieren Sie ein Konzept eines aus Ihrer Sicht optimalen Augenoptikbetriebs. Wählen Sie dabei eine Unternehmensform aus, die aus Ihrer Sicht für einen augenoptischen Kleinbetrieb sinnvoll ist.
   d) Stellen Sie in einer Liste die aus Ihrer Sicht optimale Ausstattung eines Beratungstisches dar.

2. **Ausbildung:**
   a) Erstellen Sie eine Übersicht darüber, welche Kenntnisse und Fähigkeiten ein Auszubildender in der Augenoptik entwickeln muss.
   b) Wo sehen Sie Ihre Stärken und wo Ihre Schwächen im Hinblick auf Ihren zukünftigen Beruf? Fertigen Sie zur Selbstüberprüfung eine schriftliche Gegenüberstellung an.
   c) „Wer erziehen, beraten oder verkaufen will, muss Menschen mögen." Beziehen Sie dieses Zitat auf Ihren zukünftigen Beruf und nehmen Sie hierzu in einem Vortrag Stellung.
   d) Was halten Sie von einer rein schulischen bzw. einer rein betrieblichen Ausbildung? Stellen Sie Ihre Meinung in einem Vortrag vor.
   e) Erstellen Sie auf der Basis aller rechtlichen Vorgaben und unter Berücksichtigung Ihrer konkreten Berufsschulzeiten Ihren zeitlichen Wochenarbeitsplan. Erstellen Sie einen Fragenkatalog, der Ihre persönlichen Fragen zu Ihrer Rolle als Auszubildender enthält.

# Lernfeld 2
# Einstärken-Brillengläser kontrollieren und einarbeiten

Durch einen Sturz kam es zu einer Beschädigung des rechten Brillenglases einer jungen Kundin. Da sie mit der Brille bisher sehr zufrieden war, wünscht sie, dass das Glas durch ein identisches ersetzt wird. Leider liegen keine Daten zum alten Glas vor.

- Welche Einstärken-Brillengläser gibt es und wie wirken diese?
- Wodurch unterscheiden sich verschiedene Glasmaterialien?
- Welche Arten von Glasvergütungen existieren?
- Wie lässt sich die Wirkung eines beschädigten Glases ermitteln?
- Welche technologischen Gesichtspunkte sind zu berücksichtigen?
- Sie messen die dioptrische Wirkung des beschädigten Glases.
- Sie ermitteln die Bestelldaten des neuen Glases.
- Sie zeichnen das neue Brillenglas mithilfe des Scheitelbrechwertmessgeräts an.
- Sie arbeiten das Glas gemäß den ermittelten Zentrierdaten ein.
- Ermöglicht die Brille ein beschwerdefreies Sehen?
- Ist die Brille abgabefähig?

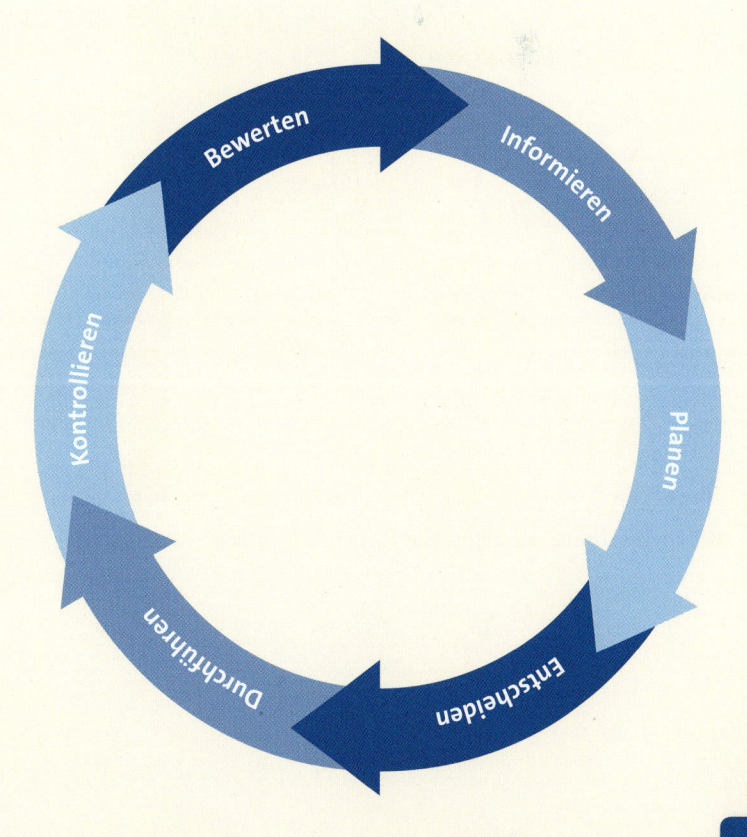

## 2.1 Grundlagen der geometrischen Optik

### 2.1.1 Natur des Lichts

In der Geschichte der Physik stellte die Beschreibung des Lichts lange Zeit ein großes Problem dar. Dabei standen sich zwei Erklärungsmodelle konkurrierend gegenüber:

1. **Das Teilchenmodell**
   geht davon aus, dass Licht aus bewegten „Lichtteilchen", den sogenannten **Photonen**, besteht.

2. **Das Wellenmodell**
   beschreibt Licht als Welle gekoppelter elektrischer und magnetischer Felder (**elektromagnetische Welle**).

Beide Modelle sind lediglich in der Lage, Teilaspekte des Lichts zu erklären. Soll Licht vollständig durch ein Modell beschrieben werden, muss von einem **quantenmechanischen Teilchenmodell** ausgegangen werden. Da dieses Modell allen Alltagserfahrungen widerspricht, ist es sehr schwer verständlich und für die Erklärung augenoptischer Phänomene ungeeignet.

Die Schwierigkeit besteht darin, dass das Licht, je nach Beobachtungsart, mal Teilchen-, mal Welleneigenschaften zu besitzen scheint. Diese Eigenart wird als **Dualismus des Lichts** bezeichnet. Da Teilchen- und Wellenmodell in ihren Teilbereichen gute Erklärungen liefern, können sie wahlweise zur Beschreibung einzelner Phänomene genutzt werden. So basieren die folgenden Grundlagen der geometrischen Optik auf dem Teilchenmodell. Andere Gebiete, wie z. B. das Funktionsprinzip von Entspiegelungsschichten, erfordern das Wellenmodell.

Das Spektrum elektromagnetischer Wellen umfasst viele Bereiche: Gammastrahlung, Röntgenstrahlung, UV-Strahlung, Infrarotstrahlung, Mikrowellen, Radiowellen und eben auch sichtbares Licht werden allesamt durch dasselbe Modell beschrieben.

> Licht ist der für den Menschen sichtbare Teil des elektromagnetischen Spektrums ($\lambda$ = 380 nm – 780 nm).

Die Art der elektromagnetischen Strahlung wird durch die Frequenz oder durch die Wellenlänge $\lambda$ der Welle beschrieben.

### 2.1.2 Reflexion und Brechung

Die geometrische Optik basiert auf dem Teilchenmodell des Lichts. Dabei bewegen sich die Photonen entlang einer geraden „Flugbahn", die als Lichtstrahl aufgefasst werden kann. In der Augenoptik verlaufen Strahlen immer von links nach rechts, bzw. mathematisch beschrieben von „Minus" nach „Plus".

> **Wellenlänge $\lambda$:** kleinster Abstand zweier Punkte im gleichen Schwingungszustand, z. B. zweier Wellenberge
>
> **Photon:** bewegtes Lichtteilchen im Korpuskel- (Teilchen-) Modell des Lichts

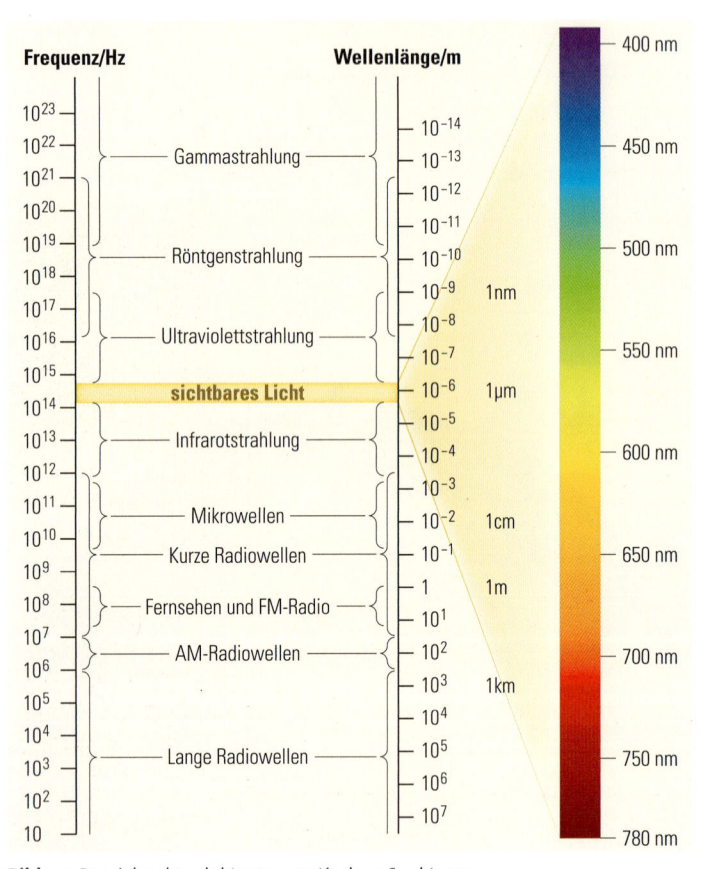

**Bild 2.1** Bereiche des elektromagnetischen Spektrums

## 2.1 Grundlagen der geometrischen Optik

Die Richtung eines schräg einfallenden Lichtstrahls ändert sich, sobald er auf ein anderes transparentes Medium trifft. Dabei geschehen zwei Dinge: Zum einen wird ein Teil des Strahls wie an einem Spiegel reflektiert, zum anderen dringt der verbleibende Teil in das Medium ein. Beide Effekte hängen vom **Einfallswinkel** ab, bei dem es sich um den Winkel zwischen Strahl und **Lot** handelt. Das Lot ist eine Hilfslinie, die sich im Auftreffpunkt des Lichtstrahls befindet und senkrecht auf der Grenzfläche zwischen den beiden Medien steht. Es wird als Strichpunktlinie gezeichnet.

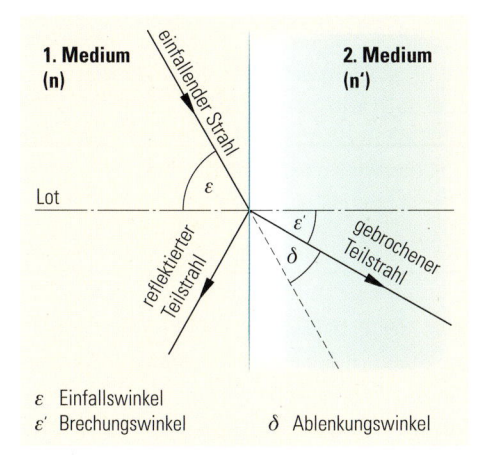

**Bild 2.2** Reflexion und Brechung

Für den reflektierten Lichtteil gilt, dass der **Ausfallswinkel (Reflexionswinkel)** genau so groß wie der Einfallswinkel ist.

> **Reflexionsgesetz**
> „Einfallswinkel = Ausfallswinkel"

Der zweite Teil des Strahls dringt in das Medium ein und ändert dabei seine Richtung. Dieses Phänomen wird als **Brechung** oder auch **Refraktion** bezeichnet. Lediglich für den Fall, dass der Strahl senkrecht auf die Fläche trifft, findet keine Brechung statt. Der Grund für die Richtungsänderung sind die unterschiedlichen Ausbreitungsgeschwindigkeiten des Lichts in den beteiligten Medien und die Tatsache, dass Licht, gemäß dem **Fermat'schen Prinzip**, zwischen zwei Punkten immer den schnellsten Weg wählt. Dieser zeitlich kürzeste Weg entspricht nicht dem geometrisch kürzesten.

Die **Lichtgeschwindigkeit $c$** ist innerhalb eines Mediums konstant. Im Vakuum beträgt diese Naturkonstante ca. 300 000 km/s. Für den Zusammenhang zwischen der Geschwindigkeit im Vakuum und der in einem anderen Medium gilt:

$$c_{Vakuum} = n_{Medium} \cdot c_{Medium}$$

$n_{Medium}$ ist eine Materialkonstante und wird als **Brechzahl** oder auch **Brechungsindex** bezeichnet. Die Brechzahl besitzt keine Einheit, sie gibt an, um wie viel schneller das Licht im Vakuum als in einem bestimmten Medium ist. Aus der Tatsache, dass die Geschwindigkeit nie größer als die im Vakuum sein kann, folgt, dass die kleinstmögliche Brechzahl sich für das „Medium" Vakuum ergibt. Sie beträgt dort 1. Auch für das Medium Luft kann näherungsweise von der Brechzahl 1 ausgegangen werden. Brillenglasmaterialien werden gemäß ihrer Brechzahl als **niedrigbrechend** ($n$ ca. 1,5), **höherbrechend** ($n$ ca. 1,6) oder **hochbrechend** ($n$ ca. 1,7 oder größer) bezeichnet (Tabelle 2.1).

Für die Beziehung zwischen Einfalls- und Brechungswinkel gilt:

> **Snellius'sches Brechungsgesetz**
>
> $n \cdot \sin(\varepsilon) = n' \cdot \sin(\varepsilon')$
>
> $n$  Brechzahl des ersten Mediums
> $n'$  Brechzahl des zweiten Mediums
> $\varepsilon$  Einfallswinkel
> $\varepsilon'$  Brechungswinkel

Die Differenz zwischen Einfalls- und Brechungswinkel wird als **Ablenkungswinkel $\delta$** bezeichnet:

> **Ablenkungswinkel**
>
> $\delta = |\varepsilon - \varepsilon'|$

Allgemein gilt, dass der Strahl beim Übergang von einem **optisch dünneren** zu einem **optisch dichteren** Medium ($n < n'$) zum Lot hin gebrochen wird. Der Brechungswinkel ist in diesem Fall kleiner als der Einfallswinkel. Umgekehrt wird der Strahl beim Übergang vom optisch dichteren zum dünneren Medium vom Lot weggebrochen.

---

**Lichtgeschwindigkeit im Vakuum:**
$c \approx 300\,000$ km/s

**Lot:** senkrecht zur Oberfläche stehende Hilfslinie

**Brechzahl / Brechungsindex $n$:** Materialkonstante zur Beschreibung der optischen Dichte

Willebrord Snellius (1580–1626)

**Brechung / Refraktion:** Änderung der Ausbreitungsrichtung an der Grenzschicht zweier optischer Medien

Pierre de Fermat (1607–1665)

## Einstärken-Brillengläser kontrollieren und einarbeiten

| | Material | Brechzahl |
|---|---|---|
| verschiedene | Vakuum | 1 |
| | Luft | 1,0003 ≈ 1 |
| | Eis | 1,309 |
| | Wasser | 1,330 |
| | Kammerwasser | 1,336 |
| | Glaskörper | 1,336 |
| | Diamant | 2,417 |
| organisch | CR 39 | 1,502 |
| | Trivex | 1,532 |
| | Polycarbonat, PC | 1,585 |
| | MR 8 | 1,600 |
| | MR 7 | 1,665 |
| | SPG | 1,740 |
| mineralisch | Brillenkron, BK 7 | 1,525 |
| | Bariumkron, BaK | 1,604 |
| | Bariumschwerflint, BaSF 64 | 1,706 |
| | Lanthanschwerflint, LaSF 35 | 1,800 |
| | Lanthanschwerflint, LaSF 30 | 1,892 |

**Tabelle 2.1** Brechzahlen verschiedener optischer Medien

**sin⁻¹:** Arcussinus auch arcsin, Umkehrfunktion der Sinusfunktion

**Grenzwinkel der Totalreflexion / kritischer Winkel:** Einfallswinkel ab dessen Überschreitung es zur Totalreflexion kommt

**Totalreflexion:** vollständige Reflexion des einfallenden Lichtstrahls

### Totalreflexion

An der Grenzschicht von einem optisch dichteren zu einem dünneren Medium kann es unter Umständen dazu kommen, dass der Strahl das dichtere Medium nicht mehr verlassen kann, es also keinen gebrochenen Anteil gibt. Dieser Fall wird als **Totalreflexion** bezeichnet – das Licht wird vollständig reflektiert.

Für den Übergang von dicht nach dünn gilt $\varepsilon < \varepsilon'$. Dabei nimmt der Brechungswinkel $\varepsilon'$ gemäß dem Snellius'schen Brechungsgesetz für einen bestimmten Einfallswinkel $\varepsilon$ den Wert 90° an:

$$n \cdot \sin\varepsilon = n' \cdot \sin\varepsilon'$$

$$n \cdot \sin\varepsilon = n' \cdot \underbrace{\sin 90°}_{=1}$$

$$\sin\varepsilon = \frac{n'}{n}$$

$$\varepsilon = \sin^{-1}\left(\frac{n'}{n}\right)$$

Der sich für diesen Fall ergebende Einfallswinkel heißt **Grenzwinkel der Totalreflexion** $\varepsilon_{Grenz}$ oder auch **kritischer Winkel**.

**Grenzwinkel der Totalreflexion**

$$\varepsilon_{Grenz} = \sin^{-1}\left(\frac{n'}{n}\right)$$

Wird der Einfallswinkel weiter vergrößert, so müsste auch der Brechungswinkel größer werden. Da dieser aber bereits für den Grenzwinkel 90° beträgt, kann der Brechungswinkel nicht weiter wachsen. Der Strahl wird demnach nicht gebrochen, sondern totalreflektiert.

Zur Totalreflexion kommt es, sobald zwei Bedingungen erfüllt sind:
1. Übergang von einem optisch dichteren in ein optisch dünneres Medium,
2. $\varepsilon > \varepsilon_{Grenz}$.

In der Augenoptik wird die Totalreflexion zum Beispiel bei Prismen in einigen Ferngläsern genutzt. Im Alltag begegnet sie uns unter anderem bei Glasfaserkabeln (Kabelfernsehen, Endoskop) oder auch bei Luftspiegelungen.

Für alle Strahlengänge gilt die **Umkehrbarkeit des Lichtwegs**. Dies bedeutet, dass ein Strahl der von der Lichtquelle A zum Punkt B verläuft, denselben Weg rückwärts durchläuft, sofern die Lichtquelle am Punkt B positioniert würde.

## 2.1 Grundlagen der geometrischen Optik

### Konstruktion des gebrochenen Lichtwegs – Zweikreismethode

Neben der Berechnung des Brechungswinkels mithilfe des Brechungsgesetzes lässt sich der Lichtweg auch konstruktiv ermitteln. Dazu dient die sogenannte **Zweikreismethode**:

1. Um den Auftreffpunkt (A) des Strahls auf die Grenzfläche werden zwei Kreise gezeichnet, deren Radien den Brechzahlen der beteiligten Medien entsprechen.

2. Der einfallende Strahl wird verlängert, bis er auf den Kreis des ersten Mediums trifft (B).

3. Durch diesen Schnittpunkt (B) wird eine Parallele zum Lot gezeichnet und deren Schnittpunkt mit dem Kreis des zweiten Mediums bestimmt (C).

4. Die Verbindung von (A) und (C) ergibt die Richtung des gebrochenen Strahls.

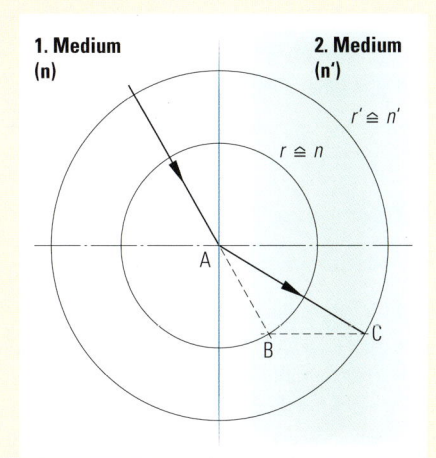

**Bild 2.3** Zweikreismethode

### Aufgaben

1. Die Sonne ist von der Erde im Mittel 150 Millionen Kilometer entfernt. Wie lange benötigt das Licht, um von der Sonne zur Erde zu gelangen?

2. Ein Lichtsignal benötigt in einem Glasfaserkabel der Länge $s = 1000$ km eine Zeit von 4,8 ms. Bestimmen Sie die Brechzahl des Kabels.

3. Erklären Sie, weshalb ein in einem Wasserglas befindlicher Strohhalm als „geknickt" wahrgenommen wird.

4. Ein Lichtstrahl fällt unter einem Einfallswinkel von $\varepsilon = 30°$ auf eine Grenzfläche von Luft zu Polycarbonat ($n = 1,585$). Berechnen Sie den Brechungs- und Ablenkungswinkel. Bestimmen Sie die beiden gesuchten Winkel anschließend konstruktiv mithilfe der Zweikreismethode.

5. Recherchieren Sie, wie es zu einer Luftspiegelung kommt.

6. Konstruieren Sie den Grenzwinkel für den Übergang von B 270 ($n = 1,525$) nach Luft. Überprüfen Sie das Ergebnis anschließend mithilfe einer Rechnung.

## 2.2 Sphärische Gläser

> Im Rahmen der Werkstattarbeit analysieren Sie die Wirkung eines Brillenglases aus CR 39 mithilfe eines Sphärometers.

### 2.2.1 Geometrie

**Flächenbezeichnungen**

**Sphäre:** Kugeloberfläche

**konvex:** nach außen gewölbt
**konkav:** nach innen gewölbt

Die einfachsten bei Linsen verwandten Flächenformen sind **sphärisch**, d.h. es handelt sich um Ausschnitte einer Kugeloberfläche. Bei diesen wird zwischen **konvexen** und **konkaven** Flächen unterschieden. Zudem kommen bei einigen Instrumenten, wie z.B. der Visolettlupe, auch plane Flächen zum Einsatz.

Bild 2.4 Visolett-/Hellfeldlupe

Der Name der Linse setzt sich aus den Bezeichnungen der Einzelflächen zusammen. Dabei steht der Name der stärker gekrümmten Fläche stets an zweiter Stelle.

Bei Brillengläsern handelt es sich immer um konvexkonkave oder konkavkonvexe Linsen, wobei die konkave Fläche die dem Auge zugewandte ist. Ein solches Glas wird auch als **Meniskus** bezeichnet.

**Meniskus („Mondsichel"):** Linse mit konvexer und konkaver Fläche

Durch die Kreismittelpunkte der Kugelflächen lässt sich eine Achse legen, zu der die sphärische Linse symmetrisch ist. Diese Symmetrieachse heißt **optische Achse**, sie wird als Strichpunktlinie gezeichnet. Die Punkte, an denen die optische Achse die Linse durchstößt, werden **vorderer Scheitelpunkt $S_1$** bzw. **hinterer Scheitelpunkt $S_2$** genannt.

**Unterscheidung von Plus- und Minusgläsern**

**konvergieren:** zusammenlaufen
**divergieren:** auseinander laufen

Treffen **achsenparallele Strahlen** auf eine Konvexlinse, werden diese in einen gemeinsamen Punkt gebrochen. Die Linse hat demnach eine sammelnde Wirkung, die Strahlen **konvergieren**. Bei der Konkavlinse hingegen werden die Strahlen so gebrochen, dass sie von einem gemeinsamen Punkt auszugehen scheinen. Die Linse hat also eine streuende Wirkung, die Strahlen **divergieren** (Bild 2.6).

optische Achse

bi-konvex | plan-konvex | konkav-konvex | bi-konkav | plan-konkav | konvex-konkav

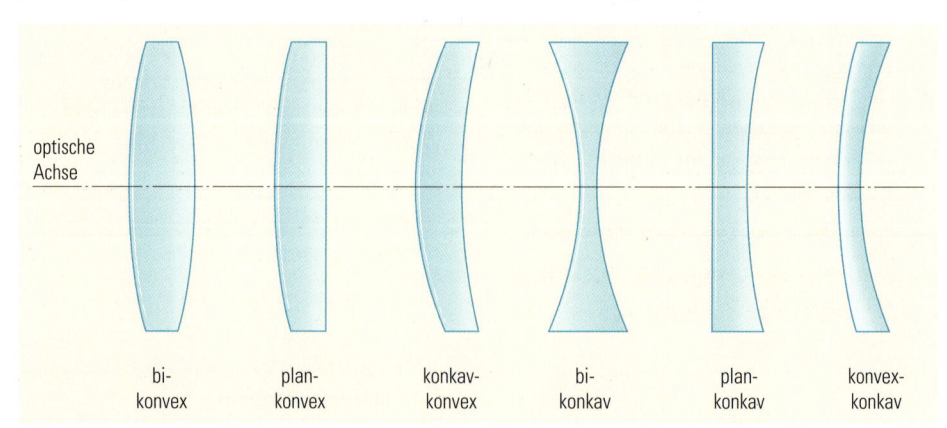

Bild 2.5 Bezeichnung verschiedener Flächenausführungen

## 2.2 Sphärische Gläser

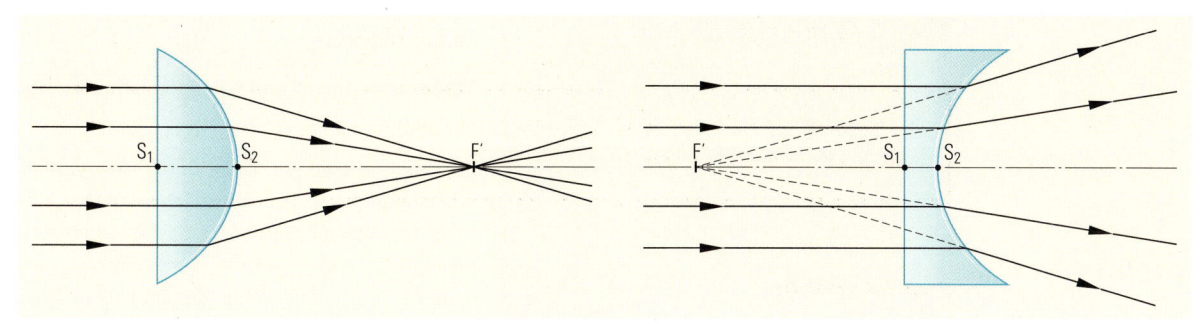

**Bild 2.6** Brechung achsparalleler Strahlen an Plus- und Minuslinse

Der gemeinsame Punkt, in den die achsparallelen Strahlen abgelenkt werden, heißt **bildseitiger Brennpunkt F'** der Linse. Da F' bei der Sammellinse auf der rechten, also ihrer „Plus"-Seite liegt, wird diese Linse auch als **Pluslinse** bezeichnet. Bei der Streulinse hingegen liegt F' auf der linken „Minus"-Seite, sodass die Linse **Minuslinse** genannt wird.

Plus- und Minuslinsen lassen sich äußerlich leicht voneinander unterscheiden. So sind Plusgläser in der Mitte dicker als am Rand. Bei Minusgläsern verhält es sich umgekehrt. Wird eine Person betrachtet, die Plusgläser trägt, so wirken die Augen hinter den Gläsern vergrößert, bei Minusgläsern sehen sie kleiner aus.

Eine weitere Unterscheidungsmöglichkeit bietet die Verschiebekontrolle: Wird eine Pluslinse horizontal über eine vertikale Linie geführt, so lässt sich durch das Glas beobachten, dass sich die Linie in eine zur Bewegungsrichtung der Linse entgegengesetzte Richtung zu bewegen scheint. Das Plusglas bewirkt eine sogenannte **Gegenläufigkeit**. Wird der Vorgang mit einer Minuslinse wiederholt, scheint sich die Linie mit dem Glas mit zu bewegen. Das Minusglas bewirkt eine **Mitläufigkeit**. Der Punkt des Brillenglases, bei dem sich keine Verschiebung der Linien ergibt, heißt **optischer Mittelpunkt**.

Plusgläser dienen der Korrektion der **Hyperopie**, Minusgläser der der **Myopie**.

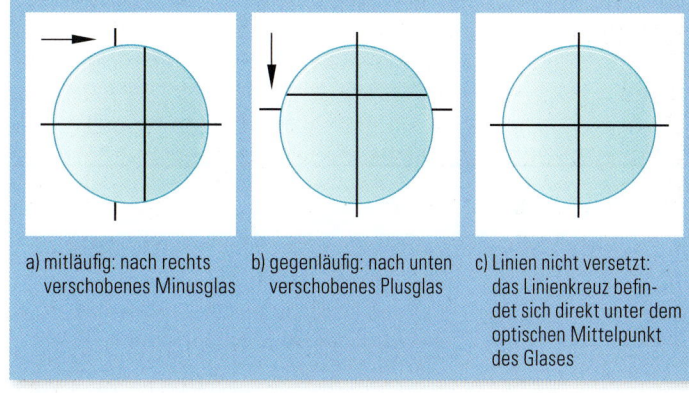

a) mitläufig: nach rechts verschobenes Minusglas
b) gegenläufig: nach unten verschobenes Plusglas
c) Linien nicht versetzt: das Linienkreuz befindet sich direkt unter dem optischen Mittelpunkt des Glases

**Bild 2.7** Verschiebekontrolle

> **Praxis-Tipp**
> Sie können Plus- und Minuslinsen leicht äußerlich von einander unterscheiden:
>
> Pluslinsen
> - sind in der Mitte dicker als am Rand,
> - vergrößern und
> - bewirken „Gegenläufigkeit".
>
> Minuslinsen
> - sind in der Mitte dünner als am Rand,
> - verkleinern und
> - bewirken „Mitläufigkeit".

> **Hyperopie:** Übersichtigkeit
> **Myopie:** Kurzsichtigkeit

## 2.2.2 Wirkung

### Gesamtbrechwert und Scheitelbrechwert einer Linse

Geometrisch ist die Linse durch den **Vorderflächenradius** $r_1$, den **Rückflächenradius** $r_2$ sowie die **Mittendicke** $d$, dem Abstand zwischen vorderem und hinterem Scheitelpunkt, genau definiert. In der folgenden Berechnung der optischen Wirkung wird von einem Linsenmaterial der Brechzahl $n$ und Luft als umgebendem Medium ausgegangen.

Die Lage der Kreismittelpunkte wird durch die Abstände von den zugehörigen Scheitelpunkten beschrieben. Diese Abstände, d. h. die Radien der Kreisbögen, sind mit einem Vorzeichen versehen, das angibt, ob sich der Kreismittelpunkt rechts (in positiver Richtung) oder links (in negativer Richtung) vom zugehörigen Scheitelpunkt befindet.

Die Gesamtwirkung der Linse ergibt sich aus den Einzelbrechungen an Vorder- und Rückfläche. Diese sind umso stärker, je kleiner der Radius der Fläche ist. Gemäß den Radien lassen sich den Flächen die sogenannten **Flächenbrechwerte** $D_1$ und $D_2$ zuordnen, aus denen sich mithilfe der **Gullstrandformel** der **Gesamtbrechwert** $D$ der Linse ergibt. Die Formeln der Flächenbrechwerte zeigen, dass die Linse bei Verwendung eines höher brechenden Materials flacher wird, um denselben Brechwert zu erzielen.

> **Flächenbrechwert der Vorderfläche**
>
> $$D_1 = \frac{n-1}{r_1}$$
>
> **Flächenbrechwert der Rückfläche**
>
> $$D_2 = \frac{1-n}{r_2}$$
>
> **Gesamtbrechwert (Gullstrandformel)**
>
> $$D = D_1 + D_2 - \frac{d}{n} \cdot D_1 \cdot D_2$$

---

> **Regeln zum technischen und optischen Zeichnen**
>
> - Punkte werden durch Groß-, Strecken durch Kleinbuchstaben gekennzeichnet.
> - Die Maßlinien gerichteter Strecken werden als Volllinie gezeichnet und durch einen Punkt und einen Pfeil begrenzt.
> - Von Bauteilkanten und Punkten führen Maßhilfslinien als schmale Volllinien zu den Maßlinien.
> - Maßzahlen besitzen die Richtung der zugehörigen Maßlinien. Sie befinden sich auf der Maßlinie und werden in mm ohne Angabe der Einheit eingetragen.
> - Die optische Achse und Lote werden als Strichpunktlinien gezeichnet.
> - Lichtstrahlen verlaufen stets von links nach rechts. Sie werden durch Volllinien dargestellt. Innerhalb eines optischen Mediums befindet sich ein Pfeil in Strahlrichtung.

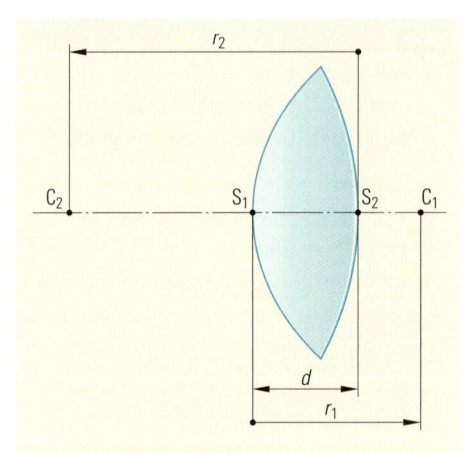

$S_1$ vorderer Scheitelpunkt
$S_2$ hinterer Scheitelpunkt
$C_1$ Kreismittelpunkt der Vorderfläche
$C_2$ Kreismittelpunkt der Rückfläche
$r_1$ Vorderflächenradius (hier von links nach rechts, also positiv)
$r_2$ Rückflächenradius (hier von rechts nach links, also negativ)

**Bild 2.8** Bemaßung der Krümmungsradien

Allvar Gullstrand (1862–1930)

Sollen Brechwerte berechnet werden, so sind die Radien und die Mittendicke zuvor immer in die Einheit Meter umzurechnen. Für die Brechwerte ergibt sich die Einheit 1/m, die auch als **Dioptrie** (dpt) bezeichnet wird.

> **Dioptrie, 1 dpt = 1/m:** Einheit des Brechwerts

### Flächenbrechwertmessung

Der Flächenbrechwert einer Linse lässt sich mithilfe eines Sphärometers messen. Da mit dem Sphärometer jedoch eigentlich nur der Krümmungsradius der Fläche erfasst werden kann, muss sich der angezeigte Flächenbrechwert $D_{sph}$ auf ein bestimmtes Materialpaar beziehen. Dabei handelt es sich historisch bedingt meist um Luft ($n = 1$) / Kronglas ($n_{sph} = 1{,}525$).

Soll der Flächenbrechwert $D$ für ein abweichendes Glasmaterial ($n$) bestimmt werden, so ist der Messwert umzurechnen.

**Bild 2.9** Sphärometer

> **Sphärometer:** Gerät zur Messung von Flächenbrechwerten

$$D_{sph} = \frac{n_{sph} - 1}{r} \Rightarrow r = \frac{n_{sph} - 1}{D_{sph}}$$

$$D = \frac{n - 1}{r} \Rightarrow D = \frac{n - 1}{\left(\frac{n_{sph} - 1}{D_{sph}}\right)} \Rightarrow \boxed{D = D_{sph} \cdot \frac{n - 1}{n_{sph} - 1}}$$

### Brennpunkt, Brenn- und Schnittweite

Zur vereinfachten Beschreibung der Abbildung durch Linsen werden die tatsächlichen Linsenflächen mathematisch durch Ersatzflächen, die sogenannten **Hauptebenen** ersetzt. Es ergibt sich eine vordere und eine hintere Hauptebene deren Schnittpunkte mit der optischen Achse als **vorderer Hauptpunkt H** und **hinterer Hauptpunkt H′** bezeichnet werden. Die Lage der Hauptpunkte wird durch den Abstand vom zugehörigen Scheitelpunkt der Linse beschrieben. Es gilt:

> **Lage des vorderen Hauptpunktes**
> $$h = \frac{d \cdot D_2}{n \cdot D}$$
> **Lage des hinteren Hauptpunktes**
> $$h' = -\frac{d \cdot D_1}{n \cdot D}$$

Dabei sind $h$ und $h'$ vorzeichenbehaftet. Die Hauptpunkte sind immer zur stärker brechenden Fläche hin verschoben. Ihr Abstand zu einander beträgt ca. ⅓ der Linsendicke (Bild 2.10). Damit ergibt sich für dünne Linsen ein sehr geringer Abstand von vorderer zu hinterer Hauptebene, sodass in diesem Fall auch vereinfacht von einem gemeinsamen Hauptpunkt H* ausgegangen werden kann.

Der Abstand vom hinteren Hauptpunkt zum bildseitigen Brennpunkt F′ wird als **bildseitige Brennweite $f'$** bezeichnet. Der vom vorderen Hauptpunkt zum objektseitigen Brennpunkt F heißt **objektseitige Brennweite $f$**. Die Brennweiten lassen sich mithilfe des Gesamtbrechwerts ermitteln. Es gilt:

## Einstärken-Brillengläser kontrollieren und einarbeiten

**vordere und hintere Hauptebene**

- H vorderer Hauptpunkt
- H' hinterer Hauptpunkt
- $S_1$ vorderer Scheitelpunkt
- $S_2$ hinterer Scheitelpunkt
- f objektseitige Brennweite
- f' bildseitige Brennweite
- h Lage des vorderen Hauptpunktes
- h' Lage des hinteren Hauptpunktes
- F objektseitiger Brennpunkt
- F' bildseitiger Brennpunkt
- s objektseitige Schnittweite
- s' bildseitige Schnittweite

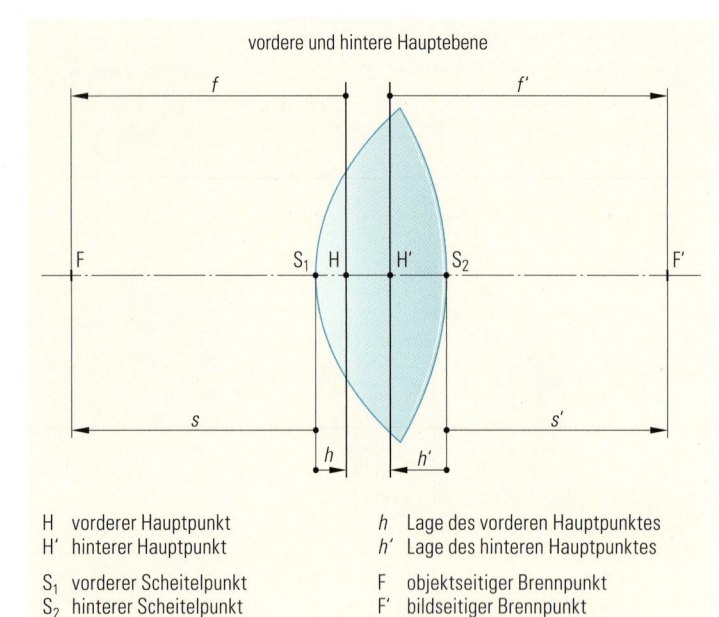

**Bild 2.10** Bemaßung einer sphärischen Linse

**bildseitige Brennweite**
$$f' = \frac{1}{D}$$

**objektseitige Brennweite**
$$f = -\frac{1}{D}$$

Befindet sich vor und hinter der Linse dasselbe Umgebungsmedium, so sind die objekt- und bildseitige Brennweite immer gleich lang, sie unterscheiden sich jedoch durch ihr Vorzeichen.

$$f' = -f$$

Die Lage der Brennpunkte lässt sich auch durch ihre Abstände zu den jeweiligen Scheitelpunkten beschreiben. Dabei wird der Abstand vom hinteren Scheitelpunkt $S_2$ zum bildseitigen Brennpunkt als **bildseitige Schnittweite s'** bezeichnet. Der Abstand vom vorderen Scheitelpunkt $S_1$ zum objektseitigen Brennpunkt heißt **objektseitige Schnittweite s**. Im Gegensatz zu den Brennweiten sind die Schnittweiten in der Regel nicht gleich lang.

Zu beachten ist, dass alle Brenn- und Schnittweiten gerichtete Größen sind: sie führen von den Hauptebenen bzw. Scheitelpunkten zu den Brennpunkten. Dabei gibt das Vorzeichen an, ob die Strecke in (+) oder gegen (–) die Lichtrichtung verläuft. Zwischen ihnen gelten folgende Beziehungen:

**bildseitige Schnittweite**
$$s' = f' + h'$$

**objektseitige Schnittweite**
$$s = f + h$$

Aus den Kehrwerten der Schnittweiten ergeben sich die Scheitelbrechwerte der Linse:

**bildseitiger Scheitelbrechwert**
$$S' = \frac{1}{s'}$$

**objektseitiger Scheitelbrechwert**
$$S = -\frac{1}{s}$$

Alternativ dazu können die Scheitelbrechwerte auch direkt mithilfe von Gesamtbrechwert und Flächenbrechwert bestimmt werden:

$$S' = \frac{D}{1 - \frac{d}{n} \cdot D_1} \qquad S = \frac{D}{1 - \frac{d}{n} \cdot D_2}$$

In der Augenoptik dient immer der bildseitige Scheitelbrechwert $S'$ zur Angabe der Wirkung des verordneten Brillenglases. Da die bild- und objektseitige Schnittweiten unterschiedlich lang sind, ist zu beachten, dass die zugehörigen Scheitelbrechwerte ebenfalls unterschiedlich groß sind.

Mit Hilfe des bildseitigen Scheitelbrechwerts und des Gesamtbrechwerts lässt sich die sogenannte **Eigenvergrößerung $N_E$** eines Brillenglases bestimmen. Sie gibt an, wie stark das Glas als solches vergrößert. Es gilt:

**Eigenvergrößerung**
$$N_E = \frac{S'}{D}$$

## 2.2 Sphärische Gläser

Die Eigenvergrößerung eines Brillenglases ist immer größer als 1. Dies bedeutet, dass auch Minusgläser allein eine geringe Vergrößerung bewirken. Die Verkleinerung durch das Minusglas ergibt sich erst im System Brillenglas-Auge. Die Eigenvergrößerung ist lediglich von der Mittendicke, der Brechzahl sowie dem Vorderflächenbrechwert abhängig und kann auch direkt aus diesen Größen ermittelt werden:

$$N_E = \frac{1}{1 - \frac{d}{n} \cdot D_1}$$

### Aufgaben

1. Zeichnen Sie die folgenden Linsen und benennen Sie sie nach ihrer Form:
   a) $r_1 = +7,5$ cm, $r_2 = +13$ cm, $d = 0,5$ cm
   b) $r_1 = +6,5$ cm, $r_2 = -6,5$ cm, $d = 1$ cm
   c) Vorderfläche plan, $r_2 = -3$ cm, $d = 2$ cm
   d) $r_1 = -7,5$ cm, $r_2 = +9$ cm, $d = 1$ cm

2. Wie unterscheiden sich die Vorzeichen der Krümmungsradien positiver und negativer Menisken?

3. Welcher Radius ist bei einem Plusbrillenglas der größere?

4. Eine Linse ($n = 1,502$, $d = 7,3$ mm) besitzt die Krümmungsradien $r_1 = +58$ mm und $r_2 = +125$ mm. Bestimmen Sie den Gesamtbrechwert und die bildseitige Brennweite.

5. Mit einem Sphärometer ($n_{sph} = 1,525$) wurde ein Flächenbrechwert von 6,50 dpt gemessen. Die Brechzahl des Glasmaterials beträgt jedoch $n = 1,604$. Bestimmen Sie den tatsächlichen Flächenbrechwert.

6. Eine Linse der Dicke 1,5 cm besitzt die Krümmungsradien $r_1 = +6$ cm und $r_2 = +3$ cm. Das Material besitzt die Brechzahl 1,6. Berechnen Sie $f, f', h, h', s, s'$. Zeichnen und bemaßen Sie die Linse (Blatt im Querformat, Linse mittig).

7. Berechnen Sie den bild- und objektseitigen Scheitelbrechwert einer Linse mit $n = 1,502$, $D_1 = +9,12$ dpt, $D_2 = -3,62$ dpt, $d = 8,6$ mm.

8. Begründen Sie, weshalb sich bild- und objektseitiger Scheitelbrechwert bei einem Plusglas stärker als bei einem Minusglas voneinander unterscheiden.

### 2.2.3 Abbildung durch sphärische Linsen in Luft

Nach Umbauarbeiten wird der neue Refraktionsraum Ihres Ausbildungsbetriebes mit einem Sehzeichenprojektor ausgestattet. Sie werden beauftragt, sich über die Möglichkeit der Anpassung an unterschiedliche Prüfentfernungen zu informieren.

**Bild und Bildkonstruktion / Konstruktionsstrahlen**

Wird ein Gegenstand durch eine Linse betrachtet, so erfahren die von diesem ausgehenden Lichtstrahlen eine Richtungsänderung. Die Folge ist, dass sich das betrachtete Objekt in seiner Größe und seinem Ort verändert zu haben scheint. Natürlich besitzt die Linse jedoch keinen Einfluss auf den Gegenstand, vielmehr

**Bild 2.11** Lupenbild

sieht der Betrachter nicht mehr das Objekt selbst, sondern ein Bild des Gegenstandes. Die Aufgabe des Brillenglases ist es, dieses Bild an einem Ort zu erzeugen, an dem es vom Fehlsichtigen scharf gesehen werden kann.

Die von einem **Objektpunkt** ausgehenden **Objektstrahlen** werden durch die Linse gebrochen und erhalten die Richtung eines neuen gemeinsamen Punktes. Die gebrochenen Strahlen heißen nun **Bildstrahlen**, der neue gemeinsame Punkt **Bildpunkt**.

Der abzubildende Gegenstand wird durch einen Pfeil $y$ dargestellt. Im Rahmen der Konstruktion wird lediglich die Pfeilspitze abgebildet, von der alle Konstruktionsstrahlen ausgehen. Befindet sich der Fußpunkt O des Pfeils auf der optischen Achse, so liegt auch sein Bild O' darauf. Das Bild $y'$ des Pfeils ergibt sich dann aus der Verbindung des Bildes seiner Spitze mit dem senkrecht darunter liegenden Bildes des Fußpunktes.

**reell:** wirklich vorhanden
**virtuell:** scheinbar vorhanden

(1) Der objektseitige Achsenparallelstrahl wird zum bildseitigen Brennpunktstrahl.
(2) Der objektseitige Brennpunktstrahl wird zum bildseitigen Achsenparallelstrahl.
(3) Der Hauptpunktstrahl wird ohne Richtungsänderung vom ersten zum zweiten Hauptpunkt parallel verschoben.

Trifft der objektseitige Konstruktionsstrahl auf die erste Hauptebene, so ist der Auftreffpunkt in gleicher Höhe auf die zweite Hauptebene zu übertragen.

### Reelle und virtuelle Bilder

Bild 2.12a zeigt die Bildkonstruktion für eine Pluslinse. Die gebrochenen Strahlen auf der Bildseite treffen sich alle in einem Punkt, dem Bildpunkt. Im Fall der Minuslinse (Bild 2.12b) treffen sich die Strahlen auf der Bildseite nicht, sie divergieren. Dafür scheinen sie aber alle von einem gemeinsamen Punkt auszugehen, der sich durch die Rückverlängerung der gebrochenen Strahlen ergibt. Der sich ergebende Bildpunkt liegt in diesem Fall vor der Linse.

Bei a) treffen sich reelle Strahlen in einem Punkt, es handelt sich demnach um ein **reelles Bild**. Im Fall b) scheinen die Strahlen lediglich vom gemeinsamen Bildpunkt auszugehen. Das Bild wird als **virtuelles Bild** bezeichnet. Da das reelle Bild im Schnittpunkt tatsächlich existierender Strahlen entsteht, lässt es sich mithilfe eines Projektionsschirms auffangen, das virtuelle hingegen nicht. Virtuelle Bilder und Strahlen werden gestrichelt gezeichnet.

Die beiden dargestellten Bilder lassen sich auch durch weitere Punkte unterscheiden: so ist z. B. das Bild in a) größer als der Gegenstand und steht auf dem Kopf; das in b) ist kleiner als der Gegenstand und steht aufrecht.

### Unendlich weit entfernte Gegenstände und Bilder

Strahlen, die von einem unendlich weit entfernten Gegenstand ausgehen, besitzen alle die gleiche Richtung, sie sind parallel zueinander. Umgekehrt treffen sich Strahlen, die nach der Brechung parallel verlaufen, in einem unendlich weit entfernten Bildpunkt.

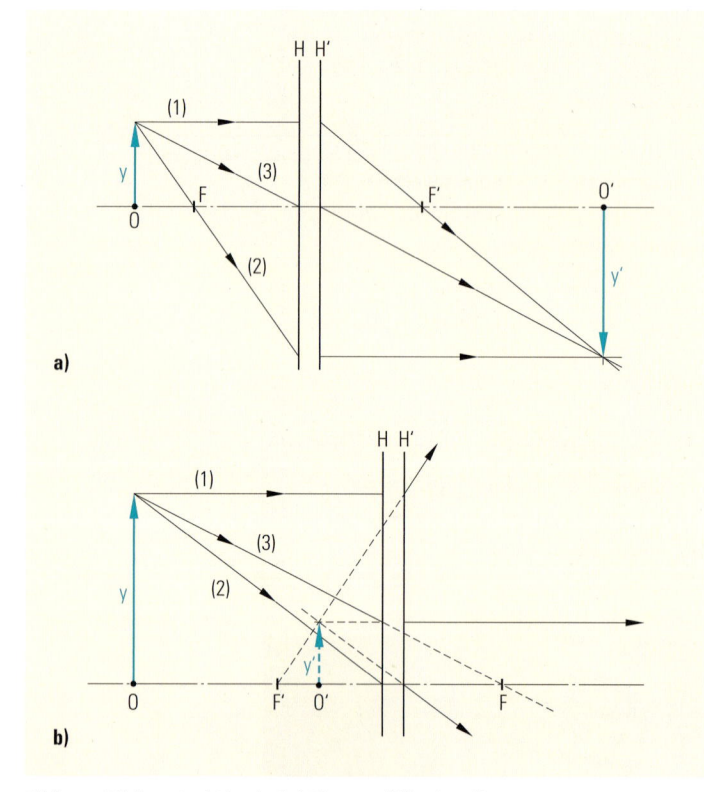

**Bild 2.12** Bildkonstruktion bei a) Plus- und b) Minuslinse

## 2.2 Sphärische Gläser

**Befindet sich der abgebildete Gegenstand vor der Linse, so gilt:**

**Reelle Bilder**
- können bei der Abbildung durch Pluslinsen entstehen,
- befinden sich hinter der Linse,
- „stehen auf dem Kopf",
- lassen sich mithilfe eines Projektionsschirms auffangen,
- können vergrößert, verkleinert oder gleich groß sein.
- Bsp.: Diaprojektor

**Virtuelle Bilder**
- können bei der Abbildung durch Minus- oder Pluslinsen entstehen,
- befinden sich vor der Linse,
- sind aufrecht,
- lassen sich nicht mithilfe eines Schirms auffangen,
- können vergrößert oder verkleinert sein.
- Bsp.: Lupe

### Abbildungsfälle der Pluslinse

**1. Objekt außerhalb der doppelten objektseitigen Brennweite**

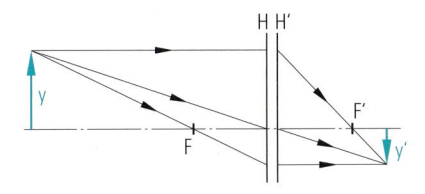

Das Bild befindet sich zwischen der einfachen und doppelten bildseitigen Brennweite. Es ist reell, umgekehrt und verkleinert.

**2. Objekt in der doppelten objektseitigen Brennebene (1:1-Abbildung)**

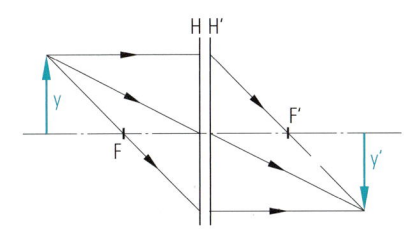

Das Bild befindet sich in der doppelten bildseitigen Brennebene. Es ist reell, umgekehrt und so groß wie das Objekt.

**3. Objekt zwischen der einfachen und doppelten objektseitigen Brennweite**

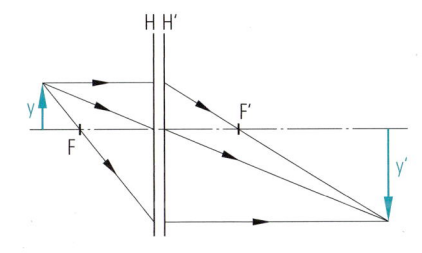

Das Bild befindet sich außerhalb der doppelten bildseitigen Brennweite. Es ist reell, umgekehrt und vergrößert.

**4. Objekt innerhalb der einfachen objektseitigen Brennweite (Lupenfall)**

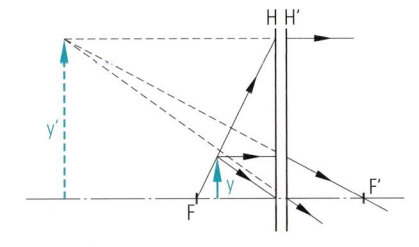

Das Bild befindet sich auf der Objektseite. Es ist virtuell, aufrecht und vergrößert.

### 5. Objekt in der objektseitigen Brennebene

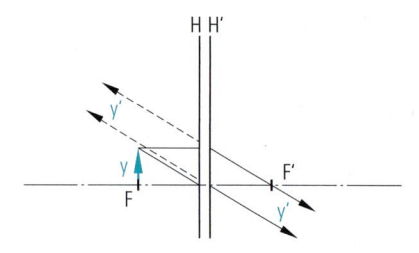

Es existieren zwei Bilder. Das eine ist virtuell, aufrecht und unendlich groß. Es befindet sich unendlich weit vor der Linse. Das andere ist reell, umgekehrt und unendlich groß. Es befindet sich unendlich weit hinter der Linse.

### 6. Objekt unendlich weit vor der Linse

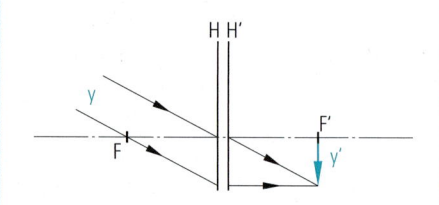

Das Bild befindet sich in der bildseitigen Brennebene. Es ist reell, umgekehrt und verkleinert.

## Abbildungsfälle der Minuslinse

### 1. Objekt beliebig vor der Linse

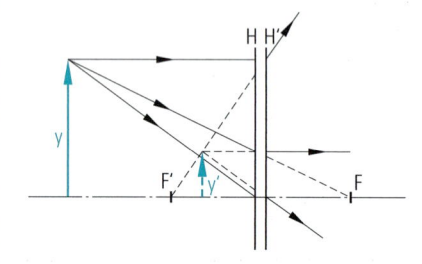

Das Bild befindet sich auf der Objektseite. Es ist virtuell, aufrecht und verkleinert.

### 2. Objekt unendlich weit vor der Linse

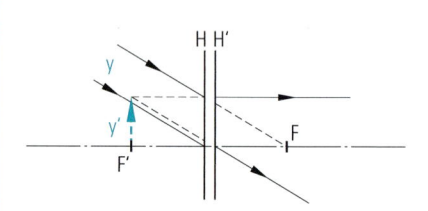

Das Bild befindet sich in der bildseitigen Brennebene. Es ist virtuell, aufrecht und verkleinert.

**Bild 2.13** Abbildungsfälle der Plus- und Minuslinse

**Bild 2.14** Konstruktion des Strahls beliebiger Neigung

### Strahl beliebiger Neigung

Bei der Bildkonstruktion ist die Benutzung der drei zuvor beschriebenen Konstruktionsstrahlen nicht zwingend erforderlich. Auch der Verlauf eines unter einem beliebigen Winkel zur optischen Achse auf die Linse treffenden Strahls lässt sich bestimmen. Insbesondere können so Bilder von Objektpunkten konstruiert werden, die sich auf der optischen Achse befinden.

## 2.2 Sphärische Gläser

**Konstruktion des Strahls beliebiger Neigung**

(1) Vom Objekt ausgehend wird ein beliebig geneigter Strahl zur vorderen Hauptebene gezeichnet.
(2) Durch den hinteren Hauptpunkt wird eine zum einfallenden Strahl parallele Hilfslinie gezeichnet.
(3) Durch den bildseitigen Brennpunkt wird eine zur optischen Achse senkrechte Hilfslinie gezeichnet und deren Schnittpunkt mit der Linie aus (2) bestimmt.
(4) Der Ursprungsstrahl (1) wird zur hinteren Hauptebene übertragen und von dort mit dem Schnittpunkt aus (3) verbunden.

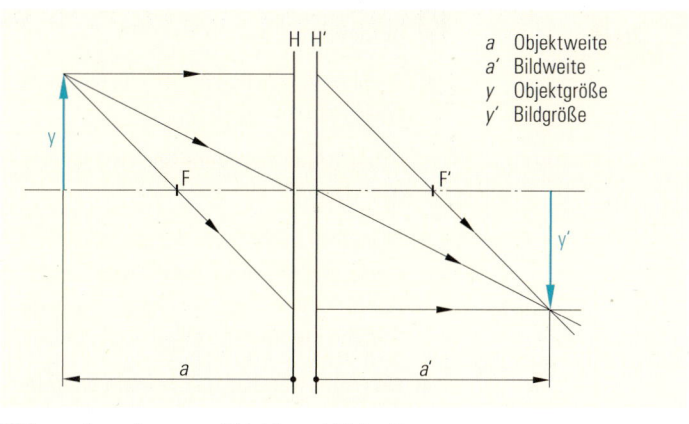

a   Objektweite
a'  Bildweite
y   Objektgröße
y'  Bildgröße

**Bild 2.15** Bemaßung von Objekt- und Bildweite

### Bildberechnung / Abbildungsgleichung

**Objekt- und Bildweite / Objekt- und Bildgröße**

Um die Lage von Objekt und Bild zu beschreiben, werden deren Entfernungen zu den Hauptebenen angegeben. Dabei heißt der Abstand von der vorderen Hauptebene zum Objekt **Objektweite $a$**. Der Abstand von der hinteren Hauptebene zum Bild wird als **Bildweite $a'$** bezeichnet. Zu beachten ist, dass diese Größen gerichtet sind, d.h. sie besitzen ein Vorzeichen, das die Richtung der entsprechenden Strecke beschreibt. Ebenso sind die **Objektgröße $y$** und die **Bildgröße $y'$** gerichtete Größen (Bild 2.15).

Da die Größe $A'$ in der Vergangenheit mit $B$ (für Bild) bezeichnet wurde, ist die Formel auch unter dem Namen **BAD-Formel** bekannt.

Die Vergrößerung bzw. Verkleinerung des Bildes lässt sich mithilfe des Quotienten aus Bild- und Objektgröße bestimmen. Dieser wird als **Abbildungsmaßstab $\beta'$** bezeichnet und besitzt keine Einheit. Dabei gilt, dass sich Bild- und Objektweite genau wie Bild- und Objektgröße zueinander verhalten.

**Vergenzen:** Kehrwerte von Objekt-, Bild-, Brenn- und Schnittweiten

**Abbildungsmaßstab**

$$\beta' = \frac{y'}{y} = \frac{a'}{a}$$

**Abbildungsgleichung und Abbildungsmaßstab**

Der mathematische Zusammenhang zwischen Brenn-, Objekt- und Bildweite wird durch die **Abbildungsgleichung** beschrieben.

Werden statt der Strecken $a'$, $a$ und $f'$ direkt die Kehrwerte eingesetzt, ergibt sich mit $A' = 1/a'$, $A = 1/a$ und $D = 1/f'$ die **Vergenzform** der Abbildungsgleichung.

**Abbildungsgleichung (Streckenform)**

$$\frac{1}{a'} = \frac{1}{a} + \frac{1}{f'}$$

**Abbildungsgleichung (Vergenzform)**

$$A' = A + D$$

**Beweis der Abbildungsgleichung**

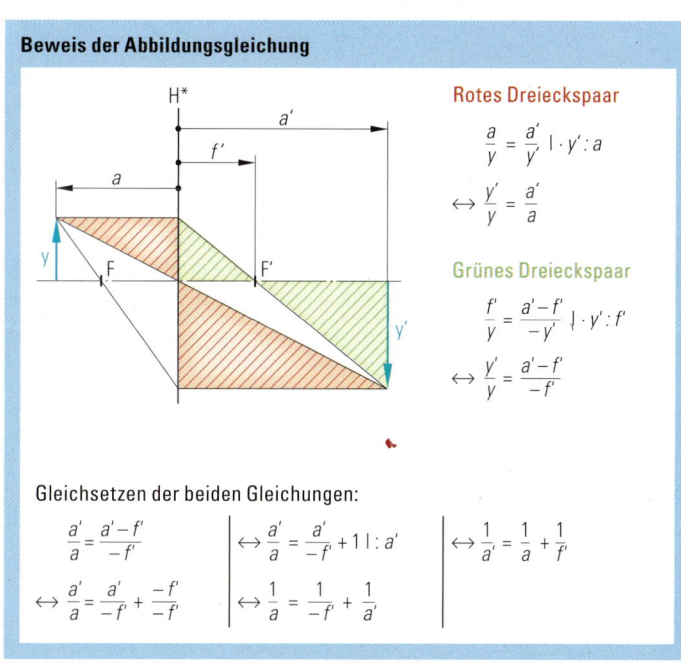

**Rotes Dreieckspaar**

$$\frac{a}{y} = \frac{a'}{y'} \mid \cdot y' : a$$

$$\Leftrightarrow \frac{y'}{y} = \frac{a'}{a}$$

**Grünes Dreieckspaar**

$$\frac{f'}{y} = \frac{a' - f'}{-y'} \mid \cdot y' : f'$$

$$\Leftrightarrow \frac{y'}{y} = \frac{a' - f'}{-f'}$$

Gleichsetzen der beiden Gleichungen:

$$\frac{a'}{a} = \frac{a' - f'}{-f'} \quad \Leftrightarrow \quad \frac{a'}{a} = \frac{a'}{-f'} + 1 \mid : a' \quad \Leftrightarrow \quad \frac{1}{a'} = \frac{1}{a} + \frac{1}{f'}$$

$$\Leftrightarrow \frac{a'}{a} = \frac{a'}{-f'} + \frac{-f'}{-f'} \quad \Leftrightarrow \quad \frac{1}{a} = \frac{1}{-f'} + \frac{1}{a'}$$

**Bild 2.16** Beweis der Abbildungsgleichung

## Aufgaben

1. Welches Vorzeichen besitzt die Bildweite eines virtuellen Bildes?

2. Lösen Sie die Abbildungsgleichung nach $a$, $a'$ und $f'$ auf.

3. Zeigen Sie mithilfe der Abbildungsgleichung, dass ein unendlich weit entfernter Gegenstand ($a = -\infty$) in der bildseitigen Brennebene abgebildet wird.

4. Ein Gegenstand der Größe 3 cm befindet sich 8 cm vor einer Linse (Hauptpunktabstand 0,5 cm) mit dem Gesamtbrechwert + 25 dpt. Konstruieren Sie das Bild und bestimmen Sie Bildweite und -größe anschließend rechnerisch.

5. Eine Lupe (Hauptpunktabstand 0,5 cm) mit dem Gesamtbrechwert + 20 dpt bildet einen Gegenstand als virtuelles 6 cm großes Bild in 4 cm Abstand ab. Konstruieren Sie den Gegenstand und bestimmen Sie Gegenstandsweite, -größe und Abbildungsmaßstab anschließend rechnerisch.

6. Durch eine Minuslinse (Hauptpunktabstand 0,5 cm) der Brennweite − 8 cm wird ein sich 4 cm vor der Linse befindlicher 3,5 cm großer Gegenstand abgebildet. Konstruieren Sie das Bild und bestimmen Sie Bildweite, -größe und Abbildungsmaßstab rechnerisch.

7. Ein Objektpunkt befindet sich 6 cm vor einer Linse (Hauptpunktabstand 0,5 cm) der Brennweite − 4,5 cm direkt auf der optischen Achse. Konstruieren Sie den Bildpunkt mithilfe des Strahls beliebiger Neigung. Ermitteln Sie anschließend die Bildweite und berechnen Sie den resultierenden Abbildungsmaßstab.

### 2.2.4 Abbildung durch sphärische Linsen in beliebigen Medien

Sie beraten einen begeisterten Hobbytaucher, der sich bei Ihnen nach einer Taucherbrille erkundigt. Er befürchtet, dass bei einer Taucherbrille mit Wirkung kein scharfes Sehen über Wasser möglich ist. Weiter möchte er wissen, ob es Alternativen gibt, die ihm das Sehen ohne spezielle Taucherbrille unter Wasser ermöglichen.

Die bisher verwandten Formeln ergeben sich für den Fall, dass die Linse von Luft umgeben ist. Für beliebige Umgebungsmedien gelten die folgenden Formeln. Dabei ist $n_1$ die Brechzahl des Mediums vor der Linse, $n_1'$ und $n_2$ die des Linsenmaterials und $n_2'$ die des Mediums hinter der Linse.

Befinden sich vor und hinter der Linse unterschiedliche Medien, wie zum Beispiel beim Auge (Luft/Glaskörper) oder einer Taucherbrille (Wasser/Luft), so sind objekt- und bildseitige Brennweite betragsmäßig nicht mehr gleich lang. Die Brennweite im optisch dichteren Medium ist nun größer. Es gilt:

$$f' = \frac{n_2'}{D} \qquad f = -\frac{n_1}{D}$$

## 2.2 Sphärische Gläser

| Beliebige Umgebungsmedien | Spezialfall „Umgebungsmedium Luft" |
|---|---|
| $n_1$ Brechzahl des Mediums vor der Linse | $n_1 = 1$ |
| $n_1' = n_2$ Brechzahl des Linsenmaterials | $n_1' = n_2 = n$ Brechzahl des Linsenmaterials |
| $n_2'$ Brechzahl des Mediums hinter der Linse | $n_2' = 1$ |

### Flächenbrechwerte, Gesamtbrechwert

$$D_1 = \frac{n_1' - n_1}{r_1} \qquad D_2 = \frac{n_2' - n_2}{r_2} \qquad\qquad D_1 = \frac{n - 1}{r_1} \qquad D_2 = \frac{1 - n}{r_2}$$

$$D = D_1 + D_2 - \frac{d}{n_2} \cdot D_1 \cdot D_2 \qquad\qquad D = D_1 + D_2 - \frac{d}{n} \cdot D_1 \cdot D_2$$

### Haupt- und Knotenpunktlage

$$h = \frac{n_1 \cdot d \cdot D_2}{n_1' \cdot D} \qquad h' = -\frac{n_2' \cdot d \cdot D_1}{n_2 \cdot D} \qquad\qquad h = \frac{d \cdot D_2}{n \cdot D} \qquad h' = -\frac{d \cdot D_1}{n \cdot D}$$

$$k = k' = f + f' \qquad\qquad k = k' = 0$$

### Brenn- und Schnittweiten, Scheitelbrechwerte

$$f' = \frac{n_2'}{D} \qquad f = -\frac{n_1}{D} \qquad\qquad f' = \frac{1}{D} \qquad f = -\frac{1}{D}$$

$$f' \neq -f \text{ für } n_1 \neq n_2' \qquad\qquad f' = -f \qquad s' = f' + h' \qquad s = f + h$$

$$s' = f' + h' \qquad s = f + h$$

$$S' = \frac{n_2'}{s'} \qquad S = -\frac{n_1}{s} \qquad\qquad S' = \frac{1}{s'} \qquad S = -\frac{1}{s}$$

### Abbildungsgleichung

$$\frac{n_2'}{a'} = \frac{n_1}{a} + \frac{n_2'}{f'} \qquad\qquad \frac{1}{a'} = \frac{1}{a} + \frac{1}{f'}$$

$$A = \frac{n_1}{a} \qquad A' = \frac{n_2'}{a'} \qquad D = \frac{n_2'}{f'} \qquad\qquad A = \frac{1}{a} \qquad A' = \frac{1}{a'} \qquad D = \frac{1}{f'}$$

$$A' = A + D \qquad\qquad A' = A + D$$

$$\beta' = \frac{y'}{y} = \frac{n_1 \cdot a'}{n_2' \cdot a} \qquad\qquad \beta' = \frac{y'}{y} = \frac{a'}{a}$$

Aufgrund der unterschiedlichen Medien passiert der Hauptpunktstrahl die Linse nicht mehr ungebrochen. An die Stelle der Hauptpunkte treten der **vordere Knotenpunkt K** und der **hintere Knotenpunkt K'**. Ein Strahl, der auf den vorderen Knotenpunkt trifft, wird bei der Bildkonstruktion parallel zum hinteren Knotenpunkt verschoben und somit durch die Linse nicht gebrochen. Auch bei der Konstruktion des Strahls beliebiger Neigung werden die Hauptpunkte durch die Knotenpunkte ersetzt. Die Lage der Knotenpunkte wird durch ihren Abstand von der entsprechenden Hauptebene beschrieben. Dabei gilt:

> **Lage der Knotenpunkte**
>
> $k = k' = f + f'$
>
> $k$ Abstand von der ersten Hauptebene zum vorderen Knotenpunkt
>
> $k'$ Abstand von der zweiten Hauptebene zum hinteren Knotenpunkt

Bild 2.17 zeigt den Verlauf der Konstruktionsstrahlen für eine von Wasser und Luft umgebene Linse. Die objektseitige Brennweite ist nun größer als die bildseitige. Die Knotenpunkte sind ins dichtere Medium hinein verschoben, dabei entspricht ihr Abstand dem Abstand der Hauptpunkte. Befänden sich vor und hinter der Linse die gleichen Medien, würden die Knotenpunkte genau auf den Hauptpunkten liegen und der Knotenpunktstrahl würde, wie im Fall der Linse in Luft, zum Hauptpunktstrahl werden.

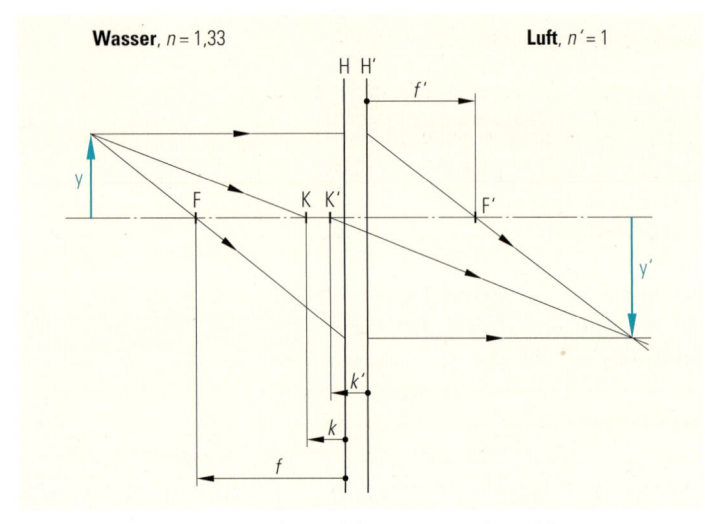

**Bild 2.17** Lage der Knotenpunkte und des Knotenpunktstrahls

**Cornea:** Hornhaut

### Aufgaben

Die Cornea ist eine von Luft und Kammerwasser umgebene Linse. Dabei besitzt die Hornhaut des schematischen Auges nach Gullstrand die folgenden Werte:

| | |
|---|---|
| Radius der vorderen Hornhautfläche | $r_1 = +7{,}7$ mm |
| Radius der hinteren Hornhautfläche | $r_2 = +6{,}8$ mm |
| Mittendicke der Hornhaut | $d = 0{,}5$ mm |
| Brechzahl vor der Hornhaut | $n_{Luft} = 1$ |
| Brechzahl der Hornhaut | $n_{HH} = 1{,}376$ |
| Brechzahl des Kammerwassers | $n_{KW} = 1{,}336$ |

1. Bestimmen Sie die Flächenbrechwerte der Hornhaut.

2. Berechnen Sie den Gesamtbrechwert sowie die bildseitige und objektseitige Brennweite.

3. Bestimmen Sie die Lage der Hauptebenen.

4. Zeichnen Sie das Hornhautsystem im Maßstab 10:1 und bemaßen Sie die Hauptebenenlagen und Brennweiten.

5. Erklären Sie, weshalb die Hornhaut einen positiven Gesamtbrechwert besitzt, obwohl die konkave Fläche stärker gekrümmt ist.

6. Berechnen Sie, wie stark sich der Gesamtbrechwert der Hornhaut beim Tauchen verändert ($n_{Wasser} = 1{,}330$).

## 2.2.5 Kontrolle mit dem Scheitelbrechwertmessgerät

> Im Rahmen der Eingangskontrolle überprüfen Sie den Scheitelbrechwert eines sphärischen Brillenglases mithilfe des Okularscheitelbrechwertmessers. Ihre Kollegin, die das Messgerät kurz zuvor verwendet hat, ist stark myop.

Mit Hilfe des Scheitelbrechwertmessgeräts *(kurz:* Scheitelbrechwertmesser) lässt sich die Wirkung einer Linse bestimmen. Dabei kommen verschiedene Ausführungen des Gerätes zum Einsatz:
- Okularscheitelbrechwertmesser,
- Projektionsscheitelbrechwertmesser und
- automatische Scheitelbrechwertmesser.

Da sich die dioptrische Wirkung einer Verordnung immer auf den bildseitigen Scheitelbrechwert $S'$ bezieht, darf die auszumessende Linse nur mit ihrer konkaven Fläche auf die Glasauflage aufgelegt werden. Andernfalls würde der objektseitige Scheitelbrechwert $S$ gemessen werden.

**Okular:** dem Auge zugewandte Linse eines Linsensystems

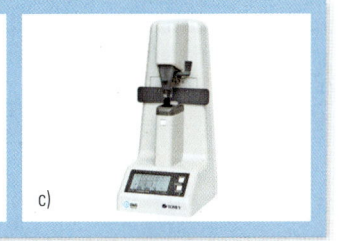

**Bild 2.18** a) Okular-, b) Projektions- und c) automatischer Scheitelbrechwertmesser

### Messen mit dem Okularscheitelbrechwertesser

Im Rahmen der Messung ist eine **Testmarke** (z. B. Kreuz oder Punktekreis) scharf durch das Brillenglas abzubilden. Zur richtigen Positionierung des Glases dient dabei die sogenannte **Strichplatte** in deren Mitte sich ein Fadenkreuz befindet. Die außenliegende Gradeinteilung erlaubt seine Ausrichtung gemäß dem **TABO-Gradbogenschema**, die bei einem sphärischen Glas nicht vorgenommen werden muss. Um die Wirkung im optischen Mittelpunkt zu messen, muss das Glas so positioniert werden, dass das Fadenkreuz der Strichplatte zentral im Bild der Testmarke liegt.

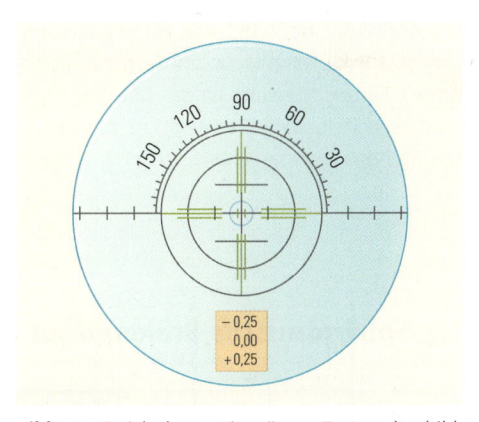

**Bild 2.19** Strichplatte mit grünem Testmarkenbild

**TABO:** Technischer Ausschuss für Brillenoptik

1. Der sphärisch Fehlsichtige kann die Messung mit oder ohne Brille durchführen. Liegt beim Messenden eine astigmatische Fehlsichtigkeit vor, ist die Brille aufzubehalten. Zu Beginn der Messung muss die Strichplatte, bei unscharfer Testmarke, durch Justierung des Okulars scharf gestellt werden. Dazu ist das Okular weitest möglich herauszudrehen und anschließend soweit reinzudrehen bis die Strichplatte gerade scharf erscheint.

2. Das Brillenglas wird auf der Glasauflage fixiert.
3. Das Testmarkenbild wird scharf gestellt.
4. Das Glas wird so verschoben, dass das Testmarkenbild in der Strichplattenmitte liegt.
5. Anschließend wird die Schärfe des Testmarkenbildes nachjustiert und der Messwert abgelesen. Zudem kann die Lage des Messpunktes des Glases mithilfe einer Stempelvorrichtung angezeichnet werden.

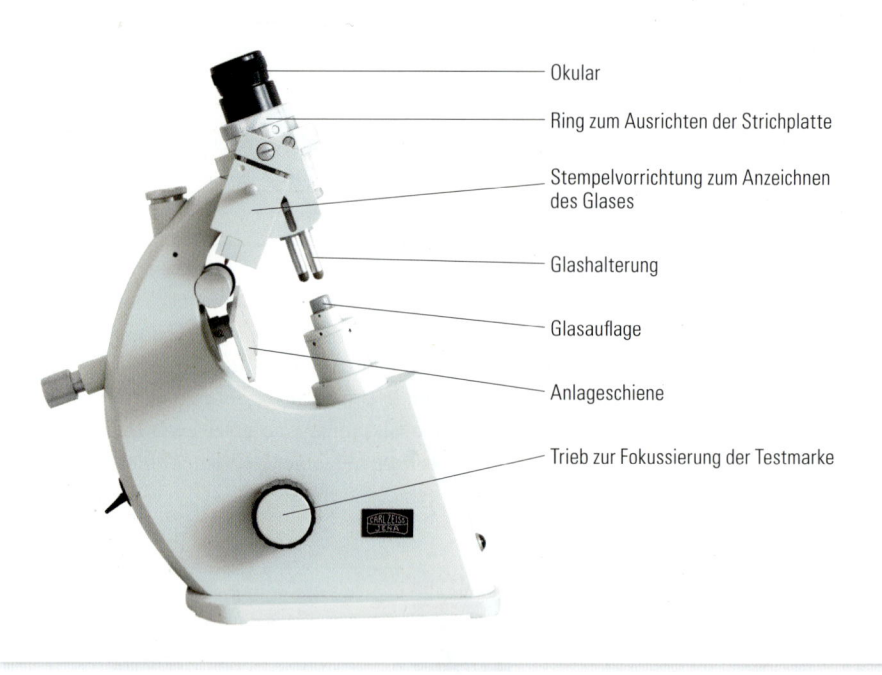

**Bild 2.20** Okularscheitelbrechwertmessgerät

**Projektions- und automatische Scheitelbrechwertmessgeräte**

Beim Projektionsscheitelbrechwertmesser wird das Testmarkenbild nicht durch ein Okular, sondern auf einer Projektionsfläche betrachtet. Auf dieser befinden sich eine Gradeinteilung sowie das Fadenkreuz zur Ausrichtung des Glases. Für die Messung ist das Glas wie beim Okularscheitelbrechwertmesser zu positionieren und das Testmarkenbild scharf zu stellen.

Der automatische Scheitelbrechwertmesser ermittelt den Scheitelbrechwert des zuvor richtig positionierten Brillenglases automatisch, das Scharfstellen entfällt. Das auf dem Display des Geräts dargestellte Bild ist keine Testmarkenabbildung, sondern lediglich eine Hilfestellung zur Positionierung des Brillenglases.

## 2.3 Sphärotorische Brillengläser

> Die Brillenglasbestimmung hat eine sphärozylindrische Verordnung ergeben. Sie rechnen die Verordnung in Pluszylinderschreibweise um und nehmen die Glasbestellung vor. Nach Eintreffen des Glases bereiten Sie es für die Formrandung vor.

### 2.3.1 Geometrie

Idealerweise besitzt das Auge die Wirkung einer sphärischen Linse. Liegt jedoch ein **Astigmatismus** vor, weicht das Auge von diesem Idealfall ab. Die das Augensystem repräsentierende Systemlinse ist dann nicht sphärisch und besitzt somit keine Flächen mit konstanten Krümmungsradien. Dies hat zur Folge, dass der Brechwert des Auges nicht konstant, sondern richtungsabhängig ist.

## 2.3 Sphärotorische Brillengläser

Zur Korrektur eines Astigmatismus kommen **sphärotorische Linsen** zum Einsatz. Diese besitzen, wie das astigmatische Auge, keinen einheitlichen Brechwert. In der Richtung, in der das Auge stärker bricht, ist die Wirkung des sphärotorischen Glases stärker negativ, in der, in welcher das Auge schwächer bricht, wirkt das Brillenglas schwächer negativ. Dabei sind Auge und Brillenglas so aufeinander abgestimmt, dass sie zusammen einen bestimmten, nun richtungsunabhängigen, Brechwert ergeben.

Das sphärotorische Brillenglas besitzt eine sphärische und eine torische Fläche, wobei der Brechwert der sphärischen Fläche in allen Richtungen gleich ist. Die torische Fläche ist ein Ausschnitt der Oberfläche einer gewölbten Tonne. Sie weist zwei Krümmungsradien auf, die senkrecht zueinander stehen.

### Innen- und außentorische Ausführung

Sphärotorische Gläser lassen sich sowohl **außentorisch** (Torus auf der Glasvorderfläche), als auch **innentorisch** (Torus auf der Glasrückfläche) fertigen, wobei die innentorische Ausführung die Regel ist. Sie kann von der außentorischen leicht dadurch unterschieden werden, dass sie beim Aufliegen auf der Rückfläche „kippelt".

**Vorteile der innentorischen Ausführung:**
- Die nur von der Vorderfläche abhängige Eigenvergrößerung ist einheitlich.
- Die sphärische Vorderfläche ist ästhetischer als die torische.
- Der Rand des Brillenglases lässt sich bei parallel zur Vorderfläche verlaufender Facette besser kaschieren.

**Torus:** tonnen- oder wulstförmiger Rotationskörper

**Facette:** angeschliffene Randfläche des Brillenglases

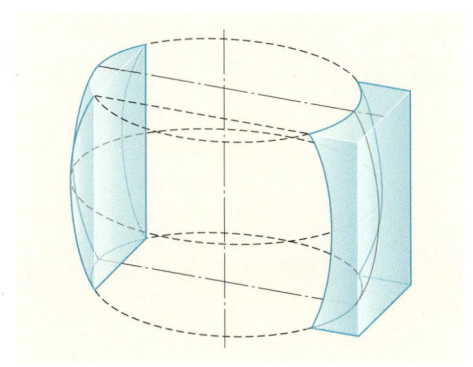

**Bild 2.21** Konvexe und konkave torische Flächen

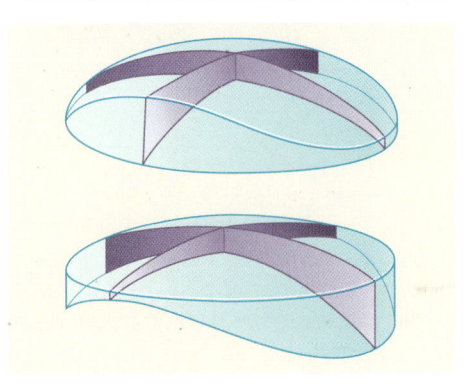

**Bild 2.22** Sphärotorische Brillengläser in a) außen- und b) innentorischer Ausführung

### Wirkung einer Zylinderlinse

Trifft ein paralleles Lichtbündel auf eine Zylinderlinse, so findet keine Fokussierung in Richtung der Zylinderachse statt. Der Zylinder besitzt in Richtung seiner Achse keine Wirkung. Dies hat zur Folge, dass das Licht nicht in einem gemeinsamen Punkt, dem Brennpunkt, sondern in Form einer Brennlinie gebündelt wird.
- Die Strahlen (1) und (2) liegen in einer Ebene senkrecht zur Zylinderachse, sie werden in einem Punkt gesammelt.
- Die Strahlen (2) und (3) liegen in einer Ebene in Richtung der Zylinderachse, sie werden nicht in einem Punkt gesammelt.

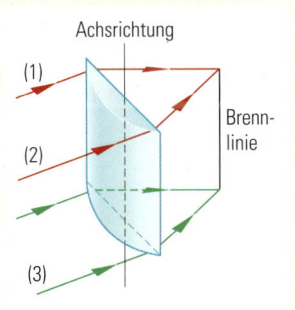

**Bild 2.23** Wirkung einer Zylinderlinse

**Wichtig:** Der Zylinder wirkt immer senkrecht zu seiner Achslage. Die Brennlinie liegt immer in Richtung der Zylinderachse.

### 2.3.2 Wirkungsschema

Das sphärotorische Brillenglas lässt sich in seiner Wirkung als Kombination einer sphärischen und einer Zylinderlinse darstellen. Dabei wirkt in Richtung der Zylinderachse nur die sphärische Komponente und senkrecht dazu Sphäre und Zylinder gemeinsam. Diese beiden Wirkungen werden als 1. und 2. Hauptschnitt (HS I, HS II) bezeichnet, die jeweils zugehörige Richtung heißt Hauptschnittrichtung. Wobei es sich beim ersten Hauptschnitt stets um die mathematisch, d. h. unter Berücksichtigung des Vorzeichens, kleinere Hauptschnittwirkung handelt. Der 1. Hauptschnitt ist der mit „mehr Minus", der 2. Hauptschnitt liegt um 90° dazu gedreht. Die Richtung der Hauptschnitte wird gemäß dem TABO-Gradbogenschema angegeben.

> **Abszisse:**
> horizontale Achse eines kartesischen Koordinatensystems (x-Achse)

> **temporal:**
> in Richtung der Schläfe, auch lateral (seitlich)
> **nasal:** in Richtung der Nase, auch medial (mittig)

---

**Erweitertes TABO-Gradbogenschema**

Das erweiterte TABO-Schema unterteilt den Vollkreis in Winkel zwischen 0° und 360°. Dabei liegt 0° sowohl beim rechten als auch beim linken Auge in Richtung der rechten Abszisse. Der Kreis wird in mathematisch positiver Richtung, d. h. gegen den Uhrzeigersinn, durchlaufen.

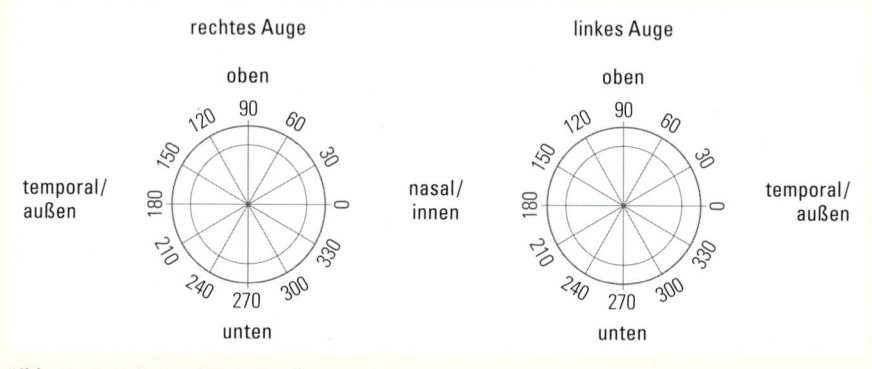

**Bild 2.24** Erweitertes TABO-Gradbogenschema

---

Die Lage des Zylinders lässt sich anhand der unregelmäßigen Randdicke des Glases erkennen. Bild 2.25b zeigt die Linse mit Blick auf die dicksten Stellen des Glasrandes, es lässt sich als Kombination einer Sphäre mit einer Pluszylinderlinse beschreiben. Bild 2.25c zeigt dieselbe Linse mit Blick auf die dünnsten Stellen des Glases, aus dieser Perspektive erscheint es als Kombination von Sphäre und Minuszylinderlinse.

> **Praxis-Tipp**
> Bei innentorischen Gläsern können Sie die Achslage mithilfe der „Kippelprobe" überprüfen. Da der Pluszylinder in Richtung der dicksten Stellen des Glasrandes liegt, kippelt das Glas stets in Richtung des Minuszylinders.

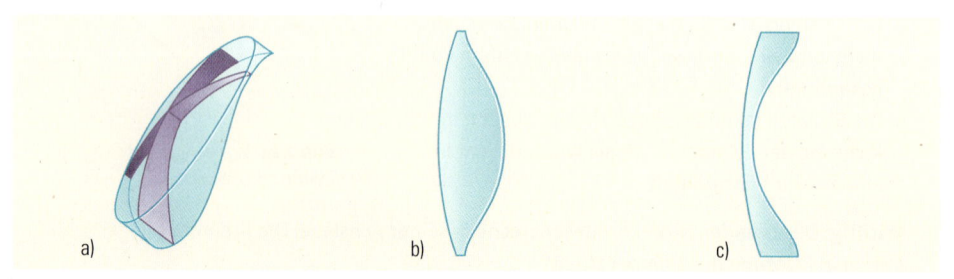

**Bild 2.25** a) Schrägansicht, b) Blick auf den „Pluszylinder", c) Blick auf den „Minuszylinder"

## 2.3 Sphärotorische Brillengläser

Die Verordnung besteht aus der Angabe der sphärischen Wirkung, der des Zylinders sowie dessen Achslage. Da eine z.B. von 30° nach 210° verlaufende Achse durch die Angabe 30° eindeutig bestimmt ist, wird das Gradbogenschema nur im Bereich zwischen 0° und 180° zugrunde gelegt.

Beispiel: sph −1,00  cyl +1,25  A 30°

Die Hauptschnittwirkungen (HW) lassen sich mithilfe des Wirkungsschemas bestimmen:

| HS | 30° | 120° |
|---|---|---|
| sph | −1,00 dpt | −1,00 dpt |
| cyl | — | +1,25 dpt |
| HW | −1,00 dpt | +0,25 dpt |

← die Hauptschnitte befinden sich in Achslage sowie 90° dazu
← die Sphäre wirkt in alle Richtungen
← der Zylinder wirkt senkrecht zu seiner Achslage
← die Hauptschnittwirkung ergibt sich aus der Summe von Sphäre und Zylinderwirkung

Für den ersten und zweiten Hauptschnitt ergibt sich:

HS I (30°)   −1,00 dpt
HS II (120°) +0,25 dpt

> Der 1. Hauptschnitt liegt stets in Richtung des Pluszylinders.

Wie Bild 2.25c zeigt, lässt sich die Linse aber auch als Kombination von Sphäre und Minuszylinderlinse beschreiben. Dazu muss die Verordnung umgerechnet werden.

> **Umrechnung zwischen Plus- und Minuszylinderschreibweise**
> 1. Die Sphäre und der Zylinder der ursprünglichen Verordnung werden addiert. Das Ergebnis ergibt die Sphäre der neuen Verordnung.
> 2. Das Vorzeichen des Zylinders wird umgekehrt.
> 3. Die Lage des Zylinders wird um 90° gedreht.

Beispiel: sph −1,00  cyl +1,25  A 30°

1. −1,00 dpt + 1,25 dpt = +0,25 dpt
2. −(+1,25 dpt) = −1,25 dpt
3. 30° + 90° = 120°

Neue Verordnung:
sph +0,25  cyl −1,25  A 120°

Kontrolle mithilfe des Wirkungsschemas:

| HS | 30° | 120° |
|---|---|---|
| sph | +0,25 dpt | +0,25 dpt |
| cyl | −1,25 dpt | — |
| HW | −1,00 dpt | +0,25 dpt |

Die Herstellerpreislisten beziehen sich in der Regel auf Verordnungen, die in Pluszylinderschreibweise angegeben sind. Im Rahmen der Refraktionsbestimmung wird jedoch meistens ein Minuszylinder verwendet, sodass eine anschließende Umrechnung notwendig sein kann.

**Wirkung in beliebiger Richtung**

Das Wirkungsschema liefert nur die Wirkung in Richtung der Hauptschnitte. Dazwischen gehen die Hauptschnittwirkungen ineinander über. Für den exakten Wert gilt:

$$D_\alpha = D_{sph} + D_{cyl} \cdot \sin^2(\alpha)$$

$D_\alpha$  Wirkung in der um den Winkel $\alpha$ von der Zylinderachse abweichenden Richtung
$D_{sph}$  Wirkung der Sphäre
$D_{cyl}$  Wirkung des Zylinders

Beispiel:   sph $-1{,}00$  cyl $+1{,}25$  A $30°$
gesucht: Wirkung in $70°$

→   Winkel zur Zylinderachse: $\alpha = 70° - 30° = 40°$
→   Wirkung in $70°$: $D_{40°} = -1{,}00\ \text{dpt} + 1{,}25\ \text{dpt} \cdot \sin^2(40°) = -0{,}48\ \text{dpt}$

### 2.3.3 Formschema

Zu beachten ist, dass die Werte der Verordnung nicht mit den Flächenbrechwerten des Glases übereinstimmen. So ist bei einem innentorischen Glas die in der Verordnung angegebene Sphäre keinesfalls mit dem Brechwert der sphärischen Glasvorderfläche gleichzusetzen.

Die sphärische Fläche des Glases wird als Grundkurve, die andere als Rezeptfläche bezeichnet. Dabei ergeben Grundkurve und Rezeptfläche die verordnete dioptrische Wirkung, die sich, bei Vernachlässigung der Mittendicke, näherungsweise mit dem Formschema analysieren lässt $(HW \approx D_1 + D_2)$.

Beispiel: sph $-1{,}00$  cyl $+1{,}25$  A $30°$
(HS I $(30°)$ $-1{,}00$ dpt, HS II $(120°)$ $+0{,}25$ dpt)
vorgegebene Grundkurve: $+4{,}5$ dpt

| HS | 30° | 120° |
|---|---|---|
| $D_1$ | $+4{,}5$ dpt | $+4{,}5$ dpt |
| $D_2$ | $-5{,}5$ dpt | $-4{,}25$ dpt |
| HW | $-1{,}00$ dpt | $+0{,}25$ dpt |

### Aufgaben

1. In welcher Richtung gemäß TABO-Gradbogenschema liegt „außen" beim rechten und linken Auge?

2. In welcher Richtung gemäß TABO-Gradbogenschema liegt „oben" beim rechten und linken Auge?

3. Wo liegen bei einem Glas der Verordnung sph +3,00 cyl −0,25 A 30° die dicksten Stellen des Randes? Begründen Sie Ihre Antwort.

4. Rechnen Sie die Verordnung in die Pluszylinderschreibweise um: sph −3,5 cyl −1,25 A 25°.

5. Rechnen Sie die Verordnung in die Minuszylinderschreibweise um: sph +1,50 cyl +0,75 A 50°.

6. Welche Wirkung besitzt der 2. Hauptschnitt der Verordnung sph +1,5 cyl −3,25 A 90°?

7. Für die Verordnung sph −2,75 cyl −1,25 A 45° wird ein innentorisches Glas der Grundkurve +7,00 dpt gefertigt. Bestimmen Sie die Wirkung der Rezeptfläche in Richtung der Hauptschnitte.

8. Für die Verordnung sph −1,75 cyl +2,25 A 80° wird ein Glas der Grundkurve −3,75 dpt gefertigt. Bestimmen Sie die Wirkung der Rezeptfläche in Richtung der Hauptschnitte und geben Sie an, ob es sich um ein innen- oder außentorisches Glas handelt.

## 2.3.4 Abbildung durch sphärotorische Brillengläser

Da das sphärotorische Brillenglas keinen einheitlichen Brechwert aufweist, entsteht bei der Abbildung kein scharfes Bild. Das gebrochene Lichtbündel wird, abhängig vom Ort, in verschiedenen Richtungen unterschiedlich stark fokussiert. Aufgrund der resultierenden Verzerrungen ist das Bild eines Kreises nicht mehr kreisförmig, sondern elliptisch.

**fokussieren:** scharf stellen

**Sturm'sches Konoid:** räumlich ausgedehntes Bild bei Abbildung durch astigmatische Linsen

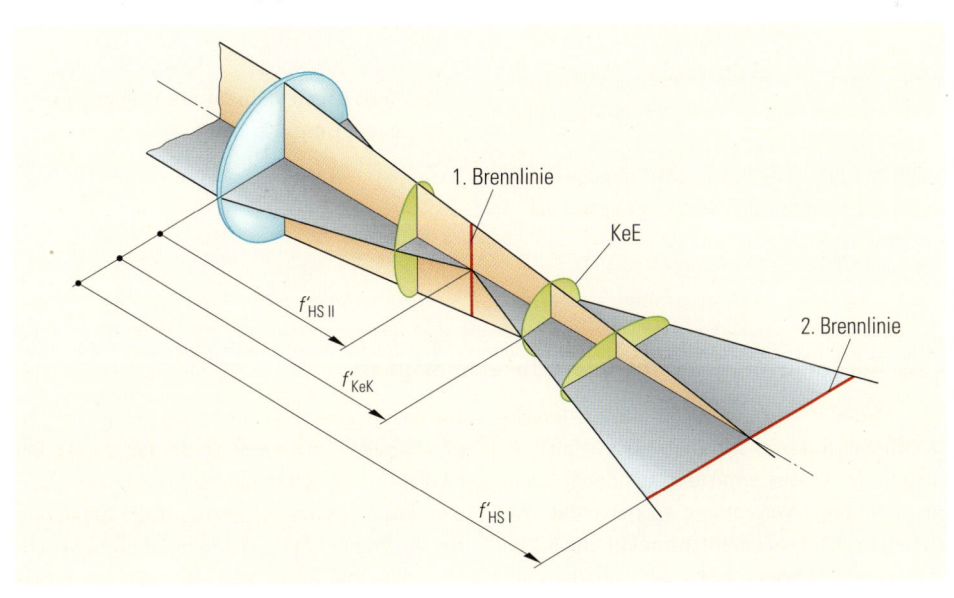

**Bild 2.26** Sturm'sches Konoid – Abbildung eines unendlich weit entfernten Objektpunktes

Bild 2.26 zeigt den Strahlenverlauf für die Abbildung eines unendlich weit entfernten Gegenstandes. Die zuvor parallelen Lichtstrahlen werden nicht in Form eines Brennpunktes, sondern als zwei räumlich ausgedehnte Brennlinien abgebildet, die senkrecht zueinander stehen. Die der Brennlinienlage zugehörigen Brennweiten ergeben sich durch die Kehrwerte der Hauptschnittwirkungen. Dabei ist zu beachten, dass die Richtung der Brennlinie immer senkrecht zum entsprechenden Hauptschnitt liegt. Das gebrochene Lichtbündel besitzt an jedem Ort eine räumliche Ausdehnung und wird als **Sturm'sches Konoid** bezeichnet.

Zwischen den Brennlinien liegt der **Kreis engster Einschnürung** (KeE oder **Kreis kleinster Verwirrung** (KkV)). Auch in dieser Ebene ist das Bild nicht scharf, jedoch ist es in alle Richtungen gleich stark vergrößert, sodass das Bild eines Kreises an diesem Ort nicht elliptisch, sondern kreisförmig ist.

Dem Kreis engster Einschnürung lassen sich ein Brechwert und eine Brennweite zuordnen. Für eine Linse in Luft gilt:

$$D_{KeE} = \frac{D_{HS\,I} + D_{HS\,II}}{2} \qquad f'_{KeE} = \frac{1}{D_{KeE}}$$

> **Kreis engster Einschnürung / kleinster Verwirrung:** unscharfes aber verzerrungsfreies Bild bei der Abbildung durch eine sphärotorische Linse

Beispiel:
a) Ein unendlich weit entfernter kreisförmiger Gegenstand wird durch eine sphärotorische Linse der Verordnung
sph +1,50 cyl +2,00 A 180° abgebildet. Wo befindet sich der Kreis engster Einschnürung?

$D_{HS\,I} = 1{,}50\ \frac{1}{m}$ in 180°,

Brennlinie in 90° bei

$f'_{HS\,I} = \dfrac{1}{1{,}50\ \frac{1}{m}} = 0{,}667\ m$

$D_{HS\,II} = 3{,}50\ \frac{1}{m}$ in 90°,

Brennlinie in 180° bei

$f'_{HS\,II} = \dfrac{1}{3{,}50\ \frac{1}{m}} = 0{,}286\ m$

$\to D_{KeE} = \dfrac{1{,}50\ \frac{1}{m} + 3{,}50\ \frac{1}{m}}{2} = 2{,}50\ \frac{1}{m}$

$\to f'_{KeE} = \dfrac{1}{2{,}50\ \frac{1}{m}} = 0{,}4\ m$

Der Kreis engster Einschnürung liegt 0,4 m hinter der Linse.

b) Der Gegenstand befindet sich nun 50 cm vor der Linse. Wo liegt der Kreis engster Einschnürung?

$\dfrac{1}{a'} = \dfrac{1}{a} + \dfrac{1}{f'_{KeE}} = \dfrac{1}{-0{,}5\ m} + \dfrac{1}{0{,}4\ m} = 0{,}5\ \dfrac{1}{m}$

$\to a' = 2\ m$

Der Kreis engster Einschnürung liegt 2 m hinter der Linse.

### 2.3.5 Kontrolle mit dem Scheitelbrechwertmessgerät

Mit Okular- und Projektionsscheitelbrechwertmessern lassen sich die Hauptschnittwirkungen des Glases ermitteln, aus denen dann die zugehörige Verordnung zu berechnen ist. Im Gegensatz dazu liefern automatische Scheitelbrechwertmesser direkt die sphärozylindrische Verordnung, machen jedoch keine Angaben zu den Hauptschnittwirkungen.

Da das Sturm'sche Konoid an jedem Ort eine räumliche Ausdehnung besitzt, findet bei Okular- und Projektionsscheitelbrechwertmessern keine scharfe, verzerrungsfreie Abbildung der Testmarke statt. Vielmehr ist zu beobachten, dass die Testmarke, für zwei verschiedene Einstellungen am Scheitelbrechwertmesser, zu scharfen Linien verzerrt wird. Diese

Linien korrespondieren mit den Brennlinien des Strum'schen Konoids. Der zugehörige Messwert entspricht demnach der Wirkung des jeweiligen Hauptschnitts. Dabei ist zu beachten, dass die Verzerrungsrichtung der Testmarke der Brennlinienrichtung entspricht und somit senkrecht zum gemessenen Hauptschnitt steht.

Beispiel:

1. **Testmarkenabbildung:**
Gemessen wird die Wirkung des kleineren, also ersten Hauptschnitts. Die Richtung der Testmarke (und somit der Brennlinie) beträgt 120°. Die Richtung des erzeugenden Hauptschnitts steht senkrecht zur Brennlinie und liegt demnach in 30°.
HS I (30°) − 2,00 dpt

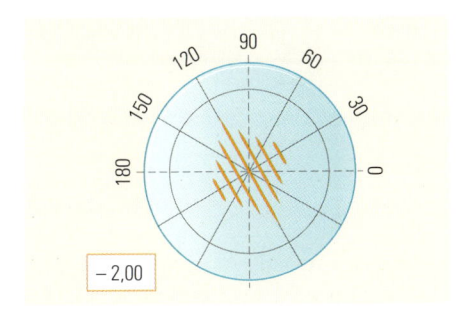

2. **Testmarkenabbildung:**
Gemessen wird die Wirkung des größeren, also zweiten Hauptschnitts. Die Richtung der Testmarke (und somit der Brennlinie) beträgt 30°. Die Richtung des erzeugenden Hauptschnitts steht senkrecht zur Brennlinie und liegt demnach in 120°.
HS II (120°) + 1,25 dpt

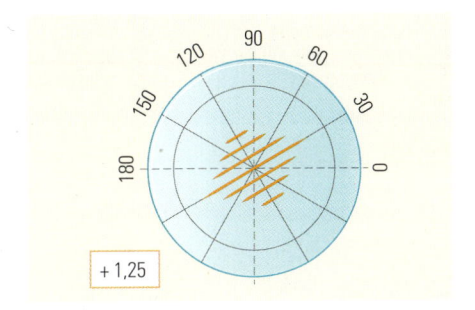

**Wirkungsschema**

| HS  | 30°       | 120°      |
|-----|-----------|-----------|
| sph | − 2,00 dpt | − 2,00 dpt |
| cyl | —         | + 3,25 dpt |
| HW  | − 2,00 dpt | + 1,25 dpt |

bzw.

| HS  | 30°       | 120°      |
|-----|-----------|-----------|
| sph | + 1,25 dpt | + 1,25 dpt |
| cyl | − 3,25 dpt | —         |
| HW  | − 2,00 dpt | + 1,25 dpt |

**Resultierende Verordnung:**
sph − 2,00 cyl + 3,25 A 30° bzw. sph + 1,25 cyl − 3,25 A 120°

### 2.3.6 Dreh- und Verschiebekontrolle

Wie beim sphärischen Glas lässt sich die Art der Wirkung eines Hauptschnitts mithilfe der Verschiebekontrolle analysieren. Die Lage des Zylinders kann mit der Drehkontrolle ermittelt werden.

Bei der Verschiebekontrolle ist das Glas in Richtung der Hauptschnitte über eine senkrecht zur Verschieberichtung liegende Linie zu führen. Ist die entsprechende Hauptschnittwirkung positiv, so wird Gegenläufigkeit verursacht. Aus einer negativen Hauptschnittwirkung folgt Mitläufigkeit. Ist die Wirkung des Hauptschnitts gleich 0, so erfolgt keine Verschiebung der durch das Glas betrachteten Linie.

Wird das Glas gedreht, so dreht sich die Linie in Richtung der Pluszylinderachse gegen die Drehrichtung, die dazu senkrecht liegende Linie in Richtung der Minuszylinderachse dreht sich hingegen mit der Drehrichtung (Bild 2.27).

# 2 Einstärken-Brillengläser kontrollieren und einarbeiten

Beispiel:
sph −1,50 cyl +2,75 A 90°
HS I (90°) −1,50 dpt  HS II (180°) +1,25 dpt

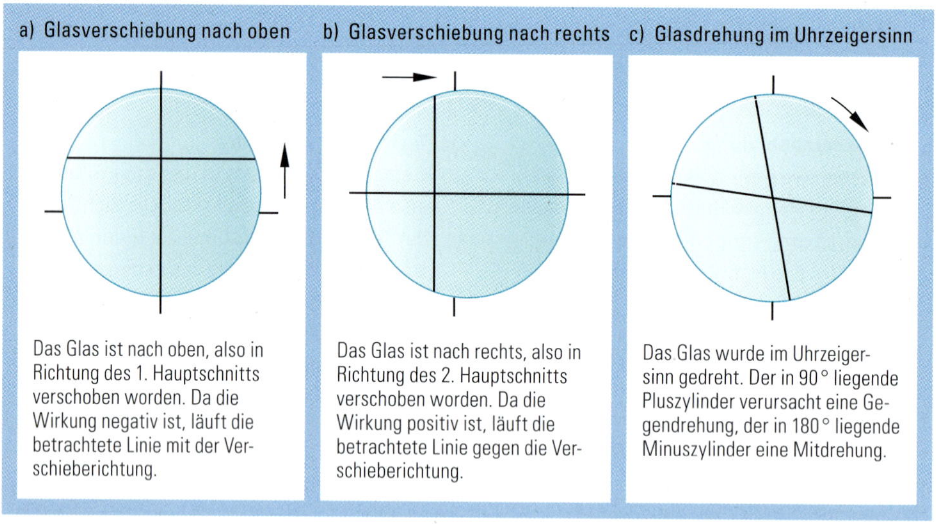

### a) Glasverschiebung nach oben

Das Glas ist nach oben, also in Richtung des 1. Hauptschnitts verschoben worden. Da die Wirkung negativ ist, läuft die betrachtete Linie mit der Verschieberichtung.

### b) Glasverschiebung nach rechts

Das Glas ist nach rechts, also in Richtung des 2. Hauptschnitts verschoben worden. Da die Wirkung positiv ist, läuft die betrachtete Linie gegen die Verschieberichtung.

### c) Glasdrehung im Uhrzeigersinn

Das Glas wurde im Uhrzeigersinn gedreht. Der in 90° liegende Pluszylinder verursacht eine Gegendrehung, der in 180° liegende Minuszylinder eine Mitdrehung.

**Bild 2.27**

## Aufgaben

1. Skizzieren Sie die Testmarkenbilder für die Verordnung
   sph +1,50 cyl +0,75 A 20°
   und geben Sie die jeweiligen Hauptschnittwirkungen an.

2. Skizzieren Sie die Testmarkenbilder für die Verordnung
   sph −1,25 cyl +1,25 A 45°
   und geben Sie die jeweiligen Hauptschnittwirkungen an.

3. Die Messung mit dem Scheitelbrechwertmesser hat die dargestellten Testmarkenabbildungen ergeben. Bestimmen Sie die zugehörige Verordnung.

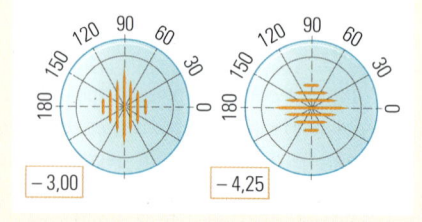

   −3,00     −4,25

4. Skizzieren Sie die Ergebnisse der Verschiebe- und Drehkontrolle für die Verordnung
   sph −2,25 cyl −0,50 A 180°.

5. Skizzieren Sie die Ergebnisse der Verschiebe- und Drehkontrolle für die Verordnung
   sph +1,50 cyl −1,50 A 90°.

6. Erläutern Sie, weshalb die dargestellte Abbildung nicht das Ergebnis einer Drehkontrolle sein kann.

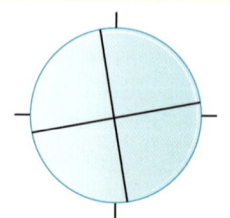

## 2.4 Kenngrößen von Brillenglaswerkstoffen

> Im Bereich der Nasenauflage eines stark hyperopen Kunden hat sich ein Druckekzem entwickelt. Sie schlagen geeignete Maßnahmen bezüglich der Wahl des Glasmaterials und der Fassung vor, um die Beschwerden zu lindern.

### 2.4.1 Hauptbrechzahl

Die Brechzahl beschreibt das Brechungsvermögen eines optischen Materials. Je höher der Brechzahlunterschied der beteiligten Medien, desto stärker die Brechung des Lichts. Die Brechzahlen organischer Gläser liegen zwischen 1,50 und 1,76, die von mineralischen im Bereich von 1,52 bis 1,90. Die kleinstmögliche Brechzahl beträgt 1, sie gilt im Vakuum und näherungsweise für Luft.

Die Zuordnung einer Brechzahl zu einem Material ist jedoch eine starke Vereinfachung des physikalischen Phänomens der Brechung. Denn tatsächlich ist die Brechung abhängig von der Frequenz und damit der Farbe des zu brechenden Lichts. Diese Abhängigkeit wird als **Dispersion** bezeichnet. Dabei gilt, dass Licht einer höheren Frequenz von ein und demselben Material stärker gebrochen wird, als Licht einer niedrigeren Frequenz.

Bild 2.28 zeigt die Brechung eines polychromatischen Lichtstrahls durch ein Prisma. Aufgrund der Dispersion wird der Strahl in seine monochromatischen Bestandteile zerlegt, wobei Blau stärker gebrochen wird als Rot. Diese Zerlegung wird in Form von störenden Farbsäumen wahrgenommen, die besonders im Randbereich des Glases deutlich werden. Da alle Farben des Spektrums unterschiedlich stark gebrochen werden, müsste ihnen jeweils eine eigene materialbezogene Brechzahl zugeordnet werden. Bei der von den Glasherstellern angegebenen Brechzahl handelt es sich um die sogenannte **Hauptbrechzahl $n_e$**, die eine Art „mittlere Brechzahl" ist. Sie ist definiert als die Brechzahl, die für Licht der grünen Spektrallinie (e-Linie, $\lambda = 546$ nm) des Emissionsspektrums des Quecksilberatoms gilt. Seine Wellenlänge befindet sich ungefähr in der Mitte des sichtbaren Spektrums und in der Nähe des Empfindlichkeitsmaximums des menschlichen Auges.

$\delta_{C'}$: Ablenkungswinkel für Rot
$\delta_e$: Ablenkungswinkel für Grün (mittlerer Ablenkungswinkel)
$\delta_{F'}$: Ablenkungswinkel für Blau
$\Delta\delta$: Dispersionswinkel

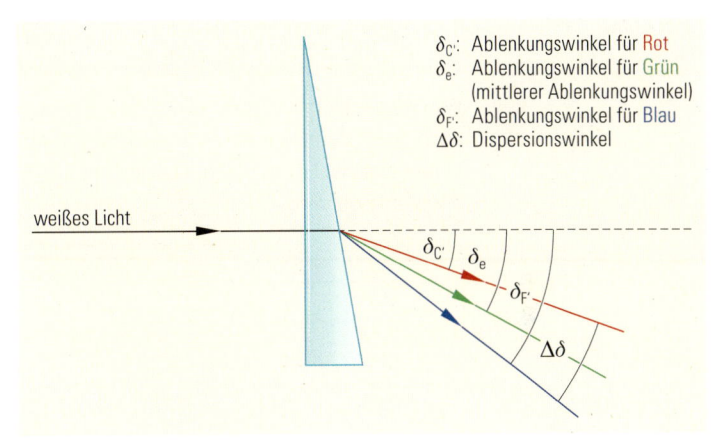

**Bild 2.28** Dispersion am Prisma

Die Ränder des Spektrums werden durch die rote (C'-Linie, $\lambda = 644$ nm) und blaue Spektrallinie (F'-Linie, $\lambda = 480$ nm) des Cadmiumatoms beschrieben.

$n_e$ Hauptbrechzahl; Brechzahl des Lichts der grünen e-Linie ($\lambda = 546$ nm)
$n_{C'}$ Brechzahl des Lichts der roten C'-Linie ($\lambda = 644$ nm)
$n_{F'}$ Brechzahl des Lichts der blauen F'-Linie ($\lambda = 480$ nm)

Der Brechzahlunterschied zwischen den Brechzahlen für blaues und rotes Licht wird als **Hauptdispersion $\Delta n$** bezeichnet.

**Hauptdispersion**
$\Delta n = n_{F'} - n_{C'}$

Der Winkel zwischen dem roten und blauen Lichtstrahl heißt **Dispersionswinkel $\Delta\delta$** und ergibt sich aus der Differenz ihrer Ablenkungswinkel.

**Dispersionswinkel**
$\Delta\delta = \delta_{F'} - \delta_{C'}$

**Dispersion:** Abhängigkeit der Brechung von der Farbe des Lichtes

**polychromatisch:** aus mehreren Spektralfarben zusammengesetztes Licht

**monochromatisch:** Licht nur einer Spektralfarbe

**Emissionsspektrum:** charakteristisches Lichtspektrum das von einer bestimmten Atomsorte ausgestrahlt wird

## 2.4.2 Abbe-Zahl

Die **Abbe-Zahl** $v_e$ beschreibt die Dispersion eines Materials. Zudem wird sie zur groben Unterteilung der Gläser in **Kronglas** ($v_e > 50/55$) und **Flintglas** ($v_e < 50/55$) benutzt. Sie berechnet sich aus Hauptbrechzahl und Hauptdispersion:

**Abbe-Zahl**
$$v_e = \frac{n_e - 1}{\Delta n} = \frac{n_e - 1}{n_{F'} - n_{C'}}$$

Für kleine Einfallswinkel kann sie alternativ auch durch den Quotienten aus **mittlerem Ablenkungswinkel** $\delta_e$ und dem Dispersionswinkel bestimmt werden:

$$v_e = \frac{\delta_e}{\Delta \delta} = \frac{\delta_e}{\delta_{F'} - \delta_{C'}}$$

Ernst Abbe (1840–1905)

Die Abbe-Zahl gibt an, um wie viel Mal größer der mittlere Ablenkungswinkel als der Dispersionswinkel ist. Dies bedeutet, dass ein großer Dispersionswinkel eine kleine Abbe-Zahl zur Folge hat.

> Je kleiner die Abbe-Zahl, desto größer die Dispersion.

Zwar besteht zwischen Abbe-Zahl und Hauptbrechzahl kein direkter mathematischer Zusammenhang, doch lässt sich sagen, dass Gläser höherer Brechzahl in der Regel eine geringere Abbe-Zahl aufweisen. Bei der Wahl des optimalen Materials ergibt sich somit ein Konflikt: Zur Realisierung von flachen und dünnen Gläsern sind hohe Brechzahlen erwünscht, die damit verbundenen niedrigen Abbe-Zahlen jedoch nicht.

## 2.4.3 Reflexionsgrad

Direkt von der Brechzahl abhängig ist der **Reflexionsgrad** $\rho$ des Brillenglases. Dieser beschreibt den Teil des Lichts, der beim Auftreffen des Strahls auf die Glasgrenzflächen durch Reflexion verloren geht.

Treffen Lichtstrahlen aus einem Medium mit der Brechzahl $n$ senkrecht auf die Oberfläche eines Brillenglases mit der Brechzahl $n'$, so lässt sich der Reflexionsgrad mithilfe des **Fresnel'schen Reflexionsgesetzes** berechnen:

**Fresnel'sches Reflexionsgesetz**
$$\rho = \left(\frac{n' - n}{n' + n}\right)^2$$

Augustin Fresnel (1788–1827)

**Transmission:** Lichtdurchlass

Bei der Verwendung der Formel spielt die Reihenfolge der beteiligten Medien keine Rolle. D.h. der Reflexionsgrad für den Übergang von Luft zu Glas ist genau so groß, wie der für den Übergang von Glas zu Luft.

Beispiel: Vergleich der Reflexionsgrade für B 270 ($n = 1,525$) und BaSF 64 ($n = 1,706$)

Reflexionsgrad der Vorderflächen $\rho_1$:

B 270 $\quad \rho_1 = \left(\frac{n' - n}{n' + n}\right)^2 = \left(\frac{1,525 - 1}{1,525 + 1}\right)^2$
$\qquad \quad = 0,043 \triangleq 4,3\,\%$

BaSF 64 $\quad \rho_1 = \left(\frac{1,706 - 1}{1,706 + 1}\right)^2 = 0,068 \triangleq 6,8\,\%$

Wie die Rechnung zeigt, besitzt das höher brechende Glas auch einen höheren Reflexionsgrad. Generell gilt der Zusammenhang:

> Je größer die Brechzahl, desto größer der Reflexionsgrad.

Da es an jeder Grenzschicht zur Reflexion kommt, wird auch an der Glasrückfläche ein Teil des Lichts reflektiert. Der Reflexionsgrad ist dort ebenso groß wie an der Vorderfläche. Zudem wird im Glasmaterial ein Teil des Lichts absorbiert. Dieser Anteil wird durch den **Absorptionsgrad** $\alpha$ beschrieben. Er ist dickenabhängig und bewegt sich bei farblosen Gläsern im Bereich von 1–2 %. Die Transmission, d.h. der Lichtanteil, der das Glas letztendlich durchdringt, wird durch den **Transmissionsgrad** $\tau$ beschrieben. Die Summe der Verluste durch Reflexion und Absorption wird als **Reduktion** bezeichnet. Dabei ergänzen sich Transmission und Reduktion immer zu 1.

## 2.4.4 Dichte

Mit Hilfe der **Dichte**, auch **spezifisches Gewicht** genannt, lässt sich das Gewicht eines Brillenglases bestimmen. Sie gibt die Masse, gemessen in Gramm, pro Kubikzentimeter des Glasmaterials an.

> **Dichte**
>
> $\rho = \dfrac{m}{V}$   $m$: Masse in g, $V$: Volumen in cm³

Mineralische und organische Materialien weisen große Dichteunterschiede auf. So beträgt die Dichte eines organischen Glases bei ähnlicher Brechzahl im Vergleich zum mineralischen in etwa 50 %.

Im Bereich der mineralischen Gläser gilt, dass eine höhere Brechzahl auf eine höhere Dichte zurückzuführen ist. Dies bedeutet jedoch nicht, dass sich durch ein höher brechendes Material auch das Gewicht des Glases erhöht. Dies liegt daran, dass höhere Brechzahlen flachere und somit dünnere Brillengläser ermöglichen, die ein geringeres Volumen besitzen. Ob dies zu einer Gewichtszunahme oder -abnahme führt, muss im Einzelfall überprüft werden. Viele Glashersteller bieten dazu spezielle Rechenprogramme an. Bild 2.29 zeigt exemplarisch die Massen rohrunder Brillengläser (Ø = 70 mm) für die Materialien CR 39, B 270 und LaSF 35. Zu erkennen ist, dass mit LaSF 35 im Vergleich zu B 270 erst bei hohen Minuswerten eine Reduzierung des Rohglasgewichts zu erreichen ist.

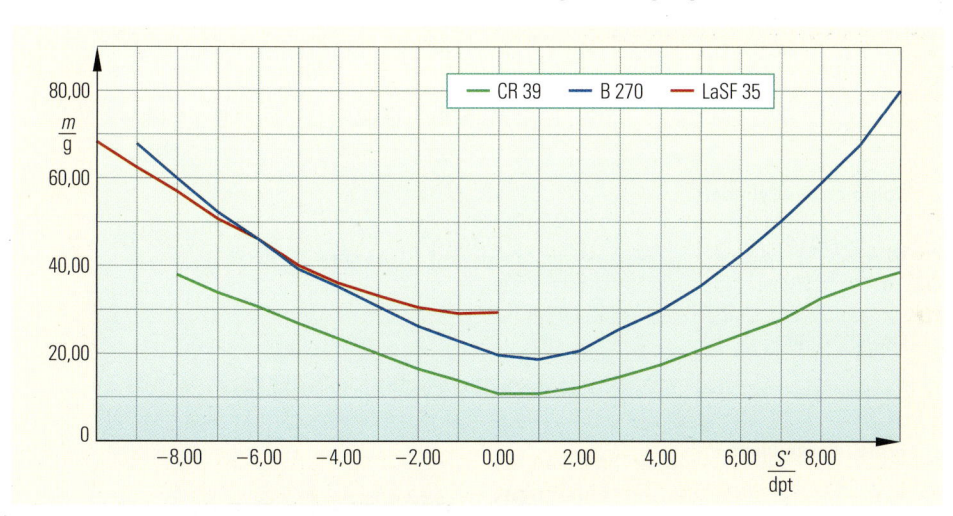

**Bild 2.29** Rohglasgewicht verschiedener Materialien in Abhängigkeit vom Scheitelbrechwert

### Berechnung des Brillenglasgewichts

Zur Bestimmung des Brillenglasgewichts muss zunächst dessen Volumen in cm³ berechnet werden. Anschließend wird dieses mit der Dichte multipliziert.

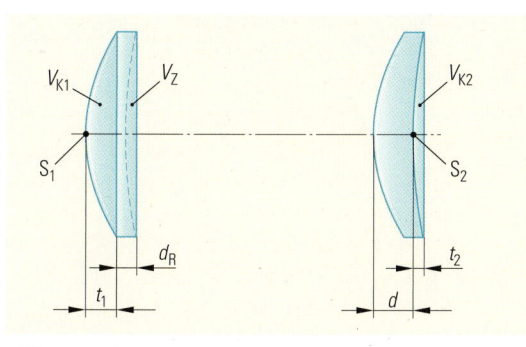

$t_1$   vordere Scheiteltiefe
$t_2$   hintere Scheiteltiefe
$d$    Mittendicke
$d_R$   Randdicke
$V_{K1}$  Volumen des vorderen Kugelabschnitts
$V_{K2}$  Volumen des hinteren Kugelabschnitts
$V_Z$   Volumen des Zylinders

**Bild 2.30** Scheiteltiefen und Teilvolumina eines Brillenglases

| Allgemeine Berechnung | Beispiel: sph $-4{,}00$ dpt aus LaSF 35 ($n_{LaSF\,35} = 1{,}80$) |
|---|---|
| | $\rho = 3{,}62$ g/cm³, <br> $\varnothing = 70$ mm, $d = 1{,}0$ mm, <br> $r_1 = 17{,}54$ cm, $r_2 = 9{,}33$ cm |

**Scheiteltiefen:**

$$t_1 = r_1 - \sqrt{r_1^2 - \left(\frac{\varnothing}{2}\right)^2}$$

$$t_1 = 17{,}54\text{ cm} - \sqrt{(17{,}54\text{ cm})^2 - \left(\frac{7{,}00\text{ cm}}{2}\right)^2} = 0{,}35\text{ cm}$$

$$t_2 = r_2 - \sqrt{r_2^2 - \left(\frac{\varnothing}{2}\right)^2}$$

$$t_2 = 9{,}33\text{ cm} - \sqrt{(9{,}33\text{ cm})^2 - \left(\frac{7{,}00\text{ cm}}{2}\right)^2} = 0{,}68\text{ cm}$$

**Randdicke:**

$$d_R = d + t_2 - t_1$$

$$d_R = 0{,}10\text{ cm} + 0{,}68\text{ cm} - 0{,}35\text{ cm} = 0{,}43\text{ cm}$$

**Volumina der Kugelabschnitte:**

$$V_{K1} = \frac{\pi}{3} \cdot t_1^2 \cdot (3r_1 - t_1)$$

$$V_{K1} = \frac{\pi}{3} \cdot (0{,}35\text{ cm})^2 \cdot (3 \cdot 17{,}54\text{ cm} - 0{,}35\text{ cm}) = 6{,}71\text{ cm}^3$$

$$V_{K2} = \frac{\pi}{3} \cdot t_2^2 \cdot (3r_2 - t_2)$$

$$V_{K2} = \frac{\pi}{3} \cdot (0{,}68\text{ cm})^2 \cdot (3 \cdot 9{,}33\text{ cm} - 0{,}68\text{ cm}) = 13{,}22\text{ cm}^3$$

**Volumen des Zylinders:**

$$V_Z = \pi \cdot \left(\frac{\varnothing}{2}\right)^2 \cdot d_R$$

$$V_Z = \pi \cdot \left(\frac{7{,}00\text{ cm}}{2}\right)^2 \cdot 0{,}43\text{ cm} = 16{,}55\text{ cm}^3$$

**Gesamtvolumen:**

$$V_{gesamt} = V_{K1} + V_Z - V_{K2}$$

$$V_{gesamt} = 6{,}71\text{ cm}^3 + 16{,}55\text{ cm}^3 - 13{,}22\text{ cm}^3 = 10{,}04\text{ cm}^3$$

**Brillenglasgewicht:**

$$m = V_{gesamt} \cdot \rho$$

$$m = 10{,}04\text{ cm}^3 \cdot 3{,}62\text{ g/cm}^3 = 36{,}34\text{ g}$$

Zu beachten ist, dass es sich dabei um das Gewicht des rohrunden Brillenglases handelt, das sich durch das Einschleifen verringert. Die exakte Gewichtsreduktion ist von der Zentrierung und Form der Brillenfassung abhängig. Näherungsweise kann jedoch davon ausgegangen werden, dass das Gewicht bei Minusgläsern um 50–60 % reduziert wird. Bei Plusgläsern liegt diese Reduktion zwischen 15 und 25 %.

Die einfachste Methode zur Gewichtsreduktion ist die Verwendung organischer statt mineralischer Gläser. Weiter reduziert sich das Gewicht durch die Verwendung kleiner Fassungen und möglichst kleiner Rohglasdurchmesser bei Plusgläsern.

## Aufgaben

1. Bestimmen Sie Hauptdispersion und Abbe-Zahl für BaSF 64 ($n_e$ = 1,7082, $n_{C'}$ = 1,6996, $n_{F'}$ = 1,7177)

2. Berechnen Sie den Reflexionsgrad für $n$ = 1,9.

3. Die Verordnung sph −4,00 dpt aus dem Beispiel zur Gewichtsberechnung soll statt mit LaSF 35 mit CR 39 ausgeführt werden. Es besitzt dann folgende Daten:

   $n_{CR\,39}$ = 1,502     $\rho$ = 1,32 g/cm³
   Ø = 70 mm     $d$ = 2 mm
   $r_1$ = 14,94 cm     $r_2$ = 6,81 cm

   a) Berechnen Sie das Gewicht des rohrunden Brillenglases und vergleichen Sie es mit dem des Brillenglases aus LaSF 35.
   b) Vergleichen Sie beide Glasausführungen im Hinblick auf Flachheit und Randdicke.
   c) Beurteilen Sie die Abbildungseigenschaften der Gläser bezüglich der Dispersion.
   d) Berechnen Sie die Reflexionsgrade beider Brillengläser und interpretieren Sie diese.

## 2.5 Beschichtungen von Brillengläsern

Im Rahmen des Verkaufsgesprächs hat sich Ihr Kunde für hochbrechende Kunststoffgläser entschieden. Zum Ende der Glasauswahl beraten Sie ihn bezüglich möglicher Glasvergütungen.

Brillengläser lassen sich durch vielfältige Technologien weiter veredeln. Dabei können abhängig vom Einsatzbereich und dem Glasmaterial folgende Beschichtungen aufgebracht werden:

- Entspiegelungsschicht,
- Sauber-Schicht (Clean-Coat),
- Hartschicht,
- Farbschicht.

### 2.5.1 Entspiegelungsschichten

An Vorder- und Rückfläche des Brillenglases kommt es immer zu Reflexen, die den Sehkomfort mindern. Auf den Brillenträger können sich diese Spiegelungen in Form von Lichtschleiern, Doppelbildern und einer verminderten Kontrastwahrnehmung auswirken. Insbesondere bei dunklen Lichtverhältnissen, wie z. B. im nächtlichen Straßenverkehr, treten die Beeinträchtigungen deutlich hervor und mindern die aufgrund der Dunkelheit ohnehin schon verringerte Sehleistung zusätzlich. Auch in ästhetischer Hinsicht wirken sich die Reflexe negativ aus: Eine Person, die den Brillenträger betrachtet, spiegelt sich in den Brillengläsern, der Blick auf die Augen des Brillenträgers ist somit gestört.

Bild 2.31 verdeutlicht die an jedem Brillenglas auftretenden Reflexe:

a) Der **vordere Reflex** wirkt sich störend auf die Ästhetik der Brille aus. Eine Person, die den Brillenträger betrachtet, spiegelt sich in dessen Gläsern.
b) Beim **rückwärtigen Reflex** trifft Licht von hinten auf das Glas und wird auf das Auge reflektiert. Gerade bei Dunkelheit kann so z. B. Scheinwerferlicht zu störenden Blendungen führen.
c) **Innere Reflexe** entstehen durch Reflexionen innerhalb des Glases, sie führen zu störenden Doppelbildern.
d) Beim **Hornhautreflex** trifft das Licht zunächst auf das Auge und wird dann über das Brillenglas zurückgeworfen. Der Brillenträger spiegelt sich somit selbst im Brillenglas.

Die Reflexe lassen sich mithilfe sogenannter Entspiegelungsschichten reduzieren, die in verschiedenen Ausführungen zum Einsatz kommen. Da mit wachsender Brechzahl auch der Reflexionsgrad eines Glasmaterials zunimmt, kommt der Entspiegelung gerade bei hochbrechenden Gläsern eine große Bedeutung zu. Aus diesen Gründen werden hochbrechende Gläser in der Regel nur entspiegelt von den Glasherstellern angeboten. Auch bei Sonnenbrillen sollte möglichst eine Entspiegelung der Rückfläche empfohlen werden. Da bei diesen nur wenig Licht von vorne durch das Glas dringt, sind die rückwärtigen Reflexe verhältnismäßig groß und wirken sich besonders störend aus.

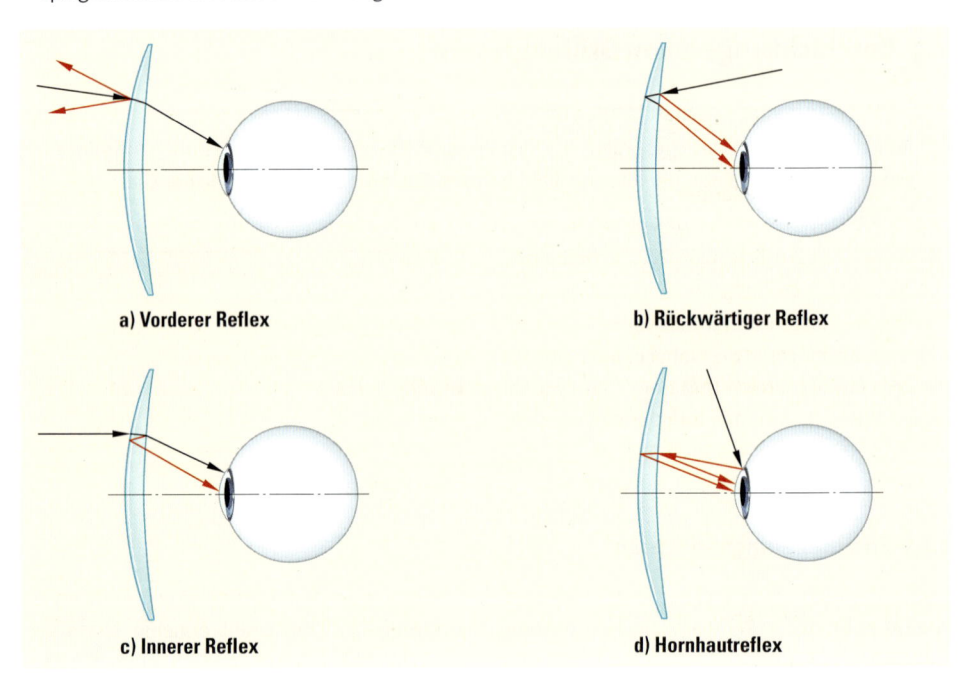

a) Vorderer Reflex

b) Rückwärtiger Reflex

c) Innerer Reflex

d) Hornhautreflex

**Bild 2.31** Beim Brillenglas auftretende Reflexe

### Prinzip der Entspiegelung

Die Funktionsweise der Entspiegelungsschicht beruht auf zwei Effekten. Zum einen wird durch ein günstigeres Brechzahlverhältnis von Luft zu Brillenglas der Reflexionsgrad verringert und zum anderen werden die verbleibenden Reflexe so überlagert, dass es durch **destruktive Interferenz** zu einer gegenseitigen Auslöschung kommt. Dabei handelt es sich um ein Phänomen der Wellenoptik. Für die Erklärung des Entspiegelungsprinzips ist deshalb ein Wechsel vom Teilchen- zum Wellenmodell des Lichts notwendig.

> **destruktive Interferenz:** Überlagerung zweier oder mehrerer Wellen, die zu deren gegenseitiger Auslöschung führt

## 2.5 Beschichtungen von Brillengläsern

### Wellenmodell des Lichts

Gemäß dem Wellenmodell handelt es sich bei Licht um elektromagnetische Transversalwellen. Dies bedeutet, dass die elektromagnetischen Felder senkrecht zur Ausbreitungsrichtung des Lichts schwingen.

Dabei wird die Schwingung durch ihre **Amplitude**, also der Höhe der maximalen Auslenkung und die **Wellenlänge** $\lambda$ beschrieben. Für die Wellenlänge gilt, dass diese von der Brechzahl des Mediums abhängig ist:

$$\lambda_{Medium} = \frac{\lambda_{Vakuum}}{n_{Medium}}$$

Ein Beleg für die Wellennatur des Lichts ist die konstruktive und destruktive Interferenz, bei der zwei Wellen so überlagert werden, dass sie sich gegenseitig maximal verstärken oder auslöschen (Bild 2.33).

Bei der blauen und grünen Welle in Bild 2.33a liegt der Wellenberg der einen über dem Berg der anderen Wellen. Beide Wellen überlagern sich zu der gestrichelt dargestellten Gesamtwelle – es kommt durch konstruktive Interferenz zu einer maximalen Verstärkung. Bei Bild b) liegt der Berg der blauen Welle über dem Tal der grünen. Die Verschiebung der Wellen gegeneinander, der sogenannte **Gangunterschied** $\Delta\lambda$ beträgt also genau ½ $\lambda$.

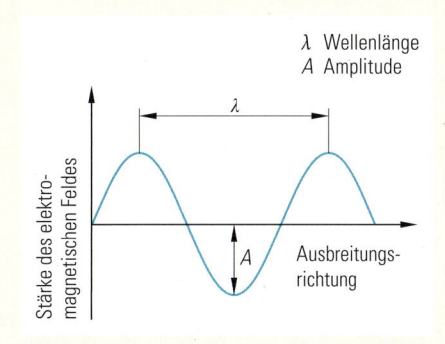

**Bild 2.32** Seitenansicht einer Transversalwelle

$\lambda$ Wellenlänge
$A$ Amplitude

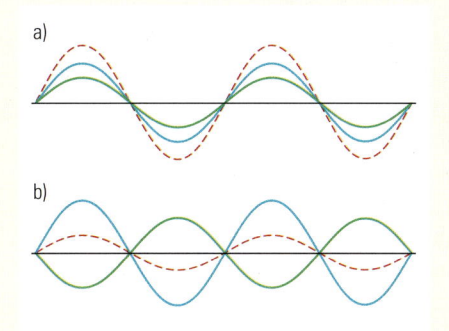

**Bild 2.33** a) konstruktive und b) destruktive Interferenz

In diesem Fall schwächen sich die Wellen gegenseitig – sie interferieren destruktiv. Wären die Amplituden der blauen und grünen Welle gleich groß, würde es zu einer vollständigen gegenseitigen Auslöschung kommen.

> **Transversalwelle:** Welle, die senkrecht zu ihrer Ausbreitungsrichtung schwingt
>
> **Amplitude:** maximale Auslenkung einer Schwingung oder Welle
>
> **Wellenlänge $\lambda$:** kleinster Abstand zweier Punkte im gleichen Schwingungszustand, z. B. zweier Wellenberge
>
> **Gangunterschied $\Delta\lambda$:** Wegdifferenz zweier Wellen aus dem eine gegenseitige Verschiebung resultiert

### Einfachentspiegelungen

Einfache Entspiegelungen bestehen aus einer auf das Brillenglas aufgebrachten dünnen Schicht, deren Brechzahl sich zwischen der von Luft und der des Glasmaterials befindet. Dadurch entsteht eine zweite reflektierende Grenzschicht. Der Gesamtreflex der Einzelfläche setzt sich aus den Reflexen Luft/Entspiegelung und Entspiegelung/Glas zusammen.

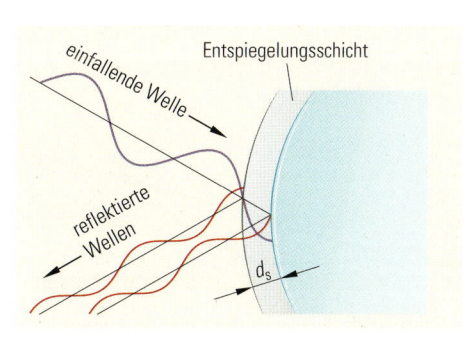

**Bild 2.34** Interferenzprinzip der Entspiegelungsschicht

Bild 2.34 zeigt, dass aus einer einfallenden Welle zwei reflektierte Teilwellen resultieren. Dadurch, dass der Reflex Entspiegelung/Glas die Entspiegelungsschicht in Hin- und Rückrichtung durchlaufen muss, kommt es zu einer Verschiebung der Wellen gegeneinander. Sie besitzen nun einen Gangunterschied, der von der Schichtdicke $d_S$ abhängt. Da der Gangunterschied für den Fall der destruktiven Interferenz $\frac{1}{2}\lambda$ betragen muss, folgt für die Entspiegelungsschicht eine Dicke von $\frac{1}{4}\lambda$. Dabei ist zu beachten, dass die Wellenlänge im Schichtmaterial von der im Vakuum abweicht. Die Verschiebung der Wellen gegeneinander wird auch als Phasendifferenz und die Anforderung an die Schichtdicke deshalb als **Phasenbedingung** bezeichnet. Zur vollständigen gegenseitigen Auslöschung müssen zudem die Amplituden der interferierenden Reflexe gleich groß sein. Diese als **Amplitudenbedingung** bezeichnete Forderung wird durch die Wahl einer geeigneten Brechzahl $n_S$ des Entspiegelungsmaterials erfüllt.

**Magnesiumfluorid MgF₂:** Entspiegelungsmaterial mineralischer Gläser, $n_{MgF2} = 1{,}38$

**Amplitudenbedingung**

$$n_S = \sqrt{n_{Glas}}$$

**Phasenbedingung**

$$d_S = \frac{\lambda_{Vakuum}}{4 \cdot n_S}$$

In der Praxis lässt sich die Amplitudenbedingung nur bedingt umsetzen, da das Entspiegelungsmaterial noch weiteren Anforderungen, wie z.B. einer guten Haftung, gerecht werden muss. Ein Material, das sich bei der Entspiegelung von mineralischen Gläsern fertigungstechnisch bewährt hat, ist **Magnesiumfluorid MgF₂**. Es besitzt eine Brechzahl von 1,38. Für hochbrechende Brillenglaswerkstoffe wäre die Amplitudenbedingung sehr gut erfüllt. In allen anderen Fällen stellt MgF₂ einen akzeptablen Kompromiss dar, auch wenn sich die interferierenden Wellen nicht vollständig auslöschen.

### Restreflexfarbe

Das auf das Brillenglas treffende Licht ist polychromatisch. Die Phasenbedingung ist jedoch von der Wellenlänge abhängig und damit für jede enthaltene Farbe unterschiedlich gut erfüllt. Es kommt zu einer ungleichmäßigen Dämpfung des ursprünglich weißen Reflexes und somit zu einer Restreflexfarbe. In der Regel liegt die zu dämpfende Wellenlänge bei einfachen Entspiegelungen im Bereich von $\lambda$ = 555 nm. Dort liegt auch das Empfindlichkeitsmaximum des Auges. Die violette Kurve in Bild 2.35 zeigt die Abhängigkeit des Restreflexes von der Wellenlänge. Die blauen und roten Ränder des Spektrums dominieren, deshalb ist die Restreflexfarbe violett. Die rote Gerade zeigt im Vergleich dazu die gleichmäßige Reflexion aller Wellenlängenbereiche eines unentspiegelten Glases.

### Mehrfachentspiegelungen

Durch das Aufbringen mehrerer Schichten unterschiedlicher Dicke und Brechzahlen lassen sich verschiedene Wellenlängen gezielt dämpfen. So kann die Reduzierung des Reflexes auf den gesamten Spektralbereich ausgeweitet werden. Die zu Grunde liegenden Berechnungen sind deutlich komplexer als die der Einfachschicht, beruhen jedoch auch auf dem Interferenzprinzip. Die grüne Kurve in Bild 2.35 zeigt den Verlauf einer solchen Mehrfachentspiegelung. Sie weist ein geringfügiges Maximum im Gelb-Grün-Bereich auf, welches die Restreflexfarbe bestimmt. Durch Variation der Schichtdicken und -anzahl können aber auch

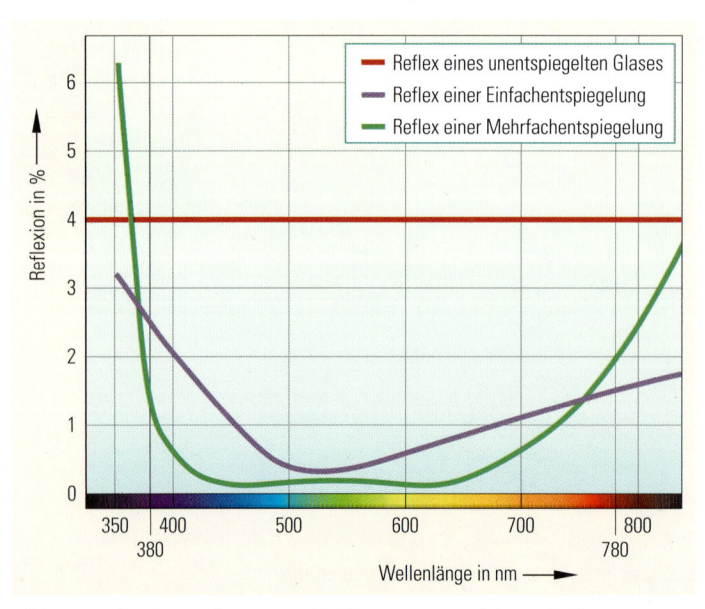

**Bild 2.35** Reflexionsspektren verschiedener Entspiegelungsschichten

## 2.5 Beschichtungen von Brillengläsern

andere Restreflexfarben realisiert werden, sogar farblose Entspiegelungen sind möglich. Dabei können die Systeme aus bis zu acht Schichten bestehen.

Nachteile komplexer Schichtpakete sind die geringere Verschleißfestigkeit im Vergleich zu Einfachentspiegelungen sowie die Tatsache, dass Verschmutzungen deutlicher in Erscheinung treten.

> Mehrschichtsysteme erfordern einen höheren Reinigungsaufwand und besitzen eine geringere Verschleißfestigkeit.

Die von den Glasherstellern angebotenen Entspiegelungen lassen sich hinsichtlich ihrer Wirkung grob in drei Kategorien unterteilen:
- Einfachentspiegelungen,
- Mehrfachentspiegelungen,
- Breitbandentspiegelungen.

### Transmission entspiegelter Brillengläser

Durch den Einsatz von Entspiegelungsschichten wird die Transmission des Brillenglases erhöht. Dies liegt daran, dass sich bei erfüllter Amplitudenbedingung ein besonders günstiges Verhältnis der Brechzahlen der an der Brechung beteiligten Medien ergibt. Dieses führt zur Reduzierung des Reflexionsgrades und somit zu einer Vergrößerung der Transmission.

Beispiel: Vergleich der Reflexionsgrade für MR 7 ($n_{MR7} = 1{,}67$) unentspiegelt und entspiegelt

**unentspiegelt:**
ein Reflex (Luft / MR 7)

$$\rho_{Luft/MR7} = \left(\frac{n'-n}{n'+n}\right)^2 = \left(\frac{1{,}67-1}{1{,}67+1}\right)^2$$
$$= 0{,}063 \triangleq 6{,}3\,\%$$

**entspiegelt:**
zwei Reflexe (Luft / Entspiegelung und Entspiegelung / MR 7)
optimale Brechzahl der Entspiegelung:

$$n_S = \sqrt{n_{MR7}} = \sqrt{1{,}67} = 1{,}29$$

$$\rho_{Luft/Entspiegelung} = \left(\frac{1{,}29-1}{1{,}29+1}\right)^2 = 0{,}016 \triangleq 1{,}6\,\%$$

$$\rho_{Entspiegelung/MR7} = \left(\frac{1{,}67-1{,}29}{1{,}67+1{,}29}\right)^2$$
$$= 0{,}016 \triangleq 1{,}6\,\%$$

$$\rho_{Gesamt} \approx \rho_{Luft/Entspiegelung} + \rho_{Entspiegelung/MR7}$$
$$= 2 \cdot 0{,}016 \triangleq 3{,}2\,\%$$

Zum einen zeigt das Beispiel, dass die Erfüllung der Amplitudenbedingung zwei gleich große Reflexe gewährleistet. Zum anderen wird deutlich, dass obwohl beim entspiegelten Glas zwei Reflexe vorliegen, diese in der Summe deutlich unter dem Einzelreflex des nichtentspiegelten Glases liegen. Der reduzierte Reflex wird zudem durch die Interferenz in seiner Wahrnehmbarkeit weiter vermindert. Zu beachten ist, dass das Entspiegelungsmaterial die Amplitudenbedingung in der Regel nicht vollkommen erfüllt. Für die Rückfläche gelten die gleichen Überlegungen.

> Die Entspiegelung erhöht die Transmission des Brillenglases.

### Herstellung von Entspiegelungsschichten

#### Mineralische Gläser

Einfachentspiegelte mineralische Gläser werden mit Magnesiumfluorid $MgF_2$ entspiegelt, das sich durch seine sehr gute Haftung und Kratzbeständigkeit auszeichnet. Bei Mehrschichtsystemen besteht die erste Schicht aus diesem Material.

Zu Beginn des Herstellungsprozesses erfolgt eine intensive Reinigung und rückstandslose Trocknung der Gläser. Anschließend werden sie auf Kalotten in eine Vakuumbedampfungskammer eingebracht. In dieser kondensiert dampfförmiges Magnesiumfluorid auf der Glasoberfläche. Dabei erfolgt die Kontrolle der Schichtdicke über das Schwingungsverhalten eines „mitbeschichteten" Quarzkristalls.

#### Organische Gläser

Das Beschichtungsverfahren für mineralische Gläser erfordert hohe Temperaturen, die organische Gläser zerstören würden. Zudem würde es wegen des unterschiedlichen Ausdehnungsverhaltens der Glas- und Entspiegelungsmaterialien zu Rissen in der Entspiegelung kommen.

Aus diesem Grund kommen „kalte" Beschichtungsverfahren zum Einsatz. Durch die niedrigeren Prozesstemperaturen ist die Verschleißbeständigkeit der Entspiegelung deutlich geringer als die von mineralischen Gläsern.

Für die Herstellung der Entspiegelungsschicht stehen mehrere Verfahren zur Verfügung. Bei allen ist zuerst die intensive Reinigung und rückstandslose Trocknung der Gläser erforderlich. Beim **Tauchlackverfahren** werden die Gläser in das Entspiegelungsmaterial eingetaucht und langsam herausgezogen. Dieses polymerisiert bei Temperaturen knapp unter 100 °C und muss anschließend trocknen. Beim **Spin-Coating-Verfahren** wird ein exakt dosierter Tropfen des Entspiegelungsmaterials auf das Glas aufgebracht. Dieses wird in Rotation versetzt, sodass sich der Tropfen gleichmäßig auf der Oberfläche verteilt. Auch hier erfolgt anschließend die Trocknung. Beim **Plasmaverfahren** werden die Gläser bei Raumtemperatur mit Metalloxiden bedampft.

### Aufgaben

1. Ein Glas aus B 270 ($n_{B270}$ = 1,525) soll für eine Wellenlänge von $\lambda$ = 555 nm entspiegelt werden. Welche Brechzahl und welche Dicke muss die Entspiegelung besitzen?

2. Die Schichtdicke einer Entspiegelung beträgt 0,09963 µm und ihre Brechzahl $n_s$ = 1,38. Bestimmen Sie, welche Brechzahl das Glasmaterial besitzen sollte und für welche Wellenlänge die Phasenbedingung erfüllt ist.

3. Analysieren Sie mithilfe der Amplitudenbedingung, ob sich niedrig- oder hochbrechende mineralische Gläser effektiver durch eine einfache $MgF_2$-Schicht entspiegeln lassen.

4. Ein Glas aus B 270 ($n_{B270}$ = 1,525) soll mit $MgF_2$ ($n_{MgF2}$ = 1,38) entspiegelt werden. Berechnen Sie die Reflexe der beiden vorderen Grenzschichten.

5. Erläutern Sie, durch welche technischen Maßnahmen sich eine Verspiegelung eines Brillenglases erreichen lässt.

### 2.5.2 Sauber-Schicht

Die **Sauber-Schicht (Clean-Coat)** dient der Reduzierung von Schmutzanhaftungen. Dazu muss sie sich als äußerste Schicht auf dem Brillenglas befinden. Da sie äußerst dünn ist, wird die Wirkung der darunterliegenden Entspiegelungsschicht nicht beeinträchtigt. Das Funktionsprinzip der Sauber-Schicht beruht zum einen auf der Glättung der Glasoberfläche und zum anderen auf dem Einbringen chemischer Verbindungen, die wasser- und fettabweisende Eigenschaften besitzen. Zudem können Sauber-Schichten antistatisch wirken. Sie verhindern somit eine elektrische Aufladung des Brillenglases (z. B. durch Reibung), die sonst die Anziehung von Staubpartikeln zur Folge hätte. Da Verschmutzungen auf entspiegelten Brillengläsern eher wahrgenommen werden, ist eine Sauber-Schicht besonders sinnvoll.

**antistatisch:** die elektrische Aufladung eines Körpers verhindernd

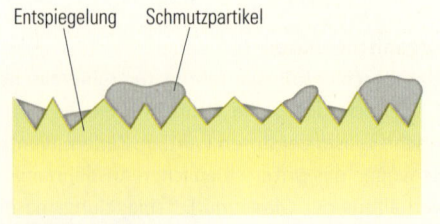

**ohne Sauber-Schicht**

**mit Sauber-Schicht**

**Bild 2.36** Wirkung der Sauber-Schicht

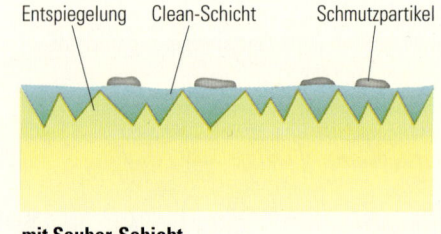

## 2.5.3 Hartschicht

Aufgrund ihrer Kratzempfindlichkeit empfiehlt sich bei Kunststoffgläsern der Einsatz von **Hartschichten**, die die Widerstandsfähigkeit gegen mechanische Beanspruchungen erhöhen. Gerade bei hochbrechenden organischen Gläsern, die eine äußerst geringe Kratzfestigkeit besitzen, ist die Härtung der Oberfläche erforderlich. Denn schon durch die Reibung kleiner Partikel bei der Glasreinigung können feine Kratzer entstehen, die zu diffusen Lichtstreuungen führen. Grobe Kratzer können sich in Form von Unschärfen äußern. Diese Beschädigungen beeinträchtigen zwar auch die Ästhetik, in erster Linie verursachen sie jedoch eine Verminderung des Visus.

Die Hartschicht besteht aus einer Lackschicht, die hart genug ist, um feinen Partikeln zu widerstehen. Sie ist aber auch so elastisch, dass sie die Einwirkung grober Partikel abfedern kann. Da sie sich direkt auf dem Grundglas befindet, wird die Entspiegelung durch sie nicht geschützt. Weiter ist zu beachten, dass organische Gläser auch mit Hartschicht nicht die Kratzbeständigkeit von mineralischen erreichen. Der sachgemäßen Pflege des Brillenglases kommt somit große Bedeutung zu.

## 2.5.4 Schichtpakete

Die verschiedenen Schichten der Vergütungen werden nacheinander auf das Grundglas aufgebracht, sodass sich ein regelrechtes Schichtpaket ergibt. Bei organischen Gläsern befindet sich die Hartschicht direkt auf dem Glas, ihr folgt eine Haftvermittlerschicht, die die Haftung des mitunter mehrschichtigen Entspiegelungssystems gewährleistet. Bei mineralischen Gläsern stellt die Entspiegelung die erste Schicht auf dem Glas dar. Auf dieser befindet sich abschließend die Sauber-Schicht. Die Schichten unterscheiden sich erheblich in ihrer Dicke: Die Hartschicht kann einige Tausend Nanometer stark sein, die Entspiegelung, je nach Anzahl der Schichten, mehrere Hundert, während die Dicke der Sauber-Schicht nur wenige Nanometer beträgt.

Auch wenn der Kunde die Möglichkeit hat, verschiedenen Veredelungen einzeln auszuwählen, so führt doch gerade ihr Zusammenwirken zu optimalen Ergebnissen. Ein hochbrechendes organisches Glas erfordert z. B. eine Hartschicht und sollte aufgrund des hohen Reflexes entspiegelt sein. Die Entspiegelung wiederum

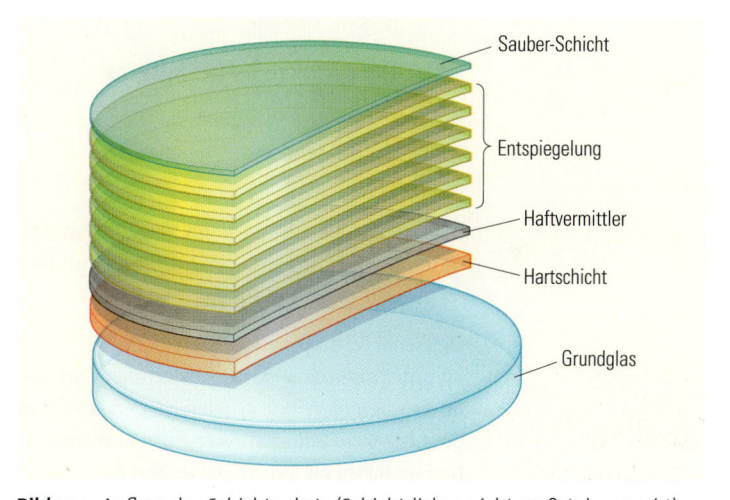

**Bild 2.37** Aufbau des Schichtpakets (Schichtdicken nicht maßstabsgerecht)

lässt Verschmutzungen deutlicher hervortreten, sodass eine Sauber-Schicht sinnvoll ist. Der reduzierte Reinigungsaufwand führt wiederum zu einer geringeren mechanischen Beanspruchung der ungeschützten Entspiegelung.

## 2.6 Einarbeitung von Brillengläsern

Im Rahmen der Werkstattarbeit ist es Ihre Aufgabe, die bestellten Gläser in die Brillenfassung einzuarbeiten. Dazu ermitteln Sie die Zentrierdaten mithilfe der auf der Musterverglasung befindlichen Anzeichnungen. Nach der Formrandung überprüfen Sie Ihr Arbeitsergebnis auf Richtigkeit.

Die zur Einarbeitung von Brillengläsern notwendigen Fertigungsschritte werden unter dem Begriff **Zentrierung** zusammengefasst. Ziel ist es, den Rand des Brillenglases so zu bearbeiten, dass es seinen vorgesehenen Platz in der Fassung einnehmen kann. Dies geschieht sowohl mithilfe koventioneller Randschleifautomaten als auch mit der von CNC-Maschinen. Der prinzipielle Ablauf der Zentrierung ist davon jedoch unabhängig.

> **Ablauf der Brillenglaszentrierung**
>
> Anzeichnen des Bezugspunktes
> ▼
> Ermittlung der horizontalen und vertikalen Zentriermaße
> ▼
> Aufblocken der rohkantigen Brillengläser
> ▼
> Einsetzen der gerandeten Brillengläser
> ▼
> Kontrolle der Brille auf Abgabefähigkeit

### 2.6.1 Messpunkte im Brillenglas

In Bezug auf das Brillenglas sind die folgenden Punkte für die Zentrierung bedeutsam:

**Bezugspunkt, B**
Der Bezugspunkt ist der Punkt auf der Vorderseite des Brillenglases, in dem die verordnete dioptrische Wirkung vorliegt.

**Optischer Mittelpunkt, O**
Im optischen Mittelpunkt besitzt das Glas keine brechende Wirkung. Dies ist der Punkt, in dem die Scheitelpunkte der Linse von der optischen Achse durchstoßen werden.

**Geometrischer Mittelpunkt, G**
Der geometrische Mittelpunkt befindet sich in der Mitte des rohrunden Brillenglases.

Die Lage des Bezugspunktes lässt sich mithilfe des Scheitelbrechwertmessers ermitteln und mit der Stempelvorrichtung anzeichnen. Zu beachten ist, dass sich Bezugspunkt, optischer Mittelpunkt und geometrischer Mittelpunkt an unterschiedlichen Stellen des Glases befinden können. Eine genaue Unterscheidung der Punkte ist somit notwendig.

### 2.6.2 Fassungs- und Zentriermaße

Der Punkt innerhalb der Brillenfassung, über dem der Bezugspunkt des Brillenglases zu positionieren ist, heißt **Zentrierpunkt FP**. Er wird im Rahmen der optischen Brillenanpassung ermittelt und auf der Musterverglasung angezeichnet.

> Das Brillenglas ist richtig zentriert, wenn sein Bezugspunkt mit dem festgelegten Zentrierpunkt zusammenfällt.

Für die Beschreibung der Zentrierpunktlage wird das sogenannte **Kasten-Maßsystem** benutzt. Mit ihm werden beliebige Fassungsformen auf Rechtecke (Kästen) zurückgeführt, deren Seiten sich aus der maximalen Scheibenlänge und -höhe ergeben. Die zur Kontrolle der Bezugspunktkoordinaten benötigten Zentrierpunktkoordinaten resultieren aus den horizontalen Abständen zum nasalen Kastenrand $x_{R/L}$ sowie den vertikalen Abständen zum unteren Kastenrand $y_{R/L}$.

2.6 Einarbeitung von Brillengläsern

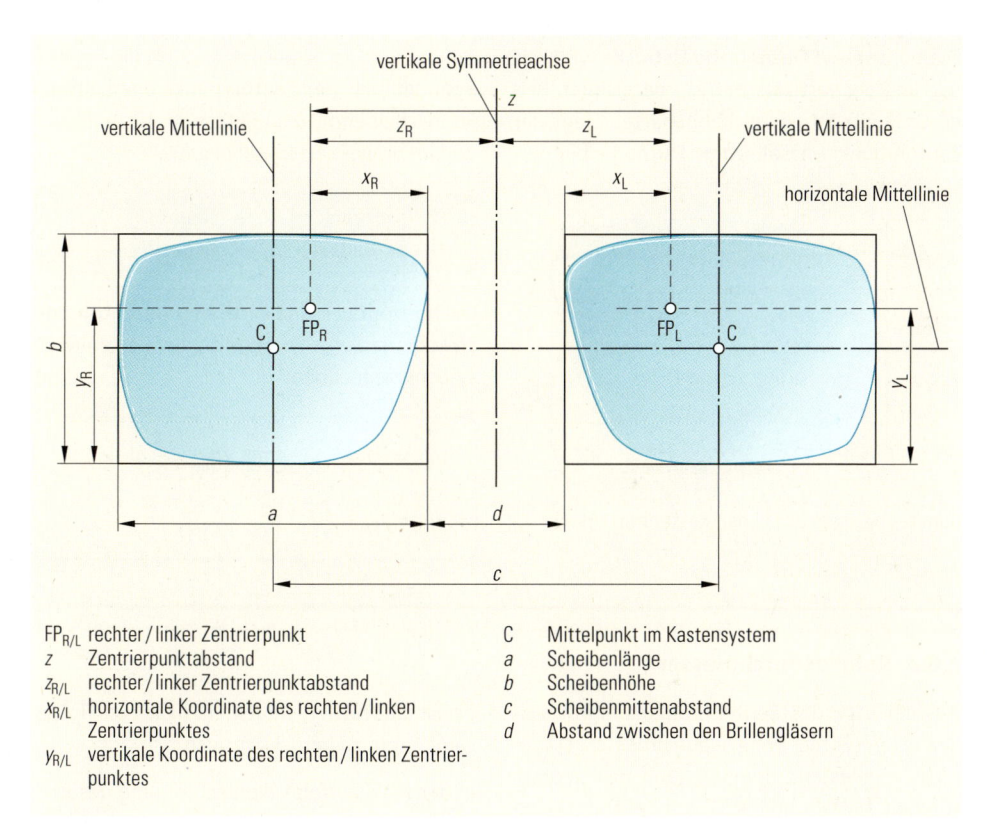

**Bild 2.38** Punkte und Strecken im Kastenmaß-System

$FP_{R/L}$ rechter/linker Zentrierpunkt
$z$ Zentrierpunktabstand
$z_{R/L}$ rechter/linker Zentrierpunktabstand
$x_{R/L}$ horizontale Koordinate des rechten/linken Zentrierpunktes
$y_{R/L}$ vertikale Koordinate des rechten/linken Zentrierpunktes

$C$ Mittelpunkt im Kastensystem
$a$ Scheibenlänge
$b$ Scheibenhöhe
$c$ Scheibenmittenabstand
$d$ Abstand zwischen den Brillengläsern

Sowohl die **Scheibenlänge $a$** als auch der **Abstand zwischen den Brillengläsern $d$** ist auf jeder Brillenfassung angegeben:

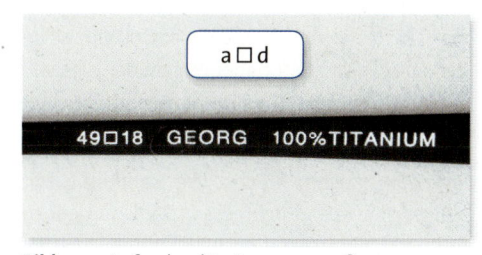

**Bild 2.39** Aufgedruckte Fassungsmaße

Die horizontalen Kontrollmaße $x_{R/L}$ ergeben sich aus den Zentrierpunktabständen $z_{R/L}$:

$$x_{R/L} = z_{R/L} - \frac{1}{2}d$$

## 2.6.3 Formrandung des Brillenglases

Bei der Formrandung erhält das rohrunde Brillenglas die Kontur der Brillenfassung und wird mit der notwendigen Spitz- oder Flachfacette versehen.

In konventionellen Randschleifautomaten wird die gewünschte Kontur durch Abtasten einer **Formscheibe** erfasst. Diese rotiert im Schleifautomaten um ihren Mittelpunkt, den sogenannten **Formscheibendrehpunkt C**, der mit dem Kastenmittelpunkt übereinstimmt. Dazu ist die Formscheibe auf dem rohrunden Brillenglas aufzublocken. Bei herkömmlichen Zentriergeräten müssen dafür die Strecken ermittelt werden, um die der Bezugspunkt des Brillenglases vom Formscheibendrehpunkt ausgehend dezentriert werden muss (Bild 2.40).

Die horizontale Dezentrationsstrecke wird mit $u_{R/L}$ und der vertikale mit $v_{R/L}$ bezeichnet. Beide Größen sind vorzeichenbehaftet. Liegt der Zentrierpunkt nasal vom Formscheibenmittelpunkt, so ist $u$ positiv, andernfalls negativ. Befindet sich der Zentrierpunkt oberhalb des Formscheibenmittelpunktes, so ist $v$ positiv und im umgekehrten Fall negativ.

> FP nasal von C  →  $u$ positiv
> FP oberhalb von C  →  $v$ positiv

Die horizontalen und vertikalen Dezentrationsstrecken lassen sich mithilfe des Kasten-Maßsystems berechnen:

$$u_{R/L} = \frac{1}{2}c - z_{R/L} \quad \text{oder} \quad u_{R/L} = \frac{1}{2}a - x_{R/L}$$

$$v_{R/L} = y_{R/L} - \frac{1}{2}b$$

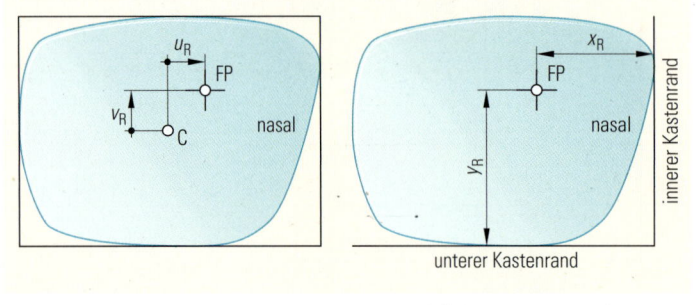

**Bild 2.40** Lage des Zentrierpunktes bezogen auf a) den Kastenmittelpunkt b) die Kastenränder

### 2.6.4 Rohglasdurchmesser

Aus der Lage des Zentrierpunktes ergibt sich der erforderliche Rohglasdurchmesser. Dieser muss mindestens dem Abstand des geometrischen Mittelpunktes G zum entferntesten Punkt des Fassungsrandes entsprechen. Dabei ist die Nuttiefe mit einer Zugabe von insgesamt 1 mm zu berücksichtigen.

In der Praxis erfolgt die Bestimmung des Rohglasdurchmessers häufig mit Durchmesserschablonen. Dafür wird der gekennzeichnete Zentrierpunkt im Mittelpunkt der Schablone aufgelegt und der Durchmesser direkt abgelesen (Bild 2.42).

Die exakte Berechnung des erforderlichen Rohglasdurchmessers ist mathematisch sehr aufwändig. Näherungslösungen sind zwar weniger kompliziert, dafür aber ungenauer. Deshalb ist die Durchmesserbestimmung mithilfe einer Schablone vorzuziehen.

Bei Minusgläsern wächst die Randdicke mit steigendem Glasdurchmesser. Sie kann jedoch bei geschickter Fassungswahl unter Umständen gut kaschiert werden. Die Mittendicke eines Minusglases muss, je nach Material, aus Gründen der Stabilität mindestens 1–2 mm betragen und lässt sich nicht weiter reduzieren. Die mit größerem Durchmesser steigende Mittendicke bei Plusgläsern beeinträchtigt hingegen nicht nur die Ästhetik, sondern führt auch zu einer Erhöhung des Brillenglasgewichts. Bild 2.43 verdeutlicht die Abhängigkeit zwischen erforderlichem Durchmesser und Lage des Bezugspunktes und Fassungsform.

**Bild 2.41** Notwendiger Rohglasdurchmesser

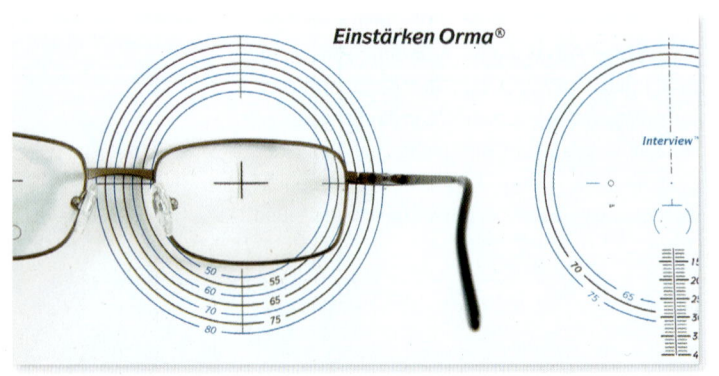

**Bild 2.42** Rohglasdurchmesserbestimmung mithilfe einer Schablone

## 2.6 Einarbeitung von Brillengläsern

**Praxis-Tipp**

Sie können das Gewicht eines Plusglases durch die Wahl eines geringeren Rohglasdurchmessers reduzieren. Dieser ist umso kleiner,
- je kleiner Scheibenlänge und -höhe der Fassung sind,
- je näher sich der Zentrierpunkt an der Fassungsscheibenmitte befindet und
- je geringer die Fassung von der Kreisform abweicht.

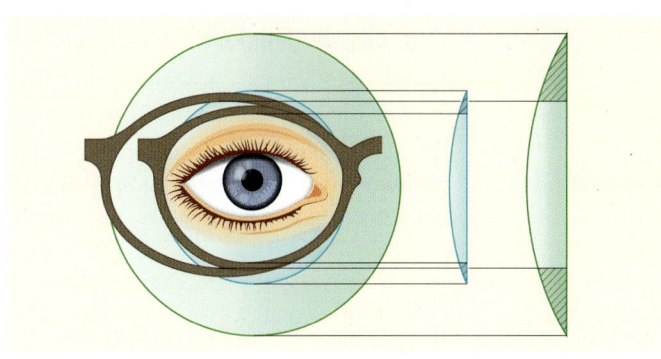

**Bild 2.43** Zusammenhang zwischen Rohglasdurchmesser und Glasdicke

### Aufgaben

1. Berechnen Sie die fehlenden Tabelleneinträge und fertigen Sie anschließend eine Zeichnung des zugehörigen Kasten-Maßsystems an. (Fassung 49 ☐ 18).

| Fassungs- und Zentrierdaten [mm] | | | | | | | | | | | | | |
|---|---|---|---|---|---|---|---|---|---|---|---|---|---|
| $a$ | $b$ | $c$ | $d$ | $z$ | $z_R$ | $z_L$ | $x_R$ | $x_L$ | $y_R$ | $y_L$ | $u_R$ | $u_L$ | $v_R$ | $v_L$ |
| 49 | 26 | 67 | 18 | 61 | 31 | 30 | 22 | 21 | 14 | 15 | 2,5 | 3,5 | 1 | 2 |

2. Berechnen Sie die fehlenden Tabelleneinträge und fertigen Sie anschließend eine Zeichnung des zugehörigen Kasten-Maßsystems an (Fassung 51 ☐ 19).

| Fassungs- und Zentrierdaten [mm] | | | | | | | | | | | | | |
|---|---|---|---|---|---|---|---|---|---|---|---|---|---|
| $a$ | $b$ | $c$ | $d$ | $z$ | $z_R$ | $z_L$ | $x_R$ | $x_L$ | $y_R$ | $y_L$ | $u_R$ | $u_L$ | $v_R$ | $v_L$ |
|  | 37 |  |  |  |  |  | 23 | 24 | 18 | 19 |  |  |  |  |

3. Berechnen Sie die fehlenden Tabelleneinträge und fertigen Sie anschließend eine Zeichnung des zugehörigen Kastenmaß-Systems an.

| Fassungs- und Zentrierdaten [mm] | | | | | | | | | | | | | |
|---|---|---|---|---|---|---|---|---|---|---|---|---|---|
| $a$ | $b$ | $c$ | $d$ | $z$ | $z_R$ | $z_L$ | $x_R$ | $x_L$ | $y_R$ | $y_L$ | $u_R$ | $u_L$ | $v_R$ | $v_L$ |
|  |  | 69 | 20 |  |  |  |  |  | 20 | 17 | −3 | −4 | −1 |  |

4. Bemaßen und ermitteln Sie die Fassungs- und Zentrierdaten der abgebildeten Brillenfassung. Bestimmen Sie zudem den erforderlichen Rohglasdurchmesser. (Maßstab 1 : 2,5)

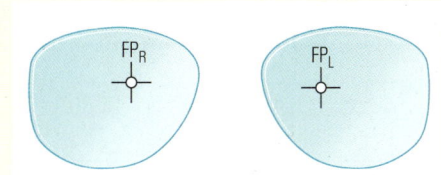

| Fassungs- und Zentrierdaten [mm] | | | | | | | | | | | | | |
|---|---|---|---|---|---|---|---|---|---|---|---|---|---|
| $a$ | $b$ | $c$ | $d$ | $z$ | $z_R$ | $z_L$ | $x_R$ | $x_L$ | $y_R$ | $y_L$ | $u_R$ | $u_L$ | $v_R$ | $v_L$ |
|  |  |  |  |  |  |  |  |  |  |  |  |  |  |  |

## 2.6.5 Abgabefähigkeit

Kommt es beim Einarbeiten der Brillengläser zu Zentrierfehlern, Bezugspunkt und Zentrierpunkt fallen also nicht zusammen, so resultiert daraus eine nicht beabsichtigte prismatische Wirkung des Brillenglases. Aus diesem Grund ist die Brille auf ihre Abgabefähigkeit hin zu überprüfen. Dabei muss beurteilt werden, ob die Brille der Norm für Grenzabweichungen von fertig montierten Brillengläsern nach DIN EN ISO 21987 genügt.

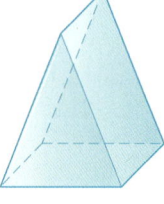

> **Prismen**
>
> Prismen sind in der Augenoptik in vielen Situationen bedeutsam. Diese umfassen
> - die Strahlablenkung (z. B. bei Augenfehlstellungen),
> - die Strahlumkehr (z. B. Porroprisma in einigen Ferngläsern) und
> - die Zerlegung von Licht in seine Spektralfarben.
>
> Die spektrale Zerlegung von Licht spielt in der Analysetechnik eine große Rolle, mit ihrer Hilfe lassen sich unbekannte Substanzen anhand ihres spezifischen Emissionsspektrums identifizieren. In der Augenoptik sind die resultierenden Farbsäume jedoch unerwünscht. Umkehrprismen basieren auf dem Prinzip der Totalreflexion, mit ihnen lassen sich auf dem Kopf stehende Bilder aufrichten. 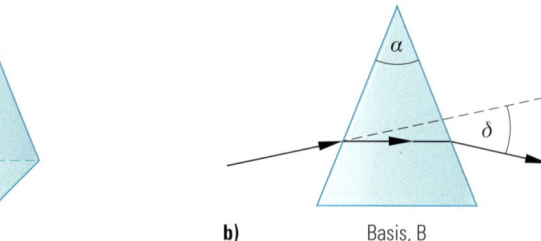
>
> **Bild 2.44** Dreieckprisma
>
> Die ablenkende Wirkung des Prismas resultiert aus der zweifachen Brechung des einfallenden Lichtstrahls. Bild 2.44 zeigt den Strahlenverlauf bei einem Dreieckprisma. Die beiden **brechenden Flächen** schließen den **brechenden Winkel (Prismenwinkel)** $\alpha$ ein. Die dem brechenden Winkel gegenüber liegende Fläche heißt **Basis**. Für die Richtung der Strahlablenkung gilt:
>
> > Die Ablenkung des Strahls verläuft stets in Richtung der Basis.
>
> Die Stärke der Ablenkung wird durch den **Ablenkungswinkel** $\delta$ beschrieben. Dieser hängt vom Einfallswinkel des auftreffenden Strahls, dem Prismenwinkel und den Brechzahlen der beteiligten Medien ab. Dabei sind alle Werte zwischen dem **maximalen** und **minimalen Ablenkungswinkel** des Prismas möglich.
>
> Bei den in Brillengläsern zum Einsatz kommenden Prismen handelt es sich um sogenannte **Keilprismen**, die dadurch definiert sind, dass sie einen brechenden Winkel besitzen, der nicht mehr als 10° **(Keilwinkel)** beträgt. Bei diesen Keilprismen ergibt sich, bei kleinen Einfallswinkeln, ein nahezu konstanter Ablenkungswinkels, der nur noch vom Keilwinkel $\alpha$ und der Brechzahl $n$ des Prismas abhängig ist. Für diesen gilt:
>
> $\delta = \alpha \cdot (n-1)$, für $\alpha \leq 10°$
>
> Wird der Strahl auf einem hinter dem Prisma befindlichen Schirm aufgefangen, so ist seine Abweichung von der ursprünglichen Richtung als Strecke messbar. Das

**Emissionsspektrum:** charakteristische elektromagnetische Strahlung, die von einer bestimmten Atom- oder Molekülart emittiert wird

**Keilprisma:** Prisma, dessen brechender Winkel nicht mehr als 10° beträgt

**Basis:** Richtung der Strahlablenkung durch das Prisma

## 2.6 Einarbeitung von Brillengläsern

Verhältnis dieser Strecke $q$ (in cm) zum Abstand $l$ (in m) des Schirms vom Prisma definiert die sogenannte **prismatische Ablenkung** $P$:

**Prismatische Ablenkung**

$P = \dfrac{q}{l}$, $q$ in cm, $l$ in m

Die prismatische Ablenkung beschreibt die in cm gemessene Ablenkung des Strahls in 1 m Entfernung und wird in der Einheit cm/m angegeben.

Die prismatische Ablenkung ergibt sich, wie in Bild 2.45 dargestellt, mithilfe des Ablenkungswinkels:

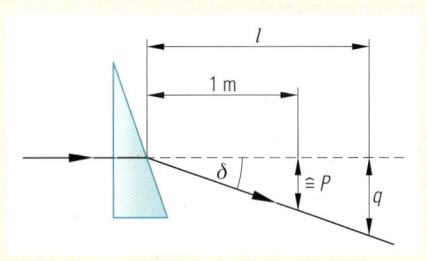

**Bild 2.45** Prismatische Ablenkung und Ablenkungswinkel

$$P = 100 \, \frac{\text{cm}}{\text{m}} \cdot \tan(\delta)$$

Die **prismatische Wirkung** ergibt sich aus Stärke und Richtung der Strahlablenkung. Die Richtung wird über die Basislage angegeben.

**prismatische Ablenkung:** in cm gemessene Ablenkung des Strahls in 1 m Entfernung

**prismatische Wirkung:** Stärke und Richtung der prismatischen Ablenkung

### Prismatische Wirkung sphärischer Brillengläser

Sphärische Brillengläser lassen sich vereinfacht als aus einer Vielzahl kleiner Prismen zusammengesetzt darstellen (Bild 2.46). Dabei gilt, dass der Keilwinkel zum Rand hin größer wird.

> Die prismatische Wirkung des Brillenglases nimmt zum Rand hin zu.

Achsenparallele Strahlen werden in Richtung des bildseitigen Brennpunkts gebrochen. Im Falle einer beliebigen Einfallshöhe $c$ (in cm) folgt gemäß Bild 2.47 für die prismatische Ablenkung:

$$P = \frac{c}{|f'|} = c \cdot |D|$$

Unter der Annahme, dass der Gesamtbrechwert $D$ der Linse in etwa dem bildseitigen Scheitelbrechwert $S'$ entspricht, ergibt sich die

**Prentice-Formel**

$P = c \cdot |S'|$     $c$: Dezentration in cm.

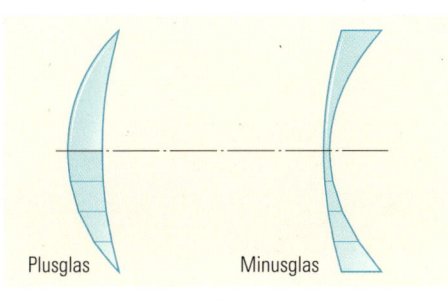

**Bild 2.46** Prismatische Struktur eines Brillenglases

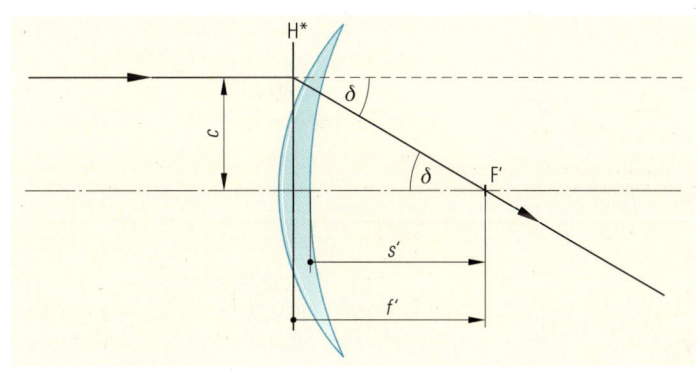

**Bild 2.47** Prismatische Wirkung eines sphärischen Brillenglases

Die aus einer Fehlzentrierung resultierende prismatische Wirkung erzwingt eine Fixierlinieneinstellung des Augenpaares, die den Sehvorgang unter Umständen beeinträchtigt. Der DIN EN ISO 21987 können die gerade noch zulässigen prismatischen Abweichungen entnommen werden. Zur Beurteilung der Abgabefähigkeit muss die prismatische Wirkung ermittelt und mit den vertretbaren Grenzabweichungen verglichen werden.

Zur einfachen Beurteilung der Abgabefähigkeit werden in der Praxis häufig Toleranztabellen verwendet, die sich auf die Abweichung von den Zentrierstrecken beziehen. Solche Tabellen lassen sich aus der Norm ableiten und besitzen den Vorteil, dass eine Bestimmung der prismatischen Wirkung nicht notwendig ist. Nachteilig ist, dass sich die Auswirkungen auf das Zusammenspiel beider Augen nur schwer beurteilen lassen.

Zur Vertiefung ▶
Lernfeld 11.2.2

| Absolut schwächster Hauptschnitt des Gläserpaares [dpt] | Abweichung vom horizontalen Zentrierpunktabstand [mm] | Abweichung vom vertikalen Zentrierpunktabstand [mm] |
|---|---|---|
| 0,25 | 26,8 | 20,0 |
| 0,50 | 13,4 | 10,0 |
| 0,75 | 8,9 | 6,7 |
| 1,00 | 6,7 | 5,0 |
| 1,25 | 5,4 | 4,0 |
| 1,50 | 4,5 | 3,3 |
| 1,75 | 3,8 | 2,9 |
| 2,00 | 3,4 | 2,5 |
| 2,25 | 3,0 | 2,2 |
| 2,50 | 2,7 | 2,0 |
| 2,75 | 2,4 | 1,8 |
| 3,00 | 2,2 | 1,7 |
| 3,25 | 2,1 | 1,5 |
| 3,50 | 2,0 | 1,4 |
| 3,75 | 2,0 | 1,3 |
| 4,00 | 2,0 | 1,2 |
| 4,25 | 2,0 | 1,1 |
| 4,50 | 2,0 | 1,1 |
| 4,75 | 2,0 | 1,0 |
| ≥ 5,00 | 2,0 | 1,0 |

**Tabelle 2.2** Maximal zulässige horizontale und vertikale Abweichungen vom verordneten Zentrierpunktabstand für Einstärkengläser ohne Rezeptprisma

Mithilfe von Tabelle 2.2 lässt sich die Abgabefähigkeit von nichtprismatischen Einstärkenbrillen überprüfen. Dazu sind die verordneten horizontalen und vertikalen Zentrierpunktabstände mit den tatsächlich umgesetzten zu vergleichen. Liegt ihre Differenz außerhalb der angegebenen Grenzabweichungen, ist die Brille nicht abgabefähig. Zu beachten ist, dass beim Vergleich der Zentrierpunktabstände nicht berücksichtigt wird, wie groß der Zentrierfehler des einzelnen Glases ist. Aus diesem Grund sollten derartige Tabellen nur zum Einsatz kommen, wenn beide Brillengläser ähnliche Scheitelbrechwerte aufweisen.

## 2.6 Einarbeitung von Brillengläsern

**Beispiel:**

R: sph −4,50 cyl +0,50 A 10°
L: sph −4,25 cyl +0,75 A 20°
soll: $z_R$ = 32 mm, $z_L$ = 31 mm, $y_R$ = 12 mm, $y_L$ = 12 mm
ist: $z_R$ = 33 mm, $z_L$ = 30 mm, $y_R$ = 11 mm, $y_L$ = 13 mm

→ betragsmäßig schwächster Hauptschnitt des Gläserpaares: − 3,50 dpt

*horizontaler Zentrierpunktabstand*
soll: 32 mm + 31 mm = 63 mm
ist: 33 mm + 30 mm = 63 mm
Abweichung: 63 mm − 63 mm = 0

erlaubt wären 2 mm Abweichung
→ horizontal abgabefähig

*vertikaler Zentrierpunktabstand*
soll: 12 mm − 12 mm = 0 mm
ist: 13 mm − 11 mm = 2 mm
Abweichung: 2 mm − 0 mm = 2 mm

erlaubt wären 1,4 mm Abweichung
→ vertikal nicht abgabefähig

→ insgesamt nicht abgabefähig

**Grenzabweichungen der Zylinder-Achsen bei sphärotorischen Brillengläsern**

Für die Lage der Zylinder-Achsen von sphärotorischen Brillengläsern gelten folgende Grenzabweichungen:

| Zylinder [dpt] | Grenzabweichung der Zylinder-Achse |
|---|---|
| bis 0,25 | ± 16° |
| > 0,25 bis 0,50 | ± 9° |
| > 0,50 bis 0,75 | ± 6° |
| > 0,75 bis 1,50 | ± 4° |
| > 1,50 bis 2,50 | ± 3° |
| > 2,50 | ± 2° |

**Tabelle 2.3** Grenzabweichungen der Zylinder-Achsen

### Aufgaben

1. Ein Prisma aus CR 39 ($n$ = 1,502) besitzt einen Keilwinkel von 8°. Berechnen Sie die prismatische Ablenkung.

2. Durch ein Prisma mit einem brechenden Winkel von 6,5° kommt es in 3 m Entfernung zu einer Ablenkung des Strahls um 204,5 mm. Bestimmen Sie die Brechzahl des Prismenmaterials.

3. Aufgrund eines Zentrierfehlers beim Einarbeiten eines Brillenglases befindet sich sein Bezugspunkt 5 mm vom Zentrierpunkt entfernt. Der Scheitelbrechwert beträgt + 6,25 dpt. Bestimmen Sie resultierende prismatische Ablenkung.

4. Bei der Nachkontrolle der von Ihnen eingearbeiteten Brillengläser misst der Meister eine nicht verordnete prismatische Ablenkung von 1,5 cm/m in einem Glas der Stärke − 7,50 dpt. Wie groß ist der Zentrierfehler?

5. Beurteilen Sie die Abgabefähigkeit:
R = L sph + 6,25
soll: $z_R$ = $z_L$ = 32 mm,
$y_R$ = 21 mm, $y_L$ = 22 mm
ist: $z_R$ = 31,5 mm, $z_L$ = 34 mm,
$y_R$ = 21 mm, $y_L$ = 21 mm

6. Beurteilen Sie die Abgabefähigkeit:
R sph − 2,50 cyl + 0,25 A 30°
L sph − 2,75 cyl + 0,75 A 25°
soll: $z_R$ = 33 mm, $z_L$ = 34 mm,
$y_R$ = $y_L$ = 19 mm
ist: $z_R$ = 35 mm, $z_L$ = 35 mm, $y_R$ = 19 mm,
$y_L$ = 20 mm, $A_R$ 20°, $A_L$ 20°

7. Beurteilen Sie die Abgabefähigkeit:
R sph + 5,75 cyl − 1,50 A 72°
L sph + 5,50 cyl − 2,00 A 76°
soll: $z_R$ = 32 mm, $z_L$ = 31,5 mm,
$y_R$ = 24 mm, $y_L$ = 24 mm
ist: die Zentrierdaten und Achslagen beider Gläser wurden vertauscht

# Einstärken-Brillengläser kontrollieren und einarbeiten

## Projekt-Aufgaben

**Frau Lindner**

R: sph +4,25 cyl −0,25 A 60°
L: sph +4,50 cyl −0,25 A 55°

1. Im Anschluss an die Refraktionsbestimmung erkundigt sich Ihre Kundin Frau Lindner bei Ihnen nach den Rezeptwerten. Erläutern Sie ihr die Angaben der Verordnung.

2. Frau Lindner legt besonderen Wert auf eine leichte und ästhetische Brille. Beraten Sie sie bei der Wahl geeigneter Brillengläser und möglicher Veredelungen. Beurteilen Sie in diesem Zusammenhang die gewählte Fassung.

3. Nach der optischen Brillenanpassung bestimmen Sie die Lage der Zentrierpunkte. Entnehmen Sie der Abbildung die Koordinaten $x_R$, $x_L$, $y_R$ und $y_L$.

4. Für die Glasbestellung ermitteln Sie den erforderlichen Glasdurchmesser und rechnen die Verordnung in die Pluszylinder-Schreibweise um.

5. Nachdem die bestellten Gläser eingetroffen sind, kontrollieren Sie diese und zeichnen die Bezugspunkte an. Skizzieren Sie die Ergebnisse der Verschiebe- und Drehkontrolle sowie die Testmarkenbilder bei der Messung mit dem Okularscheitelbrechwertmesser.

6. Sie zentrieren die Brillengläser für die Formrandung mit dem Randschleifautomaten. Dazu berechnen Sie die Dezentrations- und Kontrollmaße.

7. Nach dem Einarbeiten der Brillengläser kontrollieren Sie Ihre Arbeit. Dabei stellen Sie fest, dass der horizontale Zentrierpunktabstand 1 mm zu groß ist. Außerdem wurden beide Gläser mit einer Achslage von 60° eingeschliffen. Beurteilen Sie die Abgabefähigkeit.

# Lernfeld 3
# Sehtestergebnisse erklären

Ein Kunde möchte für die Erlangung des Führerscheins einen Sehtest durchführen lassen. Leider reicht das von Ihnen auf der Sehtestbescheinigung dokumentierte Ergebnis dafür nicht aus. Deshalb fragt er nach Ursachen und erforderlichen Maßnahmen.

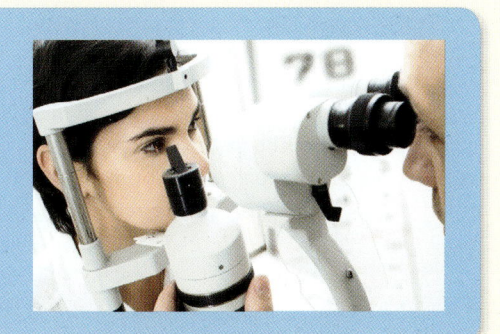

- Wie ist die Sehschärfe definiert?
- Welcher Zusammenhang besteht zum Visus?
- Welche Hilfsmittel sind für die Ermittlung des Visus erforderlich?
- Welche Sehzeichen kommen in Frage?
- Welche Prüfbedingungen müssen eingehalten werden?
- In welchen Phasen läuft der Sehtest ab?

- Sie entscheiden sich für geeignete Sehzeichen.
- Sie wählen ein geeignetes Testverfahren aus.
- Sie überprüfen die vorgeschriebenen Rahmenbedingungen.
- Sie informieren den Kunden über den Ablauf des Sehtests.
- Sie ermitteln und dokumentieren das Sehtestergebnis.
- Sie interpretieren das Ergebnis des Sehtests.
- Wurde über die Ursachen unzureichender Sehtestergebnisse aufgeklärt?
- Ist der Kunde an den Augenarzt zu verweisen?

- Wurden dem Kunden Korrektionsvorschläge gemacht?
- Konnte der Kunde Ihren Erläuterungen folgen?
- Hat der Kunde Ihre Empfehlung aufgegriffen?
- Haben Sie den Kunden für Ihren Betrieb gewinnen können?

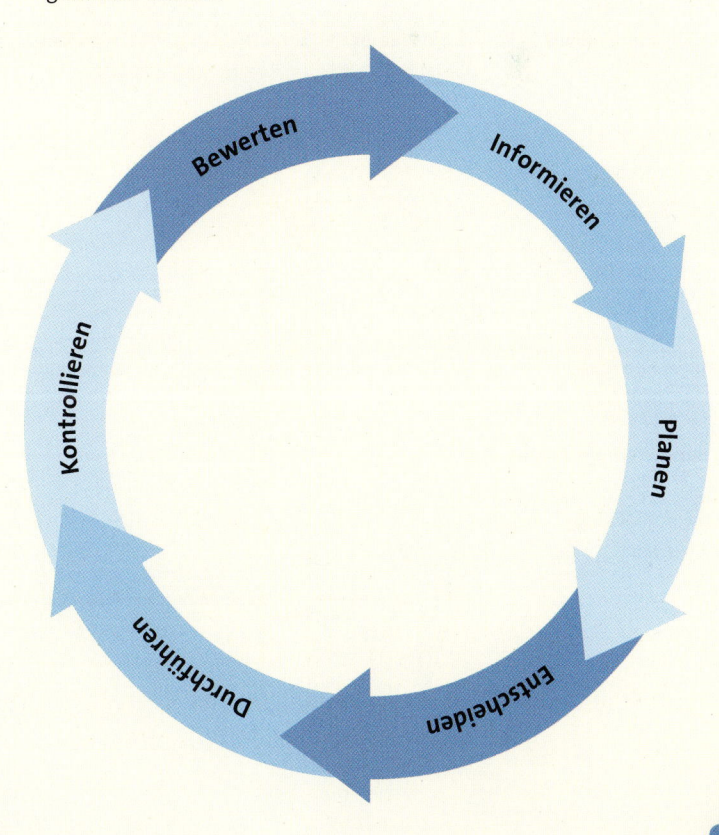

## 3.1 Bestimmung der Sehschärfe

> Ein Kunde legt Ihnen eine Brillenglasverordnung vor. Über die Aussage des Augenarztes, er könne sich über eine Sehschärfe von über 100 % freuen, wundert er sich allerdings …

**Visus:** Maß für die Sehschärfe

Bei der Durchführung eines Sehtests handelt es sich um einen Funktionstest des visuellen Systems, bei dem der sogenannte Visus ermittelt wird. Der Visus ist eine Größe ohne Einheit, er dient der Beurteilung der zentralen Sehschärfe und wird als **Visus sine correctione $V_{sc}$** bezeichnet, wenn ohne Korrektion gemessen wird. Erfolgt die Messung mit Korrektion, wird dagegen vom **Visus cum correctione $V_{cc}$** gesprochen. Jede Visusbestimmung ist nach standardisierten Verfahren und festgelegten Normen durchzuführen.

### 3.1.1 Sehschärfe und Visus

#### Angulare Sehschärfe

**angulus** (lat.) = Winkel

1 Grad ≙ 60 Winkelminuten

**Koinzidenz:** Zusammenfallen

Die angulare Sehschärfe kennzeichnet den kleinsten Winkel $\sigma_{min}$ (Minimum separabile), unter dem zwei Punkte gerade noch getrennt voneinander wahrgenommen werden können. Er wird in Winkelminuten angegeben, da er in der Regel sehr kleine Beträge annimmt (Bild 3.1).

> Je **kleiner** der Sehwinkel $\sigma_{min}$, desto **größer** ist das Auflösungsvermögen des Auges.

#### Noniussehschärfe

Die Noniussehschärfe bezeichnet die Fähigkeit, zwei gleichgerichtete und gegeneinander verschobene Linien voneinander zu unterscheiden. Sie ist in der Regel 2- bis 10-mal besser ausgeprägt als die angulare Sehschärfe. Auf diese Tatsache lässt sich die hohe Ablesegenauigkeit von Messgeräten zurückführen, die auf dem Prinzip der Koinzidenz beruhen (Bild 3.2).

#### Auflösungsvermögen

Die **zentrale Sehschärfe** ist deutlich höher, als die in der Peripherie. Sie hängt unter anderem vom Auflösungsvermögen der Netzhaut ab. Die Unterscheidung zweier Punkte ist nur möglich, wenn zwischen zwei belichteten Fotorezeptoren ein unbelichteter liegt. Anderenfalls verschmelzen die beiden Punkte zu einem Bild.

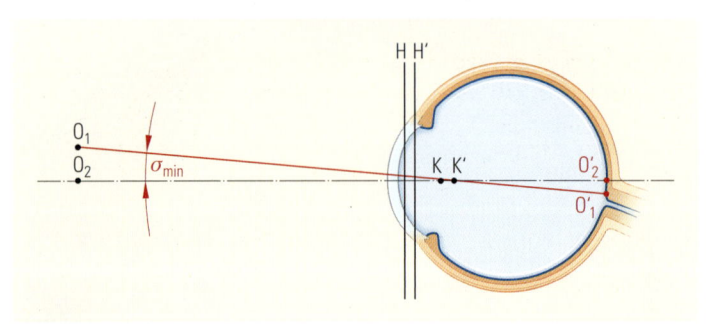

**Bild 3.1** Winkelsehschärfe

**Fotorezeptor:** Sehzelle

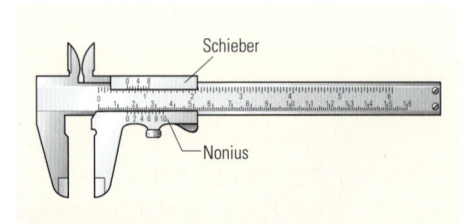

**Bild 3.2** Prinzip der Koinzidenz am Beispiel des Messschiebers

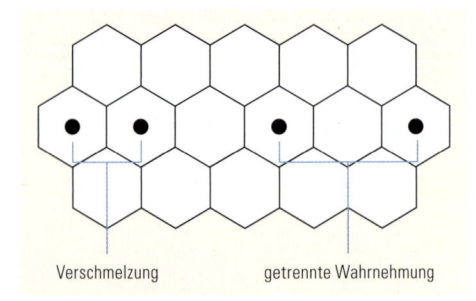

**Bild 3.3** Netzhautstruktur

## 3.1 Bestimmung der Sehschärfe

Je kleiner die Rezeptoren und je enger sie beieinander liegen, desto höher ist das Auflösungsvermögen. Die Sehzellen im Zentrum der Netzhaut sind für das Tag- und Farbsehen zuständig und werden als **Zapfen** bezeichnet. Dort besitzen sie auch ihre höchste Dichte. Die Konzentration der Zapfen nimmt vom Netzhautzentrum zur Peripherie hin kontinuierlich ab. Sie sind in hohem Maße miteinander verschaltet und leiten die Informationen direkt zum Sehnerv. Auf diese Art und Weise entstehen im gesunden Auge feinkörnige Abbildungen mit hoher Auflösung. Im Alter steigt allerdings die Wahrscheinlichkeit für die Degeneration der Zapfen.

In der Nacht werden visuelle Reize von peripher angesiedelten Fotorezeptoren, den sogenannten **Stäbchen**, verarbeitet. Damit eine visuelle Verarbeitung auch noch bei geringer Beleuchtung möglich ist, werden die Informationen zunächst von mehreren Stäbchen gebündelt und dann über einzelne Sehnervenfasern weitergeleitet. So kann bei Dunkelheit das Licht einer über 25 km entfernten Kerze immer noch wahrgenommen werden. Die im Vergleich zum einzelnen Rezeptor sehr viel größeren Stäbchenbündel lassen zwar nur geringe Auflösungen zu, können aber bewegte Objekte relativ gut registrieren.

> **Degeneration:** Rückbildung

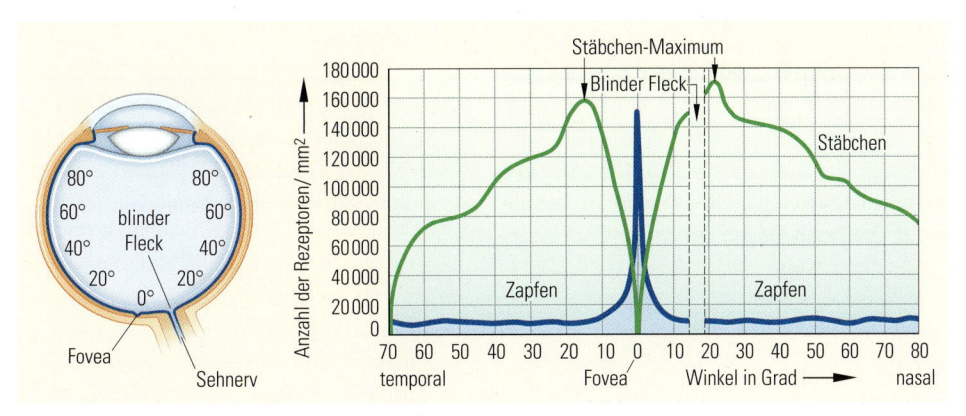

**Bild 3.4** Verteilung der Fotorezeptoren auf der Netzhaut

### Visus

Mit der angularen Sehschärfe ist bereits eine quantitative Aussage über das Auflösungsvermögen des Auges möglich. Um ein hohes Auflösungsvermögen auch mit einem großen Zahlenwert kennzeichnen zu können, wird üblicherweise der sogenannte **Visus** angegeben.

> Der Visus ist der Kehrwert der in Winkelminuten angegeben angularen Sehschärfe.

> Visus $\quad V = \dfrac{1'}{\varepsilon}$
> 
> $\varepsilon$: angulare Sehschärfe in Winkelminuten

**Beispiel:**
Die angulare Sehschärfe eines Auges beträgt 0,0138°. Zu ermitteln ist die entsprechende Visusangabe.

In diesem Fall ist zu beachten, dass die Winkelsehschärfe zunächst in Winkelminuten umgerechnet werden muss.

> **quantitativ:** mengenmäßig

$$\varepsilon = 0{,}0138° \cdot \dfrac{60'}{1°} = 0{,}828'$$

$$V = \dfrac{1'}{\varepsilon} = \dfrac{1'}{0{,}828'} = 1{,}2$$

Eine unmittelbare Überführung des Visus in eine prozentuale Angabe ist in diesem Zusammenhang nicht sinnvoll, weil als Bezugs- und Vergleichsgröße nur der individuell erreichbare Maximalvisus in Frage kommt. Dieser kann aber nie mehr als 100 % betragen.

Der Visus lässt sich auch ermitteln, wenn die Prüfentfernung $a$ und der Mindestabstand $d_{min}$ zwischen zwei gerade noch getrennt voneinander wahrgenommenen Punkten bekannt sind.

## Sehtestergebnisse erklären

$$\text{Visus} \quad V = \frac{0{,}29\,\frac{mm}{m} \cdot |a|}{d_{min}}$$

$a$: Prüfentfernung in m
$d_{min}$: Mindestabstand in mm

**Beispiel:**
Eine Refraktionsbestimmung erfolgt bei einer Prüfentfernung von 6 m. Der gerade noch wahrgenommene Punktabstand beträgt 2,5 mm. Welcher Visus ergibt sich aus diesen Angaben?

$$V = \frac{0{,}29\,\frac{mm}{m} \cdot |a|}{d_{min}} = \frac{0{,}29\,\frac{mm}{m} \cdot 6\,m}{2{,}5\,mm} = 0{,}69$$

Kann ein Proband während der Augenglasbestimmung aus der vorgesehenen Prüfentfernung $a_{soll}$ selbst die größten Optotypen nicht erkennen, muss der Abstand zur Sehtestebene auf eine Distanz $a_{real}$ reduziert werden. Der unter diesen Bedingungen ermittelte Visus deckt sich dann nicht mehr mit der Visusangabe $V_{soll}$ auf der Sehprobentafel. In diesem Fall ist er auf den real vorhandenen Visus $V_{real}$ umzurechnen.

**Visus nach Änderung der Prüfentfernung**

$$V_{real} = \frac{a_{real}}{a_{soll}} \cdot V_{soll}$$

**Beispiel:**
Die Optotype einer Sehprobentafel entspricht einem Visus von 1,0. Welcher Visus wird mit demselben Sehzeichen nachgewiesen, wenn die auf 6 m berechnete Sehprobentafel in einer Entfernung von nur 5 m eingesetzt wird?

$$V_{real} = \frac{a_{real}}{a_{soll}} \cdot V_{soll} = \frac{5\,m}{6\,m} \cdot 1{,}0 = 0{,}83$$

Wird der Prüfabstand bei unveränderter Sehzeichengröße **verringert**, ist der real vorhandene Visus **kleiner**, als der auf der Sehprobentafel angegebene.

**Optotypen:** Sehzeichen

**DIN:** **D**eutsches **I**nstitut für **N**ormung

Edmund Landolt (1876–1926)

### 3.1.2 Sehzeichen

Der maximal erreichbare Visus hängt von der Form und dem Kontrast des Sehzeichens ab. Um vergleichbare und reproduzierbare Ergebnisse zu erhalten, sind die Bedingungen, unter denen der Visus zu ermitteln ist, vereinheitlicht worden.

Bei der Bestimmung des Fernvisus sind dem Probanden die Optotypen in einer großen Entfernung darzubieten. Viele Sehprobentafeln sind für eine Prüfdistanz von 5 oder 6 m ausgelegt. Um diese Strecke auch in Räumen geringerer Länge einhalten zu können, ist der Einsatz von Umlenkspiegeln üblich. Für die Nahprüfung ist laut DIN eine Entfernungen von 25, 33 oder 40 cm vorgesehen. Dabei entspricht eine Nahprüfdistanz von 40 cm ungefähr der durchschnittlichen Gebrauchsentfernung. Die Bestimmung der Nahsehschärfe erfolgt mithilfe von speziellen Nahsehtests oder Nahsehproben. Diese lassen sich durch den Einsatz von alltäglichem Schriftgut (Zeitungsartikel, Fahrpläne, Beipackzettel) praxisnah ergänzen.

**Landolt-Ring**

Der Landolt-Ring ist eine der bekanntesten Optotypen und bildet zugleich die Grundlage der jüngsten Normung. Er ist nach dem Augenarzt Edmund Landolt benannt worden.

Beim Landolt-Ring handelt es sich um einen Kreisring, dessen Außendurchmesser fünfmal so groß ist wie die Strichstärke. Er hat eine Öffnung, die der Strichbreite des Rings entspricht und in 8 Positionen gezeigt werden kann.

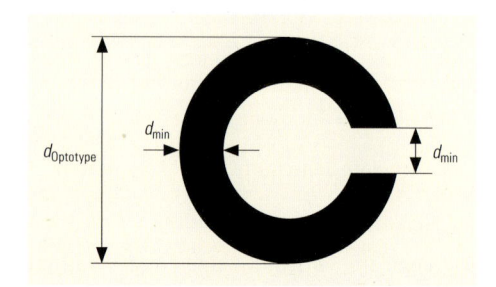

**Bild 3.5** Landolt-Ring

## 3.1 Bestimmung der Sehschärfe

> **Sehzeichendurchmesser**
> $d_{Optotype} = 5 \cdot d_{min}$

1909 wurde der Landolt-Ring als international anerkanntes Sehzeichen eingeführt. In Deutschland muss er seit November 2009 bei ärztlichen Gutachten verbindlich eingesetzt werden. Der Landolt-Ring eignet sich besonders gut als Sehzeichen, weil bei seinem Einsatz Wiedererkennung und Formensinn nur eine untergeordnete Rolle spielen. Die Wahrscheinlichkeit, die vorhandene Lage der Öffnung zu erraten, beträgt aufgrund der unterschiedlichen Darbietungsmöglichkeiten nur 12,5 %.

Dem Probanden werden bei der Überprüfung der Sehschärfe unterschiedliche Landolt-Ringe in Reihen logarithmisch abgestufter Größe gezeigt. Gibt der Proband die Orientierung der Öffnungen korrekt an, kann man davon ausgehen, dass er einen Visus besitzt, der dem zur Wahrnehmung der Ringöffnung erforderlichen Auflösungsvermögen entspricht. Wurde vorab eine objektive Refraktionsbestimmung durchgeführt, muss dem Klienten ausreichend Zeit gegeben werden, sich an die veränderte Prüfleuchtdichte zu gewöhnen.

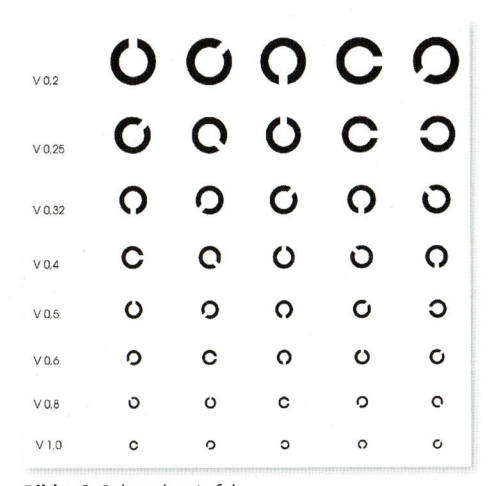

**Bild 3.6** Sehprobentafel

Für Gutachten ist eine Darbietung von 5, 8 oder 10 Ringen pro Visusstufe vorgeschrieben. Einzeldarbietungen sind nur dann zulässig, wenn sich der Landolt-Ring ohne erkennbare Drehbewegung in verschiedene Positionen bringen lässt. Der Proband sollte durchaus dazu ermuntert werden, die dargebotenen Sehzeichen in Zweifelsfällen zu erraten. Eine Visusstufe gilt dann als erreicht, wenn mindestens 60 % der Sehzeichen fehlerfrei benannt wurden.

**Beispiel:**
Einem Probanden werden acht Landolt-Ringe angeboten. Wie viele dieser Sehzeichen muss er für die jeweilige Visusstufe mindestens korrekt benannt haben?

$n_{min} = n \cdot 0{,}6 = 8 \cdot 0{,}6 = 4{,}8 \approx 5$

Weil es sich bei der Regelung um eine Minimalforderung handelt, ist das Ergebnis auf die nächsthöhere ganze Zahl aufzurunden. Dieses Vorgehen deckt sich auch mit einer Empfehlung der Deutschen Ophthalmologischen Gesellschaft DOG.

### Der Snellen-Haken

Der als E-Haken bezeichnete Snellen-Haken hat große Ähnlichkeit mit dem großen lateinischen E. Er unterliegt der gleichen Konstruktionsvorschrift wie der Landolt-Ring.

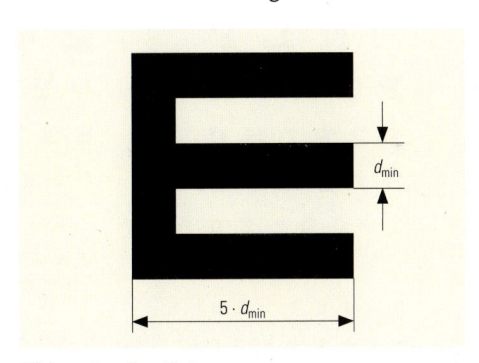

**Bild 3.7** Snellen-Haken

Ein wesentlicher Unterschied besteht jedoch in der stärkeren Asymmetrie, durch die der Snellen-Haken auf der einen Seite ein wenig „schwärzer" erscheint. Dadurch lässt sich die Orientierung des Sehzeichens unter Umständen schon angeben, wenn die Zwischenräume noch gar nicht exakt aufgelöst werden können. Im Vergleich zum Landolt-Ring stehen bei der Prüfung der Sehschärfe nur vier Positionen zur Verfügung. Die Ratewahrscheinlichkeit beträgt somit 25 %.

> **objektive Refraktionsbestimmung:** Augenglasbestimmung ohne aktive Beteiligung des Probanden

## Pflüger-Haken

Bei dem Pflüger-Haken handelt es sich um eine Modifikation des Snellen-Hakens, bei dem die Länge des mittleren Balkens um eine Strichbreite gekürzt wurde. Der Pflüger-Haken passt in ein Quadrat mit der fünffachen Seitenlänge seiner Strichstärke $d_{min}$.

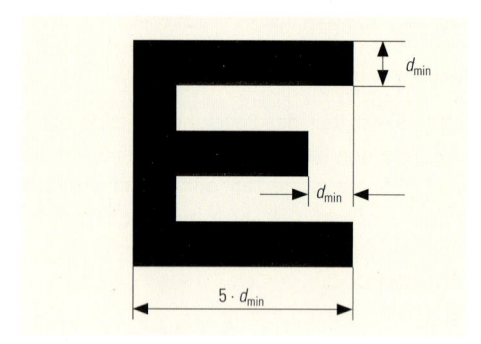

**Bild 3.8** Pflüger-Haken

## Buchstaben, Zahlen und Bilder

Neben den beschriebenen Optotypen kommen auch große lateinische Druckbuchstaben und die Zahlen von 0 bis 9 zur Anwendung. Weil Buchstaben und Zahlen leichter als Landolt-Ringe zu erkennen sind, werden sie auf manchen Sehprobentafeln um zehn Prozent kleiner dargestellt. Für Kinder oder Analphabeten eignet sich auch der Einsatz von Bildern (Bild 3.9).

Für alle Optotypenarten gilt, dass eine Reihe der Prüftafel dann als „richtig" gewertet werden darf, wenn mindestens 60 % der Zeichen korrekt angegeben wurden. Diese Reihe gibt den Visus des Probanden an.

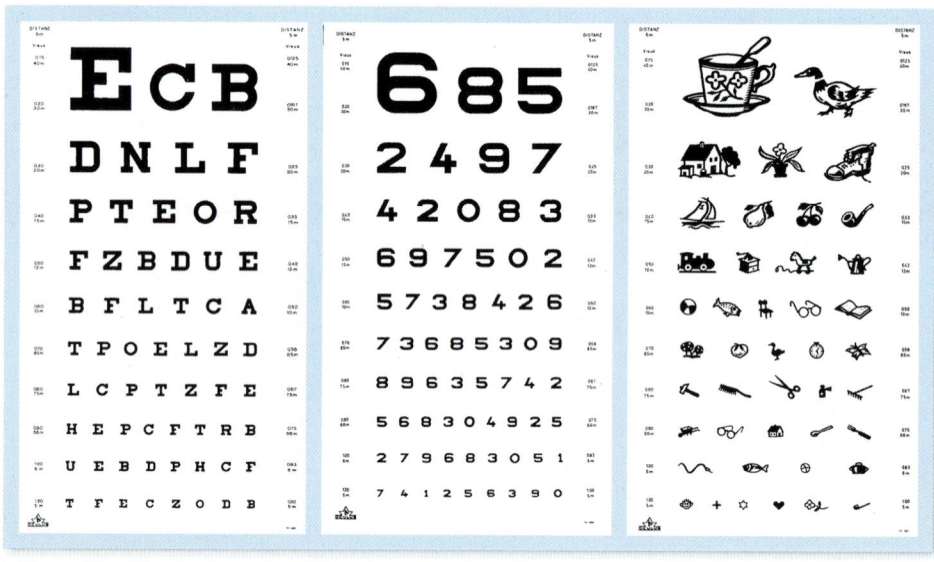

**Bild 3.9** Sehzeichen in Form von Buchstaben, Zahlen und Bildern

### 3.1.3 Sehteststelle und -bescheinigung

Bei allgemeinen Sehtestverfahren sind neben den Landolt-Ringen auch andere Sehzeichen zugelassen, solange sie sich an deren Aufbau orientieren. Jedes Sehzeichen darf bis zu zehn Sekunden dargeboten werden.

Für die Prüfung der Sehschärfe wird im Rahmen des Ausübens von Fahr-, Steuer- und Überwachungstätigkeiten sowie von arbeitsplatzbezogenen Tätigkeiten die Tagessehschärfe zugrunde gelegt. Dabei darf der Führerscheinsehtest für die Fahrerlaubnisklassen AM, A1, A2, A, B, B96, BE, L und T in einer amtlich anerkannten Sehteststelle durchgeführt werden, wenn ein gültiger Lichtbildausweis vorgelegt werden kann. Für alle anderen Fahrerlaubnisklassen ist das Gutachten eines Arbeitsmediziners, Betriebsarztes oder Augenarztes erforderlich (Tabelle 3.1).

## Die EU-Führerscheinklassen

### AM
- **zweirädrige Kleinkrafträder:** max. 45 km/h; max. 50 cm$^3$; max. 4 kW bei Elektromotor
- **dreirädrige Kleinkrafträder:** max. 45 km/h; max. 50 cm$^3$ bei Fremdzündungsmotoren; max. 4 kW bei Diesel-/Elektromotoren
- **vierrädrige Leicht-Kfz:** max. 45 km/h; max. 50 cm$^3$ bei Fremdzündungsmotoren; max. 4 kW bei Diesel-/Elektromotoren; max. 350 kg Leermasse
- **Einschluss:** keine
- **Mindestalter:** 16

### A1
- **Krafträder:** max. 125 cm$^3$; max. 11 kW; Leistung/Gewicht max. 0,1 kW/kg
- **dreirädrige Kfz mit symmetrisch angeordneten Rädern:** über 50 cm$^3$ bei Verbrennungsmotoren oder über 45 km/h; max 15 kW
- **Einschluss:** AM
- **Mindestalter:** 16

### A2
- **Krafträder:** max. 35 kW; Leistung/Gewicht max. 0,2 kW/kg
- **Einschluss:** AM, A1
- **Mindestalter:** 18

### A
- **Krafträder:** über 50 cm$^3$ oder über 45 km/h
- **dreirädrige Kfz:** über 15 kW
- **dreirädrige Kfz mit symmetrisch angeordneten Rädern:** über 50 cm$^3$ oder über 45 km/h
- **Einschluss:** AM, A1, A2
- **Mindestalter:** 20, wenn A2 vorhanden; 21 für Trikes; 24 bei Direkterwerb

### B
- **Kfz:** bis 3,5 t zG; max. 8 Fahrgastplätze; zG Anhänger max. 750 kg oder darüber, wenn zG der Fahrzeugkombination max. 3,5 t
- **Einschluss:** AM, L
- **Mindestalter:** 17 bei begleitetem Fahren, sonst 18

### B96
- **Kfz der Klasse B mit Anhänger:** zG Anhänger über 750 kg; zG der Fahrzeugkombination über 3,5 t, aber max. 4,25 t
- **Vorbesitz:** B
- **Mindestalter:** siehe B

### BE
- **Kfz der Klasse B mit Anhänger oder Sattelanhänger:** zG Anhängers über 750 kg, aber max. 3,5 t
- **Vorbesitz:** B
- **Mindestalter:** siehe B

### C1
- **Kfz:** zG über 3,5 t bis max. 7,5 t; zG; max. 8 Fahrgastplätze; zG Anhänger max. 750 kg
- **Vorbesitz:** B
- **Mindestalter:** 18

### C1E
- **Kfz der Klasse C1 mit Anhänger oder Sattelanhänger:** zG Anhänger über 750 kg; zG der Fahrzeugkombination max. 12 t
- **Kfz der Klasse B mit Anhänger oder Sattelanhänger:** zG Anhänger über 3,5 t; zG der Fahrzeugkombination max. 12 t
- **Vorbesitz:** C1
- **Mindestalter:** 18

### C
- **Kfz:** zG über 3,5 t; max. 8 Fahrgastplätze; zG Anhänger bis 750 kg
- **Vorbesitz:** B
- **Einschluss:** C1
- **Mindestalter:** 18 nach erfolgter Qualifikation, sonst 21

### CE
- **Kfz der Klasse C mit Anhänger oder Sattelanhänger:** zG Anhänger über 750 kg
- **Vorbesitz:** C
- **Einschluss:** BE, C1E, T, D1E, DE
- **Mindestalter:** 18 nach erfolgter Qualifikation, sonst 21

### L
- **Traktoren in der Land- und Forstwirtschaft:** max. 40 km/h; mit Anhänger max. 25 km/h
- **selbstfahrende Arbeitsmaschinen:** max. 25 km/h, auch mit Anhänger
- **Stapler:** max. 25 km/h, auch mit Anhänger
- **Mindestalter:** 16

### T
- **Traktoren in der Land- und Forstwirtschaft:** max. 60 km/h, auch mit Anhänger
- **selbstfahrende Arbeitsmaschinen in der Land- und Forstwirtschaft:** max. 40 km/h, auch mit Anhänger
- **Einschluss:** L
- **Mindestalter:** 16 bis max. 40 km/h, sonst 18

**Tabelle 3.1** EU-Führerscheinklassen (Auszug)

## 3 • Sehtestergebnisse erklären

Damit die vorgeschriebene Leuchtdichte exakt eingehalten wird, darf der Führerscheinsehtest nur mit einem Einblickgerät durchgeführt werden. Als Sehzeichen sind Landolt-Ringe vorgeschrieben.

Bei der Führerscheinsehtestprüfung müssen für die Visusstufen 0,7 und 1,0 zwei unterschiedliche Sätze von jeweils 10 Landolt-Ringen zur Verfügung stehen. Die Einweisung des Probanden soll zu Beginn der Prüfung anhand der Visusstufe 0,32 erfolgen. Die korrekt benannten Zeichen sind auf dem Sehtestformular zu protokollieren. Eine Unterbrechung des Testverfahrens ist nicht zulässig.

**Bild 3.10** Führerscheinsehtestgerät

Sehtest-Bescheinigung
gemäß § 12 Abs. 2 Fahrerlaubnis-Verordnung
zum Erwerb der Klassen
Nr.

Amtlich anerkannte Sehteststelle

Name: _____  Vorname: _____
geb. am: _____

Der Sehtest wurde durchgeführt

ohne Sehhilfe ☐   Identität nachgewiesen ☐
(in der Regel durch Lichtbildausweis)

mit Sehhilfe ☐   Personalausweis/Reisepass
Nr.: _____

Ergebnis des Sehtests:

| Die entsprechende zentrale Tages-Sehschärfe beträgt: | Re. | Li. | Der Sehtest | |
|---|---|---|---|---|
| 0,7 oder mehr | ☐ | ☐ | ist bestanden | ☐ |
| weniger als 0,7 | ☐ | ☐ | ist nicht bestanden | ☐ |

Sonstige Zweifel an ausreichendem Sehvermögen gem. Anlage 6 der Fahrerlaubnis-Verordnung ☐

Art der Zweifel: _____

Ist der Sehtest bestanden, so fügen Sie bitte diese Bescheinigung dem Antrag auf Erteilung der Fahrerlaubnis bei; die Bescheinigung bleibt 2 Jahre gültig. Ist der Sehtest nicht bestanden oder trotz Sehhilfe oder verbesserter Sehhilfe erneut nicht bestanden oder bestehen sonstige Zweifel an ausreichendem Sehvermögen, so müssen Sie eine augenärztliche Untersuchung durchführen lassen (§ 12 Abs. 5 der Fahrerlaubnis-Verordnung).

Gebühr/einschl. MwSt.

_____, den _____

_____
Unterschrift des Sehtesters

entrichtet.

**Bild 3.11** Sehtest-Bescheinigung gemäß Fahrerlaubnis-Verordnung FeV

3.1 Bestimmung der Sehschärfe

Um den Sehtest für die Führerscheinklassen AM, A1, A2, A, B, B96, BE, L und T zu bestehen, muss mit oder ohne Korrektion auf jedem Auge eine zentrale Tagessehschärfe von mindestens 0,7/0,7 erreicht werden. Die Anforderungen für die Bewerber aller anderen Führerscheinklassen sowie für die Fahrerlaubnis zur Fahrgastbeförderung sind höher.

Wird der Sehtest nicht bestanden, schreibt die Fahrerlaubnisverordnung FeV eine Untersuchung durch den Ophthalmologen vor. Der für den Führerscheinsehtest zu entrichtende Betrag ist im gesamten Bundesgebiet einheitlich. Bei der Anmeldung zum Führerschein dürfen Sehtest und Gutachten nicht älter als zwei Jahre sein.

**Ophthalmologe:** Augenarzt

## 3.1.4 Refraktions- und Brillenglasbestimmung

### Objektive Brillenglasbestimmung

Die objektive Refraktionsbestimmung beruht ausschließlich auf den Brechungseigenschaften des Auges. Die Messung wird monokular und ohne aktive Beteiligung des Probanden durchgeführt. Dabei kommen sogenannte Skiaskope oder Autorefraktometer zum Einsatz.

### Skiaskop

Das Skiaskop ist ein ophthalmologisches Instrument, mit dem objektive Refraktionsfehler des Auges ermittelt werden können. Dabei wird ein Lichtbündel in das Auge projiziert und durch abgestufte Messgläser, die in sogenannten Abgleichleisten angeordnet sind, beobachtet. Das von der Netzhaut zurückgeworfene Licht lässt Rückschlüsse auf die Fehlsichtigkeit zu.

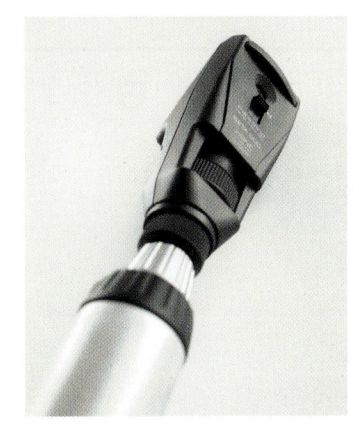

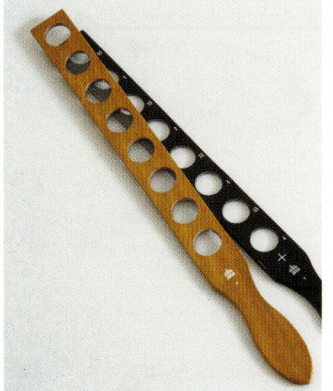

**Bild 3.12** Skiaskop und Abgleichleisten

### Autorefraktometer

Viele augenoptische Betriebe greifen inzwischen auf Autorefraktometer zurück. Dabei handelt es sich um Weiterentwicklungen einfacher objektiver Refraktionsmessverfahren. Für die Messung wird das Gerät über ein Display auf das Auge des Probanden ausgerichtet. Der Messvorgang erfolgt bei aktuellen Geräten vollautomatisch. Die Messwerte werden unmittelbar angezeigt, können ausgedruckt oder direkt an die Refraktionseinheit übertragen werden. Sie bilden die Grundlage der subjektiven Brillenglasbestimmung.

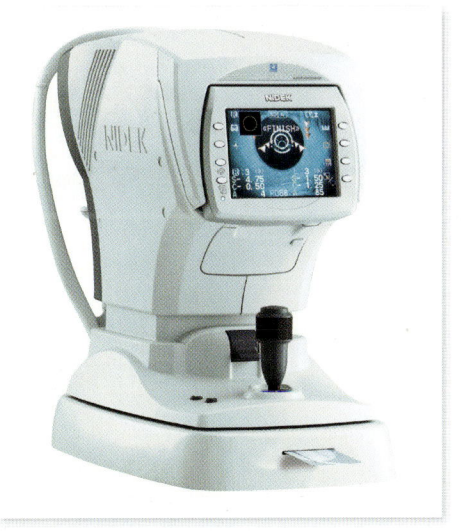

**Bild 3.13** Autorefraktometer

## Subjektive Brillenglasbestimmung

Bei der subjektiven Refraktionsbestimmung wird das objektiv ermittelte Ergebnis, unter aktiver Beteiligung des Probanden, durch das Vorschalten von Messgläsern abgeglichen. Dabei schildert der Proband den jeweils wahrgenommenen Seheindruck. Mithilfe von **Sehprobentafeln** lässt sich der Visus bestimmen. Sie eignen sich besonders für den mobilen Einsatz.

Eine weitere Möglichkeit besteht darin, die Optotypen über **Sehzeichenprojektoren** zu projizieren. Damit lassen sich die gängigen Monokular- und Binokulartests durchführen. Der erreichte Visus kann entweder neben der Sehzeichenreihe oder von der Fernbedienung des Projektors abgelesen werden.

Mit sogenannten **Sehzeichendisplays** lassen sich die Optotypen sehr variabel darstellen. So kann zum Beispiel die Prüfentfernung vorgewählt werden. Die Bedienung des Gerätes erfolgt ebenfalls über eine Fernbedienung. Neben den üblichen monokularen und binokularen Tests enthalten sie häufig auch Verfahren zur Überprüfung des Kontrast- oder Farbensehens.

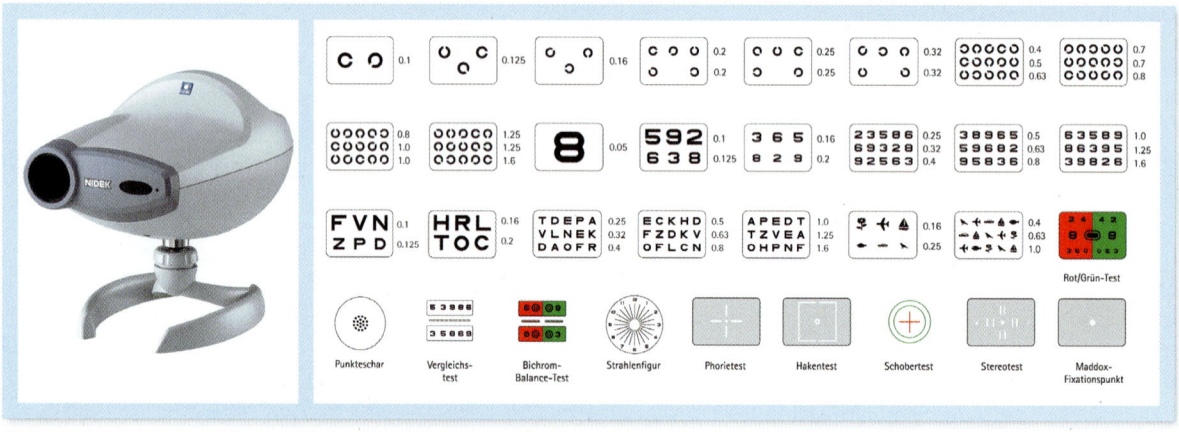

**Bild 3.14** Sehzeichenprojektor und Sehzeichendisplay

Für die subjektive Refraktionsbestimmung ist ein **Messgläsersatz** erforderlich, mit dem sich die erforderliche dioptrische Wirkung zusammensetzen lässt. Der Messglaskasten enthält sphärische, torische und prismatische Prüfgläser, Abdeckscheiben, Blenden und Filter, die in eine **Messbrille** eingesetzt werden können. Die Linsen lassen sich anhand ihrer beschrifteten und häufig auch farbig ausgeführten Einfassung unterscheiden.

Im sogenannten **Phoropter** sind Messgläsersatz und Messbrille in einer kompakten Einheit zusammengefasst. Für die subjektive Refraktionsbestimmung wird das Gerät zunächst vor das Augenpaar des Probanden geschwenkt und dann auf seine Pupillendistanz einjustiert. Der Phoropter ermöglicht einen raschen Gläserwechsel, der manuell oder automatisch erfolgen kann. Viele Augenoptiker verwenden den Phoropter für die Fernprüfung in Kombination mit der Messbrille für die Nahprüfung.

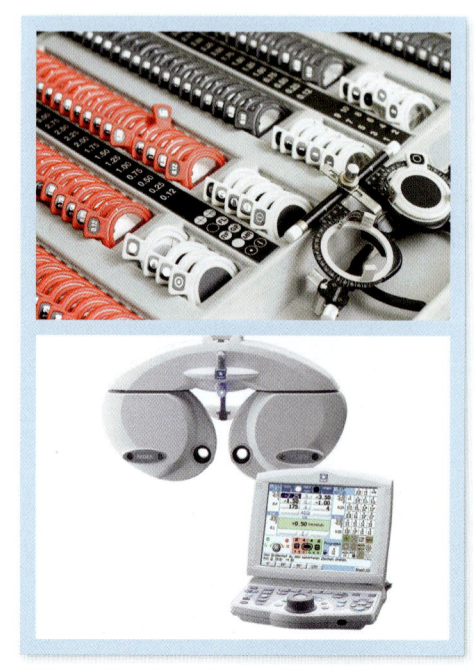

**Bild 3.15** Messglaskasten und Phoropter

## Aufgaben

1. Grenzen Sie die Begriffe angulare Sehschärfe, Auflösungsvermögen und Visus eindeutig voneinander ab.

2. Ein auf 5 m berechnetes Sehzeichen mit der Visusstufe 0,25 wird von einem Probanden mit bestmöglichem Brillenglas erst bei einer Entfernung von 3 m erkannt. Ermitteln Sie den vorliegenden Visus.

3. Berechnen und konstruieren Sie einen Landolt-Ring, mit dem ein Visus von 0,25 in einer Prüfentfernung von 5 m nachgewiesen werden kann.

4. Beschreiben Sie den Ablauf eines Führerscheinsehtests.

5. Erläutern Sie, welche Voraussetzungen erfüllt sein müssen, damit der Führerscheinsehtest für die Klasse B als bestanden gilt.

6. Erklären Sie den Aufbau des Führerscheinsehtestgerätes Ihres Betriebes.

7. Aus einer Reihe von 9 Landolt-Ringen werden 5 erkannt. Überprüfen Sie, ob damit die Visusstufe nach Empfehlung der DOG erreicht wird.

8. Bringen Sie in Erfahrung, wie hoch die für eine Sehtest-Bescheinigung zu entrichtende Gebühr ist.

9. Ihr Ausbilder plant einen zweiten Refraktionsraum, der für die vorgeschriebene Prüfentfernung allerdings zu klein ist. Schildern Sie, welche Maßnahmen zu ergreifen sind, damit der Visus dennoch korrekt bestimmt werden kann.

10. Geben Sie an, wodurch sich die objektive von der subjektiven Refraktionsbestimmung unterscheidet.

## 3.2 Aufbau des Auges

Ihr Ausbilder konnte Ihnen ein Tagespraktikum in der Augenklinik eines befreundeten Ophthalmologen vermitteln. Zur Vorbereitung sollen Sie sich eingehend mit der Anatomie des Auges befassen.

Das menschliche Auge ist ein hoch entwickeltes Sehorgan. Das Zusammenspiel der am Sehvorgang beteiligten Komponenten entscheidet über die Qualität der wahrgenommenen Abbildung. Bei der Verarbeitung der optischen Reize wird das Auge von zahlreichen Bauteilen unterstützt. Der Augapfel (Bulbus oculi) ist wie eine Zwiebel aus verschiedenen Schichten aufgebaut, die sich wiederum aus einzelnen Komponenten zusammensetzen. Er befindet sich in der knöchernen Augenhöhle (Orbita) und ist in orbitalem Fettgewebe eingebettet. Der Bulbus besitzt einen Durchmesser von etwa 24 mm und wiegt ungefähr 7 g.

| Schicht | lateinische Bezeichnung | Komponenten |
|---|---|---|
| Faserhaut | Tunica fibrosa | • Hornhaut<br>• Lederhaut |
| Gefäßhaut | Uvea | • Aderhaut<br>• Regenbogenhaut<br>• Ziliarkörper |
| Netzhaut | Retina | • Netzhaut |

**Tabelle 3.2** Schichten des Auges

Im Augeninneren befinden sich das Kammerwasser, die Augenlinse sowie der Glaskörper (Bild 3.16).

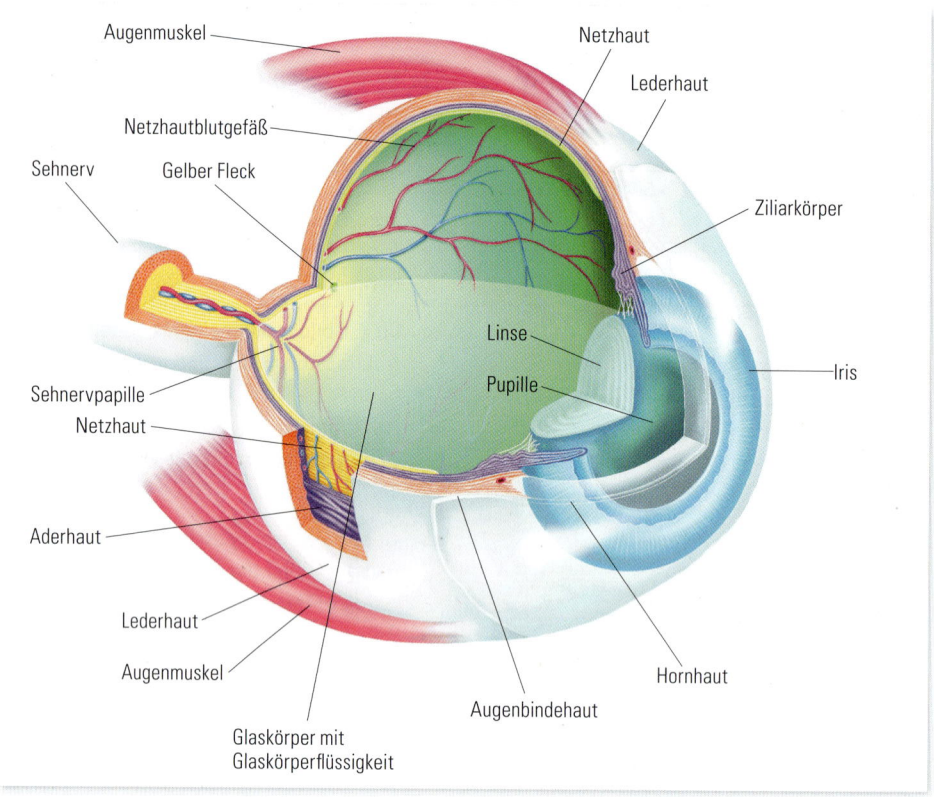

**Bild 3.16** Aufbau des Auges

### 3.2.1 Faserhaut (Tunica fibrosa)

Die Faserhaut ist die äußere Augenhaut (Tunica externa) und wird auch als Tunica fibrosa bezeichnet. Sie ist an der Formgebung des Auges beteiligt und setzt sich aus Horn- und Lederhaut zusammen.

**fiber** (lat.) = Faser

#### Hornhaut (Cornea)

Bei der Hornhaut handelt es sich um eine Haut von hoher Festigkeit. Sie besitzt die Form eines negativen Meniskus und flacht zum Rand hin ab. Aufgrund der regelmäßigen Schichtung von kollagenen Fasern und fehlender Blutgefäße ist sie hochtransparent. In dem auch als Limbus bezeichneten Randbereich grenzt die Cornea an die weiße Lederhaut und die darüber liegende farblose Bindehaut. Nach innen grenzt sie an die vordere Augenkammer. Obwohl sie die Form eines negativen Meniskus besitzt, ergibt sich aus ihrer Brechzahl, ihren Radien und den angrenzenden Medien eine positive Gesamtwirkung. Die Hornhaut bewirkt etwa $2/3$ der gesamten Brechkraft des Auges.

**Kollagen:** Eiweiß

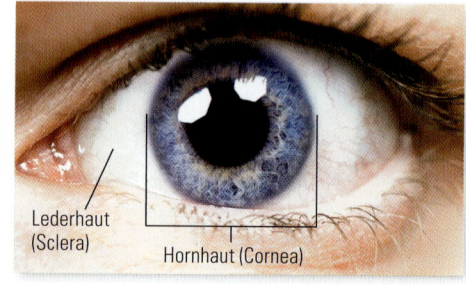

**Bild 3.17** Sichtbarer Teil der Faserhaut

#### Lederhaut (Sclera)

Die Lederhaut bildet zusammen mit der Hornhaut die äußere Augenhülle. Der sichtbare Teil der Sclera wird mitunter auch als „Augenweiß" bezeichnet. Sie enthält nur wenige Gefäße und Nerven, besteht aus ungeordneten Bindegewebsfasern und ist deswegen undurchsichtig. Die Sclera ist verhältnismäßig dick, weil sie dem Augeninnendruck standhalten muss. Im hinteren Bereich beträgt ihre Dicke ungefähr 1,5 mm und im Bereich des Limbus etwa 0,6 mm.

## 3.2.2 Gefäßhaut (Uvea)

Bei der Gefäßhaut handelt es sich um die mittlere Augenhaut (Tunica media). Aufgrund ihrer starken Pigmentierung erinnert die Gefäßhaut an eine Weinbeere, weshalb sie auch Traubenhaut oder Uvea genannt wird. Sie besteht aus der Aderhaut (Chorioidea), der Regenbogenhaut (Iris) und dem Ziliarkörper (Corpus ciliare). Obwohl diese Komponenten in anatomischer Hinsicht eine Einheit bilden, haben sie unterschiedliche Aufgaben.

### Aderhaut (Chorioidea)

Die Aderhaut bildet die hintere Schicht der Gefäßhaut. Sie liegt zwischen Leder- und Netzhaut und ist für die Ernährung der Fotorezeptoren zuständig. Die starke Durchblutung der Chorioidea, sowie die beim fotochemischen Prozess abgegebene Wärmeenergie sorgen für eine konstante Temperatur des Auges. Die Aderhaut besteht aus Gefäßgeflechten mit dazwischenliegendem lockerem Bindegewebe. Sie ist aus mehreren Schichten aufgebaut. Das Pigmentepithel ist die erste, an die Netzhaut grenzende Schicht. Sie liegt als Deckschicht auf der aus elastischen und kollagenen Fasern aufgebauten Bruch-Membran. Nach außen hin schließt sich ein Geflecht aus Kapillaren an. Die letzte Schicht besteht aus mittleren und größeren Blutgefäßen. In der Aderhaut befinden sich keine sensiblen Nerven. Deshalb treten Schmerzen meist nur dann auf, wenn eine Erkrankung auf den Ziliarkörper übergreift oder der Augeninnendruck signifikant ansteigt.

### Regenbogenhaut (Iris)

Die Regenbogenhaut hat die Funktion einer variabel einstellbaren Blende. Sie reguliert den Lichteinfall durch ihre zentrale Öffnung, die sogenannte Pupille. Die Iris bildet die Grenze zwischen vorderer und hinterer Augenkammer. Sie setzt sich zusammen aus dem Irisendothel, dem Irisstroma und dem Irisepithel.

Das vordere Irisendothel besteht als Fortsetzung des Hornhautendothels lediglich aus einer einlagigen Zellschicht. Das hinten liegende Irisepithel wird auch als Pigmentblatt bezeichnet und ist als Fortsetzung der Chorioidea mit stark pigmentierten Zellen ausgestattet, die kein Licht hindurchlassen. Es ist als feiner Pupillarsaum am Rand der Irisöffnung zu erkennen.

Das lockere Gewebe des Irisstromas enthält Pigmentzellen, aus denen sich mit denen des Irisepithels die Farbe der Regenbogenhaut ergibt. Die eingelagerten Nervenfasern, Muskeln und Blutgefäße tragen zu seiner unregelmäßigen Beschaffenheit bei. Die lagunenartigen Hohlräume des Irisstromas werden als Krypten bezeichnet.

> **uva** (lat.) = Traube
>
> **Stroma:** Bindegewebe
>
> **Krypte:** Vertiefung

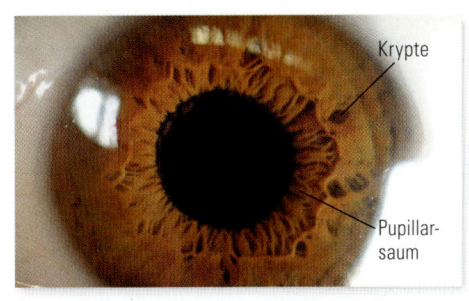

**Bild 3.18** Frontalansicht der Regenbogenhaut

Jeder Mensch kommt mit blauen Augen zur Welt. Erst im Verlauf des ersten Lebensjahres bildet sich eine Pigmentschicht, die das ursprüngliche Blau verdeckt. Kommt es zu einer vollständigen Abdeckung der Grundfarbe, erscheinen die Augen später braun, bis hin zu schwarz. Eine partielle Abdeckung führt zu grünen oder grauen Zwischentönen. Ist die Deckschicht nur unzureichend von Pigmenten durchsetzt, erscheinen die Augen weiterhin blau. Eine unterschiedliche Pigmentierung der Regenbogenhaut ist meist harmlos. Sind gar keine Pigmente vorhanden, liegt ein zu Blendung und Visusbeeinträchtigung führender Albinismus vor.

> **Kapillare:** sehr feiner Hohlraum

Für die Regulierung der Pupille enthält das Irisstroma in ihrem hinteren Teil zwei Muskeln. Sie bewirken die unwillkürliche, als **Adaptation** bezeichnete, Anpassung an die unterschiedlichen Lichtverhältnisse. Der zirkulär verlaufende **Musculus sphincter pupillae** befindet sich in der Nähe des Pupillenrands und sorgt für eine Verengung der Sehöffnung. Sein Gegenspieler ist der **Musculus dilatator pupillae**. Er verläuft von der Iriswurzel ausgehend radial in Richtung des Pupillarsaums und weitet die Pupillenöffnung. Die Verengung der Pupille wird als **Miosis** und die Weitstellung als **Mydriasis** bezeichnet.

> **zirkulär:** kreisförmig
>
> **radial:** entlang des Radius

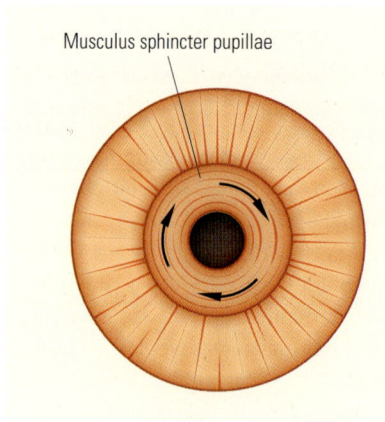

Bild 3.19  Blendenfunktion der Regenbogenhaut

Im gesunden Augenpaar erfolgt die Reaktion auf Lichtreize selbst bei monokular einfallendem Licht stets zum gleichen Zeitpunkt. Das trifft auch auf die Verengung der Pupillen bei der Betrachtung von in der Nähe befindlichen Objekten zu. Der Pupillendurchmesser kann Werte zwischen 1 und 10 mm annehmen und beträgt im Durchschnitt ungefähr 4 mm. Um den Augenhintergrund sicher beurteilen zu können, verabreicht der Ophthalmologe mitunter ein sogenanntes Mydriatikum, das die Weitstellung der Pupille bewirkt.

**Ophthalmologe:** Augenarzt

**Lymphe:** für den Stoffwechsel der Gewebe erforderliche Körperflüssigkeit

**meridional:** durch vorderen und hinteren Augenpol

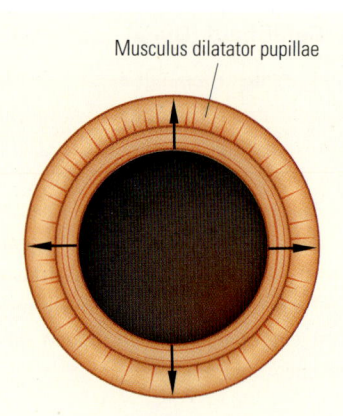

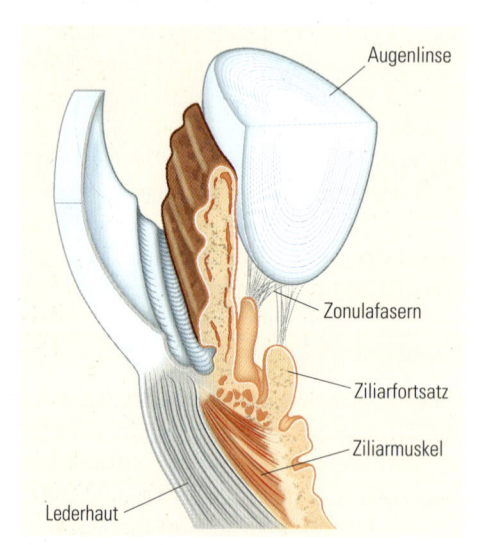

## Ziliarkörper (Corpus ciliare)

Der Ziliarkörper umschließt die Augenlinse und zentriert sie über sogenannte Zonulafasern. Er besteht aus einem gefalteten Teil, der sich mit der Augenlinse in der hinteren Augenkammer befindet, sowie dem zur Lederhaut gerichteten Ziliarmuskel.

Der gefaltete Teil des Ziliarkörpers erhält seine Gestalt durch unregelmäßige Fortsätze, von denen die Zonulafasern ausgehen. Das lockere Gewebe enthält etliche Blutgefäße und Kapillare, die Lymphe absondern. Die Deckzellen der Ziliarfortsätze filtern diese Lymphflüssigkeit und geben sie schließlich als Kammerwasser ab.

Der **Ziliarmuskel** besitzt radial, zirkulär und meridional verlaufende Muskelfasern, die am Akkommodationsprozess beteiligt sind.

Bild 3.20  Ziliarkörper

| Verlauf der Muskelfasern | Muskelfasergruppe |
|---|---|
| radial | Iwanoffscher Muskel |
| zirkulär | Müllerscher Muskel |
| meridional | Brückescher Muskel |

Tabelle 3.3  Muskeln des Ziliarkörpers

## 3.2 Aufbau des Auges

Beim Blick in die Ferne nimmt der Ziliarmuskel einen entspannten Zustand ein, wodurch die Zonulafasern gestrafft werden. Die Augenlinse besitzt in diesem, als optometrische Akkommodationsruhelage bezeichneten Zustand, ihre flachste Form und den geringstmöglichen Brechwert. Bei der Kontraktion des Ziliarmuskels lockern sich die Zonulafasern. Dadurch kann sich die Augenlinse stärker krümmen, was zu einer Erhöhung ihres Brechwerts führt. Seinen anstrengungsärmsten Zustand nimmt der Ziliarkörper dagegen bei Abwesenheit von Sehreizen ein.

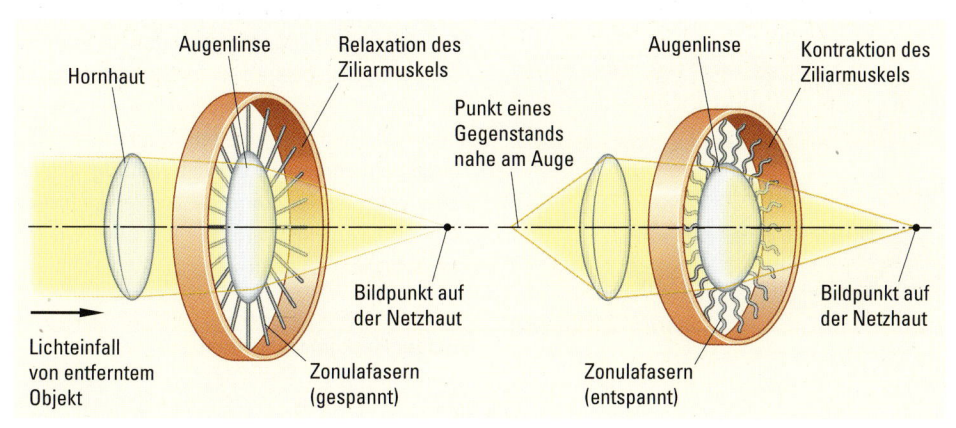

**Kontraktion:** Anspannung
**Relaxation:** Entspannung

**Bild 3.21** Ziliarkörper und Zonulafasern

### 3.2.3 Netzhaut (Retina)

Zur inneren Augenhaut (Tunica interna) zählt ausschließlich die Retina. Sie kleidet den sogenannten Augenhintergrund aus und ist nur am Sehnervenaustritt (Papille) und im vorderen Bereich des Augapfels in Form einer gezackten Linie (Ora serrata) mit der Aderhaut verwachsen. Die Netzhaut ist ungefähr einen viertel Millimeter dick und liegt an der als **Pigmentepithel** bezeichneten inneren Deckschicht der Aderhaut an. Die lichtabsorbierende Wirkung des Pigmentepithels sorgt für den Ausschluss von Streulicht. Darüber hinaus ist das Pigmentepithel entscheidend am Metabolismus der äußeren Retina beteiligt. Die Netzhaut selbst besteht aus zahlreichen Nervenzellen (Neuronen), in denen Photonen in elektrische Signale umgewandelt und durch das Neuronennetzwerk weiterverarbeitet werden.

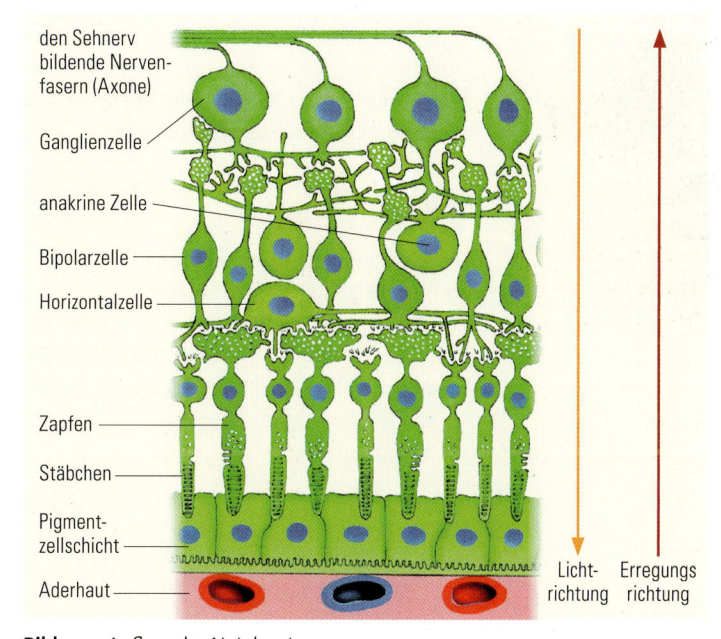

**Bild 3.22** Aufbau der Netzhaut

**Aufbau der Netzhaut**

Von außen nach innen betrachtet lassen sich drei Neuronenschichten voneinander unterscheiden. Die erste Schicht enthält die Sehzellen, die zweite Horizontal-, Amakrin- und Bipolarzellen und die dritte Schicht Ganglienzellen.

**Metabolismus:** Stoffwechsel

### Erste Neuronenschicht

Bei den Sehzellen handelt es sich um die sogenannten Fotorezeptoren. Bis das Licht zu ihnen vordringt, muss es zunächst alle anderen Schichten durchlaufen. Sie haben aufgrund der Form ihrer Außenglieder die Bezeichnung Stäbchen und Zapfen erhalten.

**Axon:** röhrenförmiger Zellfortsatz

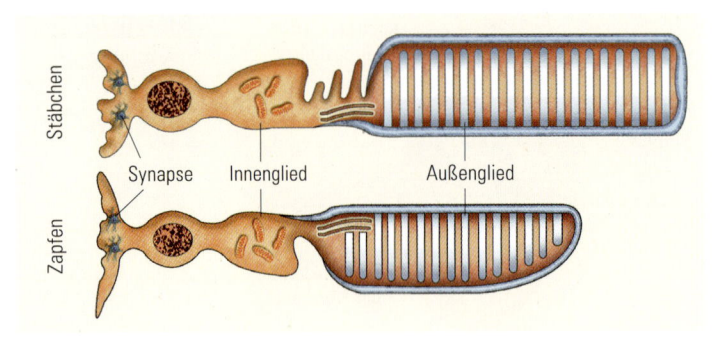

**Bild 3.23** Zapfen und Stäbchen

**photopisches Sehen:** Sehen am Tage und Farbensehen

**skotopisches Sehen:** Schwarzweißsehen und Sehen bei Nacht

**Synapse:** Kontaktstelle

Die Netzhaut enthält für das **photopische** Sehen Zapfen und für das **skotopische** Sehen Stäbchen. Am **mesopischen** Sehen in der Dämmerung sind Zapfen und Stäbchen beteiligt. Beide Rezeptoren enthalten in ihren Außengliedern Sehfarbstoffe, welche die empfangenen Lichtimpulse absorbieren und als Nervenimpuls über sogenannte Synapsen an die nächste Neuronenschicht weitergeben (Tabelle 3.4).

### Zweite Neuronenschicht

Die zweite Schicht enthält Horizontal-, Amakrin- und Bipolarzellen. Diese Neuronen bestehen aus einem Zellkörper mit zu- und ableitenden Fasern, an deren Enden sich die Synapsen befinden. Sie haben die Aufgabe, die Nervenreize der Zapfen und Stäbchen so miteinander zu verschalten, zu koordinieren und zu konzentrieren, dass sie von den Ganglienzellen aufgenommen werden können.

### Dritte Neuronenschicht

Die dritte Neuronenschicht stößt an die innere Grenzmembran (Membrana limitans interna), auf deren Gegenseite sich der Glaskörper befindet. Sie enthält nur Ganglienzellen, die visuelle Informationen der zweiten Neuronenschicht entgegennehmen. Die Weiterleitung erfolgt über sogenannte Axone, die zur Papille führen und dort gemeinsam den Sehnerv (Nervus opticus) bilden.

### Gelber Fleck (Macula lutea)

Am hinteren Augenpol befindet sich mit einem Durchmesser von 1 bis 1,5°, bezogen auf den Knotenpunkt, die **Netzhautgrube** (Fovea centralis). In ihrem Zentrum liegt das **Netzhautgrübchen** (Foveola). Weil sich in diesem Areal ausschließlich Zapfen befinden, handelt es sich um die Stelle des schärfsten Sehens. Der ovale und gelb pigmentierte Bereich um die Netzhautgrube herum wird als **Gelber Fleck** (Macula lutea) bezeichnet. Auf den Knotenpunkt bezogen besitzt er eine Ausdehnung von ungefähr 3°. Die Gelbfärbung resultiert aus der Einlagerung des gelben Farbstoffes Lutein. Dieser filtert zum Teil die energiereichen blauen Lichtanteile heraus. Kurzwelliges Licht verursacht Streulicht und kann fotochemische Netzhautschäden auslösen. Der gelbe Farbstoff schützt somit sogar in zweifacher Hinsicht.

| Unterscheidungskriterium | Zapfen | Stäbchen |
|---|---|---|
| Form | gedrungen | schlank |
| Anzahl | etwa 6 Millionen | etwa 120 Millionen |
| Lichtempfindlichkeit | relativ gering | relativ hoch |
| Verteilung | hohe Dichte im Netzhautzentrum | hohe Dichte in der Netzhautperipherie |
| Auflösungsvermögen | höher | geringer |
| Nutzung | Tagessehen | Nachtsehen |
| Verschaltung | in der Fovea 1, sonst 6 pro Ganglienzelle | 120 pro Ganglienzelle |

**Tabelle 3.4** Eigenschaften der Sehzellen

## Sehnervenkopf (Papille)

Sowohl die zum Sehnerv gebündelten Axone der Ganglienzellen als auch die Netzhautarterie und -vene laufen im Bereich des Sehnervenkopfes (Papille) zusammen. Dieser befindet sich etwa 15° nasal vom hinteren Augenpol und besitzt einen Durchmesser von ungefähr 2 mm. Hier werden Sehnerv und Blutgefäße durch ein siebartiges Gewebeareal geführt, das als Siebplatte (Lamina cribrosa sclerae) bezeichnet wird.

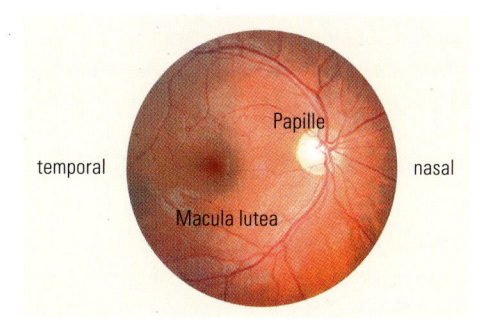

**Bild 3.24** Sehnervkopf

Die dort abgebildeten Objekte können nicht wahrgenommen werden, weil sich an dieser Stelle keinerlei Rezeptoren befinden. Bei diesem monokular wahrgenommenen Skotom handelt es sich um den Blinden oder Mariotteschen Fleck. Er lässt sich experimentell nachweisen.

**Skotom:** Gesichtsfeldausfall

### Versuch

Für den Nachweis des Blinden Flecks muss sich die folgende Abbildung in einem Abstand von etwa 30 cm vor dem Augenpaar befinden.

**Bild 3.25** Experimenteller Nachweis des Blinden Flecks

Nun ist das rechte Auge zu schließen, während das linke Auge das Kreuz fixiert. Der Punkt kann nun nicht mehr wahrgenommen werden. Wird das linke Auge geschlossen, während das rechte den Punkt fixiert, ist das Kreuz nicht mehr wahrnehmbar. Bei binokularer Betrachtung ergänzt das Gehirn die fehlende Information zu einem vollständigen Bild.

### 3.2.4 Brechende Medien des Auges

Das optische System des Auges setzt sich aus der Hornhaut, dem Kammerwasser, der Augenlinse und dem Glaskörper zusammen.

#### Kammerwasser (Humor aquaeus)

Das Kammerwasser wird in der Deckschicht der Ziliarfortsätze produziert. Es umgibt die Augenlinse und fließt durch die Irisöffnung aus der hinteren in die vordere Augenkammer. Das Kammerwasser ernährt Hornhaut und Augenlinse, besitzt eine antimikrobielle Wirkung und reguliert den Augeninnendruck. Etwa 15 % des Humor aquaeus gelangt über die Scheidewand des Ziliarmuskels in das Gefäßsystem der Aderhaut. Der weitaus größere Teil verlässt das Auge aber durch den Kammerwinkel. Das Ge-

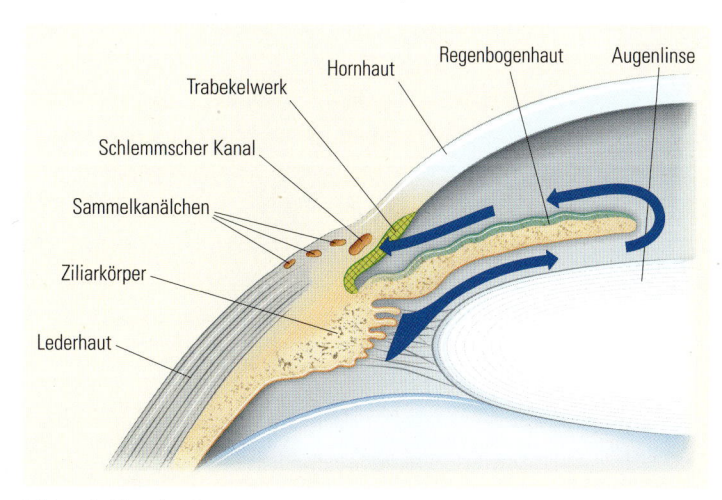

**Bild 3.26** Weg des Kammerwassers

webe des Kammerwinkels besteht aus dem schwammartigen Trabekelwerk. Durch das Trabekelwerk gelangt das Kammerwasser in den Schlemmschen Kanal und wird von dort dem Venengeflecht der Leder- und Bindehaut zugeführt.

Ist der Abfluss des Kammerwassers durch den Kammerwinkel beeinträchtigt, steigt der Augeninnendruck. Das kann zu einer Degeneration von Sehnervenfasern (Axone der Ganglienzellen) führen und ein Glaukom auslösen. Unter Umständen kann die Lamina cribrosa dann dem Druckanstieg nicht standhalten.

> **Glaukom:** Augenerkrankung, die zu Gesichtsfeldausfällen und Erblindung führen kann.

### Augenlinse (Lens cristallina)

Die Augenlinse ist bei Akkommodation auf die Ferne zu etwa einem Drittel an der Gesamtbrechkraft des Auges beteiligt. Sie besitzt eine bikonvexe Form, wobei die Rückfläche stärker gekrümmt ist. Ihr Durchmesser beträgt bei einem Erwachsenen zwischen 10 und 12 mm, bei einem Kind ungefähr 7 mm.

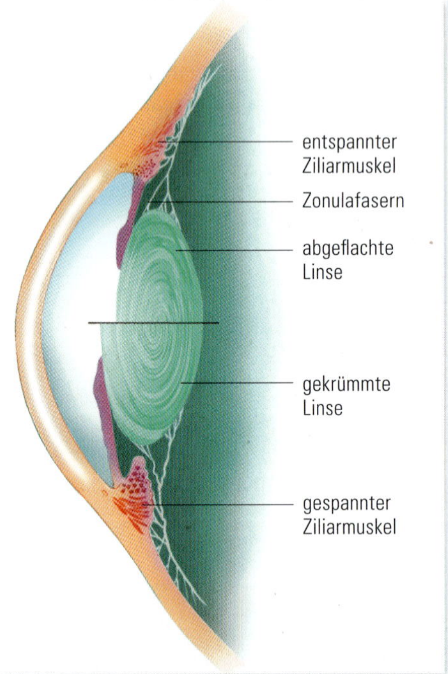

Die Lens cristallina enthält keinerlei Gefäße oder Nerven, ist aus regelmäßig angeordneten Gewebefasern aufgebaut, transparent und elastisch. Die Elastizität nimmt mit zunehmendem Alter ab. Die Augenlinse besteht aus einem Linsenkern und einer Linsenkapsel mit unterschiedlichen Brechzahlen. Für optische Betrachtungen werden diese üblicherweise zu einer Gesamtbrechzahl zusammengeführt. Die Augenlinse stellt sich durch die Veränderung ihrer Brechkraft auf die jeweilige Objektentfernung ein, nimmt das einfallende Licht auf, bündelt es und schützt die Netzhaut darüber hinaus vor dem langwelligen Anteil der UV-Strahlung.

Die Lens cristallina ist über Zonulafasern mit dem ringförmigen Ziliar- oder Akkommodationsmuskel verbunden. Durch Kontraktion und Relaxation dieses Muskels sind Krümmung und Brechwert der Augenlinse variabel. Eine vollständige Kontraktion führt zum größtmöglichen Brechwert der Augenlinse. Aus der maximalen Brechwertzunahme ergibt sich die vom Lebensalter anhängige Akkommodationsbreite.

Die Zunahme des Brechwertes der Augenlinse beruht auf zwei Vorgängen. Dabei handelt es sich zum einen um die Verringerung der Linsenradien. Davon ist besonders die Vorderfläche betroffen. Dieser **äußere** Anteil der Akkommodation macht etwa zwei Drittel der Gesamtakkommodation aus. Zum anderen verschieben sich während des Akkommodationsvorgangs innerhalb der Linsenkapsel die kollagenen Fasern gegeneinander. Aus dieser Verschiebung resultiert eine Erhöhung der Linsenbrechzahl. Der Brechzahlanstieg wird als **innere** Akkommodation bezeichnet und sorgt für das verbleibende Drittel der Gesamtakkommodation.

**Bild 3.27** Augenlinse

> Bei Nahakkommodation kommt es zu einer Verringerung der Linsenradien, zu einer Erhöhung der Linsenbrechzahl, zu einer Zunahme der Linsendicke sowie zu einer Verschiebung der Augenlinse in Richtung der vorderen Augenkammer.

## Glaskörper (Corpus vitreum)

Bevor das einfallende Licht die Netzhaut erreicht, muss es zunächst den Glaskörper durchdringen. Beim Corpus vitreum handelt es sich um eine farblose gallertartige Masse mit einer Brechzahl von 1,336. Er füllt den Raum zwischen Augenlinse und Augenhintergrund aus und ist frei von Nervenzellen und Gefäßen. Der Glaskörper ist von einem Netzwerk aus kollagenen Fasern durchzogen, von einer dünnen Haut umgeben sowie mit der Ora serrata und dem Rand des Sehnervenkopfes (Papille) verwachsen. So werden Form und Lage des Glaskörpers aufrechterhalten. Der Stoffwechsel erfolgt durch einen mit Kammerwasser gefüllten Kanal, der den Glaskörper von vorne nach hinten durchzieht.

Im Alter können die stabilisierenden kollagenen Fasern absterben, sodass es zu einer Verflüssigung des Gallerts kommen kann. Die dadurch verursachten Glaskörpertrübungen zeigen sich in Form von fadenförmigen Gebilden, die zu Irritationen führen können. In medizinischer Hinsicht ist das als **Mouche volantes** bezeichnete Phänomen aber meist unbedenklich.

> **Mouche volantes** (frz.) = fliegende Mücken

### Aufgaben

1. Erläutern Sie, worauf sich die Transparenz der Cornea zurückführen lässt.
2. Beschreiben Sie Aufbau und Funktion der Aderhaut.
3. Erklären Sie, wie die Farbe der Regenbogenhaut zustande kommt.
4. Stellen Sie den Zustand von Ziliarkörper, Augenlinse und Zonulafasern während der Fern- und Nahakkommodation dar.
5. Beschreiben Sie Aufbau und Funktion der Netzhaut.
6. Äußern Sie sich zur Bedeutung des Gelben und Blinden Flecks.
7. Benennen Sie die an der optischen Verarbeitung visueller Informationen beteiligten Bauteile des Auges.
8. Schildern Sie den Weg des Kammerwassers.
9. Erklären Sie den Begriff der Akkommodationsbreite.
10. Unterscheiden Sie die innere von der äußeren Akkommodation.

## 3.3 Sehvorgang

> Ihr Betrieb nimmt an einer örtlichen Gesundheitsmesse teil. Dabei sollen Sie die interessierten Besucher über Vorgänge und Abläufe während des Sehvorgangs informieren.

### 3.3.1 Akkommodationstrias

Der physiologische Zusammenhang zwischen Akkommodation, Konvergenz und Pupillenweite wird als Akkommodationstrias bezeichnet. Damit sich der Brechwert der Augenlinse auf einen in der Nähe befindlichen Gegenstand überhaupt einstellen kann, müssen sich die Fixierlinien des Augenpaares in der Objektebene schneiden. Aus diesem Grunde ist der Akkommodationsprozess immer mit einer Konvergenzleistung, sowie mit einer Miosis gekoppelt. Sie bewirkt die Ausblendung von Abbildungsfehlern verursachenden Randstrahlen. Je kleiner die zentrale Irisöffnung ist, desto größer die erreichbare Schärfentiefe und desto deutlicher sind die wahrgenommenen Bilder.

> **Schärfentiefe:** ausgedehnter Bereich, in dem scharfe Abbildungen möglich sind

### 3.3.2 Netzhaut, Sehbahn und Gehirn

**visueller Cortex:** Sehzentrum im Gehirn

Der Sehnerv (Nervus opticus) transportiert Informationen der nasalen und temporalen Netzhauthälfte. Er besteht aus den Axonen der retinalen Ganglienzellen. Durch den rechten und linken Sehnervkanal (Canalis opticus) gelangen beide Sehnerven zum sogenannten Chiasma. Dabei handelt es sich um eine Kreuzungsstelle, an der die Sehnervenfasern der nasalen Netzhauthälfte in die jeweils gegenüberliegende Hirnhälfte umgeleitet werden. Die Fasern der temporalen Netzhauthälften wechseln die Hirnhälfte dagegen nicht.

Auf diese Weise ergibt sich hinter der „Halbkreuzung" ein Sehnervenfaserstrang (Tractus opticus), der alle Fasern der linken Netzhauthälfte zum linken seitlichen Kniehöcker (Corpus geniculatum laterale) führt. Dementsprechend gelangen alle Fasern der rechten Netzhauthälfte über den anderen Sehnervenfaserstrang zum rechten seitlichen Kniehöcker. Von dort aus werden die Informationen über Synapsen an ein Nervenfaserband übergeben, das als Gratioletsche Sehstrahlung bezeichnet wird. Diese führt zu weiteren Nervenzellen, die sich im rechten und linken Teil des visuellen Cortex befinden.

**Bild 3.28** Sehbahn und Gehirn

### 3.3.3 Gesichts- und Blickfeld

Wenn das Auge ein Objekt zentral fixiert, fällt die zugehörige Abbildung in die Foveola und damit auf die Netzhautstelle mit dem höchsten Auflösungsvermögen. Dies wird auch als direktes Sehen bezeichnet. Nicht foveal fixierte Gegenstände können demzufolge nur parazentral abgebildet und wahrgenommen werden. Bei diesem indirekten Sehen entstehen periphere Netzhautbilder, die sich aufgrund der geringeren Zapfendichte zwar nicht mehr so gut auflösen lassen, aber in hohem Maße an der Orientierung im Raum beteiligt sind.

**parazentral:** außerhalb der Mitte

#### Gesichtsfeld

Das Gesichtsfeld umfasst den über direktes und indirektes Sehen wahrgenommenen Objektraum. Es wird bei ruhendem Kopf und raumfest fixierendem Auge mit einem speziellen Gerät, dem sogenannten Perimeter ermittelt.

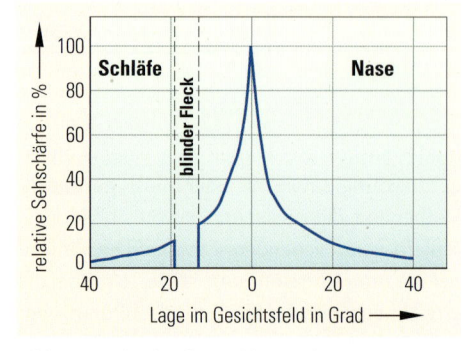

**Bild 3.29** Sehschärfe in Abhängigkeit vom Netzhautort

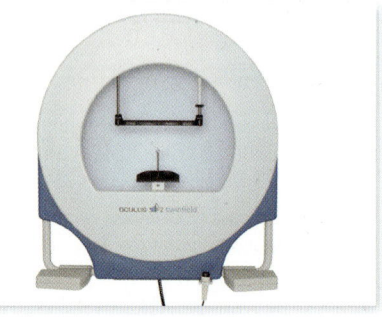

**Bild 3.30** Automatisches Perimeter

Dafür wird dem Probanden monokular eine bestimmte Anzahl von Lichtpunkten gezeigt. Die Positionen, an denen sie gerade wahrgenommen werden konnten, stellen die Gesichtsfeldgrenze dar. Das temporale und untere Gesichtsfeld des Einzelauges ist stets größer, als das nasale und obere Gesichtsfeld.

Die Asymmetrie des Gesichtsfelds lässt sich auf die natürlichen Einschränkungen durch Nase und Stirnbein zurückführen. Weil die Zapfen für rotes, grünes und blaues Licht unterschiedlich auf der Netzhaut verteilt sind, ergeben sich außerdem sogenannte Farbgesichtsfelder mit ähnlicher Form, aber unterschiedlicher Größe.

Das Gesichtsfeld des Einzelauges weist stets ein physiologisches Skotom auf, das sich auf die fehlenden Rezeptoren im Bereich der Papille zurückführen lässt. Im größeren binokularen Gesichtsfeld werden diese monokularen Ausfälle allerdings ergänzt und deshalb nicht als störend empfunden. Mithilfe der Perimetrie lassen sich aber auch Skotome mit pathologischen Ursachen nachweisen.

### Blickfeld

Das Blickfeld umfasst ausschließlich die foveal fixierten, also scharf wahrgenommenen Objektpunkte. Es ergibt sich bei ruhendem Kopf und bewegtem Auge. Obwohl das Auge Bewegungen ausführen darf, ist das Blickfeld viel kleiner als das Gesichtsfeld. Die Größe des über einen längeren Zeitraum nutzbaren Gebrauchsblickfelds liegt mit etwa 20° sogar noch deutlich darunter.

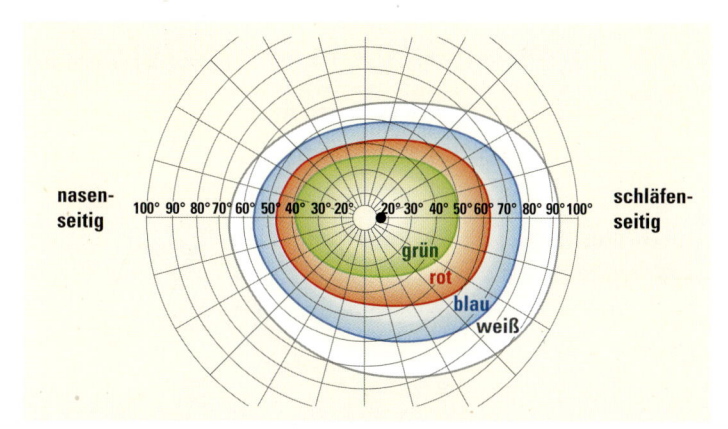

**Bild 3.31** Monokulares Gesichtsfeld des rechten Auges

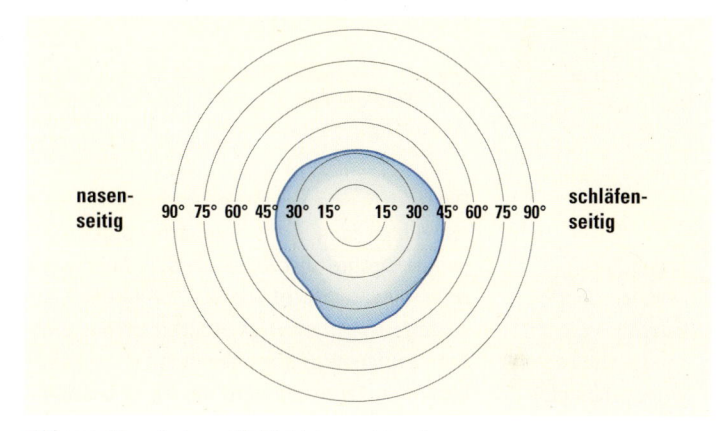

**Bild 3.32** Monokulares Blickfeld des rechten Auges

**Skotom** von (griech.) skotos = Dunkelheit

### 3.3.4 Farbwahrnehmung

Das vom Menschen wahrnehmbare elektromagnetische Spektrum reicht von 380 bis 780 nm. Licht dieses Wellenlängenbereichs ist in der Lage, die Fotorezeptoren der Netzhaut anzuregen. Dabei ist Licht selbst nicht farbig, erst die Verarbeitung der ausgelösten Nervenimpulse im Gehirn führt zu einem Farbempfinden. So können mehrere Millionen verschiedene Farben, die sich in Farbton, Helligkeit und Farbsättigung voneinander unterscheiden, wahrgenommen werden. Die Farbe eines Objektes hängt aber nicht nur von dessen Eigenschaften, sondern auch von der Art der Beleuchtung, der Umgebung, des Hintergrundes sowie dem Adaptationszustand des Auges ab.

> Farbe ist keine physikalische Eigenschaft des Lichts, sondern eine subjektive Empfindung.

Die Netzhaut besitzt drei Zapfenarten, die für verschiedene Bereiche des sichtbaren Spektrums empfindlich sind. Das Sehen mit allen drei Zapfentypen wird als trichromatisches Sehen bezeichnet (Tabelle 3.5).

Isaac Newton (1643–1727)
„The rays are not coloured"

## Sehtestergebnisse erklären

| Zapfentyp | empfindlich für den ... | Empfindlichkeitsmaximum |
|---|---|---|
| L-Typ | ... langwelligen Bereich | 564 nm (rot) |
| M-Typ | ... mittelwelligen Bereich | 534 nm (grün) |
| S-Typ | ... kurzwelligen (short) Bereich | 420 nm (blau) |

**Tabelle 3.5** Zapfen-Typen

**antagonistisch:** gegensätzlich

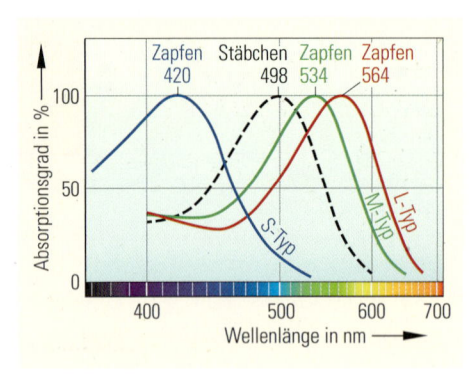

**Bild 3.33** Relative Empfindlichkeit der menschlichen Fotorezeptoren in Abhängigkeit von der Wellenlänge

**Lichtfarbe:** Farbeindruck einer selbstleuchtenden Lichtquelle

**Opsine:** Sehpigmente der Zapfen (Iodopsin) und Stäbchen (Rhodopsin / Sehpurpur)

Damit Licht von einem Fotorezeptor verarbeitet werden kann, muss es zunächst durch sogenannte **Opsine** absorbiert werden. Auch wenn mitunter vereinfacht von Rot-, Grün- und Blauzapfen gesprochen wird, absorbieren die jeweiligen Zapfen nicht ausschließlich das Licht einer konkreten Farbe, sondern das eines bestimmten Spektralbereichs. Die gestrichelte Linie des Diagramms zeigt das Absorptionsverhalten des in den Stäbchen enthaltenen Rhodopsins. Zu beachten ist, dass sich die dargestellten Kurven auf das maximale Absorptionsvermögen des jeweiligen Zapfentyps beziehen und somit nicht direkt miteinander vergleichbar sind. Tatsächlich ist das Absorptionsvermögen des M-Typs höher als das des L-Typs, während das des S-Typs deutlich geringer als das der beiden anderen ist.

Die Weiterverarbeitung der durch die Zapfen übertragenen Reize zu einem Farbeindruck ist äußerst komplex. Vereinfacht lässt sich sagen, dass auf Rezeptorebene zunächst gemäß der Young-Helmholtz'schen Drei-Farben-Theorie das Erfassen dreier Farbsignale steht. Nach der rezeptiven Verarbeitung erfolgt im Nervensystem eine Weiterverarbeitung zu den drei antagonistischen Farbpaaren Blau/Gelb, Rot/Grün und Schwarz/Weiß, wie sie die Hering'sche Gegenfarbentheorie annimmt. Aus beiden Informationen resultiert letztendlich der Farbeindruck.

### Additive Farbmischung von Lichtfarben

Licht verschiedener Wellenlängen, das auf dieselbe Netzhautstelle trifft, wird **additiv** gemischt. Dabei lässt sich, durch Veränderung ihrer Intensität, mithilfe dreier Grundfarben jeder Farbeindruck erzeugen. Werden die drei Grundfarben in gleicher Intensität miteinander gemischt, ergibt sich Weiß. Generell gilt, dass die Mischfarbe immer heller als die der einzelnen Komponenten ist.

Gängige Grundtöne sind die Farben Rot, Grün und Blau. Sie werden zum Beispiel auch im RGB-System zur Farbwiedergabe bei TFT-Displays und Videoprojektoren genutzt.

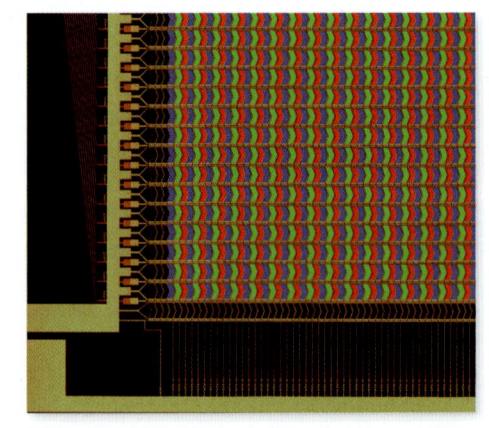

**Bild 3.34** Additive Farbmischung bei einem LCD-Bildschirm

Die Addition der Farben Grün und Blau ergibt Cyan (Türkis). Das Ergebnis aus Rot und Blau ist Magenta (Purpur). Wird Rot mit Grün gemischt entsteht Gelb. Das bedeutet, die gleichzeitige Wahrnehmung von Rot und Grün kann dieselbe Farbempfindung hervorrufen wie ein monochromatischer Gelbton. In diesem Fall ist es nicht möglich, zwischen einem mono- und polychromatischen Gelb zu unterscheiden. Da Magenta kein Bestandteil des natürlichen Farbspektrums ist, handelt es sich dabei stets um polychromatisches Licht.

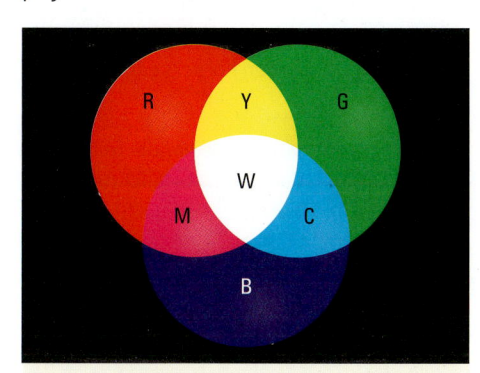

**Bild 3.35** Additive Farbmischung von Lichtfarben

Die Lichtflächen der Primärfarben **R**ot, **G**rün und **B**lau strahlen übereinander und addieren sich zu den drei Sekundärfarben **C**yan, **M**agenta und Gelb (**Y**ellow) und der Tertiärfarbe **W**eiß.

Eine Farbe, die eine andere Farbe zu Weiß ergänzt, wird als **Komplementärfarbe** bezeichnet. Komplementärfarbpaare sind zum Beispiel Rot und Cyan, Grün und Magenta sowie Blau und Gelb.

**Subtraktive Farbmischung von Körperfarben**

Trifft Licht auf einen Gegenstand, so wird es zum Teil in Abhängigkeit von der Wellenlänge durch Pigmente absorbiert, während der verbleibende Rest vom Objekt reflektiert wird und so die Körperfarbe des Gegenstandes ergibt (Bild 3.36).

Bei diesem als **subtraktive Farbmischung** bezeichneten Vorgang ist die Mischfarbe aufgrund der Absorption dunkler als die der einzelnen Komponenten. Werden alle Grundfarben zu gleichen Teilen gemischt, ergibt sich Schwarz.

**Bild 3.36** Entstehung von Körperfarben

**Cyan, Magenta und Gelb (Yellow)**
Die subtraktiven Körpergrundfarben reflektieren zwei Spektralbereiche und absorbieren den dritten Spektralbereich.

**Rot, Grün und Blau**
Die subtraktiven Sekundärfarben absorbieren zwei Spektralbereiche und reflektieren den dritten Spektralbereich.

> **monochromatisch:**
> Licht nur einer Spektralfarbe
> **polychromatisch:**
> aus mehreren Spektralfarben zusammengesetztes Licht

Das subtraktive Mischprinzip ist Grundlage des Mehrfarbdrucks, bei dem die Farben Cyan, Magenta und Gelb (CMY-System) als Grundtöne dienen. Trifft beispielsweise cyanfarbenes Licht (Cyan = Blau + Grün) auf ein gelbes Pigment (Gelb = Rot + Grün) so wird nur der Grünanteil des Lichts reflektiert, während der Blauanteil absorbiert wird.

> **Körperfarbe:**
> aus Reflexions- und Absorptionsverhalten eines Körpers resultierender Farbeindruck

**Bild 3.37** Subtraktive Farbmischung von Körperfarben

Drei gedruckte Flächen der Farben **C**yan, **M**agenta und Gelb (**Y**ellow) liegen teilweise übereinander und subtrahieren (absorbieren) das Licht bestimmter Spektralbereiche. Sie mischen sich so zu den Farben **R**ot, **G**rün und **B**lau sowie Schwarz (**K**ey oder Blac**K**).

## Sehtestergebnisse erklären

### Aufgaben

1. Erläutern Sie, was unter dem Begriff Akkommodationstrias zu verstehen ist.

2. Machen Sie deutlich, wodurch sich das Gesichts- vom Blickfeld unterscheidet.

3. Überlegen Sie, welcher binokulare Seheindruck sich bei einer Durchtrennung des a) rechten Sehnervs und b) linken Sehnervenfaserstrangs ergibt.

4. Unterscheiden Sie die subtraktive von der additiven Farbmischung.

5. Informieren Sie sich über die Farbraumdarstellung mittels Farbdreieck. Erläutern Sie in diesem Zusammenhang auch die Begriffe Weißpunkt, Komplementärfarbe und Farbtemperatur.

6. Machen Sie deutlich, was unter unbunten Farben zu verstehen ist.

7. Erklären Sie, wie sich die Farbe Grau ergibt.

8. Geben Sie an, welcher Farbeindruck erzeugt wird, wenn
   a) blaues und rotes Licht auf einem Schirm überlagert wird.
   b) weißes Licht zunächst ein rotes und danach ein magentafarbenes Filterglas durchläuft.

9. Erstellen Sie eine Abbildung, der das Reflexions- und Absorptionsverhalten eines cyanfarbenen Körpers entnommen werden kann.

10. Eine Zitrone wird nacheinander mit rotem und blauem Licht beleuchtet. In welcher Farbe erscheint die Zitrone jeweils?

## 3.4 Fehlsichtigkeiten (Ametropien)

**emmetrop:** rechtsichtig

Bei der Abgabe einer Brille gibt ein Kunde an, dass er mit dem Korrektionsmittel nicht besser sieht als vorher. Sie fragen sich, woran das liegen kann...

Wird ein in der Ferne befindlicher Gegenstand betrachtet, treffen parallel zueinander verlaufende Lichtstrahlen auf das Auge. Diese werden von den brechenden Medien des Auges gebündelt und erzeugen eine Abbildung. Befindet sich die Abbildung bei Fernakkommodation auf der Netzhaut, ist das Auge **emmetrop**. Der bildseitige Brennpunkt des Auges fällt dann auf die Netzhaut. Alle Abweichungen von diesem Zustand weisen auf eine sogenannte Ametropie hin.

Obwohl es sich bei dem menschlichen Auge um kein statisches Bauteil handelt, lässt sich sein optisches System auf ein vereinfachtes schematisches Modellauge reduzieren. Es basiert auf den vom schwedischen Mediziner Allvar Gullstrand (1862–1930) ermittelten Messdaten. Die Werte beziehen sich auf ein rechtsichtiges sowie auf die Ferne akkommodierendes Auge.

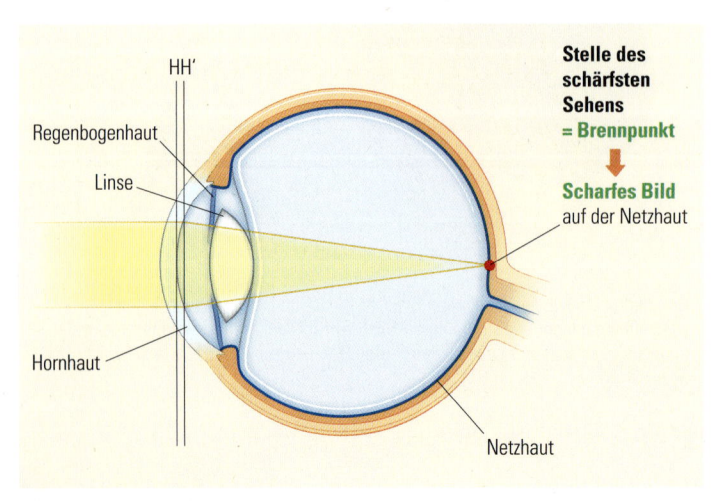

**Bild 3.38** Emmetropes Auge

| Eckdaten zum vereinfachten schematischen Auge nach Gullstrand | |
|---|---|
| Gesamtbrechwert des Augensystems | + 59,74 dpt |
| Gesamtbrechwert der Hornhaut | + 43,08 dpt |
| Gesamtbrechwert der Augenlinse | + 20,53 dpt |
| Augenlänge | 24 mm |
| Strecke zwischen Apex und objektseitigem Hauptpunkt | 1,51 mm |
| Strecke zwischen Apex und bildseitigem Hauptpunkt | 1,63 mm |
| Strecke zwischen Apex und objektseitigem Knotenpunkt | 7,14 mm |
| Strecke zwischen Apex und bildseitigem Knotenpunkt | 7,26 mm |
| objektseitige Brennweite des Gesamtauges | − 16,74 mm |
| bildseitige Brennweite des Gesamtauges | + 22,37 mm |
| Brechzahl von Kammerwasser und Glaskörper | 1,336 |
| Brechzahl der Augenlinse | 1,413 |

**Tabelle 3.6** Eckdaten zum vereinfachten schematischen Auge nach Gullstrand (Auszug)

**Apex:** vorderer Scheitelpunkt der Hornhaut

## Kurzsichtigkeit (Myopie)

Entsteht die Abbildung eines weit entfernten Objekts bei Fernakkommodation vor der Netzhaut, befindet sich der bildseitige Brennpunkt des Auges genau an dieser Stelle. Das lässt sich auf eine zu große Brechkraft oder auf einen zu lang gebauten Bulbus zurückführen. Das Auge ist in diesem Fall kurzsichtig oder myop und kann Gegenstände erst scharf abbilden, wenn sie sich in einer endlichen Entfernung vor dem Auge befinden. Eine Kompensation der Myopie ist möglich, wenn das Korrektionsmittel eine Minuswirkung besitzt.

Bestimmte Krankheiten können auch eine **pathologische Myopie** auslösen. So erhöht sich im Falle einer Katarakt die Brechzahl der Augenlinse oder bei einem Glaukom die Augenlänge. Von einer **transitorischen** oder **vorübergehenden Myopie** wird gesprochen, wenn sich durch die Einnahme bestimmter Medikamente oder durch Stoffwechselerkrankungen der Brechungsindex des Kammerwassers erhöht. Während bei ausreichender Beleuchtung auf die jeweils erforderliche Entfernung akkommodiert werden kann, wird dem Auge durch die verminderte Sicht in der Dämmerung oder Dunkelheit ein Gefühl der Nähe suggeriert. Es stellt sich dann auf eine Distanz von 1 bis 2 m vor dem Auge ein und verursacht eine Kurzsichtigkeit, die als **Dämmerungs-** oder **Nachtmyopie** bezeichnet wird. Ein ähnlicher Effekt stellt sich aufgrund von fehlenden Fixationsobjekten am Himmel bei Piloten ein. In einem solchen Fall wird von einer **Leerfeldmyopie** gesprochen. Auch die Verwendung von Okulareinsichtgeräten kann sich auf das Auge myopisierend auswirken.

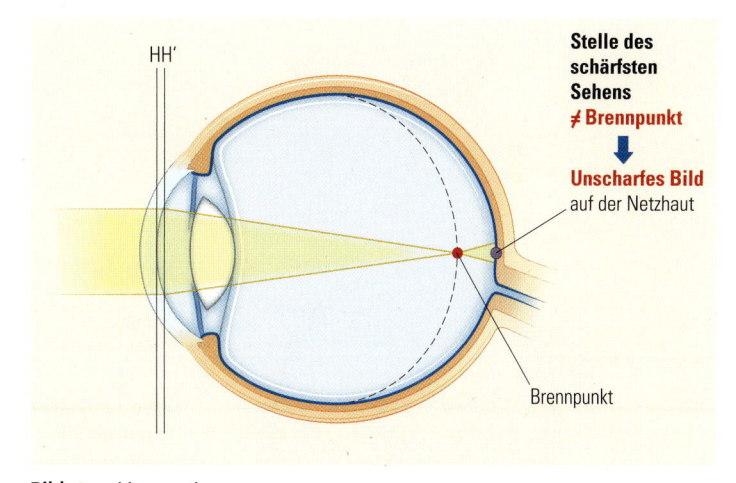

**Bild 3.39** Myopes Auge

**Katarakt:** Grauer Star

**Glaukom:** Grüner Star

## Übersichtigkeit (Hyperopie)

Wenn der Augenbrechwert zu gering beziehungsweise der Bulbus zu kurz gebaut ist, kommt es bei Fernakkommodation zu einer virtuellen Abbildung hinter der Netzhaut. Der bildseitige Brennpunkt des Auges fällt wieder mit der Bildebene zusammen. Das Auge ist in einem solchen Fall übersichtig oder **hyperop**. Das Brechwertdefizit kann bis zu einem gewissen Alter durch Nahakkommodation ausgeglichen werden. Ein Visusabfall ist dann nicht zu beobachten. Für den optischen Ausgleich einer Hyperopie muss das Korrektionsmittel eine Pluswirkung besitzen.

> **hypér** (griech.) = über
>
> **Astigmatismus** (griech.) = Punktlosigkeit

Mit einer **physiologischen Hyperopie** ist die Übersichtigkeit eines Neugeborenen gemeint, dessen Augenlänge noch zu kurz ist. Im Wachstum nimmt diese Hyperopie allerdings meistens ab.

## Stabsichtigkeit (Astigmatismus)

Eine als **Astigmatismus** bezeichnete Ametropie zeichnet sich dadurch aus, dass die Brechkraft des Auges in unterschiedlichen Richtungen verschiedene Werte aufweist. Das führt dazu, dass der betrachtete Gegenstand nicht nur unscharf, sondern darüber hinaus auch noch mehr oder weniger stark verzerrt abgebildet wird. Das astigmatisch fehlsichtige Auge besitzt zwei Brennlinien, die sich bei Fernakkommodation vor, hinter oder auch auf der Netzhaut befinden können. Bei der Korrektion des Astigmatismus werden sphärotorische Brillengläser verwendet.

## Alterssichtigkeit (Presbyopie)

Diese spezielle Form der visuellen Beeinträchtigung zählt nicht zu den Ametropien und wird meistens erst zwischen dem 40. und 50. Lebensjahr wahrgenommen. Sie kann eine bereits vorhandene Ametropie überlagern und ist auf einen schleichend einsetzenden Elastizitätsverlust der Augenlinse zurückzuführen. Die Presbyopie zeichnet sich durch den allmählichen Verlust der Akkommodationsfähigkeit aus. Die ersten Anzeichen zeigen sich darin, dass der Abstand zu kleinen Gegenständen oder Schriftzeichen für eine deutliche Abbildung auf der Netzhaut vergrößert werden muss. Im fortgeschrittenen Stadium lässt sich die Alterssichtigkeit nur mithilfe einer Nahkorrektion kompensieren.

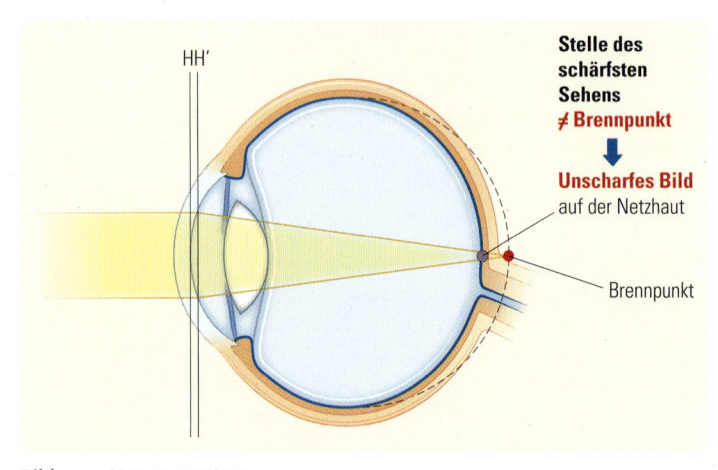

**Bild 3.40** Hyperopes Auge

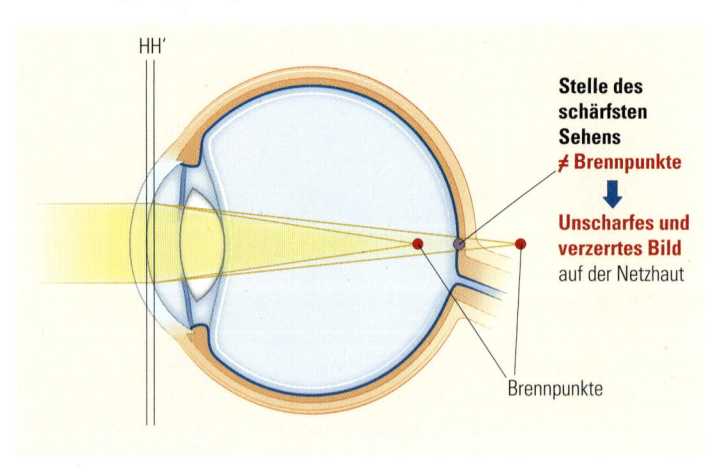

**Bild 3.41** Astigmatisches Auge

## 3.4 Fehlsichtigkeiten (Ametropien)

### Aufgaben

1. Schildern Sie, wodurch sich ein emmetropes Auge auszeichnet.

2. Geben Sie an, worauf sich eine Fehlsichtigkeit zurückführen lässt.

3. Erläutern Sie die Ursachen der Dämmerungs- und Leerfeldmyopie.

4. Erklären Sie, weshalb manche Hyperopien nicht erkannt und korrigiert werden.

5. Ordnen Sie den Ametropien die erforderliche Korrektionswirkung zu.

### Projektaufgaben

1. Ihr Betrieb plant einen Aktionstag, bei dem interessierte Kunden über betriebliche Abläufe informiert werden sollen.
   a) Beschreiben Sie in diesem Zusammenhang das fachgerechte Vorgehen bei der Durchführung eines Führerscheinsehtests.
   b) Ergänzen Sie Ihre Beschreibung durch die Visualisierung in einem Flussdiagramm.
   c) Informieren Sie sich über die Fahrerlaubnisverordnung (FeV) und fassen Sie die wesentlichen Regelungen zum Sehvermögen in eigenen Worten zusammen.
   d) Erläutern Sie die Voraussetzungen, die bereits vor der Durchführung eines Führerscheinsehtests erfüllt werden müssen.

2. Damit sich die Auszubildenden Ihres Betriebes auf Kundenfragen in Beratungsgesprächen und zukünftige Prüfungen vorbereiten können, erhalten Sie die Aufgabe, ein illustriertes Glossar anzufertigen, dem die wesentlichen Aspekte zur Anatomie und Physiologie des menschlichen Auges entnommen werden können.

3. Recherchieren Sie Aufbau, Funktionsweise und Anwendungsbereich eines sogenannten Anomaloskops und halten Sie die Ergebnisse schriftlich fest.

# Lernfeld 4
# Zusatzprodukte und Kontaktlinsenpflegemittel anbieten und verkaufen

Als Auszubildender ohne Erfahrung im Verkauf erhalten Sie den Auftrag, sich eine Woche lang einen Einblick zu verschaffen, indem Sie sich über die Warenpalette und Warenpräsentation, den Umgang mit Kunden und den Ablauf von Verkaufsgesprächen informieren.

Anschließend sollen Sie Ihre Erkenntnisse in die Praxis umsetzen.

- Welche Produkte und Dienstleistungen werden angeboten?
- Welche Informationen sind erforderlich?
- Wie gelangen Sie an diese Informationen?

- Welche Phasen charakterisieren das Verkaufsgespräch?
- Welche Informationsquellen können eingesetzt werden?
- Welche Demonstrationsmedien sind erforderlich?

- Sie entscheiden sich für geeignete Kommunikationsmittel.
- Sie wählen ein Produkt, das den Anforderungen gerecht wird.
- Sie beziehen Produktalternativen in Ihre Überlegungen ein.

- Sie wenden geeignete Kommunikationsmittel an.
- Sie setzen kundengerechte Demonstrationsmedien ein.
- Sie weisen in die Handhabung des Produkts ein.

- Ist der Kunde mit Ihrer Empfehlung zufrieden?
- Wurde der Kunde hinreichend eingewiesen?
- Sind vorhandene Missverständnisse auszuräumen?

- Welche Rückmeldung erhalten Sie von Ihrem Ausbilder?
- Haben Sie die Wünsche des Kunden erfüllt?
- In welchen Bereichen kann die Kommunikation verbessert werden?

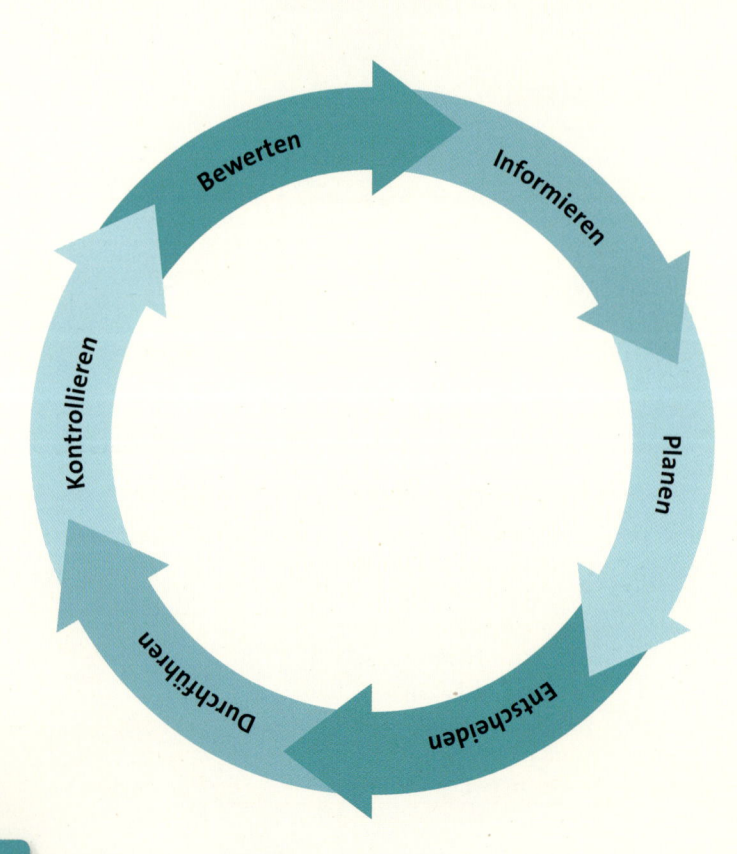

# 4.1 Kundenkommunikation

> Ein Kunde interessiert sich für eine Wetterstation, die ihm in der Schaufensterauslage Ihres Betriebes aufgefallen ist. Auf Ihr Angebot reagiert er mit der der Aussage: „Das ist aber teuer."

Ein Schwerpunkt der Arbeit eines Augenoptikers ist das Beraten und Verkaufen mit dem Ziel, den Kunden zufrieden zu stellen und zu einem Verkaufsabschluss zu gelangen. Dafür sind Informationen zur zwischenmenschlichen Kommunikation und zur Verkaufspsychologie notwendig. Dieses Wissen hilft dem Augenoptiker beim Beraten und beim Lösen von Konfliktsituationen.

## 4.1.1 Kommunikationsmodelle

Der Begriff Kommunikation bezeichnet den Austausch von Informationen auf der Basis von Signalen. Dieser Vorgang lässt sich durch ein einfaches Modell beschreiben, bei dem es Sender und Empfänger von Botschaften gibt.

Der Sender codiert seine Botschaft (Nachricht) und der Empfänger versucht sie zu decodieren. Der Empfänger reagiert mit einer ebenfalls codierten Botschaft als Antwort, sodass eine Interaktion entsteht.

Zur Übermittlung der Information wird Sprache benutzt, codiert wird die Botschaft mittels bestimmter Zeichen wie Worte, Sätze, Tonfall, Mimik oder Gestik.

Leider verläuft die Kommunikation zwischen dem Sender und dem Empfänger nicht immer optimal. Missverständnisse und Störungen führen zu einer falschen Decodierung der empfangenen Nachricht.

**Bild 4.1** Kommunikationsmodell

*Beispiel:* Ein Kunde betritt das Unternehmen und geht zielstrebig auf die Sonnenbrillen zu. Auf Ihre Begrüßung reagiert er mit einem kurzen Gruß und wendet sich sofort wieder der Präsentationswand mit den Sonnenbrillen zu.
Der Kunde teilt nonverbal mit, dass er zunächst noch alleine die Sonnenbrillen anschauen möchte.

**codieren:** verschlüsseln
**decodieren:** entschlüsseln

**Interaktion:** wechselseitiger Austausch

### Kommunikationsregeln

Der Kommunikationswissenschaftler Paul Watzlawick zeigt grundlegende Regeln auf, die in jeder zwischenmenschlichen Kommunikation auftreten. Zwei der wichtigsten sind hier dargelegt:

1. „Man kann nicht nicht kommunizieren"
„Man kann nicht nicht kommunizieren, denn jede Kommunikation (nicht nur mit Worten) ist Verhalten und genauso wie man sich nicht nicht verhalten kann, kann man nicht nicht kommunizieren."

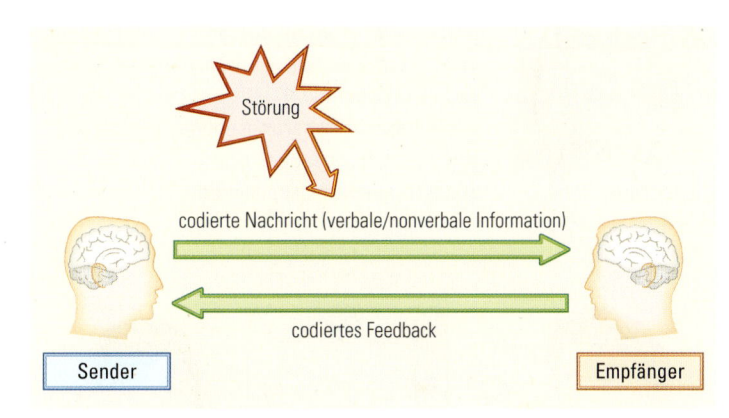

2. „Menschliche Kommunikation bedient sich analoger und digitaler Modalitäten"
Die digitale Kommunikation teilt überwiegend den Inhaltsaspekt mit (durch Worte). Die analoge Kommunikation teilt die Beziehung zum Gegenstand der Kommunikation mit (durch Ausdrucksverhalten wie z. B. Gestik, Mimik oder Tonfall). Erfolgreiche Kommunikation erfolgt, wenn analoge und digitale Modalität übereinstimmen und wenn

Paul Watzlawick

beide eindeutig sind. Die Verständigung wird gestört, wenn Sprache und nonverbale Kommunikation Unterschiedliches ausdrücken.
*Beispiel:* Der Mitarbeiter fragt den Kunden: „Kann ich Ihnen helfen?", und schaut dabei genervt zu den anderen noch wartenden Kunden.
Der Kunde wird das Gefühl haben, dass der Mitarbeiter ihm nicht wirklich seine Aufmerksamkeit schenken möchte.

**Die vier Seiten einer Nachricht**

Friedemann Schulz von Thun greift das Modell von Paul Watzlawick auf. Er nimmt an, dass ein und dieselbe Nachricht immer vier Botschaften gleichzeitig enthält. Damit unterscheidet Schulz von Thun in diesem Zusammenhang vier Kommunikationsebenen, nämlich
- die Sachebene,
- die Selbstoffenbarungsebene,
- die Beziehungsebene und
- die sogenannte Appellebene.

Friedemann Schulz von Thun

**Bild 4.2** Die vier Seiten einer Nachricht

**Sachebene**
Jede Nachricht enthält eine Sachinformation. Immer, wenn es um eine sachliche Information geht, steht diese Seite der Nachricht im Vordergrund.

**Selbstoffenbarungsebene**
Nachrichten enthalten nicht nur Fakten und sachliche Informationen, sondern auch Informationen über den Sender. Die Selbstoffenbarungsebene umfasst die bewusste Selbstdarstellung und die unbewusste Selbstenthüllung des Senders. Er äußert eigene Emotionen und Kognitionen. Emotionen können sich als Verhalten (Mimik, Gestik, Körperhaltung), als körperliche Veränderungen (Zittern, Herzrasen, Schweißausbrüche), aber auch als verbalisierte Signale, die bewusst oder unbewusst geäußert werden, darstellen.

**Beziehungsebene**
Durch die Formulierung, den Tonfall und nonverbale Signale (Mimik, Gestik) gibt der Sender zu erkennen, wie er zum Empfänger steht und was er von ihm hält. Auf diese Weise wird das Verhältnis zwischen den Gesprächspartnern erzeugt und definiert. Dieser Ebene kommt in jeder Kommunikationssituation eine sehr wichtige Bedeutung zu. Störungen auf der Beziehungsebene zwischen den Kommunikationspartnern führen dazu, dass die Kommunikation erschwert oder sogar unmöglich wird.

**Appellebene**
Die meisten Botschaften verfolgen das Ziel, auf den Empfänger Einfluss zu nehmen. Ein Appell soll eine Person dazu veranlassen, etwas zu tun oder zu lassen. Dabei wird der Appell häufig nicht exakt formuliert, sondern nur indirekt vermittelt und ist dadurch nicht immer eindeutig.

*Beispiel:* Der Kunde sagt: „Ich möchte mal eine ganz moderne Brille."

*Sachinhalt:* „Ich hätte gerne eine moderne Brille."
*Selbstoffenbarung:* „Mit der aktuellen Brille fühle ich mich nicht wohl."
*Beziehung:* „Sie können mich sicher gut beraten."
*Appell:* „Helfen Sie mir bitte bei der Auswahl der neue Brille."

Durch die Stimmlage, die Formulierung, die Mimik und die Gestik kann eine Nachricht sehr unterschiedlich vermittelt werden.

Da zwischenmenschliche Kommunikation Interaktion, also ein wechselseitiger Prozess ist, reicht es nicht aus, die vier Ebenen der Kommunikation ausschließlich aus der Sicht des Senders zu betrachten. Denn es ist nie sicher, dass die vom Sender geäußerten Botschaften auch, wie vom Sender beabsichtigt, beim Empfänger ankommen. Auch der **Empfänger** einer Nachricht deutet diese auf den vier Kommunikationsebenen. Gerade diese Deutung, also das Verständnis, dass der Empfänger entwickelt,

■ **Kognitionen:** alle Prozesse, die mit der Wahrnehmung zusammenhängen ist besonders wichtig, da hierdurch der weitere Kommunikationsverlauf entscheidend beeinflusst wird.

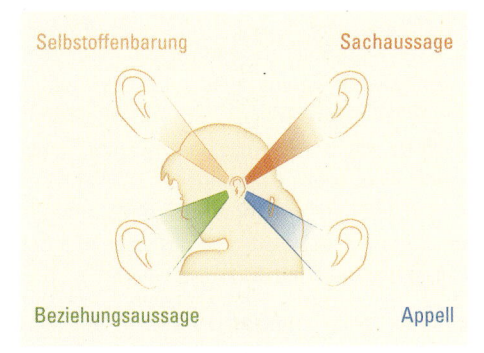

**Bild 4.3** Vierohriger Empfänger nach Friedemann Schulz von Thun

Der Empfänger versucht den **Sachinhalt** zu verstehen, auf der **Selbstoffenbarungsebene** hinterfragt er die Person, die hinter der Botschaft steht („Was ist das für einer?"), auf der **Beziehungsebene** fühlt er sich persönlich angesprochen und betroffen („Wie steht der Sender zu mir? Wie fühle ich mich behandelt?"). Die Auswertung auf der **Appellebene** erfolgt unter der Fragestellung, was der Kommunikationspartner erreichen möchte („Was soll ich tun, was möchte er von mir?"). Im Idealfall stimmen die vier Ebenen der Kommunikation zwischen Sender und Empfänger weitgehend überein.

Häufig erfolgt jedoch beim Empfänger eine andere Auswertung der Kommunikationsebenen, als die vom Sender beabsichtigte. Dies führt zu Missverständnissen und Kommunikationsstörungen. Die Ursachen hierfür sind unterschiedlich. Natürlich kann es an einer unklaren Aussage des Senders oder an seiner Voreingenommenheit gegenüber dem Empfänger liegen. Kommunikationsstörungen können aber auch durch die Wahrnehmung des Empfängers entstehen. Denn je nachdem, wie ausgebildet das jeweilige „Ohr" des Empfängers und wie weit es geöffnet ist, kann ein- und dieselbe Aussage unterschiedlich wahrgenommen werden. Diese unterschiedliche Wahrnehmung hängt stark vom Empfänger, seiner Beziehung zum Sender sowie seiner Selbsteinschätzung und seiner Erfahrung ab.

*Beispiel:* Der Ausbilder fragt den Auszubildenden: „Haben Sie die Präsentationswände gereinigt und sortiert?"

Das kann für den einen Auszubildenden eine einfache Informationsfrage sein. Er hört vor allem mit dem Ohr „Sachaussage": Der Chef möchte wissen, ob ich die Arbeit fertig habe. Für einen anderen hingegen ist hiermit schon ein Vorwurf oder mangelnde Wertschätzung verbunden. Er hört mit dem „Beziehungsohr": Der Chef hält mich für einen Versager.

Um Missverständnisse zu vermeiden, ist es wichtig, dem Sender eine Rückmeldung zu geben, wie man die Nachricht verstanden hat. Dadurch erfährt der Sender, ob seine beabsichtigte Botschaft auch richtig beim Empfänger angekommen ist. Damit bekommt der Empfänger die Möglichkeit, seine Deutung dem Sender zu erklären. Eine verbreitete Illusion besteht darin, dass wir annehmen zu wissen, was der andere denkt. Eine Illusion ist auch der Glaube daran, dass andere wissen, was wir denken.

Ein funktionierendes **Feedback-System** kann viele Missverständnisse bzw. Kommunikationsstörungen verhindern. Gleichzeitig dient ein Feedback dazu, dem Sender zu verdeutlichen, wie sein Verhalten auf seinen Kommunikationspartner wirkt.

**So geben Sie Feedback:**
- Machen Sie keine Vorwürfe.
- Seien Sie sachlich, werden Sie nicht persönlich.
- Sagen Sie Ich, statt Du.
- Beschreiben Sie die Wirkung von Verhalten.
- Formulieren Sie konkret und positiv.

**So nehmen Sie Feedback souverän entgegen:**
- Hören Sie zu. Rechtfertigen Sie sich nicht.
- Stellen Sie Verständnisfragen.
- Sortieren Sie das Nützliche heraus.
- Ignorieren Sie, was nicht nützlich ist.
- Bedanken Sie sich für die Rückmeldung.

> **Praxis-Tipp**
> Wenn Sie häufig ähnliche Bewertungen von verschiedenen Kommunikationspartnern über Ihr eigenes Verhalten erhalten, lohnt es sich, über diese Verhaltensweise nachzudenken. Denn die Reaktion des Gegenübers reflektiert oft Ihr eigenes Verhalten.

# 4 Zusatzprodukte und Kontaktlinsenpflegemittel anbieten und verkaufen

### 4.1.2 Körpersprache

Der Gesprächspartner nimmt – bewusst oder unbewusst – sämtliche nonverbalen Signale wahr. Zur Körpersprache gehört die Art und Weise, wie man steht, geht oder sitzt, aber auch die Mimik und Gestik. Körpersprache lässt sich nur schwer gezielt steuern.

Nach Erkenntnissen der modernen Hirnforschung finden diese Entscheidungen in einem Bereich des Zwischenhirns, dem limbischen System, völlig unbewusst statt. Durch den Erstkontakt werden Emotionen ausgelöst, die eine unbewusste Beurteilung des Gegenübers zur Folge haben. Eine neutrale Position ist nicht möglich. Da in der Phase der Erstbegegnung nur wenige Sekunden darüber entscheiden, ob Ablehnung oder Zustimmung, Distanz oder Nähe entstehen, kommt dem nonverbalen Verhalten in diesem Moment eine viel größere Bedeutung zu, als dem verbalen Bereich. Der Blickkontakt ist bei der Kommunikationseröffnung von großer Bedeutung. Hierdurch wird vermittelt, dass man seinen Gesprächspartner wahrnimmt und mit ihm in Kontakt treten will. Über die Augen werden, in Verbindung mit der Mimik, Interesse und Emotionen signalisiert.

Für den Berater und Verkäufer ist es wichtig, sich über die eigene Körpersprache bewusst zu werden und sie gegebenfalls zu optimieren. Der erste Eindruck, den ein Kunde vom Berater gewinnt, ist entscheidend für den weiteren Verlauf des Verkaufsgesprächs und damit auch für einen erfolgreichen Abschluss. Dabei entscheiden wenige Sekunden darüber, ob der Kunde den Berater sympathisch findet und somit Kontakt sucht, oder ob das Gegenteil der Fall ist und der Kunde sich distanziert.

Optimal ist es, aufrecht zu stehen und den Kunden anzublicken. So wird durch eine offene Körperhaltung dem Kunden demonstriert, dass man sich für ihn interessiert und in Kontakt treten möchte. Eine angemessene, die Sprache unterstützende Gestik, sollte sich oberhalb der Gürtellinie abspielen sowie von unten nach oben erfolgen, um eine positive Wirkung zu erzeugen.

> **Praxis-Tipp**
> - Halten Sie immer Blickkontakt, indem Sie den Kunden in die Augen schauen, ohne Sie zu fixieren.
> - Achten Sie auf eine aufrechte Körperhaltung, dadurch signalisieren Sie Sicherheit.
> - Setzen Sie eine positive Gestik ein, damit signalisieren Sie Offenheit und erwecken Vertrauen.
> - Achten Sie auf eine freundliche, natürlich wirkende Mimik.

**Bild 4.4** Offene Körperhaltung und geschlossene Körperhaltung

### 4.1.3 Mit Kunden telefonieren

Im Gegensatz zur Kommunikation durch E-Mails oder Briefe besteht der Vorteil beim Telefonieren im persönlichen Kontakt. Nonverbale Kommunikation spielt auch hier eine wichtige Rolle. Die Stimme ist Teil der Körpersprache, sie verrät viel darüber, wie präsent der Sprecher beim Gespräch ist. Blick und Körperhaltung des Gegenübers sind über das Telefon nicht sichtbar, aber die Stimme vermittelt viel über die Emotionen des Sprechers, ob er gelangweilt oder unsicher ist oder aufmerksam und interessiert.

## 4.1 Kundenkommunikation

Die Beachtung des **MIHADES-Modells** ermöglicht es, **Mi**mik, **Ha**ltung, **A**tmung, **De**nken und **S**prache zu kontrollieren, um kompetent und selbstsicher zu wirken (Bild 4.5).

Viele Menschen beschäftigen sich während eines Telefonats mit mehreren Dingen gleichzeitig. Dadurch wirken sie unkonzentriert und unaufmerksam. Deshalb sollten jegliche Nebentätigkeiten während des Telefonats unterbleiben.

> **Praxis-Tipp**
> Lächeln Sie, bevor Sie den Hörer abnehmen. Melden Sie sich am Telefon mit Ihrem Namen und einer Formulierung, die alle Mitarbeiter benutzen. Dadurch erhöhen Sie die Wiedererkennung des Unternehmens. Merken Sie sich zu Beginn des Anrufes den Namen des Kunden. Falls Sie ihn nicht sofort richtig verstehen, fragen Sie nach. Lassen Sie Ihren Gesprächspartner grundsätzlich ausreden und unterbrechen Sie ihn nicht.

**Bild 4.5** Faktoren der Telefonkompetenz

Ein Buchstabieralphabet erleichtert die Übermittlung schwer verständlicher Wörter im Telefonat oder in Gesprächen. Jeder einzelne Buchstabe wird dabei als Wort mit dem entsprechenden Anfangsbuchstaben gesprochen.

Ein professionelles Verhalten führt zu einem optimalen Erscheinungsbild des Unternehmens. Merkt der Kunde auch bei wiederholten Anrufen, dass ihm jeder Mitarbeiter helfen kann, deutet das auf eine positive und effiziente Abwicklung der internen Betriebsabläufe hin. Dazu gehört auch, dass die Verantwortlichen immer einen Überblick über die Termine und Urlaubszeiten aller Mitarbeiter haben. Eine Gesprächsnotiz erleichtert es, sich an den Anruf zu erinnern:

Name, Vorname des Anrufers:
Firma:
Telefonnummer:
Datum und Uhrzeit des Gesprächs:
Geführt von (Ihr Name):
Ankreuzmöglichkeit für Rückruf am ... um ...
ruft wieder an am ... um ...
Betreff:

| Deutschsprachige Buchstabiertafel | | | |
|---|---|---|---|
| A | Anton (Albert) | O | Otto |
| Ä | Ärger (Änderung) | Ö | Ökonom (Ödipus, Öse) |
| B | Berta (Bruno) | P | Paula (Paul) |
| C | Caesar (Citrone) | Q | Quelle |
| Ch | Charlotte | R | Richard |
| D | Dora (David) | S | Samuel (Siegfried) |
| E | Emil | Sch | Schule |
| F | Friedrich (Fritz) | T | Theodor (Toni) |
| G | Gustav | U | Ulrich |
| H | Heinrich (Heinz) | Ü | Übermut (Übel) |
| I | Ida (Isidor) | V | Viktor |
| J | Julius (Jot, Jakob) | W | Wilhelm |
| K | Kaufmann (Konrad, Karl) | X | Xantippe |
| L | Ludwig | Y | Ypsilon (Ypern) |
| M | Martha (Marie) | Z | Zacharias (Zeppelin) |
| N | Nordpol (Nathan) | | |

**Tabelle 4.1** Buchstabiertafel

> **Praxis-Tipp**
> Fassen Sie den Inhalt des Gesprächs kurz zusammen und erkundigen Sie sich, ob noch Fragen zu klären oder Wünsche offen sind. Nach einer freundlichen Verabschiedung warten Sie, bis der Kunde den Hörer aufgelegt hat.

### Aufgaben

1. Analysieren Sie die Aussage aus der Eingangssituation auf S. 127 „Das ist aber teuer" aus der Sicht des Senders. Was sagt der Kunde? Welche Reaktionsmöglichkeiten bieten sich an?

2. Führen Sie ein Telefongespräch im Rollenspiel. Bilden Sie dazu Dreiergruppen. Zwei Schüler übernehmen jeweils die Rollen der Gesprächspartner, der dritte Schüler bewertet das Gespräch und gibt ein Feedback.

## 4.2 Verkaufsgespräch

> Ein Kunde betritt mit dem Werbeprospekt einer Wetterstation in der Hand das Geschäft. Hilfesuchend blickt er sich um.

Der Verkauf eines Produkts lässt sich in sechs aufeinander folgende Phasen einteilen: die Begrüßung des Kunden, die Bedarfsermittlung, die Informationsphase, die Warenauswahl, den Verkaufsabschluss und die Verabschiedung. Im Folgenden werden diese Phasen ausführlicher vorgestellt.

### 4.2.1 Begrüßung

Der erste Eindruck, den der Kunde vom Unternehmen und seinen Mitarbeitern erhält, ist entscheidend. Das sollte bereits bei der Begrüßung beachtet werden.

**Praxis-Tipp**
Begrüßen Sie jeden Kunden mit einem Lächeln und Blickkontakt. Dadurch signalisieren Sie ihm, dass er bemerkt und beachtet wird.

Wichtig ist eine offene Körperhaltung, denn der Kunde nimmt nicht nur die verbalen, sondern zunächst noch stärker die nonverbalen Signale wahr. Ein Lächeln löst beim Kunden eine Gesprächsbereitschaft aus und erhöht die Motivation, näher in Kontakt zu treten. Mit einem Lächeln wird dem Kunden signalisiert, dass Interesse an seiner Person besteht. Abgerundet wird das äußere Erscheinungsbild durch eine angemessene Kleidung, die auf die Hauptzielgruppe abgestimmt sein sollte. Authentizität bezüglich der Körpersprache und des Outfits steht an erster Stelle.

**Praxis-Tipp**
Das Outfit spielt beim Verkaufsgespräch eine wichtige Rolle. Passt Ihr Erscheinungsbild zu der anvisierten Zielgruppe und zu Ihnen selbst?

**Bild 4.6** Authentisches Erscheinungsbild

### Nähe und Distanz

Distanzzonen bezeichnen die räumliche Entfernung zwischen zwei Menschen. In einer erfolgreichen Kommunikation befinden sich beide Gesprächspartner in einer Distanz zueinander, die beide als angenehm oder angemessen empfinden. Wenn diese nicht eingehalten wird, weil z. B. einer der Gesprächspartner dem anderen zu nahe tritt, kann ein Gefühl des Unbehagens entstehen. Das Empfinden, wie nahe man sich im Gespräch gegenüberstehen darf, ist auch abhängig von Geschlecht, Alter, Kulturkreis oder sozialer Schicht. Das jeweilige Distanzbedürfnis der Klienten sollte akzeptiert und respektiert werden.

Die Distanzzonen werden in vier Bereiche unterteilt:
- öffentliche Zone
  Beim Betreten des Geschäftes befindet sich der Kunde in der öffentlichen Zone (> 3 m).
- gesellschaftliche Zone
  Begeben sich Mitarbeiter und Kunde aufeinander zu, gelangen sie in die gesellschaftliche Zone (< 3 m).
- persönliche Zone
  In der persönlichen Zone finden die Begrüßung sowie das Verkaufsgespräch statt (< 1,5 m).
- intime Zone (Distanzunterschreitung)
  Dieser Abstand (< 0,8 m) ist normalerweise Partnern und Familienmitgliedern vorbehalten. Es gibt allerdings gesellschaftliche Ausnahmen: Ärzte, Friseure, Masseure und Personen mit ähnlichen Berufen dürfen in die intime Distanzzone eindringen. Wichtig ist aber, dass der Kunde vorher um Erlaubnis gefragt wird, um ihn auf die Berührung vorzubereiten. Dies kann z. B. bei der Brillenanpassung oder bei der Messung der Pupillendistanz der Fall sein.

öffentliche Zone

gesellschaftliche Zone

persönliche Zone

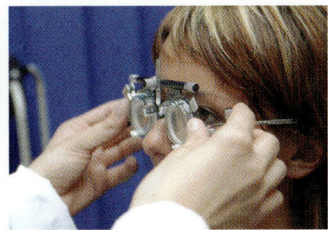

intime Zone (Distanzunterschreitung)

**Bild 4.7** Die vier Distanzzonen

> **Praxis-Tipp**
> Halten Sie möglichst immer eine Armlänge Abstand (vgl. persönliche Distanzzone). Das entspricht dem natürlichen Distanzbedürfnis der meisten Kunden.

Verkaufstresen schaffen eine unpersönliche Distanz. Deshalb sollten Sie sich, wenn ein Kunde das Unternehmen betritt, nicht dahinter aufhalten. Zum Abschied ist es sinnvoll, aufzustehen und dem Klienten die Hand nicht über den Tisch hinweg zu reichen, sondern seitlich davon. Der Kunde sollte möglichst bis zur Tür gebracht und dort verabschiedet werden.

### 4.2.2 Bedarfsermittlung

Manche Kunden möchten nicht angesprochen werden und signalisieren dies, indem sie den Mitarbeitern ausweichen oder den Blickkontakt meiden. Wenn ersichtlich ist, dass der Kunde angesprochen werden möchte, eignet sich für die Ermittlung des Bedarfs eine offene Frage.

*Beispiele:*
- „Was darf ich für Sie tun?"
- „Wie darf ich Ihnen behilflich sein?"
- „Welchen Wunsch haben Sie?"

Ist nicht ersichtlich, ob er sich zunächst umschauen möchte oder gleich eine Beratung wünscht, eignet sich eine Alternativfrage.

*Beispiel:*
- „Möchten Sie sich erst umschauen oder möchten Sie, dass ich Sie berate?"

Hat der Kunde seinen Wunsch geäußert, bestätigt der Mitarbeiter kurz, dass er verstanden wurde und jemand für ihn da ist.

*Beispiele:*
- „Wir werden sicherlich das Richtige für Sie finden."
- „Ja, gerne."
- „Ihren Wunsch können wir sicher erfüllen."

> **Praxis-Tipp**
> Stellen Sie sich auch dann namentlich vor, wenn Sie ein Namensschild tragen.

Für den Gesprächspartner ist es ein Unterschied, ob er den Namen liest oder man sich persönlich vorstellt. Im Gegenzug stellt der Kunde sich meistens auch vor. Dann ist es möglich, ihn mit seinem Namen anzusprechen. Das schafft eine persönliche und vertrauensvolle Atmosphäre und stärkt die Beziehung zueinander.

### Fragetechniken

Mithilfe von gezielten Fragestellungen versucht der beratende Augenoptiker herauszufinden, welche Vorstellung der Kunde von dem Produkt, das er erwerben möchte, hat.

Die Wahl der Fragetechnik hat eine große Wirkung auf die Reaktion des Kommunikationspartners. Sie beeinflusst nicht nur die Bereitschaft des Kunden zu antworten, sondern auch den Umfang der Antwort.

**suggestiv:** unterschwellig beeinflussend

**Offene Fragen** haben sich bewährt, weil sie den Kunden dazu bewegen, eine erklärende, ausführliche und manchmal begründende Antwort zu geben. So erfährt man schnell etwas über den Kunden. Offene Fragen beginnen mit „Was…, Wann…, Wo…, Wer…, Wie…, Warum…, Weshalb…, Worin… oder Womit…?".

**Geschlossene Fragen**, bei denen nur mit „Ja" oder „Nein" geantwortet werden kann, verraten nicht viel über den Gesprächspartner. Sie sollten nur dann eingesetzt werden, wenn eine konkrete Entscheidung herbeigeführt werden soll.

> **Praxis-Tipp**
> Verwenden Sie in der Anfangsphase eines Verkaufsgesprächs überwiegend offene Fragen, um möglichst viel von dem Kunden zu erfahren.

Mit **Alternativfragen** („Gefällt Ihnen das blaue oder das grüne Etui besser?") oder **Suggestivfragen** („Sie möchten doch sicherlich das stabilere Etui?") lässt sich die Antwort des Kunden lenken. Dadurch wird die Möglichkeit eines offenen Feedbacks eingeschränkt. Suggestivfragen sollten im Verlauf eines Verkaufsgesprächs nur sehr sparsam eingesetzt werden, da sie einen manipulativen Charakter haben.

Durch **Bestätigungsfragen** („Habe ich Sie richtig verstanden, dass Sie Wert auf eine digitale Anzeige legen?") lassen sich Missverständnisse aus dem Weg räumen und eine gemeinsame Basis finden, die die Entscheidungsfähigkeit des Kunden begünstigt.

### 4.2.3 Informationsphase

Warenvorlage ▶ S. 150

Der Kunde erwartet detaillierte Informationen über das Produkt und die Dienstleistungen. Fundierte, kundengerecht formulierte Informationen können bei der Entscheidungsfindung helfen. Werden möglichst viele Reizebenen angesprochen, kann der Kunde sich die Fakten besser einprägen. Dabei sollte der beratende Augenoptiker auf die Punkte eingehen, die dem Kunden wichtig sind.

> **Praxis-Tipp**
> Notieren Sie sich die Aspekte, die dem Kunden wichtig sind. Greifen Sie diese bei der Präsentation wieder auf. Das macht Sie in Ihrer Argumentation glaubwürdig.

## Merkmal-Nutzen-Argumentation

Der Mitarbeiter hat den individuellen Bedarf des Kunden mithilfe der geeigneten Fragen ermittelt. Nun kann er dem Kunden die optimale Lösung für seinen Wunsch unterbreiten. Bei der Nutzenargumentation ist es sinnvoll, sich nur auf die in der Phase der **Bedarfsermittlung** ermittelten Fakten zu beziehen, denn dem Kunden ist es wichtig, welchen Vorteil ihm das Produkt bzw. die Produkteigenschaft bringt.

*Beispiel Wetterstation:*
Mögliche Nutzenüberlegungen bei der Auswahl einer Wetterstation sind unter anderem
- eine gute Ablesbarkeit der Zahlen,
- ein modernes Design,
- ein moderater Preis,
- eine digitale Anzeige.

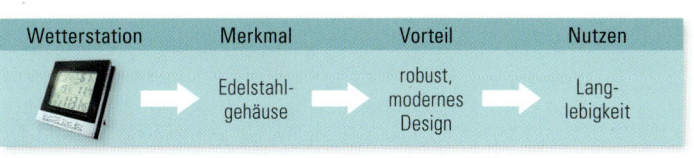

| Wetterstation | Merkmal | Vorteil | Nutzen |
|---|---|---|---|
| | Edelstahl-gehäuse | robust, modernes Design | Lang-lebigkeit |

**Bild 4.8** Merkmal-Vorteil-Nutzen-Kette

Die Nutzenüberlegungen, die sich der informierte Kunde macht, beeinflussen nachhaltig den Kauf des Produktes. Mit einer sogenannten Merkmal-Vorteil-Nutzen-Kette werden die Kundenwünsche verdeutlicht und konkretisiert.

### 4.2.4 Warenauswahl

Dem Kunden werden konkrete Produkte gezeigt. Dabei wird bei der Präsentation durch konkrete Hinweise auf die Beschaffenheit der Ware der Nutzen nochmal hervorgehoben und veranschaulicht. Je mehr der Kunde die Möglichkeit hat, sich mit dem Produkt auseinanderzusetzen, umso höher ist der Verkaufserfolg.

> **Praxis-Tipp**
> - Zeigen Sie die Ware und geben Sie Ihrem Kunden die Möglichkeit, sie zu begreifen.
> - Beschreiben Sie die Ware kundengerecht.
> - Nutzen Sie die Bedürfnisse Ihrer Kunden, um die Kaufentscheidung herbeizuführen.

Zu viele Alternativen überfordern den Kunden und können den Verkaufsabschluss gefährden.

### Preisgespräch

Spätestens, wenn der Kunde einen Kauf in Erwägung zieht, wird er nach dem Preis fragen. Während des Preisgespräches ist die persönliche Haltung des Beraters und seine Identifikation mit dem Angebot von großer Bedeutung. Werden dem Kunden die Vorteile glaubhaft vermittelt, stellt der Preis oftmals kein Problem mehr dar.

> **Praxis-Tipp**
> Zeigen Sie dem Kunden, dass Sie von den angebotenen Produkten selbst überzeugt sind und hinter den Preisen stehen.

Bei der Preisnennung hat sich die sogenannte **Sandwichmethode** bewährt. Bei dieser Methode wird der Preis nicht isoliert genannt, sondern in Argumente verpackt. Zunächst werden Produktmerkmale genannt, dann der Preis und zum Schluss die Vorteile oder der Produktnutzen. Informationen, die zu Beginn und am Ende genannt werden, verankern sich besser im Gedächtnis des Kunden. Er neigt dann eher dazu, den genannten Preis zu akzeptieren.

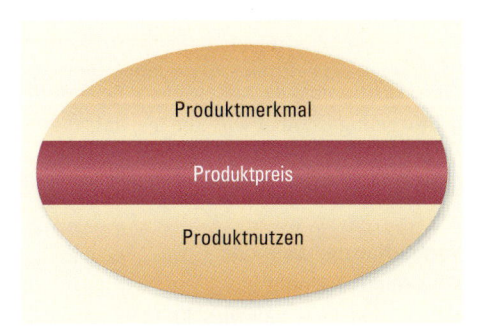

**Bild 4.9** Sandwichmethode

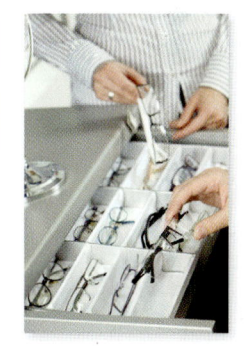

## Einwände

Nach der Nennung des Endpreises kann es zu Einwänden des Kunden kommen. Diese sind personenabhängig und sollten deshalb auch individuell abgeklärt werden. In diesem Zusammenhang haben sich Techniken bewährt, mit denen der weitere Verlauf des Gespräches konstruktiv gelenkt werden kann. Dafür muss zwischen einem Einwand und einem Vorwand unterschieden werden. Ein Vorwand enthält meist eine vorgeschobene Begründung für ein bestimmtes Verhalten: Der Käufer führt zeitliche oder finanzielle Gründe an oder gibt vor, noch Rücksprache halten zu müssen. Einwände hingegen weisen oft auf Informationsdefizite hin und sind ernsthafte Fragen zur Leistungsfähigkeit und Qualität eines Produktes.

*Beispiel:* „Das ist aber teuer."

> **Praxis-Tipp**
> Nehmen Sie Einwände nicht sofort als Ablehnung wahr. Bieten Sie dem Kunden nicht umgehend eine günstigere Lösung an, sondern erläutern Sie ihm weitere Vorteile des Produkts.

### Ja-aber-Technik

Der Berater widerspricht dem Einwand des Kunden nicht. Er stimmt ihm zunächst zu. Dann entkräftet er den Einwand des Kunden mit einem Gegenargument.
1. Schritt: Ja, das ist ein interessanter Einwand … / Gut, dass Sie das Thema anschneiden …
2. Schritt: Ist Ihnen schon bekannt, dass … / Wussten Sie, dass …

*Beispiel:*
„Es ist richtig, dass die Außensensor-Reichweite relativ gering ist. Aber wussten Sie, dass dieses Modell über ein spezielles Funknetz satellitenunterstützte Daten bezieht?"

### Vorteil-Nachteil-Methode
### (Plus-Minus-Technik)

Häufig sind Einwände des Kunden nachvollziehbar. Ihm sollte dann recht gegeben und der Nachteil bewusst eingestanden werden. Danach sollten Sie die Vorteile und positiven Eigenschaften des Produkts herausstellen.

*Beispiel:* „Das ist richtig, die Wetterstation hat kein beleuchtetes Display. Sie verfügt jedoch über eine Computerschnittstelle mit USB-Anschluss."

### Bumerang-Methode

Mithilfe der Bumerang-Methode nutzt der Augenoptiker den Einwand des Kunden als wirkungsvolles Argument, das für den Artikel spricht: Ein Nachteil wird so in einen Vorteil umgewandelt.

*Beispiel:* „Sie haben Recht, und gerade weil die Wetterstation teuer ist, können Sie sicher sein, dass sie sehr hochwertig verarbeitet ist."

### Gegenfrage

Die Gegenfrage ist ein optimales Mittel, um weitere Informationen zu erhalten oder um einen Sachverhalt zu klären. Bei einem Einwand des Kunden eignet sie sich zudem dazu, Zeit zu gewinnen.

*Beispiele:*
- „Wo soll der Außensensor montiert werden?"
- „Welche Farbe würden Ihnen denn zusagen?" oder
- „Darf ich kurz beim Kollegen Rückfrage halten?"

### Überzeugen, nicht überreden

Nur wenn der Kunde von einem Kauf überzeugt ist, wird er wieder in das Geschäft kommen. Mit guten Argumenten wird ein Kunde überzeugt. Dabei ist es nicht nur von Bedeutung, dass die Argumente dem Kunden einleuchten. Besser ist es, wenn er sie nach dem Kauf auch verinnerlicht hat. Wichtig sind verständliche Formulierungen, die durch den Einsatz von geeigneten Demonstrationsmedien untermauert werden können.

Weil eine gute Argumentation aus mehreren Gliedern besteht, wird sie auch als **Überzeugungskette** bezeichnet (Bild 4.10).

> **Praxis-Tipp**
> Stimmen Sie Ihre Argumente gezielt auf die Bedarfsanalyse ab, und geben Sie so dem Kunden das Gefühl, dass er ernst genommen wird.

| These (= Behauptung) | Argument (= Begründung) | Beleg (= Beweis oder Vergleich) |
|---|---|---|
| Diese Wetterstation ist optimal für Sie. | Die große Anzeige garantiert Ihnen eine optimale Lesbarkeit. | Unsere Kunden sind sehr zufrieden mit dem Produkt. Wir haben ausschließlich positive Rückmeldungen erhalten. |

**Bild 4.10** Überzeugungskette

### Negationen

Im Kundengespräch sollten Verneinungen vermieden werden, da das menschliche Gehirn eine negative Formulierung nur schlecht verarbeiten kann. Eine gängige Erklärung dafür ist, dass unser Gehirn, was die Weiterleitung von Informationen anbelangt, nur zwei Möglichkeiten hat. Entweder wird die komplette Information weitergeleitet (bahnen) oder die Information wird nicht weitergeleitet (hemmen).

Ein Beispiel: Hört oder liest ein Mensch den Satz „Denken Sie nicht an ein blaues Etui", wird die komplette Nachricht weitergeleitet. Dabei werden konkrete, bildliche Informationen schneller verarbeitet als abstrakte, wie das Wort „nicht". So wird zunächst das „blaue Etui" als Bild gespeichert, das dann irgendwie gelöscht werden muss, was nicht geht, da das Gehirn die Weiterleitung von Nachrichten nur bahnen oder hemmen kann.

Statt Verneinungen können Positiv-Formulierungen verwendet werden.

*Beispiel:*
Negativ: „Dieses Produkt führen wir derzeit nicht."
Positiv: „Dieses Produkt haben wir in Kürze wieder im Angebot."

> **Negation:** Verneinung

## 4.2.5 Verkaufsabschluss

Erst der Verkaufsabschluss vervollständigt das kundenorientierte Verkaufsgespräch. Während dieser Phase ist es besonders wichtig, die Kundensignale zu beachten und dem Kunden die Entscheidung möglichst einfach zu machen. Hat der Kunde sich für den Kauf eines Produktes entschieden, ist es wichtig, ihn in den sachgerechten Umgang einzuweisen. Dazu gehört, wie z. B. bei der Abgabe von Kontaktlinsen, eine Anleitung zur Pflege, zur Handhabung, aber auch Hinweise zur Eingewöhnung.

### Kognitive Dissonanzen

Der Kunde muss das Gefühl haben, bei seinem Kauf die richtige Entscheidung getroffen zu haben. Doch manchmal können miteinander unvereinbare Gedanken, Meinungen, Einstellungen, Wünsche oder Absichten einen inneren Konflikt erzeugen. Sie werden als kognitive Dissonanzen bezeichnet und treten z. B. auf, wenn neue Erkenntnisse der aktuellen Meinung widersprechen oder neue Informationen bereits getroffene Entscheidungen in Frage stellen.

**Bild 4.11** Diese Kundin erlebt eine kognitive Dissonanz

Die Ursachen für kognitive Dissonanzen können sehr vielfältig sein, z. B.
- das nachträgliche Bedauern einer Kaufentscheidung,
- das Erhalten neuer Informationen über das ausgewählte Produkt (Stiftung Warentest, Internet, Annonce, Werbung) oder
- das Ausbleiben einer positiven Rückmeldung (social support).

> **kognitiv:** erkenntnismäßig, auf das Verstehen bezogen

> **Dissonanz:** eine aus dem Widerspruch von Entscheidung und Wahrnehmung folgende innere Spannung

Kognitive Dissonanzen treten umso eher auf, je
- wichtiger die zu treffende Entscheidung ist.
- ähnlicher die Alternativprodukte sind.
- vorhersehbarer die Folgen der Entscheidung sind.
- weniger Informationen der Kunde besitzt.
- stärker das Kaufmuster vom bisherigen Verhalten abweicht.
- teurer ein Produkt ist.

*Beispiel:* Ein Kunde kauft sich spontan eine digitale Wetterstation, die er sich schon lange wünscht. Zwei Wochen später entdeckt er eine ähnliche Wetterstation bei einem Mitbewerber zu einem günstigeren Preis. Der Kunde ärgert sich einerseits über seine Spontanität. Andererseits sagt er sich, dass das bereits erworbene Produkt mehr Funktionen hat.

Der beratende Augenoptiker sollte versuchen, im Vorfeld die Entstehung kognitiver Dissonanzen beim Kunden zu vermeiden oder sie gegebenenfalls zu beseitigen. Dazu gelten folgende Regeln:
- Der Kunde braucht nachvollziehbare Gründe für seine Kaufentscheidung.
- Der Kunde muss ausführlich über die Vorteile eines Produktes informiert werden.
- Widersprüche im Verkaufsgespräch müssen vermieden werden.
- Fundierte Informationen unterstützen den Kunden bei seiner Entscheidung (z. B. Testergebnisse, Vorzüge des Produkts).

### 4.2.6 Verabschiedung

Durch die Art und Weise, wie der Kunde beraten und behandelt wird, gewinnt er einen Eindruck von den Mitarbeitern und dem Unternehmen. Werden dem Kunden Wertschätzung und Akzeptanz entgegengebracht, fühlt er sich wohl und die Voraussetzungen für Zufriedenheit und Begeisterung sind gegeben. Nur begeisterte Kunden empfehlen Ihren Betrieb weiter. **Empfehlungsmarketing** ist der beste und kostengünstigste Weg, um neue Kunden zu gewinnen.

> Empfehlungsmarketing ▶ S. 15 (Bild 1.7)

Jeder Kunde muss angemessen verabschiedet werden. Nach erfolgter Kaufbestätigung wird der Kunde zur Tür begleitet und mit einem freundlichen „Dankeschön" verabschiedet, wenn möglich sogar mit namentlicher Ansprache und Handschlag. Der Kauf des Produkts kann auch nochmal mit dem Hinweis auf die herausragenden Produktvorteile bestätigt werden.

*Beispiel:* „Vielen Dank, Frau Müller, Sie haben eine sehr hochwertige Wetterstation ausgesucht und werden sicher viel Freude daran haben."

### 4.2.7 Abgabe und Kundenbetreuung

**Abgabe**

Die Verabschiedung des Kunden ist nicht zwangsläufig das Ende des Geschäftsvorgangs. Der Vertragsabschluss beim Verkauf einer Ware erfolgt bereits, bevor sie abgegeben wird.

Kunden legen dabei sehr viel Wert auf die Einhaltung aller Zusagen sowie des Abholtermins. Zur Vereinbarung eines konkreten Termins sollte der Mitarbeiter den Kunden fragen, wie er über den Liefertermin seines Produkts informiert werden möchte.

*Beispiel:* „Am Freitag, dem 14. März, ab 16.00 Uhr liegt die bestellte Ware zur Abholung bereit. Wie dürfen wir Sie benachrichtigen?"

Durch die vereinbarte Uhrzeit lassen sich Spitzenzeiten entzerren. Termine sollten so gesetzt werden, dass die Produkte in ruhigeren Phasen des Tages abgegeben werden können. Sollte ein Liefertermin nicht eingehalten werden können, ist der Kunde rechtzeitig zu informieren, um ihm unnötige Wege und Kosten zu ersparen.

In dieser Phase können weitere Zusatzprodukte, wie zum Beispiel Etuis oder Reinigungstücher, angeboten werden. Hier sollten ebenfalls Hinweise auf Besonderheiten bei der Pflege des Produktes erfolgen, oder auf Serviceleistungen des Unternehmens hingewiesen werden.

### Kundenbetreuung

Der Erfolg eines Unternehmens hängt in hohem Maße von seinem Image ab. Er ist meist personenabhängig und nicht durch Massenwerbung beeinflussbar. Trotzdem sollte der Betrieb Kontakt aufnehmen, um den Kreis seiner Stammkunden zu pflegen und zu erweitern. Dabei gilt es, die Adressaten über die Vorteile zu informieren, von denen ein Stammkunde profitieren kann. Weil bis zum Nachkauf einer Brille durchaus Jahre vergehen können, sollte sich ein Unternehmen beim Kunden regelmäßig mit seinen Produkten und Dienstleistungen in Erinnerung bringen. Eine gut geführte Kundendatei kann den Fachbetrieb dabei ganz im Sinne des Database Marketing unterstützen.

Mithilfe einer geeigneten Software (Customer Relationship Management, kurz „CRM") ist eine systematische und organisierte Kundenpflege möglich. Die Voraussetzung für den Erfolg ist, dass die Datenbank ständig aktualisiert wird und auf dem neusten Stand ist. So lassen sich zum Beispiel Kunden auswählen,

- die im Berufsleben auf einen Bildschirmarbeitsplatz angewiesen sind,
- die eine bestimmte Sportart favorisieren,
- die seit zwei Jahren keine Brille mehr gekauft haben,
- die älter als 45 Jahre sind,
- die Kontaktlinsen tragen,
- die eine hohe Myopie besitzen,
- die einem Hobby nachgehen, das gutes Sehen voraussetzt,
- die über neue Brillengläser informiert werden möchten oder
- die seit vier Jahren nicht mehr auf Ihre Anschreiben reagiert haben.

Der Rücklauf solcher Aktionen ist ein guter Indikator für das herbeigeführte Kaufverhalten und lässt Rückschlüsse auf den Erfolg der Werbemaßnahme zu.

> **Database Marketing:** zielgruppenorientierte Marktbearbeitung auf der Basis von detaillierten Informationen zu den Kunden

### Aufgaben

1. Beschreiben Sie die Struktur eines Verkaufsgesprächs und erläutern Sie kurz die einzelnen Phasen.
   In welcher Phase bietet sich ein Zusatzangebot an?

2. Das MIHADES-Modell nennt die Aspekte der Telefonkompetenz. Simulieren Sie unter Beachtung dieser Aspekte ein Telefongespräch.

3. Benennen Sie Fragearten, die sich für die Bedarfsanalyse eignen und formulieren Sie bedarfsermittelnde Fragen für einen an Ferngläsern interessierten Kunden.

4. Die Preisnennung stellt im Beratungsgespräch oft eine schwierige Situation dar. Erläutern Sie in Kurzform, was man unter der Sandwich-Methode versteht. Spielen Sie einen Beispieldialog mit einem Partner durch.

5. Begründen Sie, warum negative Formulierungen im Verkaufsgespräch vermieden werden sollten.

6. „Das ist aber teuer!" Analysieren Sie die Aussage des Kunden aus der Eingangssituation (S. 127) und überlegen Sie, wie Sie darauf reagieren können.

7. Führen Sie mit einem Partner ein Telefongespräch. Nehmen Sie die Rolle eines Kunden ein, der eine Rückfrage zur Bedienung seiner Wetterstation hat. Holen Sie sich nach dem „Telefonat" ein Feedback ein, wie sich Ihr Gesprächspartner gefühlt hat. Nutzen Sie das Feedback zur Optimierung realer Kundentelefonate.

## 4.3 Warenpräsentation

> Ihr Chef bittet Sie darum, die Lücken der Brillenauslage zu füllen sowie die Fassungen zu sortieren. Anschließend sollen Sie die Schaufensterauslage kontrollieren.

In Zeiten schnell wechselnder Produktlinien und Trends kommt der Warenpräsentation und dem zielgruppenorientierten Marketing eine große Bedeutung zu. Das Verhalten der Konsumenten hat sich verändert. Sie sind kritischer, wählerischer und umweltbewusster geworden.

Hinzu kommt eine vermehrte Aufklärung durch die Medien. Aufgrund der aggressiven Preispolitik unter den Wettbewerbern ist es wichtig, Waren wirkungsvoll zu präsentieren und Kunden gezielt anzusprechen, um Kaufimpulse auszulösen.

### 4.3.1 Grundlagen des Marketing

Für Unternehmen wird es zunehmend schwieriger, sich am Markt zu behaupten. Zurückzuführen ist das auf die hohe Wettbewerbsintensität, die rasante Marktentwicklung, auf die Sättigung der Märkte und auf die zunehmende Globalisierung. Nur der Unternehmer, der die Bedürfnisse der Kunden befriedigt, hat Erfolg. Marketing orientiert sich an der Fragestellung, wie die Wünsche der Kunden am besten erfüllt werden können. Der Leitgedanke des Marketing ist die konsequente Ausrichtung des Unternehmens an den Bedürfnissen des Marktes.

*Bedarfsanalyse ▶ S. 133 f. (4.2.2)*

Die Erwartungen des Kunden lassen sich nach Grundforderungen (selbstverständliche Erwartungen), Leistungsforderungen (explizit geäußerte Wünsche) oder Begeisterungsforderungen (außergewöhnliche oder unbekannte Wünsche) einzuteilen. Sie sind von Kunde zu Kunde sehr unterschiedlich. Durch geeignete Fragetechniken und eine ausführliche **Bedarfsanalyse** lassen sich die Forderungen des Kunden ermitteln.

Um Kunden emotional an bestimmte Produkte bzw. ein bestimmtes Unternehmen zu binden, werden Marketinginstrumente, wie z.B. Kundenclubs, Kundenzeitschriften oder Kundenkarten angeboten. Ein gezieltes Beschwerdemanagement und Dienstleistungsgarantien spielen bei der Erzeugung emotionaler Kundenbindungen ebenfalls eine große Rolle.

> Marketing ist die Planung, Durchführung und Kontrolle aller auf die aktuellen und potenziellen Märkte ausgerichteten Unternehmensaktivitäten mit dem Ziel, eine langfristige Kundenbindung zu erhalten. (Heribert Meffert)

Eine **Kundenbindung** ist stabil, wenn der Kunde dauerhaft zufrieden ist oder seine Erwartungen übertroffen wurden. Kundenbindung und Kundenzufriedenheit meinen nicht automatisch das Gleiche. Ein Kunde, der einmalig zufrieden gestellt wurde, wird nicht zwangsläufig zum Stammkunden.

Nach einer unausgesprochenen Regel steigen die Gewinne durch treue Kunden des Unternehmens mit jedem Jahr der Geschäftsbeziehung. Somit ist der Kundenwert ein Indikator für den Wert eines Unternehmens. Eine dauerhafte Kundenbindung aufzubauen und aufrecht zu erhalten ist also etwas, das jeder Unternehmer anstreben sollte.

## Marketinginstrumente

Um herauszustellen, was ein Produkt oder eine Marke einzigartig macht im Vergleich zu den Produkten der Mitbewerber, bedient man sich des sogenannten Marketing Mix. Dabei handelt es sich um eine Mischung aus sieben Instrumenten.

- **Produktpolitik (Product)**
  Die Produktstrategie legt das Qualitätsniveau der Produkte fest. Die Produktpolitik beschäftigt sich mit sämtlichen Entscheidungen, die im Zusammenhang mit der Gestaltung des Leistungsprogramms einer Unternehmung stehen und das Leistungsangebot (Sach- und Dienstleistungen) eines Unternehmens repräsentieren: Qualität, Zusatzoptionen, Produktlinien, Sortiment, Garantieleistung und Serviceleistungen.

  Die Strategie der Qualitätsführerschaft ist mit einer hochwertigen Ausgestaltung der Produkte und Leistungen verbunden.
  Die Produktstrategie eines Kostenführers beschränkt sich meist auf eine Realisierung einer „Standard-Qualität" ohne zusätzliche Serviceleistungen. Niedrige Erstellungskosten verschaffen dem Unternehmen einen Wettbewerbsvorteil.

- **Preispolitik (Price)**
  Die Preispolitik legt fest, zu welchen Konditionen dem Kunden ein Produkt angeboten wird. Die Festlegung der Preisstrategie hängt dabei von der Positionierung des Unternehmens im Markt ab:
  Im Falle einer Qualitätsführerschaft wird sich das Unternehmen für ein hohes Preisniveau (Hochpreisstrategie) entscheiden. Bei der Kostenführerschaft wird das Preisniveau eher niedrig sein (Niedrigpreisstrategie). Bedient ein Unternehmen unterschiedliche Zielgruppen, steht die Preisdifferenzierungsstrategie im Vordergrund: Für dasselbe Produkt werden unterschiedliche Preise gemacht, um die unterschiedliche Preisbereitschaft von Zielkunden auszunutzen.

**Qualitätsführerschaft:** Unternehmen strebt hohe Qualität der Produkte an, kann dafür auch hohe Preise verlangen

**Kostenführerschaft:** Unternehmen produziert Produkte kostengünstig, kann deshalb auch geringe Preise festlegen

**Place**
- Vertriebsmethoden
- Absatzkanäle
- Logistik
- Versand
- Transport
- E-Commerce

**Product**
- Qualität
- Ausstattung
- Innovation

**Price**
- Preis-Leistungsgestaltung
- Rabattgestaltung
- Liefer- und Zahlungsmodalitäten

**Physical facilities**
- Räume
- Ambiente
- Arbeitsmittel
- Symbole

**Kunden-Zielgruppe**

**Promotion**
- Werbung
- Direktmarketing
- Öffentlichkeitsarbeit
- Corporate Identity

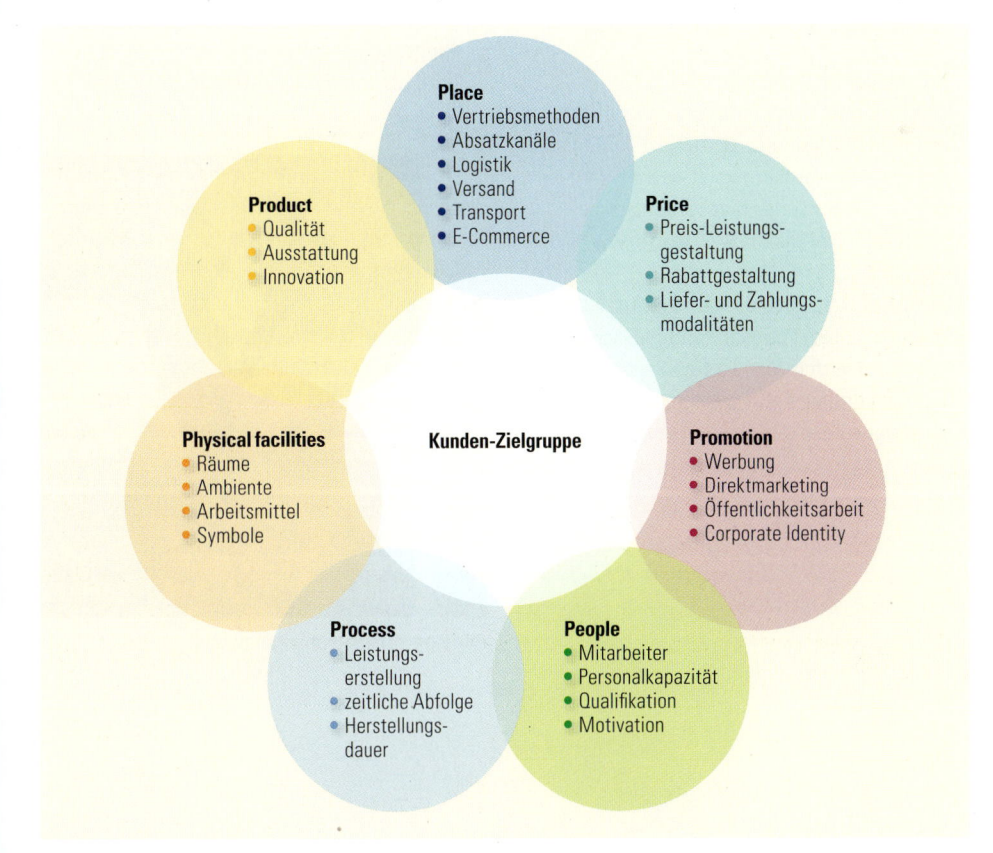

**Process**
- Leistungserstellung
- zeitliche Abfolge
- Herstellungsdauer

**People**
- Mitarbeiter
- Personalkapazität
- Qualifikation
- Motivation

**Bild 4.12** Die sieben Ps des Marketing-Mix

# 4 Zusatzprodukte und Kontaktlinsenpflegemittel anbieten und verkaufen

Besonderes Augenmerk wird auf die Listenpreise, Rabatte, Mengenzu- und -abschläge und Zahlungsziele gelegt.

- **Kommunikationspolitik (Promotion)**
Die Kommunikationspolitik beschäftigt sich mit der Kontaktpflege zu den Kunden. Der Kunde soll die Vorteile der Produkte vermittelt bekommen durch Werbung, Verkaufsförderung und Öffentlichkeitsarbeit, aber auch mithilfe der Corporate Identity.

> Corporate Identity
> ▶ S. 149 (4.3.2)
>
> **Corporate Identity:** Identität, Persönlichkeit eines Unternehmens

- **Vertriebs- und Präsentationspolitik (Place)**
Mithilfe der Verkaufspolitik wird entschieden, wo und über welche Vertriebswege die Produkte angeboten werden.
Bei der Qualitätsstrategie werden Vertriebswege und Vertriebspartner ausgewählt, die das hochwertige Image des Unternehmens transportieren.
Bei der Kostenführerschaft richtet sich die Vertriebsstrategie eher auf die Frage, durch welche Vertriebskanäle und Vertriebspartner die angestrebten Mengeneffekte und die damit verbundenen Kostenvorteile zu realisieren sind (Vertrieb in Discountern oder Fachmärkten, Absatzkanäle, Warenlogistik).

> Verkaufs-
> atmosphäre ▶ S. 145 (4.3.4)

- **Prozesspolitik (Process)**
Das Prozessmanagement beschäftigt sich mit dem Analysieren, Gestalten, Dokumentieren und Verbessern von Geschäftsprozessen. Die zentrale Fragestellung dazu lautet: „Wer macht was, wann, wie und womit?".
Ziel ist es, Arbeitsabläufe effizienter zu machen, indem klare Zuständigkeiten geschaffen werden: Wer ist für was verantwortlich und wer gibt welche Informationen an wen weiter?

- **Personalpolitik (People)**
Die Personalpolitik befasst sich mit den Fragen der Personalkapazität, der Qualifizierung und des Schulungsbedürfnisses des Personals sowie der Mitarbeitermotivation. Sind die Mitarbeiter zufrieden, erbringen sie bessere Leistungen, Fehl- und Krankheitszeiten sinken. Qualifizierte Mitarbeiter bleiben länger im Unternehmen. Zudem nehmen Kunden zufriedene Mitarbeiter eher als qualifiziert und kompetent wahr. Diese Faktoren können zu einem Wettbewerbsvorteil gegenüber Konkurrenzunternehmen führen.

- **Ausstattungspolitik (Physical facilities)**
Mit der Ausstattungspolitik ist das Erscheinungsbild des Unternehmens, der Mitarbeiter und die technische Ausstattung gemeint. Die Aufgabe der Ausstattungspolitik ist es, eine emotionale Brücke zwischen dem Kunden und dem Unternehmen zu bilden. Das Kundenerlebnis steht dabei im Mittelpunkt. Der Kunde möchte begeistert und unterhalten werden. Design und Ausstattung der Räumlichkeiten und auch das Erscheinungsbild der Mitarbeiter vermitteln einen Eindruck von der Qualität, die der Kunde erwarten kann.

**Bild 4.13** Ausstattungspolitik

## 4.3.2 Corporate Identity

Die Corporate Identity (CI) ist so etwas wie die Persönlichkeit eines Unternehmens. Sie ist das „Image", das in der Öffentlichkeit wahrgenommen werden soll. Das Image wird geprägt vom Verhalten, dem Erscheinungsbild und der Art der Kommunikation. Angestrebt wird ein einheitliches und unverwechselbares Unternehmensbild, das zur Identifikation einlädt.

| Corporate Identity | |
|---|---|
| **Innenwirkung:** Die Mitarbeiter identifizieren sich mit ihrem Unternehmen, es entsteht ein „Wir"-Bewusstsein. Dies führt im Idealfall zu höherer Motivation und größerer Leistungsbereitschaft. | **Außenwirkung:** Das Unternehmen wird nach außen einheitlich präsentiert. Geschäftsausstattung und Kommunikationsmittel im Corporate Design sowie eine einheitliche Kommunikationspolitik und das nach außen vermittelte Zusammengehörigkeitsgefühl der Mitarbeiter (Corporate Behaviour) vermitteln den Kunden gegenüber Glaubwürdigkeit. |

■ **Corporate Design:** einheitliches, visuelles Erscheinungsbild durch Farbgebung, Typographie und Layout

■ **Corporate Behaviour:** einheitliches Verhalten aller Unternehmensmitglieder

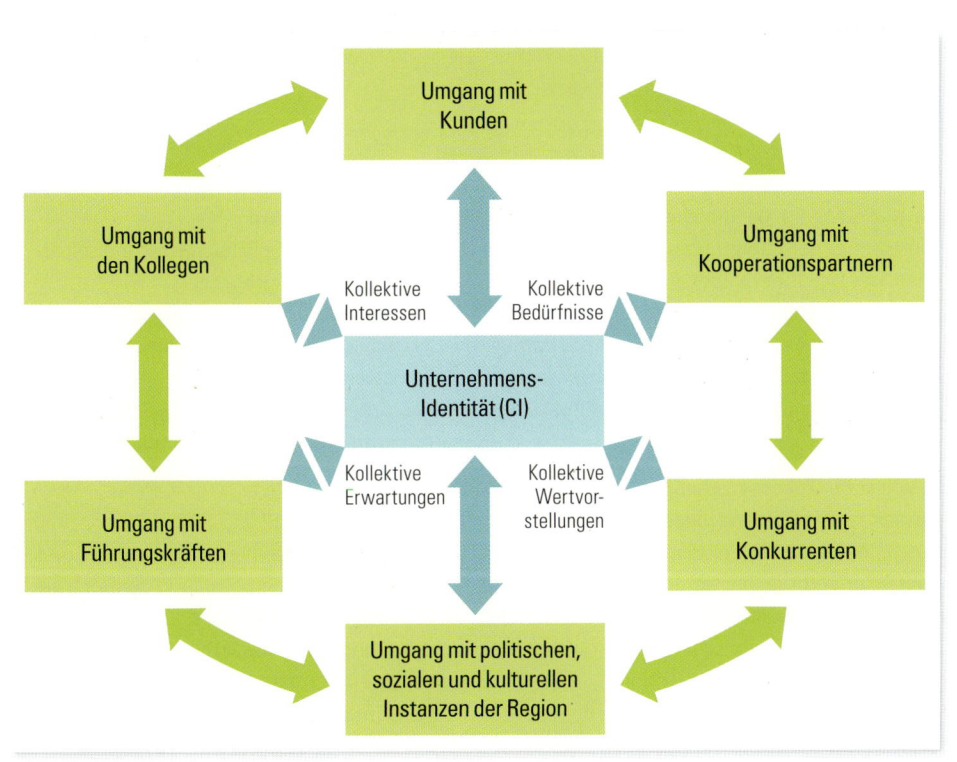

**Bild 4.14** Unternehmensidentität (CI)

### 4.3.3 Zielgruppen

Eine Zielgruppe bezeichnet die Zusammenfassung mehrerer Kunden, die gleiche oder ähnliche Bedürfnisse und Wünsche haben. Die Kunden einer bestimmten Zielgruppe können mit derselben Werbung angesprochen sowie mit ähnlichen Leistungen und gleichartigen Angeboten erreicht werden.

Versucht ein Unternehmen alle Kunden gleichermaßen zu bedienen, wird im Marketing von „Franzbranntwein-Positionierung" gesprochen. Das bedeutet, dass ein Unternehmen für alles gut ist, aber für nichts richtig gut.

Kein Mensch möchte einer von vielen sein. Menschen wollen individuell angesprochen werden. Das setzt voraus, dass ein Unternehmen seine Kunden kennt und deren Bedürfnisse erfüllen kann. So können Angebote auf eine klare Zielgruppe viel effizienter ausgerichtet werden. Marketing ist also auch das Denken in Zielgruppen. Die Auswahl der Zielgruppen kann anhand von verschiedenen Merkmalen kategorisiert werden.

| Soziodemographische Merkmale | Psychologische Merkmale | Spezifische Merkmale |
|---|---|---|
| Alter<br>Geschlecht<br>Bildung<br>Wohnortgröße<br>Einkommen | Neigung<br>Wünsche<br>Einstellungen<br>Vorurteile<br>Ängste | Freizeitverhalten<br>Kaufverhalten<br>Besitzansprüche |

**Bild 4.15** Merkmale zur Kategorisierung von Zielgruppen

Da diese Merkmale für eine vollständige Beschreibung der Zielgruppe oft nicht ausreichen, hat sich innerhalb der Markt- und Sozialforschung die sogenannte **Lifestyle-Forschung** herausgebildet. Diese Forschung ist darauf spezialisiert, das Verhalten der Konsumenten deutlich zu machen, indem sie ausführlich ihren Lebensstil untersucht.

In diesem Zusammenhang führte in den 1990er Jahren eine Werbeagentur eine Studie durch, in der die unterschiedlichen Lebensstile deutscher Verbraucher untersucht wurden. Dabei haben sich zwölf Lebensstile herauskristallisiert, die sich kategorisieren lassen (Bild 4.16).

**Traditioneller Lebensstil**
- die „aufgeschlossen Häusliche" – patent, konservativ, offen, Hausfrau und Mutter
- der „Bodenständige" hat durch harte Arbeit einen bescheidenen Wohlstand erreicht und ist das Oberhaupt der Familie
- die „bescheidene Pflichtbewusste" – tugendhaft, anspruchslos und schicksalsergebene Rentnerin

**Gehobener Lebensstil**
- die „Arrivierten" – erfolgreiche und selbstbewusste Bildungsbürger
- die „neue Familie" – sucht ihren Sinn in der Partnerschaft, Kind, Wohlstand, aber auch Selbstverwirklichung
- die „jungen Individualisten" – intellektuell mit kritischem Bewusstsein und genussorientiertem Lebensstil

**Moderner Lebensstil**
- die „Aufstiegsorientierten" – karriere- und statusbewusst, ehrgeizig und dennoch genussfreudig
- die „trendbewussten Mitmacher" – sehen ihren Lebensinhalt in Freizeitaktivitäten, Konsum und Prestige
- die „Geltungsbedürftigen" – schlechte Zukunftsaussichten, resignierende Lebenseinstellung, die Schuld bei anderen suchen

## Jugendlich-moderner Lebensstil

- die „fun-orientierten Jugendlichen" – wollen alles, was Spaß macht und jagen jedem Trend hinterher
- die „Angepasste" – liebt Mode, Kosmetik, Romanzen, die neuen Hits, ihre Träume sind kleine Fluchten aus dem Alltag
- der „Coole" – ist ein Macho und liebt Action und Abenteuer

Die Eingruppierungen und Typologien werden ständig aktualisiert und tragen zum Teil fantasievolle Namen, wie zum Beispiel LOHAS (Lifestyle of health and sustainability), eine weitere Zielgruppe, die auf Gesundheit und ökologische Nachhaltigkeit setzt.

| traditioneller Lebensstil | gehobener Lebensstil | moderner Lebensstil | jugendlich-moderner Lebensstil | „LOHAS" |

Bild 4.16  Verschiedene Lebensstile

### 4.3.4 Verkaufsatmosphäre

Zu einem sogenannten Erlebniskauf gehört, dass einem Kunden mehr als nur die passenden Waren und Dienstleistungen geboten werden. Die Konsumenten stellen immer höhere Ansprüche. Je wünschenswerter, wertvoller und interessanter Angebote in Erscheinung treten, desto mehr trägt die Verkaufsatmosphäre dazu bei, kaufentscheidende Impulse zu vermitteln. Eine einladende Atmosphäre hebt das Lebensgefühl der Klienten und hilft, die angebotenen Produkte zu verkaufen.

Verkaufsunterstützende Materialien müssen warenbezogen eingesetzt werden. Eine übersichtliche Unterteilung nach Warengruppen ist dabei sinnvoll und leitet den interessierten Kunden sicher zu seinem gewünschten Produkt. Die Warengruppen bilden dabei eine sinnvolle Einheit. Gestaltungsmittel wie Farbe, Form und Licht vermitteln gezielt eingesetzt eine angenehme Atmosphäre. 80 % der Sinneseindrücke entfallen auf das Sehen und nur 20 % auf das Hören, das Riechen, das Schmecken und das Tasten. Licht betont, wirkt verkaufsfördernd, steigert die Bedeutung der Auslagen, schafft Signalwirkungen und Aufmerksamkeit. Es kann auch begrenzenden Charakter haben und Teile einer Gruppierung gliedern.

Bei der Planung der Schaufensterbeleuchtung und der Ladeneinrichtung richtet sich die Beleuchtung nach den räumlichen Verhältnissen, dem Umgebungsumfeld und den Waren- und Dienstleistungsangeboten. Eine gezielt eingesetzte Dekoration setzt Schwerpunkte und regt zum Kauf an.

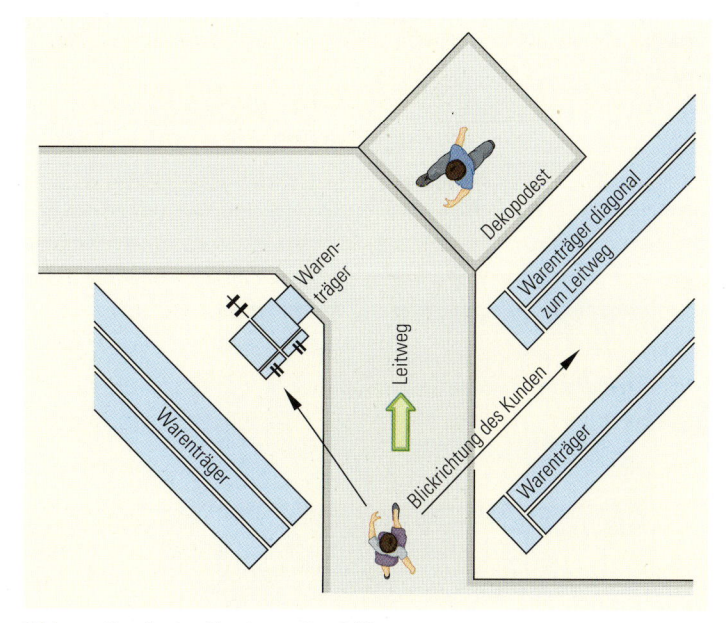

Bild 4.17  Kundenlauf in einem Geschäft

Der Kundenlauf in einem Geschäft wird als „Fenster am Gang" oder „Loop" bezeichnet und dient zur Verkehrsführung des Kunden. Er wird durch Licht und eine möglichst frontale Warenpräsentation unterstützt. Ideal ist, wenn sich ein Kunde jederzeit einen Überblick im Raum verschaffen kann. Dabei orientiert er sich in der Regel an den Produkten.

### 4.3.5 Warenplatzierung

Viele potenzielle Käufer informieren sich bereits im Vorfeld über das Produkt, deshalb haben die Warenpräsentation, die Gestaltung des Verkaufsraumes und die Dekoration einen entscheidenden Einfluss auf die Kaufentscheidung.

Wie bei der Wahrnehmung des Verkaufsraums gibt es auch Unterschiede bei der Wahrnehmung der Regalebenen, denn der Kunde nimmt nur das wahr, was er ohne Mühe erkennt. Sein Gesichtsfeld ist sowohl in der Höhe als auch in der Breite begrenzt. Dieses Phänomen wird auch als „Taucherbrilleneffekt" bezeichnet.

Die Anordnung der Waren muss für den Kunden nachvollziehbar sein, damit er sich leichter orientieren kann. Studien über das Kaufverhalten haben ergeben, dass die Blickrichtung der Kunden im Geschäft bei der Orientierung horizontal und die Suche nach einem ihren Wünschen entsprechenden Produkt vertikal verlaufen. Aus diesem Grund werden Produktgruppen im Rahmen der **Blockplatzierung** als Einheit angeordnet.

Brillenfassungen, Kontaktlinsenpflegemittel und einige Handelswaren eignen sich besonders für die Anordnung gemäß einer Blockplatzierung.

> **Warensegment:** Produktgruppen
>
> **VKF:** Abkürzung für Verkaufsförderungsmaßnahmen
>
> **POS:** Abkürzung für Point of Sale, also den Ort, wo ein Produkt gekauft wird

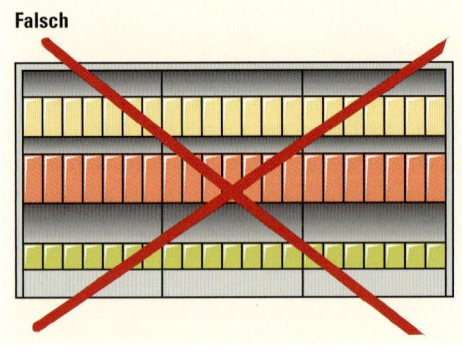

**Bild 4.18** Blockplatzierung von Waren

Die Blockplatzierung wird in drei Arten unterteilt. Beim **Markenblock** erfolgt die Platzierung nach Marken und beim **Segmentblock** nach Warensegmenten. Der sogenannte **Kreuzblock** unterliegt beiden Kriterien. Bild 4.19 zeigt die horizontale Anordnung der Produktgruppen und die vertikale Anordnung der Markenblöcke.

Zu den Werbematerialien gehören alle Mittel, die der Augenoptiker zur unterstützenden Präsentation seiner Waren und Dienstleistungen sowie seines Unternehmens nutzen kann. Dazu gehören unter anderem der Kundenflyer, Broschüren, die Webseite des Unternehmens als auch kreative VKF-Visuals und POS-Materialien.

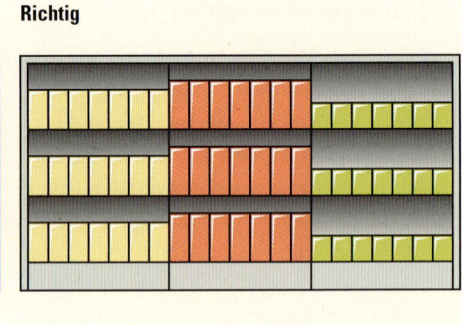

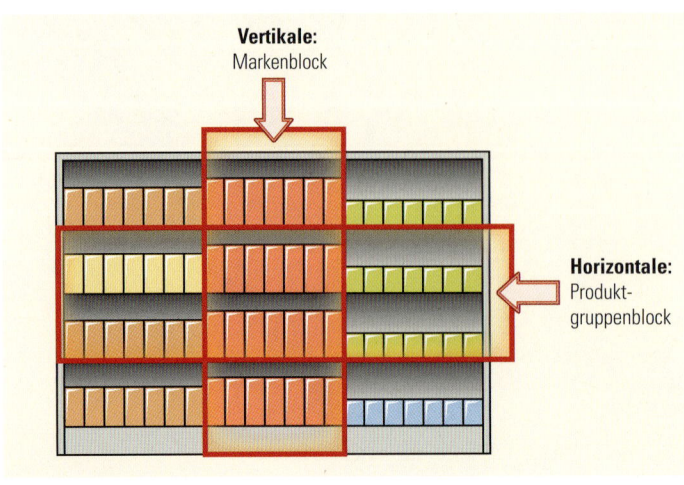

**Bild 4.19** Kreuzblock

Mit Verkaufsförderungsmaßnahmen wird die angesprochene Zielgruppe zum Kauf eines Produkts animiert. Typische VKF-Maßnahmen sind Sonderverkaufsaktionen oder Probieraktionen. Bei den POS-Materialien handelt es sich um alle Werbemittel, die unmittelbar verkaufsfördernd genutzt werden können, wie zum Beispiel Aufsteller oder Plakate.

**Regalzonen**

Die Regalzonen lassen sich in vier verschiedene Bereiche einteilen. Die obere Regalzone wird als **Reckzone** bezeichnet. Sie ist weniger verkaufswirksam und ist für Artikel geeignet, die gezielt gesucht werden.

**Bild 4.20** Verkaufsmedien

Die Höhe der **Sichtzone** ist von der Körpergröße der Kunden abhängig. In diesem Bereich haben die Kunden die beste visuelle Wahrnehmung. Aus diesem Grund ist die Sichtzone die umsatzstärkste Zone. In Sichthöhe werden gut kalkulierte Waren, schlecht zu verkaufende Artikel und Luxusartikel platziert.

Die sogenannte **Griffzone** ist gut für Zusatzartikel geeignet. Artikel mit geringer Gewinnspanne sowie Massenartikel werden idealerweise in der **Bückzone** präsentiert.

**Bild 4.21** POS-Materialien

Horizontal betrachtet befindet sich in der Regalmitte die umsatzstärkste und auf der rechten Seite die zweitumsatzstärkste Zone. Die linke Seite ist für umsatzschwächere Produkte geeignet.

| Regalzone | Höhe | Bedeutung |
|---|---|---|
| Reckzone | > 1,70 m | kleines Warenlager, umsatzschwächste Zone |
| Sichtzone | 1,20 bis 1,70 m | umsatzstärkste Zone |
| Griffzone | 0,80 bis 1,20 m | umsatzschwache Zone |
| Bückzone | < 0,80 m | umsatzschwächste Zone |

**Tabelle 4.2** Bereiche der Regalzonen

**Schaufenster**

Für viele Menschen ist Einkaufen mit großem Stress verbunden. Häufig wird der Kunde mit Reizen überflutet. Visuelles Marketing versucht den Kunden schon von weitem anzusprechen: Das Schaufenster und die Fassade des Unternehmens stellen den ersten wichtigen Kontakt zum Kunden her und sind wichtige Kommunikationselemente. Im Marketing wird auch von einem „Türöffner" gesprochen, der den Blick gezielt auf die Waren lenken und Kaufimpulse auslösen soll. Die Werbewirkung der Schaufenstergestaltung basiert auf einem vierstufigen Konzept, dem sogenannten AIDA-Modell.

**Attention**
Die Werbung soll Aufmerksamkeit erregen.

**Action**
Der Besitzwunsch löst die Handlung aus.

**AIDA**

**Interest**
Durch eine gezielte Werbung soll das Intersse geweckt werden.

**Desire**
Die Werbebotschaft soll verstanden, und dadurch der Besitzwunsch ausgelöst werden.

**Bild 4.22** AIDA-Modell

**Bild 4.23** Plakatfenster und Stapel-Fenster

**Bild 4.24** Anlassfenster

Schaufenster werden von Gestaltern für visuelles Marketing in Absprache mit dem Geschäftsinhaber und seinen Mitarbeitern gestaltet. Die Gestaltung kann auf sehr unterschiedliche Art und Weise erfolgen. Das sogenannte **Übersichts-Fenster** verschafft dem Klienten einen ersten Überblick über das Sortiment.

Das **Stapel-Fenster** zeigt nur Waren einer bestimmten Warengruppe und wirkt häufig überfüllt. Die Produkte verlieren dadurch ihre Einzelwirkung. Daher ist diese Art der Übersicht nicht für alle Produkte und Unternehmen geeignet und kommt vor allem bei Discountern zum Einsatz.

**Fantasie-Fenster** vermitteln dem Klienten eine ideenreiche Präsentation, die Ware wird zum Mittelpunkt. Dadurch können Exklusivität und Kreativität des Unternehmens zum Ausdruck gebracht werden.

**Plakat-Fenster** zeigen meist nur eine kleine Warengruppe, die in Kombination mit Werbeplakaten Atmosphäre erzeugen soll. Sie können auch produktfrei sein und lediglich die Funktion des Werbeträgers übernehmen. Plakatfenster sind häufig im Dienstleistungssektor vorzufinden und sollen das Interesse des Kunden an weiteren Produktinformationen wecken. Manchmal übernehmen auch Kurzvideos die Funktion von Plakaten und veranlassen den Kunden, längere Zeit stehenzubleiben.

**Spezial-** oder auch **Qualitäts-Fenster** präsentieren ein Highlight des Warensortiments. Durch die exklusive Präsentation wird die Wertigkeit eines Produktes hervorgehoben.

**Anlass-Fenster** zeigen saisonale Inhalte und stellen einen Bezug der Ware zu besonderen Ereignissen dar.

Ein **Themen-Fenster** zeigt meist einen Verwendungszusammenhang und spricht die Emotionen der Kunden an. Das „Themen-Fenster" wird zu besonderen Anlässen genutzt, wie beispielsweise Weihnachten, Urlaub, verschiedene Mode- und Stilrichtungen oder Oktoberfest. In Themen-Fenstern werden viele Zusatz- und Ergänzungsprodukte beworben und dadurch leichter verkauft. Weil das aktuelle Thema unter Umständen nicht jeden Kunden anspricht, sollte das Schaufenster in verschiedene Bereiche unterteilt werden.

**Sensations-Fenster** sollen die Aktualität und Besonderheit eines Produktes in besonderem Maße akzentuieren sowie zur Präsentation von Neuheiten genutzt werden.

Das Schaufenster ist die unmittelbare Verbindung zum Verkaufsraum. Deshalb eignen sich offene Schaufenster besonders, da sie einen ersten distanzierten Blick in die Geschäftsräume ermöglichen, gleichzeitig dringt mehr Tageslicht in die Verkaufsräume. So erhält ein potenzieller Kunde einen ersten Eindruck vom Verkaufsgeschehen. Innerhalb von sieben Sekunden kann ein Schaufenster zum Kundenmagnet werden. Fühlt sich der Passant angesprochen, bleibt er stehen und entnimmt der Warenauslage genauere Informationen. Dadurch können Bedürfnisse geweckt und Kaufhandlungen ausgelöst werden.

> **Praxis Tipp**
> Mithilfe einer Checkliste können Sie die Wirksamkeit Ihres Schaufensters optimieren (Bild 4.25).

| Checkliste zur Schaufenstergestaltung | OK |
|---|---|
| • Ist das Schaufenster geputzt? Ist die Front sauber? | |
| • Sind die Fensterscheiben frei von alten Kleberesten? | |
| • Ist der Gehweg vor dem Schaufenster sauber? | |
| • Ist der Bereich vor dem Schaufenster barrierefrei / rutschsicher? | |
| • Sind die Leuchtmittel intakt? | |
| • Wirkt die Dekoration aus der Entfernung? | |
| • Ist das Verhältnis zwischen Waren und Dekorationsmitteln optimal? | |
| • Wird der Passant durch nicht enspiegelte Fensterscheiben geblendet? | |
| • Sind einzelne Produktgruppen erkennbar? | |
| • Ist die Beleuchtung der Waren korrekt? | |
| • Ist der Außenauftritt konform mit dem Geschäftsinnern? | |
| • Ist der Firmenname bzw. das Logo auch aus der Distanz sichtbar? | |
| • Sind alle Waren korrekt und sichtbar ausgezeichnet? | |

**Bild 4.25** Checkliste zur Schaufenstergestaltung

## 4.3.6 Warenauszeichnung

Die optische Gestaltung der Preise von Waren oder Dienstleistungen ist für einen Augenoptiker ein wichtiges Marketinginstrument, um das Kaufverhalten der Kunden zu beeinflussen und damit den Umsatz zu steigern.

Der deutsche Einzelhandel ist größtenteils zur Preisauszeichnung gesetzlich verpflichtet. Die Preisauszeichnung muss dem jeweiligen Artikel deutlich sicht- und lesbar zuzuordnen sein.

Der Kunde trifft seine Kaufentscheidung nicht ausschließlich auf der Basis von objektiv lesbaren Zahlen. Daher kommt es darauf an, dass die Preise optisch besonders günstig wirken und weniger darauf, dass sie es tatsächlich sind.

Zu den Maßnahmen der Preisoptik zählen die Angabe von gebrochenen Preisen und Ziffernfolgen sowie die äußere Darstellung der Preisangaben.

**Gebrochene Preise**
Der Kunde empfindet Preise, die knapp unterhalb von runden Beträgen liegen, günstiger als volle Beträge. Das trifft selbst dann zu, wenn die Preisdifferenz sehr gering ist (z. B. 199,– € statt 200,– €). Dabei ist die Höhe des Preises nicht relevant. Die Darstellung des Preises ist oft für die Kaufentscheidung ausschlaggebend. Produkte mit gebrochenen Preisen lassen sich leichter verkaufen, obwohl der kalkulierte Preis nur geringfügig unterschritten wird.

### Ziffernfolgen

Die Ziffernfolgen bei mehrstelligen Preisen haben einen ähnlichen Effekt wie die gebrochenen Preise. Absteigende Ziffernfolgen werden auch bei einem geringen Unterschied als deutlich preisgünstiger wahrgenommen als aufsteigende (z. B. 198,50 € statt 199,90 €).

### Darstellungsform

Die Gestaltung der Preisauszeichnung kann das Preisempfinden der Kunden ebenfalls beeinflussen. Je größer die Schrift der Preisangabe, desto preisgünstiger empfindet der Kunde den Artikel. Weil es der Augenoptiker in erster Linie mit fehlsichtigen Klienten zu tun hat, ist ohnehin auf eine gute Lesbarkeit der Preise im Schaufenster zu achten. Reizworte wie „Sonderangebot", „Angebotspreis" oder „nur" verstärken die Annahme, die Ware sei besonders günstig. Die Wahrscheinlichkeit, dass der Klient sich noch weitere Preisauskünfte bei anderen Unternehmen einholt, sinkt erheblich.

## 4.3.7 Warenvorlage

Produkte bzw. Waren müssen gesehen werden, denn visuelles Marketing sorgt für Kaufstimulanz. Es wird nur das verkauft, was der Klient sieht, deshalb müssen alle Waren attraktiv präsentiert werden. Dabei dürfen auch die Dienstleistungen des Unternehmens nicht verborgen bleiben.

Menschen erfahren schon in frühester Kindheit ihre Umwelt über den Tastsinn. „Anfassen" ist eine wichtige Verkaufskomponente. Bei der Warenvorlage sind deshalb möglichst viele Sinne des Kunden anzusprechen. Die Kaufentscheidung wird durch sogenannte Demonstrationsmedien (Demo-Tools) unterstützt. Im „Selbstbedienungsgeschäft" hat der Klient die Möglichkeit, die Produkte unbeeinflusst zu erleben.

Die angebotenen Produkte müssen verkaufsgerecht präsentiert werden und vom Kunden leicht auffindbar und ohne Anstrengung zu entnehmen sein. Dabei spielt das Sortiment eine große Rolle. Es wird zwischen der Sortimentstiefe und -breite unterschieden. Die Sortimentstiefe umfasst die zahlreichen Ausführungsvarianten einer Produktart, die Sortimentsbreite definiert sich über die verschiedenen Produktarten in einem Sortiment.

Der Klient möchte zwischen Angeboten wählen können und überzeugend informiert werden. Er wägt ab, vergleicht, sichtet und im Idealfall folgt sein Kaufentschluss. Der Konsument möchte unbewusst zum Kauf verleitet werden und dennoch das Gefühl haben, selbstständig zu wählen.

Bei der Warenvorlage sind die Informationen aus der Bedarfsermittlung zu berücksichtigen. Bei der Präsentation kann der Nutzen für den Klienten erneut aufgegriffen werden, während er die gewünschte Ware in den Händen hält. Dadurch werden mehrere Sinne angesprochen und der Klient bekommt das Gefühl einer individuellen Beratung. Die Ansprache verschiedener Reize bewirkt, dass der Kunde sich die Informationen besser merken kann. Die produktbezogenen Informationen können leichter nachvollzogen werden und einen Kaufimpuls verstärken. Damit der Kunde nicht überfordert wird, sollte die Warenvorlage in der Entscheidungsphase nicht mehr als drei Produkte umfassen.

**Bild 4.26** Demo-Tools zur Glaspräsentation

In einer kundenorientierten Beratung müssen die Eigenschaften der Produkte mit den Wünschen des Kunden übereinstimmen. An dieser Stelle bietet sich der Hinweis auf Zusatz- oder Serviceleistungen an. Solche Zusatzverkäufe werden als **Cross-Selling** bezeichnet. Eine Ware sollte unabhängig vom Preis wertig präsentiert werden. Für die Vorlage von Brillenfassungen bieten sich stoffbezogene Tableaus oder Präsentationsboxen an.

> **Praxis-Tipp**
> Beginnen Sie bei der Warenvorlage mit der mittleren Preiskategorie. Je nachdem, wie der Kunde reagiert, können Sie die Preislage nach oben oder nach unten verändern.

> **Cross-Selling:** Verkauf von sich ergänzenden Produkten

### 4.3.8 Warenpflege

Die Warenpräsentation entfaltet erst dann ihre volle Wirkung, wenn Produkte und Warenbestand ständig gepflegt werden. Dadurch kommt der Warenpflege eine besondere Bedeutung zu. Sie sollte täglich erfolgen.

Bereits durch die Vermeidung von Bevorratungslücken wird die Umschlagshäufigkeit der Waren verbessert. Es sollte immer ausreichend Ware vorhanden sein, um solche Lücken zu vermeiden. Die Bestandskontrolle muss an die Abverkaufshäufigkeit der jeweiligen Produkte angepasst werden. Tritt ein Fehlbestand auf, werden die entstandenen Lücken vorübergehend mit anderer Ware aufgefüllt.

Die Warenanordnung wird auch beim Nachfüllen beibehalten, damit die Klienten sich im Geschäft zurechtfinden. Die Waren werden übersichtlich gestapelt, aneinandergereiht oder auf geeignete Haken gehängt. Bei verpackten Waren wird stets die Vorderseite sichtbar positioniert.

Das äußere Erscheinungsbild beeinflusst den Kaufentschluss der Klienten. Die Waren müssen sauber und einwandfrei sein und ständig auf Beschädigungen geprüft werden. Staubige Waren vermitteln dem Klienten den Eindruck, dass es sich um „Ladenhüter" handelt. Jedes Produkt muss vollständig ausgezeichnet sein, entweder am Produkt selbst oder am Regal. Unterschiedliche Waren benötigen eine artgemäße Pflege, damit Schäden und Verluste vermieden werden. Eine optimale Lagerhaltung zeichnet sich aus durch den Schutz

- vor zu hohen oder niedrigen Temperaturen,
- vor Feuchtigkeit und Sonneneinstrahlung und
- vor mechanischen Beschädigungen.

> **Aufgaben**
>
> 1. Beschreiben Sie die Verkaufswirksamkeit der einzelnen Regalzonen. Nennen Sie Produkte, für die die jeweiligen Regalzonen abverkaufswirksam geeignet sind.
> 2. Beschreiben Sie, wodurch ein partnerschaftliches Verhältnis zum Kunden deutlich wird.
> 3. Erläutern Sie, welche Möglichkeiten es zur wertigen Warenpräsentation gibt. Entscheiden Sie sich für aus Ihrer Sicht geeignete Möglichkeiten und begründen Sie Ihre Entscheidung.

## 4.4 Qualitätsmanagement

### 4.4.1 Begriffsverständnis

Der Begriff Qualitätsmanagement setzt sich zusammen aus den beiden Begriffen Qualität und Management. Qualität hat vielseitige Bedeutung, wie Beschaffenheit, Eigenart, Brauchbarkeit. Qualität kann „einmalig", „schlecht", „angemessen" oder „hervorragend" sein. Der Begriff wird im Sprachgebrauch subjektiv und ungenau verwendet.

Der Begriff Management beschreibt alle Tätigkeiten, die mit der Organisation und Strukturierung notwendiger Arbeitsabläufe zusammenhängen.

> **Qualitätsmanagement (QM):**
> - Es soll Qualität definieren und messbar machen.
> - Dies geschieht durch genau beschriebene Abläufe und Verfahrensanweisungen.
> - Das Unternehmen beschreibt zunächst seine Abläufe selbst, denn es kennt seinen Betrieb am besten.
> - Das Unternehmen wird dabei von außen unterstützt, damit es nichts vergisst und die formale Vorgehensweise (wie die Erstellung von Formularen und des Handbuchs) einhält.

### 4.4.2 Der Weg zum Qualitätsmanagement-Zertifikat

Möchte ein Betrieb ein Qualitätsmanagement einführen, so müssen vorher Ziele und Sicherungsmaßnahmen beschlossen werden, die der Qualitätssicherung und -messbarkeit dienen. Dies geschieht zuerst einmal durch die Festlegung des angestrebten Hauptzieles: die Erhöhung und Sicherung der Qualität. Um das Hauptziel zu erreichen, müssen in der Regel Teilziele verfolgt werden, z. B.

- Vermeidung oder Verringerung von Reklamationen
- einen „guten Ruf" erreichen oder aufrechterhalten
- zufriedene Kunden
- zufriedene Mitarbeiter
- gleich bleibende Qualität
- Imagegewinn durch Zuverlässigkeit
- Fehler frühzeitig erkennen und deren Ursachen beseitigen
- Gewinnsteigerung durch strukturierte und rationalisierte Abläufe

Die hierzu benötigten qualitätssichernden Maßnahmen können sein:

- Verbesserung der Organisation im Verwaltungsbereich und am Arbeitsplatz
- Umgang mit Reklamationen
- Qualitätsverbesserung bei der Warenbeschaffung
- Umgang mit Rechnungen und Mahnungen
- Qualitätsverbesserung bei der Weiterbildung
- Erstellen eines Qualitätsmanagement-Handbuchs

Hat der Betrieb seine Ziele und Maßnahmen anhand der jeweiligen Betriebsverhältnisse erarbeitet und definiert, dann werden diese verbindlich in einem QM-Handbuch niedergeschrieben. Dort steht zum Beispiel

- wie der Aufbau und die Struktur des Unternehmens (oder einzelner Teile) von nun an aussehen sollen,
- wer QM-Beauftragter ist,
- wie das Handbuch zu benutzen ist sowie
- die Gültigkeitsdauer bzw. der Gültigkeitszeitraum des Handbuchs.

> **Qualitätsmanagement-Beauftragte (QMB):** ein benannter und eigens für seine Aufgabe geschulter Mitarbeiter

Das Handbuch muss den Mitarbeiterinnen und Mitarbeitern zur Einsichtnahme zur Verfügung gestellt werden, damit alle den gleichen Informationsstand haben.

Von wem werden die zu verbessernden Arbeitsabläufe in Form gebracht und wer dokumentiert die Verfahrensanweisungen? Diese Arbeit wird meist von der Geschäftsleitung, dem QM-Beauftragten sowie einem externen Berater durchgeführt. Auf den Externen kann auch verzichtet werden. Jedoch müssen die Abläufe für einen Außenstehenden, den Auditor, klar und verständlich sein. Selbst wenn ein Auditor keine Kenntnisse von den Abläufen in einem augenoptischen Fachbetrieb hat, haben ihm die Vorgänge klar und übersichtlich zu erscheinen. Er muss davon überzeugt werden, dass genau diese Abläufe und Verfahrensanweisungen dem Augenoptikbetrieb zur Steigerung und Sicherung der Qualität nützen.

**Auditor:** bevollmächtigter Prüfer

### 4.4.3 Die Zertifizierung nach ISO 9001

Zuvor wurden die Abläufe beschrieben, die zur Vorarbeit gehören, sofern ein Unternehmen eine Zertifizierung nach DIN EN ISO 9001:2000 anstrebt. Eine solche Bescheinigung wird von einer eigens dafür bevollmächtigten (akkreditierten) Institution ausgestellt und regelmäßig auf Einhaltung und Anpassung hin überprüft. Hierfür gibt es z. B. die handwerkseigene Zertifizierungsgesellschaft ZDH-ZERT e. V. Sie zertifiziert QM-Systeme nach dem Medizinproduktegesetz.

Zur Erteilung eines ISO-Zertifikats kommt ein Auditor in das Unternehmen. Er prüft die vorhandenen Verfahrensanweisungen und lässt sich von den Mitarbeitern beispielsweise erklären, wie im Fall von Reklamationen vorgegangen wird. Erst wenn dem Auditor alle Vorgänge plausibel erscheinen, wird das Zertifikat vergeben. Der kundige Leser eines Zertifikats kann genau feststellen, ob das gesamte Unternehmen oder nur Teilbereiche zertifiziert worden sind.

Dies ist immer dann interessant, wenn Lieferanten oder Kunden eine Orientierungshilfe benötigen. In manchen Handbüchern von Unternehmen oder Institutionen ist zum Beispiel festgelegt, dass nur von zertifizierten Unternehmen Ware bezogen werden darf, um so die eigene Qualität zu sichern. Auch Krankenkassen, Politik (durch Gesetze und Verordnungen) oder Fachverbände stellen Anforderungen an das QM.

**Möglicher Ablauf:**
- Erstellung eines Handbuchs; hierzu gehören das Erarbeiten von Verfahrensanweisungen, Checklisten und Formularen
- Prüfung des Unternehmens durch einen externen Auditor
- Benennung der Auditoren; diese können intern und extern voneinander abweichen. Der interne Auditor ist meist ein enger Partner des QMB. Er kann z. B. aus der Geschäftsleitung benannt werden, denn es wird in ein internes Voraudit (eine Art Generalprobe) und ein externes Hauptaudit (Uraufführung / Premiere) unterteilt
- Prüfung des Handbuchs durch den externen Auditor
- Aufstellung eines Auditplans zur Prüfung von Prozessabläufen durch den externen Auditor
- Verfassen eines Auditberichts durch den externen Auditor
- Ausstellung des Zertifikats (zertifiziertes Unternehmen nach den Richtlinien der ISO 9001)

**www**
zdh-zert.de

**Audit:** Prüfungsverfahren

Für jedes Unternehmen besteht die Möglichkeit zur Zertifizierung. Man kann seine eigenen Maßstäbe ansetzen und seine eigenen Abläufe festlegen. Nur müssen diese dann auch immer eingehalten werden und das Hauptziel, die Qualitätsoptimierung, verfolgen. Gesetzte Abläufe und interne Vorschriften müssen also akzeptiert werden. Sollten sich Abläufe oder Verfahrensweisen im Laufe der Zeit nach erteilter

Zertifizierung als nicht durchführbar erweisen, so können sie revidiert (berichtigt) werden. Den Vorgang nennt man Revision. Das berichtigte Verfahren erhält eine neue Anweisung mit einer internen Revisionsnummer und wird Bestandteil des Handbuchs. Die Änderungen und ihre Häufigkeit werden dokumentiert, denn ein QM-System ist kein starres Gebilde, sondern befindet sich in einem dynamischen Prozess, der beobachtet und verwaltet wird. Die Hauptzielsetzung, die Optimierung der Qualität, ist dabei immer vorrangig zu sehen.

### 4.4.4 Für wen ist die Einführung eines QM-Systems sinnvoll?

Da die Einführung eines QM-Systems auch mit Kosten verbunden ist, gilt es zu überlegen, für welche Unternehmen dieses Prozedere notwendig ist.

Wie zuvor beschrieben, gibt es in bestimmten Bereichen die Notwendigkeit zur Zertifizierung, zum Beispiel, um in den Katalog bestimmter Lieferanten aufgenommen zu werden. Im Falle eines Augenoptikerbetriebes muss sicherlich auch genau geprüft werden, ob – und wenn ja, in welchen Bereichen – Prozesse beschrieben und für eine Zertifizierung vorbereitet werden sollen. Unabhängig vom Zertifikat ist es in vielen Fällen sinnvoll, ausgewählte Abläufe zu beschreiben. Dies gilt insbesondere für kleinere Betriebe mit übersichtlichen Abläufen. Ist diese Arbeit erst einmal vollbracht, kann man später immer noch die Zertifizierung einleiten. Zuvor profitieren Kunden und Mitarbeiter von der verbesserten Qualität.

Oft wird das Qualitätsmanagement-System als Marketinginstrument eingesetzt. Es soll dem Kunden aufzeigen, dass sich das Unternehmen einer Qualitätsprüfung unterzogen hat.

Es dient dann als eine Art „Gütesiegel" zur Orientierung für die Kunden. Ein Unternehmen mit QM-System und Zertifizierung dokumentiert nach außen seine Qualität. Denn das Unternehmen darf mit seiner Zertifizierung indirekt werben und sich damit von den anderen Wettbewerbern abheben. Diese Art der Werbung ist auf Briefköpfen, im Geschäft (Urkunde hängt aus) als auch an der Eingangstür mit entsprechenden Hinweisen zu erkennen.

Eine Zertifizierung kostet zusätzlich zu den Eigenleistungen auch viel Geld. Damit sich diese Investition auch wirklich lohnt, muss ein QM-System dann auch mit Leben gefüllt werden. Das bedeutet, alle Beteiligten machen mit und verhalten sich den Anweisungen entsprechend. Wird ein QM-System nur eingeführt, um damit auf die Anforderungen des Marktes (Lieferanten, Kunden) zu reagieren, ohne aber von seiner Notwendigkeit überzeugt zu sein, bringt es oftmals mehr Probleme als Erleichterungen.

Bei einer positiven Einstellung, aber einer relativ kleinen Unternehmensgröße können auch nur Teilbereiche einem QM-System unterzogen werden, zum Beispiel
- der Ablauf von Beratungsgesprächen
- der Ablauf vom Kundenempfang bis zur Verabschiedung

Für einen größeren Betrieb, z. B. Geschäfte mit Filialen, kann eine Zertifizierung für alle Abläufe sinnvoll sein.
- Dann könnte auch die Vorgehensweise bei der Einstellung von neuen Mitarbeiterinnen und Mitarbeitern beschrieben werden, damit beispielsweise alle Filialleiter vergleichbare Einstellungsgespräche führen oder vergleichbare Personalentscheidungen treffen.
- Kunden werden in allen Filialbetrieben gleichermaßen behandelt und bedient. Die Kollegin aus der Filiale A kann kurzerhand und ohne große Einarbeitung eine kranke Kollegin in Filiale B vertreten.
- Die Betriebsergebnisse (Gewinne) können besser miteinander verglichen oder Fehler früher erkannt werden.
- Gemeinsam mit allen Geschäften können Kontrollmaßnahmen zur Qualitätssicherung eingeführt und beschrieben werden. Das spart Zeit und senkt Kosten.

## Beispiel für Qualitätsmanagement in einem augenoptischen Fachbetrieb

- Die Bereitstellung einer Dienstleistung bzw. eines Produktes oder die Ermittlung des Kundenwunsches sind zentrale Bestandteile eines QM-Systems. Z. B. kann dies der Wunsch nach einer neuen Brille sein.
- Je nachdem, wie zufrieden der Kunde mit der neuen Brille ist, wird der Ablauf dieser Dienstleistung verbessert. Ist der Kunde unzufrieden mit der Beratung, so wird dieser Aspekt der Dienstleistung optimiert.
- Die Mitarbeiter werden von Seiten der Geschäftsleitung dabei unterstützt, ihre Beratungsgespräche zu perfektionieren, z. B. durch Schulungen.
- Beim nächsten Brillenverkauf hat sich die Beratung verbessert. Der Kunde ist zufriedener.
- Eventuell besteht auch in anderen Punkten Verbesserungsbedarf. Hier wird erneut ein Optimierungsprozess in Gang gesetzt.

Mit dem Prinzip der beruflichen Handlung in sechs Schritten (Information – Planung – Entscheidung – Durchführung – Kontrolle – Bewertung) kann auch im täglichen Arbeitsleben Qualitätsverbesserung durchgeführt werden.

### Aufgaben

1. Beschreiben Sie mit wenigen Worten die Vorteile eines QM-Systems in Ihrem Bereich. Denken Sie daran: Ein Kunde möchte den Vorteil für sich erkennen.
2. Welche Probleme können auftreten, wenn nicht alle mit der Einführung des QM-Systems einverstanden sind?
3. Welche Vorteile sehen Sie persönlich darin, in einem Geschäft zu arbeiten, das über ein QM-System verfügt?
4. Wie verläuft der Ablauf einer Zertifizierung?
5. Weshalb gibt es ein internes Audit? Diskutieren Sie in der Gruppe.

## 4.5 Kontaktlinsenpflegemittel

Ihrem Ausbilder ist Ihr Einfühlungsvermögen im Umgang mit Kontaktlinsenträgern aufgefallen. Deshalb möchte er Ihnen die Teilnahme an einem Lehrgang zur Kontaktlinsenassistenz ermöglichen. Zur Vorbereitung auf das Seminar sollen Sie ihn in seiner täglichen Praxis sowie bei der Beratung und Neukundengewinnung (Akquise) im Kontaktlinsenbereich unterstützen.

Ein Tätigkeitsfeld des Augenoptikers besteht in der Anpassung von Kontaktlinsen und in der Einweisung ihrer Pflege. Dazu gehören auch die Abgabe und der Verkauf von Kontaktlinsenpflegemitteln. Während über die Hälfte der deutschen Bevölkerung mit einer Brille ausgestattet ist, beträgt die Anzahl der Kontaktlinsenträger nur einen Bruchteil davon. Da die meisten augenoptischen Fachbetriebe über die erforderliche Grundausstattung einer Kontaktlinsenabteilung verfügen, ist verstärkt darauf zu achten, den Kunden noch während

## 4 • Zusatzprodukte und Kontaktlinsenpflegemittel anbieten und verkaufen

oder im Anschluss an die Brillenberatung über diese alternative Korrektionsmöglichkeit zu informieren. Um dieser Aufgabe gerecht zu werden, sind im Zusammenhang mit dem vorderen Augenabschnitt anatomische Grundkenntnisse erforderlich.

> **Praxis-Tipp**
> Bringen Sie in Erfahrung, ob der Kunde das Tragen von Kontaktlinsen schon einmal in Erwägung gezogen hat und nutzen Sie dabei Informationen aus der Brilienberatung.

### 4.5.1 Vorderer Augenabschnitt

Im Gegensatz zur Brille berührt die Kontaktlinse bestimmte Bereiche des vorderen Augenabschnitts. Unerwünschte Wechselwirkungen zwischen Auge, Korrektions- und Pflegemittel sind deshalb nicht auszuschließen.

Eine professionelle Anpassung erfordert damit nicht nur technologische Kenntnisse, sondern auch ein gesichertes anatomisches und physiologisches Grundverständnis. Der unmittelbare Kontakt der Kontaktlinse besteht zu den Augenlidern, der Bindehaut, der Hornhaut sowie zum Tränenfilm.

**Anatomie:** Lehre vom Aufbau des Organismus

**Physiologie:** Lehre von der Funktion des Organismus

**Augenlider:** Palpebrae

**reflektorisch:** durch einen Reflex bedingt

**Tarsus:** Lidknorpel

**akzessorisch:** zusätzlich

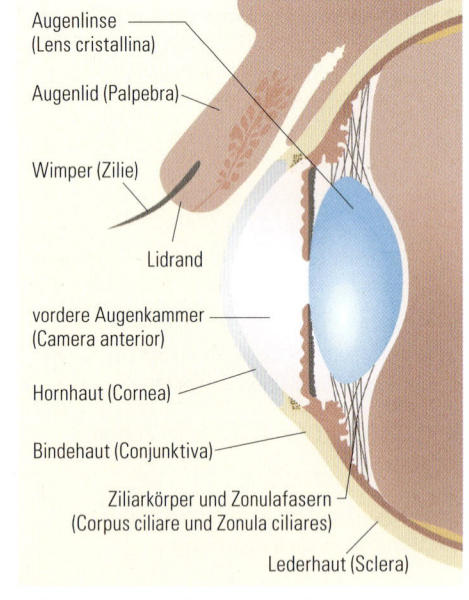

**Bild 4.27** Vorderer Augenabschnitt

#### Augenlider

Die **Augenlider (Palpebrae)** gehören zu den Schutzorganen des Auges und bestehen im Wesentlichen aus der äußeren Lidhaut, der Muskelschicht, dem Lidknorpel und der innen liegenden Bindehaut.

Die **Lidhaut** ist sehr dünn und nur am Lidrand mit dem Gewebe darunter verwachsen. Deshalb sind die Augenlider auch sehr beweglich. Die **Muskelschicht** der Augenlider ermöglicht den bewusst herbeigeführten Lidschluss genauso wie reflektorische Lidschläge. Dadurch wird das Auge vor mechanischen oder optischen Reizen geschützt. Außerdem sorgt jeder Lidschlag für eine gleichmäßige Verteilung der Tränenflüssigkeit. Im **Lidknorpel**, der auch als **Tarsus** bezeichnet wird, befinden sich die **Meibom'schen Drüsen**. Ihre Ausführungsgänge münden in den Lidrändern und sondern dort ölige Substanzen ab, die als **Lipide** bezeichnet werden. Sie sorgen dafür, dass der Tränenfilm nicht so schnell verdunstet. Im Augenlid liegen außerdem die **akzessorischen Tränendrüsen (Kraus'sche und Wolfring'sche Drüse)**, die Talg produzierenden **Zeis'schen Drüsen** sowie die

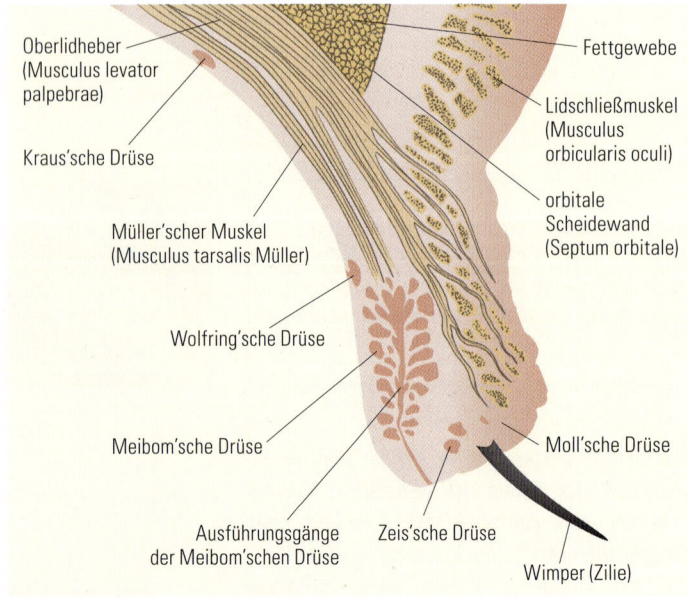

**Bild 4.28** Aufbau des Augenlids

**Moll'schen Drüsen**, die Schweiß absondern. Am Lidrand befinden sich die Wimpern (Zilien). Sie können Staubpartikel und kleine Insekten abfangen, bevor sie in das Auge geraten und tragen so zur Schutzfunktion des Augenlids bei.

### Bindehaut

Die Bindehaut (Conjunktiva) zieht sich von den Lidrändern über die Lidinnenseite, bildet dann die sogenannte **Umschlagfalte** (Fornix) und liegt bis zum **Limbus** am Augapfel an. Dadurch sind Augenlider und Bulbus oculi über die Bindehaut miteinander verbunden. Das Eindringen von Fremdkörpern in die Augenhöhle ist deshalb unmöglich. In Verbindung mit der Tränenflüssigkeit bildet die Conjunktiva eine Gleitschicht, die eine hohe Beweglichkeit des Augapfels begünstigt.

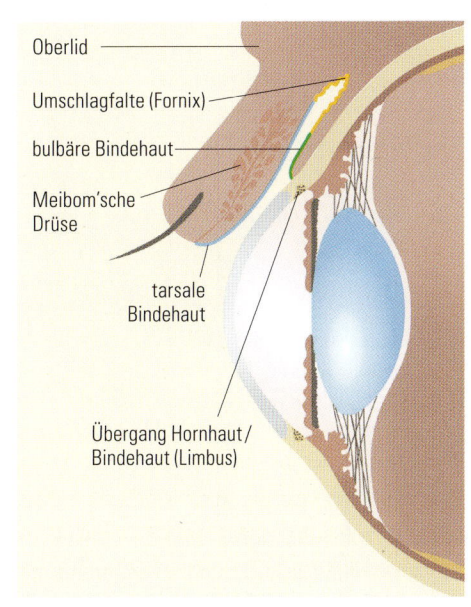

**Bild 4.29** Aufbau der Bindehaut

Die Bindehaut ist durchsichtig und reich an Blutgefäßen. Ist sie gerötet, deutet das auf eine stärkere Durchblutung hin, die sich zum Beispiel auf eine eingeschränkte Sauerstoffzufuhr zurückzuführen lässt. Dieses Phänomen ist häufig nach dem Erwachen zu beobachten. Die Bindehaut kann aber auch durch mechanische oder chemische Einflüsse gereizt werden. Zu einer Bindehautentzündung kann es unter anderem durch Fremdkörper, übermäßige UV-Einstrahlung, Krankheitserreger oder durch Konservierungsstoffe in Kontaktlinsenpflegemitteln kommen. Eine Conjunktivitis wird nicht selten von Jucken, Brennen, Lichtempfindlichkeit, Fremdkörpergefühl und erhöhter Schleimabsonderung begleitet und muss ärztlich behandelt werden.

### Hornhaut

Die Hornhaut (Cornea) besitzt mit nahezu zwei Dritteln den größten Anteil am Gesamtbrechwert des Auges. Sie ist ausgesprochen fest und hochtransparent. In der Cornea befinden sich keinerlei Blutgefäße, dafür aber zahlreiche Nervenfasern. Deshalb ist sie auch sehr schmerz- und druckempfindlich. Die Cornea besteht aus mehreren Schichten.

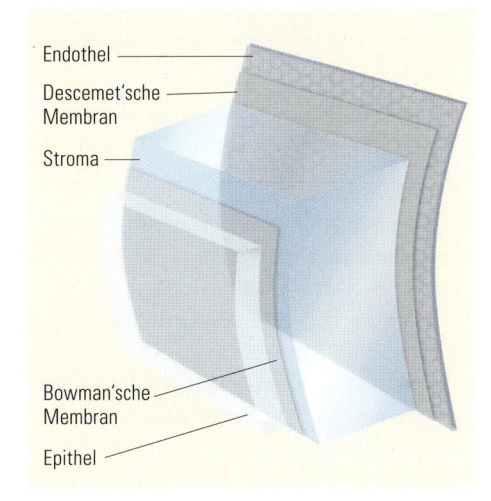

**Bild 4.30** Aufbau der Hornhaut

Die äußere Schicht der Cornea ist das mehrlagige **Epithel**. In seiner unteren Lage werden durch Zellteilung kontinuierlich neue Epithelzellen gebildet, die allmählich zur Oberfläche wandern, durch den Lidschlag abgerieben und mit der Tränenflüssigkeit fortgeschwemmt werden. Der als Turnover bezeichnete Zeitraum zwischen Neubildung und Abbau der Epithelzellen beträgt etwa sieben Tage. Aufgrund dieser ständigen Regeneration heilen leichte Epitheldefekte relativ schnell aus. Die Versorgung mit Sauerstoff erfolgt bei geöffnetem Auge in erster Linie von außen und damit durch das Epithel. Die schlechte Benetzbarkeit dieser Schicht lässt sich auf die raue Struktur ihrer Oberfläche zurückzuführen.

---

**Zilien:** Wimpern

**Conjunktivitis:** Bindehautentzündung

**Cornea:** Hornhaut

**Conjunktiva:** Bindehaut

**Fornix:** Umschlagfalte

**Limbus:** Grenzbereich zwischen Hornhaut und Bindehaut

**Bulbus oculi:** Augapfel

**tarsal:** vgl. Tarsus

**turnover** (engl.) = Umsatz

**Kollagen:** Eiweißstoff

**temporal:** schläfenseitig

**orbital:** die Augenhöhle betreffend

**palpebral:** das Augenlid betreffend

**nasal:** nasenseitig

**Metabolismus:** Stoffwechsel

**Glucose:** Traubenzucker

**irreversibel:** nicht umkehrbar

Die **Bowman'sche Membran** trägt zur hohen Stabilität der Hornhaut bei und stellt eine Blockade vor eindringenden Bakterien dar.

Das **Stroma** ist die Schicht mit der höchsten Dicke. Es besteht aus kollagenen Fasern, deren spezielle Anordnung für die hohe Transparenz der Cornea sorgt. Verletzungen, die bis in diese Schicht vordringen, stören diese Anordnung und führen deshalb zur Narbenbildung.

Wie die Bowman'sche Membran stabilisiert auch die **Descemet'sche Membran** die Hornhaut und schützt vor Krankheitserregern. Die innen liegende Schicht der Cornea spielt im Zusammenhang mit dem Metabolismus eine wichtige Rolle.

Durch das **Endothel** wird die Hornhaut hauptsächlich mit Glucose aus dem Kammerwasser ernährt. Bei geschlossenem Auge erfolgt die Versorgung mit Sauerstoff auf gleichem Wege. Darüber hinaus werden durch das Endothel Kohlendioxid $CO_2$ und Wasser abtransportiert.

Wird die Hornhaut über einen längeren Zeitraum hinweg nur unzureichend mit Sauerstoff versorgt, erfolgt die Kompensation des Defizits über das Blut. Das zeigt sich anhand von Gefäßen, die vom Limbus aus in die Cornea hineinwachsen. Solche Gefäße werden als Vaskularisationen, im blutleeren Zustand auch als Geistergefäße oder Ghost Vessels, bezeichnet und sind irreversibel. Ihre Ursachen lassen sich auf den Einsatz eines ungeeigneten Kontaktlinsenmaterials, eine unsachgemäße Anpassung oder eine fehlerhafte Pflege zurückführen.

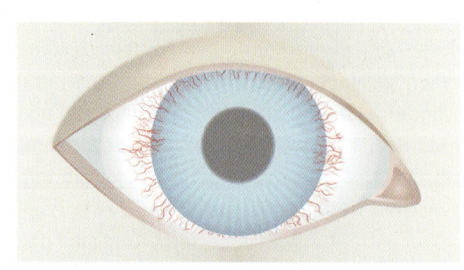

**Bild 4.31** Vaskularisationen

### Tränenflüssigkeit

Die Tränenflüssigkeit wird vom orbitalen Teil der Tränendrüse im temporalen Bereich der Augenhöhle sowie von ihrem palpebralen Teil im Oberlid erzeugt. Über den Lidschlag wird sie auf der Oberfläche des Auges verteilt und sammelt sich als Tränensee im nasalen Lidwinkel. Dort befinden sich auf der Innenseite des Ober- und Unterlids die Tränenwarzen. Sie sind mit einer Öffnung, dem sogenannten Tränenpünktchen, ausgestattet und führen zum Tränenröhrchen, das wiederum im Tränensack mündet. Von hier aus fließt die Tränenflüssigkeit in den Tränennasengang und verdunstet schließlich in der Nase oder wird dort ausgeschieden.

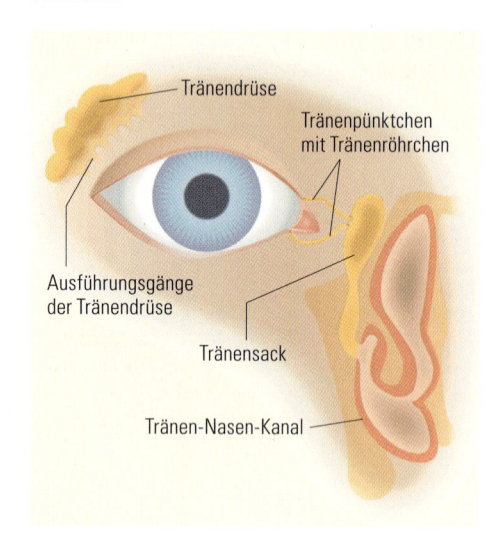

**Bild 4.32** Weg der Tränenflüssigkeit

Über die Tränenflüssigkeit wird die Cornea vor Austrocknung geschützt und fortwährend mit Sauerstoff versorgt. Darüber hinaus hat sie aber auch eine optische Aufgabe. Sie soll die vorhandenen Unebenheiten der Hornhautoberfläche kompensieren. Der Tränenfilm besteht aus drei Schichten, denen unterschiedliche Aufgaben zukommen.

Die an Luft grenzende **Fettschicht** enthält ölige als Lipide bezeichnete Stoffe, die von den Meibom'schen Drüsen der Augenlider produziert werden. Sie verhindern, dass die darunter liegende Schicht vorzeitig verdunstet. Die **wässrige Schicht** enthält zum größten Teil Wasser, aber auch geringe Mengen an eiweißhaltigen und mineralischen Substanzen, Sauerstoff sowie das Enzym Lysozym, das eine antibakterielle Wirkung besitzt. Die **Schleimschicht** sorgt dafür, dass sich das hydrophobe Epithel der Hornhaut überhaupt benetzen lässt. Dafür werden wasserfreundliche Muzine aus verschiedenen Drüsen der Bindehaut abgegeben.

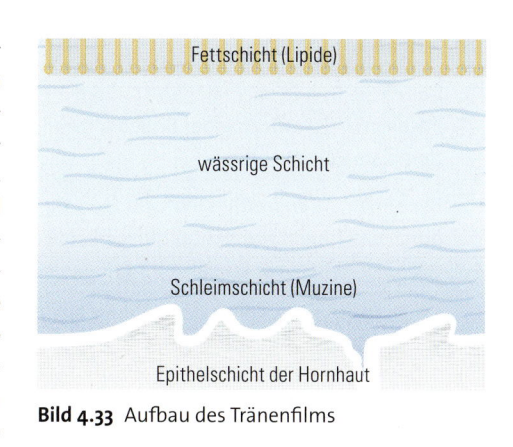

**Bild 4.33** Aufbau des Tränenfilms

**hydrophob:** wasserabweisend

**mucus:** Schleim

### Aufgaben

1. Ein Proband befürchtet, dass seine Kontaktlinse hinter das Auge geraten könnte. Klären Sie ihn auf und entkräften Sie seine Befürchtungen.
2. Erläutern Sie konkrete Einflüsse, die zu einer Bindehautreizung führen können.
3. Informieren Sie eine Klientin über die Ursachen und Gefahren von Vaskularisationen.
4. Beschreiben Sie den Stoffwechsel der Hornhaut.

## 4.5.2 Empfehlung von Kontaktlinsen

Jeder Augenoptiker sollte Argumente kennen, die für und gegen eine Empfehlung von Kontaktlinsen sprechen. Im Vergleich zur Brille ist dieses Korrektionsmittel sehr unauffällig, es folgt jeder Augenbewegung und schränkt das Gesichtsfeld nicht ein, es verursacht keine Druckstellen und beschlägt nicht. Unter der Voraussetzung einer situationsgerechten Materialauswahl und professionellen Anpassung können Kontaktlinsen bei der Ausübung sämtlicher Sportarten getragen werden. Neben den geschilderten Vorzügen dürfen die physiologischen Gesichtspunkte allerdings nicht vernachlässigt werden. Solche Aspekte werden auch als **Indikationen** beziehungsweise **Kontraindikationen** bezeichnet. Sie beschreiben, wann sich Kontaktlinsen anbieten, aber auch, in welchen Fällen von diesem Korrektionsmittel zunächst einmal abzuraten ist.

| Indikationen | Kontraindikationen |
|---|---|
| starke Fehlsichtigkeit (Ametropie) | prismatische Verordnungen |
| Stabsichtigkeit (Astigmatismus) | zu hohe Lidspannung |
| Linsenlosigkeit (Aphakie) | Erkrankung der vorderen Augenabschnitte |
| kegelförmige Vorwölbung der Hornhaut (Keratokonus) | Hornhautdefekte |
| Irisdefekte | Tränenflüssigkeit beeinträchtigende Medikamente |
| Allergien gegenüber Fassungsmaterialien | Einschränkungen in der Feinmotorik |
| Ekzeme oder Verletzungen im Nasen- oder Ohrenbereich | Über- oder Unterempfindlichkeit |

**Tabelle 4.3** Auswahl möglicher Indikationen und Kontraindikationen

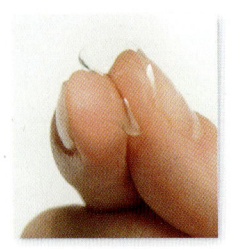

# 4 ● Zusatzprodukte und Kontaktlinsenpflegemittel anbieten und verkaufen

### Aufgaben

1. Geben Sie Berufe an, in denen Kontaktlinsen im Vergleich zu einer Brillenkorrektion klare Vorteile bieten.
2. Benennen Sie Freizeitbeschäftigungen, die durch das Tragen von Kontaktlinsen komfortabler betrieben werden können.
3. Überlegen Sie, auf welche Art und Weise ein Brillenträger für das Tragen von Kontaktlinsen sensibilisiert werden kann.

## 4.5.3 Kontaktlinsensysteme

**ortho** (griech.) = richtig
**kerat** (griech.) = Horn

Bei der Auswahl eines geeigneten Kontaktlinsensystems spielt der zukünftige Einsatzbereich, aber auch die Häufigkeit der Nutzung eine entscheidende Rolle. Kenntnisse über den Tagesablauf, den ausgeübten Beruf und die Freizeitgestaltung sind deshalb unerlässlich und liefern bereits erste Hinweise auf infrage kommende Systeme. Es lassen sich zwei Grundtypen voneinander unterscheiden, nämlich die formstabile von der weichen Kontaktlinse. Die Bezeichnung macht deutlich, dass die **formstabile** Kontaktlinse ihre Form beibehält, während sich die **weiche** an der Form der Hornhaut orientiert. Mit **orthokeratologischen** Kontaktlinsen wird während des Schlafes eine vorübergehende Verformung der Hornhaut herbeigeführt, um das Ausmaß einer Ametropie vorübergehend zu reduzieren. Weil diese Systeme nicht zu den Korrektionsmitteln im herkömmlichen Sinne zählen, werden sie hier nicht weiter erläutert. Die weiche Variante ist neben der konventionellen Ausführung auch als Tauschsystem in Form von Tages-, Wochen- oder Monatslinsen erhältlich (Bild 4.34).

Um einen zukünftigen Kontaktlinsenträger über die Eigenschaften der erhältlichen Systeme aufklären zu können, sollte sich jeder Augenoptiker mit den prinzipiellen Unterschieden auseinandergesetzt haben (Tabelle 4.4).

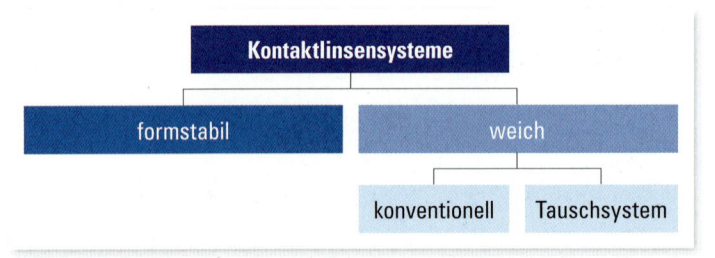

**Bild 4.34** Einteilung der gängigen Kontaktlinsensysteme

| Merkmal | formstabil, konventionell | weich, konventionell | weich, Tauschsystem |
|---|---|---|---|
| Materialbeschaffenheit | hart-flexibel | elastisch ||
| Durchmesser | kleiner als die Hornhaut | größer als die Hornhaut ||
| Rückflächenradius | in kleinen Abstufungen | in größeren Abstufungen | nur 1 bis 3 Ausführungen |
| Spontanverträglichkeit | schlechter | gut ||
| Anpassungsaufwand | hoch | niedrig ||
| $O_2$-Versorgung | primär über Tränenflüssigkeit | primär durch das Material ||
| Sporteignung | eingeschränkt | ohne Einschränkung ||
| Problemfeld | Staub | Hitze, Trockenheit ||
| Lebensdauer | 1,5 bis 2,5 Jahre | 1 bis 1,5 Jahre | 1 Tag / 2 Wochen / 1 Monat |

**Tabelle 4.4** Unterscheidungsmerkmale von Kontaktlinsensystemen (Auswahl)

### Aufgaben

1. Nehmen Sie eine Kategorisierung der gängigen Sportarten vor und überprüfen Sie, welches Kontaktlinsensystem sich dafür jeweils anbietet.
2. Geben Sie an, in welchen konkreten Situationen bestimmte Kontaktlinsensysteme Probleme bereiten können.
3. Überlegen Sie sich Formulierungen und Fragestellungen, durch die der Anpasser alle Informationen zum zukünftigen Einsatzbereich der Kontaktlinse erhält, ohne dabei einen aufdringlichen oder neugierigen Eindruck zu hinterlassen.

## 4.5.4 Kontaktlinsenanpassung

Ein interessierter Kunde wird bereits im Vorfeld wissen wollen, welche Messungen und Untersuchungen auf ihn zukommen. In diesem Fall muss deutlich gemacht werden, dass mit jeder Kontaktlinsenanpassung die optimale Korrektur bei größtmöglichem Tragekomfort angestrebt wird, ohne den Metabolismus des Auges zu beeinträchtigen. Die endgültige Kontaktlinse ist letztendlich das Produkt aus einer Vielzahl von individuell ineinandergreifenden Informationen, Fakten und Messdaten. Der Erfolg der Anpassung hängt aber auch vom Motivationsgrad des Probanden ab. In der Gesamtbetrachtung lässt sich der Ablauf einer Kontaktlinsenanpassung an einzelnen Phasen festmachen.

Während der Anamnese wird unter anderem geklärt, welchen prinzipiellen Anforderungen das zukünftige Kontaktlinsensystem gerecht werden muss und ob die Einnahme von Medikamenten das Tragen von Kontaktlinsen beeinträchtigen könnte.

In einer zweiten Phase erfolgt die Messung, Prüfung und Beurteilung aller für die Anpassung relevanten Kriterien. Dazu zählt die Augenglasbestimmung und Feststellung des Visus, die Messung der zentralen und peripheren Hornhautradien mit einem Ophthalmometer oder einem Keratographen, die Ermittlung des Hornhautdurchmessers, die Überprüfung der Lidspaltenweite sowie die Inspektion des vorderen Augenabschnitts mit einem Hornhautmikroskop, der sogenannten Spaltlampe. Zur Inspektion gehört unter anderem die Überprüfung

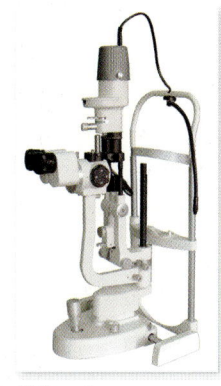

**Bild 4.36** Spaltlampe

**Anamnese:** Klärung der Vorgeschichte

**peripher:** am Rande befindlich

**Ophthalmometer und Keratograph** ▶ S. 289 (LF 8)

Ablauf einer Kontaktlinsenanpassung:
- Anamnese
- Refraktionsbestimmung
- Ermittlung der Hornhautradien
- Inspektion des vorderen Augenabschnitts
- Empfehlung eines KL-Systems und Aufsetzen der ersten Messlinse
- Toleranzphase
- Beurteilung der Anpassung und Überrefraktion
- abschließende Inpektion des vorderen Augenabschnitts
- Lagerentnahme oder Bestellung der Rezeptlinse
- Einweisung in Handhabung und Pflege

**Bild 4.35** Ablauf einer Kontaktlinsenanpassung

# 4 Zusatzprodukte und Kontaktlinsenpflegemittel anbieten und verkaufen

- der Augenlider auf Lidspannung, Wimpernstellung und Zustand der Drüsen,
- der Bindehaut auf gefüllte Blutgefäße (Injektionen),
- der Hornhaut auf Epithelveränderungen, Narben oder Gefäßbildung (Vaskularisationen) sowie
- des Tränenfilms auf Menge und Qualität.

Bei Abweichungen vom physiologisch normalen Auge ist der Proband, ganz im Sinne der Abgrenzungsrichtlinien für das Augenoptikerhandwerk, zur weiteren Abklärung an den Facharzt für Ophthalmologie zu verweisen.

Erst nach abgeschlossener Auswertung sämtlicher Informationen kann der Anpasser ein Kontaktlinsensystem empfehlen. Die Geometrie der ersten Messlinse orientiert sich an der Anpassempfehlung des jeweiligen Herstellers. Um bereits erste Hinweise auf den Sitz der Kontaktlinse zu erhalten, wird die Messlinse grundsätzlich vom Anpasser auf das Auge des Klienten gesetzt.

Die Messlinse wird meist als Fremdkörper empfunden und führt zu einer übermäßigen Produktion von Tränenflüssigkeit sowie zu einer erhöhten Lidschlagfrequenz. Aus diesem Grunde ist eine sogenannte Toleranzphase erforderlich, in der sich der Proband für etwa eine halbe Stunde im Freien aufhalten muss. In diesem Zeitraum sollen sich die natürlichen Schutzmechanismen des Auges an die neuen Bedingungen anpassen.

Nach der Toleranzphase ist die Messlinse hinsichtlich ihres Sitzes zu überprüfen. Dafür wird zunächst mithilfe der Spaltlampe kontrolliert, ob sich das Korrektionsmittel bei ausreichender Beweglichkeit auf der Hornhaut zentriert. Muss der Sitz einer formstabilen Kontaktlinse beurteilt werden, ist außerdem der Einsatz von Fluoreszein erforderlich. Dabei handelt es sich um eine orangefarbene Substanz, die grün zu leuchten beginnt, sobald sie kurzwelligem Licht ausgesetzt ist. Sie wird in den unteren Bindehautsack eingebracht und durchsetzt die Tränenflüssigkeit. Je größer die Ansammlung von mit Fluoreszein angereicherter Tränenflüssigkeit, desto deutlicher zeigt sich der Leuchteffekt. Mithilfe einer UV-Lampe oder eines Blaufilters können sogenannte Fluoreszein-Bilder erzeugt werden, die Rückschlüsse auf die Art der vorliegenden Anpassung zulassen (Tabelle 4.5).

Um die erforderliche Korrektionswirkung der Rezeptlinse bestimmen zu können, muss bei aufgesetzten Messlinsen eine sogenannte Überrefraktion erfolgen. Nach dem Abnehmen der Messlinsen ist der vordere Augenabschnitt unter Ausnutzung des Restfluoreszeins einer abschließenden Inspektion zu unterziehen. Eventuell ergeben sich daraus Hinweise, die sich auf die Parameter der Rezeptlinse auswirken können.

Während Tauschsysteme häufig dem betriebseigenen Lager entnommen werden können, müssen konventionelle Kontaktlinsen direkt beim Hersteller geordert werden. Dieser benötigt die Angabe
- des Kontaktlinsentyps,
- des Durchmessers,
- des Scheitelbrechwerts,
- des Rückflächenradius und ggf. die
- der Exzentrizität.

**Ophthalmologie:** Augenheilkunde

**Exzentrizität:** Faktor, der die Randabflachung der Kontaktlinsenrückfläche beschreibt

| Merkmale | Steilanpassung | Parallelanpassung | Flachanpassung |
|---|---|---|---|
| Fluoreszein-Bild bei sphärischer Cornea | | | |
| Verhältnis der Radien | $r_{2\,KL} < r_{HH}$ | $r_{2\,KL} = r_{HH}$ | $r_{2\,KL} > r_{HH}$ |
| Spontanverträglichkeit | besser | akzeptabel | schlechter |
| Tränenfilm- und $O_2$-Austausch | schlechter | ausreichend | besser |

Tabelle 4.5 Merkmale unterschiedlicher Anpassarten

Nach Auslieferung der Rezeptlinsen erfolgt die Einweisung des Probanden in die Handhabung beim Aufsetzen und Abnehmen des Korrektionsmittels sowie in die fachgerechte Pflege.

> **Wichtig!**
> Um eventuelle Veränderungen am Auge rechtzeitig erkennen zu können, ist der Proband unbedingt auf die Einhaltung der vereinbarten Termine zur Nachkontrolle hinzuweisen.

### 4.5.5 Informations- und Dokumentationspflicht

Bei einer Kontaktlinse handelt es sich um ein sogenanntes Medizinprodukt. Der Vertrieb solcher Produkte wird durch das **Medizinproduktegesetz MPG** geregelt. Damit soll die Eignung und Sicherheit des Produkts sowie die Gesundheit und der erforderliche Schutz des Anwenders sichergestellt werden.

Das MPG schreibt dem Augenoptiker vor, dass alle erforderlichen Informationen zum Produkt und zu seiner fachgerechten Anwendung an den Kontaktlinsenträger weiterzugeben sind. Der gesamte Anpassvorgang unterliegt der Dokumentationspflicht. Um eventuelle Veränderungen des Auges zu einem späteren Zeitpunkt nachvollziehen zu können, gehört dazu auch die Erfassung aller am Auge festgestellten Befunde.

Alle produktspezifischen Daten, wie
- die Herstellerbezeichnung,
- die Linsenparameter,
- die Chargennummer, über die sich jede Kontaktlinse identifizieren und zurückverfolgen lässt sowie
- das Abgabedatum müssen festgehalten werden.

Der Vermerk über die Aushändigung eines Informationsblattes, mit Hinweisen
- zur Handhabung und Pflege,
- zu Gegenanzeigen und Nebenwirkungen sowie
- zu den erforderlichen Nachkontrollen

ergänzt die Aufzeichnungen.

Nur eine lückenlose Dokumentation stellt sicher, dass der Anpasser im Falle einer fehlerhaften Charge den Endverbraucher ausfindig machen und vor eventuellen Gefahren schützen sowie die Einhaltung der Informationspflicht jederzeit nachweisen kann.

Hinsichtlich der Pflege von Messlinsen verpflichtet das Medizinproduktegesetz den Augenoptiker darüber hinaus dazu sicherzustellen, dass eine Keimübertragung von einem Auge auf das andere ausgeschlossen ist. Das kann nur über ein systematisches und gewissenhaft durchgeführtes Pflegekonzept realisiert werden.

> **www**
> gesetze-im-internet.de

### 4.5.6 Kontaktlinsenpflege

Treten im Zusammenhang mit dem Tragen von Kontaktlinsen Komplikationen auf, kann das verschiedene Gründe haben. Möglich ist eine Fehlanpassung, ein ungeeignetes Kontaktlinsenmaterial, vielleicht aber auch ein im Pflegemittel enthaltener Konservierungsstoff, der zu Unverträglichkeiten führt. Die Ursachen sollte der Anpasser bei den Nachkontrollen erkennen und umgehend beheben. In diesem Zusammenhang kann es auch notwendig sein, die Compliance des Endverbrauchers zu hinterfragen. Vor diesem Hintergrund kommt der Beratungstätigkeit des Augenoptikers eine entscheidende Bedeutung zu.

> **Compliance:**
> Bereitschaft des Probanden, sich an die Handhabungs- und Pflegeempfehlungen zu halten

## 4 Zusatzprodukte und Kontaktlinsenpflegemittel anbieten und verkaufen

Um geeignete Pflegemittel empfehlen und über die erforderlichen Pflegeschritte aufklären zu können, muss bekannt sein, um welches Kontaktlinsensystem und um welches Material es sich handelt. Alle Pflegesysteme beinhalten die gleichen Pflegeschritte. Dazu gehört sowohl die Reinigung, das Abspülen, die Desinfektion, die Neutralisation, die Aufbewahrung, die Benetzung der Kontaktlinse als auch die Entfernung von abgelagerten Proteinen. Bei der Pflege von Tauschsystemen kommen Kombipräparate zur Anwendung, die mehrere oder sogar alle Phasen miteinander verknüpfen.

> **Wichtig!**
> Bevor eine Kontaktlinse berührt wird, sollten die Hände grundsätzlich mit Wasser und Seife gewaschen sowie mit einem fusselfreien Handtuch abgetrocknet werden, um Infektionen vorzubeugen.

### Reinigung

Jede Kontaktlinse kommt mit körpereigenen oder fremden Substanzen in Berührung. Sie führen zwangsläufig zu endogenen und exogenen Ablagerungen, die nach jedem Tragen restlos entfernt werden müssen, damit keine Irritationen des Auges ausgelöst werden. Dafür ist die Kontaktlinse in die Handinnenfläche zu legen, mit einigen Tropfen der vom Hersteller empfohlenen Reinigungslösung zu benetzen und vorsichtig mit der Fingerkuppe von innen nach außen sternenförmig abzureiben.

> **Praxis-Tipp**
> Erläutern Sie Ihrem Kunden, dass das Risiko, die Kontaktlinse während der Reinigung zu beschädigen, mit kurzen Fingernägeln erheblich geringer ist.

Das Wirkungsprinzip der Reinigung richtet sich nach der Art und dem Grad der Verunreinigung. **Organische** Ablagerungen können zum Beispiel durch Tenside entfernt werden. Tenside sind Moleküle, die über einen fett- und einen wasserfreundlichen Pol verfügen. Die lipophilen Pole der Tenside haften sich an die Ablagerungen und kapseln sie zu sogenannten Mizellen ein. Diese lassen sich aufgrund der nach außen gekehrten hydrophilen Pole leicht fortspülen.

Zu den **anorganischen** Ablagerungen zählen unter anderem Kalzium-, Magnesium- oder Eisensalze. Sie lassen sich durch sogenannte Komplexbildner beseitigen. Ihre gestreckten Moleküle sind dazu im Stande, Mineralien an sich zu binden. Sie legen sich ringförmig um die Ablagerung, lösen sie von der Kontaktlinsenoberfläche und können dann abgespült werden.

Besonders hartnäckige Ab- beziehungsweise Einlagerungen lassen sich unter Umständen nur durch eine Intensivreinigung entfernen. Eine Möglichkeit besteht darin, Kontaktlinsen konventioneller Art einer speziellen Ultraschallreinigung zu unterziehen, eine weitere darin, die Oberfläche von formstabilen Kontaktlinsen zu polieren. Weiche Kontaktlinsen können einer thermischen Reinigung unterzogen werden, bei der das Korrektionsmittel einer temperierten Reinigungslösung ausgesetzt

**lipophil** (griech.) = fettliebend

**hydrophil** (griech.) = wasserliebend

**endogen** (griech.) = im Inneren erzeugt
**exogen** (griech.) = von außen kommend

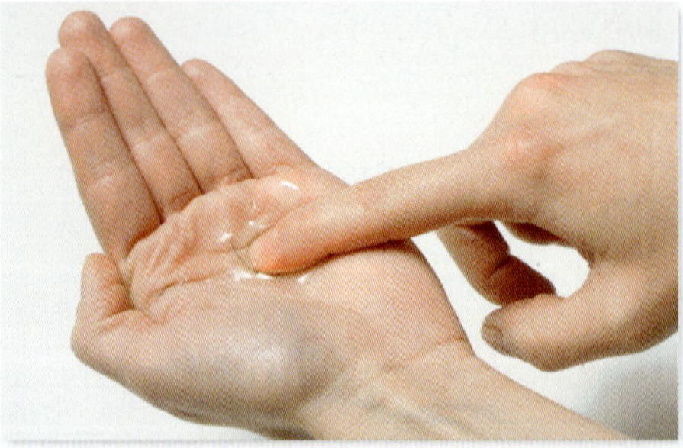

**thermisch:** die Wärme betreffend

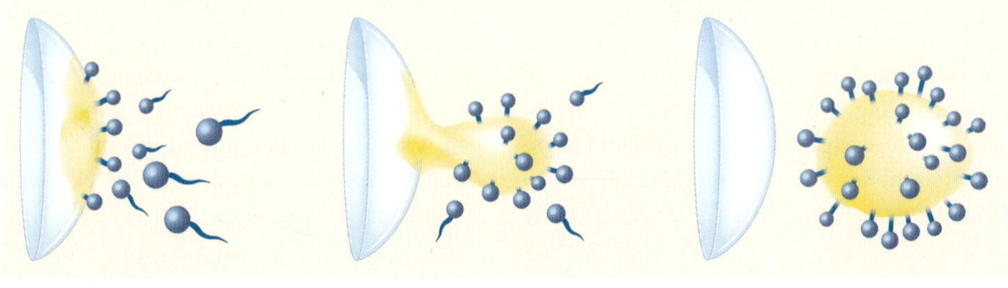

**Bild 4.37** Reinigung

**Bild 4.38** Entfernung von organischen Ablagerungen durch Tenside

wird. Jede Intensivreinigung wirkt sich ungünstig auf die Materialmatrix der Kontaktlinse aus und sollte deshalb als Ausnahmesituation betrachtet werden. Zeichnet sich die Notwendigkeit einer Intensivreinigung zum wiederholten Male ab, sind die Ursachen zu klären und nach Möglichkeit zu beseitigen. Tauschsysteme werden selbstverständlich keiner Intensivreinigung unterzogen.

## Abspülen

Die gelösten beziehungsweise gelockerten Ablagerungen müssen nach der Reinigung von der Kontaktlinsenoberfläche abgespült werden. Dazu bietet sich in allen Fällen eine isotonische Kochsalzlösung an. Sie eignet sich besonders gut für den direkten Kontakt mit dem Auge, weil ihre Zusammensetzung nahezu der des Tränenfilms entspricht. Sie sollte in ausreichender Menge zur Anwendung kommen, um sämtliche Partikel fortzuspülen.

> **Wichtig!**
> Sie sollten die Kontaktlinse auch dann abspülen, wenn sich Fremdstoffe oder Staubpartikel darauf befinden könnten.

## Desinfektion

Auch nach der gewissenhaftesten Reinigung müssen die Kontaktlinsen desinfiziert werden. Dabei werden Keime abgetötet, die Infektionen auslösen können. Sie werden als pathogene Keime bezeichnet. Dabei kommen aggressive Substanzen in Form von Oxidationsmitteln zum Einsatz. Sie setzen reaktiven Sauerstoff frei, der die Keime in kleine Bruchstücke zerlegt, die sich leicht entfernen lassen. Ein Oxidationsmittel, das sich für die Desinfektion von weichen und formstabilen Kontaktlinsen eignet, ist Wasserstoffperoxid $H_2O_2$. Es ist in unterschiedlichen Konzentrationen erhältlich und besitzt neben der desinfizierenden auch eine reinigende Wirkung.

> **Wichtig!**
> Zur Beseitigung von pathogenen Keimen im Deckelbereich ist der Kontaktlinsenbehälter mit Desinfektionslösung aufzufüllen und auf den Kopf zu stellen.

Wurde die Kontaktlinse direkt aus der $H_2O_2$-Lösung aufgesetzt, ist sie umgehend abzunehmen und das Auge kräftig mit Neutralisationslösung oder Wasser auszuspülen.

## Neutralisation

Weil verbliebene Oxidreste, die mit dem Auge in Berührung kommen, das Epithel der Hornhaut verätzen, müssen sie nach der Desinfektion in einen neutralen Zustand überführt werden. Das wird durch die Aufspaltung von Wasserstoffperoxid zu Wasser und Sauerstoff erreicht.

$$2\,H_2O_2 \rightarrow 2\,H_2O + O_2\uparrow$$

Damit der freigesetzte Sauerstoff während der Neutralisationsphase entweichen kann, sollte der Deckel des Kontaktlinsenbehälters mit Ventilationsöffnungen ausgestattet sein. Anderenfalls ist darauf zu achten, dass der Behälter nicht vollständig zugedreht wird. Die Neutralisation ist auf unterschiedliche Art und Weise möglich.

In mehrstufigen Peroxid-Systemen ist die Lagerung in einer weiteren Flüssigkeit üblich. Diese enthält das Enzym Katalese und bewirkt die Neutralisation auf **enzymatischem** Wege. Das Risiko, die zwingend erforderliche Neutralisationsphase zu vergessen, ist bei solchen Systemen aber relativ groß.

> **Praxis-Tipp**
> Ob bei zweistufigen Peroxid-Systemen bereits die Neutralisationsphase eingeleitet wurde, lässt sich nach der Zugabe von Neutralisationslösung an der einsetzenden Gasbildung erkennen.

Deshalb erfolgt die neutralisierende Wirkung in einstufigen Peroxid-Systemen auch in einem kombinierten Prozess. Dieser kann **metallkatalytisch** mithilfe eines Platinkatalysators, der sich im Boden des Kontaktlinsenbehälters befindet, ablaufen. Die sofort einsetzende Neutralisation reduziert allerdings gleichzeitig die antimikrobielle Wirkung des Wasserstoffperoxids. Weil die kompensierende Wirkung der Katalysatorscheibe allmählich abnimmt, ist sie regelmäßig zu erneuern (Bild 4.40).

---

**isotonisch:** der Tränenflüssigkeit angepasst

**Bild 4.39** Abspülen

**pathogen:** Krankheit verursachend

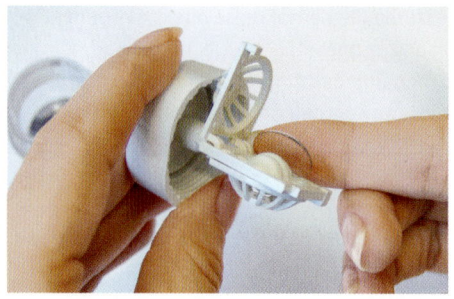

# 4 Zusatzprodukte und Kontaktlinsenpflegemittel anbieten und verkaufen

**Bild 4.40** Kontaktlinsenbehälter mit Platinkatalysator

Die **biokatalytische** Neutralisation im Bereich der einstufigen Systeme erfolgt über eine zweiphasige Tablette. Ihr Mantel enthält benetzungssteigernde Wirkstoffe. Erst mit seiner Auflösung wird der Kern freigegeben. Dieser enthält neben den neutralisierenden Substanzen ein Vitamin, das die Regeneration des Hornhautepithels beschleunigen soll. Außerdem wird das Prozessende durch eine leichte Einfärbung der Restlösung angezeigt (Bild 4.41).

**Bild 4.41** eingefärbte Restlösung

| Peroxid-System | Wirkprinzip | Darreichungsform | Dauer der Neutralisation |
|---|---|---|---|
| einstufig | • metallkatalytisch<br>• biokatalytisch | • Platin-Katalysator<br>• Tablette | • etwa 6 h<br>• etwa 2 h |
| zweistufig | enzymatisch | Flüssigkeit | konzentrationsabhängig |

**Tabelle 4.6** Neutralisation von Wasserstoffperoxid

### Aufbewahrung

Damit weiche und formstabile Kontaktlinsen nicht austrocknen, Rückstände von Pflegemitteln zu unerwünschten Ablagerungen führen oder von Mikroorganismen befallen werden, ist eine dem Kontaktlinsentyp entsprechende Aufbewahrung erforderlich. Die Kontaktlinsenhersteller bieten verschiedene Behälter an, die eine sichere und hygienische Lagerung ermöglichen.

Mit der Aufbewahrung soll der keimreduzierte Zustand der Kontaktlinse erhalten bleiben und vor dem Befall durch neue Keime geschützt werden. Für formstabile Kontaktlinsen werden Aufbewahrungslösungen angeboten, die gleichzeitig eine desinfizierende Wirkung haben. Konventionelle weiche Kontaktlinsen verbleiben dagegen häufig in der neutralisierten Restlösung. Der Behälter ist regelmäßig auszuspülen und anschließend an der Luft zu trocknen.

> **Praxis-Tipp**
> Händigen Sie Ihrem Kunden mit jedem nachgekauften Pflegemittel einen neuen Kontaktlinsenbehälter aus, damit der alte entsorgt werden kann.

**Bild 4.42** Behälter für weiche und formstabile Kontaktlinse

## 4.5 Kontaktlinsenpflegemittel

### Benetzung

Nur, wenn sich eine Kontaktlinse vollständig und gleichmäßig mit Tränenflüssigkeit überzieht, kann eine ausreichende Beweglichkeit ermöglicht, das Fremdkörpergefühl reduziert sowie die Zirkulation des Tränenfilms und die optische Abbildungsqualität aufrechterhalten werden. Wie gut sich eine Kontaktlinse benetzen lässt, hängt unter anderem vom vorliegenden Material ab. Hydrogele Systeme lassen sich besser, formstabile weniger gut und silikonhaltige relativ schlecht benetzen. Die Qualität der Benetzung wird über den sogenannten Kontaktwinkel erfasst.

Benetzungslösungen sind isotonisch eingestellte Flüssigkeiten, die Zellulosederivate, Polyvinylalkohol (PVA) oder Polyvinylpyrrolidon (PVD) enthalten. Die Moleküle dieser Verbindungen verfügen über wasserabstoßende und -anziehende Regionen. Solange sich die hydrophoben Bereiche an die Kontaktlinsenoberfläche heften, sichern die hydrophilen Bereiche die Benetzung. Um diesen Zustand möglichst lange aufrechtzuerhalten, besitzen Benetzungslösungen außerdem viskositätssteigernde Substanzen.

> **Wichtig!**
> Hydrogele Kontaktlinsen können, formstabile Kontaktlinsen sollten und silikonhaltige Kontaktlinsen müssen für einen optimalen Tragekomfort nachbenetzt werden.

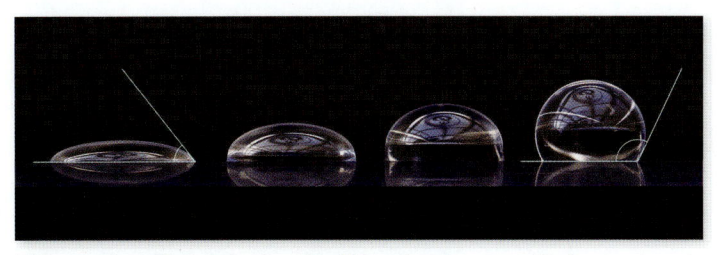

**Bild 4.43** Kontaktwinkel unterschiedlicher Benetzungszustände

### Proteinentfernung

Proteinablagerungen beeinträchtigen das Kontaktlinsenmaterial und damit natürlich auch den Tragekomfort. Weil sie sich auf manuellem Wege nicht entfernen lassen, enthalten Proteinentferner sogenannte Proteasen. Diese Enzyme erkennen nur bestimmte Proteinketten und spalten sie in kleine wasserlösliche und leicht abspülbare Bruchstücke. Der Vorgang lässt sich am Schloss-Schlüssel-Modell verdeutlichen, nach dem eine Aufspaltung nur möglich ist, wenn Enzyme und Proteine kompatibel zueinander sind. Für ein breites Wirkungsspektrum sind demnach mehrere Proteasen erforderlich. Die Proteinentfernung ist einmal wöchentlich vorzunehmen.

**Bild 4.44** Aufspaltung von Proteinketten durch Enzyme

> **Hydro-:** Bestimmungswort in Zusammensetzungen mit der Bedeutung Wasser

> **Derivat:** Abkömmling

> **Viskosität:** Zähflüssigkeit

---

### Aufgaben

1. Geben Sie konkrete Beispiele für endogene und exogene Ablagerungen an.
2. Machen Sie deutlich, wodurch sich Behälter für formstabile und weiche Kontaktlinsen voneinander unterscheiden.
3. Stellen Sie den Zusammenhang zwischen Benetzung und Kontaktwinkel her.
4. Benennen Sie die einzelnen Phasen des Pflegezyklus und erläutern Sie, welche Ziele damit jeweils verfolgt werden.

# 4 Zusatzprodukte und Kontaktlinsenpflegemittel anbieten und verkaufen

**Projektaufgaben**

1. Bei einer Betriebsanalyse hat sich herausgestellt, dass der Anteil der Kontaktlinsenträger gesteigert werden kann. Deshalb hat die Geschäftsführung beschlossen, die Kontaktlinse intensiv zu bewerben.
   a) Überlegen Sie, in welchen Phasen der augenoptischen Versorgung und durch welche Fragestellungen ein Brillenträger für das Tragen von Kontaktlinsen sensibilisiert werden kann.
   b) Planen Sie konkrete Maßnahmen zur Gestaltung eines Schaufensters, das im Sinne des AIDA-Modells Aufmerksamkeit auslösen und Interesse für dieses Korrektionsmittel wecken soll.
   c) Projektieren Sie ein Konzept für die Durchführung eines Aktionstages, mit dem die Akzeptanz der Kontaktlinse gesteigert werden kann.

2. Dem verantwortlichen Augenoptikermeister Ihrer Kontaktlinsenabteilung ist aufgefallen, dass sich die von ihm dokumentierten Komplikationen auf eine unsachgemäße Handhabung und Pflege der Kontaktlinsen zurückführen lassen. Zur Förderung der Compliance sollen die Probanden effektiv aufgeklärt und informiert werden.
   a) Entwickeln Sie unter Berücksichtigung der Zielgruppe einen Maßnahmenkatalog zur Senkung der Ausstiegs-Quote.
   b) Wählen Sie drei konkrete Maßnahmen aus und überlegen Sie, wie sich diese sinnvoll in das Tagesgeschäft integrieren lassen. Wenden Sie dabei verschiedene Marketinginstrumente an.
   c) Beschreiben Sie die Kontrollmöglichkeiten eines funktionierenden Qualitätsmanagements im Zusammenhang mit der Einhaltung der vorgenommenen Aktionen.

3. Weil sich Ihr Betrieb auf die Versorgung von Sportlern spezialisiert hat, erhalten Sie den Auftrag, sich mit der Versorgung dieser Klientel auseinanderzusetzen.
   a) Entwerfen Sie einen Fragenkatalog zur Ermittlung von zielgruppenspezifischen Anforderungen und Wünschen.
   b) Erstellen Sie in diesem Zusammenhang eine Liste mit Demonstrationsmedien, die sich bei der Bedarfsanalyse einsetzen lassen.

# Lernfeld 5
# Brillen instand setzen oder modifizieren

Ein Kunde legt Ihnen seine Brille vor, die ihm bei Renovierungsarbeiten in der Küche aus der Hemdtasche gerutscht und auf den gefliesten Fußboden gefallen ist. Unglücklicherweise ist er auch noch darauf getreten. Damit Sie eine Aussage zu den Reparaturkosten machen können, überprüfen Sie, welche Bauteile ersetzt, welche Werkstoffe bearbeitet und welche Arbeitstechniken für eine Instandsetzung angewendet werden müssen.

- Welcher Schaden ist zu beheben?
- Müssen Bauteile ausgetauscht werden?
- Welche Änderungen sind vorzunehmen?
- Welcher Fassungs- oder Brillenglaswerkstoff liegt vor?
- Welche Ersatzteile sind erforderlich?
- Welche Bearbeitungsverfahren kommen in Frage?
- Sie entscheiden, welche Ersatzteile beschafft werden müssen.
- Sie wählen ein geeignetes Bearbeitungsverfahren aus.
- Sie schätzen den Zeit- und Kostenaufwand ab.
- Sie legen die erforderlichen Werkzeuge und Hilfsmittel fest.
- Sie wenden geeignete Arbeitstechniken an.
- Sie ermitteln den entstandenen Zeit- und Kostenaufwand.
- Sind Nacharbeiten erforderlich?
- Wurden die Grenzabweichungen eingehalten?
- Ist die Brille in ästhetischer Hinsicht abgabefähig?

- Entspricht das Arbeitsergebnis dem Kundenwunsch?
- Genügt das Arbeitsergebnis den eigenen Ansprüchen?
- Kann die Arbeitstechnik verbessert werden?

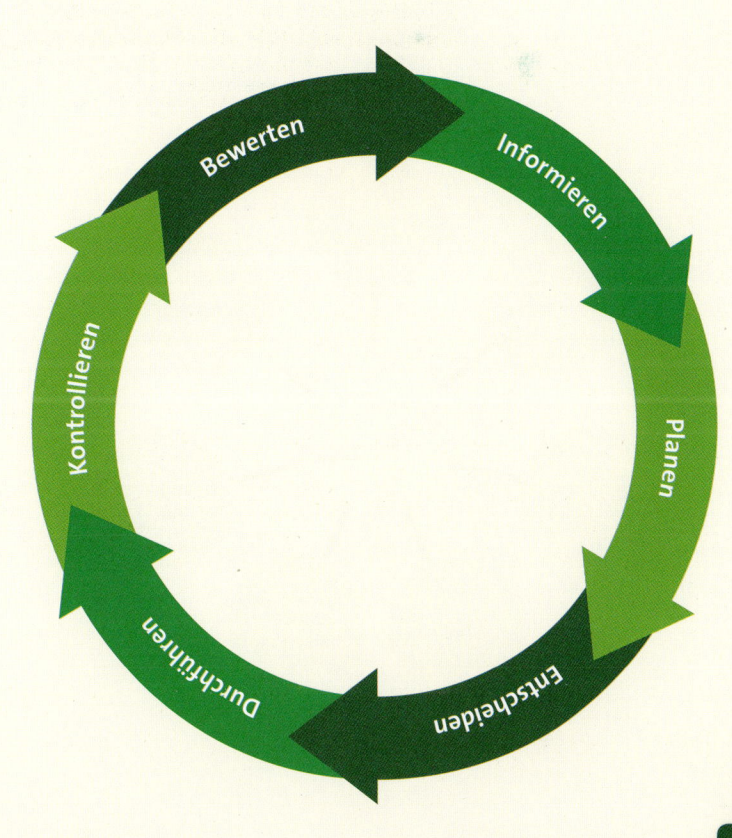

## 5.1 Werkstoffe in der Augenoptik

> Ihr Ausbilder bittet Sie um Demontage, Reinigung, Aufarbeitung und Montage einiger Brillen. Dabei handelt es sich um Kunststoff- und Metallfassungen, aber auch um solche aus natürlichen Materialien, die mit mineralischen und organischen Brillenglaswerkstoffen verglast wurden. Er erinnert Sie daran, bei Ihrer Arbeit unbedingt die materialspezifischen Besonderheiten zu berücksichtigen.

Zu den Tätigkeiten eines Augenoptikers gehört neben der Formrandung von Rohgläsern auch die Reparatur und Anpassung von Brillenfassungen. Dabei muss er nicht nur die anatomischen Gegebenheiten, sondern auch die individuellen Wünsche des Kunden berücksichtigen. Für eine professionelle Umsetzung dieser Arbeiten sind sichere Kenntnisse über die Werkstoffe und deren Bearbeitungsmöglichkeiten erforderlich. Die in der Augenoptik eingesetzten Werkstoffe lassen sich Metallen, Nichtmetallen und Verbundstoffen zuordnen.

**Bild 5.1** Einteilung der Werkstoffe

Die Werkstoffuntergruppen lassen sich über die spezifischen Materialeigenschaften leicht voneinander unterscheiden (Tabelle 5.1).

Die Bauteile einer Brillenfassung sind im täglichen Gebrauch vielfältigen Beanspruchungen ausgesetzt. Bereits durch das Aufsetzen und Abnehmen der Brille werden sie **mechanisch** belastet. Darüber hinaus resultieren aus dem Kontakt zur menschlichen Haut sowie den Substanzen des Alltags **chemische** und aus wechselnden Temperaturen **thermische** Beanspruchungen.

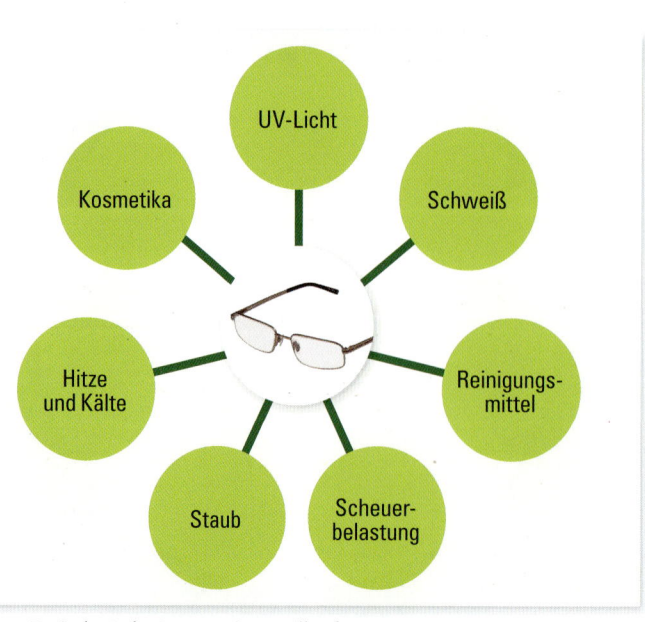

**Bild 5.2** Typische Belastungen einer Brillenfassung

## 5.1 Werkstoffe in der Augenoptik

| Werkstoffuntergruppe | Identifikationsmerkmale |
|---|---|
| Die Metalle unterscheiden sich von den Nichtmetallen durch ... | ... den metallischen Glanz<br>... die Fähigkeit, Strom und Wärme zu leiten<br>... die gute Duktilität |
| Die Verbundstoffe ... | ... vereinigen metallische und nichtmetallische Eigenschaften in sich |
| Die Eisenmetalle unterscheiden sich von den Nichteisenmetallen durch ... | ... ihre magnetischen Eigenschaften |
| Stahl unterscheidet sich von den Eisengusswerkstoffen durch ... | ... seinen geringeren Kohlenstoffgehalt (C-Gehalt < 2,06 %) |
| Die Leichtmetalle unterscheiden sich von den Schwermetallen durch ... | ... ihre niedrigere Dichte ($\rho < 5$ g/cm³) |
| Die Naturstoffe unterscheiden sich von den Kunststoffen durch ... | ... ihren Fundort |
| Die halbsynthetischen Kunststoffe unterscheiden sich von den vollsynthetischen durch ... | ... den Einsatz von Naturstoffen, die chemisch behandelt werden |

**Tabelle 5.1** Identifikation von Werkstoffgruppen

**Duktilität:** plastische Verformbarkeit

Welches Material letztendlich verwendet wird, hängt nicht ausschließlich vom gewünschten Design, sondern auch von den angestrebten Eigenschaften ab. Wünschenswert ist eine Brillenfassung mit einer hohen Stabilität, einer angemessenen Elastizität, einer guten Korrosionssicherheit und einem möglichst geringen Gewicht. Aus diesem Grund scheiden einige Werkstoffgruppen von vorneherein aus. Prinzipiell kann festgehalten werden, dass metallische, synthetische und natürliche Werkstoffe eingesetzt werden sollten, die den geschilderten Anforderungen standhalten.

Im Bereich der Brillenglaswerkstoffe lassen sich mineralische und organische Materialien voneinander unterscheiden. Sie werden auch als Silikat- beziehungsweise Kunststoffgläser bezeichnet. Auch bei der Auswahl von Brillengläsern sind die Einsatzbedingungen sowie die individuellen Wünsche und Erwartungen des Brillenträgers abzuklären. Sichere Kenntnisse über Vor- und Nachteile des empfohlenen Materials sind dabei unerlässlich.

**Korrosion:** Zersetzung

**synthetisch:** künstlich

**Bild 5.3** Bauteile von Kunststoff und Metallfassungen

**Halbfabrikat:** Form des vorgefertigten Rohmaterials, das auch als Vorprodukt bezeichnet wird

In der Regel werden alle Werkstoffe zunächst einmal zu Halbfabrikaten verarbeitet. Dabei handelt es sich zum Beispiel um Platten, Bleche, Stangen, Drähte, Rohlinge oder auch Presslinge. Ihre Bearbeitung ist häufig nur unter Verwendung von bestimmten Substanzen wie etwa Kühl-, Schleif- oder Flussmitteln möglich. Diese lassen sich im Endprodukt nicht mehr nachweisen und werden als **Hilfsstoffe** bezeichnet.

### Aufgaben

1. Geben Sie für jede Werkstoffuntergruppe jeweils 3 Beispiele an.
2. Beschreiben Sie, welchen konkreten Belastungen die Komponenten einer Brillenfassung im täglichen Gebrauch ausgesetzt werden.
3. Zerlegen Sie gedanklich eine Metallfassung und benennen Sie ihre Bauteile.
4. Überlegen Sie, welche Hilfsstoffe bei der Bearbeitung von Fassungs- und Glaswerkstoffen benötigt werden.

### 5.1.1 Metallische Fassungswerkstoffe

**Eigenschaften von Metallen**

In der Herstellung von Brillenfassungen werden unterschiedliche Metalle verwendet, die erwünschte, aber auch ungewollte Eigenschaften besitzen (Tabelle 5.2).

Alle metallischen Werkstoffe sind kristallin aufgebaut, das heißt, ihre Atome ordnen sich in sogenannten Raumgittern an. Sie können je nach vorliegender Grundform eine unterschiedliche Anzahl von Atomen aufnehmen. So haben beispielsweise in einem kubisch-raumzentrierten 9 Atome, in einem kubisch-flächenzentrierten 14 und in einem hexagonalen Raumgitter 17 Atome Platz. Metalle mit kubisch-flächenzentriertem Raumgitter sind im kalten Zustand ausgezeichnet verformbar, Metalle mit kubisch-raumzentriertem Gitter weniger gut. Die Kaltverformung von solchen mit hexagonalem Raumgitter ist dagegen relativ schlecht (Tabelle 5.3).

| Metall | Vorteile | Nachteile |
|---|---|---|
| Aluminium | • geringe Dichte | • geringe Härte |
| Chrom | • hohe Korrosionsresistenz | • hohe Sprödigkeit |
| Gold | • geringe Allergierelevanz | • hohe Dichte<br>• geringe Härte |
| Kupfer | • gute Verformbarkeit | • geringe Härte<br>• geringe Korrosionssicherheit in Verbindung mit Schweiß |
| Nickel | • hohe Festigkeit<br>• hohe Korrosionssicherheit | • allergieauslösend |
| Rhodium | • hohe Korrosionssicherheit | • hohe Sprödigkeit |
| Titan | • geringe Dichte | • eingeschränkte Lötbarkeit |

**Tabelle 5.2** Eigenschaften von ausgewählten Metallen

## 5.1 Werkstoffe in der Augenoptik

| Raumgitter | | |
|---|---|---|
| kubisch-flächenzentriert | kubisch-raumzentriert | hexagonal |
| • Aluminium<br>• Kupfer<br>• Nickel | • Chrom<br>• Tantal<br>• Vanadium | • Magnesium<br>• Titan<br>• Zink |

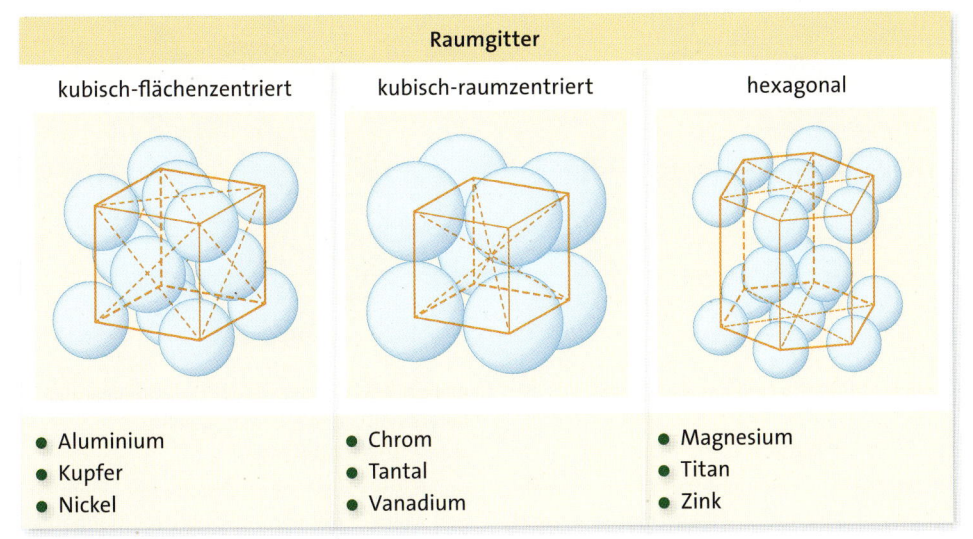

**Tabelle 5.3** Mikroaufbau unterschiedlicher Raumgittertypen

In einer Schmelze sind die Bindungskräfte zwischen den Atomen aufgehoben, sodass sie sich frei umeinander bewegen können. Mit sinkender Temperatur nimmt die Beweglichkeit der freien Atome rapide ab. Sobald die Schmelztemperatur unterschritten wird, beginnt die Kristallisation. Die Atome gruppieren sich nun um Verunreinigungen oder sogenannte Eigenkeime und wachsen allmählich zu Kristallen heran. Schließlich behindern sich die Kristalle gegenseitig in ihrem Wachstum, sodass keine weitere Ausbreitung mehr möglich ist. Damit ist der Kristallisationsvorgang abgeschlossen. Das Gefüge von metallischen Werkstoffen zeichnet sich durch unregelmäßig geformte und von Korngrenzen klar voneinander abgegrenzte Kristallite aus.

### Herstellung von Legierungen

Die meisten reinen Metalle lassen sich aufgrund ihrer unerwünschten Merkmale nicht nutzen. Um trotzdem von ihren guten Eigenschaften profitieren zu können, werden sie mit einem oder auch mehreren Stoffen in einer Schmelze kombiniert. Eine solche Kombination wird als Legierung bezeichnet. Durch welche Merkmale sich eine Legierung auszeichnet, hängt unter anderem vom Mikroaufbau der daran beteiligten Komponenten ab. Prinzipiell lassen sich aber nur zwei verschiedene Grundtypen unterscheiden.

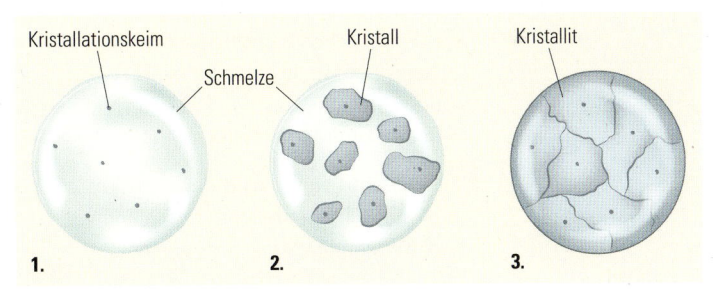

**Bild 5.4** Kristallisationsphasen

### Unterscheidung der Legierungstypen

Besitzen die Legierungsbestandteile den gleichen Gittertyp und ähnliche Eigenschaften, nutzen die Atome der hinzulegierten Komponente das Raumgitter des Metalls, dessen Eigenschaft verbessert werden soll. Die Komponenten sind im festen Zustand vollkommen ineinander gelöst, lassen sich auch unter dem Mikroskop nicht mehr voneinander unterscheiden und bilden ein sogenanntes Gemisch. Deshalb werden solche Legierungen auch als Mischkristall-Typ bezeichnet. Das Gefüge ist homogen und lässt sich damit nicht ohne Zweifel von einem Reinmetall unterscheiden (Bild 5.5).

**Kristallit:** Korn

**homogen:** einheitlich

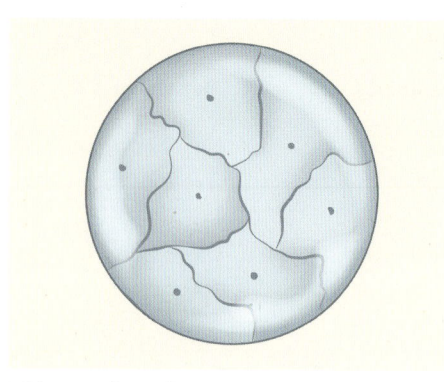

**Bild 5.5** Makroaufbau des Mischkristalltyps

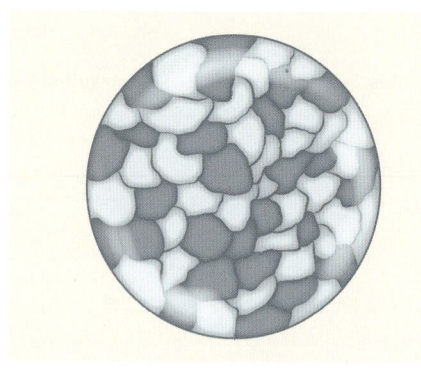

**Bild 5.6** Makroaufbau des Kristallgemenge-Typs bei eutektischer Zusammensetzung

Obwohl jede Zusammensetzung dieses Legierungstyps spezifische Eigenschaften besitzt, zeichnet er sich durch einige Gemeinsamkeiten aus. Im Vergleich ist
- die Zähigkeit verhältnismäßig hoch,
- die plastische Verformbarkeit relativ gut, weil alle Kristalle daran teilnehmen und
- die Korrosionsbeständigkeit aufgrund des homogenen Gefüges günstig.

Aus diesem Grunde wird der Mischkristall-Typ auch bei der Herstellung verschiedener Bauteile für Metallfassungen verwendet.

Unterscheiden sich Gittertypen und Eigenschaften der beteiligten Komponenten, können die Atome der hinzulegierten Komponente das Raumgitter des Metalls, dessen Eigenschaften optimiert werden sollen, nicht nutzen. Die Komponenten liegen im festen Zustand ungelöst vor, lassen sich unter dem Mikroskop voneinander unterscheiden und bilden ein sogenanntes Gemenge. Solche Legierungen zählen zum Kristallgemenge-Typ. Das Gefüge ist heterogen, sodass die Verwechslung mit einem reinen Metall oder dem Mischkristall-Typ ausgeschlossen ist.

Jeder Kristallgemenge-Typ besitzt eine sogenannte eutektische Zusammensetzung, die in einem Haltepunkt erstarrt und ein extrem feinkörniges Gefüge mit hoher Festigkeit besitzt (Bild 5.6).

Auch der Kristallgemenge-Typ zeichnet sich durch einige Gemeinsamkeiten aus. Im Vergleich ist
- die Gießbarkeit aufgrund der niedrigen Schmelztemperaturen unproblematisch,
- die Zerspanbarkeit verhältnismäßig gut, weil sich die sprödere Komponente spanbrechend auswirkt und
- die Festigkeit aufgrund des feinkörnigen Gefüges relativ hoch.

Deshalb eignet sich der Kristallgemenge-Typ bei der Fertigung von Metallfassungen in Form von Lot auch hervorragend für die Verbindung ihrer Bauteile.

**eutektisch:** schön aufgebaut, leicht schmelzend

**heterogen:** uneinheitlich

### Aufgaben

1. Erläutern Sie, was unter einer Legierung zu verstehen ist.
2. Machen Sie den Unterschied zwischen dem Mikro- und dem Makroaufbau eines Metalls deutlich.
3. Entscheiden Sie begründet, welcher Legierungs-Typ aus der Zusammenführung von Kupfer und Nickel entsteht.
4. Geben Sie an, in welchen wesentlichen Punkten sich die beiden Legierungs-Typen voneinander unterscheiden.

## Legierungen für Brillenfassungen

Bei der Herstellung von Metallfassungen kommen hauptsächlich Kupfer-, Nickel- und Titanlegierungen, seltener Stahl- und Aluminiumlegierungen, aber auch einige Edelmetalle zum Einsatz. Um entscheiden zu können, ob eine Metallfassung beispielsweise Allergien auslösen oder über welche Verfahren sie bearbeitet werden kann, sind Informationen über die Zusammensetzung der Legierung erforderlich. Der Benennung einer Legierung namens Neusilber ist aber nicht zu entnehmen, welche Komponenten darin enthalten sind.

Diese Problematik wurde mit der Einführung einer genormten Bezeichnungssystematik beseitigt. Die eingeführten Kurzzeichen orientieren sich dabei an dem (Basis-)Metall, dessen Eigenschaften verbessert werden sollen. Darüber hinaus geben sie den prozentualen Anteil der beteiligten Legierungskomponenten an. So erlaubt die Interpretation des Kurzzeichens für Neusilber **CuZn23Ni12** auf direktem Wege zuverlässige Rückschlüsse auf die vorliegende Zusammensetzung. Sie enthält nämlich 23 % Zink, 12 % Nickel und demzufolge 65 % Kupfer. In diesem Fall kann im Beratungsgespräch des Augenoptikers besonders die Information über den unter Umständen Allergie auslösenden Nickelgehalt wertvolle Hinweise liefern.

### Kupferlegierungen

Ein Werkstoff, der in der Herstellung von Metallfassungen häufig zur Anwendung kommt, ist Kupfer ($\rho_{Cu}$ = 8,93 g/cm³). Dieses Schwermetall ist ausgesprochen weich und lässt sich selbst im kalten Zustand sehr gut verformen. Die Korrosionsbeständigkeit muss, zumindest beim unvermeidbaren Kontakt mit Schweiß, als bedenklich eingestuft werden. Mit den hinzulegierten Elementen wird eine Optimierung der Elastizität, der Festigkeit, der Härte und der Korrosionsresistenz erzielt.

> **Praxis-Tipp**
> Grünliche Ablagerungen auf metallischen Fassungsteilen sind ein deutliches Anzeichen dafür, dass Kupfer darin enthalten ist.

| Kupferlegierungen | | | | | | |
|---|---|---|---|---|---|---|
| Werkstoff | Verwendung | Korrosions-beständigkeit | Lötbarkeit | Polier-barkeit | Nickel | Allergie-relevanz |
| Berylliumbronze CuBe2 | Backen, Brücken, Randprofile, Stegaufnahmen | ausreichend | gut | gut | nicht enthalten | nein |
| Nickelbronze CuNi11Sn8 | Brücken, Bügel, Randprofile, Stegaufnahmen | ausreichend | gut | gut | enthalten | ja |
| Titanbronze CuTi2Cr0,5 | sämtliche Fassungsteile herstellbar | Schutzschicht erforderlich | nur unter Schutzgas | befriedigend | nicht enthalten | nein |
| Isotan CuZn44Mn1 | Backen, Brücken, Bügel, Randprofile, Stegaufnahmen | gut | gut | gut | nicht enthalten | nein |
| Blanka-Z CuNi23Zn14Sn2 | Schließblöcke, Stegstütze, Scharnier | gut | gut | gut | enthalten | ja |
| Neusilber CuZn23Ni12 | Schließblock, Stegstütze, Scharnier | ausreichend | sehr gut | gut | enthalten | ja |

Tabelle 5.4 Auswahl gängiger Kupferlegierungen

## Nickellegierungen

Nickel ($\rho_{Ni}$= 8,9 g/cm³) zählt ebenfalls zu den Schwermetallen und besitzt sehr günstige Eigenschaften. Es ist in hohem Maße korrosionsbeständig, verfügt über eine hohe Zähigkeit, lässt sich gut verformen, schweißen und löten.

Nickelallergikern bereiten solche Legierungen allerdings unter Umständen Probleme. Durch Nickel kann sogar eine zuvor nicht vorhandene Allergie ausgelöst werden. Der Kontakt mit dem Schweiß der Haut löst Nickelionen aus der Legierung heraus, die wiederum die Hornschicht der Haut durchdringen. Bei entsprechender Veranlagung reagiert das menschliche Abwehrsystem auf die Nickelionen. In dieser Phase der Sensibilisierung lernen die Abwehrzellen, Nickel als schädlich einzustufen und darauf zu reagieren. Ein erneuter Kontakt ruft dann die bekannten Abwehrreaktionen wie Juckreiz, Rötungen oder Ekzeme hervor. Da eine Nickelallergie nicht heilbar ist, trägt der Augenoptiker mit seiner Materialempfehlung eine nicht zu unterschätzende Verantwortung.

Eine Brillenfassung darf laut Bedarfsgegenständeverordnung im Verlauf einer Woche pro Quadratzentimeter Oberfläche nicht mehr als 0,5 Mikrogramm Nickel freisetzen. Soll die Einhaltung der maximal zulässigen Nickelmenge überprüft werden, kann das auf chemischem Wege geschehen. Wird der Grenzwert überschritten, ist das Produkt vom Hersteller entsprechend zu kennzeichnen.

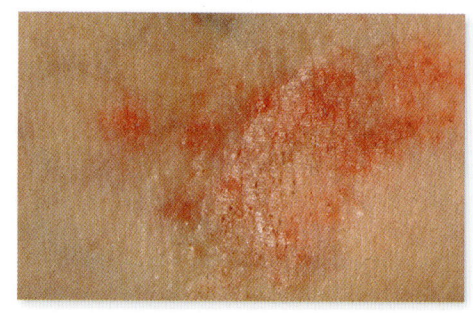

**Bild 5.7** Nickelekzem

> **1 Mikrogramm =**
> $1 \mu g = 10^{-6}$ g

> **Praxis-Tipp**
> Ob ein Erzeugnis überhaupt Nickel enthält, können Sie ohne Beschädigung der Oberfläche mithilfe eines Magneten nachweisen, denn Nickel besitzt als eines von wenigen Nichteisenmetallen magnetische Eigenschaften.

Einige Legierungen mit relativ hohem Nickelanteil sind speziell für die Fassungsherstellung konzipiert worden. Dazu gehören auch Monel und Nickel-Chrom.

| | | Nickellegierungen | | | | |
|---|---|---|---|---|---|---|
| Werkstoff | Verwendung | Korrosionsbeständigkeit | Lötbarkeit | Polierbarkeit | Nickel | Allergierelevanz |
| Monel NiCu30Fe1Mn1 | Backen, Brücken, Bügel, Randprofile Stegaufnahmen | gut | gut | befriedigend | enthalten | ja |
| Nickel-Chrom NiCr15Fe7Ti2,5 | Randprofile, filigrane Bauteile | sehr gut | problematisch | gut | enthalten | ja |

**Tabelle 5.5** Auswahl gängiger Nickellegierungen

## Titanlegierungen

Titan ($\rho_{Ti}$= 4,51 g/cm³) besitzt eine geringe Dichte und ist deshalb extrem leicht. Außerdem ist es äußerst korrosionsbeständig und zeichnet sich durch eine hohe Festigkeit aus. Darüber hinaus ist es absolut allergiefrei. Unter Einfluss des in der Umgebung befindlichen Sauerstoffs bildet sich auf der Oberfläche allerdings innerhalb kürzester Zeit eine hochfeste Oxidschicht, die eine Verlötung der Bauteile ohne besondere Vorkehrungen nicht erlaubt.

Löten oder schweißen lässt sich Titan nur unter Ausschluss von Sauerstoff. Das kann entweder in einer Vakuumkammer oder unter Zuhilfenahme eines Schutzgases, wie zum Beispiel Argon, geschehen.

Nicht alle Metallfassungen, die Titan enthalten, sind hinsichtlich ihrer Allergierelevanz als unbedenklich einzustufen. Vorsicht ist bei Nickel-Titan geboten. Der hohe Nickelanteil ist vollständig im Titan gebunden, sodass er nicht ausdiffundieren kann. Weil sich die Fassungsteile aber nicht auf direktem Wege miteinander verlöten lassen, werden sie auf Hülsen aus Monel oder Neusilber gesteckt, die anschließend auf herkömmliche Art und Weise verlötet werden. Hinzu kommt, dass Titan-Nickel nur im Bügel- und Brückenbereich eingesetzt wird. Bei allen anderen Bauteilen wird meist auf traditionelle Legierungen zurückgegriffen, die Allergien auslösen können.

> **Praxis-Tipp**
> Fassungsteile aus Titanlegierungen können Sie auf konventionellem Wege nicht miteinander verlöten. Erforderliche Reparaturarbeiten müssen dann von Spezialfirmen oder vom Hersteller vorgenommen werden.

Bei Titan P handelt es sich streng genommen um gar keine Legierung, sondern um ein Verfahren, bei dem ein Kern aus Titan mit einer Nickelschicht überzogen wird. So lassen sich die geschilderten Vorteile des Titans ohne Einschränkungen nutzen und die Bauteile auf konventionellem Wege miteinander verlöten. Als allergiefreies Material darf Titan P aber keinesfalls empfohlen werden.

| Titanlegierungen | | | | | | |
|---|---|---|---|---|---|---|
| Werkstoff | Verwendung | Korrosionsbeständigkeit | Lötbarkeit | Polierbarkeit | Nickel | Allergierelevanz |
| Beta-Titan TiV22Al4 | Bügel, Drähte, Randprofile | sehr gut | nur unter Schutzgas | schlecht | nicht enthalten | nein |
| Nickel-Titan TiNi50 | Bügel, Brücken | sehr gut | nein | schlecht | enthalten | gering |
| Rein-Titan Ti99 | Bügel, Drähte, Randprofile | sehr gut | nur unter Schutzgas | schlecht | nicht enthalten | nein |

Tabelle 5.6  Auswahl gängiger Titanlegierungen

### Stahllegierungen

Bei Stahl handelt es sich definitionsgemäß bereits um eine Legierung, in diesem Fall um eine Kombination aus Eisen und Kohlenstoff, dessen Anteil unter 2,06 % liegt. Seine Eigenschaften können durch die Anreicherung mit weiteren Legierungselementen beeinflusst werden. Gemäß DIN 10020 lässt sich eine Kategorisierung der zahlreichen Stahlsorten vornehmen. Danach werden **unlegierte** Qualitäts- und Edelstähle, **legierte** Qualitäts- und Edelstähle sowie **nichtrostende** Stähle unterschieden. Unlegierte Stähle enthalten im Grunde genommen nur Kohlenstoff. Weitere Elemente dürfen nur zu ganz geringen Anteilen enthalten sein. Werden bestimmte Grenzwerte überschritten, gehören sie zu den legierten Stählen. Zu den nichtrostenden Stahlsorten zählen solche, die höchstens 1,2 % Kohlenstoff und mindestens 10,5 % Chrom enthalten.

In Metallfassungen wird generell hochlegierter Edelstahl in unterschiedlichen Zusammensetzungen verarbeitet. Er zählt zu den nichtrostenden Stählen. Edelstahlfassungen sind aufgrund des hohen Chromanteils absolut korrosionssicher und verhindern die Freisetzung von Ionen vorhandenen Nickels. Darüber hinaus besitzen sie eine hohe Festigkeit. Genau darin begründet sich allerdings auch ihre problematische Umformbarkeit. Eventuell erforderliche Lötarbeiten gestalten sich ebenfalls schwierig.

Am Kurznamen lässt sich die Zusammensetzung des Stahls wieder ableiten. Dabei weist ein vorangestelltes „X" darauf hin, dass der mittlere Gehalt von mindestens einem Legierungselement über 5 % liegt. Die darauf folgende Ziffer gibt das 100-fache des jeweils vorliegenden Kohlenstoffgehalts an. Es folgt die Angabe der hinzulegierten Elemente, wobei deren prozentualer Anteil einfach hinten angehängt wird. Aus diesen Angaben ergibt sich dann der Eisenanteil. Der Kurzname eines Edelstahls mit der Werkstoffnummer 1.4301 lautet **X5 CrNi 18-10** und enthält nach dieser Vereinheitlichung 0,05 % Kohlenstoff, 18 % Chrom sowie 10 % Nickel.

Zähigkeit und Festigkeit des Stahls lassen sich über spezielle Verfahren der Wärmebehandlung beeinflussen. Die Manipulation über eine sogenannte Kaltverformung ist ebenfalls möglich. Die geschilderten Methoden können auch miteinander kombiniert werden.

| Edelstahl | | | | | | |
|---|---|---|---|---|---|---|
| Werkstoff | Verwendung | Korrosionsbeständigkeit | Lötbarkeit | Polierbarkeit | Nickel | Allergierelevanz |
| Edelstahl 1.4404 X2 CrNiMo 17-12-2 | Backen, Brücken, Bügel, Randprofile | sehr gut | befriedigend | gut | enthalten | gering, da Ni gebunden durch Cr |
| EVO Steel X6 CrMo 17-1 | Randprofile | gut | befriedigend | gut | nicht enthalten | nein |
| Edelstahl 1.4305 X8 CrNiS 18-9-9 | Schrauben | sehr gut | schlecht | gut | enthalten | gering, da Ni gebunden durch Cr |

**Tabelle 5.7** Auswahl gängiger Edelstähle

### Aluminiumlegierungen

Aluminium zählt wegen seiner geringen Dichte ($\rho_{Al}$ = 2,7 g/cm³) zu den Leichtmetallen. Es besitzt ein kubisch-flächenzentriertes Raumgitter und lässt sich deshalb im kalten Zustand gut verformen. Aufgrund seiner hohen Affinität zum Sauerstoff bildet sich auf Aluminium rasch eine Oxidschicht, die Fügetechniken wie Löten oder Schweißen erschweren. Deshalb greifen die Hersteller von sehr preisgünstigen Fassungen auch lieber auf Nietverbindungen zurück. Sowohl die Festigkeit als auch die Oberflächenhärte des reinen Aluminiums ist relativ gering. Beide Werkstoffeigenschaften können aber durch Legierungszusätze gesteigert werden. Zusätze wie Magnesium und Silizium führen beispielsweise zu einer Legierung, die als AlMg1Si1 bezeichnet wird. In hochwertigen Korrektionsfassungen werden solche Legierungen in erster Linie für Dekor- oder Schmuckteile verwendet, weil sie sich effektvoll eloxieren lassen. Dabei handelt es sich um ein Verfahren, bei dem auf elektro-chemischem Wege eine sehr dicke und poröse Oxidschicht entsteht, die sich anschließend beliebig einfärben und über Lacke versiegeln lässt.

**Affinität:** Neigung

| Aluminiumlegierungen | | | | | | |
|---|---|---|---|---|---|---|
| Werkstoff | Verwendung | Korrosionsbeständigkeit | Lötbarkeit | Polierbarkeit | Nickel | Allergierelevanz |
| Aluminium AlMg1Si1 | Dekorteile | sehr gut | nur unter Schutzgas | schlecht | nicht enthalten | nein |

**Tabelle 5.8** Auswahl gängiger Aluminiumlegierungen

## Goldlegierungen

Gold gehört zu den Schwermetallen ($\rho_{Au}$ = 19,3 g/cm³), es ist absolut korrosionssicher, allergiefrei und hautfreundlich. Sein Raumgitter ist kubisch-flächenzentriert, sodass eine Kaltverformung ohne Probleme möglich ist. Durch die Legierungselemente Silber, Kupfer, Nickel und Zink können nicht nur Festigkeit und Härte des Edelmetalls gesteigert, sondern auch seine Farbe beliebig manipuliert werden. Solche Legierungen werden unter anderem für die Herstellung von kompletten und hochwertigen Fassungsteilen verwendet.

Der Hersteller kennzeichnet sie über einen Goldstempel, der Rückschlüsse auf den vorliegenden Goldanteil zulässt. Dabei ist die Angabe in Promille oder Karat üblich, wobei ein Gehalt von 1000 ‰ oder 24 Karat reinem Gold entspricht. Soll der Feingoldgehalt zweier Fassungen gegenübergestellt werden, lassen sich die beiden Angaben über den Dreisatz ineinander umrechnen.

Goldlegierungen und traditionelle Kernmaterialien lassen sich auf mechanischem Wege zu sogenannten Schichtverbundstoffen verarbeiten. So können die bewährten Eigenschaften des Kernwerkstoffes mit den Vorzügen einer Goldhaut kombiniert werden. Bei dieser Methode handelt es sich um das sogenannte Doubléverfahren. Dafür wird ein tiefgezogenes Goldrohr mit dem Kernmaterial verlötet und anschließend über diverse Umformverfahren zu Fassungsteilen verarbeitet. Je höher der dafür erforderliche Verformungsgrad, desto dünner wird auch die Goldschicht sein. Deshalb sollte das Design von doublierten Fassungsteilen auch nicht allzu filigran und komplex ausfallen. Obwohl die Schicht zum Teil nur eine Dicke von 0,01 mm aufweist, ist sie hochabrieb- sowie verschleißfest und untrennbar mit dem darunterliegenden Material verbunden. Darüber hinaus lassen sich über die Zusammensetzung der Goldlegierung alle erdenklichen Goldtöne und -schattierungen realisieren.

**Bild 5.8**
Goldstempel 14 Karat

> **Praxis-Tipp**
> Nehmen Sie die erforderlichen Umformarbeiten an goldhaltigen Fassungsteilen möglichst von Hand vor, um die hochwertigen Oberflächen zu schützen.

Beim Löten ist darauf zu achten, das Material nur kurz und punktuell zu erwärmen. Beim Polieren dürfen nur weiche Werkzeuge und feine Polierpasten verwendet werden.

### Aufgaben

1. Die Brillenfassung eines Probanden besitzt eine Oberfläche von 5 cm² und setzt in einer Zeit von 84 Stunden 0,75 μg Nickelionen frei. Überprüfen Sie, ob die Fassung laut Bedarfsgegenständeverordnung ohne Kennzeichnung abgegeben werden darf.

2. Erklären Sie, weshalb sich Bauteile aus Aluminium- oder Titanlegierungen nur unter besonderen Vorkehrungen miteinander verlöten lassen.

3. Geben Sie an, welche Legierungskomponenten zu welchen Anteilen in Isotan und EVO Steel enthalten sind.

4. Rechnen Sie einen Feingoldgehalt von 500 ‰ in Karat und einen Feingoldgehalt von 14 K in Promille um.

## Brillen instand setzen oder modifizieren

### Beschichtung von Metallfassungen

Mit der Beschichtung von kompletten Brillenfassungen oder Fassungsteilen werden drei generelle Ziele verfolgt. Sie soll

- das darunterliegende Metall vor Korrosion schützen,
- die Verschleißfestigkeit seiner Oberfläche maximieren, aber auch
- bestimmte Farbeffekte ermöglichen.

> **Korrosion:** Zersetzung eines Werkstoffs

**Bild 5.9** Korrosion eines Brillenbügels

### Lackbeschichtungen

Die Beschichtung von Metallfassungen kann über flüssige Ausgangsstoffe erfolgen, so wie es beim Lackieren der Fall ist. Die Farbe wird als Spritz-, Tauch- oder Schleiflack sowie im Druckverfahren aufgebracht. Die besondere Herausforderung des Herstellers besteht nun darin, Verfahren und Lacke so miteinander zu kombinieren, dass abrieb-, licht- und lösungsmittelresistente Schichten bei optimaler Farb- und Kantendeckung entstehen.

> **Ion:** Atom, das Elektronen abgegeben oder aufgenommen hat

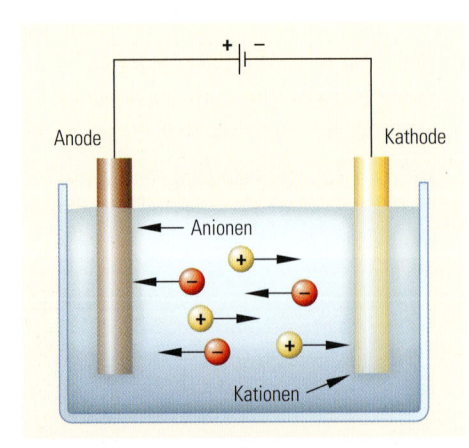

**Bild 5.10** Prinzip der Elektrolyse

> **Praxis-Tipp**
> Von Lack verklebte Schließblöcke und Schraubenköpfe lassen sich mithilfe des Punkterwärmers der Ventilette öffnen beziehungsweise lösen, ohne die Beschichtung zu beschädigen.

### Galvanische Beschichtungen

Galvanische Überzüge werden auf elektrolytischem Wege aufgebracht. Bei der Elektrolyse wird das Beschichtungsmaterial durch elektrischen Gleichstrom aus einer wässrigen, alkalischen oder sauren Lösung heraus abgeschieden. Die positiv geladene Anode besteht dabei meist aus dem Überzugsmetall, das auch als Plattenmaterial bezeichnet wird. Die zu beschichtende Brillenfassung ist negativ geladen und damit als Kathode geschaltet. Während des Prozesses werden aus der Anode Metallionen herausgelöst, die sich schließlich über den Elektrolyten an der Kathode absetzen. Für die Herstellung von hochwertigen Schichten sind die Prozesstemperaturen, -zeiten und -spannungen exakt aufeinander abgestimmt (Bild 5.10). Weil sich der Wunsch nach Korrosionsschutz, Verschleißfestigkeit und bestimmten Farbeffekten nicht über einen einzigen Belag realisieren lässt, bestehen galvanische Überzüge immer aus mehreren im Sandwich-Verfahren aufgebrachten Schichten. In der Regel erfüllt die Unterschicht dabei die Aufgabe des Haftgrundes, während die Folgeschichten der Fassung die gewünschte Farbe und den angestrebten Korrosions- und Oberflächenschutz verleihen. Dabei werden primär Schichten aus Nickel, Kupfer, Chrom, Palladium, Platin, Rhodium oder Ruthenium aufgebracht.

Um eine goldplattierte Fassung handelt sich dann, wenn die Anode aus Gold besteht. Weil die komplett montierte Brillenfassung im Galvanikbad beschichtet wird, ist ihr Design keinerlei Einschränkungen unterworfen. Alle Flächen, Kanten und Ecken der Fassung werden ausgesprochen gleichmäßig beschichtet. Dennoch sollten goldplattierte Fassungen aufgrund der geringen Schichtdicke sehr schonend behandelt werden. Einen Goldstempel, wie er bei Goldlegierungen üblich ist, findet man in galvanisierten Brillenfassungen nicht.

## Chrombeschichtungen

Die Beschichtung mit Chrom erfolgt auf ähnliche Art und Weise. Allerdings besteht die Anode nicht aus dem Überzugmetall, sondern aus Blei. Die Abscheidung der Metallionen erfolgt damit ausschließlich aus dem Elektrolyten, einer konzentrierten Chromsäurelösung.

## PVD-Beschichtungen

Bei dieser Technik handelt es sich um eine sogenannte Gasphasenabscheidung, die im Hochvakuum erfolgt. Dabei ist die Platte des Schichtmaterials negativ geladen. Sie zieht die positiven Ionen eines in der Vakuumkammer erzeugten Plasmas so stark an, dass Atome des Beschichtungsmaterials herausgeschlagen werden. Diese setzen sich als Kondensat auf der Brillenfassung ab und bilden einen gleichmäßigen Überzug. Das PVD-Verfahren bietet sich unter anderem dann an, wenn eine galvanische Abscheidung aufgrund von hinderlichen Oxidschichten nicht möglich ist. So lässt sich auch mit Werkstoffen wie Titan oder Aluminium beschichten (Bild 5.12).

## Eloxalbeschichtungen

Voraussetzung für die Galvanisierung von Aluminium ist eine positiv geladene und damit als Anode geschaltete Brillenfassung sowie eine Kathode aus Blei. Als Elektrolyt wird häufig Schwefelsäure eingesetzt. Sobald der Gleichstrom fließt, bildet sich unter der vorhandenen Passivschicht eine poröse Eloxalschicht aus $Al_2O_3$, die sich einfärben und anschließend in sogenannten Sealingbädern versiegeln lässt.

## Pulverbeschichtungen

Bei der Pulverbeschichtung wird die Metallfassung meist positiv aufgeladen. Das negativ geladene Lackpulver aus Acryl-, Epoxid- oder Polyesterharz wird über Druckluft verwirbelt und schlägt sich nebelartig gleichmäßig auf der Oberfläche der Brillenfassung nieder. Anschließend wird das Pulver im Infrarotofen 10 bis 15 Minuten lang aufgeschmolzen und eingebrannt. Bei Bedarf kann die so entstandene hochfeste Kunststoffschicht mit einer Spritz- oder Tauchlackierung nachgefärbt werden.

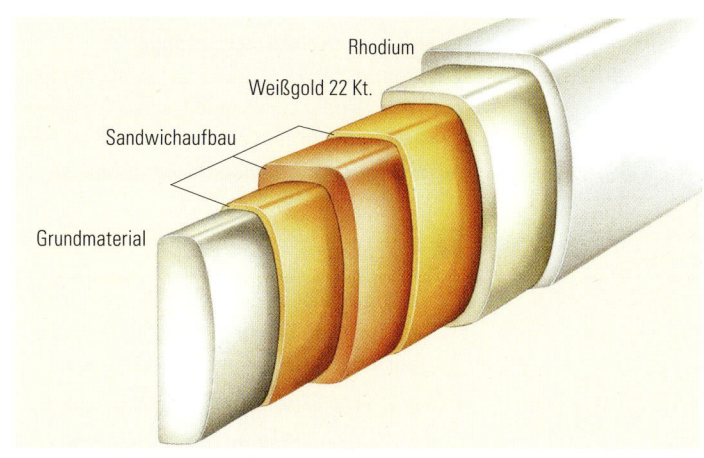

**Bild 5.11** Sandwich-Aufbau einer goldplattierten Fassung

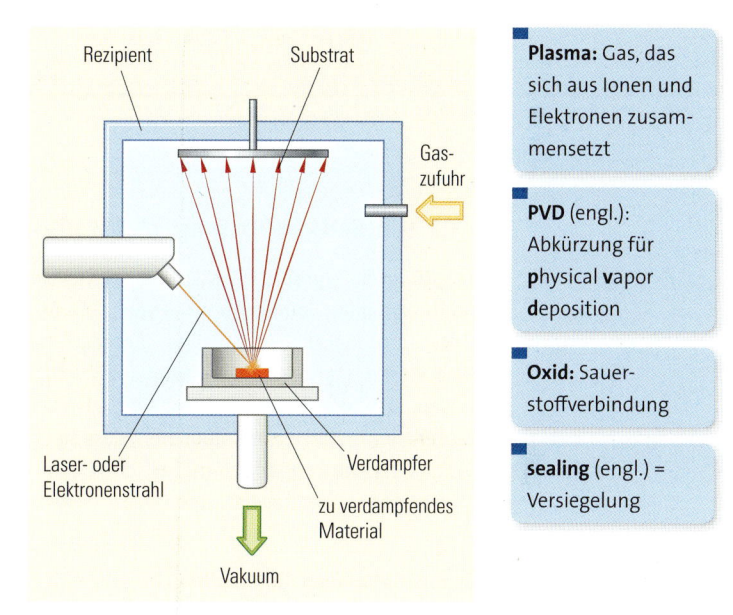

**Plasma:** Gas, das sich aus Ionen und Elektronen zusammensetzt

**PVD** (engl.): Abkürzung für **p**hysical **v**apor **d**eposition

**Oxid:** Sauerstoffverbindung

**sealing** (engl.) = Versiegelung

**Bild 5.12** PVD-Beschichtung

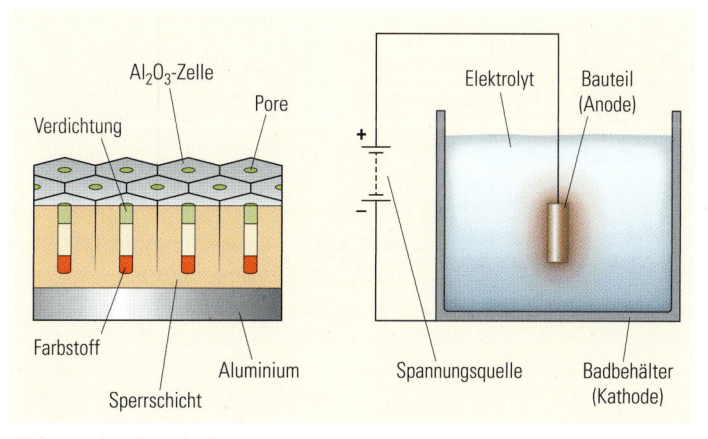

**Bild 5.13** Eloxalbeschichtung

### Elektrophoretische Beschichtungen

Das Prinzip der Elektrophorese besteht darin, Kunststoffe oder Lacke in leitfähige Wasserbäder einzubringen und einem elektrischen Feld auszusetzen. An der Oberfläche der meist negativ geladenen Brillenfassungen scheiden sich die Kunststoff- oder Lackpartikel ab, die anschließend im Ofen eingebrannt werden.

> **Aufgaben**
>
> 1. Fertigen Sie eine Skizze an, die deutlich macht, mithilfe welcher Verfahren Lacke auf Metallfassungen aufgebracht werden.
> 2. Eine Metallfassung soll eine Unterschicht aus Kupfer erhalten. Das Plattenmaterial wird als Anode geschaltet und befindet sich in Kupfersulfat $CuSO_4$. Beschreiben Sie an diesem Beispiel das Galvanikverfahren.
> 3. Klären und übersetzen Sie die Bedeutung der Abkürzung „PVD".
> 4. Erläutern Sie die wesentlichen Unterschiede zwischen der Pulverbeschichtung und der Elektrophorese.

## 5.1.2 Synthetische Fassungswerkstoffe

Ursprünglich wurden Kunststoffe entwickelt, um unabhängig von der zum Teil sehr aufwändigen und dadurch kostspieligen Beschaffung bestimmter Naturstoffe zu sein. Inzwischen lassen sich die Eigenschaften synthetischer Materialien so gezielt manipulieren, dass sie in vielen Bereichen sogar den metallischen Werkstoffen gegenüber bevorzugt werden.

Hautfetten kann ohne Oberflächenschutz allerdings zur Korrosion des Kunststoffes führen. Darüber hinaus lässt er sich einfach einfärben. Die Allergierelevanz von Kunststofffassungen kann im Prinzip als unbedenklich eingestuft werden. Substanzen wie Weichmacher, UV-Absorber, oder Färbemittel können in seltenen Fällen aber auch zu Problemen führen.

### Eigenschaften von Kunststoffen

Aufgrund ihrer geringen Dichte sind die Fassungskunststoffe relativ leicht. Um eine ausreichende Stabilität zu gewährleisten, sind allerdings höhere Querschnitte erforderlich. Durch die vergleichsweise geringe Temperaturbeständigkeit lassen sie sich unter Wärmezufuhr relativ gut umformen. Ohne diese Eigenschaft wäre sowohl die Verglasung als auch die anatomische Brillenanpassung nur sehr schwer möglich. Ihre guten Bearbeitungsmöglichkeiten lassen sich unter anderem auf die verhältnismäßig geringe mechanische Festigkeit zurückführen. Aus dem gleichen Grund ist die Oberfläche aber auch sehr empfindlich. Die meisten Kunststoffe, die zu Brillenfassungen oder Fassungsteilen verarbeitet werden, sind den Substanzen des Alltags gegenüber resistent. Der Kontakt mit Lösungsmitteln oder organischen

### Herstellung von Kunststoffen

Prinzipiell bestehen Kunststoffe aus chemischen Verbindungen, die Makromoleküle bilden und als Polymere bezeichnet werden. Für die Herstellung von halbsynthetischen Kunststoffen sind Substanzen aus der Natur (z. B. Zellulose, Eiweiß oder Naturkautschuk) erforderlich, die dann chemisch abgewandelt werden. Vollsynthetische Kunststoffe entstehen dagegen aus Elementen der Erdölchemie (z. B. Schwefel, Kohlenstoff, Wasserstoff, Sauerstoff oder Stickstoff). Die Ausgangsstoffe liefern die sogenannten Monomere, die mithilfe von Druck, Temperatur und Katalysatoren zu Ketten verbunden werden. Katalysatoren sind Substanzen, die bestimmte chemische Reaktionen beschleunigen oder überhaupt ermöglichen.

---

**makros** (griech.) = groß;
**poly** (griech.) = viel;
**meros** (griech.) = Teilchen;
**monos** (griech.) = einzig

Bei der Herstellung von Kunststoffen wird auf drei verschiedene Verfahren zurückgegriffen. Alle drei verfolgen das gemeinsame Ziel der Aneinanderreihung von Grundbausteinen zu Molekülketten oder -netzen. Bei der **Polymerisation** werden gleichartige Monomere durch die Sprengung von Kohlenstoffdoppelbindungen zu Makromolekülen verknüpft. Erfolgt die Verknüpfung verschiedenartiger Monomere über den Platzwechsel von Wasserstoffatomen, handelt es sich um eine sogenannte **Polyaddition**. Die Verknüpfung von reaktionsfähigen Stellen verschiedenartiger Monomere unter Abspaltung eines Kondensats wird dagegen als **Polykondensation** bezeichnet.

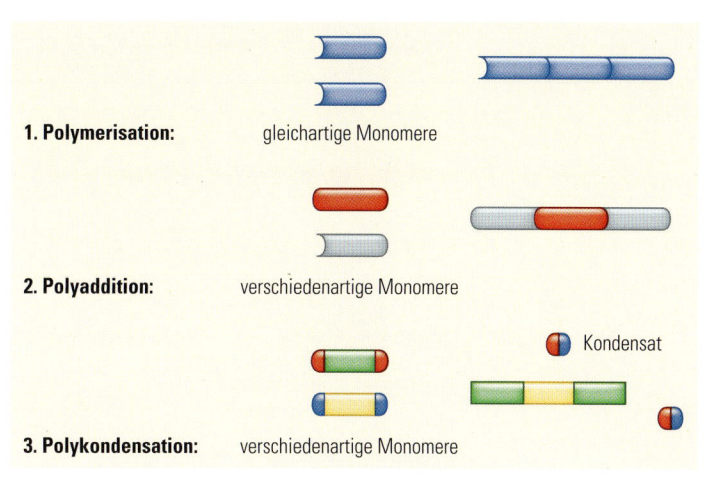

**Bild 5.14** Schematische Darstellung der Kunststoffherstellung

Die hergestellten Erzeugnisse werden den geschilderten Herstellungsverfahren entsprechend als Polymerisate, Polyaddukte und Polykondensate bezeichnet.

| Polymerisate | | Polyaddukte | | Polykondensate | |
|---|---|---|---|---|---|
| Zelluloseacetat | CA | Epoxidharz | EP | Polyamid | PA |
| Zellulosepropionat | CP | Polyurethan | PUR | Polycarbonat | PC |
| Polymethylmetacrylat | PMMA | | | Silikone | SI |
| Polyvinylchlorid | PVC | | | Polyester | UP |

**Tabelle 5.9** Auswahl einiger Kunststofferzeugnisse

### Unterscheidung der Kunststoffgruppen

Sämtliche Kunststoffe besitzen während ihrer Herstellung einen zähflüssigen oder weichen Zustand, der sich plastisch hervorragend verformen lässt. Deshalb werden sie auch als Plaste bezeichnet und anhand ihres Warmformverhaltens eingeteilt. Diese Einteilung lässt keine Rückschlüsse auf das vorliegende Herstellverfahren zu.

**Thermoplaste** bestehen aus miteinander verknäulten linearen oder verzweigten Ketten, deren Abstand voneinander durch Weichmacher aufrechterhalten wird. Der Weichmacher wirkt der Versprödung des Werkstoffs entgegen. Diese Werkstoffgruppe eignet sich ausgezeichnet für die Verarbeitung zu Brillenfassungen. Sie sind bei Wärmezufuhr plastisch verformbar, lassen sich darüber hinaus schmelzen beziehungsweise schweißen und über geeignete Lösungsmittel sogar kitten.

Zur Gruppe der **Duroplaste** gehören solche Kunststoffe, die aus räumlich eng miteinander vernetzten Ketten aufgebaut sind. Dieser Aufbau ist für den formstabilen Zustand verantwortlich und hat zur Bezeichnung dieser Kunststoffgruppe beigetragen. Kunststoffe dieser Kategorie lassen sich weder schmelzen noch kitten, sondern bestenfalls kleben. Mit wenigen Ausnahmen zählen alle organischen Brillengläser zu den Duroplasten.

Kunststoffe, deren Ketten im gering vernetzten und weitmaschigen Zustand vorliegen, werden dagegen als **Elastoplaste** bezeichnet. Weil sich die Fadenmoleküle zwar nicht verschieben, dafür aber strecken lassen, sind diese Materialien typischerweise gummielastisch, lassen sich nicht plastisch verformen und werden unter anderem als Werkstoffe für Nasenstege und Kontaktlinsen eingesetzt (Tabelle 5.10).

**duro** (lat.) = hart

**thermós** (griech.) = warm

## Brillen instand setzen oder modifizieren

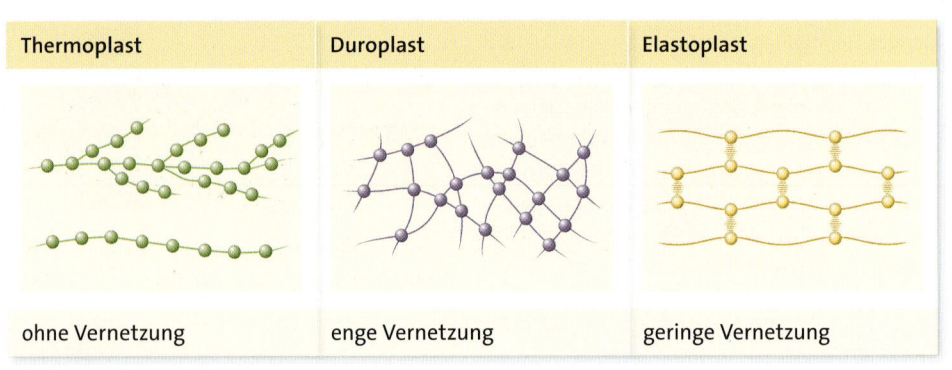

| Thermoplast | Duroplast | Elastoplast |
|---|---|---|
| ohne Vernetzung | enge Vernetzung | geringe Vernetzung |

**Tabelle 5.10** Kunststoffgruppen

### Ausführungsformen der Halbfabrikate

Das Halbfabrikat kann unterschiedliche Zustände annehmen. Eine Möglichkeit besteht darin, gelegte beziehungsweise extrudierte Plattenmaterialien einzusetzen. Diese werden über zumeist spanabhebende Formgebungsverfahren in mehreren Fertigungsstufen zu Mittelteilen und Bügeln verarbeitet.

Es können aber auch schmelzflüssige Monomere in vorgefertigte Formen eingebracht werden. Über dieses Verfahren entstehen komplette Fassungsteile, die nur noch entgratet und gegebenenfalls noch eingefärbt werden müssen.

Fräsen der äußeren Kontur
↓
Fräsen der inneren Kontur
↓
Fräsen der Fassungsnut
↓
Fräsen des Bügelansatzes
↓
Aufkitten der Nasenauflage
↓
Ausarbeiten des Nasenauflagenbereichs
↓
Einschwemmen der Scharniere
↓
maschinelle Vorpolitur
↓
manuelle Nachpolitur

**Bild 5.15** Bearbeitung von Plattenmaterial

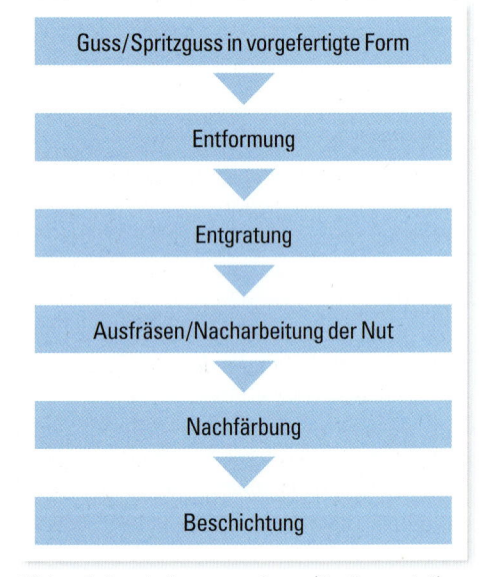

Guss/Spritzguss in vorgefertigte Form
↓
Entformung
↓
Entgratung
↓
Ausfräsen/Nacharbeitung der Nut
↓
Nachfärbung
↓
Beschichtung

**Bild 5.16** Bearbeitung von Guss-/Spritzgussteilen

### Gelegtes Plattenmaterial

Bei dieser Machart werden die mit Lösungsmitteln versetzten Rohstoffe zunächst miteinander vermengt, zu einfarbigen Tafeln ausgewalzt, gegebenenfalls mit Mustern versehen oder auch nachgefärbt. Um bestimmte Effekte zu erzielen, lassen sich dünne Streifen davon übereinanderlegen und unter Druck- sowie Temperatureinfluss miteinander zu Blöcken verschweißen. Diese Blöcke werden wiederum zu Platten zerschnitten und zum Trocknen ausgelagert. Der Trockenprozess beträgt aufgrund des Lösungsmittels zwischen 5 und 10 Tagen pro Millimeter Materialdicke. In einer abschließenden Phase müssen die gewellten Platten über vorgewärmte Polierpressen geglättet werden (Bild 5.17).

**Bild 5.17** Dekorteile aus gelegtem Plattenmaterial

### Extrudiertes Plattenmaterial

Ausgangsstoffe für die Produktion von extrudiertem Plattenmaterial sind Granulate unterschiedlicher Farbe. Diese werden in einen Trichter gefüllt und über eine rotierende Schnecke in einen beheizten Zylinder gezogen. Dort führt die Verdichtung und Erwärmung zur Plastifizierung der Ausgangsstoffe. Ihr Ausstoß erfolgt über eine Düse mit rechteckigem Querschnitt, sodass nur noch das nahtlose Profil zu tafelförmigen Halbfabrikaten abgelängt werden muss. Lösungsmittel kommen bei diesem Verfahren nicht zum Einsatz, sodass langwierige Trockenphasen entfallen (Bild 5.18).

**Bild 5.18** Extrudiertes Plattenmaterial

### Spritzgussteile

Bei der Produktion von spritzgegossenen Bauteilen kommt eine Maschine zum Einsatz, deren Baugruppen mit denen eines Extruders im Grunde identisch sind. Der Unterschied besteht darin, dass die Ausgangsstoffe nicht zu Profilen, sondern zu kompletten Mittelteilen oder Brillenbügeln verarbeitet werden. Scharniere und Bügeleinlagen werden dabei umspritzt. Über das der Plastifizierungseinheit nachgeschaltete Spritzgießwerkzeug wird die Schmelze aufgenommen, abgekühlt und schließlich als Formteil ausgestoßen (Bilder 5.19 und 5.20).

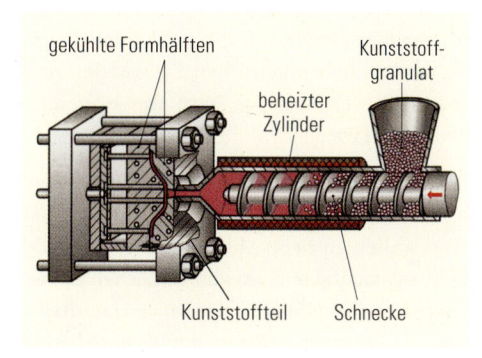

**Bild 5.19** Spritzgussmaschine

### Gussteile

Um vergossene Bauteile herzustellen, werden die Ausgangsstoffe nicht, wie beim Spritzgussverfahren üblich, unter Druck in die Form gegeben. Sie verteilen sich unter Einfluss eines leichten Vakuums im Gusswerkzeug. Die Aufnahme und Verteilung der Monomere in der Gussform erfolgt umso besser, je dünnflüssiger sie eingefüllt werden.

**Bild 5.20** Zweiteiliges Spritzgießwerkzeug

## 5 Brillen instand setzen oder modifizieren

| Ausführungsform | Erkennungsmerkmal |
|---|---|
| gelegtes Plattenmaterial | • verhältnismäßig schlichtes Design<br>• sichtbare Schichtung an den Schnittkanten<br>• Muster und Farbe zieht sich durch die gesamte Schicht<br>• relativ kleine und komplex aufgebaute Verankerungen der Mittelteilscharniere<br>• aus dem Material herausgearbeitete Größenangabe |
| extrudiertes Plattenmaterial | • verhältnismäßig schlichtes Design<br>• wellenförmige Schichtungen<br>• mehr oder weniger stark ineinander verlaufende Granulate<br>• relativ kleine und komplex aufgebaute Verankerungen der Mittelteilscharniere<br>• aus dem Material herausgearbeitete Größenangabe |
| Guss- oder Spritzgussteil | • verhältnismäßig aufwändiges Design<br>• normalerweise einfarbig<br>• Farbeffekte durch nachträgliche Tauchbäder oder Lackierung<br>• große und einfach aufgebaute Verankerungen der Mittelteilscharniere<br>• erhabene, da aus der (Spritz-)Gussform herausgearbeitete, Größenangabe |

**Tabelle 5.11** Erkennungsmerkmale unterschiedlicher Ausführungsformen

### Kunststoffe für Brillenfassungen

In der Herstellung von Bauteilen für Brillenfassungen werden halb- und vollsynthetische Kunststoffe verwendet. Die **halbsynthetischen Kunststoffe** enthalten Zellulose, die **vollsynthetischen** dagegen nicht. Zellulose ist der Hauptbestandteil von pflanzlichen Zellwänden und kommt in der Natur in Form von Holz oder Baumwolle vor.

Die Kunststoffe auf Zellulosebasis können genauso korrodieren, wie es bei metallischen Werkstoffen zu beobachten ist. Die Korrosion zeigt sich häufig in Form von gelblichen Einfärbungen, weißen Belägen oder auch Haarrissen. Die Hauptursache dafür ist die Verflüchtigung der eingebrachten Weichmacher. Begünstigt wird dieser Prozess durch eine Materialquellung, die sich auf Feuchtigkeit, Kontakt mit Schweiß, Talg beziehungsweise Haarfett zurückführen lässt. UV-Licht fördert zudem die Aufspaltung der Molekülketten und damit die Versprödung des Materials. Die Kunststoffkorrosion kann durch eine Reduzierung der auslösenden Momente oder die Beigabe von UV-Absorbern begrenzt werden. Die Verwendung von Kunststoffen ohne Weichmacher lässt das Problem allerdings gar nicht erst aufkommen.

> **Praxis-Tipp**
> Bei der Aufarbeitung einer korrodierten Kunststofffassung sollten Sie weißliche Beläge zunächst mit einem Dreikantschaber entfernen und erst dann die Politur der Oberfläche in Angriff nehmen.

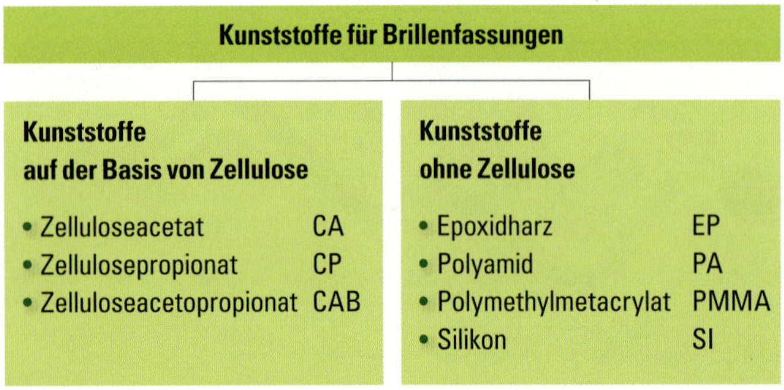

**Additive:**
Farbpigmente, Katalysatoren, Stabilisatoren

### Zelluloseacetat CA

Zelluloseacetat entsteht aus Zellulose, Essigsäure, Weichmachern sowie aus Additiven zur Optimierung der angestrebten Eigenschaften. Weil die mechanischen und thermischen Eigenschaften von spritzgegossenem Zelluloseacetat im Vergleich nur mäßig ausfallen, werden für Brillenfassungen höherer Qualität extrudierte oder gelegte Plattenmaterialen bevorzugt.

**Kunststoffe für Brillenfassungen**

| Kunststoffe auf der Basis von Zellulose | | Kunststoffe ohne Zellulose | |
|---|---|---|---|
| • Zelluloseacetat | CA | • Epoxidharz | EP |
| • Zellulosepropionat | CP | • Polyamid | PA |
| • Zelluloseacetopropionat | CAB | • Polymethylmetacrylat | PMMA |
| | | • Silikon | SI |

**Bild 5.21** Fassungskunststoffe

Zelluloseacetat besitzt eine Dichte von 1,3 g/cm³ und lässt sich ohne Probleme spanend bearbeiten. Der für die Anpassung und Verglasung empfohlene Temperaturbereich liegt zwischen 80 und 100 °C, bei 130 °C verschmort das Material und über 180 °C zersetzt es sich bereits. Weil es bis zu 4 % Wasser aufnehmen kann, besteht die Gefahr von Materialquellung und Materialverzug. Die Quellung kann die Verflüchtigung des unter Umständen allergieauslösenden Weichmachers begünstigen, der Verzug zwingt dagegen immer wieder zur Nachbesserung der anatomischen Brillenanpassung. Im Falle einer Reparatur lassen sich Bruchstellen mit Aceton gut anlösen und kitten.

**Bild 5.22** Brillenfassung im Retro-Design aus Zelluloseacetat

### Zellulosepropionat CP

Zellulosepropionat enthält Zellulose, Propionsäureester, Weichmacher sowie einige Additive. Zum Schutz vor UV-Licht werden entweder spezielle Absorber beigegeben oder im Nachhinein Lacke aufgebracht. Das Material wird meist im Spritzgussverfahren verarbeitet, lässt sich inzwischen aber auch zu Platten extrudieren.

Im Vergleich zu Zelluloseacetat besitzt CP eine geringere Dichte ($\rho_{CP}$ = 1,2 g/cm³) und ist deshalb bei gleichem Fassungsvolumen etwas leichter. Die Zerspanbarkeit ist ähnlich. Auch die Schmor- und Zersetzungstemperatur ist vergleichbar, während die optimale Verarbeitungstemperatur zwischen 80 und 115 °C anzusiedeln ist. Die Resistenz gegenüber Hautschweiß ist relativ gut und die Allergierelevanz aufgrund des geringeren Weichmacheranteils vergleichsweise niedrig. Aufgrund der geringen Wasseraufnahme verfügt Zellulosepropionat über eine gute Formstabilität. Kittungen sollten nicht unter Verwendung von Aceton, sondern mit einer Mischung aus Ethyl- und Methyl-Acetat durchgeführt werden (Bild 5.23).

**Bild 5.23** Brillenfassung aus Zellulosepropionat

### Zelluloseacetobutyrat CAB

Wird Zellulose mit Buttersäure und bestimmten Additiven versetzt, entsteht Zelluloseacetobutyrat. Die UV-Beständigkeit ist relativ hoch, die Dichte im Vergleich zu CP ein wenig geringer. Die mechanischen und thermischen Eigenschaften entsprechen aber im Prinzip denen von Zellulosepropionat, auch die Bearbeitung erfolgt analog dazu. CAB steht allerdings nicht als im Fräsverfahren weiter zu verarbeitende Platte, sondern nur als Spritzgussprodukt zur Verfügung. So entstehen unter anderem Bügelendstücke für Metallfassungen.

### Epoxidharz EP

Für die Herstellung von Epoxidharz werden Harze und Härter miteinander vermengt und in Metallformen gegossen. Ein leichtes Vakuum sorgt dafür, dass sich die viskose Masse ohne Lufteinschlüsse gleichmäßig verteilt. Die Ausgangsstoffe reagieren miteinander und härten nach abgeschlossener Polyaddition aus. So entstehen komplette Mittelteile, die der Endbearbeitung zugeführt werden können. Brillenbügel entstehen auf identischem Wege und enthalten keine oder nur sehr kurze Metalleinlagen. Weil Epoxidharze einfarbig vergossen werden, lassen sich bestimmte Farbeffekte nur über Farbbäder oder Lackierungen realisieren. Die Aufbringung eines Schutzlackes sorgt schließlich für den erforderlichen Oberflächenschutz und -glanz.

EP kam als Material für Brillenfassungen Ende der 60er Jahre über die Firma Safilo als Optyl® auf den Markt. Es besitzt nur eine Dichte von 1,1 g/cm³, enthält keine Weichmacher und zeichnet sich durch eine sehr hohe Warmformbeständigkeit aus. Eine für EP charakteristische Eigenschaft ist darüber hinaus der sogenannte Memory-Effekt: Sobald der Werk-

> **viskos:** zähflüssig

> **memory** (engl.) = Erinnerung

## 5 Brillen instand setzen oder modifizieren

stoff seiner Biegetemperatur ausgesetzt wird, nimmt er wieder seine ursprüngliche Form an. Deshalb ist es auch nicht möglich, sich bei der anatomischen Endanpassung der Brillenbügel an die Form des Ohrwurzel- und Schädelverlaufs heranzutasten. Aufgrund der verwendeten Schutzlacke sollte die Oberfläche von EP nicht nachpoliert werden. Bruchstellen lassen sich prinzipiell nicht kitten, in Notfällen aber mit Zweikomponenten- oder Sekundenkleber verbinden. Weil Epoxidharze im Grunde nicht schrumpfen, sind die Brillengläser unbedingt passend, keinesfalls aber kleiner zu schleifen.

**Bild 5.24** Brillenfassung aus Epoxidharz

### Polyamid PA

Sämtliche Polyamide zählen zu den Thermoplasten, enthalten zwar keine Weichmacher, unter Umständen aber UV-Absorber gegen ihre vorzeitige Alterung. Bruchstellen lassen sich weder kitten noch dauerhaft kleben. Weil sich die Eigenschaften dieser Werkstoffgruppe je nach Zusammensetzung und Einsatzbereich unter Umständen erheblich voneinander unterscheiden, beschränken sich die folgenden Informationen nur auf die für Brillenfassungen relevanten Materialien. Die Co-Polyamide können eine amorphe, mikro- oder teilkristalline Struktur annehmen.

> **amorph:** ungeordnet

Ein **amorphes** und deshalb hochtransparentes Polyamid wurde zu Beginn der 80er Jahre speziell für Brillenfassungen entwickelt. Es zählt zur sogenannten PA12-Gruppe und ist über die Firma Silhouette unter dem Herstellernamen SPX® bekannt geworden. Aufgrund seiner geringen Dichte ($\rho_{PA,\ amorph}$ = 1,04 g/cm³) ist die Produktion von sehr leichten Fassungen möglich. Zudem erlauben die günstigen mechanischen Kennwerte eine relativ dünnwandige und feingliedrige Fassungsgestalt. Die chemische Resistenz gegenüber Kosmetika, Schweiß usw. ist sehr hoch. Weil dieses Co-Polyamid einfarbig im Spritzgussverfahren hergestellt wird, sich also nur über Tauchbäder oder Lacke einfärben lässt, sollte eine spanende Bearbeitung der Oberfläche unterbleiben. Sowohl die Verglasung als auch die Anpassung kann bereits bei einer Temperatur zwischen 50 und 80 °C vorgenommen werden. Eine Überschreitung dieses Temperaturbereichs führt zu einer so starken Schrumpfung, dass sich selbst passend gerandete Brillengläser nicht mehr einsetzen lassen.

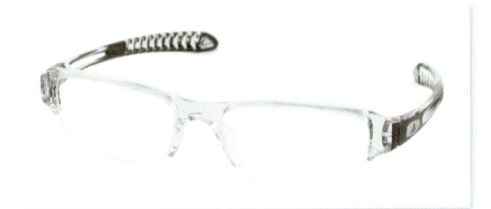

**Bild 5.25** Fassung aus amorphem Polyamid

Im **mikrokristallinen Polyamid** besitzen die vorhandenen Kristallite so geringe Ausmaße, dass es zu keiner Lichtstreuung kommt und die Transparenz des Werkstoffes nicht beeinträchtigt wird. Die Firma Rodenstock hat das Material PA-light® getauft und Mitte der 90er Jahre in den Handel gebracht. Das mikrokristalline PA-light® ist ebenfalls ein Spritzgussprodukt, das allerdings ohne UV-Absorber auskommt. Seine mechanischen Kennwerte konnten im Vergleich zum SPX® noch verbessert werden. Die hohen Festigkeits- und Elastizitätswerte lassen bei einem filigranen Fassungsdesign extrem dünne Bauteilquerschnitte zu. Die sonstigen Eigenschaften sind mit denen des SPX® vergleichbar.

Das **teilkristalline Polyamid** gehört zum sogenannten PA66, wurde bereits in den 40er Jahren von der Firma Du Pont entwickelt und mit dem Herstellernamen Nylon® bezeichnet. Die kristallinen Anteile sind für die Lichtstreuung und damit für seine trübe Beschaffenheit verantwortlich. Das Polykondensat kommt zwar auch in einigen Sonnenbrillen vor, die entscheidende Rolle spielt es aber im Bereich der sogenannten Fadenbrillen. Das hochfeste, zähe und flexible Material eignet sich nicht nur für den Glashaltefaden, sondern auch für das im Metallrand von Fadenbrillen eingelassene Spezialprofil.

## Polymethylmetacrylat PMMA

Polymethylmetacrylat ist unter seinem Herstellernamen Plexiglas® viel bekannter. PMMA ist ein glasklares Polymerisat, das vergossen wird. Bei der Anpassung und Verglasung von Brillenfassungen sind Temperaturen zwischen 100 und 130 °C erforderlich. Bruchstellen können im Bedarfsfall mit Spezialklebern zusammengefügt werden. Zudem lassen sich schadhafte Oberflächen effektiv aufpolieren.

## Polyvinylchlorid PVC

Auch Polyvinylchlorid ist ein thermoplastischer Kunststoff, der zwar nicht zu kompletten Mittelteilen oder Brillenbügeln, dafür aber zu hochtransparenten harten oder weichen Nasenstegen verarbeitet wird. Sie werden, wie für die meisten Kunststoffe ohne Zellulose üblich, im Spritzgussverfahren produziert.

**Bild 5.26** Nasensteg aus Weich-PVC

## Silikon SI

Typisch für Silikone sind kettenförmige Verbindungen aus Silizium- und Sauerstoffatomen. Miteinander vernetzt führen diese Ketten zu sehr weichen Kunststoffen, wie zum Beispiel Silikonkautschuk oder Silikongummi. Sie sind hydrophob, sauerstoffdurchlässig, Wärme und chemischen Substanzen gegenüber resistent, verspröden nicht und besitzen zudem eine stumpfe Oberfläche. Deshalb bietet sich dieses Spritzgussmaterial sowohl für die Herstellung von Nasen-, Sattel- oder Umlaufstegen als auch für die Produktion von Silikonüberzügen für Bügelenden an.

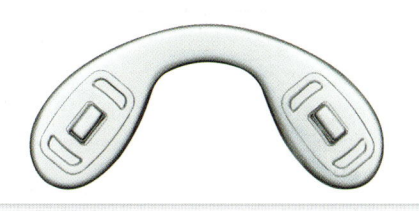

**Bild 5.27** Umlaufsteg aus Silikon

> **Praxis-Tipp**
> Rote Stellen im Nasenauflagebereich weisen auf Hautareale hin, die nicht ausreichend mit Sauerstoff versorgt werden. Tauschen Sie in solchen Fällen Nasen- und Sattelstege gegen silikonhaltige Ausführungen aus.

Falls sich im Verlauf des Beratungsgespräches herausstellen sollte, dass eine Allergie gegenüber Kunststoffmaterialien vorliegt, könnte das auf darin enthaltene Weichmacher oder UV-Absorber zurückzuführen sein. In diesem Fall kommt der situationsgerechten Materialauswahl des Augenoptikers wieder eine erhebliche Bedeutung zu (Tabelle 5.12).

**hydrophob:** wasserabweisend

---

### Aufgaben

1. Legen Sie eine Tabelle an, aus der die generellen Vor- und Nachteile von synthetischen Werkstoffen ersichtlich sind.
2. Stellen Sie die Unterschiede der gängigen Verfahren zur Herstellung von Kunststoffen gegenüber.
3. Geben Sie an, welche Kunststoffgruppe für Brillenfassungen und welche für Brillengläser geeignet ist und begründen Sie Ihre Zuordnung.
4. Benennen Sie die wesentlichen Unterschiede zwischen gelegtem und extrudiertem Plattenmaterial sowie Guss- und Spritzgussprodukten.
5. Erstellen Sie eine Übersicht, der die wesentlichen Erkennungsmerkmale der Fassungskunststoffe und bearbeitungsrelevante Hinweise entnommen werden kann.

## 5 Brillen instand setzen oder modifizieren

| Kunststoffe für Brillenfassungen | | | | | | |
|---|---|---|---|---|---|---|
| Werkstoff | Verwendung | Herstellung | Kitten | Weichmacher[1] | UV-Absorber[2] | Allergierelevanz |
| Zelluloseacetat | Mittelteile, Bügel | Fräsen | mit Aceton | enthalten | enthalten | ja, aufgrund von [1] und [2] |
| Zellulosepropionat | Mittelteile, Bügelendstücke | Spritzguss | mit Methylacetat | enthalten | enthalten | ja, aufgrund von [1] und [2] |
| Zelluloseacetobutyrat | Bügelendstücke | Spritzguss | nein | enthalten | nicht enthalten | ja, aufgrund von [1] |
| Epoxidharz | Mittelteile, Bügel | Guss | nicht möglich | nicht enthalten | nicht enthalten | ja, aufgrund von Schutzlack |
| Polyamid, amorph | Mittelteile, Bügel | Spritzguss | nicht möglich | nicht enthalten | nicht enthalten | nein |
| Polyamid, mikrokristallin | Mittelteile, Bügel | Spritzguss | nicht möglich | nicht enthalten | nicht enthalten | nein |
| Polyamid, teilkristallin | Glashaltefaden, 8er-Profil | Spritzguss | nicht möglich | nicht enthalten | möglicherweise enthalten | möglicherweise aufgrund von [2] |
| Polymethylmetacrylat | Mittelteile, Bügel | Guss | nicht möglich | nicht enthalten | nicht enthalten | nein |
| Polyvinylchlorid | harte und weiche Nasenpads | Spritzguss | nicht möglich | in Weich-PVC enthalten | nicht enthalten | ja, aufgrund von [1] |
| Silikon | Nasenpads, Überzüge | Spritzguss | nicht möglich | enthalten | nicht enthalten | nein |

Tabelle 5.12 Zusammensetzung und Allergierelevanz von Kunstoffen für Brillenfassungen

### 5.1.3 Natürliche Fassungswerkstoffe

Einige Naturstoffe dürfen aus Gründen des Artenschutzes schon seit einiger Zeit nicht mehr für kommerzielle Zwecke eingeführt werden. Damit untersagt der Gesetzgeber eine Verarbeitung zu Brillenfassungen oder Fassungsteilen. Betroffen sind davon Naturstoffe wie zum Beispiel Elfenbein, Schildpatt oder das Perlmutt bestimmter Muschelarten.

**Holz für Brillenfassungen**

Unbedenklich ist im Zusammenhang mit dem Artenschutz dagegen die Produktion von Brillenfassungen aus Holz, denn dieses Rohmaterial zählt zu den sogenannten regenerativen Naturstoffen. Zum Einsatz kommen unter anderem bestimmte Ahorn-, Apfel-, Bambus-, Buchen-, Eben- oder Rosenhölzer. Einige Manu-

**regenerativ:** erneuerbar

Bild 5.28 Brillenfassung aus Holz und Brillenbügel aus einem Material-Mix

fakturen kombinieren diese auch gerne mit metallischen, synthetischen oder weiteren Naturstoffen, wie zum Beispiel Horn. Sowohl die charakteristische Holzmaserung als auch der geschilderte Material-Mix führt schließlich zu Unikaten in einzigartigem Design.

### Horn für Brillenfassungen

Ein weiterer natürlicher Rohstoff stammt nicht aus der Pflanzen-, sondern aus der Tierwelt. Brillenfassungen aus Horn werden nach wie vor produziert und vom Endverbraucher verlangt. Das hochwertige Naturmaterial ist leicht, hautsympathisch, sauerstoffdurchlässig und natürlich frei von Allergien auslösenden Substanzen. Weil für das landwirtschaftliche Nebenprodukt kein Tier verletzt oder getötet werden muss, greift im Übrigen auch nicht das in Washington vereinbarte Artenschutzabkommen. Verschiedene in unterschiedlichen Erdteilen beheimatete Rinderarten stellen das Rohmaterial zur Verfügung.

Das Indische Siamhorn und das Irische Rind liefern sogenanntes Vasenhorn, während der Afrikanische Wasserbüffel und das Amerikanische Longhorn-Rind massives Hornmaterial bereithalten. Handelt es sich um die massive Variante, wird der Rohstoff einfach in der gewünschten Materialstärke zu Platten zersägt. Vasenhorn wird dagegen zunächst einmal aufgetrennt, in Wasser eingelegt und unter Temperatureinfluss zu dünnen Hornschichten zusammengepresst, die übereinandergelegt und miteinander verkittet zu einer verwindungsfreien Platte in der erforderlichen Dicke führen. In beiden Fällen entstehen Hornplatten, die in den geschilderten Fertigungsstufen zum Endprodukt führen. Durch die Kombination mit weiteren Naturmaterialien, wie zum Beispiel Seide, Rochenleder oder Fischhaut, lassen sich ganz besondere und exklusive Effekte erreichen.

Weil Hornfassungen im Laufe der Zeit ein wenig zum Schrumpfen neigen, dürfen die Gläser geringfügig kleiner ausfallen. Außerdem sollte die Spitzfacette gebrochen werden, um zu verhindern, dass sich die dünnen Lagen des schichtartig aufgebauten Naturmaterials aufgrund der Keilwirkung voneinander lösen. Die optimale Verglasungs- und Anpasstemperatur liegt bei etwa 80 °C.

> **Wichtig:**
> Hornfassungen dürfen nicht im Ultraschallreinigungsbad gereinigt werden!

**Bild 5.29** Hornfassung

---

### Aufgaben

1. Erstellen Sie eine Liste von Naturmaterialien, die in der Augenoptik zur Anwendung kommen.
2. Informieren Sie sich über die wesentlichen Aussagen des Washingtoner Artenschutzabkommens.
3. Unterscheiden Sie die Herstellung von Vasen- und Massivhorn zu Plattenware.
4. Geben Sie an, welche Grundregeln der Augenoptiker bei der Bearbeitung von Brillenfassungen aus Büffelhorn berücksichtigen sollte.

## 5.1.4 Mineralische Brillenglaswerkstoffe

### Eigenschaften von mineralischen Brillenglaswerkstoffen

Obwohl sich die verschiedenen Silikatgläser im Detail voneinander unterscheiden, gibt es einige gemeinsame Eigenschaften. Trotz der geringeren Rand- und Mittendicke sind mineralische Gläser im Vergleich zu organischen deutlich schwerer. Ihre Bruchempfindlichkeit lässt sich auf die geringe Elastizität und ihre Beschlagsneigung auf die bessere Wärmeleitfähigkeit zurückführen. Gegenüber Lösungsmitteln und jeglichen Substanzen des Alltags sind sie weitestgehend resistent. Mineralische Brillengläser besitzen darüber hinaus aufgrund ihrer Oberflächenhärte eine hohe Kratzfestigkeit. Außerdem sind sie in thermischer Hinsicht extrem beständig, sodass Materialausdehnung und -schwindung vernachlässigbar klein sind.

**Läuterung:** Reinigung

**viskos:** zähflüssig

### Herstellung von mineralischen Halbfabrikaten

Der Glaswerkstoff gehört im weitesten Sinne zu den Verbundstoffen, weil bei seiner Herstellung metallische und nichtmetallische Grundsubstanzen in einer Schmelze zusammengeführt werden. Die Schmelze enthält zu etwa 70 % Glasbildner (Quarzsand $SiO_2$), 20 % Flussmittel (Pottasche $K_2CO_3$ und Soda $Na_2CO_3$) sowie 10 % Stabilisatoren (Kalk CaO) und Zusätze. Die Glasbildner ermöglichen den Aufbau eines amorphen Netzwerkes, die Flussmittel setzen die Schmelztemperatur der Glasbildner herab. Die Stabilisatoren sorgen für die erforderliche Festigkeit des Endprodukts. Über weitere Zusätze lässt sich die Brechzahl sowie das Dispersions- und Absorptionsverhalten gezielt beeinflussen.

In einem ersten als **Rohschmelze** bezeichneten Schritt werden die eingebrachten Substanzen zunächst einmal in einen schmelzflüssigen Zustand versetzt. Damit die eingebrachten Rohstoffe nicht verklumpen, wird die Schmelze auf mechanischem Wege fortwährend durchmischt. Dabei begünstigt die Zugabe von sauerstoffabspaltenden Läuterungsmitteln die Austreibung entstandener Gase. Dieser Teilprozess wird als Phase der **Läuterung** bezeichnet. Abschließend muss die Schmelze in einer **Abstehphase** für Wochen oder gar Monate abkühlen. So entsteht ein anorganisches Schmelzprodukt, das zwar ohne einen definierten Kristallisationspunkt erstarrt, aber streng genommen selbst noch bei Raumtemperatur einen hochviskosen Zustand annimmt.

**Bild 5.31** Glasgemenge während des Schmelzvorgangs

Die von der optischen Industrie zu Brillengläsern verarbeiteten Halbfabrikate werden als Presslinge bezeichnet. Sie sind in optischer Hinsicht von allerhöchster Güte und absolut frei von Einschlüssen oder Spannungen. Ausgangsstoff für das Halbzeug ist die zähflüssige Glasschmelze, aus der eine dosierte Menge von einer Drehtelleranlage aufgenommen und über ein Formwerkzeug entsprechend der gewünschten Durchbiegung und Mittendicke gepresst wird. Die Weiterverarbeitung kann natürlich erst nach der Abkühlung erfolgen (Bild 5.32).

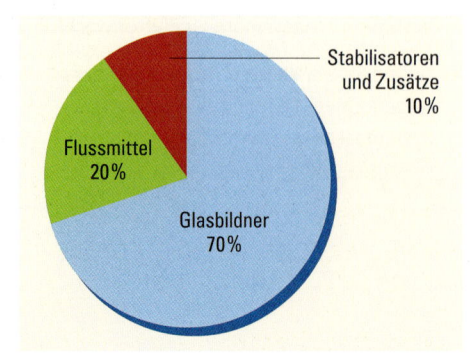

**Bild 5.30** Zusammensetzung der Glasschmelze

## 5.1 Werkstoffe in der Augenoptik

Für die Fabrikation eines mineralischen Bifokalglases müssen zusätzliche Maßnahmen ergriffen werden. Zunächst wird ein hochbrechendes Nahteil mit einem Ergänzungsteil zu einer kreisrunden Zusatzlinse verknüpft. Sie wird auch als Button bezeichnet und mit einer endbearbeiteten Konvexfläche versehen. Ihre Krümmung entspricht exakt dem Radius der aus dem Pressling herausgearbeiteten Konkavfläche. Button und Grundglas werden nun miteinander verschmolzen. Der Ergänzungsteil ist nach der abschließenden Flächenbearbeitung im Grundglas nicht mehr auszumachen, weil ihre Brechzahlen übereinstimmen. Für die Herstellung eines Trifokalglases erhält die Zusatzlinse außerdem einen Zwischenteil mit mittlerem Brechungsindex.

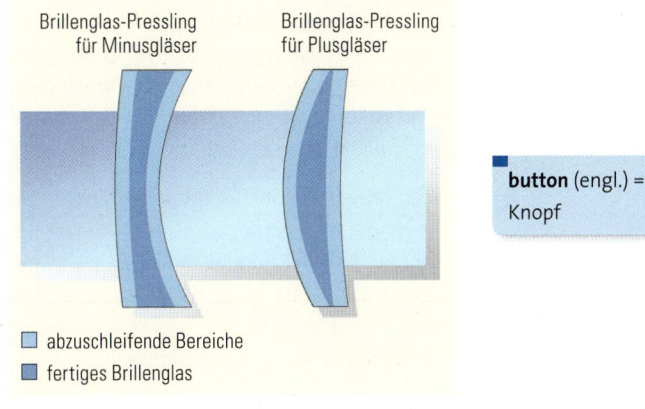

**button** (engl.) = Knopf

**Bild 5.32** Presslinge für Plus und Minusgläser

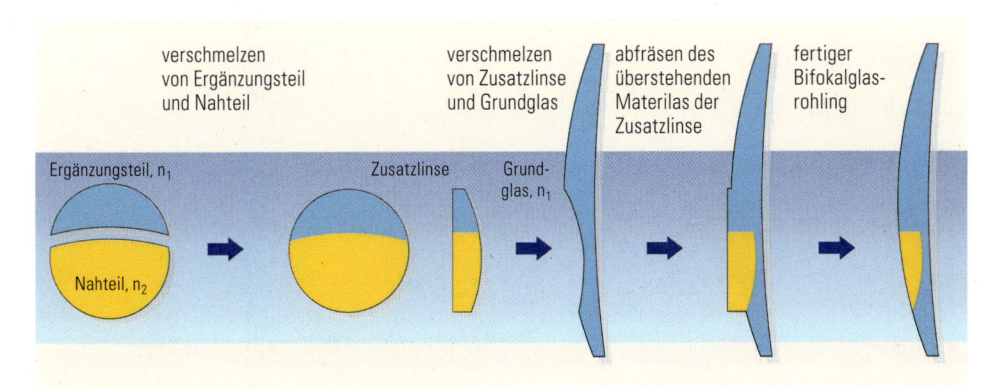

**Bild 5.33** Herstellung eines mineralischen Bifokalglasrohlings

### Unterscheidung der mineralischen Brillenglaswerkstoffe

Die Unterschiede mineralischer Brillengläser können daran festgemacht werden, in welcher Konzentration die Werkstoffteilchen vorliegen, welche Lichtbrechung möglich ist und welche Farbzerstreuung damit einhergeht. Zahlenmäßig werden diese Eigenschaften über die Dichte, die Brechzahl und die Abbe-Zahl erfasst. Je höher die Dichte des mineralischen Glases, desto größer wird die Brechzahl und umso kleiner seine Abbe-Zahl sein. Im Grunde lassen sich nur Kron- und Flintgläser voneinander unterscheiden. Kronglaser besitzen eine Abbe-Zahl, die über 50/55 liegt, die der Flintgläser ist niedriger. Die prinzipiell lieferbaren Glasmaterialien und deren Kurzbezeichnung können dem Abbe-Diagramm entnommen werden.

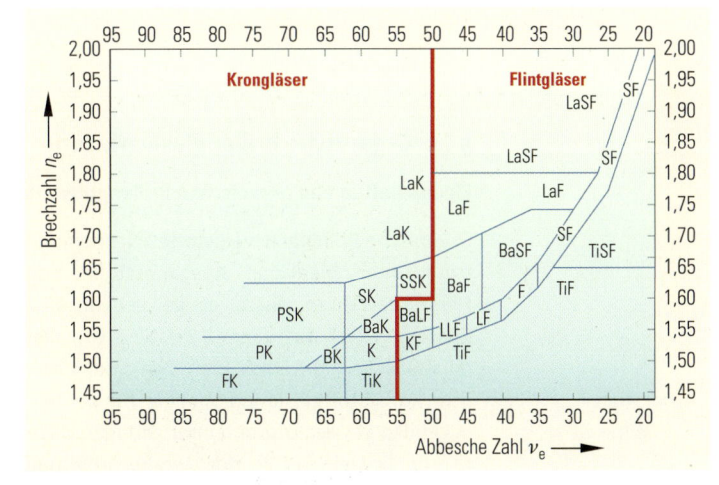

**Bild 5.34** Abbe-Diagramm

## Brillen instand setzen oder modifizieren

Das **Brillenkronglas** war das erste mineralische Material für Brillengläser. Es besitzt bei einer Abbe-Zahl $v_{e\,BK\,7}$ von etwa 60 einen Brechungsindex von ungefähr 1,5. Jahrzehntelang galt BK 7 im mineralischen Bereich als Standardglas.

Aufgrund seiner höheren Brechzahl ($n_{BaK} \approx 1{,}6$) wird heute auch gerne das als High-Crown bezeichnete **Bariumkronglas** mit einer etwas geringeren Abbe-Zahl ($v_{e\,BaK} \approx 45$) bevorzugt. Mit diesem Material sind im Plus- und Minusbereich kleinere Rand- und Mittendicken zu erreichen.

Der Wunsch nach mineralischen Gläsern, die selbst noch bei der Korrektion von hochgradigen Ametropien eingesetzt werden können, hat die optische Industrie zur Entwicklung von hochbrechenden Materialien bewegt. Titan- und Lanthanzusätze ermöglichen bei geringem Volumen und schlanken Querschnitten Brechzahlen von 1,7 über 1,8 bis hin zu 1,9. Diese Materialien werden als Schwerflintgläser bezeichnet. Im praktischen Gebrauch kann sich allerdings nicht nur die unter Umständen wahrnehmbare Farbzerstreuung, sondern auch die hohe Dichte als störend erweisen.

| Material | Kürzel | Brechzahl $n_e$ | Abbe-Zahl $v_e$ | Dichte $\rho$ |
|---|---|---|---|---|
| Brillenkronglas | BK 7 | 1,525 | 58,6 | 2,55 g/cm³ |
| Bariumkronglas | BaK | 1,604 | 43,8 | 2,67 g/cm³ |
| Bariumschwerflintglas | BaSF 64 | 1,706 | 39,3 | 2,99 g/cm³ |
| Lanthanflintglas | LaSF 35 | 1,800 | 35,4 | 3,62 g/cm³ |
| Lanthanschwerflintglas | LaSF 30 | 1,892 | 30,4 | 4,02 g/cm³ |

**Tabelle 5.13** Übersicht der gängigen Mineralgläser

### Aufgaben

1. Stellen Sie die allgemeingültigen Vorteile von mineralischen Brillengläsern dar.
2. Geben Sie an, welche Aufgabe Glasbildner, Flussmittel, Stabilisatoren und Zusätze bei der Glasherstellung erfüllen sollen.
3. Machen Sie den Zusammenhang zwischen Dichte, Brechzahl und Abbe-Zahl bei mineralischen Brillengläsern deutlich.
4. Ordnen Sie den dargestellten mineralischen Brillenglaswerkstoffen Handelsnamen der Ihnen bekannten Brillenglashersteller zu.

### 5.1.5 Organische Brillenglaswerkstoffe

#### Eigenschaften von organischen Brillenglaswerkstoffen

Organische Brillenglaswerkstoffe zeichnen sich trotz unterschiedlicher Ausgangsstoffe und Herstellverfahren durch einige gemeinsame Charakteristika aus, die sie deutlich von den mineralischen unterscheiden. So sind sämtliche Kunststoffgläser unabhängig von der vorliegenden Stärke aufgrund ihrer geringen Dichte erheblich leichter. Bei der Metallbearbeitung verursachte Funken prallen an der Glasoberfläche ab und hinterlassen keine Schleif- oder Schweißperlen. Hinsichtlich ihrer Bruchfestigkeit sind sie der mineralischen Variante gegenüber ebenfalls weit überlegen. Auch das ist auf ihre ausgeprägte Elastizität zurückzuführen. Ein weiterer Vorteil besteht in ihrer Fähigkeit, ultraviolette Strahlung umso besser zu absorbieren, je höher ihre Brechzahl anzusiedeln ist. Die allenfalls mäßige Festigkeit der organischen Brillenglasmaterialien ist zwar für ihre geringe Oberflächenhärte verantwortlich, da-

**Absorption:** Aufnahme

5.1 Werkstoffe in der Augenoptik

für lassen sie sich aber relativ leicht über spanende Verfahren bearbeiten. Organische Brillenglaswerkstoffe sind Isolatoren und leiten Temperaturen verhältnismäßig schlecht. Deshalb ist ihre Beschlagsneigung auch relativ gering.

**Herstellung von organischen Halbfabrikaten**

Das Herstellverfahren von organischen Halbfabrikaten hängt davon ab, ob duroplastische oder thermoplastische Harze verarbeitet werden sollen. In beiden Fällen kann das Resultat ein als Rohling bezeichnetes Halbfabrikat oder ein endgültiges Brillenglas sein.

Duroplastische Brillenglaswerkstoffe entstehen immer aus flüssigen Monomeren, Stabilisatoren und Katalysatoren der chemischen Industrie. In einem Prozess der Filtrierung werden die Substanzen zunächst gereinigt und durchmischt. Anschließend erfolgt die Befüllung von Gussformen aus Glas oder Metall, die über Dichtringe oder Tapes zusammengehalten werden. Über nachgeführte Federklammern oder Clips wird die nicht unerhebliche Materialschwindung kompensiert. Die Aushärtung erfolgt in mehreren Stunden unter definierten thermischen Bedingungen. Bei einigen Polymerisaten wird dieser Vorgang erst durch den Einsatz von UV-Licht möglich. Nach der Entformung müssen die Produkte in einem Temperprozess warm ausgelagert werden, um innere Spannungen abzubauen und Nachschrumpfungen zu vermeiden.

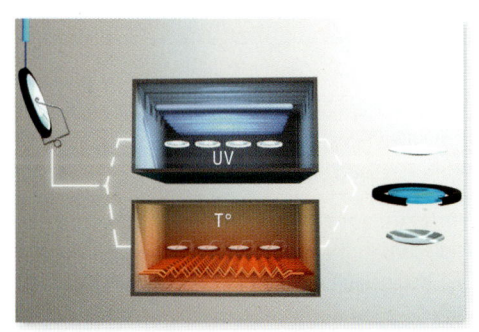

**Bild 5.35** Serienfertigung von duroplastischen Rohlingen / Brillengläsern

Halb- oder Fertigprodukte aus thermoplastischen Kunststoffen entstehen dagegen im Spritzgussverfahren. In diesem Fall liegt der Ausgangsstoff bereits als Polymer in Form von hochtransparentem Granulat vor. Es wird in der Spritzgussmaschine erwärmt, verdichtet und unter Druck in eine Metallform gegeben. Sie ermöglicht die Fabrikation von mehreren Rohlingen beziehungsweise Brillengläsern gleichzeitig. Die Aushärtung erfolgt bereits nach Minuten, weil das Spritzgusswerkzeug gekühlt wird. Dann erfolgen die Entformung, die Entfernung von Angusskanälen sowie die abschließende Entgratung.

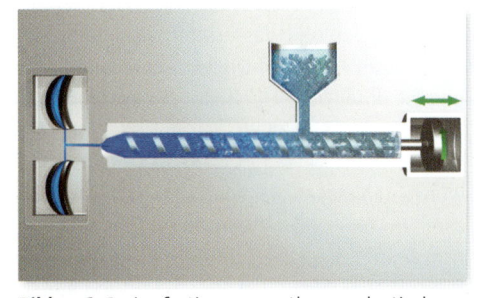

**Bild 5.36** Serienfertigung von thermoplastischen Rohlingen / Brillengläsern

Bei der Herstellung von organischen Bifokal- und Trifokalgläsern wird die Brechwertzunahme nicht wie bei den mineralischen über höhere Brechzahlen, sondern durch eine Abformung des Nahteils auf der Vorderseite des Halbfabrikats erreicht. Das Negativ der erforderlichen Abformung muss bereits in der Guss- beziehungsweise Spritzgussform berücksichtigt werden und führt dadurch zu einer spürbaren Trennkannte.

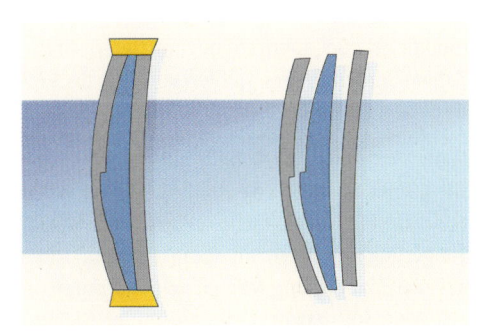

**Bild 5.37** Herstellung eines organischen Bifokalglasrohlings

**Tape:** Klebeband

**kompensieren:** ausgleichen

### Unterscheidung der organischen Brillenglaswerkstoffe

Eine erste Unterteilung der organischen Brillenglaswerkstoffe kann anhand der vorliegenden Kunststoffgruppe vorgenommen und eine weitere Unterteilung am Brechungs- und Dispersionsverhalten festgemacht werden. Eine steigende Brechzahl ist im organischen Brillenglasbereich allerdings nicht auf ein höheres spezifisches Gewicht, sondern auf einen höheren Schwefelgehalt zurückzuführen.

Das erste organische Brillenglas wurde in den frühen 40er Jahren von der amerikanischen Firma Columbia Southern Chemical Company entwickelt. Die chemische Bezeichnung der kohlen-, sauer- und wasserstoffhaltigen Verbindung lautet **Poly-Allyl-Diglykol-Carbonat** PADC und ist unter dem Herstellernamen Columbia Resin 39 CR 39® bekannt. Mit der 39. Probe der Versuchsreihe gelang es dem Konzern, die gewünschten Materialeigenschaften zu verwirklichen. Im organischen Bereich gilt das Polymerisat immer noch als Standard. Es besitzt eine geringe Dichte ($\rho_{CR39}$= 1,32 g/cm³), eine Brechzahl $n_{CR39}$ von 1,502 und eine Abbe-Zahl von 58, sodass Farbsäume kaum wahrgenommen werden. Aufgrund seiner ausgezeichneten chemischen Resistenz ist CR 39® etlichen Säuren und Laugen gegenüber unempfindlich. Darüber hinaus ermöglicht die geringe Diffusionsresistenz die Einbringung von Farbpartikeln oder fotosensitiven Substanzen und damit eine dickenunabhängige sowie gleichmäßige Einfärbung.

Erst in den 80er Jahren wurde CR 39® durch die Zugabe von aromatischen Gruppen auf Benzolbasis zu einem sogenannten **CR 39-Derivat** modifiziert. So konnten bei mittleren Abbe-Zahlen immerhin Brechzahlen von 1,54 bis 1,57 erreicht werden.

Später konzentrierte sich die chemische Industrie auf die Entwicklung von höherbrechenden Kunststoffen. Vereinfacht ausgedrückt ist die Steigerung der Brechzahl dabei in erster Linie auf die Einbringung von Schwefelatomen in die Werkstoffmatrix zurückzuführen. Die unter dem Begriff High-Plast zusammengefassten Materialien werden unter Bezeichnungen wie **MR 7** oder **MR 8** gehandelt und ermöglichen Brechungsindizes zwischen 1,6 bis hin zu 1,67 bei mäßigen Abbe-Zahlen. Diese Werkstoffe entstehen im Gegensatz zu CR 39® über Polyaddition. Aufgrund ihrer hohen Bruchfestigkeit und Elastizität werden die High-Plast-Produkte von vielen Herstellern für den Einsatz in Bohr-, Faden- oder Kerbbrillen empfohlen.

Inzwischen sind aber auch im Bereich der organischen Brillenglaswerkstoffe durchaus Brechzahlen von 1,71 (Teslalid®, Firma Mitsubishi Glas) bis hin zu 1,74 (SPG®, Firma Seiko) und höher möglich. Diese werden durch eine noch höhere Konzentration von Schwefelatomen erreicht. Die Farbzerstreuung ist aufgrund der geringen Abbe-Zahlen natürlich entsprechend groß. Sie sind etwas bruchempfindlicher und nicht so wärmebeständig wie die High-Plast-Materialien. Außerdem ist ihre Einfärbung mit einem größeren Aufwand verbunden.

Eine noch höhere Bruchfestigkeit als die der HP-Produkte besitzt dagegen Polycarbonat PC. Es zählt zu den Polykondensaten und ist durch thermoplastische Eigenschaften gekennzeichnet. Sein Brechungsindex $n_{PC}$ beträgt 1,59 und seine Abbe-Zahl lediglich 31. Dafür ist Polycarbonat mit einer Dichte $\rho_{PC}$ von 1,2 g/cm³ aber ein sehr leichter Brillenglaswerkstoff. Er absorbiert kurzwelliges Licht bis 380 nm, sodass man wohl von einem 100%-igen UV-Schutz sprechen kann. Die Formrandung von PC erfolgt trocken. Überall dort, wo Polycarbonat spanend bearbeitet worden ist, können Lösungsmittel eindringen und zu Haarrissen führen. Um dieser Problematik auf mechanischem Wege entgegenzuwirken, müssen Spitz- und Flachfacetten poliert werden. So lassen sich auch innere Spannungen ausgleichen. Die Oberflächenhärte ist extrem gering, sodass PC von allen Herstellern mit einer Hartschicht ausgeliefert wird.

Im Jahre 2002 kam als Konkurrenzprodukt zu Polycarbonat ein als Trivex® bezeichneter thermoplastischer Brillenglaswerkstoff der PPG Industries auf den Markt. In chemischer Hinsicht handelt es sich um mit Kohlenstoff angereichertes Polyurethan. Weil es im Gegensatz zu PC ohne Druck vergossen wird, ist es nahezu spannungsfrei. Die Brechzahl von 1,53 liegt zwar unter der seines Konkurrenten, die Dichte von Trivex® beträgt aber nur 1,1 g/cm³. Eine Abbe-Zahl von 45 garantiert geringe Farb-

---

**Resin** (engl.) = Harz

**Derivat:** Abkömmling

säume. Der UV-Schutz ist mit dem von PC nahezu identisch, während die thermische Beständigkeit und chemische Resistenz im Vergleich erheblich besser bewertet werden muss.

Die spanende Bearbeitung soll laut Hersteller ebenfalls trocken erfolgen, eine Politur der Facette ist nicht erforderlich.

| Material | Kürzel | Brechzahl $n_e$ | Abbe-Zahl $v_e$ | Dichte $\rho$ |
|---|---|---|---|---|
| Poly-Allyl-Diglykol-Carbonat | PADC | 1,502 | 58 | 1,32 |
| Trivex | Trivex | 1,532 | 45 | 1,10 |
| PADC-Derivat | PADC-Derivat | 1,54–1,57 | 47–37 | 1,22–1,23 |
| Polycarbonat | PC | 1,585 | 31 | 1,20 |
| MR 8 | MR 8 | 1,598 | 41 | 1,30 |
| MR 7 | MR 7 | 1,665 | 31 | 1,37 |
| Teslalid | Teslalid | 1,710 | 36 | 1,40 |
| SPG | SPG | 1,740 | 33 | 1,47 |
| TR 12 | TR 12 | 1,760 | 30 | 1,49 |

**Tabelle 5.14** Übersicht der gängigen Kunststoffgläser

### Aufgaben

1. Formulieren Sie die Argumente, die für die Empfehlung von organischen Brillengläsern sprechen.
2. Stellen Sie die Verarbeitung von duroplastischen und thermoplastischen Harzen zu Brillengläsern gegenüber.
3. Fassen Sie die wesentlichen Bearbeitungshinweise von Polycarbonat zusammen.
4. Ordnen Sie den dargestellten organischen Glasmaterialien Handelsnamen der Ihnen bekannten Brillenglashersteller zu.

## 5.1.6 Flächenbearbeitung von Brillengläsern

### Bearbeitung von sphärischen und torischen Flächen

Das Ausgangsprodukt für die Flächenbearbeitung sämtlicher Brillenglaswerkstoffe ist immer ein mineralischer Pressling oder organischer Rohling. Diese auch als **Blanks** bezeichneten Halbfabrikate werden von der Rezeptschleiferei meist über den Glashersteller beziehungsweise die chemische Industrie bezogen.

Sofern es sich um einen mineralischen Pressling handelt, muss noch vor der Zwischenlagerung die sphärische Vorderfläche gefertigt werden. Weil sie die Grundlage für alle weiteren Bearbeitungsschritte bildet, wird sie auch als

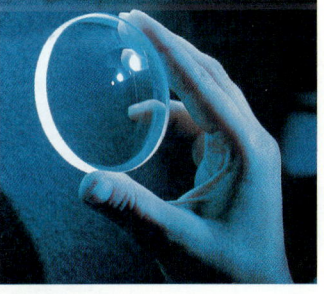

**Bild 5.38** Mineralischer Pressling und organischer Rohling

sphärisch: kugelförmig

# 5 Brillen instand setzen oder modifizieren

**Basiskurve** bezeichnet und entsteht in insgesamt drei Phasen. Mit dem Vorschleifen erhält sie über ein rotierendes diamantbestücktes Werkzeug bereits ihre endgültige Form. Weil die Oberfläche zu diesem Zeitpunkt aber noch sehr rau ist und Streulicht verursacht, erfolgt in einer zweiten Phase der sogenannte Feinschliff. Dabei rotiert das Werkstück während sich das mit Schleifpads ausgestattete Formwerkzeug unter ständiger Zugabe von flüssigen Schleifmitteln pendelartig bewegt. Die erforderliche Transparenz lässt sich allerdings erst in einem abschließenden Poliervorgang durch die Beseitigung der letzten Unebenheiten erreichen. Die Bewegungen von Werkstück und Werkzeug unterscheiden sich zwar nicht von den zuvor geschilderten, allerdings kommen während dieses Prozesses sehr viel feinkörnigere Polierpads und -mittel zum Einsatz.

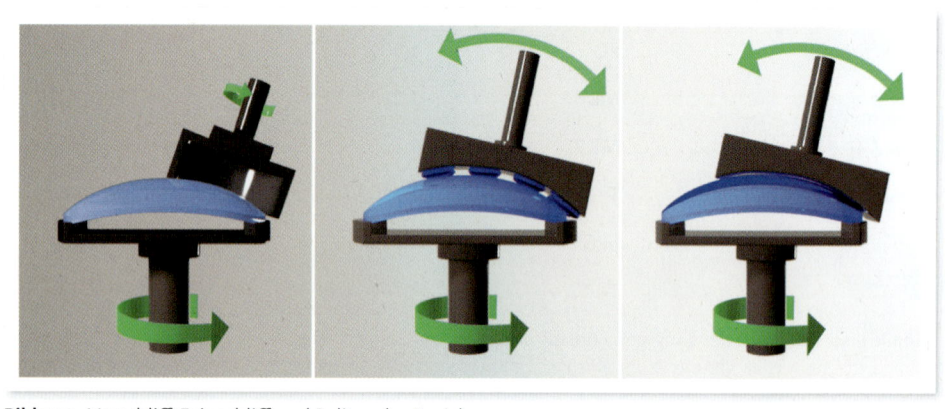

**Bild 5.39** Vorschliff, Feinschliff und Politur der Basiskurve

Die organischen und mineralischen Halbfabrikate werden nun den Basiskurven entsprechend in einem Zwischenlager absortiert, das in vielen Rezeptschleifereien bereits über Computer gesteuert und von Robotern beschickt wird.

Nach Aufnahme der Bestelldaten wird dem Auftrag das Halbfabrikat in Abhängigkeit von der zukünftigen Wirkung zugeordnet. Bevor es aufgeblockt werden kann, erhält die Basiskurve der mineralischen Ausführung einen schutzlackartigen Überzug, während die organische mit einer Schutzfolie präpariert wird. Der für die Maschinenaufnahme erforderliche Block besteht aus der Legierung Alloy®. Er wird schmelzflüssig aufgebracht und kristallisiert bereits zwischen 50 und maximal 70 °C aus.

Für eine ökonomische Fertigung und optimale Standzeiten der eingesetzten Werkzeuge wird der Blank in einem weiteren Schritt auf den endgültigen Durchmesser des Rohglases abzentriert. Weil sich der Scheitelbrechwert zu diesem Zeitpunkt nur noch über die Geometrie der Rückfläche steuern lässt, wird diese auch als **Rezeptfläche** bezeichnet. Ist ihr geometrischer Aufbau relativ einfach, entsteht sie in der zuvor geschilderten Reihenfolge auf konventionellem Wege. Im Gegensatz zur Anfertigung einer sphärischen wird für den Vorschliff einer torischen Rezeptfläche ein rotierendes Fräswerkzeug unter einem bestimmten Anstellwinkel in Hauptschnittrichtung über das Halbfabrikat geführt. Dabei dreht sich der Blank allerdings nicht um die eigene Achse (Bilder 5.41 und 5.42).

**ökonomisch:** wirtschaftlich

**Standzeit:** Nutzungsdauer

**torisch:** wulstförmig

**Bild 5.40** Aufblockvorrichtung

5.1 Werkstoffe in der Augenoptik

**Bild 5.41** Fräswerkzeug

**Bild 5.42** Werkzeugbewegung während des Vorschliffs

**Suspension:** Flüssigkeit, die Feststoffe enthält

Sowohl für den Feinschliff- als auch für den Polierprozess sind Werkzeugschalen aus Metall oder Kunststoff erforderlich, die mit Schleif- beziehungsweise Polierpads bestückt werden und die entsprechenden Suspensionen aufnehmen können (Bild 5.43).

Die Führung des Werkstücks erfolgt dabei in oszillierenden Bahnen, damit keinesfalls die Form, sondern ausschließlich die Beschaffenheit der Oberfläche verändert wird (Bild 5.44).

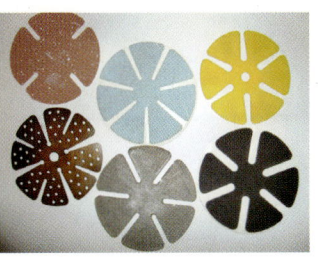

**Bild 5.43** Werkzeugschale und Schleif- beziehungsweise Polierpads

Nach Fertigstellung der Rezeptfläche wird der Alloy®-Block mit einem Holzhammer abgeklopft oder in heißem Wasser abgeschmolzen. Anschließend durchläuft das Brillenglas einen aufwändigen Reinigungsprozess in mehreren Stufen. Bevor lichtreduzierende Maßnahmen ergriffen und Schichten mit oberflächenhärtender, entspiegelnder oder schmutzabweisender Wirkung aufgebracht werden können, ist über eine Zwischenkontrolle die Qualität des Brillenglases zu beurteilen. Wenn ein Brillenglas nach vorgenommener Veredelung auch der visuellen Überprüfung der Endkontrolle standhalten konnte, erhält es herstellerspezifische Mikrogravuren oder aufgestempelte Zentrierhilfen. Das Eintüten des Endprodukts sowie die Vorbereitung auf den Versand verlaufen meist vollautomatisch. Der Augenoptiker wird dann entweder von einem Kurierdienst oder auf dem Postweg beliefert.

**oszillieren:** schwingen

**Bild 5.44** Feinschleif- und Polierprozess

### Bearbeitung von komplexen Flächen

Sphärische Flächen lassen sich durch die Angabe von nur einem Radius, torische Flächen durch die Angabe von zwei Radien eindeutig beschreiben. Sollen dagegen asphärische, atorische, progressive oder solche Flächen hergestellt werden, die das individuelle Sehprofil des Brillenträgers berücksichtigen oder Abbildungsfehler höherer Ordnung korrigieren, ist nicht nur ihre Beschreibung, sondern auch ihre Fertigung und Kontrolle wesentlich aufwändiger. Unter Umständen ist sie mit den bisher geschilderten Techniken gar nicht mehr zu bewältigen.

**Brillen instand setzen oder modifizieren**

**CNC: C**omputerized **N**umerical **C**ontrol

Aus diesem Grund hat die optische Industrie spezielle Verfahren entwickelt, bei denen ein Werkzeug CNC-gesteuert an die Vorder- oder Rückfläche des Blanks herangeführt werden kann und den Werkstoff abträgt. Bei diesen sogenannten Freiformtechnologien müssen je nach Komplexität der Fläche bis zu 50.000 Punkte einzeln berechnet und angefahren werden. Bei der Bearbeitung von mineralischen Halbfabrikaten kommen Schleifwerkzeuge, bei der Bearbeitung von organischen aber auch hochpräzise Diamantschneidwerkzeuge zum Einsatz.

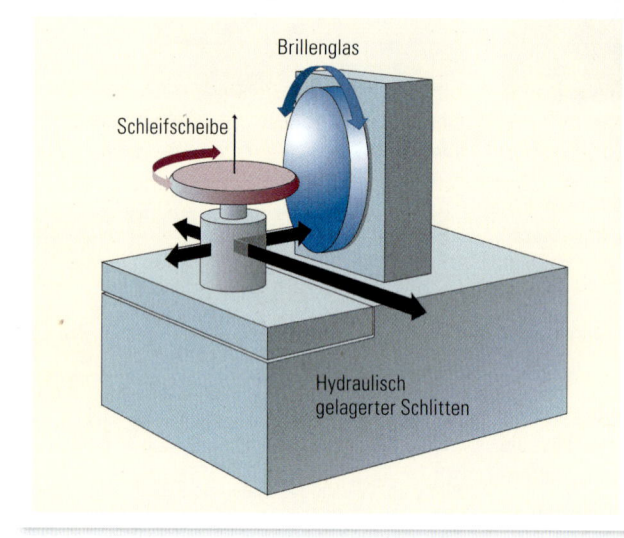

**Bild 5.45** Freiformschleifen und Freiformschneiden

### Aufgaben

1. Unterscheiden Sie die Basiskurve von der Rezeptfläche eines Brillenglases.

2. Erstellen Sie ein Flussdiagramm, an dem sich die Herstellung eines Brillenglases vom Blank bis hin zur Auslieferung verfolgen lässt.

3. Erklären Sie, wodurch sich eine CNC-Fertigung auszeichnet.

4. Machen Sie deutlich, wodurch sphärische, torische, asphärische, atorische und Freiformflächen gekennzeichnet sind.

## 5.2 Bearbeitung von Fassungs- und Brillenglaswerkstoffen

> Der Augenoptikermeister erteilt dem Auszubildenden einen Arbeitsauftrag. Dieser beinhaltet die Reparatur einer Brillenfassung sowie die Umarbeitung eines Brillenglaspaares in eine metallische Vollrandfassung unter Berücksichtigung von umweltschutz- und sicherheitstechnischen Aspekten. Er bittet darum, sich mit der Aufgabe gewissenhaft auseinanderzusetzen.

Fundierte Kenntnisse über die gängigen Fassungs- und Glasmaterialien sind zwar unerlässlich, reichen aber ohne das Wissen über deren fachgerechte Be- und Verarbeitung nicht aus.

Um sich über die gebräuchlichen Arbeitstechniken zu informieren, lohnt sich zunächst einmal ein Blick auf die DIN 8580, die sämtliche Fertigungsverfahren in 6 Kategorien eingeteilt.

**Fertigungsverfahren**

1. Urformen | 2. Umformen | 3. Trennen | 4. Fügen | 5. Beschichten | 6. Stoffeigenschaft ändern

**Bild 5.46** Fertigungshauptgruppen nach DIN 8580

Im augenoptischen Fachbetrieb kommen in erster Linie jene Verfahren zur Anwendung, bei denen Bauteile verformt oder miteinander verbunden werden müssen. Auch solche, die zum Abtrag von Werkstoffteilchen führen, spielen eine große Rolle. Dazu gehören sämtliche spanabhebenden Arbeitstechniken. Beschichtungstechnologien kommen in der Praxis dagegen relativ selten, die bewusste Manipulation von Werkstoffeigenschaften oder die Anwendung von Urformtechniken im Grunde gar nicht vor. Daher soll im Folgenden nur eine Auswahl von branchenrelevanten Fertigungsverfahren im Überblick dargestellt werden.

### Aufgaben

1. Benennen Sie möglichst viele Bearbeitungsverfahren, die in Ihrem Ausbildungsbetrieb praktiziert werden.
2. Ordnen Sie diese Bearbeitungsverfahren den Fertigungshauptgruppen nach DIN 8580 zu.
3. Erläutern Sie, nach welchen Gesichtspunkten Sie bei Ihrer Zuordnung vorgegangen sind.

# 5 Brillen instand setzen oder modifizieren

## 5.2.1 Umformverfahren

Der weitaus größte Anteil der vom Augenoptiker vorgenommenen Umformarbeiten entfällt auf die Verglasung, Ausrichtung und Anpassung von Brillenfassungen. Sofern die Umformung im warmen Zustand erfolgen muss, leisten temperaturgeregelte Heißluftgeräte, die auch als Ventiletten bezeichnet werden, wertvolle Dienste.

Bei der Verglasung von Brillenfassungen sollte neben der erforderlichen Formgleichheit stets darauf geachtet werden, dass die Durchbiegung des Fassungsrandes mit der Grundkurve des Brillenglases übereinstimmt. Auch für die Ausrichtung der Brille gilt das Prinzip der Symmetrie, solange eine bewusst herbeigeführte anatomische Voranpassung davon nicht beeinträchtigt wird. Damit ist jede Brille vor ihrer Abgabe daraufhin zu überprüfen, ob die Fassungsränder des Mittelteils gegeneinander verdreht oder versetzt, die Nasenstege unterschiedlich positioniert oder geneigt sind und ob sich der Bügelaufgang oder die Inklination beider Seiten voneinander unterscheidet. Ob für die Verformungsarbeit zusätzliche Werkzeuge erforderlich sind, hängt von der Beschaffenheit des Fassungsmaterials und den manuellen Fertigkeiten des Augenoptikers ab. Reichen die aufgebrachten Kräfte nicht aus oder können bestimmte Bauteile nicht hinreichend fixiert werden, muss auf Zangen zurückgegriffen werden, die für jeden branchentypischen Zweck zur Verfügung stehen. Um das Fassungsmaterial vor unbeabsichtigten Beschädigungen zu schützen, sollten allerdings möglichst mit Kunststoffbacken gepolsterte Ausführungen verwendet werden (Tabelle 5.15).

**Bild 5.47**
Ventilette mit Punktwärmer

**manuell:**
mit der Hand

### Aufgaben

1. Erklären Sie, was unter der Standardausrichtung einer Brillenfassung zu verstehen ist.
2. Erstellen Sie einen Ablaufplan, dem die Arbeitsschritte bei der Standardausrichtung einer Brillenfassung entnommen werden können.
3. Benennen Sie weitere Zangen, beschreiben Sie deren Ausführung und schildern Sie, für welche Umformarbeiten sie vorgesehen sind.

## 5.2.2 Trennverfahren

Eine weitere Gruppe der augenoptischen Arbeitstechniken lässt sich der Fertigungshauptgruppe „Trennen" zuordnen. Einige dieser Verfahren kommen ausschließlich bei der Bearbeitung von Brillengläsern, manche nur bei der von Brillenfassungen zum Einsatz. Andere eignen sich wiederum in beiden Fällen.

| Trennverfahren in der Augenoptik | |
|---|---|
| mit geometrisch undefinierter Schneide | mit geometrisch definierter Schneide |
| • Schleifen<br>• Rillen<br>• Polieren | • Bohren<br>• Fräsen<br>• Sägen<br>• Feilen<br>• Gewindeschneiden |

Bild 5.48 Trennverfahren in der Augenoptik

## 5.2 Bearbeitung von Fassungs- und Brillenglaswerkstoffen

| Werkzeug | Ausführung | Umformarbeit |
|---|---|---|
| Meniskenzange | eine Kunststoffbacke konkav und die andere konvex geformt | Durchbiegen des Fassungsrandes |
| Inklinierzange, konisch | Kunststoffbacke flach und Metallbacke konisch geformt | Einstellen des Bügelaufgangs |
| Haltezange | beide Kunststoffbacken flach geformt | Fixieren von Fassungsteilen |
| Stegstützenrichtzange | beide Metallbacken spitz gebogen mit Einkerbung | Richten filigraner Stegstützen |
| Seitenstegrichtzange | eine Metallbacke mit Ausformung für die Stegaufnahme und die andere flach geformt | Anpassen von Seitenstegen |
| Scharnierschränkzange | leichte Vertiefungen in den Zangenspitzen | Schränken von Scharnieren |
| Dreispitzzange | eine Metallbacke konisch und die andere als Doppelkonus geformt | Ausformung von Winkeln dünner Fassungsteile |
| Fassungsrandzange | eine Metallbacke mit Nutführung und eine flache Kunststoffbacke | Kippen des Fassungsrandes |
| Ankörnzange | eine Metallbacke stumpfzylindrisch und die andere konisch geformt | Ankörnen von Schraubenenden |

**Tabelle 5.15** Auswahl gängiger Zangen für Umformarbeiten

# 5 • Brillen instand setzen oder modifizieren

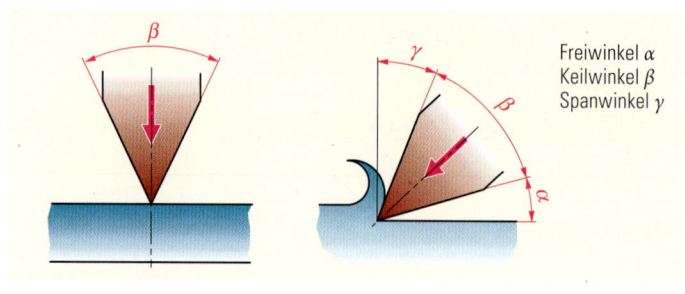

**Bild 5.49** Zerteilung und Zerspanung

**Sintern:** Vermengung, Erwärmung und Komprimierung von pulverförmigen Ausgangsstoffen

**Korund:** natürliches Mineral, das sich auch synthetisch herstellen lässt

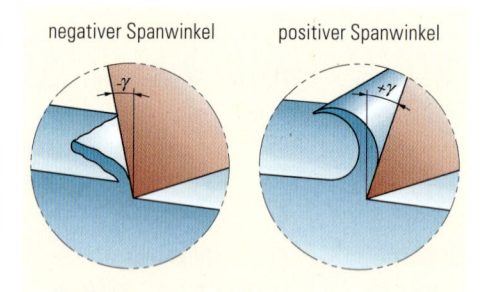

**Bild 5.50** negativer Spanwinkel mit schabender und positiver Spanwinkel mit schneidender Wirkung

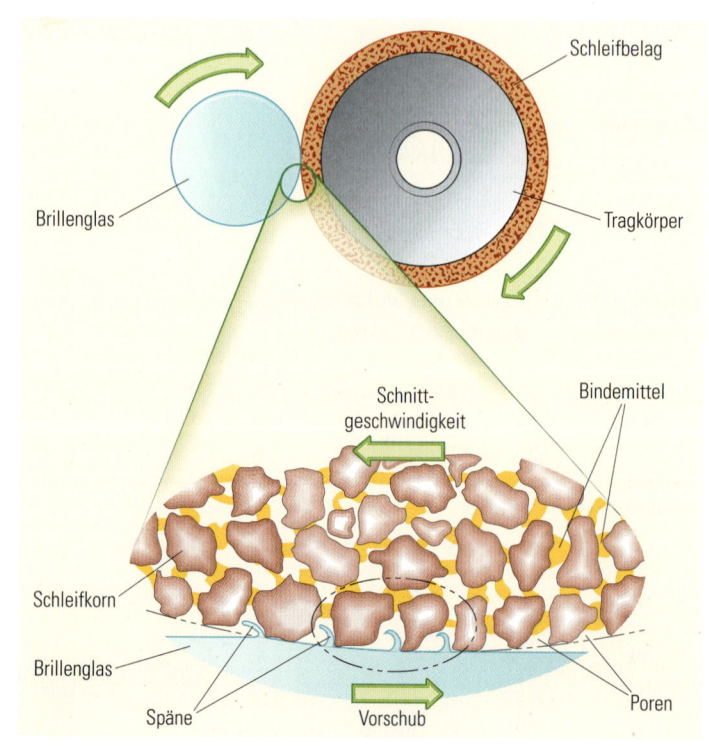

**Bild 5.51** Schleifbelag einer Diamantschleifscheibe

Das Trennprinzip der dargestellten Verfahren beruht einzig und allein auf Keilkräften, die über eine oder mehrere Werkzeugschneiden auf die Werkstoffoberfläche einwirken. Die Werkzeugschneide kann dabei unregelmäßig, häufig aber auch wie ein Keil geformt sein. Erfolgt die Schnittbewegung des Keils senkrecht zur Oberfläche, wird das Werkstück zerteilt. Eine Bewegung schräg zu ihr führt dagegen zu seiner Zerspanung.

Der Werkzeugkeil wird von der Span- und der Freifläche begrenzt. An der Spanfläche gleitet der abgetragene Werkstoff ab und über die Freifläche wird sichergestellt, dass die Reibungswärme während der Bearbeitung abgeführt werden kann. Kleine Keilwinkel eignen sich für die Bearbeitung von weichen und große für die von härteren Materialien. Ob sich dabei über eine schneidende Wirkung ein höherer oder über eine schabende Wirkung ein geringerer Materialabtrag ergibt, hängt von der Größe des Spanwinkels ab.

## Schleifen

Die in der Augenoptik üblichen Schleifscheiben bestehen aus einem metallischen Tragkörper, auf dem sich eine galvanische oder gesinterte Bindung mit darin eingebetteten Schleifmitteln befindet. Die Bindung sollte so beschaffen sein, dass scharfkantige Schleifkörper sicher gehalten, abgenutzte aber rechtzeitig freigeben werden, um darunterliegenden scharfkantigen Körnern Platz zu machen. Diese bestehen aus unregelmäßig geformten Diamant-, Siliziumcarbid- oder Korundkörnern. Die Zerspanung erfolgt in diesem Fall also über geometrisch undefinierte Schneiden. Je geringer die Größe der Körner und je höher ihre Konzentration, desto feiner ist bei geringem Materialabtrag auch die Facettenoberfläche.

Für kurze Bearbeitungszeiten und gute Schleifergebnisse bei geringem Werkzeugverschleiß haben sich Schnittgeschwindigkeiten zwischen 20 und 30 m/s bewährt. Die Schnittgeschwindigkeit ist vom Durchmesser der Schleifscheibe sowie ihrer Drehzahl abhängig und ergibt sich aus

## 5.2 Bearbeitung von Fassungs- und Brillenglaswerkstoffen

$v_c = d \cdot \pi \cdot n$

| Schnittgeschwindigkeit | $[v_c]$ = m/s |
|---|---|
| Durchmesser | $[d]$ = m |
| Drehzahl | $[n]$ = 1/s |

Die Werkzeugindustrie stellt verschiedene Scheibentypen mit unterschiedlichen Profilen und Körnungen für Handschleifsteine und Randschleifautomaten zur Verfügung.

| Scheibentyp | Belag | Artikelnummer | Typ |
|---|---|---|---|
| Präzisionsschleifscheibe fein und grob ohne Nut | 5,0 mm | 8020 | |
| Schleifscheibe rauh ohne Nut | 3,0 mm | 8021 | |
| Präzisionsschleifscheibe fein ohne Nut | 3,0 mm | 8022 | |
| Präzisionsschleifscheibe fein und grob mit Nut | 5,0 mm | 8023 | |
| Präzisionsschleifscheibe fein mit Nut | 5,0 mm | 8024 | |
| Schleifscheibe grob mit Nut | 5,0 mm | 8025 | |
| Präzisionsschleifscheibe fein mit Nut und Sattel | 5,0 mm | 8026 | |
| Präzisionsschleifscheibe ultra-fein mit Nut | 5,0 mm | 8027 | |
| Präzisionsschleifscheibe ultra-fein mit Nut und Sattel | 5,0 mm | 8028 | |
| Schöne Präzisionsschleifscheibe extrafein mit Doppelnut (mit Minifacette) und Sattel | 5,0 mm | 8032 | |

**Tabelle 5.16** Auswahl gängiger Scheibentypen

Die Qualität des Arbeitsergebnisses hängt von der Größe, der Konzentration und Form der Körner, von der Schleifgeschwindigkeit, vom Druck zwischen Brillenglas und Schleifscheibe sowie vom Kühlmitteleinsatz ab. In der näheren Betrachtung der Zerspanung von unterschiedlichen Glassorten zeigen sich jedoch einige Unterschiede.

Bei der Zerspanung von **mineralischen** Gläsern verursacht das mit Schnittgeschwindigkeit auftreffende Schleifkorn Hitze und Materialspannungen. Der Temperaturabfall durch das Kühlmittel führt dann zu Haarrissen und Splittern, die anschließend mit dem Kühlmittel fortgespült werden. Bei den **duroplastischen** Brillenglaswerkstoffen kommt es dagegen nicht zur Splitterbildung, sondern zu pulverförmigen Spänen, die in Kombination mit dem Wasser zu einem regelrechten Schleifschlamm führen.

Sobald Polycarbonat mit seinen **thermoplastischen** Eigenschaften der Formrandung zugeführt wird, gelten besondere Arbeitsregeln. Weil sich PC schon bei verhältnismäßig geringen Temperaturen verformt und bei etwas höheren ein leicht viskoser Zustand erreicht wird, baut sich das zuvor zerspante Material am Glasrand wieder auf und hemmt den Kontakt zur Schleifscheibe. Darüber hinaus setzt sich diese relativ schnell zu, sodass der erforderliche Rundlauf der Scheibe beeinträchtigt wird.

**viskos:** zähflüssig

Aus diesem Grund werden Brillengläser aus Polycarbonat auch trocken geschliffen. Während des Schleifprozesses entstandene Spannungen sollten durch eine daran anschließende Politur der Facette kompensiert werden.

> **Wichtig:**
> Achten Sie darauf, dass Sie bei der manuellen Formrandung insbesondere die Augenpartie vor Spritzwasser und Glassplittern schützen!

**axial:** in Richtung der Achse

Die Hersteller moderner Randschleifautomaten sind bemüht, die Geräuschentwicklung während der Bearbeitung über speziell gedämmte Schließmechanismen einzukapseln. Auch der Verbrauch des erforderlichen Schleifwassers lässt sich inzwischen durch den Einsatz von Wasseraufbereitungsanlagen erheblich reduzieren. Geschlossene Systeme fangen die anfallenden Splitter und Schwebstoffe auf, separieren und trocknen diese, damit sie anschließend vorschriftsmäßig entsorgt werden können. Solche Anlagen lassen sich auch mit Staub- und Geruchsfiltern kombinieren, sodass keine Feinstaubbelastungen und Geruchsbelästigungen mehr anfallen.

### Rillen

Bei der Verglasung von Fadenfassungen müssen die Brillengläser zunächst mit einer Flachfacette ausgestattet und anschließend mit einer Nut versehen werden, durch die das im Fassungsrand eingelassene Spezialprofil und der Glashaltefaden verläuft. Mit einigen der CNC-gesteuerten Randschleifautomaten lässt sich die Nut im Fräsverfahren herausarbeiten. Besteht kein Zugriff auf eine solche CNC-Maschine, ist der Einsatz von manuell geführten Rillgeräten oder Rillautomaten üblich.

In diesem Fall erfolgt der Zerspanungsprozess mit einem diamantbestückten Rillrad, also über geometrisch undefinierte Schneiden. Dafür wird das mittig aufgeblockte Glas eingespannt, in axialer Richtung zwischen zwei drehbaren Andruckrollen aus Kunststoff fixiert und mit der Facette parallel zur höhenverstellbaren Glasauflage über das Rillrad geführt. Brillenglas und Werkzeug rotieren dabei in entgegengesetzter Richtung.

> **Praxis-Tipp**
> Um Ausplatzer zu vermeiden, sollten Sie vor dem Rillen unbedingt die Kante der Brillengläser brechen.

Für die Kühlung sorgt ein wassergetränkter Schwamm, der sich in einem Behälter unter der Glasauflage befindet. Die Nutbreite wird ausschließlich durch die Stärke des Rillrades bestimmt, während sich die Tiefe der Nut über die Höheneinstellung der Glasauflage individuell regulieren lässt.

### Polieren

Beim Polieren handelt es sich um ein Trennverfahren, bei dem geometrisch undefinierte Schneiden wirksam werden. Es kommt immer dann zur Anwendung, wenn eine Brillenfassung aufgearbeitet oder die Facette von Brillengläsern aus dekor- oder werkstofftechnischen Gründen mit einer glatten und glänzenden Oberfläche versehen werden muss.

Über einen Elektromotor wird auf beiden Seiten der Poliermaschine eine Welle mit der darauf fixierten Kegelspitze angetrieben. Damit ein aus der Hand gerissenes Bauteil nicht zu Gesichtsverletzungen führt, rotieren die aufgespannten Rundbürsten, Filzscheiben oder Polierkegel immer in Richtung des Anwenders. Die darauf aufzubringende Polierpaste enthält winzige in Wachs oder Fett gebundene Polierkörper unterschiedlicher Konzentration und Körnung und ist dem zu bearbeitenden Material entsprechend auszuwählen (Bild 5.53).

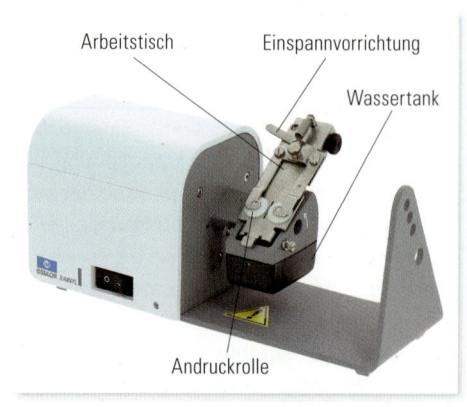

**Bild 5.52** Manuell geführtes Rillgerät
(Arbeitstisch, Einspannvorrichtung, Wassertank, Andruckrolle)

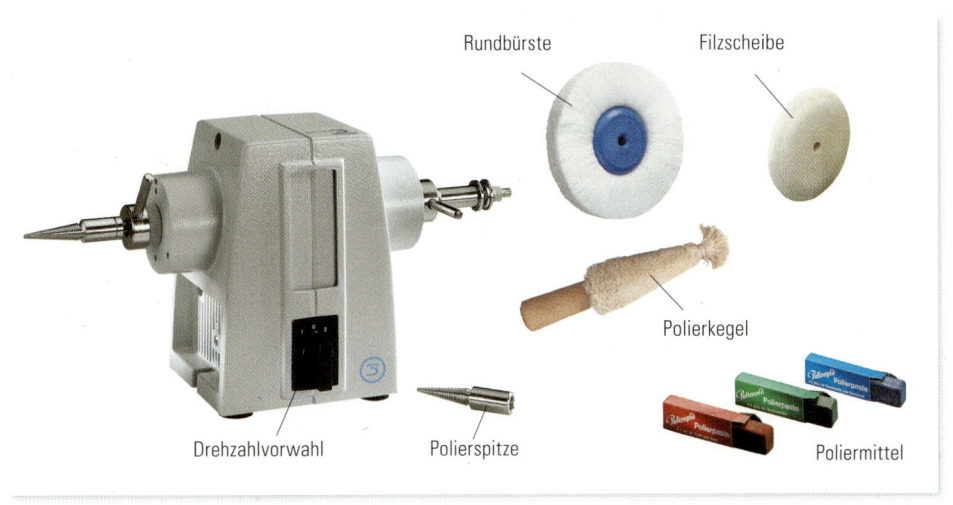

## 5.2 Bearbeitung von Fassungs- und Brillenglaswerkstoffen

**Bild 5.53** Poliermaschine und Zubehör

Die besten Arbeitsergebnisse können erzielt werden, wenn der Polierprozess bei optimaler Schnittgeschwindigkeit vorgenommen wird. Sie liegt je nach Werkstoff zwischen 15 und 25 m/s. Um sie annähernd einhalten zu können, sind Drehzahl und Scheibendurchmesser aufeinander abzustimmen. Bei bekannter Drehzahl lässt sich der erforderliche Scheibendurchmesser rechnerisch ermitteln.

$$d = \frac{v_c}{\pi \cdot n}$$

Durchmesser $[d]$ = m
Schnittgeschwindigkeit $[v_c]$ = m/s
Drehzahl $[n]$ = 1/s

Über die vorgewählte Drehzahl wird aber nicht nur die Schnittgeschwindigkeit, sondern auch die effektive Härte der Scheibe manipuliert. So lässt sich über geringere Drehzahlen eine weichere Wirkung erzielen und für eine schonendere Bearbeitung von flächigen Kunststoffen nutzen.

Während des Polierprozesses kommt es durch Verschleiß der Bürsten und Scheiben zu einer erhöhten Staubentwicklung, die die Atemwege beeinträchtigen können. Hinzu kommen empor geschleuderte Poliermittelreste, die nicht nur die Arbeitsumgebung verunreinigen, sondern darüber hinaus den Bediener der Poliermaschine gefährden. Diese Belastungen lassen sich durch die Verwendung einer Staubfang- und Schlagschutzeinrichtung erheblich reduzieren. Während des gesamten Poliervorgangs sollte die gewissenhafte Befolgung der relevanten Bestimmungen zur Sicherheit am Arbeitsplatz selbstverständlich sein.

**Bild 5.54** Staubfang- und Schlagschutzeinrichtung

### Sägen

Sägen werden verwendet, um Konturen aus Plattenmaterialien herauszuarbeiten oder Werkstücke abzulängen. Jeder Sägezahn hebt dabei einen Span ab. Weil sich immer mehrere Zähne gleichzeitig im Eingriff befinden, erfolgt die Zerspanung stets in mehreren Schichten.

Gerade Sägeblätter verfügen über hintereinander angeordnete und geometrisch definierte Schneiden. Um Werkstoffe unterschiedlicher Härte bearbeiten zu können, wird lediglich die Zahnteilung variiert, ohne die Geometrie des Schneidkeils zu verändern. Für die Bearbeitung von weichen Werkstoffen werden grob gezahnte und für die Bearbeitung von harten fein gezahnte Sägeblätter verwendet.

**Zahnteilung:** Anzahl der Zähne pro Zoll

# 5 • Brillen instand setzen oder modifizieren

> **Praxis-Tipp**
> Die schneidende Wirkung von Sägeblättern in Bügelsägen erfolgt prinzipiell auf Stoß, während die von Sägeblättern in Laubsägen dagegen immer auf Zug erfolgt.

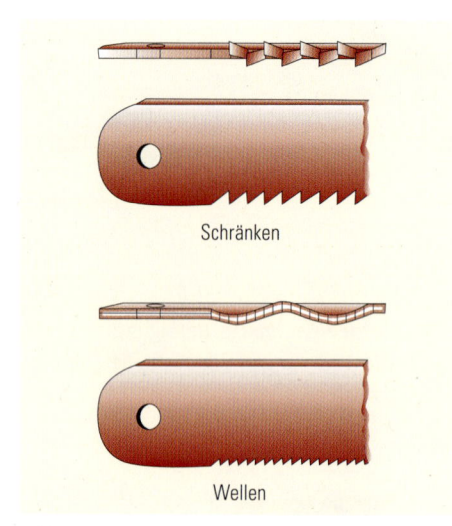

**gedrillt:** gewendelt

Die bei der Zerspanung erzeugte Reibung führt zu einer starken Erwärmung von Werkstück und Sägeblatt. Kann die aufgestaute Hitze nicht in ausreichendem Maße abgeführt werden, wird sich das Blatt ausdehnen und unter Umständen in der Schnittfuge verkeilen. Abhilfe schaffen gewellte Sägeblätter oder solche mit geschränkten Zähnen (Bild 5.55). Dieser sogenannte Freischnitt verursacht eine breitere Fuge und gewährleistet eine bessere Wärmeabfuhr. Ein ähnlicher Effekt lässt sich mit gedrillten Ausführungen erreichen, die vorwiegend in Laubsägen verwendet werden.

## Feilen

Muss ein Bügel gekürzt, sein Anschlag eingestellt, der Nasenauflagebereich einer Kunststofffassung ausgearbeitet oder ein komplettes Bauteil angefertigt werden, kann das meist nur unter Zuhilfenahme einer Feile geschehen. Sie besteht aus dem Feilenblatt und dem sogenannten Feilenheft, das die als Angel bezeichnete Verjüngung des Blattes aufnimmt und sicher verankert (Bild 5.56).

**Bild 5.55** geschränktes und gewelltes Sägeblatt

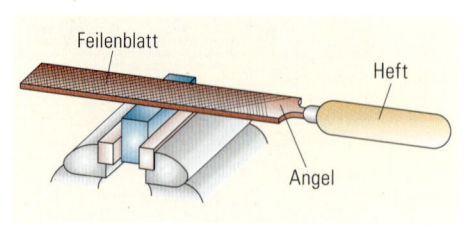

Die Einkerbungen im Feilenblatt werden als Hieb bezeichnet und je nach Verwendungszweck mit negativem oder positivem Spanwinkel gefertigt. So wird die Zerspanung von weichen und harten Werkstoffen möglich. Je höher die Hiebzahl einer Feile, desto geringer der Materialabtrag und umso feiner die Beschaffenheit der bearbeiteten Oberfläche.

**Hiebzahl:** Anzahl der Hiebe pro cm Feilenlänge

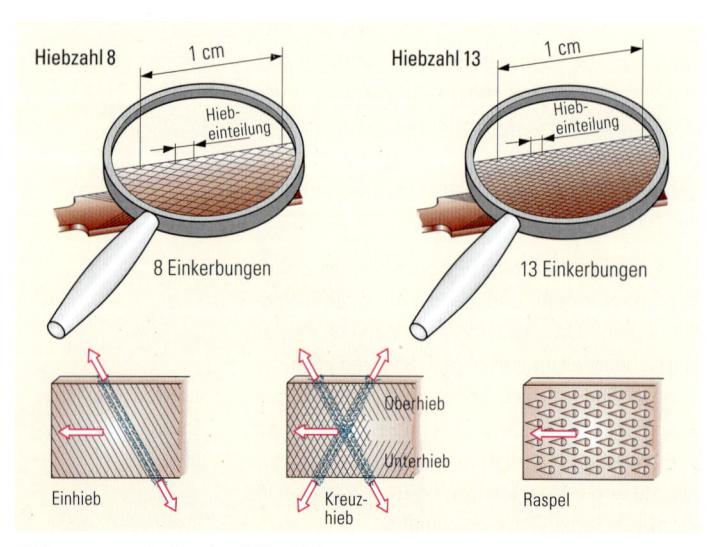

**Bild 5.56** Aufbau der Feile

> **Praxis-Tipp**
> Achten Sie darauf, dass Sie das Feilenblatt prinzipiell in axialer Richtung bewegen und nur während des Vorstoßes Druck darauf ausüben.

Der zu zerspanende Werkstoff beeinflusst die Auswahl der Feilenhiebanordnung. Während sich einhiebige Feilen nur für die Bearbeitung von weichen Materialien eignen, lassen sich solche mit einem Kreuzhieb universell einsetzen. Für einen großen Materialabtrag ist bei weichen Werkstoffen der sogenannte Raspelhieb vorzuziehen.

**Bild 5.57** Anordnung des Feilenhiebs

## 5.2 Bearbeitung von Fassungs- und Brillenglaswerkstoffen

Die Feilenblätter sind in etlichen Profilquerschnitten erhältlich. Welches Profil letztendlich bevorzugt wird, hängt von der Form der zu bearbeitenden Fläche ab.

### Bohren

Im augenoptischen Fachbetrieb müssen häufig organische und metallische Werkstoffe, unter Umständen sogar mineralische Materialien mit Bohrungen ausgestattet werden. Sie sind erforderlich, um die Aufnahme von Schrauben, Nietschäften, Glashaltefäden oder Dekorteilen vorzubereiten.

Der Wendelbohrer verfügt über mehrere Schneiden. Ein großer Teil der aufgebrachten Vorschubkraft wird über die sogenannte Querschneide abgegeben. Sie soll den Bohrer in axialer Richtung durch den Werkstoff führen. Dabei übernehmen die beiden Hauptschneiden den Hauptanteil der Zerspanung. Durch die angefasten Nebenschneiden wird die erzeugte Reibungswärme im Bohrloch reduziert. Über die wendelförmige Spannut kann erforderliches Kühlmittel aufgenommen und anfallende Späne können abgeführt werden.

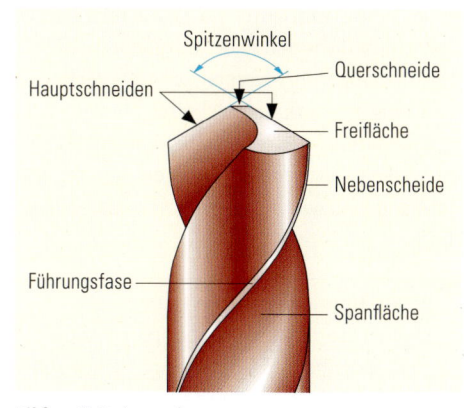

**Bild 5.58** Bohrwerkzeug

Die beiden Hauptschneiden bilden einen Winkel, der als Spitzenwinkel bezeichnet wird. Er kann Werte zwischen 80° und 140° annehmen. Bohrer mit kleinen Spitzenwinkeln gehören zur Typenklasse H und sollten für harte Werkstoffe verwendet werden. Für weiche Materialien sind dagegen Bohrer der Typenklasse W mit großen Spitzenwinkeln erforderlich (Tabelle 5.17).

| Typenklasse | Spitzenwinkel | Werkstoffe |
|---|---|---|
| H (hart) | 80° bis 85° | Bronze, Hartmessing |
| N (normal) | 118° | Stahl, Neusilber, Messing |
| W (weich) | 118° bis 140° | Kunststoffe, Aluminiumlegierungen |

**Tabelle 5.17** Bohrerarten und Typenklassen nach DIN 1414-1

> **Praxis-Tipp**
> Spannen Sie das Werkstück möglichst ein und durchbohren Sie insbesondere organische Werkstoffe zügig. Vermeiden Sie Fließspäne durch kurzzeitiges Anheben des Bohrers.

Wie bei allen Zerspanungsverfahren wird auch beim Bohren das Arbeitsergebnis und die Standzeit des Werkzeugs über die Schnittgeschwindigkeit beeinflusst. Für den Einsatz von beschichteten HSS-Bohrern gelten in diesem Zusammenhang die folgenden Richtwerte.

| Werkstoffe | Schnittgeschwindigkeit $v_c$ |
|---|---|
| Stähle, hohe Festigkeit | 20 m/min |
| Aluminiumlegierungen | 45 m/min |
| Kupferlegierungen | 60 m/min |
| Duroplaste | 25 m/min |
| Thermoplaste | 50 m/min |

**Tabelle 5.18** Schnittgeschwindigkeit nach DIN 1414

Aufgrund der geringen Bohrlochdurchmesser und des zu vernachlässigenden Zeitfaktors haben sich in der Augenoptik allerdings Schnittgeschwindigkeiten bewährt, die zwischen 50 und 70 % unterhalb der empfohlenen Richtwerte liegen. Um die werkstoffabhängige Schnittgeschwindigkeit bei dem vorgegebenen Durchmesser des Bohrwerkzeugs einhalten zu können, steht dem Augenoptiker als regulierende Größe nur die Drehzahl zur Verfügung. Sie berechnet sich aus

$$n = \frac{v_c}{\pi \cdot d}$$

Durchmesser $[d]$ = m
Schnittgeschwindigkeit $[v_c]$ = m/min
Drehzahl $[n]$ = 1/min

**Vorschub:** Bewegung des Werkzeugs in axialer Richtung

**Fase:** abgeschrägte Kante

**HSS:** Hochleistungsschnellschnittstahl

### Fräsen

Im augenoptischen Instandsetzungsbereich kommt das Fräsverfahren in erster Linie beim Einlassen von Scharnieren in organische Fassungskunststoffe und bei der Ausarbeitung einer Fassungsnut zur Anwendung. Für diese Arbeiten werden Stirnmantel- und Nutenfräser eingesetzt.

> **Gewindesteigung:** Abstand zwischen den Gewindespitzen, Wert kann Tabellen entnommen werden

**Bild 5.59** Vierschneidiger Stirnmantelfräser und Nutenfräser

Beide Fräser rotieren um die eigene Achse und verfügen über mehrere geometrisch definierte Schneidkeile. Im Gegensatz zum Bohren ergibt sich der Vorschub allerdings über eine Zustellbewegung des Werkstücks.

> **Praxis-Tipp**
> Verwenden Sie für eine sichere Führung des Werkstücks einen Anschlag und fräsen Sie zügig, um eine Überhitzung des Werkstoffes auszuschließen.

Die herausgearbeitete Kontur ist immer das Resultat aus Werkzeugform und Zustellbewegung. Die Schnittgeschwindigkeiten liegen im Bereich der empfohlenen Richtwerte für das Bohren.

### Gewindeschneiden

Wenn sich eine Schraube nicht mehr festdrehen lässt, liegt das häufig an einem zerstörten Gewinde. Ist die Schraube davon betroffen, wird sie einfach ausgetauscht. Ist das Gewinde im Schließblock oder Scharnier defekt, muss es mit einem Gewindebohrer nachgeschnitten werden.

Vor dem eigentlichen Schneidprozess ist das Material zunächst vorzubohren. Der Durchmesser des Bohrers sollte sich am Nenndurchmesser des erforderlichen Schraubenbolzens und seiner Gewindesteigung orientieren. Er ergibt sich aus

$$d_{Bohrer} = d_{Gewinde} - P$$

Durchmesser des Bohrers $[d_{Bohrer}]$ = mm
Nenndurchmesser des Gewindes $[d_{Gewinde}]$ = mm
Steigung des Gewindes $[P]$ = mm

| Gewindebezeichnung d | Gewindesteigung P |
|---|---|
| M 1,0 | 0,25 |
| M 1,2 | 0,25 |
| M 1,4 | 0,30 |
| M 1,6 | 0,35 |

**Tabelle 5.19** Gewindesteigung nach DIN 13 (Auswahl)

Der gehärtete und angeschliffene Gewindebohrer ist mit drei Nuten ausgestattet, über die das erforderliche Schneidöl aufgenommen und der Span abgeführt werden kann. Das Schneidwerkzeug wird in einem Arbeitsgang von Hand in das Material gedreht. Dabei bewegt es sich mit jeder vollständigen Umdrehung um den Betrag der Gewindesteigung in axialer Richtung.

> **Praxis-Tipp**
> Drehen Sie den Gewindebohrer prinzipiell nach einer halben Umdrehung zurück, um die angefallenen Späne zu brechen. Angestaute Späne lassen sich durch Herausdrehen des Werkzeugs abführen.

**Bild 5.60** Gewindebohrer

## 5.2 Bearbeitung von Fassungs- und Brillenglaswerkstoffen

### Aufgaben

1. a) Erläutern Sie, unter welchen Bedingungen ein Werkzeugkeil den Werkstoff zerteilt und wann er ihn zerspant.
   b) Beschreiben Sie, welche Aufgabe der Spanfläche eines Werkzeugkeils zukommt.
   c) Schildern Sie, welchen Einfluss der Freiwinkel auf die Zerspanung hat.

2. a) Ermitteln Sie die Schnittgeschwindigkeit einer Schleifscheibe ($d$ = 100 mm), die mit einer Drehzahl von 4750 $min^{-1}$ betrieben wird.
   b) Stellen Sie den Schleifprozess von mineralischen und duroplastischen Brillenglaswerkstoffen gegenüber.
   c) Beschreiben Sie, welche Besonderheiten bei der Formrandung von Polycarbonat zu berücksichtigen sind.

3. a) Erstellen Sie eine Skizze vom Aufbau eines manuell geführten Rillgerätes.
   b) Erläutern Sie, worauf geachtet werden muss, um eine gleichmäßige Tiefe der Nut sicherzustellen.
   c) Der Motor einer Rillmaschine betreibt das Rillrad ($d$ = 21,3 mm) mit 12 000 Umdrehungen pro Minute. Berechnen Sie die wirksame Schnittgeschwindigkeit.

4. a) Informieren Sie sich über die marktüblichen Polierpasten und ordnen Sie diese ihrem Verwendungszweck zu.
   b) Beschreiben Sie, welche Vorkehrungen getroffen werden sollten, um die Sicherheit am Arbeitsplatz während des Polierprozesses zu erhöhen.
   c) Eine Poliermaschine lässt sich von 1400 $min^{-1}$ auf 2800 $min^{-1}$ umschalten. Welcher Filzscheibendurchmesser ist jeweils für eine gewünschte Schnittgeschwindigkeit von 15 m/s auszuwählen?

5. a) Informieren Sie sich über die Maßeinheit *Zoll*.
   b) Erläutern Sie den Sinn und Zweck des sogenannten Freischnitts.
   c) Skizzieren und benennen Sie die in Ihrem Betrieb gebräuchlichen Sägenarten.

6. a) Skizzieren und benennen Sie die Profilquerschnitte gängiger Feilen.
   b) Schildern Sie weitere Situationen aus der Augenoptik, die Feilarbeiten erforderlich machen.
   c) Geben Sie an, welche Feilenhiebanordnung für die Bearbeitung der branchenüblichen Werkstoffe in Frage kommt.

7. a) Erläutern Sie typische Gefahren während des Bohrprozesses sowie geeignete Maßnahmen zur Erhöhung der Sicherheit am Arbeitsplatz.
   b) Machen Sie deutlich, an welcher Stelle des Bohrwerkzeugs die höchste beziehungsweise die geringste Schnittgeschwindigkeit erreicht wird.
   c) Auf welche Drehzahl ist der Motor einer Bohrmaschine einzustellen, wenn bei einem Bohrlochdurchmesser von 1,2 mm mit einer Schnittgeschwindigkeit von 30 m/min gearbeitet werden soll?

8. a) Informieren Sie sich in einem Katalog für augenoptischen Werkstattbedarf und skizzieren Sie den Aufbau gängiger Fräser.
   b) Erläutern Sie, wie beim Fräsen der erforderliche Vorschub ausgeführt wird.
   c) Beschreiben Sie chronologisch das Vorgehen bei der Herstellung eines Scharnierbettes.

9. a) Ermitteln Sie den Bohrlochdurchmesser für ein metrisches Gewinde mit einem Nenndurchmesser von 1,2 mm.
   b) Fertigen Sie die Skizze eines Gewindes an und bemaßen Sie darin die Gewindesteigung.
   c) Schildern Sie, welche Fertigungsschritte erforderlich sind, um ein Bauteil mit einem Gewindeloch auszustatten.

## 5.2.3 Fügeverfahren

Sollen Bauteile miteinander verbunden werden, kommen unter Umständen mehrere Fügetechniken in Frage. Deshalb sollte bei der Auswahl des Verfahrens immer berücksichtigt werden, welchen Anforderungen die Baugruppe gerecht werden soll. Ein Brillenbügel erfordert beispielsweise eine bewegliche Scharnierverbindung, wohingegen sich die beiden Schließblockteile einer Metallfassung keinesfalls gegeneinander verschieben lassen sollten. Oftmals müssen sich die Bauteile mit einfachen Hilfsmitteln wieder voneinander lösen lassen, manchmal ist aber auch gerade das nicht erwünscht.

Die gängigen Fügetechniken lassen sich anhand ihrer Wirkprinzipien kategorisieren. Verbindungen, bei denen auf mechanischem Wege Formen ineinandergreifen, werden als **formschlüssige** Verbindungen bezeichnet. Um **kraftschlüssige** Verbindungen handelt es sich dann, wenn zwischen den Bauteilen Reibungskräfte erzeugt werden. **Stoffschlüssige** Verbindungen lassen sich dagegen auf Molekularkräfte zurückführen, die zwischen den montierten Komponenten wirken.

### Schrauben

Wenn die Komponenten einer Baugruppe über Schrauben zusammengefügt werden, entsteht eine lösbare Verbindung. Weil dabei Außen- und Innengewinde ineinandergreifen und Reibungskräfte zwischen den Bauteilen erzeugt werden, beruht sie gleichzeitig auf dem form- und kraftschlüssigen Wirkprinzip. Eine Schraubenverbindung besteht zumindest aus einem Schraubenbolzen und einem weiteren mit Innengewinde ausgestatteten Element. Das kann eine Mutter, ein Schließblock oder ein Scharnier sein. Die Verwendung von Unterlegscheiben oder Hülsen zielt darauf ab, die Bauteile vor Beschädigung zu schützen. Die Bezeichnung branchentypischer Schrauben und Muttern orientiert sich an der Ausführung des Schraubenkopfes, an ihrer Funktion oder an beidem (Tabelle 5.20).

Ihre Gewindedurchmesser liegen zwischen 0,8 mm für Padschrauben bis hin zu 1,6 mm für Scharnier- oder Schließblockschrauben. Sie sind mit einem metrischen Regelgewinde nach DIN 13 ausgestattet. Dabei handelt es sich um ein genormtes Spitzgewinde mit einem Flankenwinkel von 60°. Es wird durch ein dem Nenndurchmesser vorangestelltes „M" gekennzeichnet.

| Bezeichnung nach der Ausführung | Bezeichnung nach der Funktion |
|---|---|
| Großkopfschraube | Federscharnierschraube |
| Kreuzschlitzschraube | Glasbrillenschraube |
| Hutmutter | Padschraube |
| Sechskantmutter | Scharnierschraube |
| Sternmutter | Schließblockschraube |

**Tabelle 5.20** Auswahl gängiger Schrauben und Muttern

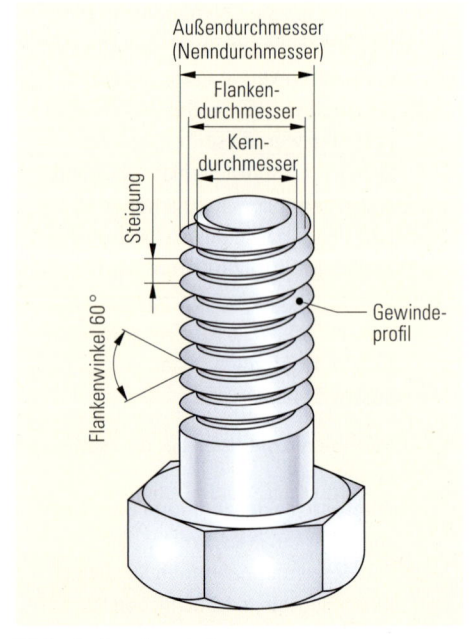

**Bild 5.61** Regelgewinde

## 5.2 Bearbeitung von Fassungs- und Brillenglaswerkstoffen

> **Praxis-Tipp**
> Verwenden Sie geeignete Schraubenpinzetten und ausschließlich Schraubendreher mit einer Klinge, die den Schraubenschlitz komplett ausfüllen, damit Schraubenkopf und Werkzeug geschont werden.

Damit sich die Bauteile nicht unbeabsichtigt voneinander lösen können, sollte jede Schraubverbindung gesichert werden. In diesem Zusammenhang hat sich die als Verkörnung bezeichnete Deformation des Schraubenendes, die Verwendung einer Kontermutter sowie das Einbringen eines flüssigen Kunststoffs, der im Gewinde aushärtet, bewährt. Ebenso gebräuchlich sind selbstsichernde Schrauben und Muttern, in die eine elastische Kunststoffeinlage eingebracht wurde.

### Nieten

Bei einer Nietung handelt es sich um eine Fügetechnik, bei der Bauteile und Verbindungselement formschlüssig miteinander verbunden sind. Weil der Niet zerstört werden müsste, um die Bauteile wieder voneinander zu trennen, handelt es sich um eine unlösbare Verbindung. Sie kommt in Frage, wenn Scharniere auf Mittelteilen oder Brillenbügeln fixiert werden sollen. Das Verbindungselement ist der sogenannte Niet. Er besteht aus dem aufliegenden oder eingelassenen Setzkopf, dem von den Bauteilen aufgenommenen Nietschaft sowie dem auszuformenden Schließkopf.

**Bild 5.62** Nietscharnier, Niet und Doppelniet

Vor dem eigentlichen Nietvorgang ist das Bauteil mit Bohrungen auszustatten, die dem Durchmesser des Nietschaftes entsprechen. Sie sollten mit dem Lochabstand des Scharniers übereinstimmen und entgratet werden, damit die Bauteile plan aufeinanderliegen. Nun lässt sich der Niet mit speziellen Andrückpunzen in die Bauteile einziehen.

Bevor der hervorstehende Nietschaft zu einem Schließkopf geformt werden kann, ist er auf die erforderliche Zugabe $Z$ herunterzufeilen. Dabei ist zu berücksichtigen, ob er als Rundkopf aufliegen oder als Senkkopf eingelassen werden soll.

$$Z_{Rundkopf} = d_{Nietschaft} \cdot 1{,}50$$
$$Z_{Senkkopf} = d_{Nietschaft} \cdot 0{,}75$$

Abschließend lässt sich der Setzkopf mit einer auch als Döpper bezeichneten Nietkopfpunze anfertigen. Die erforderlichen Arbeitsschritte lassen sich mithilfe eines manuell betätigten Nietgerätes ausführen, zu dessen Grundausstattung diverse Werkzeuge und Amboss-Varianten gehören.

> **Punze:** Schlagstempel zur Metallbearbeitung

**Bild 5.63** Nietgerät Clavulus®

### Löten

Die Komponenten einer Metallfassung werden überwiegend miteinander verlötet. Weil dabei sehr haltbare Verbindungen mit hoher Festigkeit entstehen, wird diese Fügetechnik als Hartlöten bezeichnet. Sie führt immer zu unlösbaren und stoffschlüssigen Verbindungen. In der augenoptischen Werkstatt hat sich das sogenannte Flammenlöten durchgesetzt. Die Flamme entsteht bei Verbrennung eines Gas-Sauerstoff-Gemisches, das von Flaschen- oder Hydrozonlötgeräten bereitgestellt wird. Die Größe der Flamme lässt sich über Lötdüsen unterschiedlicher Durchmesser regulieren (Bild 5.64).

> **Hartlöten:** Lötverfahren mit Arbeitstemperaturen über 450 °C

# Brillen instand setzen oder modifizieren

**Bild 5.64** Flaschen- und Hydrozonlötgerät

> **Praxis-Tipp**
> Die Dosierung des Lots können Sie sich erleichtern, wenn Sie die erforderliche Menge im kalten Zustand in den Lötspalt einlegen und mit den Fassungsteilen gemeinsam erwärmen.

**Kapillarwirkung:**
Aufsteigen von Flüssigkeiten in engen Hohlräumen

**Diffusion:**
Durchmischung

**abschrecken:**
schnelles Abkühlen

Vor einer Lötung sind die Fügeteile zunächst von Verunreinigungen, Lötmittelresten und Fetten zu befreien. Für diese Vorarbeit eignet sich eine feinhiebige Feile. In einem weiteren Schritt sollten die zu fügenden Flächen mit einem Flussmittel bestrichen werden. Es beseitigt auf chemischem Wege vorhandene Metalloxide, verhindert deren Neubildung und begünstigt die Benetzung mit schmelzflüssigem Lot. In diesem Zusammenhang haben sich flüssige und pastenförmige Flussmittel bewährt. Nun können die Fassungsteile in der gewünschten Position über einer feuerfesten Unterlage fixiert werden. Eine als „Dritte Hand" bezeichnete Lötstation erleichtert das Einspannen. Beschichtete Bereiche in Nähe der Lötstelle lassen sich mit einer Isolierpaste abdecken und so vor Verbrennungen schützen (Bild 5.65).

Die Lötflamme ist pendelnd über die Fügeteile zu führen. Sobald diese eine kirschrote Glühfarbe angenommen haben, liegt die optimale Arbeitstemperatur vor. Im Temperaturbereich zwischen 600 und 700 °C verflüssigt sich das Lot, benetzt die Fügeflächen, zieht sich unter Ausnutzung der Kapillarwirkung in den Lötspalt und diffundiert in die Randschichten der beteiligten Fassungsteile ein. Während dieser Phase sollte die Gefahr von gesundheitsbeeinträchtigenden Dämpfen durch Absaugvorrichtungen oder eine ausreichende Zuführung von Frischluft minimiert werden.

Nach der Kristallisation des Lotes ist die Fassung mit Wasser abzuschrecken und gewissenhaft von Flussmittelresten zu befreien. Abschließend erfolgt die Politur und Beschichtung der Oberflächen.

**Kitten**

Dieses auch als Lösungskleben bezeichnete Fügeverfahren kommt nur bei der Instandsetzung von halbsynthetischen Kunststoffen zum Einsatz. Vollsynthetische Werkstoffe lassen sich auf diese Weise nicht verbinden (Tabelle 5.12).

Jede Kittung beruht auf dem stoffschlüssigen Wirkprinzip und gehört damit zu den unlösbaren Verbindungen. Dafür werden Lösungsmittel eingesetzt, die das Material in einen viskosen Zustand überführen. Für Blockacetat eignet sich in diesem Zusammenhang **Aceton** (Dimethylketon), für extrudiertes Zelluloseacetat **Essigsäure-Ethylester** (Ethyl-Acetat) und für Zellulosepropionat eine Mischung aus **Essigsäure-Ethylester** und **Essigsäure-Methylester** (Methyl-Acetat). Da viele Lösungsmittel leicht entflammbar sind und außerdem die Atemwege reizen, ist für eine ausreichende Belüftung zu sorgen.

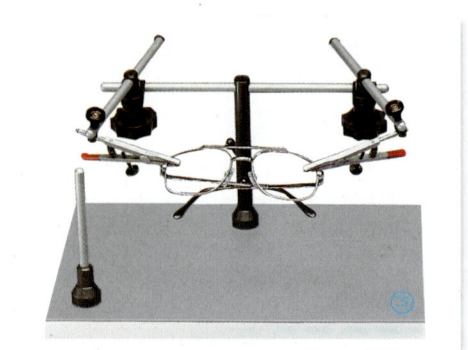

**Bild 5.65** Lötstation

Eine Bauteil umgebende Lötstelle ist nicht nur unästhetisch, sie erzwingt auch eine aufwändigere Nachbearbeitung. Deshalb sollte nur so viel Lot eingesetzt werden, dass es den 0,1 bis 0,2 mm breiten Spalt zwischen den Berührungsflächen gerade eben ausfüllt.

Der eigentliche Fügeprozess erfolgt durch die Zusammenführung beider Fassungsteile, wobei es zur gegenseitigen Durchdringung der angelösten Werkstoffmassen kommt. Das zu einer Wulst aufgeworfene Material lässt sich in dieser Phase noch mit einem Lösungsmittel getränkten Pinsel verteilen.

Anschließend müssen die Fügeteile für 24 Stunden in der erforderlichen Position fixiert werden. Nach Abschluss der Aushärtung ist eine vorsichtige Nacharbeitung der Fügestelle möglich.

> **Praxis-Tipp**
> Überprüfen Sie jede Kittung auf Blasenbildung, denn Lufteinschlüsse schwächen die Verbindung und begünstigen einen erneuten Materialbruch.

## Aufgaben

1. a) Geben Sie konkrete Beispiele für form-, kraft- und stoffschlüssige Verbindungen an.
   b) Benennen Sie Merkmale, an denen sich lösbare von unlösbaren Verbindungen unterscheiden lassen.
   c) Zählen Sie möglichst viele Verfahren auf, über die Bauteile miteinander verbunden werden können.

2. a) Ordnen Sie den aufgeführten Schrauben und Muttern die entsprechenden Schraubwerkzeuge zu.
   b) Skizzieren Sie unterschiedliche Möglichkeiten zur Sicherung einer Schraubverbindung.
   c) Erklären Sie, weshalb in manchen Schraubverbindungen Unterlegscheiben verwendet werden.

3. a) Begründen Sie, weshalb sich die erforderliche Materialzugabe für Senk- und Rundkopfniete voneinander unterscheidet.
   b) Informieren Sie sich über die verschiedenen Werkzeuge des Clavulus® und geben Sie deren Verwendungszweck an.
   c) Überlegen Sie, welche Fehler dem Augenoptiker bei der Anfertigung einer Nietverbindung unterlaufen können.

4. a) Geben Sie an, welche Aufgaben dem Flussmittel zukommen.
   b) Erklären Sie, in welchen drei Phasen der Lötvorgang erfolgt, welche Vorgänge dabei ablaufen und was in diesem Zusammenhang unter einer „kalten Lötstelle" zu verstehen ist.
   c) Schildern Sie, woran der Augenoptiker das Erreichen der Arbeitstemperatur abschätzen kann.

5. a) Informieren Sie sich über chemische Zusammensetzung und Eigenschaften der aufgeführten Lösungsmittel.
   b) Bringen Sie in Erfahrung, wo diese Lösungsmittel erhältlich sind.
   c) Beschreiben Sie Möglichkeiten, wie sich die Fügeteile fixieren lassen.

## 5.3 Abschätzung und Ermittlung von Reparaturkosten

> Eine Kundin schildert Ihnen, dass sie beim Auftanken des Wagens ihre Brille auf dem Fahrersitz liegenlassen und sich beim Einsteigen daraufgesetzt hat. Nun möchte Sie wissen, ob eine Reparatur möglich ist und mit welchen Kosten sie rechnen muss.

**Kostenstelle:** Betriebsort, an dem bestimmte Tätigkeiten ausgeübt werden und Kosten entstehen

**Gemeinkosten:** Kosten, die sich keinem Kostenträger direkt zuordnen lassen

zur Vertiefung ▶ Lernfeld 9.5

Jeder erzeugte Artikel und jede erbrachte Dienstleistung verursacht Kosten, die sich wiederum auf den Verkaufspreis des Produkts auswirken. Diese sind unter anderem darauf zurückzuführen, dass Material und Halbzeuge beschafft, Maschinen und Geräte erworben und instandgehalten, Löhne ausgezahlt sowie Raummieten, Neben- und Kreditkosten beglichen werden müssen.

Einige Kosten können einem bestimmten auch als Kostenstelle bezeichneten Betriebsbereich zugeordnet werden. Bei den sogenannten Gemeinkosten ist das dagegen nur mithilfe eines Verteilungsschlüssels möglich.

Zur Abdeckung eventueller Risiken enthält der Endpreis außerdem einen Risikozuschlag und darüber hinaus natürlich auch einen Gewinnaufschlag. Hinzu kommt die Mehrwertsteuer,

| Art der Leistung | | | Preis incl. MwSt. [€] |
|---|---|---|---|
| Handwerksleistung | Glasbearbeitung | Umschleifen je Glas | 11,95 |
| | | Rillen je Glas | 4,15 |
| | | Kerben je Glas | 6,80 |
| | | Bohrung je Loch | 4,65 |
| | Kittung | | 17,60 |
| | Lötung | | 22,90 |
| | Nietung | je Niet | 9,50 |
| | Einschwemmen | je Scharnier | 13,15 |
| | Ausbohren | je Schraube | 5,20 |
| | Gewindeschneiden | | 3,35 |
| | Anfertigung | je Sonderteil | 24,90 |
| Kleinteile, Material | Scharnier | komplett | 4,20 |
| | Stegstütze | | 3,85 |
| | Seitensteg | | 3,90 |
| | Sattelsteg | | 8,75 |
| | Schraube | | 1,55 |
| | Bügelende | | 3,35 |
| | Nylonbett | | 3,25 |
| | Nylonfaden | | 3,15 |
| | Profildraht | | 0,85 |

**Tabelle 5.21** Fiktive Preisliste zur Ermittlung des Brutto-Endpreises

## 5.3 Abschätzung und Ermittlung von Reparaturkosten

die der Betrieb als Umsatzsteuer an den Staat abzuführen hat. Die Ermittlung des Netto- beziehungsweise Brutto-Verkaufspreises unter Einbeziehung sämtlicher Kosten wird als Kalkulation bezeichnet.

Der Endpreis für eine Reparatur setzt sich aus mehreren Komponenten zusammen, nämlich aus
- dem kalkulierten Materialpreis,
- der kalkulierten Handwerksleistung sowie
- der Mehrwertsteuer.

Für eine pragmatische Abschätzung und Ermittlung der Reparaturkosten haben viele augenoptische Fachbetriebe Listen erstellt, denen die Endpreise direkt entnommen werden können. Solche Listen basieren meist auf einer sogenannten Mischkalkulation (Tabelle 5.21).

Materialpreise und Handwerksleistungen außerhalb solcher Listen sollten sorgfältig nach betriebswirtschaftlichen Kriterien und verursachungsgerechten Gesichtspunkten kalkuliert werden.

> **netto** (lat.) = rein, also *ohne* Mehrwertsteuer
> **brutto** (lat.) = gesamt, also *mit* Mehrwertsteuer

> **Mischkalkulation:** geringere Gewinne eines Produkts sollen durch höhere Gewinne eines anderen Produkts ausgeglichen werden

### Aufgaben

1. Ermitteln Sie den zu erwartenden Brutto-Preis für den Ersatz einer Stegstütze mit Seitensteg, die mit dem Fassungsrand verlötet werden muss.
2. Berechnen Sie für den geschilderten Fall den gesamten Netto-Preis.
3. Machen Sie am konkreten Beispiel deutlich, weshalb einige Produkte auf Basis der sogenannten Mischkalkulation abgegeben werden.

### Projektaufgaben

1. Ihr Ausbilder beauftragt Sie mit der Generalüberholung (Demontage, Reinigung, Politur, Montage und Ausrichtung) von einigen älteren Brillenfassungen eines langjährigen Kunden.
   a) Planen Sie den Einsatz der erforderlichen Werkzeuge, Maschinen, Geräte und Hilfsmittel.
   b) Schildern Sie, woran Sie die vorliegenden Fassungs- und Brillenglaswerkstoffe erkennen können.
   c) Machen Sie deutlich, welche materialspezifischen Besonderheiten Sie bei der Durchführung der erforderlichen Arbeiten unter Umständen berücksichtigen müssen.

2. Die Berufsgenossenschaft hat Ihren Betrieb aufgesucht und bezüglich der Sicherheit am Arbeitsplatz einige Mängel protokolliert. Um auf den nächsten Besuch besser vorbereitet zu sein, werden Sie um Mithilfe gebeten.
   a) Verfassen Sie einen umfassenden Bericht, dem die möglichen Gefahren im Zusammenhang mit den typischen Tätigkeiten des Augenoptikers entnommen werden können.
   b) Erarbeiten Sie ein lückenloses Konzept, mit dem sich die Sicherheit am augenoptischen Arbeitsplatz systematisch optimieren lässt.

3. Ein Kunde überreicht Ihnen ein Rezept, auf dem aufgrund einer Lähmung des Oberlids eine Lidstütze empfohlen wird. Im Verlauf des Beratungsgespräches erfahren Sie, dass keine Nickelallergie vorliegt.
   a) Skizzieren Sie denkbare Varianten der Lidstütze.
   b) Erstellen Sie für die von Ihnen favorisierte Version eine detaillierte Materialliste und überlegen Sie, welche Maße für die Umsetzung des Vorhabens ermittelt werden müssen.
   c) Fertigen Sie einen Ablaufplan an, dem sich sämtliche Fertigungsschritte entnehmen lassen.
   d) Ermitteln Sie anhand der fiktiven Preisliste den Bruttopreis der Lidstütze.

# Lernfeld 6
# Kunden mit Sonnenschutzgläsern versorgen

Ihr Kunde erzählt Ihnen von seinem bevorstehenden Sommerurlaub in den Vereinigten Staaten. Er plant eine Motorradtour entlang der ehemaligen Route 66 und ist deshalb auf der Suche nach einer neuen Sonnenbrille.

- Welchen Anforderungen muss der Blendschutz der Brille genügen?
- Besteht eine besondere UV-Schutzbedürftigkeit?
- Wie lässt sich die gewünschte Filterwirkung erzielen?
- Welche technologischen Gesichtspunkte sind zu berücksichtigen?
- Sie wägen ab, welche Art von Sonnenschutz den Anforderungen am ehesten gerecht wird.
- Sie empfehlen ein geeignetes Material für das Grundglas.
- Sie passen die Brille nach anatomischen Gesichtspunkten an.
- Sie nutzen geeignete Werkzeuge, um die Anpassung vorzunehmen.
- Wie beurteilt der Kunde den Sitz der Brille?
- Entspricht die Anpassung den anatomischen Erfordernissen?
- Ist der Kunde mit Sitz und Wirkung der Brille zufrieden?
- Genügt die Anpassung den eigenen Ansprüchen?

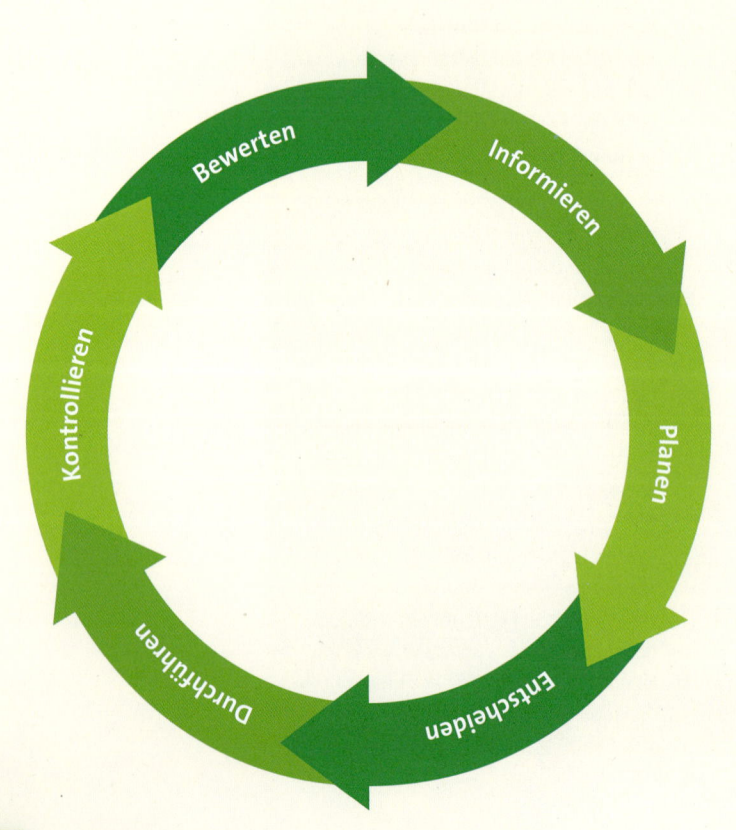

*Bewerten – Informieren – Planen – Entscheiden – Durchführen – Kontrollieren*

Reduzierende Gläser lassen sich abhängig von der Art und Stärke ihrer Reduktion, in **Filtergläser**, **Sonnenschutzgläser** und **Schutzfilter für spezielle Zwecke** unterteilen. Sie dienen in erster Linie der

- Verminderung störender Blendungen, dem
- Herausfiltern gefährlicher Strahlung und der
- Steigerung der Kontrastwahrnehmung.

Darüber hinaus werden leichte Filtertönungen auch aus ästhetischen Gründen eingesetzt.

## 6.1 Adaptation und Blendung

### 6.1.1 Adaptation

Die Anpassung des Auges an unterschiedliche Lichtverhältnisse wird als **Adaptation** bezeichnet. Durch diesen Vorgang wird das Auge in die Lage versetzt, sowohl schwache als auch starke Lichtreize zu verarbeiten. Dabei werden der Pupillendurchmesser und die Photorezeptoren der Netzhaut an die Helligkeitssituation angepasst.

Je nachdem, ob die Anpassung des Auges an eine größere oder geringere Helligkeit erfolgt, wird von **Helladaptation** oder **Dunkeladaptation** gesprochen.

**Anpassung der Pupille / Pupillenlichtreflex**

Kommt es zu einem Helligkeitswechsel, wird durch den **Pupillenlichtreflex** eine Änderung der Pupillendurchmesser ausgelöst. Dabei ist es unerheblich, ob der Helligkeitswechsel von einem oder beiden Augen wahrgenommen wurde. Die Pupille kann einen Durchmesser zwischen 2 und 8 mm annehmen. Dadurch lässt sich die einfallende Lichtmenge ca. um den Faktor 16 verändern. Ältere Menschen besitzen einen deutlich geringeren Pupillendurchmesser, der sich zudem nur eingeschränkt an wechselnde Beleuchtungsstärken anpasst.

**Anpassung der Photorezeptoren**

Durch die Anpassung der Rezeptoren wird eine Empfindlichkeitssteigerung bewirkt, die wesentlich größer ist als die, die sich aus der Veränderung des Pupillendurchmessers ergibt. Je nach Leuchtdichte werden Stäbchen und Zapfen in unterschiedlichem Maße beim Sehvorgang eingesetzt. Beim Tagsehen sind nur die Zapfen (**photopisches Sehen**), beim Nachtsehen nur die Stäbchen (**skotopisches Sehen**) und

beim Übergang vom Tag- zum Nachtsehen, dem sogenannten Dämmerungssehen, beide Rezeptortypen (**mesopisches Sehen**) beteiligt. Der Adaptationsprozess der Netzhaut besteht somit einerseits aus der Auswahl bestimmter Rezeptortypen und andererseits aus der Anpassung der Sensibilität der einzelnen Rezeptoren.

**Hell- und Dunkeladaptation**

Bei der Helladaptation erreichen die Zapfen nach ungefähr einer Minute eine gute Anpassung an die veränderten Lichtverhältnisse, nach etwa 6 Minuten ist sie nahezu vollständig abgeschlossen. Im Gegensatz dazu verläuft die Dunkeladaptation deutlich langsamer.

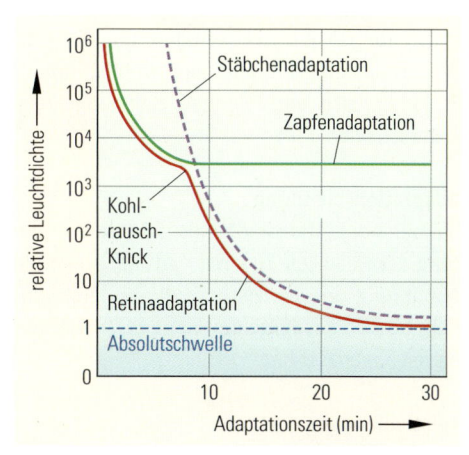

**Bild 6.1** Zeitlicher Verlauf der Dunkeladaptation

Bild 6.1 zeigt den zeitlichen Verlauf der Dunkeladaptation. Bei der Darstellung ist zu beachten, dass die Leuchtdichte nicht linear aufgetragen ist. In den ersten 3–5 Minuten passen sich die Zapfen an die verringerte Helligkeit an. Diese kurzfristige und relativ starke Emp-

> **Adaptation:** Anpassung des Auges an veränderte Lichtverhältnisse

> **Rezeptor:** spezialisierte Zelle zur Reizübertragung, Zapfen und Stäbchen der Netzhaut.
> ▸ auch Kap. 3, S. 114

> **photopisches Sehen:** Tagsehen

> **skotopisches Sehen:** Nachtsehen

> **mesopisches Sehen:** Dämmerungssehen

findlichkeitssteigerung wird als **Sofortadaptation** bezeichnet. Daran schließt sich die **Daueradaptation** an. Im Diagramm ist der Übergang am sogenannten Kohlrausch-Knick erkennbar. Ab diesem Zeitpunkt ist die Anpassung der Zapfen abgeschlossen. Die Empfindlichkeit wird nur noch durch die Stäbchen gesteigert. Im Rahmen der Dunkeladaptation reagieren sie jedoch wesentlich träger als die Zapfen. Erst nach ca. 20 Minuten ist auch bei ihnen eine gute Anpassung erreicht, wobei der endgültige Adaptationszustand erst nach über einer Stunde vorliegt.

**Chromatische Adaptation**

Neben der Hell- und Dunkeladaptation reagiert das Auge auch auf Änderungen der spektralen Zusammensetzung des auftreffenden Lichts. Bei diesem auch als **chromatische Adaptation** bezeichneten Vorgang findet ein Weißabgleich durch die Anpassung der Empfindlichkeit der verschiedenen Zapfentypen statt. Wird z. B. eine weiße Fläche mit „roterem" Licht bestrahlt, so erscheint diese zunächst nicht mehr weiß sondern rötlich. Die chromatische Adaptation bewirkt nun eine Empfindlichkeitsreduzierung der rotempfindlichen Photorezeptoren. Der erhöhte Rotanteil des Lichts wird schwächer wahrgenommen und die Fläche erscheint wieder weiß.

### 6.1.2 Blendung

Von Blendung wird dann gesprochen, wenn Helligkeitsänderungen zu einer Beeinträchtigung der Sehleistung führen. Diese ist messbar und resultiert aus einer Verschlechterung der Sehschärfe, des Kontrastsehens, der Tiefenwahrnehmung, der Farbwahrnehmung und der Wahrnehmungsgeschwindigkeit. Neben diesen physiologischen Auswirkungen führt die Blendung aber auch zu psychischen Beeinträchtigungen, wie der Verminderung der Konzentrationsfähigkeit und des Wohlbefindens. Es lassen sich verschiedene Blendungsarten unterscheiden:

**Adaptationsblendung**
Bei der Adaptationsblendung führt die Änderung der Helligkeit zu einer vorübergehenden Minderung der Sehleistung, die so lange anhält, bis sich das Auge den neuen Lichtverhältnissen angepasst hat.

**Relativblendung**
Von einer Relativblendung wird gesprochen, wenn im Gesichtsfeld örtlich große Helligkeitsunterschiede vorhanden sind. Sie führt häufig zu asthenopischen Beschwerden wie Ermüdung oder Kopfschmerzen.

**Absolutblendung**
Liegt eine Absolutblendung vor, ist es dem Auge unmöglich sich der Helligkeit durch Adaptation anzupassen. So ist das Auge beispielsweise in keinem Adaptationszustand in der Lage, direkt die Sonne zu betrachten. Die Absolutblendung löst einen Blendschmerz aus, der zur Abwendung des Blicks oder zum Lidschluss zwingt und kann zu irreversiblen Schädigungen der Netzhaut führen.

**Blendung durch Streulicht**

Blendungen werden zudem durch Streulicht hervorgerufen. Trifft z. B. Licht auf eine beschlagene Windschutzscheibe, entsteht ein diffuser Lichtschleier, der das Kontrastsehen beeinträchtigt. Auch im menschlichen Auge kommt es zur Lichtstreuung. Als Streuzentren können dabei z. B. Wassereinlagerungen und Verletzungen der Hornhaut oder trübende Einschlüsse in der Linse wirken. Da die Trübung der Augenlinse mit zunehmendem Lebensalter voranschreitet, sind gerade ältere Menschen von der Blendung durch Streulicht betroffen.

---

**physiologisch:** auf die organische Funktion bezogen

**irreversibel:** nicht umkehrbar

**diffus:** unregelmäßig zerstreut

**asthenopische Beschwerden:** durch visuelle Belastungen hervorgerufene Beschwerden

### Aufgaben

1. Ein Autofahrer fährt bei hellem Tageslicht in einen dunklen Tunnel. Beschreiben Sie seinen Seheindruck und entscheiden Sie, ob gemäß der Definition eine Blendung vorliegt.

2. Benennen Sie Beispiele für die Adaptations-, Relativ- und Absolutblendung. In welchem der Fälle ist ein Blendschutz durch reduzierende Gläser sinnvoll?

3. Legen Sie einen kleinen roten Gegenstand (z. B. Stiftkappe) auf ein weißes Blatt und schauen Sie ihn mindestens 30 Sekunden lang konzentriert an. Entfernen Sie anschließend den Gegenstand, ohne Ihren Blick vom Blatt zu wenden. Beschreiben und erklären Sie Ihre Beobachtung.

4. Zur Kontraststeigerung setzt ein Skifahrer ein gelbgetöntes Sonnenschutzglas auf. Welche Farbe scheint der Schnee nach längerem Tragen der Brille zu haben und welche Farbe nimmt der Skifahrer direkt nach dem Absetzen der Brille wahr?

## 6.2 Ultraviolett- und Infrarotstrahlung

### 6.2.1 Ultraviolettstrahlung

Die **Ultraviolettstrahlung (UV-Strahlung)** schließt an das kurzwellige Ende des sichtbaren Spektrums an und umfasst den Wellenlängenbereich von 1–380 nm. Da die Energie der Photonen mit kleiner werdender Wellenlänge steigt, besitzt die UV-Strahlung ein größeres Schädigungspotential als sichtbares Licht. Dies bedeutet jedoch keinesfalls, dass nicht auch durch sichtbares Licht Schäden verursacht werden. Gemäß ihrer jeweiligen Wellenlänge erfolgt eine Unterteilung der UV-Strahlung in die Bereiche UV-A, UV-B und UV-C.

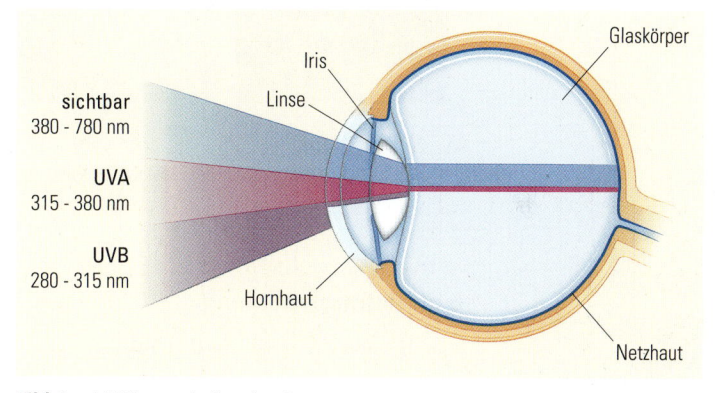

**Bild 6.2** UV-Transmission des Auges

### UV-A (380–315 nm)
Die UV-A-Strahlung macht den größten Teil des auf die Erdoberfläche treffenden UV-Lichts aus. Sie wird hauptsächlich durch die Augenlinse absorbiert und verursacht dort durch Langzeitwirkung eine Trübung und letztendlich die Entstehung einer Katarakt (Bild 6.2). Da UV-A-Strahlung die Bräunung der Haut bewirkt, kommt sie bei künstlichen Lichtquellen in Solarien vor. Auch bei dem in Diskotheken eingesetzten „Schwarzlicht" handelt es sich um UV-A-Licht.

### UV-B (315–280 nm)
UV-B- ist zwar energiereicher als UV-A-Strahlung, wird aber in stärkerem Maße von der Erdatmosphäre absorbiert. Ist die Erdatmosphäre jedoch geschädigt („Ozonloch"), kommt es zu einer erhöhten UV-B-Belastung. Die Strahlung wird zum größten Teil durch die Horn- und Bindehaut absorbiert und kann dort zur Photokeratitis bzw. Photokonjunktivitis führen (Bild 6.2). Auf der Haut verursacht sie Sonnenbrand.

### UV-C (280–1 nm)
Der UV-C-Anteil des Sonnenlichts wird vollständig durch die Erdatmosphäre absorbiert. Somit kommt diese Strahlung nur bei der Verwendung künstlicher Lichtquellen, wie z. B. beim Elektroschweißen, vor. Zum Schutz werden spezielle Filter benötigt, andernfalls führt

> **Katarakt, die:** grauer Star
>
> **Photokeratitis:** durch UV-Licht verursachte Hornhautentzündung
>
> **Photokonjunktivitis:** durch UV-Licht verursachte Bindehautentzündung

## 6 Kunden mit Sonnenschutzgläsern versorgen

**Fluoreszenz:**
Emission von langwelligem Licht bei Absorption von kurzwelligem Licht

**emittieren:**
aussenden

die Strahlung zu schwersten Verbrennungen von Horn- und Bindehaut. Unter anderem lassen sich mithilfe von UV-C-Strahlung auch Keime ohne den Einsatz von Chemikalien abtöten.

UV-Licht ist in der Lage zur **Fluoreszenz** anzuregen. Unter dem Einfluss von UV-Licht emittiert dabei ein fluoreszenzfähiger Stoff sichtbares Licht. In der Augenoptik wird dies im Rahmen der Kontaktlinsenanpassung bei Fluobildern angewandt. Auch Leuchtstofflampen und Tagesleuchtfarben (z. B. Textmarker) nutzen die Fluoreszenz.

Bei der Gefährdung durch UV-Strahlung ist zu beachten, dass die UV-Strahlung, abhängig von der Umgebung, unterschiedlich stark reflektiert wird. Bei der Beratung sollte deshalb immer erfragt werden, zu welchem Haupteinsatzzweck die gewünschte Filterbrille genutzt wird.

**Bild 6.3** Inuit Schutzbrille gegen Schneeblindheit (ca. 1900)

Land 1 %   Strand 10 %   Wasser 20 %   Schnee 80 %

**Bild 6.4** Umgebungsabhängige UV-Reflexionsgrade

### 6.2.2 Infrarotstrahlung

Das langwellige Ende des sichtbaren Spektrums wird durch die **Infrarotstrahlung (IR-Strahlung)** begrenzt, die den Wellenlängenbereich von 780 nm bis 1 mm umfasst. Sie ist ein Teil der Wärmestrahlung, also der elektromagnetischen Strahlung, die ein Körper aufgrund seiner Temperatur emittiert. Der kurzwellige IR-Anteil (IR-A, 780–1400 nm) kann den vorderen Teil des Auges durchdringen und so die Netzhaut durch Verbrennungen schädigen. IR-Strahlung des mittleren Wellenlängenbereichs wird im Auge absorbiert und führt dort zur Erwärmung. Dies kann bei starker Dauerbelastung zur Entstehung einer Katarakt („Feuerstar") führen. Gefährdet sind Berufsgruppen wie z. B. Stahlarbeiter, Gasschweißer und Glasbläser.

# 6.3 Reduzierende Brillengläser

> Ein Kunde möchte sich in seinem Ruhestand dem Angeln und der Gartenarbeit widmen. Er berichtet Ihnen, dass er mit zunehmenden Alter Blendungen als immer störender empfindet und fragt Sie um Rat.

## 6.3.1 Reduktion, Transmission, Absorption und Reflexion

Die **Reduktion** ist die Summe der aus **Absorption** und **Reflexion** resultierenden Lichtverluste. Der Teil des Lichts, der das Glas letztendlich durchdringt, wird als **Transmission** bezeichnet. Diese ergänzt sich mit der Reduktion zu 1 (100 %).

Werden Absorption, Reflexion und Transmission ins Verhältnis zur jeweiligen Ausgangslichtmenge gesetzt, ergeben sich der **Absorptionsgrad** $\alpha$, der **Reflexionsgrad** $\rho$ sowie der **Transmissionsgrad** $\tau$.

> **Transmissionsgrad**
>
> $\alpha = \dfrac{\Phi_\tau}{\Phi_0}$
>
> $\Phi_\tau$ transmittierte Lichtmenge
> $\Phi_0$ einfallende Lichtmenge
>
> **Reflexionsgrad**
>
> $\rho = \dfrac{\Phi_\rho}{\Phi}$
>
> $\Phi_\rho$ reflektierte Lichtmenge
> $\Phi$ auf die Grenzschicht treffende Lichtmenge
>
> $\rho = \left(\dfrac{n'-n}{n'+n}\right)^2$
>
> Reflexionsgrad gemäß dem Fresnel'schen Reflexionsgesetz ($n, n'$ Brechzahlen der beteiligten Medien)
>
> **Absorptionsgrad**
>
> $\alpha = \dfrac{\Phi_\alpha}{\Phi}$
>
> $\Phi_\alpha$ vom Glas absorbierte Lichtmenge
> $\Phi$ in das Glas eindringende Lichtmenge

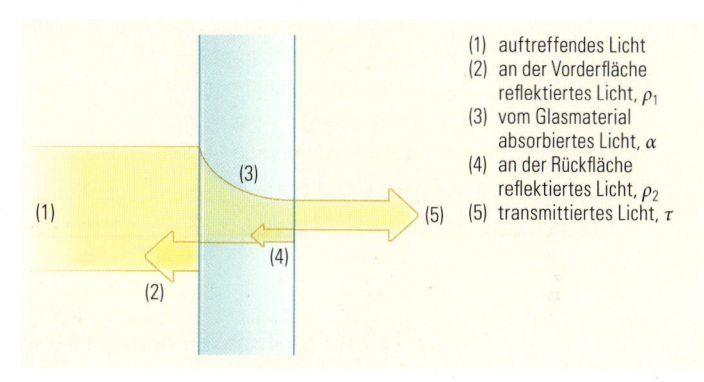

(1) auftreffendes Licht
(2) an der Vorderfläche reflektiertes Licht, $\rho_1$
(3) vom Glasmaterial absorbiertes Licht, $\alpha$
(4) an der Rückfläche reflektiertes Licht, $\rho_2$
(5) transmittiertes Licht, $\tau$

**Bild 6.5** Transmission eines Brillenglases

Bild 6.5 zeigt die Transmission eines Brillenglases. An der Vorderfläche wird ein Teil des einfallenden Lichts reflektiert (2). Dieser Anteil hängt von den Brechzahlen der beteiligten Medien ab und kann für den Fall eines senkrechten Lichteinfalls mithilfe des Fresnel'schen Reflexionsgesetzes berechnet werden. Anschließend wird ein weiterer Teil des Lichts durch die Tönung des Brillenglases absorbiert (3). An der zweiten Grenzschicht kommt es beim Verlassen des Glases zu einer weiteren Reflexion (4). Der Reflexionsgrad ist mit dem der Vorderfläche identisch, sofern sich vor und hinter dem Glas die gleichen Medien befinden. Die an den Grenzschichten reflektierten Lichtmengen sind hingegen unterschiedlich, da ein Teil des Lichts durch die Tönung absorbiert wurde und an der Rückfläche somit eine geringere Lichtmenge auftrifft. Für die Transmission ergibt sich:

> **Transmission**
>
> $\tau = (1 - \rho_1) \cdot (1 - \alpha) \cdot (1 - \rho_2)$

Werden mehrere reduzierende Gläser hintereinander geschaltet (z. B. Windschutzscheibe und Brillenglas), ergibt sich die Gesamttransmission aus dem Produkt der Einzeltransmissionen $\tau_1$ und $\tau_2$.

> **Gesamttransmission**
> $\tau_{Gesamt} = \tau_1 \cdot \tau_2$

**Beispiel:**
Vor einem nicht entspiegelten Brillenglas aus CR 39 ($n$ = 1,502; Absorption 1%) wurde ein Sonnenschutzvorhänger aus Polycarbonat ($n$ = 1,585) mit 65%iger Absorption befestigt. Wie groß ist die resultierende Gesamtreduktion?

Vorhänger:
$$\rho_1 = \rho_2 = \left(\frac{n'-n}{n'+n}\right)^2 = \left(\frac{1,585-1}{1,585+1}\right)^2 = 0,05$$

$\alpha = 0,65$

$\tau_{Vorhänger} = (1-\rho_1) \cdot (1-\alpha) \cdot (1-\rho_2)$
$= (1-0,05) \cdot (1-0,65) \cdot (1-0,05)$
$= 0,32$

Brillenglas:
$$\rho_1 = \rho_2 = \left(\frac{1,502-1}{1,502+1}\right)^2 = 0,04$$

$\alpha = 0,01$

$\tau_{Brillenglas} = (1-0,04) \cdot (1-0,01) \cdot (1-0,04) = 0,91$

Gesamt:

$\tau_{Gesamt} = \tau_{Vorhänger} \cdot \tau_{Brillenglas} = 0,32 \cdot 0,91 = 0,29$

Reduktion: $1 - \tau = 1 - 0,29 = 0,71 \triangleq 71\%$

### 6.3.2 Solarer UV-Transmissionsgrad und Lichttransmissionsgrad

Die Transmission des Brillenglases ist abhängig von der Wellenlänge des Lichts. Um diese Abhängigkeit zu erfassen, werden die Transmissionen für ausgewählte Wellenlängen des Spektrums bei einer Glasstärke von 2 mm gemessen. Aus den ermittelten Transmissionsgraden wird unter Berücksichtigung der spektralen Empfindlichkeit des Auges eine Art „Mittelwert" gebildet, der das durchschnittliche Transmissionsverhalten beschreibt. Dabei werden für den UV- und den sichtbaren Spektralbereich eigene gemittelte Transmissionsgrade angegeben.

Der **solare UV-Transmissionsgrad** $\tau_{SUV}$ ist die mittlere Transmission der elektromagnetischen Strahlung im UV-B- und UV-A-Bereich. Er beschreibt, wie gut das Glas vor schädlicher UV-Strahlung schützt. Die durchschnittliche Transmission im sichtbaren Bereich heißt **Lichttransmissionsgrad** $\tau_V$. Mit seiner Hilfe lässt sich der Blendschutz des Glases beurteilen. Die von den Glasherstellern angegebenen Tönungen sind die aus dem Lichttransmissionsgrad resultierenden Reduktionen. So hat z. B. ein Glas mit 40%iger Tönung einen Lichttransmissionsgrad

| Kategorie | Transmission in % | Beschreibung |
|---|---|---|
| 0 | über 80 bis 100 | Filterglas mit sehr geringer Tönung; geeignet zur Reduzierung von Streulicht oder indirekten Blendungen |
| 1 | über 43 bis 80 | leicht getöntes Sonnenschutzglas; geeignet als Blendschutz bei schwacher Sonneneinstrahlung (z. B. Autofahren) |
| 2 | über 18 bis 43 | mittelstark getöntes Sonnenschutzglas; universell einsetzbar in Mitteleuropa |
| 3 | über 8 bis 18 | stark getöntes Sonnenschutzglas; geeignet bei hoher Sonneneinstrahlung wie z. B. in Südeuropa, in den Bergen oder bei reflektierenden Eis- und Wasserflächen |
| 4 | über 3 bis 8 | sehr stark getöntes Sonnenschutzglas; geeignet für den Einsatz im Hochgebirge oder Gletscherregionen |

**Tabelle 6.1** Kategorisierung von Sonnenschutzfiltern

von 60 %. Dabei ist zu beachten, dass die entsprechenden Messungen an nicht entspiegelten Gläsern durchgeführt werden.

Gemäß ihrem Lichttransmissionsgrad werden reduzierende Gläser in Kategorien von 0 bis 4 unterteilt (Tabelle 6.1).

Den Kategorien sind zudem maximal zulässige UV-Transmissionsgrade zugeordnet, sodass ein der Gebrauchssituation angemessener UV-Schutz gewährleistet ist.

> **Praxis-Tipp**
> Da sich rückwärtige Reflexe bei Sonnenschutzgläsern besonders störend auswirken, sollte eine Entspiegelung der Rückfläche unbedingt empfohlen werden.

**UV-Transmission in Abhängigkeit vom Glasmaterial**

Die UV-Transmission ist nicht nur von der Tönung, sondern auch in starkem Maße vom Glasmaterial abhängig. Mineralische Gläser bieten einen guten UV-B-Schutz und zum Teil auch Schutz im UV-A-Bereich. Die UV-Reduktion mineralischer Gläser ist umso größer, je höher die Brechzahl ist.

Organische Gläser verfügen im Vergleich zu mineralischen über einen deutlich besseren UV-Schutz. Dieser kann bei Polycarbonat und Trivex als vollständig betrachtet werden.

### 6.3.3 Verkehrs-, Nachtfahr- und Signallichttauglichkeit

Ob ein Sonnenschutzglas im Straßenverkehr eingesetzt werden darf, hängt von seiner Verkehrs-, Nachtfahr- und Signallichttauglichkeit ab.

**Verkehrstauglichkeit**
Ein Sonnenschutzglas gilt als verkehrstauglich, wenn seine Transmission nicht weniger als 8 % beträgt. Das Glas kann bei Tageslicht eingesetzt werden.

**Nachtfahrtauglichkeit**
Beträgt die Transmission eines Korrektionsglases mindestens 75 %, so ist dieses nachtfahrtauglich.

**Signallichttauglichkeit**
Unabhängig von der Tageszeit muss das Glas signallichttauglich sein. Es darf zu keiner unverhältnismäßigen Dämpfung oder Verfälschung von Farben kommen.

Um die Signallichttauglichkeit zu beurteilen, wird der **relative visuelle Schwächungskoeffizient** gebildet. Er ist definiert als das Verhältnis aus der Transmission der jeweiligen Signalfarbe und dem Lichttransmissionsgrad. Die entsprechenden Berechnungen werden von den Glasherstellern durchgeführt. In ihren Preislisten und Produktbeschreibungen finden sich die Angaben zur Verkehrs-, Nachtfahr- und Signallichttauglichkeit.

> **Wichtig**
> Ist das Brillenglas nicht oder nur eingeschränkt im Straßenverkehr einsetzbar, so sind Sie als Augenoptiker verpflichtet, Ihre Kunden darauf hinzuweisen.

### 6.3.4 Transmissionskurven

Das genaue Transmissionsverhalten eines Brillenglases lässt sich durch eine **Transmissionskurve** darstellen. Darin ist jeder Wellenlänge der jeweilige Transmissionsgrad zugeordnet.

Bild 6.6 zeigt die Transmissionskurven verschiedener Brillengläser:

# Kunden mit Sonnenschutzgläsern versorgen

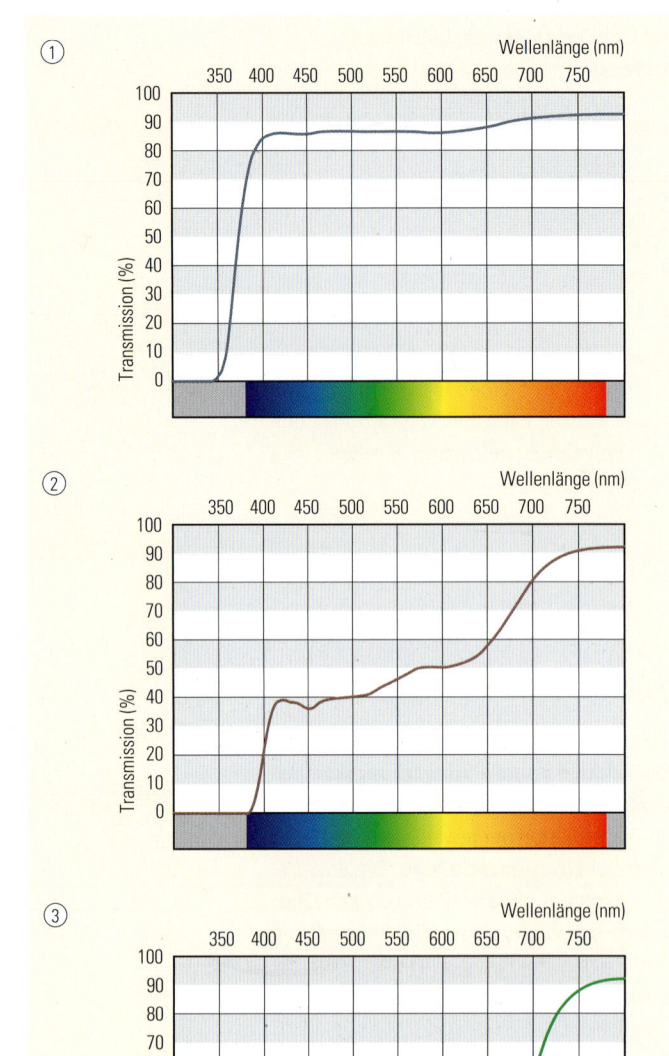

**Bild 6.6** Transmissionskurven verschiedener Brillengläser

1. Das Glas besitzt eine Reduktion von 10 %. Als Filterglas wird es der Kategorie 0 zugeordnet und ist verkehrs-, nachtfahr- und signallichttauglich. Die Transmission im UV-B-Bereich ist 0, im UV-A-Bereich hingegen besteht kein vollständiger Schutz. Da das sichtbare Spektrum gleichmäßig gedämpft wird, ist die Farbe des Glases schwach gräulich.

2. Die mittlere Reduktion beträgt 50 %, somit ist das Glas verkehrs- aber nicht nachtfahrtauglich. Es kann der Kategorie 1 zugeordnet werden und besitzt einen vollständigen UV-Schutz. Da die Transmission im sichtbaren Bereich nicht gleichmäßig ist, sondern zum langwelligen Ende hin steigt, ergibt sich eine leichte Braunfärbung, die die Signallichttauglichkeit jedoch nicht beeinträchtigt.

3. Das dritte Glas besitzt eine durchschnittliche Reduktion von 85 % und gehört somit zur Kategorie 3. Auch hier ist der UV-Schutz vollständig. Außerdem wird ein Teil des kurzwelligen blauen Lichts herausgefiltert. Die Transmission im Grünbereich dominiert und bestimmt die Farbe des Glases. Das Glas ist noch signallichttauglich und darf im Straßenverkehr eingesetzt werden.

## Filterfarben

Wie in Bild 6.6 gezeigt, sind reduzierende Gläser, die das natürliche Spektrum ungleichmäßig dämpfen, farbig. Dabei sind die physiologischen und psychologischen Auswirkungen von Filterfarben auf die Wahrnehmung und das persönliche Empfinden sehr individuell. Trotzdem lassen sich einige allgemeingültige Eigenschaften zuordnen:

### Grau

Das unbunte Filter dunkelt alle Bereiche des Lichtspektrums gleichmäßig ab und eignet sich zur Verminderung von Blendungen. Graue Filter haben keine Kontraststeigerung zur Folge. Die Farbe wirkt dezent und unauffällig.

### Braun

Die Filterfarbe ist universell einsetzbar und besitzt eine kontraststeigernde Wirkung. Im Vergleich zu grau wirkt die Farbe wärmer.

### Blau

Kurzwelliges Licht kann das Filter stärker durchdringen als andere Spektralbereiche. Dadurch wird die Kontrastwahrnehmung eher vermindert. Blau kann Herzschlag und Atmung nachweislich verlangsamen und somit beruhigend wirken.

### Grün

Das grüne Filterglas eignet sich zum Schutz vor Blendung. Im Sport wird es, mit Ausnahme des Golfsports oder als klassische Pilotenbrille, eher selten eigesetzt. Psychologisch wird der Farbe eine ausgleichende Wirkung nachgesagt.

### Orange

Da orangene Filtergläser störendes Streulicht sehr effektiv herausfiltern, eignen sie sich gut zur Kontraststeigerung bei diffusem Licht und dunstigem Wetter. Die Farbe wird aus psychologischer Sicht als aufbauend und inspirierend charakterisiert.

### Gelb

Das gelbe Filterglas kann die Kontrastwahrnehmung deutlich steigern. Da das energiereiche kurzwellige Licht sehr stark reduziert wird, kommen gelbe Filter häufig aus medizinischen Gründen zum Einsatz. Psychologisch wird der Farbe eine aufmunternde Wirkung zugeschrieben.

## 6.3.5 Färbeverfahren

Bei der Einfärbung von Brillengläsern kommen zwei unterschiedliche Verfahren zum Einsatz:

**1. Massetönung**

Ist das Glas in der Masse getönt, so wurden der Glasschmelze Pigmente zugefügt. Daraus resultiert eine durchgängige Einfärbung des gesamten Glasmaterials. Eine Beschädigung der Tönung durch Kratzer ist damit ausgeschlossen. Nachteilig ist jedoch, dass der Grad der Tönung dickenabhängig ist. Das Verfahren eignet sich deshalb nicht bei höheren Wirkungen oder beim Vorliegen von unterschiedlichen Wirkungen im rechten und linken Brillenglas. Häufig werden mineralische Gläser oder organische Sonnenschutzgläser mit Nullwirkung in der Masse getönt.

**2. Oberflächentönung**

Die Oberflächentönung ist unabhängig von der Dicke des Glases und kann so bei jeder Glasstärke eingesetzt werden. Jedoch ist es möglich, dass die ungetönte Facette unter Umständen sichtbar ist. Bei organischen Gläsern werden die Farbstoffe meist durch Tauchbäder in die Glasoberfläche eingebracht. Dabei diffundieren die Pigmente in die äußere Schicht des Materials. Durch das Verfahren ist es auch möglich, individuelle Farbwünsche zu realisieren. Die Intensität der Tönung hängt dabei von der Verweildauer im Farbbad ab. Durch langsames Herausziehen ist es zudem möglich, Verlaufstönungen zu erzielen. In Thermoplaste, wie Polycarbonat oder Trivex, können die Pigmente jedoch nur bedingt eindringen. Hier kommen alternative Technologien wie die Lackimprägnierung oder das Sublimationsverfahren, bei dem die Farbstoffe über ein bedrucktes Papier aufgebracht werden, zum Einsatz. Die Oberflächentönung mineralischer Gläser geschieht häufig durch Bedampfung. Die aufgedampfte Farbschicht ist aufgrund der geringen Dicke jedoch relativ empfindlich.

> **diffundieren:** in einen anderen Stoff eindringen
>
> **Pigment:** farbgebende Substanz

## 6.3.6 Polarisierende Brillengläser

Mithilfe **polarisierender Gläser**, lässt sich gezielt Licht dämpfen, das an ebenen, nichtmetallischen Oberflächen reflektiert wurde. Somit ist ihr Einsatz überall dort sinnvoll, wo durch starke Reflexe Blendungen entstehen. Dies kann z. B. beim Wassersport, beim Skifahren, aber auch im Straßenverkehr bei nasser oder vereister Fahrbahn der Fall sein. Durch die Verringerung der Blendung erfolgt eine Steigerung der Kontrastwahrnehmung.

> **polarisierende Gläser**, auch Polarisationsfilter oder kurz Polfilter

## Kunden mit Sonnenschutzgläsern versorgen

> **Praxis-Tipp**
> Weisen Sie Ihre Kunden darauf hin, dass Polarisationsfilter die Wahrnehmbarkeit einiger Displays bei Navigationsgeräten und Mobiltelefonen beeinträchtigen können. Dies kann, gerade bei älteren Modellen, zu vollständiger Abdunkelung oder starker Farbverfälschung führen.

> **Praxis-Tipp**
> Polarisationsfilter können nicht unter Helmvisieren eingesetzt werden. Da das Visier unter Spannung steht, würden diese wie durch einen Spannungsprüfer sichtbar werden.

**Filter**, das (in der Technik)

Licht, das nicht an einer spiegelnden Oberfläche reflektiert wurde, wird durch das Polarisationsfilter um 50 % reduziert. Häufig sind Polfilter jedoch durch eine zusätzliche Einfärbung mit einer höheren Reduktion versehen. In der Augenoptik werden Polfilter im Spannungsprüfer eingesetzt, um bei der Verglasung von Brillenfassungen Materialspannungen sichtbar zu machen.

**Bild 6.7** Sichtbar gemachte Spannung in Brillengläsern

### Polarisation

Polarisation ist ein Phänomen der Wellenoptik. Sie ist eine Eigenschaft, die nur Transversalwellen aufweisen. Diese zeichnen sich dadurch aus, dass sie stets senkrecht zu ihrer Ausbreitungsrichtung schwingen. Bei unpolarisiertem Licht liegen alle möglichen Schwingungsrichtungen gleichmäßig verteilt vor (Bild 6.8a). Ist das Licht hingegen polarisiert, so erfolgt die Schwingung nur noch in einer festen Ebene (Bild 6.8b).

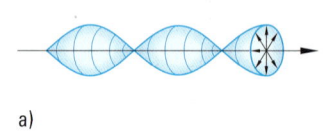

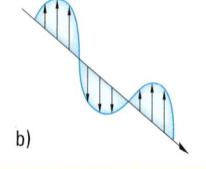

**Bild 6.8** a) unpolarisierte und b) polarisierte Transversalwellen

Ein Polarisationsfilter besitzt die Eigenschaft, dass es Licht nur in einer Schwingungsrichtung, der Polarisationsrichtung des Filters, passieren lässt (Bild 6.9a). Es findet dann keine Reduktion statt. Stehen die Polarisationsrichtungen der Welle und des Filters hingegen senkrecht zueinander, so wird das auftreffende Licht zu 100 % absorbiert.

In Bild 6.9c trifft unpolarisiertes Licht auf ein erstes Polfilter. Lediglich der senkrecht schwingende Anteil des auftreffenden Lichts wird durchgelassen. Das Licht wurde durch das Filter polarisiert und trifft nun auf ein weiteres Filter. Liegt die Polarisationsrichtung dieses Filters senkrecht zu der des ersten, kann das polarisierte Licht dieses nicht durchdringen.

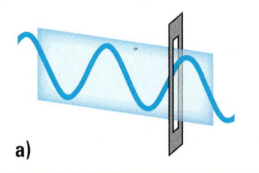

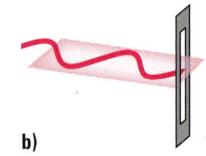

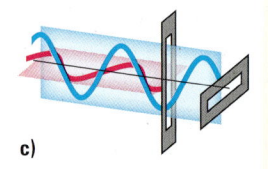

**Bild 6.9** Polarisation von Wellen

Beim Einsatz polarisierender Gläser wird ausgenutzt, dass es bei der Reflexion an nichtmetallischen Flächen zu einer (Teil-)Polarisierung des Lichts kommt. Dessen Polarisationsrichtung liegt in Richtung der reflektierenden Fläche. Ist die Polarisationsrichtung des Brillenglases senkrecht zu ihr, wird der Reflex durch das Glas ausgelöscht.

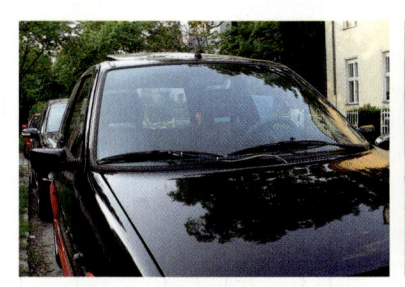

a) Das Auto wird durch ein Filterglas mit 50 %iger Tönung betrachtet. Da das Filter nicht polarisiert, kann das Licht dieses unabhängig von seiner Polarisierung durchdringen.

b) Das Auto wird durch ein Polfilter betrachtet, dessen Polarisierungsrichtung mit der des reflektierten Lichts übereinstimmt. Da die Reflexe das Filter ohne Reduktion durchdringen können, werden sie scheinbar hervorgehoben.

c) Das Auto wird durch ein Polfilter betrachtet, dessen Polarisierungsrichtung senkrecht zu der des reflektierten Lichts steht. Das polarisierte Licht des Reflexes kann das Filter nicht durchdringen. Der Reflex wird gezielt gedämpft.

**Bild 6.10** Polarisierter Reflex an einer Motorhaube

Polarisierende Gläser werden hergestellt, indem eine äußerst dünne Polarisationsfolie wie bei einer Verbundscheibe eingebettet wird. Diese Folie besitzt eine Art Gitterstruktur, die das auftreffende Licht nur in der Gitterrichtung transmittieren lässt. Beim Einschleifen des Glases ist die korrekte Ausrichtung dieses „Gitters" somit von großer Wichtigkeit. Bild 6.10b) zeigt, dass es bei Verdrehung des Glases um 90° sogar zu einer scheinbaren Verstärkung der störenden Reflexe kommen kann. Da das an horizontalen Oberflächen reflektierte Licht horizontal polarisiert ist, muss das Polfilterglas so eingearbeitet werden, dass es eine vertikale Polarisationsrichtung besitzt.

> **Wichtig**
> Die korrekte Ausrichtung des Polarisationsfilters sollten Sie unbedingt beachten. Die Polarisationsrichtung muss vertikal sein.

### 6.3.7 Photochromatische Brillengläser

Die Transmission **photochromatischer** Gläser ist variabel. Da sie von den gegebenen Lichtverhältnissen abhängig ist, passt sich das Glas automatisch an. Auch, wenn dadurch nicht immer eine optimale Reduktion erzielt wird, ist das Glas durch seine Flexibilität in der Lage, eine Vielzahl von Gebrauchssituationen abzudecken. In einigen Situationen ist es einem Sonnenschutzglas mit konstanter Tönung jedoch klar unterlegen.

**Einflussfaktoren auf den photochromatischen Prozess**

**Art der Bestrahlung**
Das Glas dunkelt sich unter dem Einfluss von UV-Strahlung selbstständig ein. Bei auftreffender Infrarot-Strahlung hellt es automatisch auf. Dieser Prozess ist reversibel. Da UV-Strahlung durch Windschutzscheiben absorbiert wird, eignen sich gewöhnliche photochromatische Gläser in der Regel nicht als Sonnenschutzglas für Autofahrer. Es sind aber auch Ausführungen erhältlich, die sich bereits bei kurzwelligem Licht im sichtbaren Spektralbereich eindunkeln.

> **photochromatisch**
> (auch phototrop): Abhängigkeit der Tönung von der Lichteinstrahlung

> **reversibel:**
> umkehrbar

## Kunden mit Sonnenschutzgläsern versorgen

### Intensität der Bestrahlung
In der Regel liegt sowohl UV- als auch IR-Strahlung vor. Die resultierende Eindunkelung und Aufhellung mündet in einen Gleichgewichtszustand. Die sich daraus ergebende Tönung hängt also davon ab, wie groß die Intensität der einzelnen Strahlungsarten ist. Ist die Intensität der erforderlichen Strahlung zu gering, stellt sich der gewünschte Tönungsgrad unter Umständen nicht ein.

### Dauer der Bestrahlung
Ändern sich Lichtverhältnisse, kann bis zum Erreichen des neuen Tönungsgrades eine Zeit von einigen Minuten vergehen. Aus diesem Grund ist der Schutz bei plötzlicher Blendung nicht gewährleistet. Die Zeitabhängigkeit der Tönung wird als Kinetik bezeichnet. Dabei gilt, dass die Eindunkelung schneller erfolgt, als die Aufhellung.

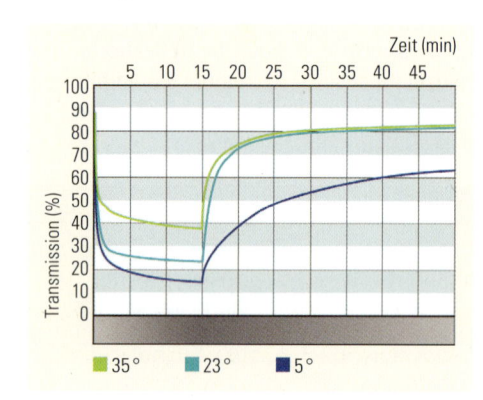

**Bild 6.11** Aufhellungs- und Eindunkelungskinetik in Abhängigkeit von der Temperatur

### Umgebungstemperatur
Da die Glasaufhellung durch Infrarot- und damit Wärmestrahlung verursacht wird, hat die Umgebungstemperatur einen starken Einfluss auf die Transmission. Bei niedrigeren Temperaturen ist wenig Wärmestrahlung vorhanden, somit dunkelt das Glas deutlich stärker ein als bei mittleren Temperaturen. Umgekehrt erfolgt bei großer Wärme eine etwas geringere Eindunkelung (Bild 6.11).

### Tönungsverfahren bei photochromatischen Gläsern

#### Organische Gläser
Die photochromatische Wirkung bei organischen Gläsern beruht auf lichtempfindlichen Molekülen, die ihre Struktur unter UV-Einfluss verändern (Bild 6.12). Diese Strukturänderung bewirkt eine erhöhte Absorption sichtbaren Lichts durch das Molekül. Die photochromatischen Moleküle werden entweder in Form einer Lackschicht auf die Oberfläche aufgetragen oder sie werden bis zu einer bestimmten Tiefe direkt in das Glasmaterial eingebracht, ohne es jedoch vollständig durchzufärben. Beide Verfahren führen zu einer Tönung, die unabhängig von der Glasdicke ist.

#### Mineralische Gläser
Bei mineralischen Gläsern erfolgt die photochromatische Wirkung nicht auf molekularer, sondern atomarer Ebene. Im Glasmaterial sind **Silberhalogenkristalle** eingebettet, die unter UV-Einfluss eindunkeln. Da diese Kristalle die gesamte Glasmasse durchsetzen, ergibt sich eine Dickenabhängigkeit des Tönungsgrades. Das führt dazu, dass die Gläser bei höherer Wirkung

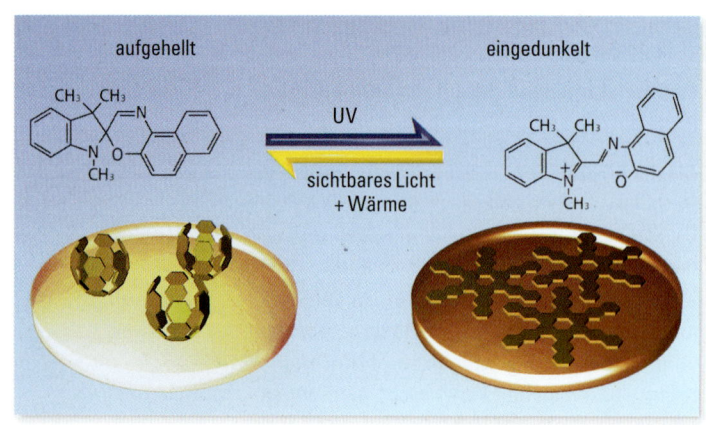

**Bild 6.12** Strukturänderung photochromatischer Moleküle

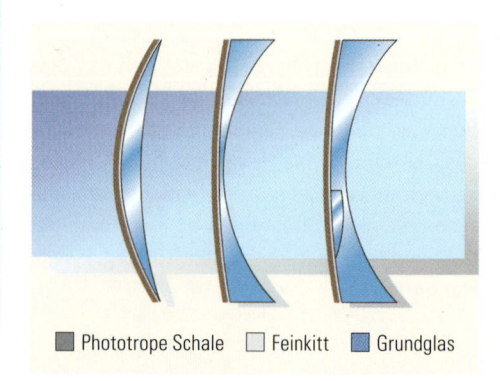

**Bild 6.13** Photochromatischer Überfang bei mineralischen Gläsern

## 6.3 Reduzierende Brillengläser

oder bei größeren Wirkungsunterschieden zwischen rechtem und linkem Auge, Tönungsunterschiede aufweisen. In solchen Fällen lässt sich jedoch eine einheitliche Tönung durch einen sogenannten **Überfang** realisieren. Dabei handelt es sich um eine dünne photochromatische Schale, die auf das ungetönte Grundglas aufgekittet wird. Da die Schale eine konstante Dicke aufweist, ist ihre Tönung gleichmäßig (Bild 6.13).

### 6.3.8 Kontraststeigernde Brillengläser

Das Wirkungsprinzip **kontraststeigernder Gläser** beruht darauf, dass blaues Licht stärker gestreut wird als Licht anderer Spektralbereiche. Aus diesem Grund erscheint der eigentlich farblose Himmel blau. Auch im Auge kommt es zur Streuung des blauen Lichts. Der **Blaudämpfer (Blueattenuator)** filtert einen ein Großteil dieses streulichtverursachenden Lichts heraus und steigert dadurch die Kontrastwahrnehmung. Da es zu einer ungleichmäßigen Reduktion des Sonnenspektrums kommt, kann die Signallichttauglichkeit kontraststeigernder Gläser beeinträchtigt sein.

> **Blueattenuator:** Blaudämpfer

> **Wichtig**
> Beachten Sie, dass die Signallichttauglichkeit kontraststeigernder Gläser beeinträchtigt sein kann.

**Bild 6.14** Blick durch ein kontraststeigerndes Brillenglas

### Aufgaben

1. Ein breitbandentspiegeltes Brillenglas (Restreflex vernachlässigbar klein) wird auf Vorder- und Rückfläche mit einer jeweils zu 85 % absorbierenden Schicht versehen. Bestimmen Sie die Gesamttransmission und ordnen Sie das Glas einer Sonnenschutzkategorie zu.

2. Das abgebildete Diagramm zeigt die Transmissionskurven einer Blautönung. Beurteilen Sie die Verkehrs-, Nachtfahr- und Signallichttauglichkeit der Tönungsstufe 50 %.

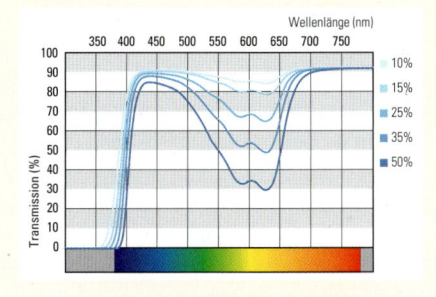

3. Erläutern Sie, welches Färbeverfahren bei vorliegender Anisometropie zum Einsatz kommen sollte.

4. Weshalb lassen sich Spiegelbilder bei herkömmlichen Spiegeln nicht mithilfe eines Polfilters „auslöschen"?

5. Beschreiben Sie Anwendungen, in denen ein Sonnenschutzglas mit konstanter Transmission einem photochromatischen vorzuziehen ist.

6. Die folgenden Personen wünschen ein möglichst universell einsetzbares Sonnenschutzglas ohne Wirkung. Geben Sie eine begründete Empfehlung bezüglich Art und Stärke der Tönung.
   a) Berufskraftfahrer
   b) Landschaftsgärtner
   c) Segler
   d) Cabrio-Fahrer

## 6.4 Brillenanpassung

> Ein Kunde wünscht die Anpassung seiner Sonnenbrille. Damit Sie den Erfolg der von Ihnen vorgenommenen Änderungen überprüfen können, bitten Sie den Probanden darum, die Brille aufzusetzen. Der legt sie aber auf den Anpasstisch und bemängelt, dass die Brille aufgrund eines höher stehenden Bügels „wackelt"...

**Emmetropie:** Rechtsichtigkeit

**dioptrische Wirkung:** Sammelbegriff für die fokussierende und prismatische Wirkung eines Brillenglases

Ventilette ▶ S. 202 (5.2.1)

Obwohl sich jede Korrektionsfassung mit Sonnenschutzgläsern ausstatten lässt, greift der emmetrope Kunde gerne auf eine Sonnenbrille zurück, die als „Komplettpaket" ohne dioptrische Wirkung erworben werden kann. Alle Sonnenbrillen werden vom Hersteller mit einer **Standardausrichtung** versehen, die sich an durchschnittlichen anatomischen Richtwerten und dem Grundsatz der Symmetrie orientiert. In den meisten Fällen wird die Anatomie des betroffenen Kunden allerdings von diesen Durchschnittswerten abweichen. Außerdem wird eine vollkommene Symmetrie eher selten vorliegen. Um dennoch einen beschwerdefreien Sitz gewährleisten zu können, muss der Augenoptiker die Brille im Rahmen der **anatomischen Brillenanpassung** den individuellen und körperspezifischen Gegebenheiten anpassen. Um das Material zu schonen, sollte zunächst der Versuch unternommen werden, die Anpassarbeiten ohne die Verwendung von Werkzeugen vorzunehmen. Häufig lässt sich der Einsatz von Zangen jedoch nicht vermeiden. Um keine Abdrücke in der Fassung zu hinterlassen, ist in solchen Fällen auf gepolsterte Ausführungen zurückzugreifen.

> **Praxis-Tipp**
> Beschädigungen im Fassungsmaterial können Sie vermeiden, wenn Sie ein weiches Lederstück zwischen Zangenbacke und Bauteil legen.

Die Regeln für Standardausrichtung und anatomische Brillenanpassung lassen sich auf sämtliche Fassungsarten übertragen. Dabei werden für die erforderlichen Umformarbeiten von Metallfassungen in erster Linie Zangen eingesetzt, für die Bearbeitung von Kunststofffassungen ist ein Heißluftgerät, die sogenannte Ventilette, notwendig.

### 6.4.1 Standardausrichtung

Die Standardausrichtung jeder Brillenfassung beginnt prinzipiell mit dem Mittelteil und endet mit den Bügelenden. Bei der Ausrichtung des Mittelteils sind Brücke, Fassungsränder, Nasenauflage sowie der Backen- und Scharnierbereich zu überprüfen. Anschließend erfolgt die Ausrichtung der Bügel.

**Bild 6.15** Mittelteilfront bei symmetrischer Ausrichtung

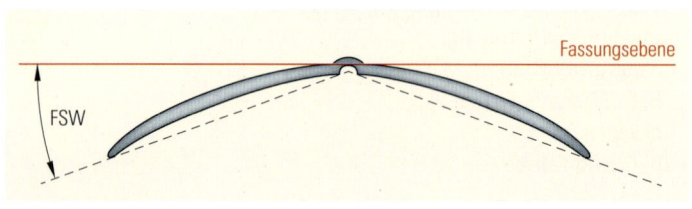

**Bild 6.16** Fassungsscheibenwinkel

- **Brücke und Fassungsrand**
  Die Brücke sollte parallel zu den in einer Linie liegenden Glashorizontalen und symmetrisch zu den Fassungsrändern verlaufen. Rechter und linker Fassungsrand sind dabei nicht propellerartig gegeneinander verdreht (Bild 6.15).
  Fassungsscheibenwinkel und Durchbiegung der Fassungsränder sind auf beiden Seiten identisch. Ein Versatz beider Gläserebenen ist zu vermeiden (Bild 6.16).

## 6.4 Brillenanpassung

- **Nasenauflage**
Bei der Überprüfung der Nasenauflage stehen ebenfalls ästhetische Gesichtspunkte im Vordergrund. So sollen Nasenwinkel und Stegwinkel stets symmetrisch zur Mittellinie der Brille verlaufen. Dafür ist bei Metallfassungen darauf zu achten, dass sich die Stegstützen in derselben Höhe befinden und die Nasenstege bei identischem Überstand in gleichem Maße geneigt sind (Bild 6.17).

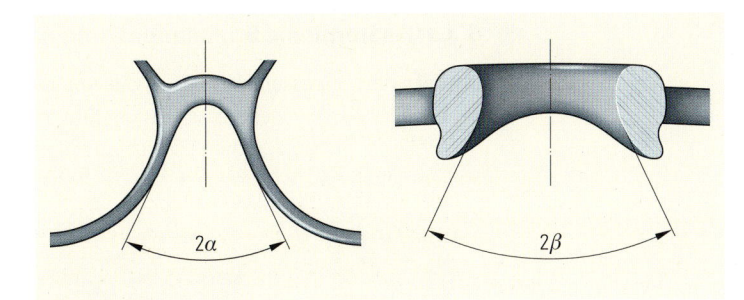

**Bild 6.17** Nasenwinkel $2\alpha$ und Stegwinkel $2\beta$

- **Backen- und Scharnierbereich**
Über den Backen- und Scharnierbereich lassen sich Bügelauf- und -zugang sowie Vorneigung und Inklination regulieren. In der Grundstellung beträgt der Bügelaufgang etwa 95° (Bild 6.18).

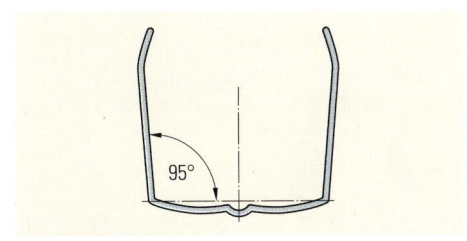

**Bild 6.18** Bügelaufgang

- **Bügelzugang**
Beim Bügelzugang ist darauf zu achten, dass die Bügelschäfte übereinanderliegen, ohne dass die Bügelenden die Brillengläser berühren und zu Beschädigungen ihrer Oberfläche führen (Bild 6.19).

**Bild 6.19** Bügelzugang

- **Vorneigung und Inklination**
Mit etwa 10° erhält der Vorneigungswinkel einen Durchschnittswert, von dem nur selten abgewichen werden muss. Aufgrund ihrer Abhängigkeit ergibt sich aus der Einstellung der Vorneigung die Inklination der Bügel automatisch (Bild 6.20).

- **Bügel**
Nach Überprüfung des Bügelaufgangs erfolgt die Ausformung der Wölbung im Bügelschaftbereich. Im Rahmen der Standardausrichtung kann sich diese allerdings nur an den Erfahrungen des Anpassers orientieren.

**inclinare** (lat.) = sich neigen

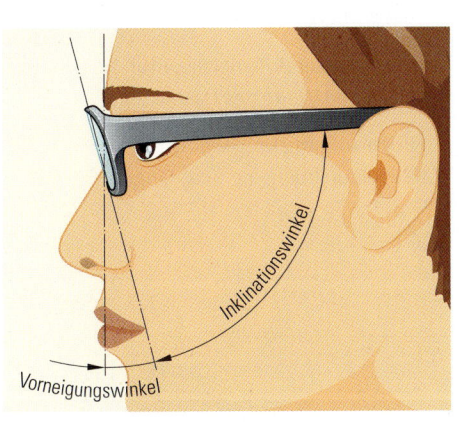

**Bild 6.20** Vorneigungs- und Inklinationswinkel

### Aufgaben

1. Erläutern Sie, welche Ziele mit der Standardausrichtung einer Brille verfolgt werden.

2. Erklären Sie den Zusammenhang zwischen Vorneigungs- und Inklinationswinkel.

3. Erstellen Sie ein Flussdiagramm, dem das chronologische Vorgehen bei der Standardausrichtung einer Brille entnommen werden kann.

## 6.4.2 Anatomische Brillenanpassung

Bei der Brillenanpassung muss sich der Anpasser bewusst darüber sein, dass sich der Sitz einer Brille in physiologischer Hinsicht an den Stellen negativ auswirken kann, wo der Schädel mit der Brille in Berührung kommt. Deshalb lohnt sich eine genauere Betrachtung der anatomischen Gegebenheiten. Eine fachgerechte anatomische Brillenanpassung soll sich immer am individuellen Knochen- und Knorpelbau unter Berücksichtigung des Muskel-, Gefäß- und Nervenverlaufs, sowie am Zustand der jeweiligen Hautpartien orientieren. Das gilt natürlich insbesondere für den Auf- und Anlagenbereich der Brillenfassung.

### Knochen

Der Schädel besteht aus mehreren Einzelknochen, die nahtartig zusammenstoßen und über die von Nerven und Gefäßen durchzogene Knochenhaut mit Nährstoffen versorgt werden. Der Schädel hat nicht nur eine Stütz-, sondern auch eine Schutzfunktion. Schädelknochen, die einen unmittelbaren Einfluss auf die Auswahl der Brillenfassung und ihre Anpassung haben, sind das Stirnbein, das Nasenbein, das Jochbein sowie das Schläfenbein (Bild 6.21 und Tabelle 6.2).

Die erste Berührung der Brillenbügel sollte erst hinter dem Keilbein, also nach der breitesten Stelle des Schädels erfolgen, damit die Brille nicht durch die Keilwirkung nach vorne gedrückt wird. Bei der Endanpassung des Bügelendes ist darauf zu achten, die Mulde oberhalb des Felsenbeins auszunutzen (Bild 6.21).

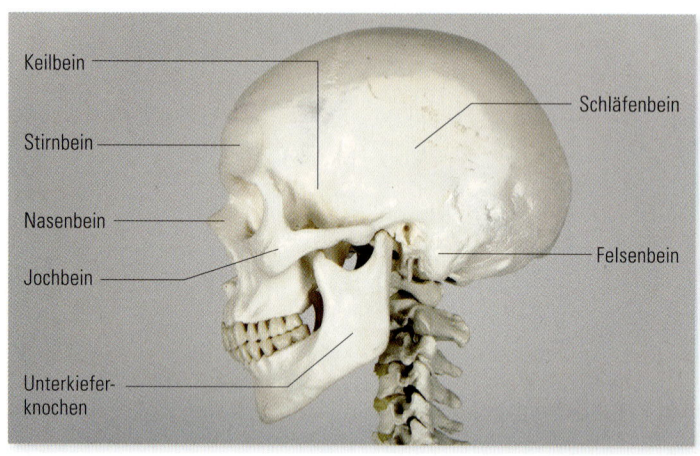

**Bild 6.21** Schädelknochen

| Schädelknochen | Auswirkung auf ... |
|---|---|
| Orbitalwulst des Stirnbeins | ... Größe und Form der Brillenglaskontur<br>... den Hornhautscheitelabstand |
| Jochbein | ... die Form der Brillenglaskontur<br>... die Vorneigung |
| Nasenbein | ... die Form der Brillenglaskontur<br>... Form und Weite des Nasenstegs |
| Schläfenbein | ... Bügelaufgang und -weite<br>... Bügeldurchbiegung und -länge |

**Tabelle 6.2** Schädelknochen

### Knorpel

Unterhalb des Nasenbeins besteht die Nase aus einem knorpeligen Stützgerüst. Der größere Anteil des Knorpelgewebes im Auf- und Anlagebereich der Brille macht aber der Ohrknorpel aus (Bild 6.22).

Das Knorpelgewebe ist verhältnismäßig weich und elastisch, verknöchert aber mit zunehmendem Alter. Durch das umliegende Gewebe wird es mit den erforderlichen Nährstoffen versorgt. Ist der Druck auf diese Knorpelbereiche zu groß, können Schmerzen ausgelöst, Deformationen herbeigeführt oder im Bereich der Nase sogar Atembeschwerden verursacht werden.

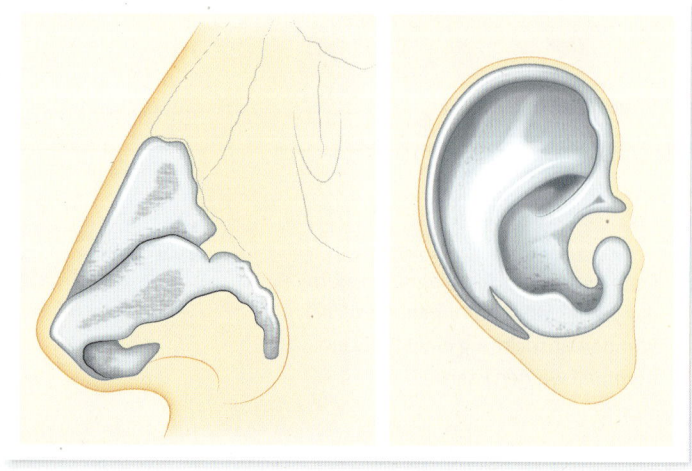

**Bild 6.22** Nasen- und Ohrknorpel

## Blutgefäße

Die Blutgefäße haben die Aufgabe, das Gewebe mit Blut zu versorgen. Das mit Sauerstoff angereicherte Blut strömt vom Herz aus durch die Arterien in die Peripherie, und von dort aus durch die Venen zum Herz zurück. Im Bereich des Kopfes verlaufen die tiefer im Gewebe liegenden Arterien annähernd parallel zum Venensystem. Ein Abschnüren von Arterien und Venen kann zum Blutstau führen, im Schädelbereich Schwellungen, Rötungen, Kopfschmerzen oder Augendruck hervorrufen und ist deshalb zu vermeiden. Aus diesem Grund sollte bekannt sein, wo die wesentlichen Gefäße verlaufen. Einer der relevanten Stränge ist die Gesichtsschlagarterie und -vene, die im Bereich der Nasenflanken als Winkelarterie und -vene bezeichnet wird. Ein anderer Strang ist die dicht unter der Haut liegende seitliche Schläfenschlagarterie und -vene. An dieser Stelle kommt der Brillenbügel das erste Mal mit dem Kopf in Berührung. Die hintere Ohrenarterie und -vene liegt in der Region der Bügelenden.

(1) Gesichtsschlagarterie und -vene
(2) Winkelarterie und -vene
(3) Nasenarterie und -vene
(4) Schläfenschlagarterie und -vene
(5) Ohrenarterie und -vene

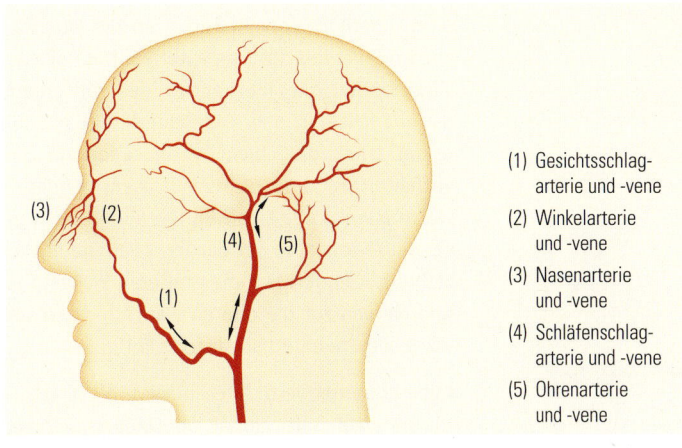

**Bild 6.23** Gefäße im Auf- und Anlagebereich der Brillenfassung

## Nerven

Die Nerven koordinieren die Kontraktion von Muskeln, nehmen Reize auf und leiten diese weiter. So werden die sogenannten Vitalfunktionen, wie der Stoffwechsel, der Herzschlag oder die Atmung aufrechterhalten. Wesentliche Nervenstränge, die von einer unsachgemäßen Brillenanpassung beeinträchtigt werden können, sind unter anderem der äußere Nasennerv sowie der vordere, obere und hintere Ohrennervenstrang. Die Ausübung von übermäßigem Druck auf diese Regionen kann Unwohlsein oder Schmerzen auslösen.

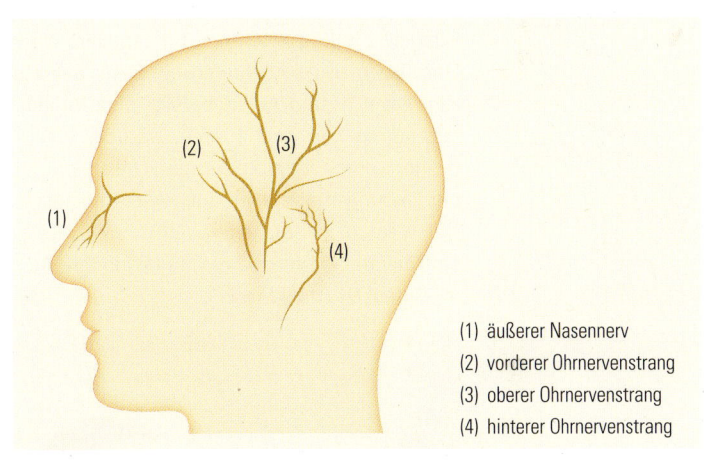

(1) äußerer Nasennerv
(2) vorderer Ohrnervenstrang
(3) oberer Ohrnervenstrang
(4) hinterer Ohrnervenstrang

**Bild 6.24** Nerven im Auf- und Anlagebereich der Brillenfassung

## Haut

Die Haut spielt bei der anatomischen Anpassung eine entscheidende Rolle, weil sie unmittelbar mit der Brillenfassung in Berührung kommt. Sie soll die unter ihr liegenden Schichten vor mechanischer und chemischer Beanspruchung sowie vor schädlicher UV-Strahlung bewahren. Weil die Haut von etlichen Nerven durchzogen ist, die sämtliche auf sie einwirkende Reize weiterleiten, kann sie auch als Sinnesorgan verstanden werden. Die Haut lässt sich in drei Schichten einteilen.

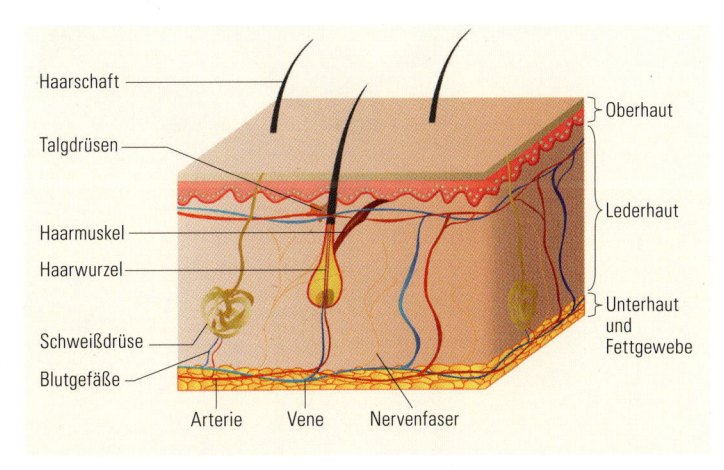

**Bild 6.25** Schichten der Haut

## 6 Kunden mit Sonnenschutzgläsern versorgen

Die außenliegende **Oberhaut** ist nicht durchblutet. Ihre Zellen wachsen ständig nach, wandern innerhalb von 30 Tagen an die Oberfläche und werden dort abgestoßen. Die höchste Dicke besitzt die Oberhaut an den Fußsohlen, die geringste an den Augenlidern. Die mittlere und tragende Schicht ist die **Lederhaut**. Sie enthält Talg- und Schweißdrüsen, Bindegewebsfasern und ist von Blutgefäßen und Nerven durchzogen. In der darunter liegenden **Unterhaut** befinden sich die größeren Blutgefäße und Nerven für die oberen Hautschichten sowie isolierende und polsternde Fettzellen.

Mit zunehmendem Alter nimmt die Elastizität der Haut naturgemäß ab. Dadurch verliert sie an Festigkeit und Restitutionsvermögen. Die Talgproduktion schützt die Haut vor Austrocknung, während über die Produktion von Schweiß die Körpertemperatur reguliert wird. Eine übermäßige Absonderung dieser Sekrete kann im Auf- und Anlagebereich einer Brillenfassung zu Korrosion führen. Darüber hinaus können durch den kontinuierlichen Kontakt mit Fassungsmaterialien auch Allergien ausgelöst werden. In solchen Fällen ist dem Werkstoff bei der Fassungsauswahl besondere Aufmerksamkeit zu widmen.

> **restitutio** (lat.) = Wiederherstellung

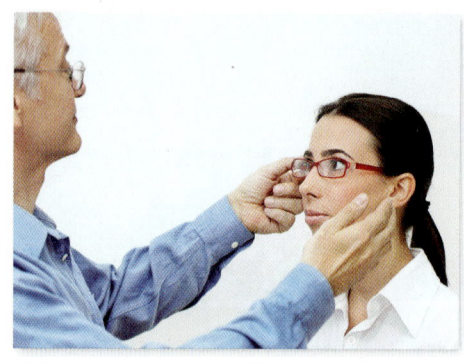

**Bild 6.26** Aufsetzen der Brille

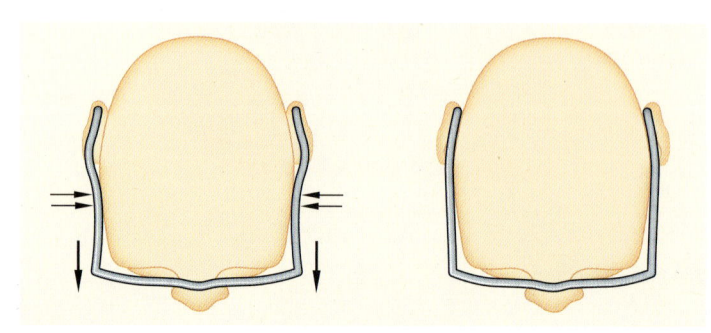

**Bild 6.27** Bügelwölbung mit und ohne Keilwirkung

> **Wichtig**
> Um die Flächenpressung im gesamten Auf- und Anlagebereich der Brille zu minimieren, sollten Sie die auftretenden Kräfte durch eine exakte Parallelanpassung möglichst gleichmäßig und großflächig verteilen.

Bei der anatomischen Anpassung geht es darum, Differenzen zwischen vorgegebener Standardausrichtung und anatomischen Gegebenheiten auszugleichen. Der Anpasser beginnt stets mit der Überprüfung des Mittelteils. Dafür sollte er die Brillenbügel zunächst mit beiden Händen ein wenig spreizen, um sie dann unter leichtem Druck auf der oberen Ohrwurzel des Probanden zu platzieren.

- **Fassungshorizontale**
  Gegebenenfalls ist zunächst die Fassungshorizontale über die Inklination zu justieren.
- **Nasenauflage**
  Nun ist zu überprüfen, ob der Nasen- und Stegwinkel der Brille einen Parallelverlauf im Nasenauflagebereich ermöglicht. Metallfassungen sind ein wenig anzuheben, um die Beweglichkeit der Nasenstege beobachten zu können. Bewegen sie sich in der Padaufnahme unterschiedlich, muss entsprechend nachreguliert werden.

> **Praxis-Tipp**
> Hautvertiefungen sind prinzipiell auf einen zu großen Auf- beziehungsweise Anlagedruck zurückzuführen. Sie lassen sich nur durch eine Reduzierung der einwirkenden Kräfte oder eine Vergrößerung der Auflagefläche reduzieren. Gerötete Stellen deuten dagegen darauf hin, dass die betroffenen Hautpartien zu wenig Sauerstoff über die Poren aufnehmen können. Abhilfe schaffen in solchen Fällen sauerstoffdurchlässige Materialien.

- **Bügelaufgang**
  Nach der Überprüfung des Bügelaufgangs muss die Wölbung im Schaftbereich der Schädelform des Probanden angepasst werden. Die erste Berührung mit dem Bügel sollte erst nach der breitesten Stelle des Kopfes erfolgen, damit die Brille nicht durch die Keilwirkung nach vorne gedrückt wird.

## 6.4 Brillenanpassung

- **Bügelenden**
  Für einen fachgerechten Abschluss der Endanpassung sind nun die Bügelenden unter Ausnutzung von Ohrkuhle und Felsenbein parallel zum Schädel- und Ohrwurzelverlauf auszurichten. Auch in dieser Phase stehen keine ästhetischen, sondern ausschließlich anatomische Gesichtspunkte im Vordergrund.

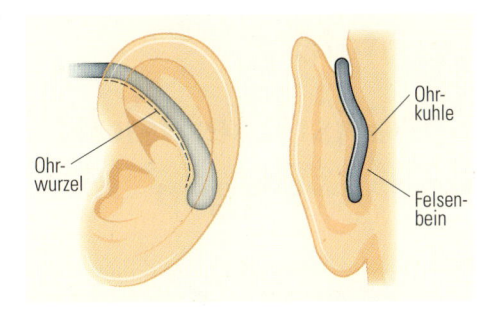

**Bild 6.28** Ohrwurzel- und Schädelverlauf

### Aufgaben

1. Erläutern Sie, welche Ziele mit der anatomischen Anpassung einer Brille verfolgt werden.
2. Passen Sie eine Brillenfassung nach anatomischen Gesichtspunkten an und lassen Sie diese von einem versierten Anpasser überprüfen.
3. Erstellen und kommentieren Sie eine Fotoserie zur anatomischen Anpassung einer Brille.

### Projektaufgaben

1. Eine Kundin benötigt für ihren nächsten Skiurlaub eine neue Sonnenbrille. Auf die von Ihnen empfohlenen kontraststeigernden Kunststoffgläser reagiert sie skeptisch. Sie irritiert der gelbliche Seheindruck und vermutet, dass der UV-Schutz dem von stärker getönten Gläsern unterlegen ist.
   a) Erläutern Sie, von welchen Faktoren der UV-Schutz des Sonnenschutzglases abhängt.
   b) Erklären Sie das Funktionsprinzip kontraststeigernder Gläser.
   c) Beschreiben Sie begründet, wie sich der Farbeindruck bei längerem Tragen der Brille verändert.
   d) Bieten Sie der Kundin ein alternatives Sonnenschutzglas an und klären Sie sie über Vor- und Nachteile auf.
2. Im Rahmen eines Beratungsgesprächs empfehlen Sie Ihrem Kunden eine Filtertönung von 15 %.
   a) Machen Sie deutlich, welche Aufgaben Filtergläser erfüllen sollen.
   b) Beschreiben Sie, auf welche physikalische Größe sich die vom Hersteller angegebene Stärke der Tönung bezieht.
   c) Erläutern Sie dem Kunden, wie sich eine Entspiegelung auf die Filterwirkung des Brillenglases auswirkt.
3. Weil ein stark myoper Berufskraftfahrer eine neue Fernbrille erhalten hat, möchte er seine alte Korrektionsfassung mit einem wirkungsvollen Blendschutz ausstatten lassen und wünscht eine fundierte Beratung.
   a) Sprechen Sie eine konkrete Empfehlung aus, begründen Sie diese kundengerecht und zeigen Sie mögliche Alternativen auf.
   b) Weil es ja „nur" um eine Sonnenbrille geht, hält Ihr Proband eine Rückflächenentspiegelung für unangebracht. Überzeugen Sie Ihn vom Gegenteil.
   c) Bei der Überprüfung des Brillensitzes registrieren Sie im Nasenauflagebereich des Kunden eine gerötete Hautvertiefung in Größe der Nasenpads. Erläutern Sie ausführlich die Ursachen und beschreiben Sie konkrete Gegenmaßnahmen.

# Lernfeld 7
# Sphärisch fehlsichtige Kunden beraten und versorgen

Eine Kundin legt Ihnen eine Verordnung über neue Brillengläser vor. Neben der Empfehlung von geeigneten Brillengläsern wünscht sie sich Informationen darüber, welche Änderungen sich beim Tragen von Kontaktlinsen ergeben.

- Welche Informationen liefert die Verordnung?
- Welche Korrektionsmöglichkeiten gibt es?
- Wie wirkt sich das Korrektionsmittel auf die Fehlsichtigkeit aus?

- Welche Hilfsmittel können bei der Glasberatung herangezogen werden?
- Nach welchen Gesichtspunkten sind die Gläser zu zentrieren?
- Welche Messverfahren kommen bei der Zentrierung zum Einsatz?

- Sie empfehlen der Gebrauchssituation angemessene Brillengläser.
- Sie entscheiden sich für kundengerechte Demonstrationstools.
- Sie wählen die erforderlichen Messgeräte aus.

- Sie bereiten den Kunden auf die vorzunehmenden Messungen vor.
- Sie ermitteln die Position der Zentrierpunkte.
- Sie erteilen dem Kunden Hinweise zur Pflege seiner Brille.

- Wurde eine Kontrolle der ermittelten Zentrierdaten vorgenommen?
- Wurde die Verordnung entsprechend der Zentriervorschrift umgesetzt?
- Wurden die Grenzabweichungen eingehalten?

- Konnte der Kunde Ihre Erläuterungen nachvollziehen?
- Wurden die Sehprobleme des Kunden gelöst?
- Wären Korrektionsalternativen möglich gewesen?

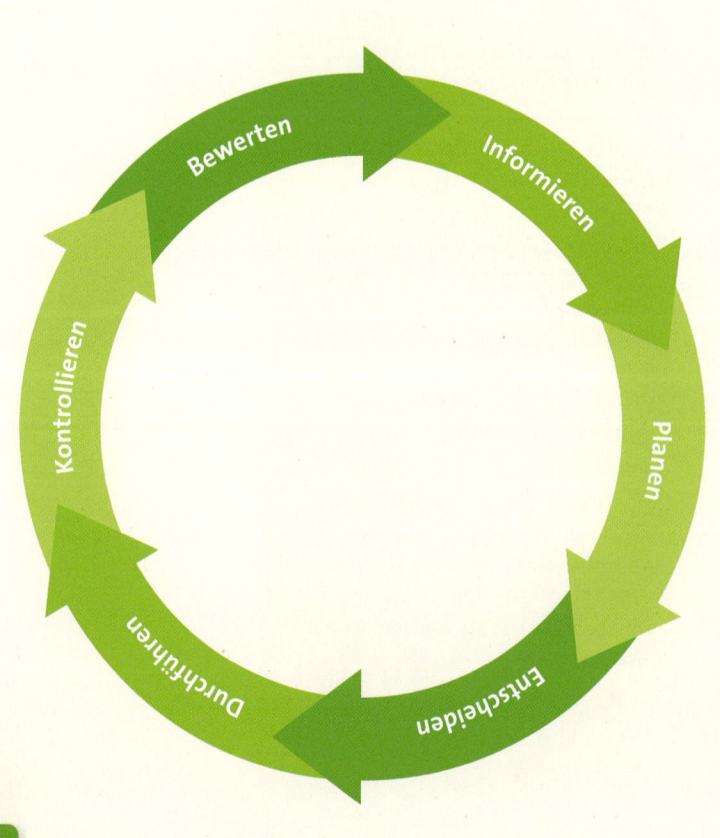

# 7.1 Emmetropie

> Ihr Betrieb plant unter aktiver Beteiligung aller Mitarbeiter eine interne Fortbildung zu den Ursachen und Auswirkungen der Fehlsichtigkeiten. Dafür sollen Sie Ihren Kollegen fundierte Informationen zum rechtsichtigen Auge zusammenzustellen.

Ein Auge, durch das ein unendlich weit entfernter Gegenstand bei Fernakkommodation scharf abgebildet wird, ist rechtsichtig beziehungsweise emmetrop. Die vom Objekt ausgehenden Lichtstrahlen durchdringen zunächst die Hornhaut, dann die Augenlinse sowie den Glaskörper und treffen schließlich punktförmig gebündelt auf die Netzhaut. Das optische System lässt sich durch ein Modell, das sogenannte **vereinfachte schematische Auge nach Gullstrand** beschreiben. Es gilt für das auf die Ferne akkommodierende Auge und geht bei Berechnungen und Bildkonstruktionen von folgenden Annahmen aus:

| vereinfachtes schematisches Auge nach Gullstrand | | |
|---|---|---|
| Gesamtbrechwert des Augensystems | $D_G$ | + 59,74 dpt |
| objektseitige Brennweite des Gesamtauges | $f_G$ | − 16,74 mm |
| bildseitige Brennweite des Gesamtauges | $f'_G$ | + 22,37 mm |
| Strecke zwischen Apex und objektseitigem Hauptpunkt | | 1,51 mm |
| Strecke zwischen Apex und bildseitigem Hauptpunkt | | 1,63 mm |
| Strecke zwischen Apex und objektseitigem Knotenpunkt | | 7,14 mm |
| Strecke zwischen Apex und bildseitigem Knotenpunkt | | 7,26 mm |
| Brechzahl von Kammerwasser und Glaskörper | $n_G$ | 1,336 |

**Tabelle 7.1** Vereinfachtes schematisches Auge nach Gullstrand

## 7.1.1 Netzhautbildgröße des emmetropen Auges

Soll ein Gegenstand scharf wahrgenommen werden, muss sich sein Bild auf der Netzhaut befinden. Weil sich die Abbildung eines unendlich weit entfernten Gegenstandes stets im bildseitigen Brennpunkt befindet, muss der Brennpunkt des emmetropen Auges bei Fernakkommodation demzufolge auf der Netzhaut liegen ($a' = f'$).

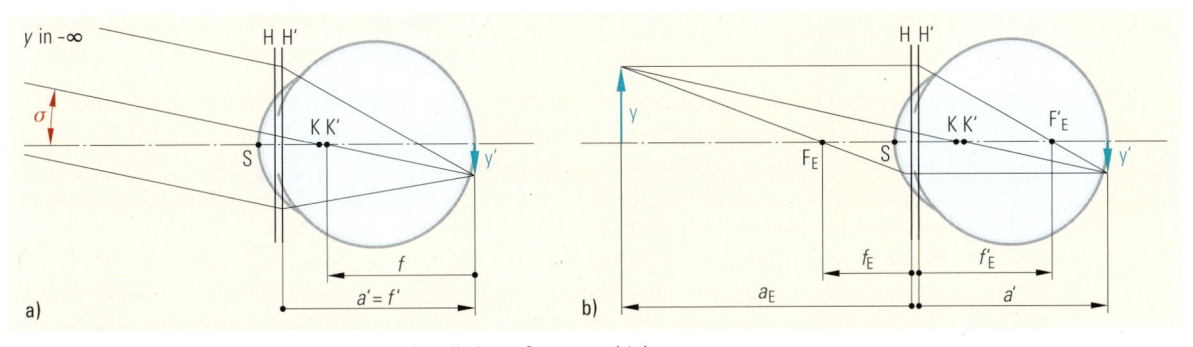

**Bild 7.1** Netzhautbildgröße bei unendlich und endlich entferntem Objekt

Der Knotenpunktstrahl gibt sowohl im Fall eines unendlich weit entfernten als auch bei einem in der Nähe befindlichen Objekt die Größe des Netzhautbildes vor. Dieser ist auf den objektseitigen Knotenpunkt gerichtet, wird hinter dem bildseitigen Knotenpunkt lediglich parallel versetzt und trifft dann auf die Netzhaut. Mit dem Knotenpunktstrahl ist der Verlauf aller weiteren Strahlen eindeutig festgelegt. Befindet sich der Gegenstand in einer endlichen Entfernung vor dem Auge, lassen sich unter Anwendung der Konstruktionsregeln objektseitiger und bildseitiger Brennpunkt $F_E$ und $F_E'$ des akkommodierenden Auges ermitteln.

Treffen die Objektstrahlen eines unendlich weit entfernten Gegenstandes unter dem Sehwinkel $\sigma$ auf das Auge, so gilt für die Netzhautbildgröße $y'$:

**Netzhautbildgröße**

$$y' = f \cdot \tan\sigma = -\frac{a'}{n_G} \cdot \tan\sigma \quad \text{für } y \text{ in } -\infty$$

$f$: objektseitige Brennweite des Auges
$a'$: Bildweite
$n_G$: Brechzahl des Gullstrandauges

Bei der Berechnung ist die Brechzahl des zwischen Systemlinse und Netzhaut liegenden Glaskörpers zu berücksichtigen. Darüber hinaus soll für sämtliche Betrachtungen das vor dem Auge liegende Medium Luft angenommen werden. Bei endlich weit entfernten Gegenständen erhöht sich der Augenbrechwert durch Akkommodation, sodass sich die Brennweite verkürzt. Für die Bildgröße gilt in diesem Fall:

**Netzhautbildgröße**

$$y' = \frac{a' \cdot y}{a \cdot n_G} \quad \text{für } y \text{ in der Nähe}$$

### 7.1.2 Augenlänge des emmetropen Auges

Das vereinfachte Auge nach Gullstrand besitzt einen Brechwert von 59,74 dpt. Da der bildseitige Brennpunkt bei Fernakkommodation auf der Netzhaut liegt, ergibt sich die zugehörige Augenlänge aus dem Abstand zwischen Apex $S$ und bildseitigem Hauptpunkt $H'$ sowie der bildseitigen Brennweite:

**Augenlänge des Gullstrandauges**

$l_A = f'_G + \overline{SH'} = 22{,}37 \text{ mm} + 1{,}63 \text{ mm}$
$\phantom{l_A} = 24 \text{ mm}$

$f'_G$: bildseitige Brennweite des Gullstrandauges

In der Realität ist allerdings nicht zu erwarten, dass ein emmetropes Auge auch tatsächlich die Durchschnittswerte des Gullstrandauges aufweist. Das ist jedoch unerheblich, solange ein unendlich weit entferntes Objekt bei Fernakkommodation deutlich auf der Netzhaut abgebildet wird. Ein kürzeres Auge benötigt dafür einen höheren Gesamtbrechwert, während ein längeres mit einem geringeren auskommt. Ob Augenlänge und Brechwert zu Emmetropie führen, lässt sich anhand des folgenden Zusammenhangs prüfen.

**Augenlänge bei Emmetropie**

$$l_A = f' + \overline{SH'} = \frac{n_G}{D} + \overline{SH'}$$

Beispiel:
Ein Auge mit einer Länge von 23,8 mm besitzt bei Fernakkommodation einen Brechwert von 57,09 dpt sowie einen Abstand vom Apex bis zum bildseitigen Hauptpunkt von 1,63 mm. Zu ermitteln ist, ob es sich um ein emmetropes Auge handelt.

Die für Emmetropie erforderliche Augenlänge berechnet sich aus

$$l_A = \frac{n_G}{D} + \overline{SH'} = \frac{1{,}336}{57{,}09 \frac{1}{m}} + 0{,}00163 \text{ m} = 0{,}025 \text{ m}$$

Hier kann es sich um kein emmetropes Auge handeln, weil die tatsächliche Länge im Vergleich zur erforderlichen zu kurz, beziehungsweise der Brechwert des Auges zu gering ist.

## 7.1 Emmetropie

Der zu Emmetropie führende Brechwert kann durch Umstellung der Formel ermittelt werden:

$$D = \frac{n_G}{l_A - \overline{SH'}} = \frac{1{,}336}{0{,}0238\ m - 0{,}00163\ m}$$

$$= 60{,}26\ \frac{1}{m}$$

Die Abhängigkeit zwischen Augenlänge und Gesamtbrechwert lässt sich anhand der sogenannten **Emmetropielinie** grafisch darstellen (Bild 7.2).

Alle Wertepaare, die sich nicht auf dieser Kurve befinden, führen zu einem ametropen Auge. Oberhalb der Linie sind Baulänge und/oder Brechwert zu groß, darunter zu gering, um Emmetropie herbeizuführen.

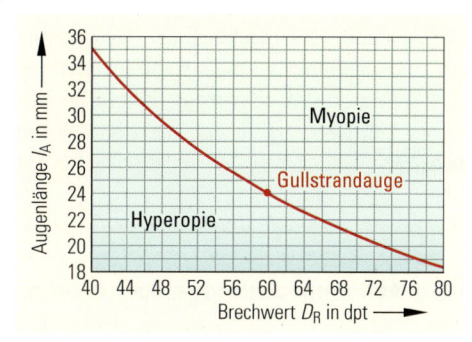

**Bild 7.2** Emmetropielinie

### 7.1.3 Fern- und Nahpunktrefraktion des emmetropen Auges

**Fernpunktrefraktion**

Der Fernpunkt R (Punctum remotum) ist definiert als der Punkt, der bei geringstmöglichem Brechwert des Auges deutlich abgebildet werden kann. Seine Entfernung vom objektseitigen Hauptpunkt des Auges heißt Fernpunktabstand $a_R$. Weil das rechtsichtige Auge in der Lage ist, sehr weit entfernte Objekte deutlich auf der Netzhaut abzubilden, ist sein Fernpunktabstand unendlich groß.

Aus dem Kehrwert des in Metern gemessenen Fernpunktabstands ergibt sich die Fernpunktrefraktion $A_R$.

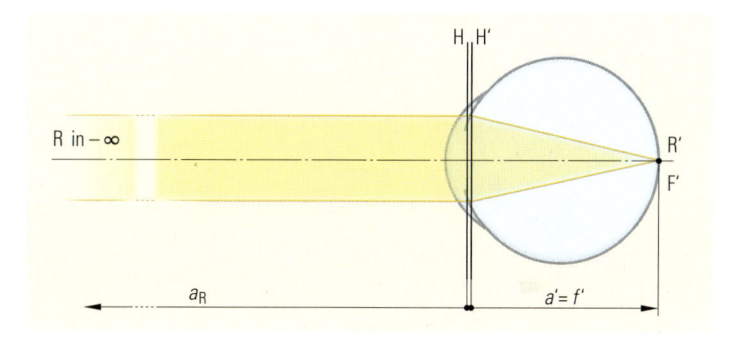

**Bild 7.3** Fernpunkt und Fernpunktabstand bei Emmetropie

> **Fernpunktrefraktion**
>
> $$A_R = \frac{1}{a_R}$$

Die Fernpunktrefraktion des emmetropen Auges beträgt

$$A_R = \frac{1}{a_R} = \frac{1}{-\infty\ m} = 0\ \frac{1}{m}$$

**Nahpunktrefraktion**

Zur deutlichen Abbildung von in der Nähe befindlichen Gegenständen ist eine Brechwertzunahme des Auges durch Akkommodation erforderlich. Da die Erhöhung des Brechwerts aber nur in begrenztem Maße möglich ist, darf das Objekt nicht beliebig nah vor dem Auge liegen. Der Punkt auf der optischen Achse, der bei maximalem Brechwert des Auges gerade noch deutlich gesehen werden kann, wird als Nahpunkt P oder Punctum proximum bezeichnet. Gegenstände, die sich zwischen Nahpunkt und Auge befinden, können nicht mehr deutlich abgebildet werden (Bild 7.4).

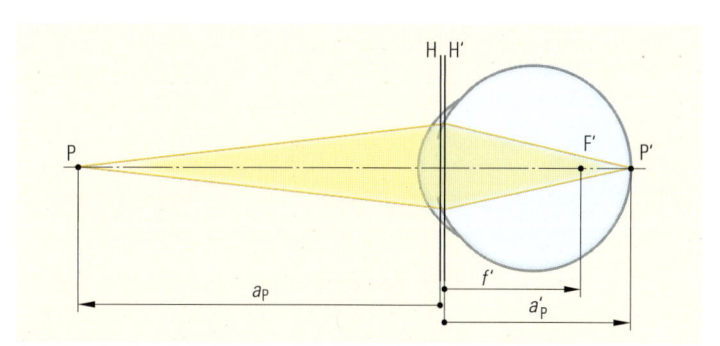

**Bild 7.4** Nahpunkt und Nahpunktabstand bei Emmetropie

**remotum:** die Ferne
**proximum:** das Nächstfolgende

Der Abstand vom objektseitigen Hauptpunkt bis zum Nahpunkt wird als Nahpunktabstand $a_P$ bezeichnet. Aus seinem in Metern gemessenen Kehrwert ergibt sich die Nahpunktrefraktion $A_P$.

**Nahpunktrefraktion**

$$A_P = \frac{1}{a_P}$$

### 7.1.4 Akkommodationsgebiet des emmetropen Auges

Der durch Fern- und Nahpunkt begrenzte Bereich vor dem Auge wird als **Akkommodationsgebiet** bezeichnet. Es umfasst sämtliche Punkte, die deutlich auf der Netzhaut abgebildet werden können.

Weil sich das Auge auf die jeweilige Distanz einstellen muss, werden sie als Einstellpunkte E und ihre Abstände vom objektseitigen Hauptpunkt als Einstellentfernung $a_E$ bezeichnet. Der Kehrwert dieser Strecke führt zur sogenannten Einstellrefraktion $A_E$.

**Einstellrefraktion**

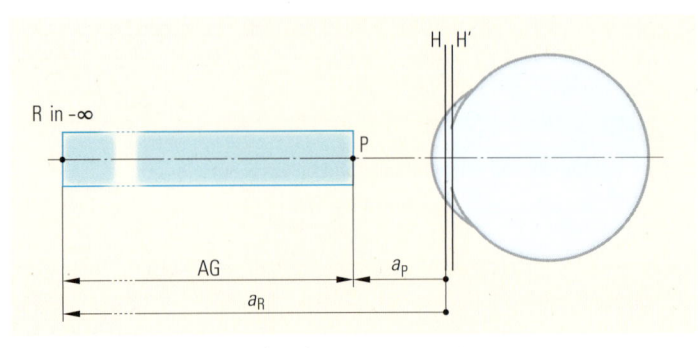

$$A_E = \frac{1}{a_E}$$

Die Differenz zwischen Fernpunkt- und Einstellrefraktion beschreibt den Akkommodationserfolg $\Delta A$.

**Akkommodationserfolg**

$$\Delta A = A_R - A_E$$

Stellt sich das Auge auf den Nahpunkt ein, ist die maximal mögliche Akkommodation erforderlich. Die Differenz zwischen Fernpunkt- und Nahpunktrefraktion wird demgemäß als maximaler Akkommodationserfolg $\Delta A_{max}$ bezeichnet.

**maximaler Akkommodationserfolg**

$$\Delta A_{max} = A_R - A_P$$

**Wichtig**

Weil die Fernpunktrefraktion $A_R$ des emmetropen Auges gleich null ist, entsprechen Akkommodationserfolg $\Delta A$ und maximaler Akkommodationserfolg $\Delta A_{max}$ dem Betrag von Einstellrefraktion $A_E$ und Nahpunktrefraktion $A_P$.

**Bild 7.5** Akkommodationsgebiet des emmetropen Auges

### 7.1.5 Akkommodationsaufwand und Akkommodationserfolg

Der Akkommodationserfolg $\Delta A$ ist das außerhalb des Auges messbare Resultat der im Inneren des Auges erfolgten Brechwertänderung. Diese wird als **Akkommodationsaufwand** $\Delta D$ bezeichnet und berechnet sich aus dem Brechwert $D_E$ des auf den Einstellpunkt akkommodierenden Auges und dem minimalen Brechwert $D_R$ bei Fernakkommodation.

**Akkommodationsaufwand**

$$\Delta D = D_E - D_R$$

Für den maximalen Akkommodationserfolg $\Delta A_{max}$ muss vom Auge der maximale Akkommodationsaufwand $\Delta D_{max}$ aufgebracht werden.

## 7.1 Emmetropie

**maximaler Akkommodationsaufwand**

$\Delta D_{max} = D_P - D_R$

Streng genommen ist der Akkommodationsaufwand $\Delta D$ dabei um etwa 10 % größer als der Akkommodationserfolg $\Delta A$.

**Akkommodationsaufwand**

$\Delta D = 1{,}1 \cdot \Delta A$

Bei späteren Betrachtungen soll jedoch auf eine Unterscheidung der beiden Größen verzichtet werden, weil es zu einer Vereinfachung führt und das Grundverständnis nicht weiter beeinträchtigt.

**Vereinbarung**

$\Delta D \approx \Delta A$

### Aufgaben

1. Bestimmen Sie die Netzhautbildgröße eines unter einem Sehwinkel von 15° betrachteten, unendlich weit entfernten Objektes für das vereinfachte Gullstrandauge.

2. Berechnen Sie, welcher Sehwinkel $\sigma$ sich für das Normalauge aus einem unendlich weit entfernten Objekt ergibt, das in einer Größe $y'$ von $-2{,}5$ mm abgebildet wird.

3. Konstruieren Sie das Netzhautbild für ein rechtsichtiges Auge ($D = 60{,}0$ dpt) bei Fernakkommodation, das ein unendlich weit entferntes Objekt unter einem Sehwinkel von $\sigma = 15°$ betrachtet.

4. Ein vereinfachtes Gullstrandauge betrachtet ein 30 cm entferntes und 1 cm großes Sehzeichen. Berechnen Sie die Netzhautbildgröße.

5. Bestimmen Sie für die Augenlängen 22, 23, 24, 25 und 26 mm die zugehörigen Brechwerte eines emmetropen Auges.

6. Der Nahpunktabstand eines emmetropen Auges beträgt $-25$ cm. Bestimmen Sie die Nahpunktrefraktion, den maximalen Akkommodationserfolg sowie den maximalen Akkommodationsaufwand.

7. Der maximale Akkommodationsaufwand eines rechtsichtigen Auges beträgt 6,5 dpt. Berechnen Sie den Nahpunktabstand $a_P$.

8. Das Akkommodationsgebiet eines Emmetropen endet 133,3 mm vor dem objektseitigen Augenhauptpunkt. Bestimmen Sie den maximalen Akkommodationserfolg $\Delta A_{max}$.

9. Der Brechwert eines rechtsichtigen Auges beträgt bei Fernakkommodation 60,0 dpt. Bestimmen Sie die Bildgröße $y'$, wenn das Auge in einer Entfernung von 50 cm ein 2 cm großes Objekt betrachtet.

10. Beschreiben Sie den Zusammenhang zwischen Akkommodationsaufwand und Akkommodationserfolg.

## 7.2 Myopie

> Einer Ihrer myopen Kunden kann mit seiner ersten Brille in der Ferne wieder hervorragend sehen. Der Seheindruck von nahen Objekten gefällt ihm allerdings nicht, sodass er die Brille bei Arbeiten in der Nähe lieber abnimmt.

Verhalten sich Gesamtbrechwert und Länge des Auges so, dass parallel zueinander einfallende Lichtstrahlen bei Fernakkommodation nicht auf, sondern vor der Netzhaut gebündelt werden, handelt es sich um ein myopes Auge. Ob sich die Ametropie auf einen zu hohen Brechwert (= Brechwertmyopie) oder eine zu große Baulänge (= Längenmyopie) zurückführen lässt, ist für die Lage des Brennpunktes unerheblich. Er liegt bei Fernakkommodation in jedem Fall vor der Retina.

**myop:** kurzsichtig

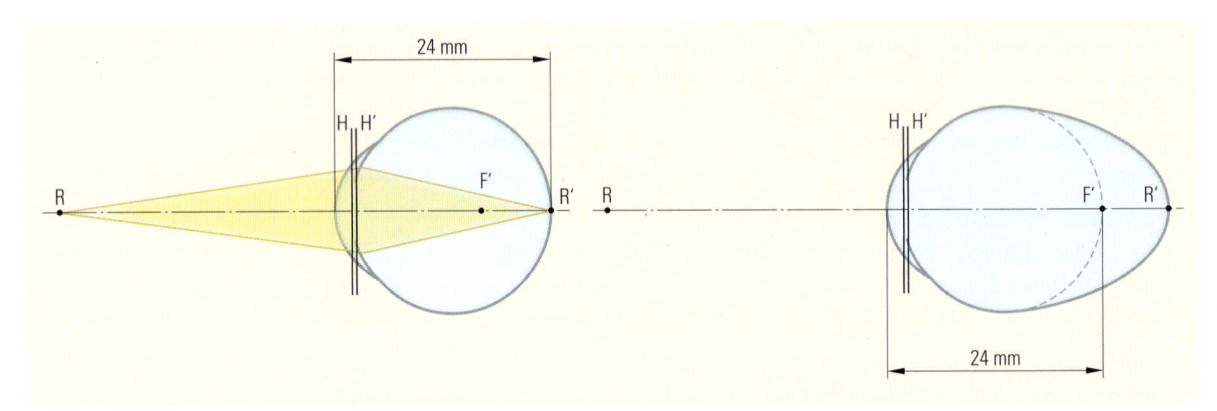

**Bild 7.6** Brechwert- und Längenmyopie

**sine:** ohne

Je stärker die unkorrigierte Myopie, desto geringer fällt auch der Visus für die Ferne aus. Er wird als Visus sine correctione $V_{sc}$ bezeichnet. Dabei kann näherungsweise davon ausgegangen werden, dass der jeweils vorhandene Visus pro 0,5 dpt Myopie um etwa 50 % reduziert wird.

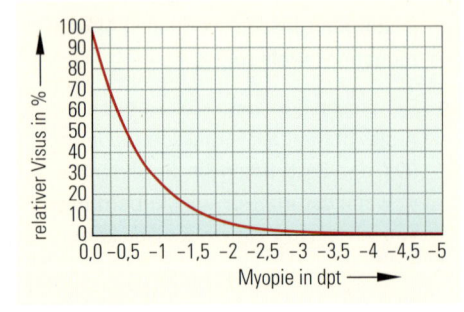

**Bild 7.7** Ungefährer Visusabfall in Abhängigkeit vom Ausmaß der Myopie

### 7.2.1 Netzhautbildgröße des myopen Auges

Während die Netzhautbildgröße im Falle einer Brechwertmyopie mit der des Gullstrandauges übereinstimmt, ist sie bei einer Längenmyopie größer (Bild 7.8).

Beispiel:
Ein 10 mm großer und 25 cm entfernter Gegenstand wird von einem rechtsichtigen ($D_G$ = 59,74 dpt) und einem längenmyopen Auge ($A_R$ = − 5,0 dpt) betrachtet. Für beide Fälle ist die Größe des Netzhautbildes zu berechnen.

## 7.2 Myopie

**emmetropes Auge**

$$y' = \frac{a' \cdot y}{a \cdot n_G} = \frac{22{,}37 \text{ mm} \cdot 10 \text{ mm}}{(-250) \text{ mm} \cdot 1{,}336} = -0{,}67 \text{ mm}$$

**myopes Auge**

$$a' = \frac{n_G}{D} = \frac{1{,}336}{(59{,}74 - 5)\frac{1}{\text{m}}} = 0{,}0244 \text{ m} = 24{,}4 \text{ mm}$$

$$y' = \frac{a' \cdot y}{a \cdot n_G} = \frac{24{,}4 \text{ mm} \cdot 10 \text{ mm}}{(-250) \text{ mm} \cdot 1{,}336} = -0{,}73 \text{ mm}$$

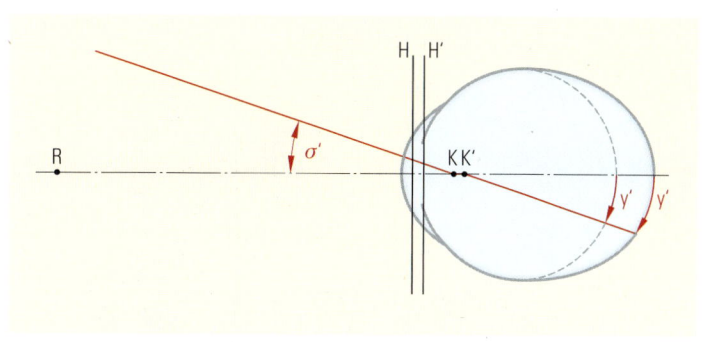

**Bild 7.8** Netzhautbildgröße bei Brechwert- und Längenmyopie

Die Netzhautbildgröße ist im Falle der Längenmyopie um 0,06 mm größer als im rechtsichtigen Auge.

### 7.2.2 Augenlänge des myopen Auges

Ist die Lage des Fernpunktes $R$, des bildseitigen Brennpunktes $F'_A$ sowie die der Knotenpunkte $K$ und $K'$ bekannt, kann die Augenlänge konstruktiv ermittelt werden. Dazu ist zunächst vom Fernpunkt aus der objektseitige Teil eines Strahls (1) einzuzeichnen, der unter einer beliebigen Neigung auf die objektseitige Hauptebene des Auges trifft. Anschließend ist ein parallel dazu verlaufender Hilfsstrahl (2) durch den bildseitigen Knotenpunkt zu legen, der das im bildseitigen Augenbrennpunkt befindliche Lot (3) schneidet. Durch diesen Schnittpunkt verläuft schließlich der bildseitige Teil des zur Netzhautgrube führenden Strahls (4) (Bild 7.9).

Für die Berechnung der Augenlänge ist lediglich die Bildweite zu ermitteln und um den Abstand zwischen Apex und bildseitigem Augenhauptpunkt zu ergänzen:

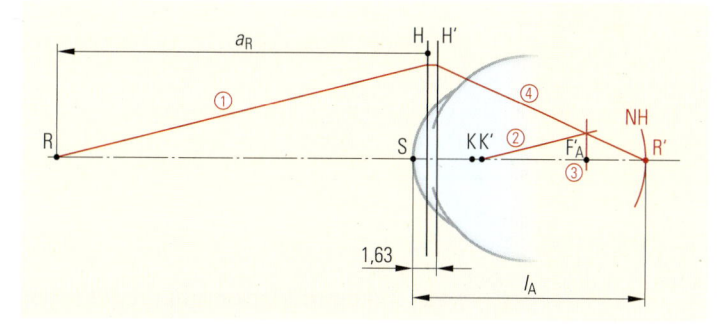

**Bild 7.9** Konstruktion der Baulänge des myopen Auges

Beispiel:
Ein längenmyopes Auge besitzt eine Fernpunktrefraktion $A_R$ von $-5{,}0$ dpt. Zu berechnen ist die Länge des Bulbus.

$$l_A = \frac{n_G}{D_G + A_R} + \overline{SH'}$$

$$= \frac{1{,}336}{59{,}74\frac{1}{\text{m}} - 5\frac{1}{\text{m}}} + 0{,}00163 \text{ m} = 0{,}02603 \text{ m}$$

$$= 26{,}03 \text{ mm}$$

> **Augenlänge bei Längenametropie**
> 
> $$l_A = \frac{n_G}{D_G + A_R} + \overline{SH'}$$

### 7.2.3 Fern- und Nahpunktrefraktion des myopen Auges

**Fernpunktrefraktion**

Im myopen Auge werden weit entfernte Objekte bei geringstmöglichem Brechwert des Auges vor der Netzhaut abgebildet und deshalb undeutlich wahrgenommen. Wird der Gegenstand langsam an das Auge herangeführt, verlagert sich das Bild in Richtung Netzhaut, bis es in die Foveola fällt und deutlich gesehen wird (Bild 7.10).

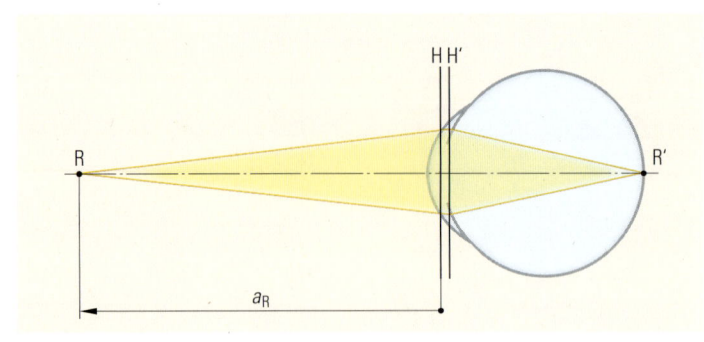

**Bild 7.10** Myopes Auge bei Fernakkommodation

Das Objekt befindet sich nun im Fernpunkt R vor dem Auge. Aus dem Kehrwert der Fernpunktweite $a_R$ ergibt sich die Fernpunktrefraktion $A_R$.

Beispiel:
Ein myopes Auge kann einen Gegenstand erst deutlich sehen, wenn er sich 80 cm vor dem Auge befindet. Zu berechnen ist die Fernpunktrefraktion.

$$A_R = \frac{1}{a_R} = \frac{1}{-0{,}8\,\text{m}} = -1{,}25\,\frac{1}{\text{m}}$$

Aufgrund der Fernpunktlage besitzt die Fernpunktrefraktion des myopen Auges immer ein **negatives** Vorzeichen.

**Nahpunktrefraktion**

Die Nahpunktrefraktion berechnet sich wie beim emmetropen Auge aus der Fernpunktrefraktion $A_R$ und dem maximalen Akkommodationserfolg $\Delta A_{max}$.

> **Nahpunktrefraktion**
>
> $A_P = A_R - \Delta A_{max}$

Beispiel:
Der maximale Akkommodationserfolg eines myopen Auges ($A_R = -5$ dpt) beträgt 7 dpt. Gesucht ist die Nahpunktrefraktion.

$A_P = A_R - \Delta A_{max} = -5\,\text{dpt} - 7\,\text{dpt} = -12\,\text{dpt}$

Auch die Nahpunktrefraktion des kurzsichtigen Auges trägt immer ein negatives Vorzeichen.

### 7.2.4 Akkommodationsgebiet des myopen Auges

Das Akkommodationsgebiet des Myopen liegt wie beim Rechtsichtigen vor dem Auge, es besitzt allerdings eine endliche Größe.

Beispiel:
Ein kurzsichtiges Auge ($A_R = -3{,}0$ dpt) besitzt einen maximalen Akkommodationserfolg von 5 dpt. Das Akkommodationsgebiet soll dem eines rechtsichtigen Auges mit identischem $\Delta A_{max}$ gegenübergestellt werden.

emmetropes Auge

$$a_R = \frac{1}{A_R} = \frac{1}{0\,\frac{1}{\text{m}}} = -\infty\,\text{m}$$

$$a_P = -\frac{1}{\Delta A_{max}} = -\frac{1}{5\,\frac{1}{\text{m}}} = -0{,}20\,\text{m}$$

myopes Auge

$$a_R = \frac{1}{A_R} = \frac{1}{-3\,\frac{1}{\text{m}}} = -0{,}\overline{3}\,\text{m}$$

$$a_P = \frac{1}{A_P} = \frac{1}{A_R - \Delta A_{max}} = \frac{1}{(-3)\,\frac{1}{\text{m}} - 5\,\frac{1}{\text{m}}}$$

$$= -0{,}125\,\text{m}$$

Das Ergebnis bestätigt, dass der deutliche Sehbereich bei Myopie im Vergleich zwar kleiner ist, dafür kann ein Gegenstand aber näher an das myope Auge herangeführt werden.

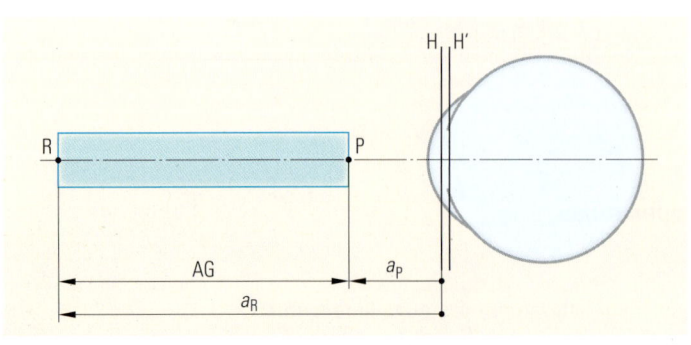

**Bild 7.11** Akkommodationsgebiet des myopen Auges

## 7.2.5 Refraktionsdefizit des myopen Auges

Im sogenannten Refraktionsdefizit wird die gesamte Fehlsichtigkeit des Auges zusammengefasst. Dabei ist es unerheblich, worauf die Ametropie zurückzuführen ist. Entscheidend für seinen Betrag ist allein der **Brechwertüberschuss** des Auges. Das Refraktionsdefizit lässt sich mit einer Modelllinse vergleichen, die sich am Ort des objektseitigen Augenhauptpunktes befindet. Ihr Brechwert entspricht immer dem der Fernpunktrefraktion mit umgekehrtem Vorzeichen. Die Kompensation dieser Modelllinse versetzt das Auge wieder in einen emmetropen Zustand.

> **Refraktionsdefizit**
>
> $D_{RD} = -A_R$

## 7.2.6 Korrektion des myopen Auges

Jedes Brillenglas hat lediglich die Aufgabe, von einem im Objektraum befindlichen Gegenstand ein Zwischenbild zu erzeugen, das im Akkommodationsgebiet des fehlsichtigen Auges liegen muss. Das Auge stellt sich auf das Zwischenbild ein und bildet es wiederum auf der Netzhaut ab.

**Vollkorrektion**

Aufgrund des positiven Refraktionsdefizits muss das Korrektionsglas des Kurzsichtigen ein negatives Vorzeichen besitzen. Dem Brillenglas kommt dabei die Aufgabe zu, ein in der Ferne befindliches Objekt im Fernpunkt des Auges abzubilden. Das ist nur möglich, wenn der bildseitige Brennpunkt des Brillenglases mit dem Fernpunkt des myopen Auges zusammenfällt. Kann diese Bedingung erfüllt werden, wird von Vollkorrektion gesprochen.

> **Wichtig**
> Ein Brillenglas führt immer dann zu Vollkorrektion, wenn sein bildseitiger Brennpunkt mit dem Fernpunkt des ametropen Auges zusammenfällt.

Weil sich das Korrektionsglas nicht am Ort des Augenhauptpunkts positionieren lässt, kann sein Scheitelbrechwert nicht mit dem Betrag des Refraktionsdefizits übereinstimmen. Er wird von der Distanz zwischen Hauptpunkt des Auges und rückwärtigem Scheitelpunkt des Korrektionsmittels, dem Hauptpunktscheitelabstand $e^*$, beeinflusst. Dieser kann mithilfe des Hornhautscheitelabstands $e$ ermittelt werden.

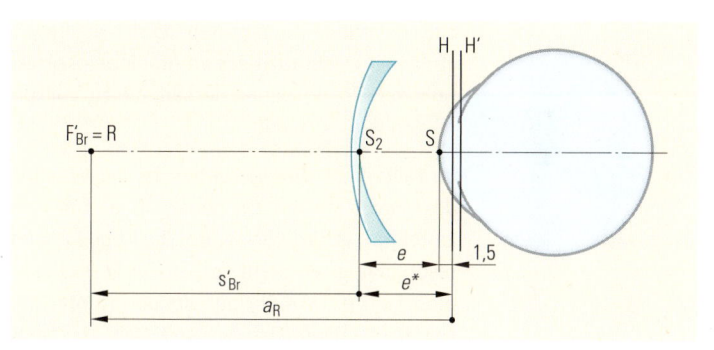

**Bild 7.12** Vollkorrektion bei Myopie

> **Hauptpunktscheitelabstand**
>
> $e^* = e + \overline{SH}$

Sind Fernpunktrefraktion $A_R$ und Hauptpunktscheitelabstand $e^*$ bekannt, lässt sich der zur Vollkorrektion führende Scheitelbrechwert berechnen.

> **Scheitelbrechwert**
>
> $S' = \dfrac{A_R}{1 + e^* \cdot A_R}$

Beispiel:
Ein myopes Auge besitzt eine Fernpunktrefraktion von − 4,75 dpt. Zu berechnen ist der vollkorrigierende Scheitelbrechwert für einen Hauptpunktscheitelabstand von 15 mm.

$S' = \dfrac{A_R}{1 + e^* \cdot A_R} = \dfrac{-4{,}75\ \text{dpt}}{1 + 0{,}015\ \text{m} \cdot (-4{,}75)\dfrac{1}{\text{m}}}$

$= -5{,}11\ \text{dpt}$

**Hornhautscheitelabstand:** Abstand zwischen rückwärtigem Scheitelpunkt des Brillenglases und Apex

> **Wichtig**
> Der Betrag des Scheitelbrechwertes ist immer größer als der der Fernpunktrefraktion, weil für Vollkorrektion die bildseitige Schnittweite des Brillenglases stets kleiner als der Fernpunktabstand des myopen Auges sein muss.

### Über- und Unterkorrektion

Sobald der bildseitige Brennpunkt des Brillenglases und der Fernpunkt des fehlsichtigen Auges nicht mehr zusammenfallen, kann es durch Über- oder Unterkorrektion zu einer Beeinträchtigung des Sehkomforts kommen. Aus diesem Grunde ist zu prüfen, ob sich die Bedingungen im Gebrauch des empfohlenen Korrektionsmittels mit denen decken, die zu Vollkorrektion geführt haben.

Im Falle einer **Überkorrektion** ist die Wirkung des Korrektionsmittels höher, als es für Vollkorrektion erforderlich wäre. Die Abbildung im myopen Auge entsteht deshalb bei Fernakkommodation nicht mehr auf, sondern **hinter** der Netzhaut. Obwohl häufig durch Nahakkommodation kompensiert werden kann, wird dieser Zustand vielfach als unangenehm empfunden und nur innerhalb gewisser Grenzen toleriert. Wirkt das Korrektionsmittel schwächer als das Messglas bei der Refraktionsbestimmung, wird von einer **Unterkorrektion** gesprochen. Bei Myopie liegt das Bild in dieser Situation **vor** der Netzhaut. Die verursachte Unschärfe lässt sich allerdings nicht ausgleichen und beeinträchtigt unter Umständen den Visus.

> **Wichtig**
> Bei Myopie führt eine Überkorrektion zu unerwünschter Nahakkommodation, eine Unterkorrektion dagegen zu Unschärfen, die den Visus herabsetzen können.

Um die physiologische Verträglichkeit zu gewährleisten, sollte die Abweichung von der Korrektionsvorschrift nicht größer sein als eine ⅛ Dioptrie.

> **physiologischer Grenzwert**
> $\Delta S'_{max} = \pm\, 0{,}125\ dpt$

### HSA-Änderung

Weil die Ausführung einer Verordnung immer zu Vollkorrektion führen soll, ist insbesondere bei hohen Werten im Anschluss an die anatomische Voranpassung der Hornhautscheitelabstand *e* zu kontrollieren. Die Überprüfung kann mithilfe von geeigneten Videozentriersystemen oder anderen Mess-Tools vorgenommen werden (Bild 7.13).

Weicht der ermittelte Hornhautscheitelabstand erheblich von dem Betrag ab, der bei der Augenglasbestimmung vorgelegen hat, ist die beidseitige Schnittweite des Brillenglases anzupassen und auf den vollkorrigierenden Scheitelbrechwert umzurechnen (Bild 7.14).

Bei der Umrechnung gilt der folgende Zusammenhang:

> **vollkorrigierender Scheitelbrechwert**
> $$S'_{neu} = \frac{S'_{alt}}{1 + (e_{neu} - e_{alt}) \cdot S'_{alt}}$$

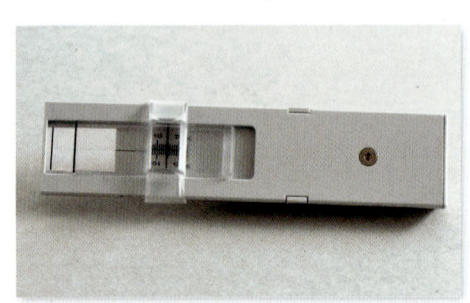

**Bild 7.13** Mess-Tool zur Ermittlung des Hornhautscheitelabstands

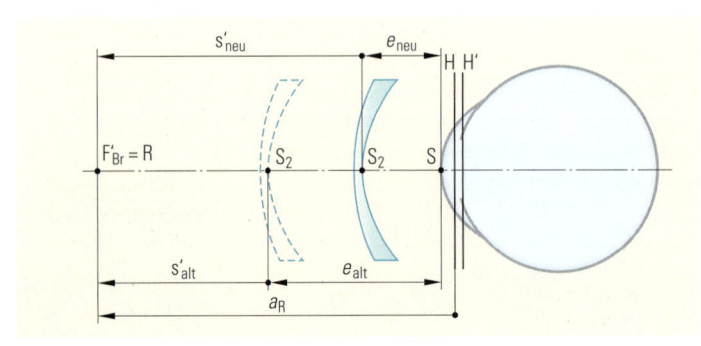

**Bild 7.14** Änderung des Hornhautscheitelabstands bei Myopie

Beispiel:
Die Refraktionsbestimmung hat zu einer vollkorrigierenden Verordnung von R/L sph − 8,0 *e* = 15 mm geführt. Der Abstand zwischen

rückwärtigem Scheitelpunkt der Mustverglasung und Apex der Hornhaut beträgt nach der anatomischen Brillenanpassung jedoch nur 12 mm.

Der zur Vollkorrektion führende Scheitelbrechwert ergibt sich zu

$$S'_{neu} = \frac{S'_{alt}}{1 + (e_{neu} - e_{alt}) \cdot S'_{alt}}$$

$$= \frac{-8 \text{ dpt}}{1 + (0{,}012 - 0{,}015) \text{ m} \cdot (-8) \frac{1}{m}}$$

$$= -7{,}81 \text{ dpt}$$

Weil die Differenz zum ursprünglich verordneten Scheitelbrechwert den zulässigen Grenzwert $\Delta S'_{max}$ überschreitet, ist ein Brillenglas zu ordern, dessen Wirkung auf den nächstmöglichen Bestellwert gerundet werden muss.

$$S'_{neu} = -7{,}81 \text{ dpt} \approx -7{,}75 \text{ dpt}$$

Der Bestellwert führt zwar durch die leichte Unterkorrektion zu einer Abbildung vor der Netzhaut, die dadurch verursachte Unschärfe wird aber noch nicht wahrgenommen.

> **Wichtig**
> Bei der Verkürzung des Hornhautscheitelabstands muss „mehr +" und bei seiner Verlängerung „mehr –" gegeben werden, um Vollkorrektion herzustellen.

Wie groß die Änderung des Hornhautscheitelabstands ohne Überschreitung des physiologischen Grenzwertes $\Delta S'_{max}$ sein darf, lässt sich unter Berücksichtigung des verordneten Scheitelbrechwerts bereits im Vorfeld berechnen.

> **verträgliche HSA-Änderung**
>
> $$\Delta e_{max} = \frac{\Delta S'_{max}}{S'^2_{alt} - S'_{alt} \cdot \Delta S'_{max}}$$
>
> $\Delta S'_{max}$: Hyperopisierung (– 0,125 dpt) / Myopisierung (+ 0,125 dpt)
> $S'_{alt}$: verordneter Scheitelbrechwert

Beispiel:
Für eine Verordnung R sph – 4,75 L sph – 6,25 soll die maximal zulässige zur Hyperopisierung führende HSA-Änderung ermittelt werden.

Weil sich die Änderung des Hornhautscheitelabstands auf hohe Scheitelbrechwerte stärker auswirkt, ist bei der Ermittlung nur das linke Brillenglas zu berücksichtigen. Die Berechnung für das Gegenglas erübrigt sich in diesem Fall.

$$\Delta e_{max} = \frac{\Delta S'_{max}}{S'^2_{alt} - S'_{alt} \cdot \Delta S'_{max}}$$

$$= \frac{-0{,}125 \frac{1}{m}}{\left(-6{,}25 \frac{1}{m}\right)^2 - (-6{,}25) \frac{1}{m} \cdot (-0{,}125) \frac{1}{m}}$$

$$= -0{,}0033 \text{ m} = -3{,}3 \text{ mm}$$

Die physiologische Verträglichkeit kann laut Berechnung bis zu einer **Verkürzung** des Hornhautscheitelabstands um 3,3 mm gewährleistet werden.

### Korrektionsglas und Bildentstehung

#### Abbildung von in der Ferne befindlichen Gegenständen

Für die Konstruktion der Netzhautabbildung muss der Winkel zur optischen Achse bekannt sein, unter dem die Objektstrahlen auf das vollkorrigierende Brillenglas treffen. Die rückwärtige Verlängerung des unter diesem Winkel eingezeichneten Hauptpunktstrahls (1) führt in der bildseitigen Brennebene des Brillenglases zu einem virtuellen Zwischenbild $y'$. Für das Auge stellt es den abzubildenden Gegenstand dar. Der davon ausgehende Knotenpunktstrahl (2) bestimmt bereits die Größe des Netzhautbildes $y''$. Der bildseitige Brennpunkt des Auges lässt sich mithilfe eines vom Zwischenbild kommenden Achsparallelstrahls (3) ermitteln, der als bildseitiger Brennpunktstrahl (4) die optische Achse schneidet und auf das zuvor ermittelte Netzhautbild trifft. Zur Vervollständigung sind dann nur noch die Ergänzungsstrahlen einzu-

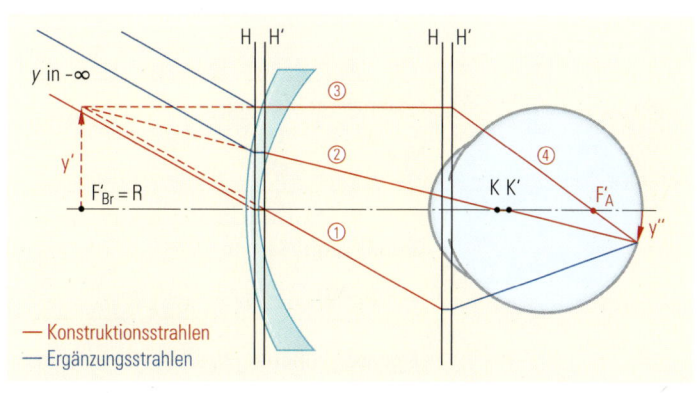

**Bild 7.15** Abbildung eines in der Ferne befindlichen Objekts

zeichnen. Sie kommen immer vom Objekt $y$, führen dann zum Zwischenbild $y'$ und von dort aus zur Abbildung $y''$ auf der Netzhaut.

**Abbildung von in der Nähe befindlichen Gegenständen**

In diesem Fall muss nicht nur die Lage, sondern auch die Größe des betrachteten Gegenstands bekannt sein. Aufgrund der Objektnähe kann das Zwischenbild $y'$ nicht in der bildseitigen Brennebene des Brillenglases liegen. Deshalb ist ein weiterer Konstruktionsstrahl erforderlich, dessen bildseitiger Teil in seiner rückwärtigen Verlängerung mit der des zuvor eingezeichneten Hauptpunktstrahls (1) zum virtuellen Zwischenbild $y'$ führt. Weil der bildseitige Brennpunkt des Brillenglases bekannt ist, bietet sich dafür der objektseitige Achsparallelstrahl (2) an. Der weitere Verlauf der Konstruktion erfolgt analog zu dem oben geschilderten Verfahren.

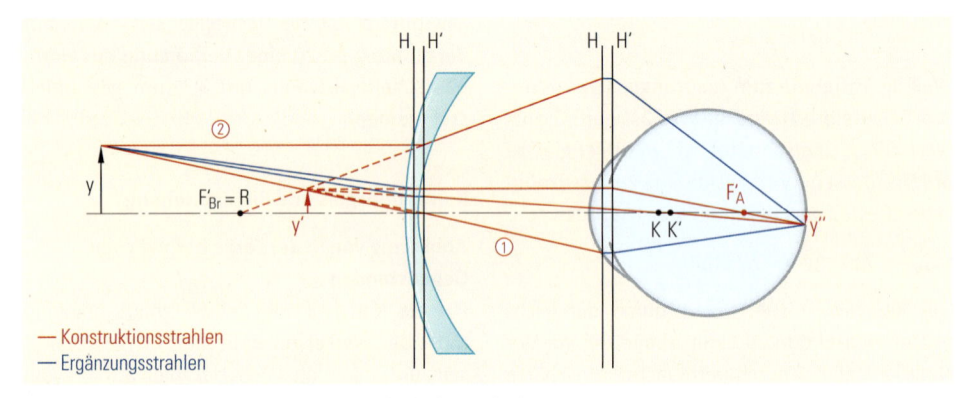

**Bild 7.16** Abbildung eines in der Nähe befindlichen Objekts

**Korrektionsglas und Netzhautbildgröße**

Die mit einem Brillenglas korrigierte Myopie führt zu einer deutlichen, aber im Vergleich zum nicht korrigierten Auge auch zu einer kleineren Netzhautabbildung. Die Netzhautbildgröße ist von der Gesamtvergrößerung abhängig, die sich wiederum aus der Eigen- und Systemvergrößerung des Brillenglases ergibt.

**Eigenvergrößerung**
$$N_E = \frac{S'}{D} = \frac{1}{1 - \frac{d}{n} \cdot D_1}$$

**Systemvergrößerung**
$$N_S = \frac{A_R}{S'} = \frac{1}{1 - e^* \cdot S'}$$

**Gesamtvergrößerung**
$$N_G = N_E \cdot N_S$$

Die **Eigenvergrößerung** $N_E$ wirkt sich bei Minusgläsern aufgrund der geringen Mittendicken und den flachen Basiskurven nur geringfügig aus.

Beispiel:
Ein Brillenglas aus LaSF 35 besitzt eine Brechzahl von 1,8, eine Mittendicke von 0,8 mm sowie eine Außenkurve mit einem Flächenbrechwert von + 3,8 dpt. Aus diesen Angaben ist die Eigenvergrößerung zu berechnen.

$$N_E = \frac{1}{1 - \frac{d}{n} \cdot D_1} = \frac{1}{1 - \frac{0,0008 \text{ m}}{1,8} \cdot (+3,8) \frac{1}{\text{m}}}$$

$$= 1,0017$$

Die Eigenvergrößerung beträgt lediglich 0,17 % und beeinflusst die Gesamtvergrößerung kaum.

Die **Systemvergrößerung** $N_S$ hat dagegen einen viel stärkeren Einfluss auf die Netzhautbildgröße. Bei der Korrektion eines myopen Auges besteht das System aus einem positiven Refraktionsdefizit und einem negativen Brillenglas. Es lässt sich mit einem aus Objektiv (= Refraktionsdefizit) und Okular (= Brillenglas) zusammengesetzten Galilei-Fernrohr vergleichen, das verkehrt herum verwendet wird und deshalb zu einer Verkleinerung führt.

Beispiel:
Das oben angegebene Brillenglas ($S'$ = – 8,0 dpt) soll bei einem Hauptpunktscheitelabstand von 15 mm genutzt werden.

Daraus ergibt sich eine Systemvergrößerung von

$$N_S = \frac{1}{1 - e^* \cdot S'} = \frac{1}{1 - 0{,}015 \text{ m} \cdot (-8{,}0)\frac{1}{\text{m}}} = 0{,}892$$

Aus dem Ergebnis lässt sich eine Verkleinerung von 10,8 % ableiten. Eine endgültige Aussage über die Netzhautbildgröße ist allerdings nur mithilfe der Gesamtvergrößerung $N_G$ möglich.

Sie beträgt in diesem Beispiel
$N_G = N_E \cdot N_S = 1{,}0017 \cdot 0{,}892 = 0{,}894$

Damit wird das Objekt im Vergleich zum unkorrigierten Auge um insgesamt 10,6 % kleiner abgebildet.

Ein kurzsichtiger Kunde, der seine Korrektionsbrille erstmalig trägt, wird die berechnete Verkleinerung spontan bestätigen, allerdings im kontinuierlichen und längeren Gebrauch nicht mehr wahrnehmen.

**Korrektion mit Kontaktlinsen**

Da jede Kontaktlinse den Austausch der Tränenflüssigkeit und damit den Metabolismus der Hornhaut beeinträchtigt, muss sie spätestens nach der vom Anpasser empfohlenen täglichen Tragezeit abgenommen werden. Darüber hinaus können Irritationen, Erkältungen oder die Einnahme bestimmter Medikamente Tragepausen erforderlich machen.

Damit ist jeder Kontaktlinsenträger auf eine Brille angewiesen und zum ständigen Wechsel zwischen beiden Korrektionsmitteln gezwungen. Aus diesem Grund ist er auf zu erwartende Änderungen beim Übergang von der einen auf die andere Korrektionsart angemessen vorzubereiten. Die wesentlichen Änderungen beziehen sich auf den Scheitelbrechwert, den Visus, die Akkommodation und Konvergenz sowie auf das Gesichts- und Blickfeld.

**Scheitelbrechwert**

Bei der Korrektion mit einer Kontaktlinse reduziert sich der Hornhautscheitelabstand auf sein Minimum ($e \approx 0$). Unter Berücksichtigung des HSA, der bei der Augenglasbestimmung vorgelegen hat, lässt sich der Scheitelbrechwert ermitteln.

> **Scheitelbrechwert der Kontaktlinse**
> $$S'_{KL} = \frac{S'_{Br}}{1 - e_{Br} \cdot S'_{Br}}$$

Beispiel:
Das vollkorrigierende Glas ($S'$ = – 7,5 dpt) einer Brille wird bei einem Hornhautscheitelabstand von 15 mm genutzt. Ermittelt werden soll der zu erwartende Scheitelbrechwert der Kontaktlinse.

$$S'_{KL} = \frac{S'_{Br}}{1 - e_{Br} \cdot S'_{Br}} = \frac{-7{,}5 \text{ dpt}}{1 - 0{,}015 \text{ m} \cdot (-7{,}5)\frac{1}{\text{m}}}$$

$$= -6{,}74 \text{ dpt}$$

Weil es sich in diesem Fall um eine Verkürzung des Hornhautscheitelabstands handelt, gelten die gleichen Regeln wie für die Korrektion mit Brillengläsern. Der Scheitelbrechwert einer Kontaktlinse muss bei Myopie **geringer** sein, als der des Korrektionsglases.

**Visus**

Das Korrektionsglas des Myopen führt immer zu einer Verkleinerung des Netzhautbildes. Mit dem Übergang auf die Kontaktlinse wird aber wieder eine Abbildung in nahezu natürlicher Größe erreicht; was einer relativen **Vergrößerung** entspricht. Vor allem bei starken Myopien ist dieser Effekt häufig mit einer Steigerung des Visus gekoppelt.

**Akkommodation und Konvergenz**

Betrachtet ein Kurzsichtiger ein nahes Objekt durch seine auf die Ferne zentrierten Brillengläser, stellen sich Akkommodation und Konvergenz immer auf das Zwischenbild ein, das aufgrund der prismatischen Wirkung in einer größeren Entfernung zustande kommt. Der Myope muss mit Kontaktlinsen beim Blick in die Nähe **stärker** akkommodieren und konvergieren, als mit seiner Brille (Bild 7.17).

> **Metabolismus:** Stoffwechsel

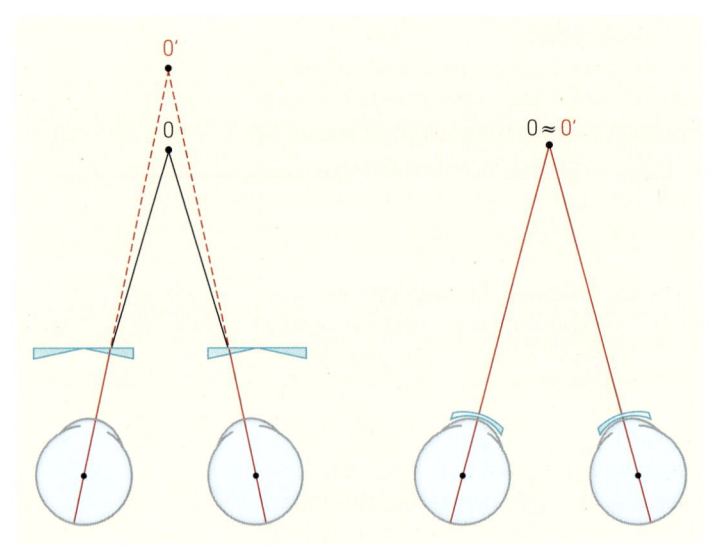

# 7 ● Sphärisch fehlsichtige Kunden beraten und versorgen

**Bild 7.17** Akkommodation und Konvergenz bei Myopie

## Gesichtsfeld

Wird die Myopie mit einem Brillenglas korrigiert, so treten außerhalb des optischen Mittelpunktes immer prismatische Wirkungen auf, die alle Objektstrahlen zur Basis hin ablenken. Dadurch entstehen bei der Korrektion mit Minusgläsern ringförmige Zonen mit Unschärfen und überlagerten Bildern, die vom Sehzentrum allerdings unterdrückt werden. Dieser Effekt entfällt beim Tragen von Kontaktlinsen.

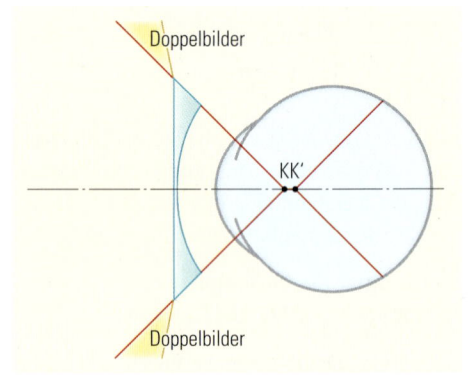

**Bild 7.18** Gesichtsfeld durch ein Minusglas

### Aufgaben

1. Ein Auge besitzt einen Brechwert von + 62,0 dpt und eine Augenlänge von 24 mm. Berechnen Sie die Fernpunktrefraktion $A_R$.

2. Das Refraktionsdefizit eines Auges beträgt + 1,5 dpt. Bestimmen Sie die Lage des Einstellpunktes bei einem Akkommodationserfolg von 2,5 dpt.

3. Ein Auge besitzt ein Refraktionsdefizit von + 3,0 dpt. Ermitteln Sie die Lage des Fern- und Nahpunktes für einen maximalen Akkommodationserfolg von 2,5 dpt.

4. Ein Kurzsichtiger wird mit einem Scheitelbrechwert von – 7,25 dpt bei einem Hauptpunktscheitelabstand von 15 mm vollkorrigiert. Berechnen Sie das Refraktionsdefizit.

5. Eine Verordnung lautet R / L sph – 11,5 $e$ = 12. Nach der anatomischen Voranpassung der Brillenfassung ergibt sich ein 5 mm größerer Hornhautscheitelabstand. Bestimmen Sie den Bestellwert der Brillengläser.

6. Überprüfen Sie, wie groß die Verkürzung und Verlängerung des Hornhautscheitelabstands bei einem verordneten Scheitelbrechwert von – 5,0 dpt höchstens sein darf.

7. Der Scheitelbrechwert einer vollkorrigierenden Kontaktlinse beträgt – 7,0 dpt und der des entsprechenden Vollkorrektionsglases – 7,5 dpt. Ermitteln Sie den zugehörigen Hornhautscheitelabstand.

8. Ein myopes Auge wird bei einem Hornhautscheitelabstand von 18 mm mit einem Brillenglas ($S'$ = – 7,5 dpt) vollkorrigiert. Berechnen Sie die Systemvergrößerung.

9. Ein Brillenglas ($S'$ = – 9,0 dpt) mit einer Brechzahl von 1,525 und einem Vorderflächenbrechwert von 2,5 dpt besitzt eine Mittendicke von 2 mm und korrigiert in einem Hauptpunktscheitelabstand von 18 mm eine Ametropie. Bestimmen Sie die Gesamtvergrößerung durch das Brillenglas.

## 7.3 Hyperopie

> Bei einer Sehtestaktion wurde einem Studenten aufgrund einer mittelgradigen Übersichtigkeit zu einer Brille geraten. Er glaubt allerdings an eine Fehlmessung, weil er alles scharf erkennen kann.

Die auch als Übersichtigkeit bezeichnete Hyperopie ist eine Fehlsichtigkeit, bei der sich der Fernpunkt $R$ virtuell hinter dem Auge befindet. Sein bildseitiger Brennpunkt liegt ebenfalls hinter der Netzhaut. Das lässt sich auf einen zu geringen Brechwert (= Brechwerthyperopie) oder eine zu geringe Baulänge (= Längenhyperopie) zurückführen.

**hypér:** über

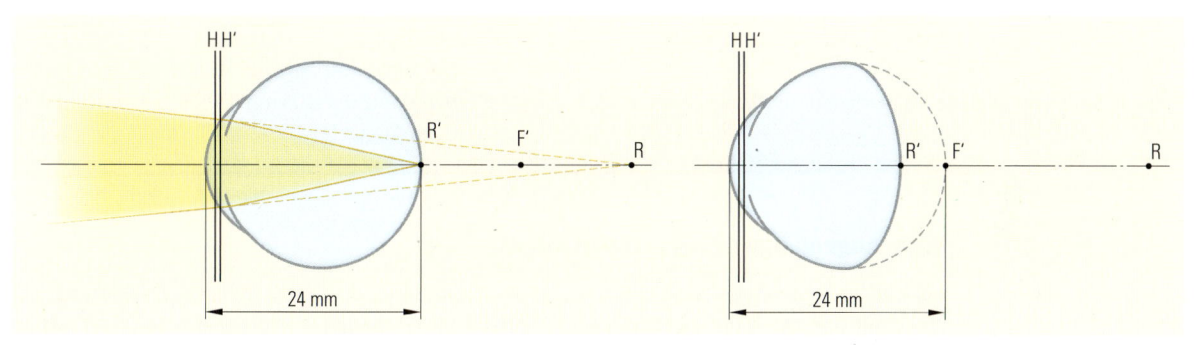

**Bild 7.19** Brechwert- und Längenhyperopie

Bei Fernakkommodation des hyperopen Auges entsteht die Abbildung eines in der Ferne befindlichen Gegenstands virtuell hinter der Netzhaut. Der Brechwertmangel kann innerhalb gewisser Grenzen durch Nahakkommodation ausgeglichen werden, sodass die Abbildung trotz Ametropie in die Netzhautgrube fällt. Deshalb wird der unkorrigierte Hyperop früher oder später über Ermüdungserscheinungen, Kopfschmerzen oder sonstige Beschwerden klagen. Zu einem Visusabfall kommt es erst, wenn die „Akkommodationsreserve" ausgeschöpft wurde. In diesem Moment kann wieder die Faustregel herangezogen werden, wonach sich der jeweils vorhandene Visus pro 0,5 dpt Hyperopie auf etwa die Hälfte reduziert.

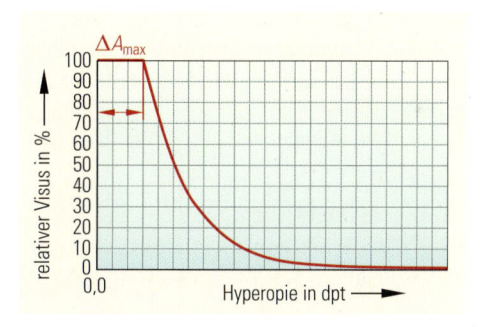

**Bild 7.20** Visusabfall in Abhängigkeit vom Grad der Hyperopie

### 7.3.1 Netzhautbildgröße des hyperopen Auges

Bei einer Brechwerthyperopie stimmt die Größe des Netzhautbildes mit der des Gullstrandauges überein, im Falle einer Längenhyperopie ist die Abbildung dagegen entsprechend kleiner (Bild 7.21).

Beispiel:
Ein 10 mm großer und 25 cm entfernter Gegenstand wird von einem rechtsichtigen ($D_G$ = 59,74 dpt) und einem längenhyperopen Auge ($A_R$ = + 5,0 dpt) betrachtet. Für beide Fälle ist die Größe der Netzhautbilder zu ermitteln.

emmetropes Auge

$$y' = \frac{a' \cdot y}{a \cdot n_G} = \frac{22{,}37 \text{ mm} \cdot 10 \text{ mm}}{(-250) \text{ mm} \cdot 1{,}336} = -0{,}67 \text{ mm}$$

hyperopes Auge

$$a' = \frac{n_G}{D} = \frac{1{,}336}{(59{,}74 + 5)\frac{1}{m}} = 0{,}0206 \text{ m} = 20{,}6 \text{ mm}$$

$$y' = \frac{a' \cdot y}{a \cdot n_G} = \frac{20{,}6 \text{ mm} \cdot 10 \text{ mm}}{(-250) \text{ mm} \cdot 1{,}336} = -0{,}61 \text{ mm}$$

Die Netzhautbildgröße ist im Falle der Längenhyperopie um 0,06 mm kleiner als im rechtsichtigen Auge.

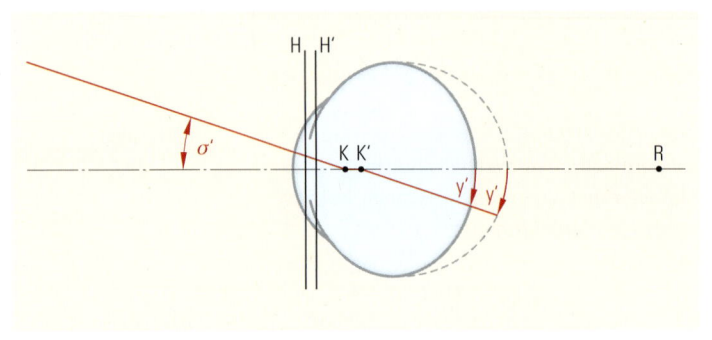

**Bild 7.21** Netzhautbildgröße bei Brechwert- und Längenhyperopie

### 7.3.2 Augenlänge des hyperopen Auges

Für das hyperope Auge lässt sich die Lage der Netzhaut und damit die Baulänge ebenso konstruieren wie für das myope Auge. Dafür ist zunächst der objektseitige Teil eines Strahls (1) zu zeichnen, der unter einer beliebigen Neigung auf den Fernpunkt R gerichtet ist. Anschließend muss ein parallel dazu verlaufender Hilfsstrahl (2) durch den bildseitigen Knotenpunkt K' verschoben werden. Dieser trifft auf das im bildseitigen Brennpunkt stehende Lot (3). Die Verbindung (4) zwischen diesem Schnittpunkt und dem Strahl beliebiger Neigung schneidet wiederum die optische Achse am Ort der Netzhautgrube.

Für die Berechnung der Augenlänge ist die Bildweite zu ermitteln und um den Abstand zwischen Apex und bildseitigem Augenhauptpunkt zu ergänzen.

Beispiel:
Ein längenhyperopes Auge besitzt eine Fernpunktrefraktion $A_R$ von + 5,0 dpt. Zu berechnen ist die Länge des Bulbus.

$$l_A = \frac{n_G}{D_G + A_R} + \overline{SH'} = \frac{1{,}336}{(59{,}74 + 5)\frac{1}{m}} + 0{,}00163 \text{ m}$$

$$= 0{,}0222 \text{ m} = 22{,}2 \text{ mm}$$

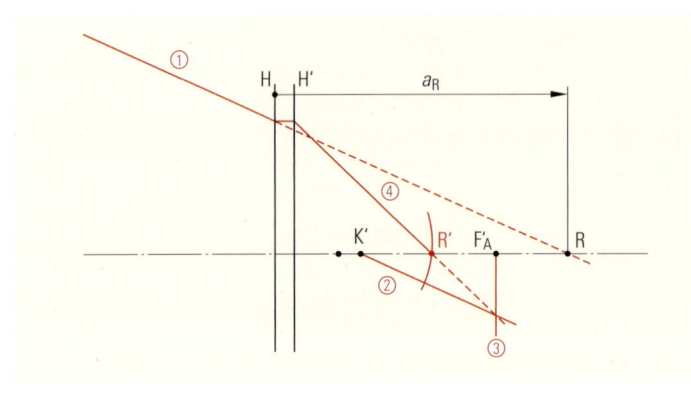

**Bild 7.22** Konstruktion der Baulänge des hyperopen Auges

### 7.3.3 Fern- und Nahpunktrefraktion des hyperopen Auges

**Fernpunktrefraktion**

Das übersichtige Auge kann bei Fernakkommodation nur virtuelle Objekte scharf abbilden, die hinter der Netzhaut in der Fernpunktebene liegen. Sie befinden sich dann im Fernpunktabstand $a_R$ vom objektseitigen Hauptpunkt des Auges entfernt. Der Kehrwert dieser Strecke führt zur Fernpunktrefraktion (Bild 7.23).

**Beispiel:**
Der Fernpunkt eines hyperopen Auges befindet sich 80 cm hinter dem Auge. Zu berechnen ist die Fernpunktrefraktion.

$$A_R = \frac{1}{a_R} = \frac{1}{+0{,}8\ m} = +1{,}25\ \frac{1}{m}$$

Die Fernpunktrefraktion des hyperopen Auges besitzt aufgrund der Fernpunktlage immer ein **positives** Vorzeichen.

**Bild 7.23** Hyperopes Auge bei Fernakkommodation

### Nahpunktrefraktion

Die Nahpunktrefraktion des Hyperopen richtet sich nach dem zur Verfügung stehenden maximalen Akkommodationserfolg $\Delta A_{max}$.

**Beispiel:**
Die Fernpunktrefraktion eines übersichtigen Auges beträgt + 5,0 dpt. Gesucht ist die Nahpunktrefraktion unter der Annahme, dass der maximale Akkommodationserfolg 3/5/7 dpt beträgt.

a) $A_P = A_R - \Delta A_{max} = 5\ dpt - 3\ dpt = +2\ dpt$
b) $A_P = A_R - \Delta A_{max} = 5\ dpt - 5\ dpt = \pm 0\ dpt$
c) $A_P = A_R - \Delta A_{max} = 5\ dpt - 7\ dpt = -2\ dpt$

Die Nahpunktrefraktion kann bei Hyperopie ein negatives oder positives Vorzeichen besitzen. Sie beträgt ± 0 dpt, wenn sich der Nahpunkt im Unendlichen vor dem Auge befindet.

## 7.3.4 Akkommodationsgebiet des hyperopen Auges

Während der Fernpunkt des hyperopen Auges immer hinter der Netzhaut liegt, kann sich der Nahpunkt auch davor oder dahinter befinden.

**Beispiel:**
Zu bestimmen ist das Akkommodationsgebiet von drei hyperopen Augen mit identischer Fernpunktrefraktion ($A_R = +5{,}0\ dpt$). Der maximale Akkommodationserfolg beträgt im ersten Beispiel 3 dpt, im zweiten 5 dpt und im dritten 7 dpt.

Die Fernpunktweite ergibt sich jeweils zu

$$a_R = \frac{1}{A_R} = \frac{1}{+5{,}0\ \frac{1}{m}} = +0{,}2\ m$$

Damit liegt der Fernpunkt in allen Beispielen virtuell hinter dem Auge.

a) $\Delta A_{max} < A_R$

Ist der maximale Akkommodationserfolg kleiner als die Fernpunktrefraktion, befindet sich der Nahpunkt virtuell hinter dem Auge. Ohne Korrektion können weder weit entfernte noch nahe Objekte scharf auf der Netzhaut abgebildet werden.

$$a_P = \frac{1}{A_R - \Delta A_{max}} = \frac{1}{(5-3)\frac{1}{m}} = +0{,}5\ m$$

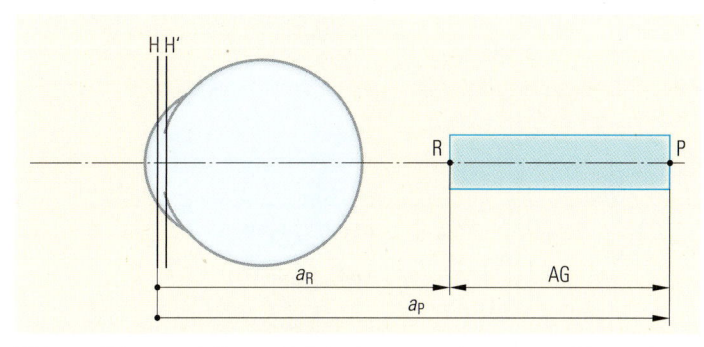

**Bild 7.24** Akkommodationsgebiet des hyperopen Auges, wenn $\Delta A_{max} < A_R$

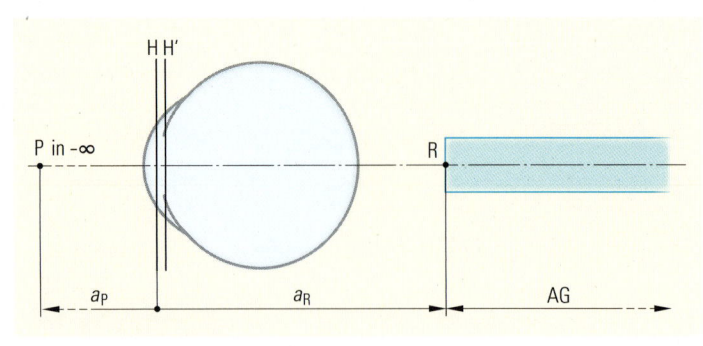

**Bild 7.25** Akkommodationsgebiet des hyperopen Auges, wenn $\Delta A_{max} = A_R$

b) $\Delta A_{max} = A_R$

Sind maximaler Akkommodationserfolg und Fernpunktrefraktion betragsgleich, liegt der Nahpunkt im Unendlichen. Bei vollständiger Ausschöpfung des $\Delta A_{max}$ werden in der Ferne befindliche Gegenstände scharf abgebildet, solche in der Nähe allerdings nicht.

$$a_P = \frac{1}{A_R - \Delta A_{max}} = \frac{1}{(5-5)\frac{1}{m}} = -\infty \text{ m}$$

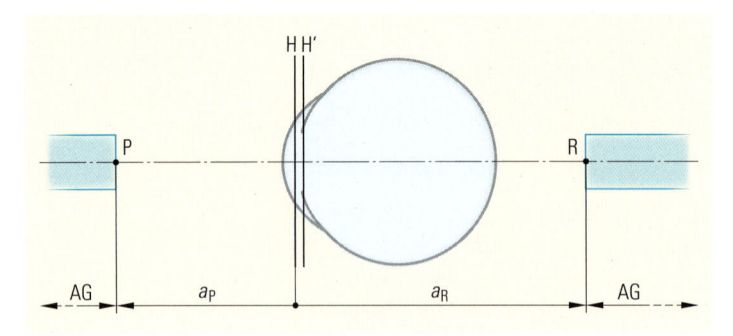

**Bild 7.26** Akkommodationsgebiet des hyperopen Auges, wenn $\Delta A_{max} > A_R$

c) $\Delta A_{max} > A_R$

Ist der maximale Akkommodationserfolg dagegen größer als die Fernpunktrefraktion, nähert sich der Nahpunkt dem Auge. So sind scharfe Abbildungen von weit entfernten und nahen Objekten möglich.

$$a_P = \frac{1}{A_R - \Delta A_{max}} = \frac{1}{(5-7)\frac{1}{m}} = -0.5 \text{ m}$$

### 7.3.5 Refraktionsdefizit des hyperopen Auges

Der **Brechwertmangel** des hyperopen Auges kann durch das Refraktionsdefizit beschrieben werden. Es lässt sich mit einer Modelllinse vergleichen, die sich am Ort des objektseitigen Augenhauptpunkts befindet. Ihr Betrag deckt sich zwar mit dem der Fernpunktrefraktion, sie trägt allerdings das entgegengesetzte Vorzeichen. Damit besitzt das Refraktionsdefizit des Hyperopen immer eine **negative** Wirkung.

### 7.3.6 Korrektion des hyperopen Auges

**Vollkorrektion**

Das Korrektionsglas muss bei Übersichtigkeit eine positive Wirkung besitzen. Es soll Objekte, die sich in der Ferne befinden, im Fernpunkt abbilden. Dafür ist die Vollkorrektionsbedingung zu erfüllen, nach der der bildseitige Brennpunkt des Brillenglases mit dem Fernpunkt des hyperopen Auges zusammenfallen muss.

Der Scheitelbrechwert $S'$ des zur Vollkorrektion führenden Brillenglases hängt von der Fernpunktrefraktion $A_R$ und vom Hauptpunktscheitelabstand $e^*$ ab.

Beispiel:
Ein hyperopes Auge besitzt eine Fernpunktrefraktion von + 6,0 dpt. Zu berechnen ist der vollkorrigierende Scheitelbrechwert für einen Hauptpunktscheitelabstand von 15 mm.

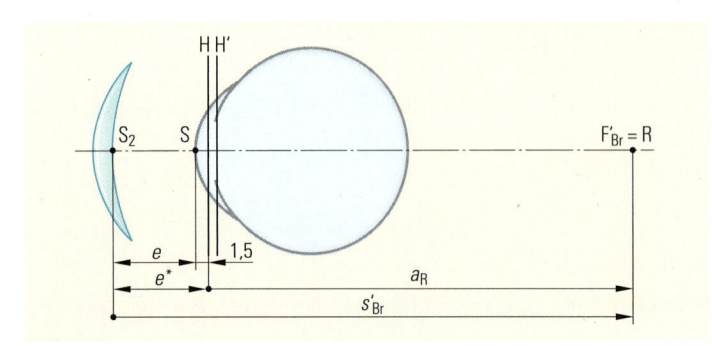

**Bild 7.27** Vollkorrektion bei Hyperopie

## 7.3 Hyperopie

$$S' = \frac{A_R}{1 + e^* \cdot A_R} = \frac{+6{,}0 \text{ dpt}}{1 + 0{,}015 \text{ m} \cdot (+6{,}0)\frac{1}{\text{m}}}$$

$$= +5{,}5 \text{ dpt}$$

> **Wichtig**
> Da für Vollkorrektion die bildseitige Schnittweite stets größer als der Fernpunktabstand des hyperopen Auges sein muss, ist der Betrag des Scheitelbrechwertes immer kleiner als der Betrag der Fernpunktrefraktion.

### Über- und Unterkorrektion

Eine Über- oder Unterkorrektion der Hyperopie kann zu einer Beeinträchtigung des Sehvermögens führen. Bei einer Überkorrektion ist die Wirkung des Korrektionsmittels höher als erforderlich und bildet einen weit entfernten Gegenstand vor der Netzhaut ab. Im Falle einer Unterkorrektion ist seine Wirkung zu gering, sodass es bei Fernakkommodation zu einer Abbildung hinter der Netzhaut kommt. Damit die physiologische Verträglichkeit nicht beeinträchtigt wird, sollte die maximale Abweichung $\Delta S'_{max}$ von der Verordnung nicht mehr als eine ⅛ Dioptrie betragen.

> **Wichtig**
> Bei Hyperopie führt eine Überkorrektion zu Unschärfen, die den Visus herabsetzen können. Unterkorrektion löst dagegen unerwünschte Nahakkommodation aus.

### HSA-Änderung

Bei der Versorgung eines Hyperopen ist bei höheren Werten im Anschluss an die anatomische Voranpassung der Hornhautscheitelabstand $e$ zu überprüfen. Weicht dieser erheblich von dem der Refraktionsbestimmung ab, ist auf den vollkorrigierenden Scheitelbrechwert umzurechnen (Bild 7.28).

Beispiel:
Die Refraktionsbestimmung hat zu einer vollkorrigierenden Verordnung von R/L sph + 9,0 $e$ = 12 mm geführt. Der Abstand zwischen rückwärtigem Scheitelpunkt der Musterverglasung und Apex der Hornhaut beträgt nach der anatomischen Brillenanpassung jedoch 15 mm. Der zur Vollkorrektion führende Scheitelbrechwert ergibt sich zu

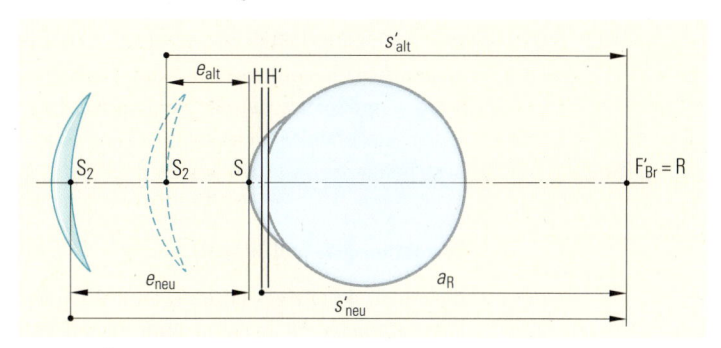

**Bild 7.28** Änderung des Hornhautscheitelabstands bei Hyperopie

$$S'_{neu} = \frac{S'_{alt}}{1 + (e_{neu} - e_{alt}) \cdot S'_{alt}}$$

$$= \frac{+9{,}0 \text{ dpt}}{1 + (0{,}015 - 0{,}012) \text{ m} \cdot (+9{,}0)\frac{1}{\text{m}}}$$

$$= +8{,}76 \text{ dpt}$$

Weil die Differenz zum ursprünglich verordneten Scheitelbrechwert den physiologischen Grenzwert $\Delta S'_{max}$ überschreitet, muss das Brillenglas auf den nächstmöglichen Bestellwert gerundet werden.

$S'_{neu}$ = + 8,76 dpt ≈ + 8,75 dpt

Der Bestellwert führt zwar zu einer minimalen Unterkorrektion, diese kann jedoch ohne Beeinträchtigung durch Nahakkommodation ausgeglichen werden.

In diesem Zusammenhang lässt sich bereits im Vorfeld die HSA-Änderung ermitteln, bei der noch keine beeinträchtigenden Auswirkungen zu erwarten sind. Dafür ist wieder der physiologische Grenzwert $\Delta S'_{max}$ zugrunde zu legen.

Beispiel:
Für eine Verordnung R sph + 6,75 L sph + 6,25 soll die HSA-Änderung ermittelt werden, mit der die maximal zulässige Myopisierung $\Delta S'_{max}$ von + 0,125 dpt gerade erreicht wird.
Da sich eine HSA-Änderung auf höhere Werte stärker auswirkt, erfolgt die Berechnung nur für das rechte Brillenglas.

$$\Delta e_{max} = \frac{\Delta S'_{max}}{S'^2_{alt} - S'_{alt} \cdot \Delta S'_{max}}$$

$$= \frac{+0{,}125\frac{1}{\text{m}}}{\left(-6{,}75\frac{1}{\text{m}}\right)^2 - (-6{,}75)\frac{1}{\text{m}} \cdot (+0{,}125)\frac{1}{\text{m}}}$$

$$= +0{,}0027 \text{ m} = +2{,}7 \text{ mm}$$

Der Hornhautscheitelabstand darf nach der anatomischen Voranpassung um höchstens **2,7 mm größer** als bei der Augenglasbestimmung sein, ohne eine Visusschwächung zu verursachen.

### Korrektionsglas und Bildentstehung

Die Konstruktionsregeln für die Ermittlung des Netzhautbildes im myopen Auge lassen sich auf die Bildentstehung im hyperopen Auge anwenden.

### Abbildung von in der Ferne befindlichen Gegenständen

Für die Konstruktion der Netzhautabbildung muss der Winkel zur optischen Achse bekannt sein, unter dem die Objektstrahlen auf das vollkorrigierende Brillenglas treffen. Der unter diesem Winkel eingezeichnete Hauptpunktstrahl (1) führt in der bildseitigen Brennebene des Brillenglases zu einem virtuellen Zwischenbild $y'$. Der von diesem Zwischenbild ausgehende Knotenpunktstrahl (2) bestimmt bereits die Größe des Netzhautbildes $y''$. Der bildseitige Brennpunkt des Auges lässt sich mithilfe eines vom Zwischenbild kommenden Achsparallelstrahls (3) ermitteln, der als bildseitiger Brennpunktstrahl (4) auf das zuvor ermittelte Netzhautbild trifft und in seiner Verlängerung die optische Achse schneidet. Zur Vervollständigung sind dann nur noch die Ergänzungsstrahlen einzuzeichnen. Sie kommen immer vom Objekt $y$, führen dann zum Zwischenbild $y'$ und von dort aus zur Abbildung $y''$ auf der Netzhaut (Bild 7.29).

### Abbildung von in der Nähe befindlichen Gegenständen

Aufgrund der Objektnähe kann das Zwischenbild $y'$ nicht in der bildseitigen Brennebene des Brillenglases entstehen. Deshalb ist ein weiterer Konstruktionsstrahl erforderlich, dessen bildseitiger Teil in seiner rückwärtigen Verlängerung mit der des zuvor eingezeichneten Hauptpunktstrahls (1) zum Zwischenbild $y'$ führt. Weil der bildseitige Brennpunkt des Brillenglases bekannt ist, bietet sich dafür der objektseitige Achsparallelstrahl (2) an. Der weitere Verlauf der Konstruktion erfolgt analog zu dem oben geschilderten Verfahren (Bild 7.30).

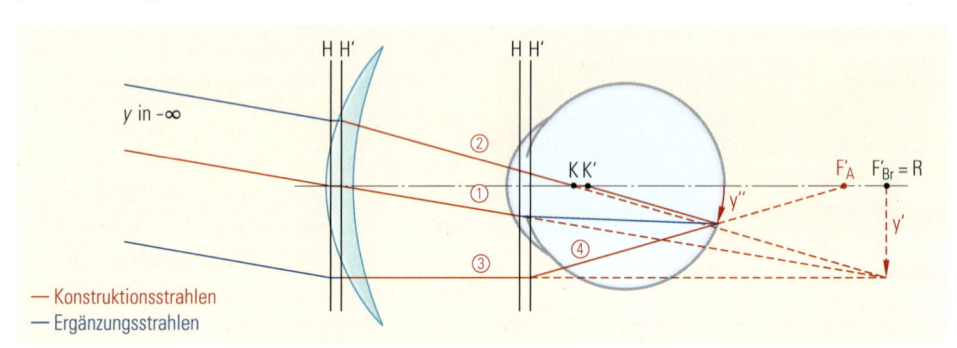

**Bild 7.29** Abbildung eines in der Ferne befindlichen Objekts

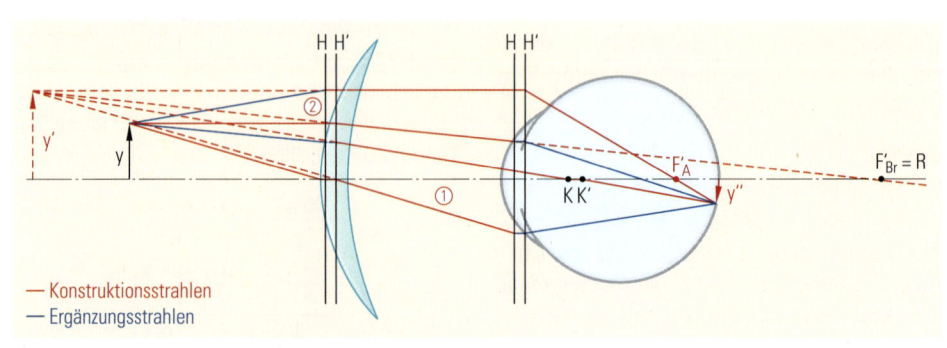

**Bild 7.30** Abbildung eines in der Nähe befindlichen Objekts

## Korrektionsglas und Netzhautbildgröße

Die mit einem Brillenglas korrigierte Hyperopie führt im Vergleich zum unkorrigierten Auge zu scharfen und größeren Netzhautabbildungen. Ihre Ausdehnung richtet sich nach der Gesamtvergrößerung, dem Produkt aus Eigen- und Systemvergrößerung des Brillenglases.

Beispiel:
Ein Brillenglas aus CR 39 ($n_{CR\,39}$ = 1,502) besitzt einen Scheitelbrechwert von + 8,0 dpt, eine Mittendicke von 11,5 mm sowie eine Basiskurve von + 10,56 dpt und soll bei einem Hauptpunktscheitelabstand von 15 mm getragen werden. Ermittelt wird die Gesamtvergrößerung.

Bevor eine Aussage über die Gesamtvergrößerung gemacht werden kann, müssen Eigen- und Systemvergrößerung ermittelt werden.

$$N_E = \frac{1}{1 - \frac{d}{n} \cdot D_1} = \frac{1}{1 - \frac{0{,}0115\text{ m}}{1{,}502} \cdot (+10{,}56) \frac{1}{\text{m}}}$$

$$= 1{,}0879$$

Je größer Mittendicke und Vorderflächenbrechwert, desto höher fällt auch die Eigenvergrößerung aus. In diesem Fall beträgt sie immerhin 8,79 %. Die Systemvergrößerung ergibt sich zu

$$N_S = \frac{1}{1 - e^* \cdot S'} = \frac{1}{1 - 0{,}015\text{ m} \cdot (+8{,}0) \frac{1}{\text{m}}}$$

$$= 1{,}1363$$

Damit hat die Systemvergrößerung von 13,63 % einen erheblichen Einfluss auf die Gesamtvergrößerung. Das Phänomen der Vergrößerung lässt sich mit der Betrachtung eines Gegenstands durch ein Galilei-Fernrohr vergleichen. Dabei übernimmt das Brillenglas die Rolle der Objektivlinse und das Refraktionsdefizit die des Okulars.

Aus den Zwischenergebnissen ergibt sich schließlich eine Gesamtvergrößerung von

$$N_G = N_E \cdot N_S = 1{,}0879 \cdot 1{,}1363 = 1{,}236$$

Ein Objekt wird also um 23,6 % größer abgebildet, als es ohne Korrektionsglas der Fall wäre.

## Korrektion mit Kontaktlinsen

Jeder Kontaktlinsenträger ist auf eine Brille angewiesen und sollte auch zum regelmäßigen Wechsel auf dieses Korrektionsmittel angehalten werden. Aus diesem Grund ist er auf zu erwartende Änderungen beim Übergang von der einen auf die andere Korrektionsvariante vorzubereiten. Im Wesentlichen betreffen diese Änderungen den Scheitelbrechwert, den Visus, die Akkommodation und Konvergenz sowie das Gesichtsfeld.

### Scheitelbrechwert

Beim Übergang von der Brille auf die Kontaktlinse handelt es sich um eine Verkürzung des Hornhautscheitelabstands auf nahezu 0 mm. Sind Scheitelbrechwert und Hornhautscheitelabstand des Korrektionsglases bekannt, lässt sich die erforderliche Wirkung der Kontaktlinse berechnen.

Beispiel:
Das vollkorrigierende Glas ($S'$ = + 6,5 dpt) einer Brille wird bei einem Hornhautscheitelabstand von 16 mm genutzt. Ermittelt werden soll der zu erwartende Scheitelbrechwert der Kontaktlinse.

$$S'_{KL} = \frac{S'_{Br}}{1 - e_{Br} \cdot S'_{Br}} = \frac{+6{,}5\text{ dpt}}{1 - 0{,}016\text{ m} \cdot (+6{,}5) \frac{1}{\text{m}}}$$

$$= +7{,}25\text{ dpt}$$

Der Scheitelbrechwert der Kontaktlinse muss bei Hyperopie **größer** sein als der des Korrektionsglases.

### Visus

Das Korrektionsglas des Hyperopen führt zu einer Vergrößerung des Netzhautbildes. Mit dem Übergang auf die Kontaktlinse wird wieder eine Abbildung in nahezu natürlicher Größe erreicht, was einer relativen **Verkleinerung** gleichkommt. Bei starken Hyperopien kann dieser Effekt zu einem Visusabfall führen.

### Akkommodation und Konvergenz

Betrachtet ein Übersichtiger einen nahen Gegenstand durch die Gläser seiner Fernbrille, stellen sich Akkommodation und Konvergenz immer auf das Zwischenbild ein, das aufgrund der prismatischen Wirkung allerdings in einer geringeren Entfernung zustande kommt. Deshalb muss der Hyperope mit Kontaktlinsen beim Blick in die Nähe **weniger** akkommodieren und konvergieren, als mit seiner Brille.

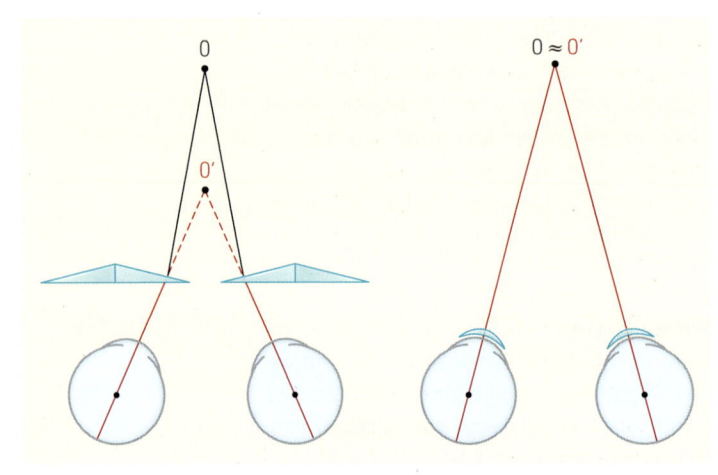

# 7 • Sphärisch fehlsichtige Kunden beraten und versorgen

**Bild 7.31** Akkommodation und Konvergenz bei Hyperopie

die alle Objektstrahlen zur Basis hin ablenken. Dadurch entstehen bei der Korrektion mit Plusgläsern ringförmige Gesichtsfeldausfälle, die als Ringskotom bezeichnet werden. Diese entfallen beim Übergang von der Brille auf die Kontaktlinsen.

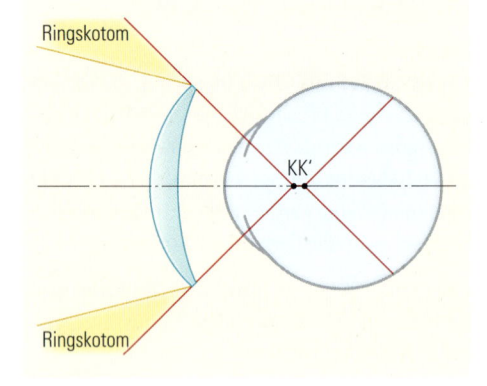

**Bild 7.32** Gesichtsfeld durch ein Plusglas

### Gesichtsfeld

Wird die Ametropie mit einem Brillenglas korrigiert, so treten außerhalb des optischen Mittelpunktes immer prismatische Wirkungen auf,

### Aufgaben

1. Ermitteln Sie das Refraktionsdefizit für einen Fernpunktabstand von + 160 mm.

2. Ein Auge besitzt einen Brechwert von + 56,0 dpt und eine Augenlänge von 24 mm. Berechnen Sie die Fernpunktrefraktion $A_R$.

3. Skizzieren und bestimmen Sie die Akkommodationsgebiete für drei hyperope Augen mit einer Fernpunktrefraktion von $A_{R1}$ = + 2,5 dpt, $A_{R2}$ = + 4,0 dpt und $A_{R3}$ = + 8,0 dpt. Der maximale Akkommodationserfolg beträgt jeweils 4 dpt.

4. Das Refraktionsdefizit eines Auges beträgt – 2,5 dpt. Ermitteln Sie den Einstellpunkt bei einem Akkommodationserfolg von 4,5 dpt.

5. Ein Übersichtiger wird mit einem Brillenglas ($S'$ = + 7,25 dpt) bei einem Hornhautscheitelabstand von 15 mm vollkorrigiert. Berechnen Sie das Refraktionsdefizit.

6. Eine Verordnung lautet R/L + 12,5 $e$ = 12 mm. Aus anatomischen Gründen wird die Brille in einem 4 mm größeren HSA angepasst. Bestimmen Sie den Bestellwert der Gläser.

7. Ein Augenpaar besitzt ein Refraktionsdefizit von – 3,0 dpt. Ermitteln Sie die Lage des Fern- und Nahpunktes für einen maximalen Akkommodationserfolg von 2,5 dpt.

8. Berechnen Sie den Scheitelbrechwert für ein Vollkorrektionsglas, das bei einem Hauptpunktscheitelabstand von 15 mm eine Systemvergrößerung von 1,1 erzielt.

9. Ein Brillenglas ($S'$ = + 12,0 dpt) mit der Brechzahl von 1,525 und einem Vorderflächenbrechwert von 13,5 dpt besitzt eine Mittendicke von 12 mm und führt bei einem Hornhautscheitelabstand von 15 mm zu Vollkorrektion. Bestimmen Sie die Gesamtvergrößerung des Glases.

10. Die Kontaktlinse einer Kundin besitzt einen Scheitelbrechwert von + 6,75 dpt. Ermitteln Sie, bei welchem Hornhautscheitelabstand die Augenglasbestimmung vorgenommen wurde, wenn für das Brillenglas ein Scheitelbrechwert von 5,75 dpt anzunehmen ist.

## 7.4 Brillenglasberatung

> Ein stark hyperoper Kunde erkundigt sich interessiert nach einer verhältnismäßig großen Fassung, die er in der Schaufensterauslage gesehen hat und bittet Sie um Beratung.

Die Ausführung des Brillenglases ist entscheidend für den Seh- und Tragekomfort sowie die Ästhetik der Brille. Dazu bietet die augenoptische Industrie eine Vielzahl von Glasmaterialien und unterschiedliche Flächengeometrien an. Die Auswahl hängt neben den individuellen Kundenbedürfnissen auch von der Fassung, vom Einsatzbereich und von der Verordnung ab. Dieser kommt dabei eine große Bedeutung zu, da es mit zunehmender Krümmung des Brillenglases zu einer Abnahme der Abbildungsqualität kommt. Grund dafür sind die auch als **Aberrationen** bezeichneten Abbildungsfehler, die jedes Brillenglas aufweist.

### 7.4.1 Abbildungsfehler

Der idealisierten Abbildung durch optische Systeme liegen vereinfachende Annahmen zu Grunde. Dabei wird davon ausgegangen, dass die einfallenden Strahlen paraxial verlaufen, also einen äußerst geringen Abstand zur optischen Achse besitzen, und monochromatisch sind. Da diese Annahmen in der Realität nur näherungsweise erfüllt werden können, ergeben sich Abweichungen von der idealen optischen Abbildung in Form von Unschärfen, Verzerrungen und Farbsäumen. Dabei wird zwischen monochromatischen und chromatischen Aberrationen unterschieden. Letztere sind eine Folge der Dispersion und können nur bei polychromatischem Licht auftreten. Monochromatische Fehler hingegen kommen auch bei einfarbigem Licht vor.

#### Monochromatische Aberrationen

**Sphärische Aberration**

Parallel zur optischen Achse einfallende Paraxialstrahlen werden durch die Linse in Richtung des bildseitigen Brennpunkts gebrochen. Strahlen, die auf die Randbereiche des Brillenglases treffen, erfüllen die Paraxialbedingung nicht und weichen vom idealen Verlauf ab. Dabei zeigt sich, dass achsferne Strahlen zu stark gebrochen werden, der Brechwert des Brillenglases zu seinem Rand also zu groß ist. Die Folge dieses als **sphärische Aberration** bezeichneten Abbildungsfehlers sind Bildunschärfen.

Da die Größe des Fehlers von der Einfallshöhe abhängt, kommt er vor allem bei großen Brillengläsern und weit geöffneten Blenden zum Tragen. Aus diesem Grund heißt der Fehler auch **Öffnungsfehler**. Er wird als eine der Ursachen der sogenannten Nachtmyopie angesehen, da hier die Lichtstrahlen auf die bei

> **paraxial:** achsnah
>
> **monochromatisch:** Licht nur einer Spektralfarbe
>
> **polychromatisch:** aus mehreren Spektralfarben zusammengesetztes Licht
>
> **Blende:** Öffnung, die ein Strahlenbündel begrenzt, z. B. Iris

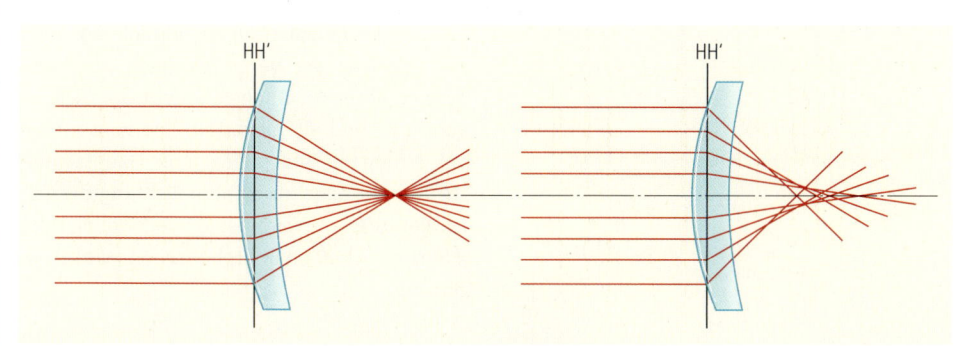

**Bild 7.33** Idealer Strahlverlauf und Strahlverlauf mit sphärischer Aberration

## 7 • Sphärisch fehlsichtige Kunden beraten und versorgen

Dunkelheit weit geöffnete Pupille fallen. Auch der Begriff Myopie, der aus dem Griechischen übersetzt so viel wie „kneifendes Auge" heißt, lässt sich auf die sphärische Aberration zurückführen. Durch das Zusammenkneifen des Auges werden Randstrahlen abgeblendet und so die Schärfentiefe erhöht.

Da das Ausmaß der sphärischen Aberration nicht nur von der Einfallshöhe des Strahls, sondern auch von der Krümmung der Linse abhängt, kann der Fehler bereits durch eine flachere Glasform reduziert werden. Diese lässt sich durch Glasmaterialien mit höheren Brechzahlen erreichen. Eine nahezu vollständige Reduzierung des Fehlers ist durch sogenannte asphärische Brillengläser möglich. Bei diesen Gläsern nimmt der Brechwert zum Rand hin ab, sodass eine zu starke Brechung achsferner Strahlen verhindert wird.

■ **Sturm'sches Konoid:** räumlich ausgedehntes Bild bei Abbildung durch astigmatische Linsen, siehe S. 75

### Verzeichnung
Verzeichnungen resultieren aus der sphärischen Aberration. Da das Licht in den Randbereichen des Brillenglases zu stark gebrochen wird, nimmt die vergrößernde Wirkung bei Plus- beziehungsweise die verkleinernde Wirkung bei Minusgläsern zu. Als Folge werden beispielsweise gerade Linien gekrümmt abgebildet (Bild 7.34).

Wird ein Quadrat durch eine Pluslinse abgebildet, so kommt es zu einer **kissenförmigen Verzeichnung**. Da die Ecken weiter vom Zentrum des Quadrats entfernt sind als dessen Seitenmitten, werden sie stärker vergrößert. Umgekehrt erfolgt beim Minusglas eine stärkere Verkleinerung dieser Bereiche. Daraus resultiert eine **tonnenförmige Verzeichnung**. Im Gegensatz zu **Verzerrungen** sind Verzeichnungen rotationssymmetrisch.

### Astigmatismus schiefer Bündel
Trifft ein Lichtbüschel nicht senkrecht, sondern schief auf eine sphärische Linse, kommt es zu einer als **Astigmatismus schiefer Bündel** bezeichneten Aberration. Diese bewirkt, dass ein Objektpunkt nicht als Punkt, sondern als Sturm'sches Konoid abgebildet wird. Das an sich sphärische Brillenglas wirkt dann wie ein sphärotorisches. Die Abbildung ist mit der durch eine astigmatische Linse vergleichbar. Da das Sturm'sche Konoid an keiner Stelle eine scharfe Abbildung liefert, führt der Fehler zu Unschärfen, die mit größerem Einfallswinkel zunehmen. Deshalb wirkt sich der Astigmatismus schiefer Bündel vor allem beim Blick durch die Randbereiche des Brillenglases aus. Er lässt sich durch die Wahl kleiner Brillenfassungen oder auch eine flachere Glasform reduzieren, jedoch nicht gänzlich beseitigen.

### Anamorphotische Verzerrungen
Zu **anamorphotischen Verzerrungen** kommt es bei astigmatischen Linsen. Da deren Wirkung richtungsabhängig ist, ergeben sich dementsprechend auch unterschiedlich vergrößernde Wirkungen. Aufgrund der Tatsache, dass bei der Wahrnehmung der Umwelt vertikale und horizontale Orientierungen dominieren, wird die Differenz der Vergrößerungen insbesondere in diesen Richtungen bedeutsam. Achslagen in 0° und 90° bewirken eine winkeltreue Verzerrung des Bildes. Liegen die Hauptschnittrichtungen dagegen nicht in Richtung der Objektkonturen, erfolgt eine Verkippung des Bildes mit einer anamorphotischen Winkelverzerrung.

ohne Verzeichnung    kissenförmige Verzeichnung    tonnenförmige Verzeichnung

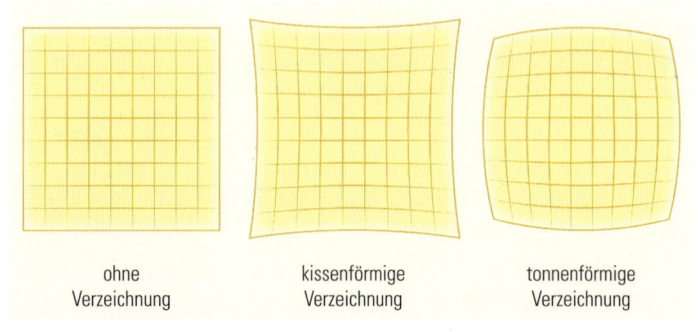

**Bild 7.34** Verzeichnung

a)    b)

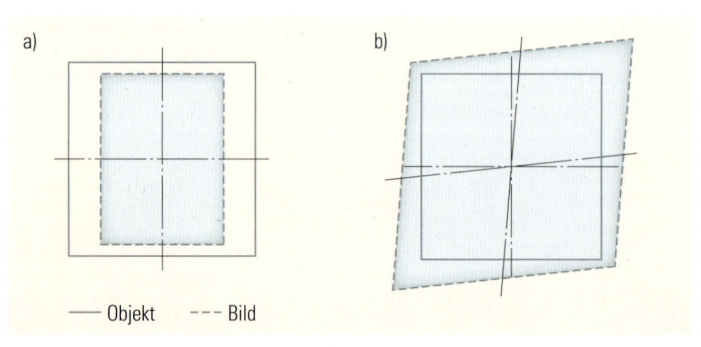

—— Objekt    --- Bild

**Bild 7.35** Anamorphotische Verzerrungen, a) winkeltreu, b) mit Verkippung

## Chromatische Aberrationen

### Chromatische Längsabweichung

Aufgrund der Dispersion kommt es an jeder brechenden Fläche zu einer spektralen Zerlegung polychromatischer Lichtstrahlen. Dabei ist die Brechung des Lichts umso stärker, je kürzer seine Wellenlänge ist. Bild 7.36 stellt den Verlauf von achsenparallel einfallenden polychromatischen Lichtstrahlen dar. Es zeigt sich, dass jede Spektralfarbe einen eigenen Brennpunkt besitzt. Dadurch ergeben sich für jede Farbe eigene Bildorte, die zur Unschärfe führen. Da Brennpunkte und Bildorte mit kürzer werdender Wellenlänge längs zur Linse hin verschoben sind, wird dieser Fehler auch als **chromatische Längsabweichung** bezeichnet.

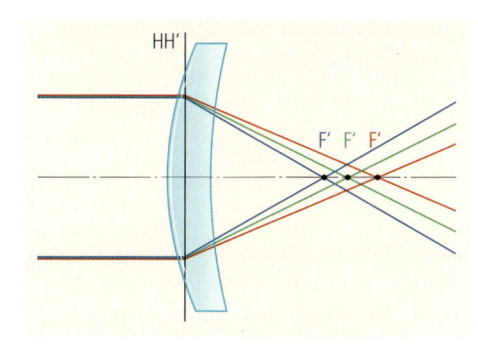

**Bild 7.36** chromatische Längsaberration

### Chromatische Vergrößerungsdifferenz

Da die Bildgröße von der Bildweite abhängig ist, bewirkt die chromatische Längsabweichung für jede Farbe unterschiedlich große Bilder. Diese als **chromatische Vergrößerungsdifferenz** bezeichnete Aberration wird in Form von Farbsäumen sichtbar, die die Wahrnehmung stärker beeinträchtigen als die aus der Längsabweichung resultierende Unschärfe. Da die Größe der Farbsäume nicht nur von der Abbe-Zahl, sondern auch von der prismatischen Wirkung abhängt, treten sie besonders deutlich in den Randbereichen des Brillenglases auf.

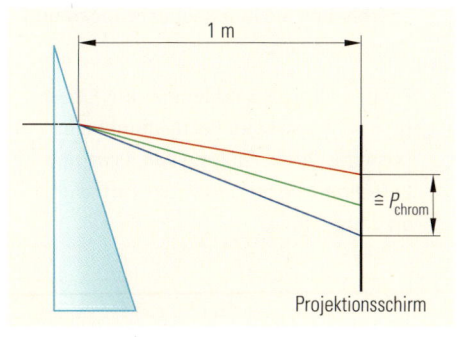

**Bild 7.37** Größe des Farbsaums

Die **Größe des Farbsaums** $P_{chrom}$ gibt die in cm gemessene Breite des Spektrums pro 1 m Entfernung vom Prisma an. Dabei liegt die Wahrnehmbarkeitsschwelle bei einer Größe von 0,12 cm/m.

> **Größe des Farbsaums**
> 
> $$P_{chrom} = \frac{P}{v_e}$$
> 
> $P$: prismatische Ablenkung am Durchblickpunkt
> $v_e$: Abbe-Zahl des Glasmaterials

### Rot-Grün-Test zum Feinabgleich

Das Funktionsprinzip des im Rahmen der Augenglasbestimmung durchgeführten Rot-Grün-Tests für den monokularen Feinabgleich basiert auf dem Phänomen der chromatischen Längsabweichung. Dabei werden dem Probanden schwarze Optotypen auf rotem und grünem Hintergrund gezeigt. Sind die Sehzeichen gleich deutlich zu erkennen, gilt der Proband als vollkorrigiert. In diesem Fall liegen die Brennpunkte für das dargebotene rote und grüne Licht gleich weit von der Netzhaut entfernt. Der Brennpunkt des roten Lichts befindet sich kurz hinter der Netzhaut und der des grünen kurz davor. Werden die Optotypen vor dem roten Hintergrund besser wahrgenommen, bedeutet dies, dass sich der zugehörige Brennpunkt näher an der Netzhaut befindet. Der Brechwert des Brillenglases muss in diesem Fall abgeschwächt werden, der Proband benötigt „mehr Minus". Sind die Sehzeichen vor dem grünen Hintergrund besser wahrnehmbar, so ist eine höhere Pluswirkung erforderlich.

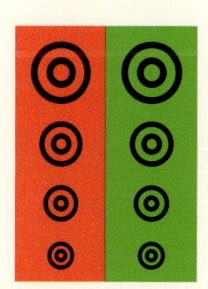

**Bild 7.38** Rot-Grün-Test für den monokularen Feinabgleich

## Aufgaben

1. Bilden Sie einen hellen Lichtpunkt an der optischen Bank mithilfe einer sphärischen Pluslinse deutlich auf einem Projektionsschirm ab. Drehen Sie die Linse anschließend, sodass sie schief vom Strahlenbüschel durchdrungen wird. Variieren Sie nun den Abstand des Schirms zur Linse, beschreiben Sie Ihre Beobachtungen und deuten Sie diese.

2. Ein prismatisches Brillenglas aus CR 39 ($v_e$ = 58) bewirkt im Bezugspunkt eine prismatische Ablenkung von 4 cm/m. Berechnen Sie die Größe des Farbsaums an dieser Stelle.

3. Ein sphärisches Brillenglas aus HC 42 ($v_e$ = 45) besitzt einen Scheitelbrechwert von + 3,75 dpt. Der maximale Abstand vom optischen Mittelpunkt zum Fassungsrand beträgt 30 mm. Beurteilen Sie, ob der Farbsaum in den Randbereichen des Brillenglases wahrgenommen werden kann.

4. Im Rahmen des monokularen Feinabgleichs mit dem Rot-Grün-Test nimmt ein myoper Proband die Optotypypen vor dem grünen Hintergrund wesentlich kontrastreicher wahr als die vor dem roten. Skizzieren Sie den Verlauf der entsprechenden Lichtstrahlen im Auge und beurteilen Sie, ob Voll-, Über- oder Unterkorrektion vorliegt.

### 7.4.2 Phasen der Brillenglasberatung

Neben der Bedarfsermittlung umfasst die Brillenglasberatung mehrere Phasen, die sowohl voneinander abhängen als auch aufeinander aufbauen.

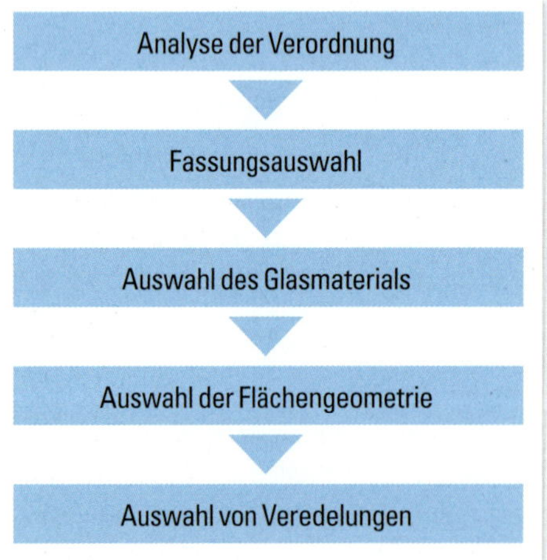

```
Analyse der Verordnung
        ▼
Fassungsauswahl
        ▼
Auswahl des Glasmaterials
        ▼
Auswahl der Flächengeometrie
        ▼
Auswahl von Veredelungen
```

**Bild 7.39** Ablauf der Brillenglasberatung

**Analyse der Verordnung**

Hohe Plus- beziehungsweise Minuswirkungen und prismatische Verordnungen stellen besondere Anforderungen an die Fassung, das Glasmaterial und die Schleifart des Brillenglases. Nur wenn diese erfüllt sind, kann eine ästhetische Brille mit optimalen Abbildungseigenschaften gefertigt werden. Andernfalls ergeben sich Gläser mit hohen Mitten- oder Randdicken, großem Gewicht und Aberrationen, die den Visus beeinträchtigen.

Bei hohen Pluswirkungen sollte ein Glasmaterial mit hoher Abbe-Zahl gewählt werden. Grund dafür ist die chromatische Aberration, die umso größer wird, je kleiner die Abbe-Zahl ist. Es ergeben sich Farbsäume in den Randbereichen des Brillenglases, die aus den dort vorhandenen prismatischen Nebenwirkungen resultieren. Mineralische und organische Gläser mit einer Brechzahl von 1,5 besitzen zwar hohe Abbe-Zahlen, dafür jedoch auch große Mittendicken und Volumina. Aus diesem Grund ist dem deutlich leichteren organischen Material der Vorzug zu geben.

Mit steigender Wirkung eines Minusglases wächst auch seine Randdicke. Dem kann die Wahl einer höheren Brechzahl entgegenwirken. Das höchstbrechende mineralische Material besitzt eine Brechzahl von 1,9. Im organischen Bereich sind derzeit nur Brechzahlen bis zu 1,76 möglich. Um dennoch eine möglichst flache Kurve zu erreichen, kann eine asphärische Flächengestaltung gewählt werden.

Aufgrund der verkleinernden Wirkung werden die Randbereiche des Minusglases nicht zum aktiven Sehen genutzt. Somit spielen Farbsäume bei Materialien mit geringen Abbe-Zahlen eine untergeordnete Rolle. Da das Gewicht eingeschliffener Minusgläser deutlich geringer als das von Plusgläsern ist, relativiert sich in diesem Fall der Gewichtsvorteil organischer Werkstoffe.

> **Praxis-Tipp**
> Beachten Sie, dass es im Falle einer prismatischen Verordnung selbst bei Gläsern ohne sonstige Wirkung, zu sichtbaren Farbsäumen kommen kann.

### Fassungsauswahl

Die Wahl der Fassung bestimmt maßgeblich die Mitten- beziehungsweise Randdicke und dadurch Gewicht und Ästhetik des Brillenglases. Damit kommt der Auswahl gerade bei starken Verordnungen eine große Bedeutung zu.

Werden Vorder- und Rückfläche eines Plusglases näher aneinander herangeführt, um eine geringe Mittendicke zu realisieren, hat dies zwangsläufig einen kleineren Glasdurchmesser zur Folge. Da die Mittendicke aber einen großen Einfluss auf das Volumen und damit auf das Gewicht des Glases besitzt, lässt sich ein leichtes Brillenglas am besten mit einer kleinen Fassung realisieren.

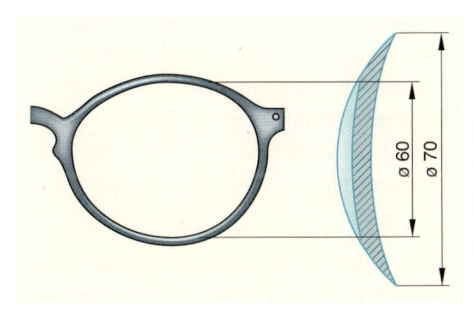

**Bild 7.40** Einfluss der Fassungsgröße auf die Mittendicke eines Plusglases

Die Fassungsgröße hat auf die Mittendicke eines Minusglases keinen Einfluss. Diese bewegt sich in einem Bereich zwischen 0,8 und 2 mm. Da das Minusglas zum Rand hin dicker wird, befindet sich dort der größere Teil seiner Masse. Bei einer kleinen Fassung wird der Glasrand schmaler und das Glas leichter.

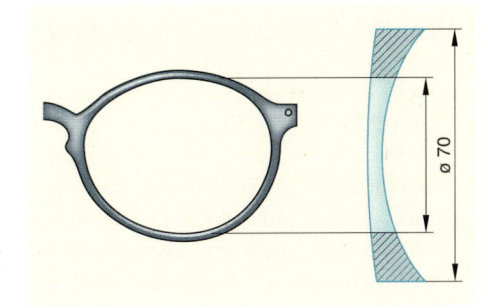

**Bild 7.41** Einfluss der Fassungsgröße auf die Randdicke eines Minusglases

Im Gegensatz zur Mittendicke des Plusglases lässt sich die Randdicke des Minusglases durch den Fassungsrand kaschieren. Zudem lassen sich bei Minusverordnungen flachere Kurven durch die Möglichkeit der Wahl höchstbrechender Materialien leichter erreichen.

> **Wichtig**
> Gerade bei stärkeren Plusverordnungen trägt die Fassungswahl erheblich zur Brillenglasoptimierung bei.

### Auswahl des Glasmaterials

Ein Glasmaterial, das nur wünschenswerte Eigenschaften in sich vereint, existiert nicht. Vielmehr besitzen die zur Verfügung stehenden Materialien neben ihren spezifischen Vorzügen immer auch Nachteile. Ein sorgsames Abwägen, unter Berücksichtigung der individuellen Kundenbedürfnisse, ist also erforderlich.

### Organische und mineralische Gläser

Die Wahl eines organischen Glasmaterials ist die effektivste Methode zur Gewichtsreduzierung. Aufgrund der deutlich geringeren Dichte fällt das Gewicht der Gläser erheblich geringer aus als bei mineralischen Materialien. Ein weiterer Vorteil organischer Gläser ist die hohe Elastizität und die damit verbundene Bruchsicherheit, die gerade bei Bohr- und Fadenbrillen gewünscht wird. Die Elastizität führt zudem zu einer Resistenz gegenüber Schleiffunken, die an der Glasoberfläche quasi „abprallen".

# Sphärisch fehlsichtige Kunden beraten und versorgen

Mineralische Gläser sind dagegen wesentlich härter. Selbst mit Hartschicht wird ein organisches Brillenglas niemals die Kratzbeständigkeit eines mineralischen erreichen. Auch Entspiegelungsschichten weisen auf mineralischem Glasmaterial eine deutlich höhere mechanische Belastbarkeit auf. Ist eine besonders hohe Bruchfestigkeit erforderlich, wie im Fall von Kinder-, Sport- und Schutzbrillen, bietet sich der Einsatz von Polycarbonat oder Trivex an. Die Brechzahl von Polycarbonat beträgt 1,59, die von Trivex ist mit 1,53 geringer. Dafür besitzt Trivex eine günstigere Abbe-Zahl, die zwar schlechter als die von CR 39, jedoch besser als die der höherbrechenden organischen Materialien ist. Die Dichte beider Werkstoffe liegt sogar noch unter der von CR 39.

Generell bieten organische Materialien einen guten bis sehr guten UV-Schutz. Bei mineralischen Brillenglaswerkstoffen nimmt dieser mit steigender Brechzahl zu. Die UV-Absorption von Polycarbonat, Trivex und hochbrechenden organischen Werkstoffen kann als nahezu vollständig angesehen werden.

### Hoch- und niedrigbrechende Gläser

Je höher die Brechzahl, desto kleiner ist die zum Erreichen der brechenden Wirkung erforderliche Krümmung. Das Glas wird flacher und es ergibt sich eine kleinere Rand- beziehungsweise Mittendicke. Nachteilig ist, dass die Zunahme der Brechzahl meist mit einer kleineren Abbe-Zahl, also mit einer größeren Dispersion verbunden ist. Gerade bei starken Pluswirkungen und prismatischen Verordnungen wirkt sich diese negativ aus. Zudem nimmt der Reflexionsgrad mit steigender Brechzahl zu. Höher brechende Brillengläser sollten deshalb unbedingt entspiegelt werden. In Bezug auf das Glasgewicht ist im Einzelfall zu überprüfen, ob aus einer höheren Brechzahl eine Reduzierung oder Zunahme des Gewichts resultiert.

> **atorisch:** von der sphärotorischen Form abweichend

### Auswahl der Flächengeometrie

Abweichend von der kugelförmigen Geometrie sphärischer Gläser bietet die augenoptische Industrie auch asphärische und atorische Brillengläser an. Sie werden aus optischen und kosmetischen Gründen eingesetzt. Dabei zeichnet sich das asphärisch geschliffene Glas dadurch aus, dass es in seinen Hauptschnitten keine einheitliche Kurve besitzt. Diese wird zum Glasrand hin flacher.

Sphärische beziehungsweise sphärotorische Brillengläser weisen im Randbereich einen zu großen Brechwert auf, sodass die stärker gebrochenen Randstrahlen häufig zu einer geringfügigen Verschlechterung der Abbildungsqualität führen. Weil das asphärische Brillenglas zum Rand hin eine schwächere Krümmung sowie einen abnehmenden Brechwert besitzt, ist die sphärische Aberration deutlich reduziert (Bild 7.42).

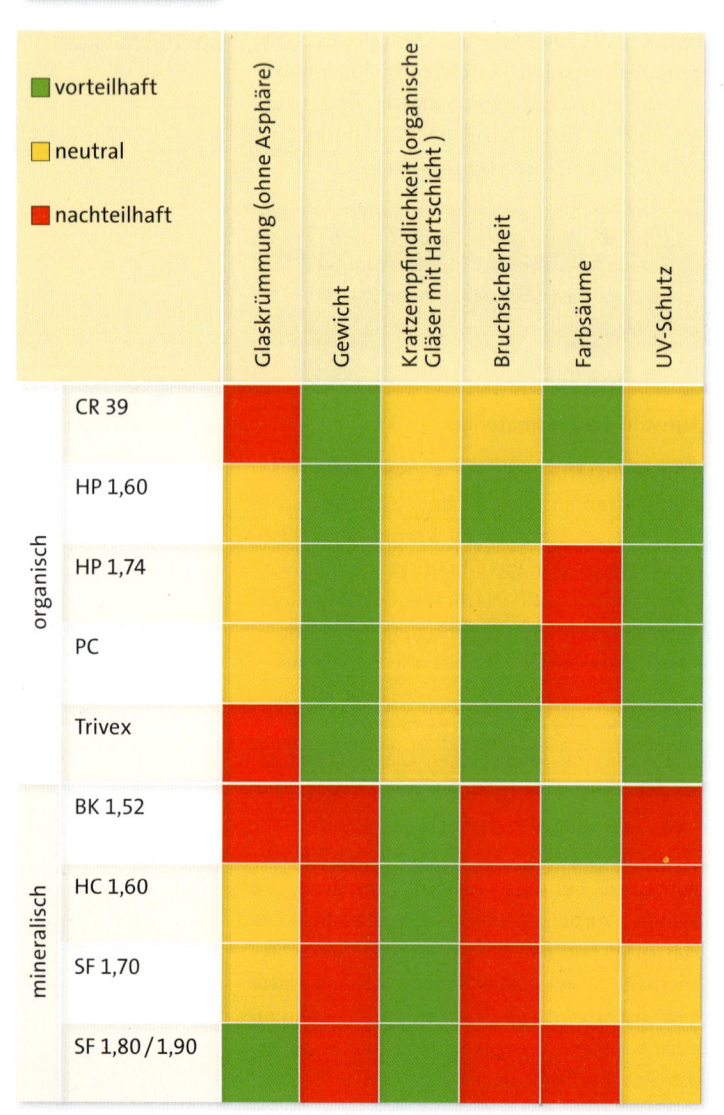

| | Material | Glaskrümmung (ohne Asphäre) | Gewicht | Kratzempfindlichkeit (organische Gläser mit Hartschicht) | Bruchsicherheit | Farbsäume | UV-Schutz |
|---|---|---|---|---|---|---|---|
| organisch | CR 39 | nachteilhaft | vorteilhaft | neutral | neutral | vorteilhaft | neutral |
| organisch | HP 1,60 | neutral | neutral | neutral | neutral | neutral | vorteilhaft |
| organisch | HP 1,74 | vorteilhaft | neutral | neutral | neutral | nachteilhaft | vorteilhaft |
| organisch | PC | neutral | vorteilhaft | nachteilhaft | vorteilhaft | neutral | vorteilhaft |
| organisch | Trivex | neutral | vorteilhaft | nachteilhaft | vorteilhaft | neutral | vorteilhaft |
| mineralisch | BK 1,52 | nachteilhaft | nachteilhaft | vorteilhaft | nachteilhaft | vorteilhaft | nachteilhaft |
| mineralisch | HC 1,60 | neutral | nachteilhaft | vorteilhaft | nachteilhaft | neutral | neutral |
| mineralisch | SF 1,70 | neutral | nachteilhaft | vorteilhaft | nachteilhaft | nachteilhaft | vorteilhaft |
| mineralisch | SF 1,80/1,90 | vorteilhaft | nachteilhaft | vorteilhaft | nachteilhaft | nachteilhaft | vorteilhaft |

**Tabelle 7.2** Vor- und Nachteile verschiedener Glasmaterialien im Überblick

## 7.4 Brillenglasberatung

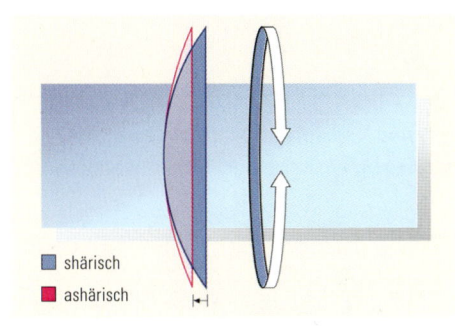

**Bild 7.42** Rotationssymmetrisches sphärisches und asphärisches Flächendesign

Neben der optimierten Abbildungsgüte hat die Abflachung zum Glasrand hin auch kosmetische Vorteile. Insgesamt wird eine flachere Glasgestaltung möglich, die zu geringeren Mitten- beziehungsweise Randdicken sowie zu einer Gewichtsreduktion führt. Da durch die Wahl einer asphärischen Ausführung ein flacheres Glas ohne den Nachteil einer geringeren Abbe-Zahl erreicht werden kann, ist diese Ausführung gerade bei starken Plusverordnungen empfehlenswert.

> **Praxis-Tipp**
> Da sich Zentrierfehler bei asphärischen Brillengläsern besonders gravierend auf die Verträglichkeit auswirken, sollten Sie bei der Einarbeitung besondere Sorgfalt aufwenden.

Um die Glasauswahl zu erleichtern, geben Glashersteller Empfehlungen, welches Material in Abhängigkeit von der verordneten dioptrischen Wirkung eingesetzt werden sollte.

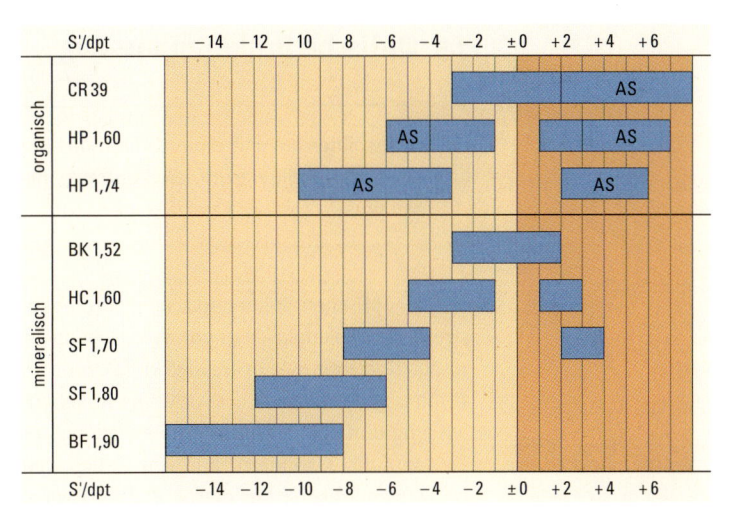

**Bild 7.43** Einsatzbereiche verschiedener Materialien (AS = asphärisch)

### Auswahl von Veredelungen

Ist die Auswahl der Fassung, des Brillenglaswerkstoffs und der Flächengeometrie abgeschlossen, lassen sich die optischen Eigenschaften des Brillenglases noch durch sogenannte Veredelungen optimieren. Das kann durch Entspiegelungen, Hartschichten, Sauberschichten, Tönungen oder auch spezielle Schutzfilter geschehen. Mitunter können bestimmte Veredelungen aber auch zwingend erforderlich sein, wie zum Beispiel eine Entspiegelung bei hochbrechenden Gläsern oder in bestimmten Gebrauchssituationen eine Hartschicht auf organischen Materialien. Die Auswahl von Veredelungen bietet die Möglichkeit, das Brillenglas an die individuellen Bedürfnisse des Kunden anzupassen.

### Aufgaben

1. Erklären Sie, welche Nachteile sich aus starken Plusgläsern in großen Brillenfassungen ergeben und worauf sich diese zurückführen lassen.

2. Erläutern Sie, in welchen Fällen die Verwendung von Polycarbonat und Trivex besonders sinnvoll ist und welche Nachteile die beiden Werkstoffe besitzen.

3. Einer Ihrer Kunden berichtet Ihnen von einer Erkrankung an altersbedingter Makuladegeneration im Bekanntenkreis. Da er sich als Postzusteller häufig im Freien aufhält, erkundigt er sich nach dem UV-Schutz seiner Brille.

4. Geben Sie Berufsgruppen an, deren Brillengläser besonders a) bruchfest und b) kratzbeständig sein müssen.

5. Raten Sie den folgenden Kunden begründet zu einem geeigneten Glasmaterial sowie zu einer sinnvollen Veredelung:
   a) stark hyperoper Bäckergeselle,
   b) leicht myoper TV-Zuschauer,
   c) schwach hyperoper Bankkaufmann,
   d) stark myoper Hundetrainer.

# 7.5 Optische Brillenanpassung

> Ihr Ausbilder hat mit einer Kundin das Beratungs- und Verkaufsgespräch abgeschlossen. Nun bittet er Sie darum, die Zentrierpunkte festzulegen, weil er einen Termin wahrnehmen muss.

Mit der optischen Brillenanpassung wird angestrebt, die Brillengläser so vor dem Augenpaar zu positionieren, wie es bei der Refraktionsbestimmung der Fall war. Die optische Brillenanpassung umfasst nicht nur die Festlegung der Zentrierpunkte, sondern sämtliche Tätigkeiten des Augenoptikers, die dieses Ziel verfolgen. Daraus folgt, dass die anatomische Brillenanpassung ein Bestandteil der optischen Brillenanpassung ist.

Bevor die Zentrierpunkte auf der Musterverglasung fixiert werden können, ist zunächst eine gewissenhafte anatomische Voranpassung durchzuführen. Dabei spielen auch symmetrische, vor allem aber anatomische Gesichtspunkte eine Rolle. Im Anschluss daran muss das Mittelteil der Brillenfassung die endgültige Position auf der Nase des Kunden besitzen. Die Bügelauf- und -anlage sollte ebenfalls dem Endzustand entsprechen. Die Parallelanpassung der Bügelenden zum Ohrwurzel- und Schädelverlauf ist zu diesem Zeitpunkt noch entbehrlich, weil die Bügellänge unter Umständen noch modifiziert werden muss. Diese Arbeiten gehören zur anatomischen Endanpassung und können bei der Abgabe der Brille durchgeführt werden.

Erfolgen die Arbeiten der anatomischen Voranpassung erst bei Abgabe der bereits verglasten Brillenfassung, wird sich die Lage der Bezugspunkte nicht mehr mit den zuvor festgelegten Zentrierpunkten decken. In solchen Fällen kann es zu Zentrierfehlern, zu fehlerhaften Achs- beziehungsweise Basislagen und dadurch zu einer Abweichung von der Vollkorrektion kommen.

**Zentrierpunkt FP:** Punkt in der Scheibe, der sich mit dem Bezugspunkt des gerandeten Brillenglases decken soll

**Augendrehpunkt:** Fixierlinienkreuzungspunkt

**Fixierlinie:** Verbindungsgerade zwischen zentral abgebildetem Objekt und Mitte der Eintrittspupille des Auges

**Bezugspunkt:** Punkt auf der Vorderfläche des Brillenglases, in dem die verordnete dioptrische Wirkung vorherrscht

## 7.5.1 Zentrierforderungen

Die Korrektion mit Brillengläsern sollte immer zum bestmöglichen Sehkomfort führen. Dieser zeichnet sich dadurch aus, dass
- monokular der maximale Visus erreicht wird,
- keine binokularen Beeinträchtigungen verursacht werden und
- sich die Blickfelder beider Augen decken.

Die Umsetzung dieser Ziele ist nur möglich, wenn bei der Zentrierarbeit bestimmte Regeln, die sogenannten Zentrierforderungen, befolgt werden. Es lassen sich drei verschiedene Zentrierforderungen unterscheiden:

### 1. Augendrehpunktforderung

Ein Brillenglas, das fehlerfreie Abbildungen liefern und einen optimalen Visus ermöglichen soll, muss vom Hersteller aufwändig berechnet werden. Dabei legt er bestimmte Rahmenbedingungen zugrunde, die sich aus der sogenannten Augendrehpunktforderung ergeben. Für ein **nicht prismatisches** Einstärkenglas ist diese Forderung in horizontaler und vertikaler Richtung erfüllt, wenn seine optische Achse durch den optischen Augendrehpunkt $Z'$ verläuft. Ein **prismatisches** Brillenglas erfüllt dagegen die Augendrehpunktforderung, wenn die Fixierlinie im Bezugspunkt $B$ auf der Vorderfläche senkrecht steht. Je besser diese Rahmenbedingungen im späteren Gebrauch des Glases eingehalten werden, desto weniger Abbildungsfehler sind zu erwarten (Bild 7.44).

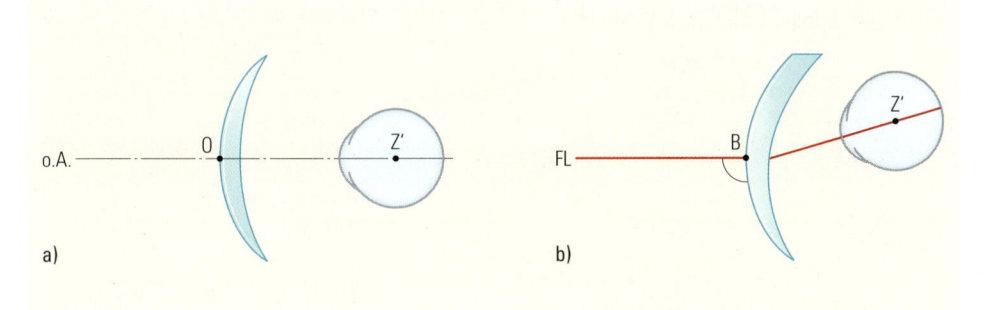

## 7.5 Optische Brillenanpassung

**Bild 7.44** Augendrehpunktforderung bei a) nicht prismatischem und b) prismatischem Glas

> **Hauptdurchblickpunkt:** Mittelpunkt des für die Sehaufgabe hauptsächlich genutzten Bereiches innerhalb der Scheibe

In der Horizontalen lässt sich die Augendrehpunktforderung nur praktikabel umsetzen, wenn bei der Zentrierarbeit die Pupillendistanz für die Ferne zugrunde gelegt wird. Eine Zentrierung auf Basis der Nah-Pd würde eine negative Durchbiegung des Mittelteils erfordern, die sich nicht mit den bekannten Regeln der anatomischen Brillenanpassung vereinbaren lässt (Bild 7.45).

Die Augendrehpunktforderung ist insbesondere bei der Verarbeitung von rotationssymmetrischen Asphären, von Brillengläsern mit hoher Wirkung und bei der Verglasung von Nahbrillen mit Einstärkengläsern zu berücksichtigen.

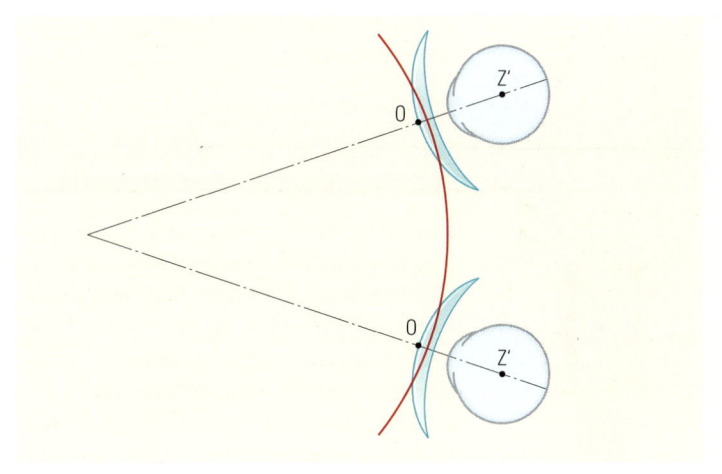

**Bild 7.45** Negative Durchbiegung des Mittelteils

### 2. Bezugspunktforderung

Bei dieser binokularen Zentrierforderung sind die Brillengläser horizontal und vertikal korrekt zum Augenpaar zentriert, wenn die Hauptdurchblickpunkte $H_B$ beider Augen gleichzeitig mit den Bezugspunkten B der Brillengläser zusammenfallen. Dadurch werden prismatische Belastungen vermieden, die das Binokularsehen beeinträchtigen können (Bild 7.46).

Der Bezugspunktforderung ist vorrangig bei sämtlichen Einstärken-Fernbrillen sowie bei vorliegender Anisometropie nachzukommen.

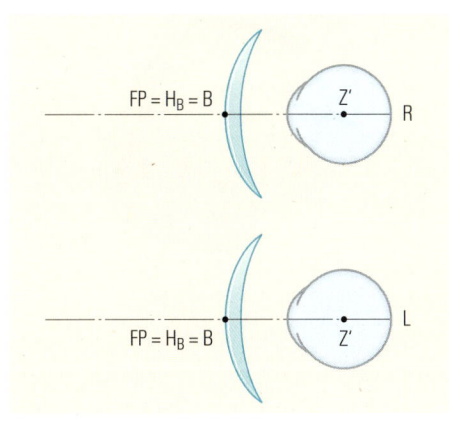

### 3. Blickfeldforderung

Um die Blickfeldforderung zu erfüllen, ist das Brillenglaspaar in horizontaler und vertikaler Richtung so zu zentrieren, dass sich die Blickfelder beider Augen in der hauptsächlich genutzten Objektebene komplett überlagern. Streng genommen kann diese binokulare Zentrierforderung in der Horizontalen nur für eine Einstellentfernung umgesetzt werden (Bild 7.47).

**Bild 7.46** Bezugspunktforderung

Die Blickfeldforderung ist immer dann vorzuziehen, wenn die nutzbaren Bereiche innerhalb des Brillenglases eingeschränkt sind. Das trifft unter anderem auf Lentikulargläser, auf Gläser mit Nah- und Zwischenteilsegmenten sowie auf Multifokalgläser zu.

> **Anisometropie:** unterschiedliche Fernpunktrefraktion beider Augen.

> **Blickfeld:** Gesamtheit aller Objektpunkte, die bei ruhendem Kopf vom umherblickenden Augenpaar erfasst werden können

> **Lentikularglas:** Brillenglas, dessen optisch wirksame Zone von einem Tragrand umgeben ist

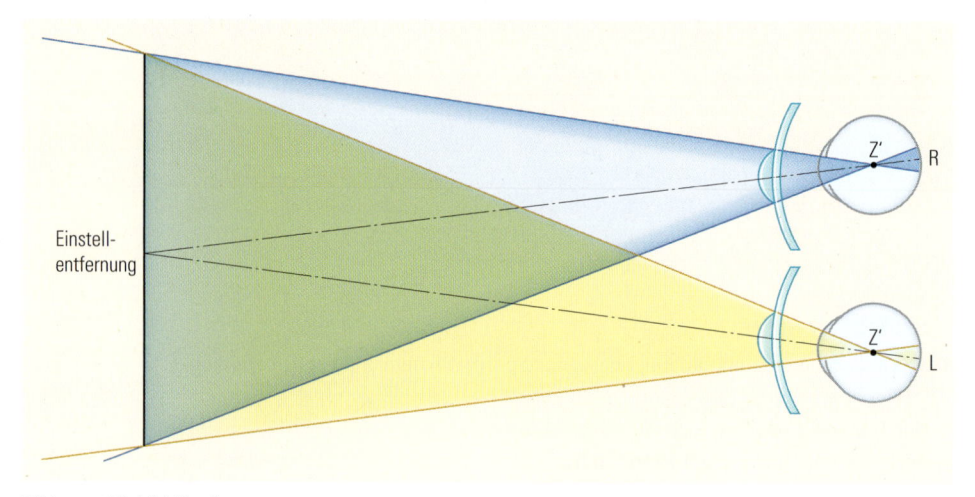

**Bild 7.47** Blickfeldforderung

### 7.5.2 Festlegung der Zentrierpunkte

Die optische Brillenanpassung wird nur dann zum gewünschten Erfolg führen, wenn die Zentrierpunkte zuverlässig und reproduzierbar festgelegt werden. Dabei kann der Ablauf in zwei Schritten sinnvoll sein. Zunächst erfolgt die Ermittlung der Hauptdurchblickpunkte in der horizontalen und anschließend in der vertikalen Richtung.

**Horizontalzentrierung**

Für die Horizontalzentrierung sind alle Methoden geeignet, die sicherstellen, dass die Fixierlinien beider Augen parallel zueinander verlaufen. Trotz der Etablierung von Videozentriersystemen hat sich in diesem Zusammenhang der Einsatz von klassischen Pupillenabstandsmessgeräten bewährt.

Solche Geräte bilden eine meist ringförmige Testmarke im Unendlichen ab, auf die sich die Fixierlinien des Kunden ausrichten.

Der Anpasser verschiebt dabei einen Peilfaden auf die Pupillen des Kunden und entnimmt deren Distanz der analogen oder digitalen Anzeige des Gerätes. Eine anschließende Kontrolle der Messung ist nur unter Beibehaltung identischer Rahmenbedingungen sinnvoll. Die Pupillendistanz lässt sich nun in Form von senkrechten Linien auf die Rückseite der Musterverglasung übertragen. Bei der Übertragung kann die Verwendung verschiedener Zentrierhilfen hilfreich sein. Damit ist die Horizontalzentrierung abgeschlossen.

**Bild 7.48** Videozentriersystem

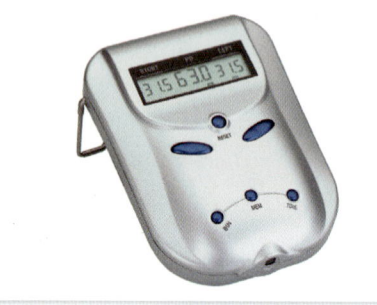

**Bild 7.49** Pupillenabstandsmessgerät

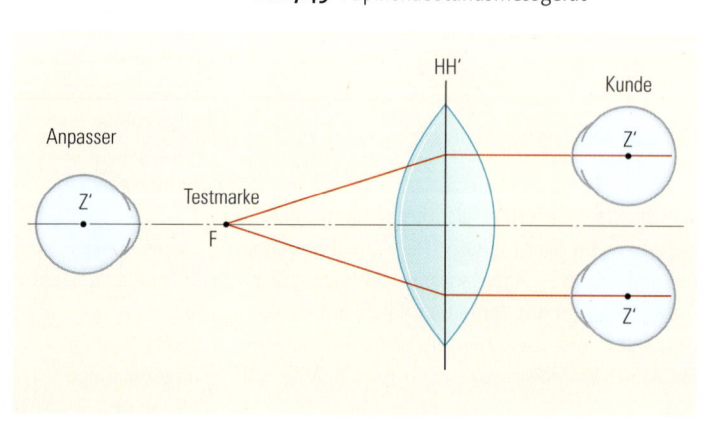

**Bild 7.50** Funktionsprinzip des Pupillenabstandsmessgerätes

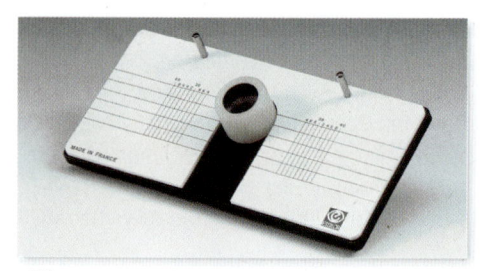

**Bild 7.51** Zentrierleiste

## 7.5 Optische Brillenanpassung

### Vertikalzentrierung

Damit die jeweilige Zentrierforderung auch in der Vertikalen erfüllt werden kann, muss nun die Höhe der in Hauptblickrichtung liegenden Durchblickpunkte $H_B$ ermittelt werden. Die Hauptdurchblickpunkte liegen unterhalb der sogenannten Nulldurchblickpunkte $O_B$, die sich aus den Durchstoßpunkten der Fixierlinien durch die Fassungsebene bei Nullblickrichtung in der jeweils gewählten Neigung des Kopfes ergeben.

> **Wichtig**
> Bei eingenommener **Hauptblickrichtung** sind die Fixierlinien leicht nach unten geneigt und stehen senkrecht auf der Rückfläche des Brillenglases. Wird die **Nullblickrichtung** eingenommen, stehen die Fixierlinien sowohl parallel zueinander als auch parallel zum Boden.

Die erforderliche Höhe lässt sich auf zwei unterschiedliche Arten ermitteln. Eine Methode besteht darin, den Betrag $c$ der gegenüber den Nulldurchblickpunkten $O_B$ nach unten verlagerten Hauptdurchblickpunkte $H_B$ unter Berücksichtigung von Fassungsvorneigung $\alpha$ und Drehpunktscheitelabstand $b'$ zu berechnen.

Dafür muss der Kunde zunächst einmal seine habituelle Kopf- und Körperhaltung einnehmen. Für die Anzeichnung der Nulldurchblickpunkte ist die Nullblickrichtung herbeizuführen, wobei der Anpasser sicherstellen muss, dass die Fixierlinien parallel zum Boden verlaufen. Das gelingt am besten, wenn der Kunde vor einem Spiegel steht und darin die Pupillen der eigenen Augen fixiert. Der Vorneigungswinkel $\alpha$ lässt sich nun mit einem der gängigen Mess-Tools ermitteln.

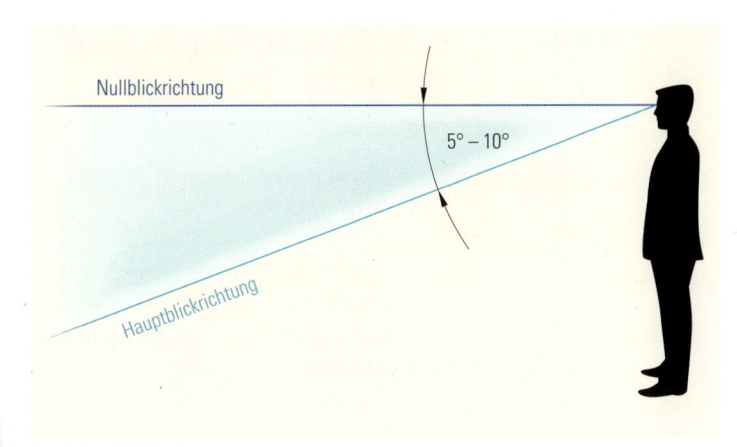

**Bild 7.52** Haupt- und Nullblickrichtung

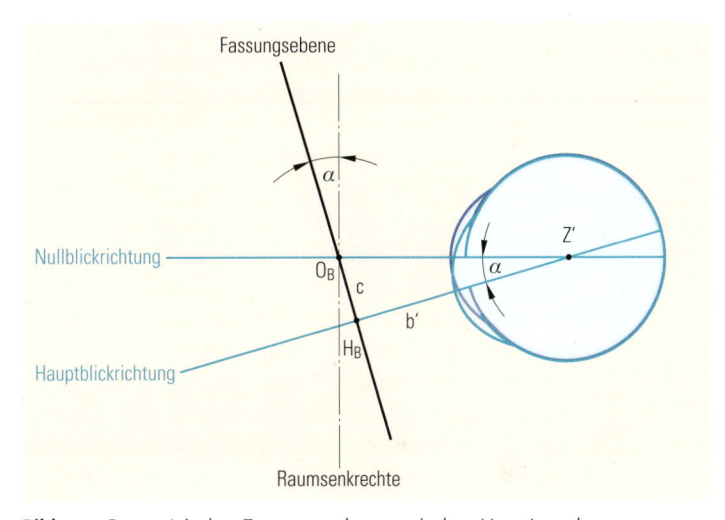

**Bild 7.53** Geometrischer Zusammenhang zwischen Haupt- und Nullblickrichtung

Weil sich der für die Berechnung des Differenzbetrags $c$ erforderliche Drehpunktscheitelabstand einer direkten Messung entzieht, wird ein durchschnittlicher Wert von $b' = 28{,}5$ mm zugrunde gelegt.

> **habituell:** gewohnheitsmäßig

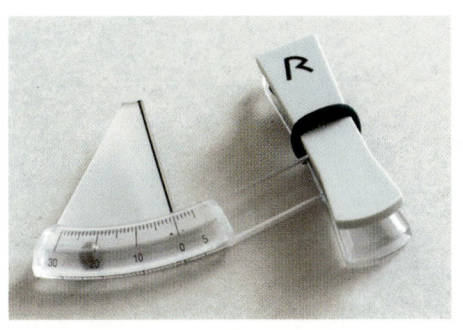

**Bild 7.54** Mess-Tools zur Ermittlung des Vorneigungswinkels

> **Strecke zwischen Null- und Hauptdurchblickpunkt**
>
> $c = b' \cdot \tan\alpha$
>
> $b'$: Drehpunktscheitelabstand
> $\alpha$: Vorneigungswinkel

Aus den geschilderten Voraussetzungen lässt sich schließlich eine Faustregel ableiten, die dem Anpasser Ergebnisse von hinreichender Genauigkeit liefert.

> **Praxis-Tipp**
> Pro Grad Vorneigung ist der Zentrierpunkt FP gegenüber dem Nulldurchblickpunkt $O_B$ um 0,5 mm nach unten zu verlagern, damit er mit dem Hauptdurchblickpunkt $H_B$ zusammenfällt.

Ein weiteres Verfahren besteht in der unmittelbaren Anzeichnung der Hauptdurchblickpunkte, wobei sich Messungen und Berechnungen erübrigen. Hier muss bei habitueller Körperhaltung ebenfalls die Nullblickrichtung eingenommen werden, wobei sich der Kunde wieder in einem Spiegel betrachtet und die eigenen Pupillen fixiert. Gleichzeitig wird er dazu aufgefordert, seinen Kopf so weit nach hinten zu neigen, bis die Fassungsebene senkrecht zum Boden steht.

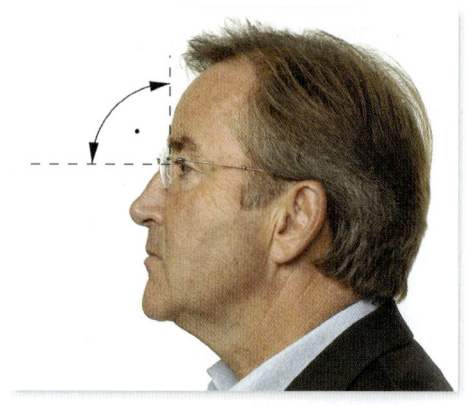

**Bild 7.55** Ermittlung der Hauptdurchblickpunkte

In dieser Situation stehen die Fixierlinien senkrecht auf der Scheibenrückfläche, sodass sich die Hauptdurchblickpunkte direkt kennzeichnen lassen. Dazu tritt der Anpasser zwischen Proband und Spiegel, schätzt die Durchblickhöhe ab und überträgt sie auf die Musterverglasung. Erst nach der unter identischen Rahmenbedingungen erfolgten Kontrolle entscheidet sich, ob die vorgenommene Anzeichnung korrigiert werden muss. Für reproduzierbare Ergebnisse darf das Gesichtsfeld des Kunden in dieser Phase zu keinem Zeitpunkt komplett verdeckt sein.

> **Aufgaben**
>
> 1. Erläutern Sie die Bedeutung der anatomischen Voranpassung.
>
> 2. Erstellen Sie einen Ablaufplan, dem sämtliche Arbeiten der anatomischen Voranpassung entnommen werden können.
>
> 3. Fertigen Sie eine Tabelle an, die in Kurzform über Ziele, Umsetzung und Anwendung der Zentrierforderungen informiert.
>
> 4. Informieren Sie sich über die Ermittlung der Pupillendistanz nach Viktorin und benennen Sie Nachteile dieser Messmethode.
>
> 5. Berechnen Sie den exakten Differenzbetrag zwischen Null- und Hauptdurchblickpunkt für die Vorneigungswinkel zwischen 5 und 15°. Stellen Sie Ihre Ergebnisse anschließend den mit der Faustregel ermittelten Werten gegenüber.

### 7.5.3 Abgabe der Brille

Sobald die Fassung unter Einhaltung der zulässigen Abweichungen verglast und gegebenenfalls modifiziert wurde, ist der Endverbraucher über die Fertigstellung seiner Sehhilfe zu informieren.

Im Zuge der Verglasung einer Brillenfassung sind allerdings gewisse Arbeiten erforderlich, die zu einer Veränderung der bereits abgeschlossenen anatomischen Voranpassung geführt haben könnten. Aus diesem Grunde ist die Nasenauflage, die Fassungshorizontale, die Bügelauf- und Bügelanlage einer systematischen Überprüfung zu unterziehen. Hier geht der Anpasser wieder „von innen nach außen" vor. Entspricht das Resultat dem Ergebnis der Voranpassung, kann die anatomische Endanpassung vorgenommen werden. Dabei ist darauf zu achten, dass die Bügelenden nicht nur parallel zur Ohrwurzel, sondern auch zum Schädel verlaufen. Die anatomische Brillenanpassung ist erst mit dem optimalen Sitz der Fassung abgeschlossen.

Der bestmögliche Sehkomfort ist erreicht, wenn die zur Vollkorrektion führenden Gläser so vor dem Augenpaar positioniert wurden, wie die Prüfgläser bei der Refraktionsbestimmung. Falls es mit der abzugebenden Sehhilfe zu unbekannten Seheindrücken oder veränderten Wahrnehmungen kommen könnte, muss der Kunde darauf entsprechend vorbereitet werden. Das kann zum Beispiel bei der Abgabe von asphärischen Gläsern, speziellen Filtern oder bestimmten Beschichtungen relevant sein.

Außerdem sollte die Pflege der neuen Brille thematisiert werden. Dazu gehören Hinweise auf die materialgerechte Reinigung von Fassung und Gläsern. Starke Verschmutzungen lassen sich mithilfe eines sanften Spülmittels unter fließendem und lauwarmem Wasser entfernen. Fettige Oberflächen können auch vorsichtig mit einem staubfreien Mikrofasertuch geputzt und besonders hartnäckige Verunreinigungen im Ultraschallreinigungsbad beseitigt werden.

Die Oberflächen von Brillengläsern und Fassungen verkratzen umso schneller, je häufiger sie staubiger oder gar sandiger Umgebung ausgesetzt werden. Deshalb ist der Kunde über die sachgerechte Lagerung und Aufbewahrung der Sehhilfe aufzuklären. So sollte ein konvexseitiges Ablegen des Korrektionsmittels prinzipiell vermieden werden, um eine Beschädigung der Glasoberfläche auszuschließen. Außerdem sollten Autofahrer zumindest an sonnigen Tagen darauf verzichten, Brillengläser und –fassungen mit thermoplastischen Eigenschaften auf dem Armaturenbrett des Autos abzulegen, weil dort hohe Temperaturen zu unerwünschten Verformungen führen können. Ausreichend dimensionierte und gepolsterte Hartschalenetuis haben sich in der Praxis bewährt und schützen die Brille vor den Beanspruchungen des Alltags.

---

**Aufgaben**

1. Geben Sie an, welche Arbeiten bei der Verglasung einer Brillenfassung zu einer Abweichung von der abgeschlossenen anatomischen Voranpassung führen können.

2. Beschreiben Sie, welchen allgemeinen Beanspruchungen eine Brille im täglichen Gebrauch ausgesetzt wird.

3. Kategorisieren Sie mögliche Beanspruchungen einer Brille nach berufsspezifischen Gesichtspunkten.

4. Simulieren Sie im Rollenspiel die Abgabe einer Sehhilfe mit farblosen, organischen, mehrfach entspiegelten und hartbeschichteten Brillengläsern.

# 7 Sphärisch fehlsichtige Kunden beraten und versorgen

## Projektaufgaben

1. Eine Landschaftsgärtnerin sucht Ihren Betrieb auf, um eine Brillenglasbestimmung durchführen zu lassen. Die verordneten Werte R sph + 8,0 und L sph + 7,0 wurden bei einem Abstand zwischen Phoropter und Apex der Hornhaut von 16 mm ermittelt.
   a) Schätzen Sie begründet ab, ob der Glaspreis bei einer Verkürzung des Hornhautscheitelabstands unter einer tendenziell höheren Position der Preisliste aufzusuchen ist.
   b) Berechnen Sie, um welchen Betrag der HSA von dem der Refraktionsbestimmung höchstens abweichen darf, ohne physiologische Beeinträchtigungen auszulösen.
   c) Wie lautet der Bestellwert der Brillengläser, wenn nach der anatomischen Voranpassung ein Hornhautscheitelabstand von 13 mm gemessen wird und welche Korrektionsart ergibt sich daraus?
   d) Überlegen Sie, welche Brillenglasausführung sich für die Kundin eignet. Gehen Sie dabei auf die Fassungsgröße, das Glasmaterial, die Flächengeometrie sowie auf die Veredelung der Gläser ein.

2. Der Augenoptikermeister Ihrer Firma möchte durch eine betriebsinterne Fortbildung sicherstellen, dass die Ermittlung der Zentrierpunkte zu reproduzierbaren Ergebnissen führt.
   a) Erklären Sie einem Kollegen, was Ihr Ausbilder damit meint.
   b) Erstellen Sie eine illustrierte Anleitung, aus der im Detail hervorgeht, in welchen Schritten beim Anzeichnen der Hauptdurchblickpunkte vorzugehen ist.
   c) Legen Sie die Zentrierpunkte für einen beliebigen Probanden fest, lassen Sie die Messung von einem Kollegen wiederholen und vergleichen Sie die Ergebnisse.

3. Ein Kunde nutzt seine neue Brille (R/L sph − 5.75) bei einem Hornhautscheitelabstand von 15 mm. Darüber hinaus möchte er sich für sein wöchentliches Lauftraining weiche Kontaktlinsen zulegen.
   a) Erklären Sie in kundengerechter Weise, weshalb sich der Scheitelbrechwert der zukünftigen Kontaktlinsen von dem der Brillengläser unterscheiden muss.
   b) Berechnen Sie, in welchem Scheitelbrechwert die Kontaktlinsen bestellt werden müssen.
   c) Erläutern Sie Ihrem Kunden, auf welche Veränderungen er sich beim Tragen seiner Kontaktlinsen im Vergleich zur Brille einstellen muss.

# Lernfeld 8
# Astigmatisch fehlsichtige Kunden beraten und versorgen

Ein Kunde berichtet von der Diagnose eines Ophthalmologen, nach der seine Fehlsichtigkeit auf einen Astigmatismus zurückzuführen ist. Weil er sich nichts darunter vorstellen kann, bittet er um eine verständliche Erklärung sowie um Erläuterung seiner Verordnung.

- Welche Ursachen hat ein Astigmatismus?
- Wie wirkt sich eine astigmatische Ametropie aus?
- Wie lassen sich astigmatische Ametropien einteilen?

- Welche Informationen liefert Ihnen die Verordnung?
- Welches Korrektionsmittel ist geeignet?
- Ist eine Mittendickenreduzierung möglich?

- Sie planen den Einsatz von Demonstrationsmedien.
- Sie entscheiden, welche Maßnahmen zur Vollkorrektion führen.
- Sie empfehlen Maßnahmen zur Gewichtsoptimierung.

- Sie erläutern die Möglichkeiten der Korrektionsvarianten.
- Sie berechnen den zur Vollkorrektion führenden Bestellwert.
- Sie ermitteln zu erwartende Bildverzerrungen.

- Wurden die Grenzabweichungen eingehalten?
- Ist die Korrektion physiologisch verträglich?
- Wurde der Kunde in den Gebrauch der Sehhilfe eingewiesen?

- Wurde rechtzeitig auf eventuelle Sehprobleme hingewiesen?
- Konnte Kundenzufriedenheit erreicht werden?
- Hätte es alternative Umsetzungsmöglichkeiten gegeben?

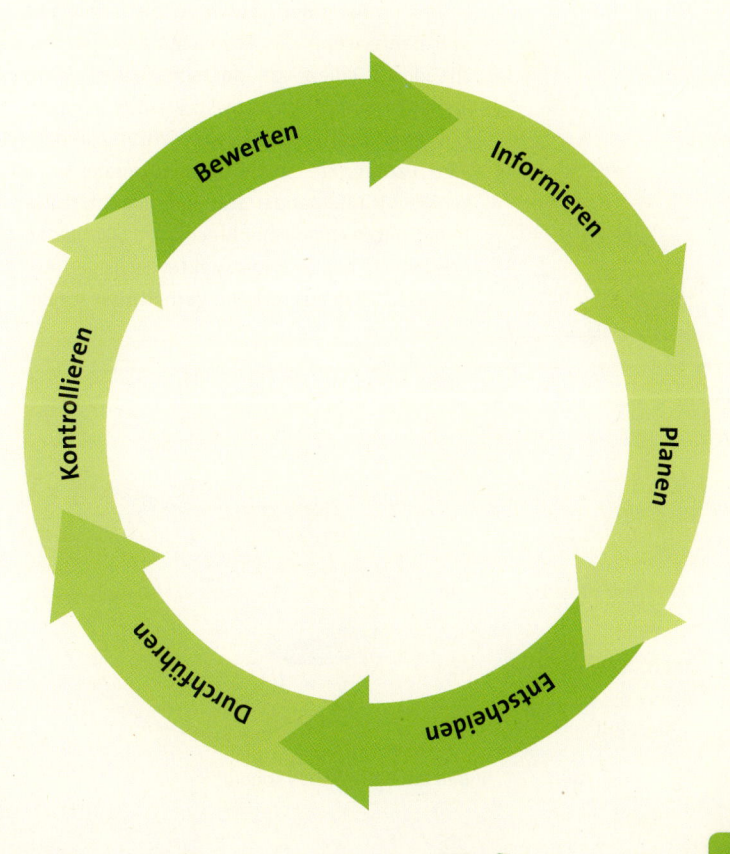

Bewerten · Informieren · Planen · Entscheiden · Durchführen · Kontrollieren

## 8.1 Einteilung des Astigmatismus

> Ein Kunde legt Ihnen eine Verordnung vor und möchte wissen, weshalb darauf für jedes Auge zwei Stärken und darüber hinaus noch ein in Grad gemessener Wert angegeben wurden.

**Astigmatismus:** Punktlosigkeit

Beim Vorliegen eines sogenannten Astigmatismus wird ein punktförmiges Objekt durch das Auge nicht als Punkt abgebildet. Die Ursachen dafür lassen sich entweder auf undefinierbare Unregelmäßigkeiten oder aber auf geometrisch-optisch erfassbare Abweichungen von der sphärischen Form der brechenden Augenmedien zurückführen.

### 8.1.1 Irregulärer Astigmatismus

Wenn Verletzungen oder Narben zu unregelmäßig geformten Hornhautarealen geführt haben, ist in diesen Bereichen keine definierte Brechung mehr möglich. Die von einem Objekt ausgehenden Lichtstrahlen treffen dort unter vielen verschiedenen Einfallswinkeln auf, werden in unterschiedliche Richtungen abgelenkt und laufen demzufolge auch nicht in einem gemeinsamen Bildpunkt zusammen. Die Abbildung erscheint unregelmäßig verzerrt. Diese Form des Astigmatismus wird als **Astigmatismus irregularis** bezeichnet.

### 8.1.2 Regulärer Astigmatismus

Um einen **Astigmatismus regularis** handelt es sich dann, wenn die Abweichungen der brechenden Medien von der sphärischen Form geometrisch-optisch erfasst werden können. Das Auge besitzt dann zwei richtungsabhängige Fernpunkte sowie zwei normalerweise senkrecht aufeinander stehende Hauptschnitte mit unterschiedlicher Brechkraft. Die beiden Brechwerte des astigmatisch fehlsichtigen Auges lassen sich auf torische Verhältnisse im Bereich der brechenden Medien zurückführen. Zu den brechenden Medien des Auges zählen die Hornhaut, die Augenlinse sowie der Glaskörper. Im Zusammenspiel führen diese Bauteile zum sogenannten Gesamtastigmatismus.

Der stärker brechende Hauptschnitt des Auges wird häufig als $HS_I$ und der schwächer brechende als $HS_{II}$ bezeichnet. Das astigmatisch fehlsichtige Auge verursacht eine Abbildung, die sich in Form eines Sturm'schen Konoids (Bild 8.1) zeigt. Es besitzt Brennlinien, die immer senkrecht zu den sie erzeugenden Hauptschnitten liegen. Zwischen den Brennlinien befindet sich der **Kreis engster Einschnürung KeE**, der dadurch gekennzeichnet ist, dass ein punktförmiges Objekts nicht elliptisch verzerrt, sondern kreisförmig und gleichmäßig unscharf abgebildet wird. In dieser Ebene ist die Ausdehnung der zugehörigen Lichtbündel gleich groß.

Die Einteilung des regulären Astigmatismus orientiert sich an der relativen Lage beider Brennpunkte bei Fernakkommodation und an der Richtung der verursachten Brennlinien nach TABO.

**torisch:** wulstförmig

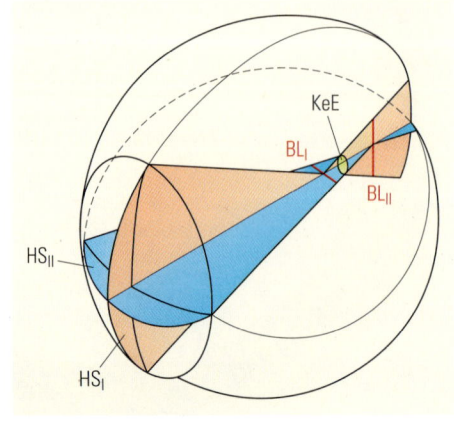

**TABO:** Technischer Ausschuss für Brillenoptik

Bild 8.1 Sturm'sches Konoid

Befinden sich beide Brennlinien vor der Netzhaut, wurden sie von myopen Hauptschnitten mit positivem Refraktionsdefizit erzeugt. Der lateinische Fachbegriff für diesen kurzsichtig zusammengesetzten Astigmatismus lautet **Astigmatismus myopicus compositus**. Von einem **Astigmatismus hyperopicus compositus** wird gesprochen, wenn beide Brennlinien hinter der Netzhaut des Auges liegen. Bei einer Brennlinie vor und einer hinter der Netzhaut liegt eine Mischform, der sogenannte **Astigmatismus mixtus**, vor. Sobald sich eine Brennlinie vor und die andere auf der Netzhaut befindet, handelt es sich um einen **Astigmatismus myopicus simplex**. Bei einem **Astigmatismus hyperopicus simplex** befindet sich dagegen eine Brennlinie hinter und die andere auf der Netzhaut.

| deutsche Bezeichnung | lateinische Bezeichnung |
|---|---|
| zusammengesetzter kurzsichtiger Astigmatismus | Astigmatismus myopicus compositus |
| einfacher kurzsichtiger Astigmatismus | Astigmatismus myopicus simplex |
| gemischter Astigmatismus | Astigmatismus mixtus |
| einfacher übersichtiger Astigmatismus | Astigmatismus hyperopicus simplex |
| zusammengesetzter übersichtiger Astigmatismus | Astigmatismus hyperopicus compositus |

**Tabelle 8.1** Einteilung des Astigmatismus

Laut Statistik liegt der stärker brechende Hauptschnitt der meisten astigmatisch fehlsichtigen Augen in etwa 90°. Dieser **Astigmatismus nach der Regel** wird auch dann noch als **Astigmatismus rectus** bezeichnet, wenn die Hauptschnittrichtung um ± 15° davon abweicht. Vom selteneren **Astigmatismus gegen die Regel** oder **Astigmatismus inversus** wird gesprochen, wenn sich der stärker brechende Hauptschnitt in 0° beziehungsweise 180° befindet. Diese Bezeichnung trifft auf sämtliche nicht mehr als 15° davon abweichende Hauptschnittrichtungen ebenfalls zu. Befindet sich der stärker brechende Hauptschnitt im bisher nicht erfassten Bereich, liegt ein **schiefer Astigmatismus** oder auch **Astigmatismus obliquus** vor. In allen Fällen steht die vordere Brennlinie senkrecht zum stärker brechenden Hauptschnitt $HS_I$.

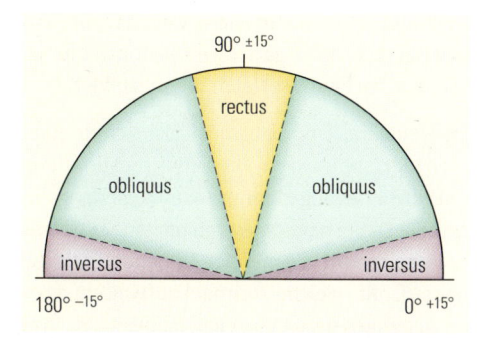

**Bild 8.2** Lage des stärker brechenden Hauptschnitts nach TABO

a) Astigmatismus myopicus compositus rectus

b) Astigmatismus myopicus simplex rectus

c) Astigmatismus mixtus rectus

d) Astigmatismus hyperopicus simplex rectus

e) Astigmatismus hyperopicus compositus rectus

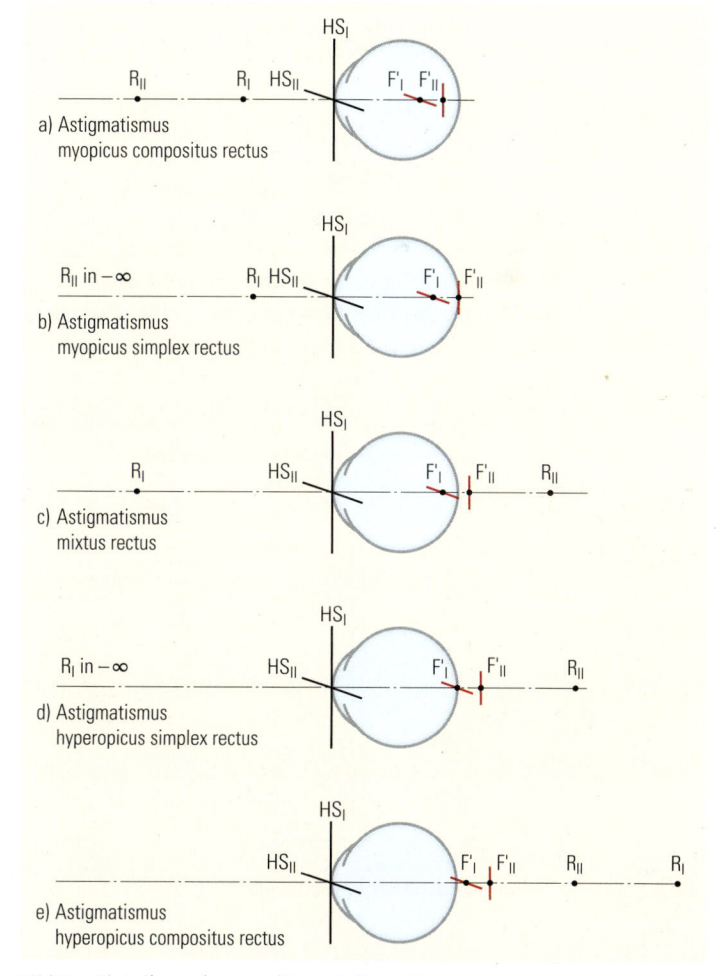

**Bild 8.3** Einteilung des regulären Astigmatismus

# Astigmatisch fehlsichtige Kunden beraten und versorgen

Wenn ein regulärer Astigmatismus nicht nur in qualitativer, sondern auch in quantitativer Hinsicht beschrieben werden soll, müssen die Brechwerte in Richtung der Hauptschnitte bekannt sein und den Daten des vereinfachten auf die Ferne akkommodierenden Auges nach Gullstrand gegenübergestellt werden. Dabei wird der Unterschied beider Hauptschnittwirkungen als astigmatische Differenz $\Delta D$ bezeichnet.

Beispiel:
Zu bestimmen ist das Refraktionsdefizit $D_{RD\,I/II}$, die astigmatische Differenz $\Delta D$, die Position der Fernpunkte $R_{I/II}$, der bildseitigen Brennpunkte $F'_{I/II}$ und des Kreises engster Einschnürung KeE, die Richtung der Brennlinien sowie die vollständige lateinische Bezeichnung des Astigmatismus für ein Auge mit einem Brechwert $D_{R\,I/II}$ von 61,74 dpt in 180° und 57,74 dpt in 90°.

Das Refraktionsdefizit $D_{RD}$ ergibt sich aus dem unmittelbaren Vergleich mit dem vereinfachten Gullstrandauge.

$D_{RD\,I} = D_{R\,I} - D_G = 61{,}74 \text{ dpt} - 59{,}74 \text{ dpt}$
$\phantom{D_{RD\,I}} = +2{,}0 \text{ dpt}$

$D_{RD\,II} = D_{R\,II} - D_G = 57{,}74 \text{ dpt} - 59{,}74 \text{ dpt}$
$\phantom{D_{RD\,II}} = -2{,}0 \text{ dpt}$

Die astigmatische Differenz $\Delta D$ lässt sich aus den Brechwerten ermitteln.

$\Delta D = D_{R\,I} - D_{R\,II} = 61{,}74 \text{ dpt} - 57{,}74 \text{ dpt} = 4{,}0 \text{ dpt}$

Mithilfe der Refraktionsdefizite kann die Lage der Fernpunkte festgelegt werden.

$a_{R\,I} = \dfrac{1}{A_{R\,I}} = -\dfrac{1}{D_{RD\,I}} = -\dfrac{1}{2{,}0\,\frac{1}{m}} = -0{,}5 \text{ m}$

$a_{R\,II} = \dfrac{1}{A_{R\,II}} = -\dfrac{1}{D_{RD\,II}} = -\dfrac{1}{-2{,}0\,\frac{1}{m}} = +0{,}5 \text{ m}$

Die Position der Brennlinien ergibt sich aus den bildseitigen Brennweiten der zugehörigen Hauptschnitte.

$f'_I = \dfrac{n'_G}{D_{R\,I}} = \dfrac{1{,}336}{61{,}74\,\frac{1}{m}} = 0{,}02164 \text{ m} = 21{,}64 \text{ mm}$

$f'_{II} = \dfrac{n'_G}{D_{R\,II}} = \dfrac{1{,}336}{57{,}74\,\frac{1}{m}} = 0{,}02314 \text{ m} = 23{,}14 \text{ mm}$

Damit steht die erste Brennlinie $BL_I$ senkrecht **vor** und die zweite Brennlinie $BL_{II}$ waagerecht **hinter** der Netzhaut. Der Kreis engster Einschnürung liegt dazwischen und lässt sich unter Berücksichtigung der Hauptschnittbrechwerte berechnen.

$D_{KeE} = \dfrac{D_{R\,I} + D_{R\,II}}{2} = \dfrac{61{,}74 \text{ dpt} + 57{,}74 \text{ dpt}}{2}$

$\phantom{D_{KeE}} = 59{,}74 \text{ dpt}$

$f'_{KeE} = \dfrac{n'_G}{D_{KeE}} = \dfrac{1{,}336}{59{,}74\,\frac{1}{m}} = 0{,}02236 \text{ m}$

$\phantom{f'_{KeE}} = 22{,}36 \text{ mm}$

Weil die berechnete Brennweite mit der des vereinfachten Gullstrandauges übereinstimmt, befindet sich der Kreis engster Einschnürung in etwa auf der Netzhaut. In diesem Fall handelt es sich um eine spezielle Form des gemischten Astigmatismus, der aufgrund der Brennlinienposition als **Astigmatismus mixtus symmetricus inversus** bezeichnet wird. Das betrachtete Objekt wird nicht verzerrt, sondern wie bei einer sphärischen Fehlsichtigkeit lediglich unscharf auf der Netzhaut abgebildet.

Der reguläre Astigmatismus lässt sich im Rahmen der subjektiven Refraktionsbestimmung mithilfe eines sogenannten Kreuzzylinders aufspüren. Dabei handelt es sich um eine Linse aus zwei senkrecht zueinander stehenden Planzylindern, die gleiche Beträge aufweisen, aber entgegengesetzte Vorzeichen besitzen. Mit diesem Instrument lässt sich unter Mitwirkung

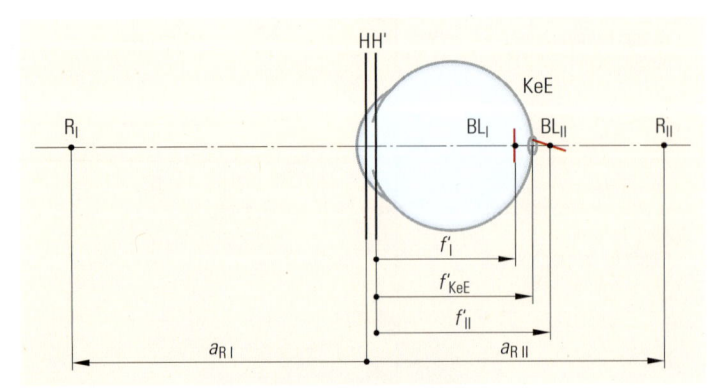

**Bild 8.4** Gemischter symmetrischer Astigmatismus

des Probanden sowohl die Stärke des Astigmatismus als auch die vorliegende Achslage ermitteln. Der auf dem Kreuzzylinder angegebene Nennbetrag gibt die Hauptschnittwirkungen, die rote Markierung die Lage des Minuszylinders und die weiße Markierung die des Pluszylinders an.

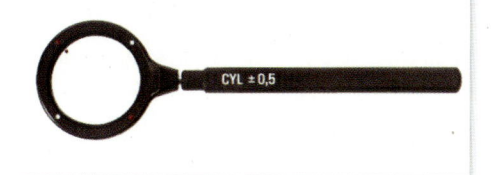

**Bild 8.5** Kreuzzylinder

### Aufgaben

1. Erklären Sie, weshalb eine sphärozylindrische Verordnung kein eindeutiges Indiz für eine im Volksmund bezeichnete „Hornhautverkrümmung" darstellt.

2. Erläutern Sie, was unter dem Kreis engster Einschnürung zu verstehen ist.

3. Machen Sie eine qualitative Aussage zur Lage der Brennlinien und des Kreises engster Einschnürung beim Vorliegen eines *Astigmatismus myopicus compositus rectus* und einem *Astigmatismus hyperopicus simplex obliquus* mit stärker brechendem Hauptschnitt in 125°.

4. Die waagerechten Linien der untenstehenden Testtafel werden von einem Auge bei Fernakkommodation scharf gesehen. Skizzieren und benennen Sie die möglichen Arten des Astigmatismus.

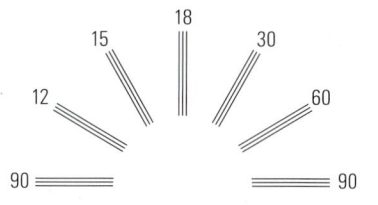

5. Skizzieren Sie ein Auge mit einem übersichtigen zusammengesetzten Astigmatismus gegen die Regel, kennzeichnen Sie darin die Fernpunkte, die Hauptschnitte, die Brennpunkte und -linien sowie den Kreis engster Einschnürung und bemaßen Sie die relevanten Strecken.

6. Analysieren Sie den Astigmatismus eines Auges mit einem Brechwert von 55,89 dpt in 10° sowie einem Brechwert von 53,39 dpt in 100°.

7. Der Augenoptikermeister hält einen Kreuzzylinder cyl ± 0,5 vor das Auge seines Probanden, wobei die weißen Markierungen in 0°/180° liegen. Bestimmen Sie anhand des Wirkungsschemas die Hauptschnittwirkungen und ermitteln Sie daraus die äquivalente sphärozylindrische Kombination.

## 8.2 Korrektion des Astigmatismus

> Einer Kundin mit sphärozylindrischer Verordnung wurde Ihr Betrieb als kompetenter Spezialist für die Versorgung mit Brillengläsern und Kontaktlinsen empfohlen. Nun verlangt sie zuverlässige Informationen zum möglichen Ausgleich ihrer „Hornhautverkrümmung".

Der optische Ausgleich des Astigmatismus kann prinzipiell mithilfe von Brillengläsern oder Kontaktlinsen erreicht werden. Welche der beiden Varianten vorzuziehen ist, hängt vom jeweiligen Einzelfall ab. Von Ausnahmen abgesehen ist aber die Verwendung von beiden Korrektionsmitteln möglich.

## 8.2.1 Korrektion mit Brillengläsern

Grundlage für den Ausgleich des regulären Astigmatismus ist immer das Resultat einer Augenglasbestimmung, die zur Vollkorrektion geführt hat.

> **Wichtig**
> Vollkorrektion liegt dann vor, wenn die Brennlinien des sphärotorischen Brillenglases mit den Fernpunkten des astigmatisch fehlsichtigen Auges achsenrichtig zusammenfallen.

Dabei wird in beiden Hauptschnitten des Auges das Refraktionsdefizit $D_{RD}$ kompensiert. Der Kompensationsbetrag ist dann gleich groß und mit dem entgegengesetzten Vorzeichen ausgestattet. Er entspricht damit der Fernpunktrefraktion $A_R$ des Auges. Diese stimmt, zumindest bei geringen Werten und kleinem Hornhautscheitelabstand, mit den Hauptschnittwerten des korrigierenden Brillenglases überein. So lässt sich das korrigierende Brillenglas mithilfe des Wirkungsschemas mit ausreichender Genauigkeit ermitteln.

> **Wichtig**
> Nach DIN liefert der erste Hauptschnitt $HS_I$ des korrigierenden Brillenglases immer den mathematisch kleineren Brechwert. Dieser kompensiert stets den stärker brechenden Hauptschnitt $HS_I$ des Auges.

### Korrektionsprinzip

Wie bei der Ermittlung des korrigierenden Brillenglases prinzipiell vorzugehen ist, soll am Beispiel eines **Astigmatismus myopicus compositus inversus** dargestellt werden.

Beispiel:
Für ein astigmatisch fehlsichtiges Auge beträgt das Refraktionsdefizit $D_{RD\,I}$ in 0° + 2,0 dpt und das Refraktionsdefizit $D_{RD\,II}$ in 90° + 1,0 dpt. Der optische Ausgleich erfolgt über die Hauptschnittwerte des Korrektionsglases. Dabei wird das Refraktionsdefizit $D_{RD\,I}$ durch den Hauptschnittwert $HW_I$ und das Refraktionsdefizit $D_{RD\,II}$ durch den Hauptschnittwert $HW_{II}$ des Brillenglases kompensiert (Bild 8.6).

Vor diesem Hintergrund lässt sich nun das Wirkungsschema füllen.

| HR  | 0°    | 90°   |
|-----|-------|-------|
| sph | – 2,0 | – 2,0 |
| cyl | —     | + 1,0 |
| HW  | – 2,0 | – 1,0 |

Die sphärozylindrische Verordnung im Pluszylinder lautet demzufolge

$$\text{sph} - 2{,}0 \text{ cyl} + 1{,}0 \text{ A } 0°.$$

> **Wichtig**
> Die Achse des korrigierenden Pluszylinders fällt immer mit der Richtung des stärker brechenden Augenhauptschnitts zusammen.

### Fernpunktrefraktion und Scheitelbrechwert

Während der bisherigen Betrachtungen wurde vorausgesetzt, dass die Hauptschnittwirkung des korrigierenden Brillenglases mit der Fernpunktrefraktion des zugehörigen Augenhauptschnitts übereinstimmt. Streng genommen sind Fernpunktrefraktion und Scheitelbrechwert aber voneinander abhängig und werden durch den Hauptpunktscheitelabstand $e^*$ beeinflusst (Bild 8.7).

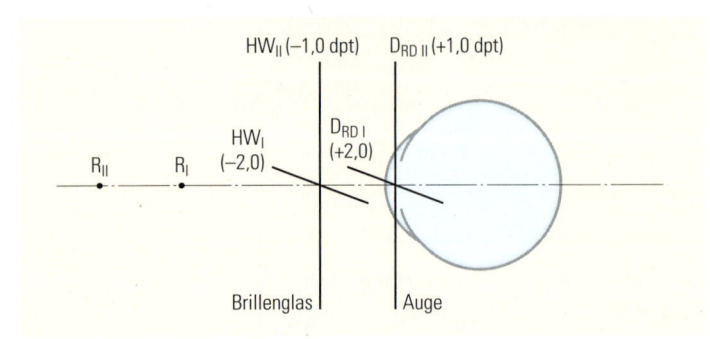

**Bild 8.6** Kompensationsprinzip bei Astigmatismus

## 8.2 Korrektion des Astigmatismus

Für den Zusammenhang zwischen Fernpunktrefraktion und Scheitelbrechwert gilt:

**Fernpunktrefraktion**

$$A_{R\,I/II} = \frac{S'_{I/II}}{1 - e^* \cdot S'_{I/II}}$$

$S'_{I/II}$: Scheitelbrechwert in $HS_{I/II}$
$e^*$: Hauptpunktscheitelabstand

Beispiel:
Die Refraktionsbestimmung eines Augenoptikers wurde bei einem Hauptpunktscheitelabstand $e^*$ von 17,5 mm vorgenommen und hat zu der Verordnung sph − 6,0 cyl − 3,0 A 90° geführt. Zu ermitteln ist die Fernpunktrefraktion in den jeweiligen Hauptschnittrichtungen.

Die Berechnung ist für beide Hauptschnitte getrennt voneinander vorzunehmen.

$$A_{R\,I} = \frac{S'_I}{1 - e^* \cdot S'_I} = \frac{-9{,}0\ \text{dpt}}{1 - 0{,}0175\ \text{m} \cdot (-9{,}0)\frac{1}{\text{m}}}$$

$$= -7{,}78\ \text{dpt}$$

$$A_{R\,II} = \frac{S'_{II}}{1 - e^* \cdot S'_{II}} = \frac{-6{,}0\ \text{dpt}}{1 - 0{,}0175\ \text{m} \cdot (-6{,}0)\frac{1}{\text{m}}}$$

$$= -5{,}43\ \text{dpt}$$

Daraus ergibt sich eine deutlich von der Verordnung abweichende Fernpunktrefraktion.

$A_R$ sph − 5,43 cyl − 2,35 A 90°

**Wichtig**
Die Differenz zwischen Fernpunktrefraktion und vollkorrigierendem Scheitelbrechwert wird mit zunehmendem Hauptpunktscheitelabstand größer.

**Vollkorrektion und Hornhautscheitelabstand**
Bei der Verordnung von starken sphärotorischen Brillengläsern ist im Anschluss an die anatomische Voranpassung der Hornhautscheitelabstand zu überprüfen. Unterscheidet sich der Messwert erheblich vom HSA, der bei der Augenglasbestimmung vorgelegen hat, ist für jeden Hauptschnitt der zur Vollkorrektion führende Hauptschnittwert zu berechnen. Dabei gilt der folgende Zusammenhang:

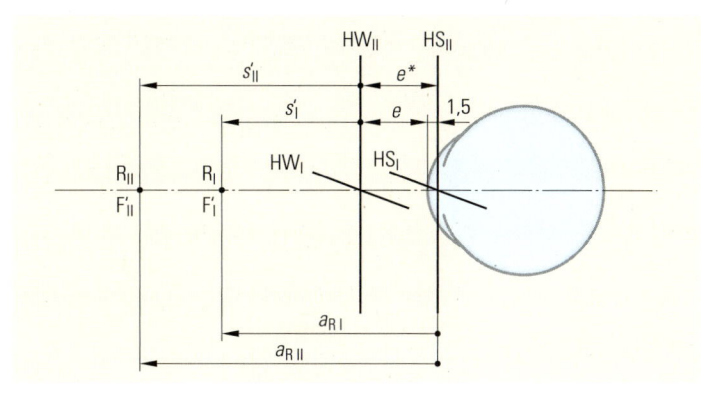

**Bild 8.7** Vollkorrektion bei Astigmatismus

**vollkorrigierender Scheitelbrechwert**

$$S'_{I/II\ neu} = \frac{S'_{I/II\ alt}}{1 + (e_{neu} - e_{alt}) \cdot S'_{I/II\ alt}}$$

$S'_{I/II\ alt}$: verordneter Scheitelbrechwert in $HS_{I/II}$
$e_{alt}$: ursprünglicher Hornhautscheitelabstand
$e_{neu}$: endgültiger Hornhautscheitelabstand

Beispiel:
Die Augenglasbestimmung mit dem Phoropter hat bei einem HSA von 15 mm zu einer Verordnung von sph + 8,75 cyl − 2,75 A 20° geführt. Der Abstand zwischen Apex der Hornhaut und rückwärtigem Scheitelpunkt der Musterverglasung beträgt bei anatomisch vorangepasster Brille jedoch nur 12 mm.

Die vollkorrigierenden Hauptschnittwerte ergeben sich aus

$$S'_{I\ neu} = \frac{S'_{I\ alt}}{1 + (e_{neu} - e_{alt}) \cdot S'_{I\ alt}}$$

$$= \frac{+6{,}0\ \text{dpt}}{1 + (0{,}012 - 0{,}015)\ \text{m} \cdot (+6{,}0)\frac{1}{\text{m}}}$$

$$= +6{,}11\ \text{dpt}$$

$$S'_{II\ neu} = \frac{S'_{II\ alt}}{1 + (e_{neu} - e_{alt}) \cdot S'_{II\ alt}}$$

$$= \frac{+8{,}75\ \text{dpt}}{1 + (0{,}012 - 0{,}015)\ \text{m} \cdot (+8{,}75)\frac{1}{\text{m}}}$$

$$= +8{,}99\ \text{dpt}$$

Weil die optische Industrie nur Brillengläser mit Hauptschnittwerten in Abstufungen von 0,25 dpt liefert, muss das berechnete Ergebnis auf den nächstmöglichen Wert gerundet werden.

$S'_{I\ neu} = +6{,}11$ dpt $\approx +6{,}0$ dpt
$S'_{II\ neu} = +8{,}99$ dpt $\approx +9{,}0$ dpt

Daraus lässt sich schließlich der Bestellwert des Brillenglases ableiten.

sph + 9,0 cyl − 3,0 A 20°

Eine Verkürzung des Hornhautscheitelabstands führt immer zu einer Hyperopisierung, während seine Verlängerung eine Myopisierung bewirkt. Um Asthenopie durch Akkommodation beziehungsweise Visusschwächung weitestgehend auszuschließen, sollte die Abweichung $\Delta S'_{max}$ von der Korrektionsvorschrift nicht größer als ± 0,125 dpt sein. Vor diesem Hintergrund kann eine Berechnung der physiologisch gerade noch verträglichen HSA-Änderung sinnvoll sein.

> **Asthenopie:**
> negative Auswirkung von visuellen Belastungen

> **verträgliche HSA-Änderung**
>
> $$\Delta e = \frac{\Delta S'_{max}}{S'^{2}_{alt} - S'_{alt} \cdot \Delta S'_{max}}$$
>
> $\Delta S'_{max}$: Hyperopisierung (− 0,125 dpt) /
> Myopisierung (+ 0,125 dpt)
> $S'_{alt}$: verordneter Hauptschnittwert

**Beispiel:**
Für die Verordnung sph + 3,25cyl + 2,25 A 85° soll die zulässige HSA-Änderung ermittelt werden, bei der eine Myopisierung gerade noch keine Visusschwächung verursachen wird.

Weil sich die Änderung des Hornhautscheitelabstands bei hohen Hauptschnittwerten stärker als bei niedrigeren auswirkt, ist der ausschlaggebende Scheitelbrechwert immer der mit dem höheren Betrag. Aus diesem Grunde erübrigt sich die Berechnung für den anderen Hauptschnitt.

$$\Delta e = \frac{\Delta S'_{max}}{S'^{2}_{alt} - S'_{alt} \cdot \Delta S'_{max}}$$

$$= \frac{+0{,}125 \frac{1}{m}}{\left(+5{,}5\frac{1}{m}\right)^2 - 5{,}5\frac{1}{m} \cdot (+0{,}125)\frac{1}{m}}$$

$= +0{,}0042$ m $= +4{,}2$ mm

Das Ergebnis besagt, dass der Hornhautscheitelabstand nach der anatomischen Voranpassung um 4,2 mm **größer** als bei der Augenglasbestimmung sein darf, ohne physiologische Beeinträchtigungen zu bewirken.

### 8.2.2 Korrektion mit Kontaktlinsen

Liegt ein **irregulärer** Astigmatismus vor, bietet der Einsatz von Kontaktlinsen die einzige Möglichkeit der Korrektion. In vielen Fällen eignet sich dafür auch nur die formstabile Ausführung. Dabei füllt der Tränenfilm die unebenen Hornhautareale aus und erhält durch die Kontaktlinsenrückfläche eine regelmäßige und definierte Form. Der optische Ausgleich ist deshalb möglich, weil die Brechzahl der Tränenflüssigkeit ($n_{TF}$ = 1,33) mit dem Brechungsindex der Hornhaut ($n_{HH}$ = 1,376) in etwa übereinstimmt.

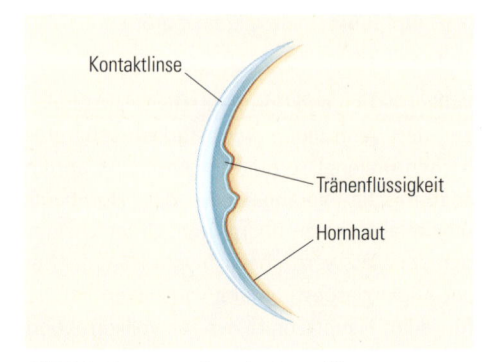

**Bild 8.8** Kompensation des irregulären Astigmatismus

## 8.2 Korrektion des Astigmatismus

Wie die Korrektion mit einer Kontaktlinse im Falle des **regulären** Astigmatismus erfolgen muss, hängt in hohem Maße davon ab, auf welche Ursache sich dieser zurückführen lässt und welcher Kontaktlinsentyp zur Anwendung kommen soll.

Der **Gesamtastigmatismus** setzt sich aus dem **äußeren Astigmatismus** der Hornhautvorderfläche sowie dem durch Hornhautrückfläche, Augenlinse und Glaskörper verursachten **inneren Astigmatismus** zusammen.

> **Gesamtastigmatismus**
>
> $A_G = A_ä + A_i$
>
> $A_ä$: äußerer Astigmatismus
> $A_i$: innerer Astigmatismus

Der Gesamtastigmatismus des Auges lässt sich aus dem Resultat der mit Phoropter oder Messbrille vorgenommenen Augenglasbestimmung ableiten.

Beispiel:
Eine Refraktionsbestimmung hat bei einem Hauptpunktscheitelabstand von 15 mm zu der Verordnung sph + 8,0 cyl − 2,0 A 90° geführt. Zu ermitteln ist der Gesamtastigmatismus des Auges.

Zunächst muss für beide Hauptschnitte die Fernpunktrefraktion berechnet werden.

$$A_{R\,I} = \frac{S'_I}{1 + e^* \cdot S'_I} = \frac{+6,0\ \text{dpt}}{1 + 0,015\ \text{m} \cdot (+6,0)\frac{1}{m}}$$

$= + 5,50$ dpt

$$A_{R\,II} = \frac{S'_{II}}{1 + e^* \cdot S'_{II}} = \frac{+8,0\ \text{dpt}}{1 + 0,015\ \text{m} \cdot (+8,0)\frac{1}{m}}$$

$= 7,14$ dpt

Aus den Ergebnissen ergibt sich eine sphärozylindrische Kombination.

$A_R$ sph + 7,14 cyl − 1,64 A 90°

Der zylindrische Anteil des entsprechenden Refraktionsdefizits entspricht der astigmatischen Differenz des Auges.

$D_{RD}$ sph − 7,14 cyl + 1,64 A 90°

Der Gesamtastigmatismus $A_G$ des Auges beträgt damit + 1,64 dpt und liegt in 90°.

Die Refraktionsbestimmung lässt keinerlei Rückschlüsse auf die Größe des äußeren durch die Vorderfläche der Hornhaut verursachten Astigmatismus zu. Für dessen Bestimmung ist ein Messgerät erforderlich, mit dem die torische Form der Cornea geometrisch erfasst werden kann. Dieses Instrument wird als Ophthalmometer bezeichnet und dient der Ermittlung von Hornhautradien in Hauptschnittrichtung. Üblich ist auch der Einsatz von sogenannten Keratographen, die die Hornhautoberfläche wie eine Gebirgslandschaft topografisch auswerten und dem Anpasser so weitere Informationen liefern.

**Bild 8.9** Ophthalmometer und Keratograph

Der kleinere der ermittelten Radien wird mitunter auch als steiler und der größere als flacher Hornhautmeridian bezeichnet. Darüber hinaus geben die meisten Geräte gleichzeitig den Hornhautastigmatismus an. Dieser ergibt sich letztendlich aus den Radien der Hornhaut sowie ihrer Brechzahl von 1,376.

> **Meridian:** durch den Apex verlaufender Halbkreis

> **äußerer Astigmatismus**
>
> $$A_ä = 376\,\frac{\text{mm}}{\text{m}} \cdot \left(\frac{1}{r_{steil}} - \frac{1}{r_{flach}}\right)$$
>
> $r_{steil}$: kleinerer Hornhautradius
> $r_{flach}$: größerer Hornhautradius

Der so ermittelte äußere Astigmatismus besitzt ein positives Vorzeichen und liegt in Richtung des flacheren Hornhautmeridians.

Der innere Astigmatismus kann mit den Instrumenten des Augenoptikers nicht gemessen werden. Er lässt sich aber rechnerisch aus Gesamtastigmatismus und äußerem Astigmatismus ermitteln.

> **innerer Astigmatismus**
>
> $A_i = A_G - A_ä$

Beispiel:
Von einem astigmatisch fehlsichtigen Auge ist die sphärozylindrische Kombination des Refraktionsdefizits sph + 1,75 cyl − 0,50 A 180° bekannt. Das Ophthalmometer zeigt einen äußeren Astigmatismus von + 0,75 A 90° an. Zu ermitteln ist der aus Hornhautrückfläche, Augenlinse und Glaskörper resultierende innere Astigmatismus.

Weil der zylindrische Anteil des Refraktionsdefizits und der des äußeren Astigmatismus nicht in gleicher Achslage vorliegen, ist eine der beiden Größen umzurechnen.

$D_{RD}$ sph + 1,75 cyl − 0,50 A 180°

$D_{RD}$ sph +1,25 cyl + 0,50 A 90°

Erst nach der Umformung dürfen Gesamtastigmatismus und äußerer Astigmatismus miteinander verrechnet werden.

$A_i = A_G - A_ä$ = (+ 0,50) dpt − (+ 0,75) dpt
  = − 0,25 dpt

Aufgrund der vorgenommenen Umrechnung auf 90° ergibt sich nun ein innerer Astigmatismus von − 0,25 dpt in eben dieser Achslage.

Prinzipiell ist die Korrektion eines astigmatisch fehlsichtigen Auges mit weichen oder formstabilen Kontaktlinsen möglich. Beide Systeme sind in unterschiedlichen Ausführungen lieferbar.

**Korrektion mit weichen Kontaktlinsen**
Soll ein astigmatisch fehlsichtiges Auge mit einer **weichen** Kontaktlinse korrigiert werden, gibt letztendlich der Gesamtastigmatismus den erforderlichen Zylinder vor. Er lässt sich über torische Außen- oder Innenkurven realisieren. Damit sich die Linse nicht auf der Hornhaut drehen kann und einen Fehlzylinder verursacht, muss allerdings für eine Stabilisierung der Achse gesorgt werden. Eine Möglichkeit besteht darin, die Kontaktlinse im unteren Bereich durch eine sogenannte **Stutzkante** abzuflachen, die sich am unteren Lidrand ausrichten kann. Es ist aber auch möglich, die Linse mit einem **Prismenballast** auszustatten, der sich aufgrund der Schwerkraft nach unten orientiert. Viele Hersteller arbeiten auch Verdickungen ein, die mit jedem Lidschlag in die Lidspalte gezwungen werden, sodass eine Rotation der Kontaktlinse vermieden wird. Diese Variante wird auch als **dynamische Stabilisierung** bezeichnet. Kombinationen der geschilderten Verfahren sind ebenfalls möglich.

a) Stutzkante

b) Prismenballast

c) dynamische Stabilisierung

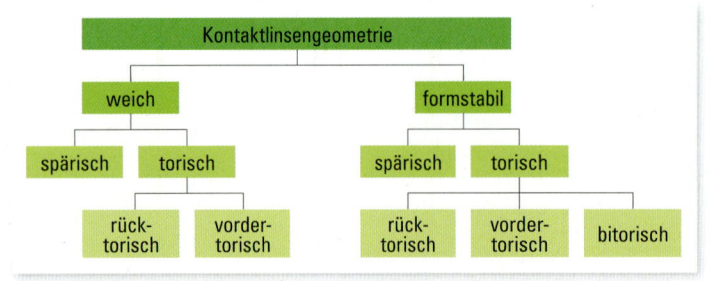

**Bild 8.10** Ausführungsformen der Kontaktlinsen-Systeme

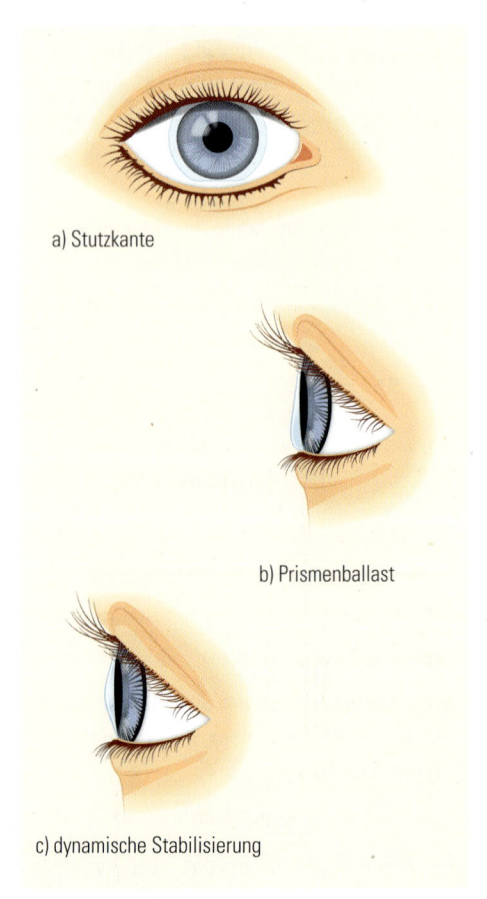

**Bild 8.11** Achsstabilisierung

**Korrektion mit formstabilen Kontaktlinsen**

Die Anpassung von **formstabilen** Kontaktlinsen bei einer sphärozylindrischen Verordnung ist etwas aufwändiger, da zunächst die Ursache des Astigmatismus und das Zusammenspiel der beteiligten Anteile geklärt werden muss.

Die Kontaktlinsenrückfläche sollte sich immer an der Hornhautgestalt orientieren, um Irritationen auszuschließen und den bestmöglichen Sauerstoffaustausch zu gewährleisten. So kann sich Tränenflüssigkeit in ausreichender Menge unter der Kontaktlinse ansammeln und für eine Art Puffer sorgen. Deshalb ist auf eine allzu steile Anpassung in den Meridianen auch möglichst zu verzichten. In diesem Zusammenhang spielt der durch die Hornhautvorderfläche verursachte Astigmatismus eine entscheidende Rolle. Liegt sein Betrag deutlich unter 2,0 dpt, ist die Korrektion mit einer **sphärischen** Kontaktlinsenrückfläche wahrscheinlich noch möglich. Der verbleibende Anteil des Hornhautastigmatismus beträgt dann nur noch etwa 10 %. Dieses Phänomen lässt sich auf den ähnlichen Brechungsindex von Hornhaut und Tränenflüssigkeit zurückführen. Eine zuverlässige Aussage über die Qualität des KL-Sitzes ist allerdings nur über die für formstabile Kontaktlinsen obligatorische Beurteilung von Fluoreszein-Bildern möglich.

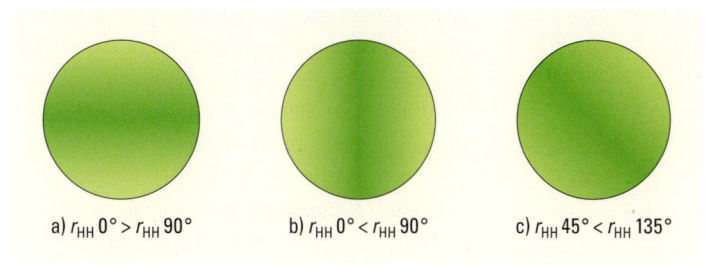

a) $r_{HH}\,0° > r_{HH}\,90°$　　b) $r_{HH}\,0° < r_{HH}\,90°$　　c) $r_{HH}\,45° < r_{HH}\,135°$

**Bild 8.12** Fluoreszein-Bilder bei Parallelanpassung zum flachen Hornhautmeridian

Ob die formstabile Kontaktlinse einen Vordertorus erhalten muss, hängt in erster Linie vom Ausmaß des Restastigmatismus ab. Dieser lässt sich am besten bei aufgesetzter Anpasslinse anhand einer Überrefraktion ermitteln. Wird er vom Anpasser als korrektionswürdig eingestuft, kommt die **vordertorische Ausführung** in Betracht. In diesem Fall ist allerdings eine Achsstabilisierung erforderlich.

Übersteigt der Hornhautastigmatismus den vertretbaren Grenzbereich, wird eine sphärische Rückfläche auf dem Torus der Cornea zu keinem stabilen Sitz mehr führen. In diesem Fall muss die formstabile Kontaktlinse **rücktorisch** ausgeführt werden. Unter Umständen erübrigt sich dann zwar eine Achsstabilisierung, häufig verbleibt aber ein Restastigmatismus, der schließlich zur **bitorisch** ausgeführten Variante führt.

## 8.3 Brillenglasberatung

> Eine vorliegende Verordnung enthält einen starken Zylinder. Weil besonders dünne, leichte und verträgliche Brillengläser gewünscht werden, verlangt Ihr Kunde nach einer umfassenden Beratung.

### 8.3.1 Mittendickenreduktion und Gewichtsoptimierung

Tragekomfort und Ästhetik einer Brille lassen sich durch dünne und leichte Gläser erheblich verbessern. Dabei spielt die Auswahl des Glaswerkstoffes eine entscheidende Rolle. Im Minusbereich lässt sich eine zusätzliche Gewichtsersparnis nur noch über die Scheibengröße und den erforderlichen Glasabschliff steuern. Im Plusbereich kann darüber hinaus eine Reduzierung der Mittendicke zu einem geringeren Gewicht führen.

Das Ausmaß der zu erwartenden Dicken- und Gewichtsminimierung ist bei torischen Brillengläsern abhängig von der Scheibenform, der erforderlichen Dezentration, der verordneten Achslage sowie dem Glastyp. Ob eine Mittendickenreduktion des Herstellers überhaupt in Erwägung gezogen werden sollte, kann der Augenoptiker anhand der **0 + 1 + 2-Regel** abschätzen.

> **Praxis-Tipp**
> Nach der 0 + 1 + 2-Regel ist eine Gewichtsersparnis zu erwarten, wenn
> - die Achslage des korrigierenden Pluszylinders bei 0° liegt,
> - der Betrag des Zylinders mindestens 1,0 dpt beträgt und
> - die Wirkung im zweiten Hauptschnitt mindestens 2,0 dpt aufweist.

Ist bei erfüllter 0 + 1 + 2-Regel die Höhe der Brillenglaskontur im Vergleich zu ihrer Breite relativ gering, ist eine Reduzierung der Mittendicke durch den Hersteller wahrscheinlich möglich. Bei der Fertigung werden sphärische Basiskurve und torische Rezeptfläche des Brillenglases soweit angenähert, dass es in Richtung der dicken Stellen immer dünner und in Richtung der dünnen immer kleiner wird. Nach der Bearbeitung ist das Rohglas zwar nicht mehr kreisrund, dafür zeichnet es sich aber durch eine geringere Mittendicke aus.

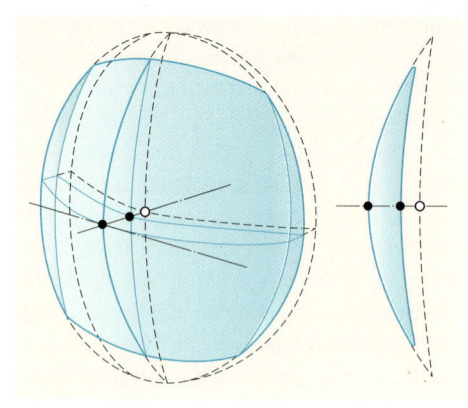

**Bild 8.13** Reduktion der Mittendicke

### 8.3.2 Anamorphotische Verzerrungen

Von anamorphotischen Verzerrungen wird gesprochen, wenn durch ein sphärotorisches Brillenglas deformierte Netzhautbilder wahrzunehmen sind. Weil sich diese auch störend auf den Sehvorgang auswirken können, ist der Kunde darauf hinreichend vorzubereiten. Die Verzerrungen werden durch die unterschiedlichen Gesamtvergrößerungen in den Hauptschnittrichtungen verursacht. Die Gesamtvergrößerung lässt sich aus dem Produkt von Eigen- und Systemvergrößerung ermitteln.

Die höhere Gesamtvergrößerung liegt immer in Richtung des Hauptschnittes mit der stärkeren Pluswirkung. Befindet sich die Achse des korrigierenden Pluszylinders zum Beispiel in 90°, wird das Bild horizontal in die Länge gezogen.

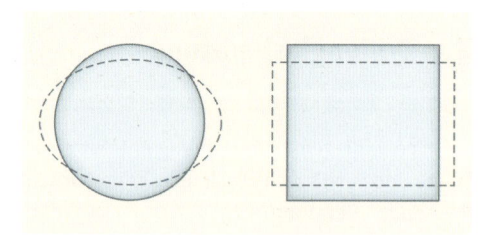

**Bild 8.14** Anamorphotische Verzerrung bei korrigierendem Pluszylinder in 90°

Das Ausmaß der anamorphotischen Verzerrung wird durch die sogenannte **anamorphotische Vergrößerungsdifferenz** beschrieben.

**Gesamtvergrößerung**

$$N_{G\,I/II} = \frac{A_{R\,I/II}}{D_{I/II}} = N_{E\,I/II} \cdot N_{S\,I/II}$$

**Eigenvergrößerung**

$$N_{E\,I/II} = \frac{S'_{I/II}}{D_{I/II}} = \frac{1}{1 - \frac{d}{n} \cdot D_1}$$

**Systemvergrößerung**

$$N_{S\,I/II} = \frac{A_{R\,I/II}}{S'_{I/II}} = \frac{1}{1 - e^* \cdot S'_{I/II}}$$

**anamorphotische Vergrößerungsdifferenz**

$$\Delta N_G = \frac{N_{G\,II} - N_{G\,I}}{N_{G\,II}} \cdot 100\,\%$$

Sowohl bei der Korrektion des Astigmatismus rectus als auch bei der des Astigmatismus inversus wird der Brillenträger die Verzerrungen bereits nach kurzer Toleranzzeit nicht mehr wahrnehmen. Die Kompensation des Astigmatismus obliquus verursacht allerdings Winkelverzerrungen, die zu einer Verfälschung der Raumwahrnehmung führen können. A- oder V-förmige Achslagen schränken unter Umständen sogar das Fusionsvermögen des Kunden ein. Gegebenenfalls muss bereits bei der Refraktionsbestimmung ein Kompromiss zwischen Vollkorrektion einerseits und physiologischer Verträglich andererseits herbeigeführt werden.

> **A-förmige Achslage:** R in 45° und L in 135°
> **V-förmige Achslage:** R in 135° und L in 45°

## 8.4 Optische Anpassung und Abgabe der Brille

> Die Refraktionsbestimmung hat ergeben, dass sich Sphäre und Zylinder eines astigmatisch fehlsichtigen Auges im Betrag zwar nicht geändert haben, dafür aber in der Achse. Ihr Kunde hält ein neues Brillenglas allerdings für überflüssig.

Die bei der optischen Anpassung von sphärischen Gläsern geschilderten Gesetzmäßigkeiten lassen sich ohne Ausnahme auf die von sphärotorischen Brillengläsern übertragen. Auch die Festlegung der Zentrierpunkte erfolgt nach den vereinbarten Regeln. Für eine Beurteilung der Abgabefähigkeit reicht die Überprüfung der Zentrierdaten allerdings nicht aus. Aus einer Verdrehung des Glases resultiert nämlich ein Achsfehler, der zu einer weiteren Abweichung von der Korrektionsvorschrift führt.

Damit es zu einem vollständigen Ausgleich des Augenzylinders kommt, muss der kompensierende Korrektionszylinder betragsgleich sein, das entgegengesetzte Vorzeichen besitzen und in der gleichen Richtung vorliegen.

Sobald eine der genannten Bedingungen nicht erfüllt ist, wird bereits ein Fehlzylinder verursacht, der zu einer Visusschwächung führen kann. Für die Stärke des Fehlzylinders gilt allgemein:

> **Fehlzylinder**
> $$Z_F = \pm \sqrt{Z_A^2 + Z_K^2 + 2 \cdot Z_A \cdot Z_K \cdot \cos(2 \cdot \varepsilon)}$$
> $Z_A$: Augenzylinder
> $Z_K$: Korrektionszylinder
> $\varepsilon$: Achsfehler

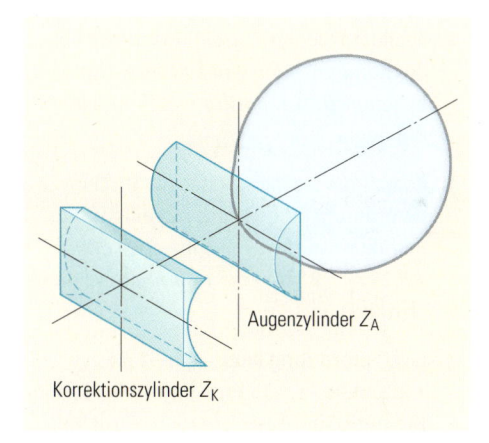

**Bild 8.15** Kompensation von Augen- und Korrektionszylinder

Wenn der Korrektionszylinder bei der Refraktionsbestimmung richtig ermittelt wurde ($Z_K = -Z_A$), entsteht bei einem Achsfehler mit dem Zylinder des Auges ein Kreuzzylinder. Die oben angegebene Formel reduziert sich in diesem Fall auf den folgenden Zusammenhang:

> **Fehlzylinder**
> $$Z_F = \pm 2 \cdot Z_K \cdot \sin(\varepsilon)$$
> gilt, wenn $Z_K = -Z_A$

Der Fehlzylinder entspricht dabei dem Nennbetrag des Kreuzzylinders. Die gleichzeitig verursachte Fehlsphäre ergibt sich wiederum aus dem sphärozylindrischen Äquivalent des Kreuzzylinders. Sie ist stets halb so groß wie der Nennbetrag mit entgegengesetztem Vorzeichen und berechnet sich aus

> **Fehlsphäre**
>
> $$S = -\frac{Z_F}{2}$$
>
> gilt, wenn $Z_K = -Z_A$

Um die physiologische Verträglichkeit sicherzustellen, sollte die Fehlsphäre nicht mehr als ± 0,125 dpt vom Vollkorrektionswert abweichen. Daraus folgt ein maximal zulässiger Fehlzylinder $Z_{Fmax}$ von ± 0,25 dpt. In rechtlicher Hinsicht ist die Abgabe einer Brille mit sphärotorischen Gläsern jedoch unbedenklich, wenn die Grenzabweichungen von der verordneten Achslage nach DIN EN ISO 21987 eingehalten wurden.

### Aufgaben

1. Die Fernpunktrefraktion eines Auges lautet sph + 0,5 cyl − 2,0 A 95°. Geben Sie an, welches Refraktionsdefizit in beiden Hauptschnitten vorherrscht.

2. Schildern Sie das Korrektionsprinzip bei der Kompensation eines *Astigmatismus hyperopicus compositus rectus* mit einem Brillenglas.

3. Berechnen Sie die sphärozylindrische Verordnung eines Auges mit einem Refraktionsdefizit von sph − 9,20 cyl + 3,29 A 178° für einen Hornhautscheitelabstand von 11 mm.

4. Eine Verordnung lautet sph − 8,25 cyl + 2,25 A 45° $e$ = 13 mm. Ermitteln Sie den theoretischen Bestellwert eines zur Vollkorrektion führenden Brillenglases, dessen Abstand vom Apex des Auges 17 mm beträgt.

5. Unterscheiden Sie den inneren vom äußeren Astigmatismus.

6. Dem Display eines Ophthalmometers entnimmt der Anpasser die Hornhautradien 7,8 / 180° und 7,9 / 90°. Ermitteln Sie den Hornhautastigmatismus.

7. Erklären Sie, auf welchen Astigmatismus sich die 0 + 1 + 2-Regel bezieht und geben Sie eine Verordnung an, bei der eine Reduktion der Mittendicke in Betracht kommen könnte.

8. Berechnen Sie die anamorphotische Vergrößerungsdifferenz für ein 7,3 mm dickes Brillenglas sph + 4,0 cyl + 2,0 A 135° mit einer Basiskurve von + 8,84 dpt bei einem Hauptpunktscheitelabstand von 15 mm. Skizzieren Sie anschließend, wie ein Kreis durch dieses Brillenglas wahrgenommen wird.

9. Ermitteln Sie den resultierenden Fehlzylinder, wenn der zylindrische Anteil des Auges + 5,25 dpt, der Korrektionszylinder − 4,75 dpt und der Achsfehler 2,5° beträgt.

10. Überprüfen Sie, ob ein Achsfehler von 1° bei korrekt durchgeführter Augenglasbestimmung ($Z_K = -Z_A = -5,25$ dpt) zu einer physiologischen Beeinträchtigung führt.

## Projektaufgaben

1. Die Refraktionsbestimmung des Augenoptikermeisters

   sph – 5,75 cyl – 2,25 A 90°

   wurde bei einem Hornhautscheitelabstand von 12 mm durchgeführt.

   a) Ermitteln Sie, um welchen Maximalbetrag der Hornhautscheitelabstand in welche Richtung ohne Umrechnung verändert werden darf.
   b) Bestimmen Sie den Bestellwert des Brillenglases unter der Annahme, dass der Hornhautscheitelabstand nach der anatomischen Voranpassung 16 mm beträgt.
   c) Bei der Endkontrolle der verglasten Brillenfassung wird eine Achslage von 91,5° ermittelt. Überprüfen Sie, ob sich die Abweichung noch im physiologisch verträglichen Bereich befindet.

2. Erstellen Sie unter Zuhilfenahme eines Tabellenkalkulationsprogramms eine vollständig beschriftete Grafik, welcher der zulässige Achsfehler ohne Beeinträchtigung der physiologischen Verträglichkeit entnommen werden kann. Gehen Sie bei Ihrer Planung von betragsgleichem Augen- und Korrektionszylinder aus.

3. Im Rahmen der Kontaktlinsenassistenz dokumentieren Sie in der Kartei einer Kundin folgende Daten:

   R  sph + 0,5 cyl – 1,5 A 180°
   $r_{HH\ 90°} = 7{,}68$ mm
   $r_{HH\ 180°} = 7{,}92$ mm

   L  sph + 0,5 cyl – 1,5 A 180°
   $r_{HH\ 90°} = 7{,}70$ mm
   $r_{HH\ 180°} = 7{,}70$ mm

   a) Ermitteln Sie aus diesen Informationen zunächst die einzelnen Anteile des Astigmatismus.
   b) Erläutern Sie die Korrektion mit weichen Kontaktlinsen.
   c) Beschreiben Sie die Geometrie der erforderlichen formstabilen Variante, begründen Sie Ihre Wahl und nehmen Sie Stellung zur Notwendigkeit einer Achsstabilisierung.
   d) Skizzieren Sie die zu erwartenden Fluoreszenzbilder bei einer Anpassung parallel zum flacheren Hornhautmeridian.

# Lernfeld 9
# Dienstleistungen und Verwaltungsarbeiten durchführen

Ein Kunde hat bei Ihnen eine teure Gleitsichtbrille in Auftrag gegeben. Als die Brille gefertigt ist, weigert er sich, diese anzunehmen und zu bezahlen. Eine schriftliche Auftragsbestätigung liegt nicht vor, allerdings hat er die Verordnung abgegeben.

- Welche Informationen sind erforderlich?
- Wie gelangen Sie an diese Informationen?
- Welche Maßnahmen können Sie ergreifen?

- Wie kommt ein Vertrag zu Stande?
- Welche Rechte und Pflichten haben die Vertragspartner?
- Welche Störungen bei der Abwicklung können auftreten und wie kann man auf diese reagieren?

- Sie nutzen Ihre Kenntnisse, um Verträge abzuschließen und ihre Gültigkeit zu überprüfen.
- Sie nutzen Ihre Kenntnisse, um die Rechte und Pflichten der Vertragspartner zu ermitteln.
- Sie nutzen Ihre Kenntnisse, um geeignete Maßnahmen bei Störungen zu ergreifen.

- Besitzen Sie die Informationen, um einen Kaufvertrag abschließen und seine Gültigkeit beurteilen zu können?
- Kennen Sie die Rechte und Pflichten der Beteiligten am Kaufvertrag?
- Können Sie geeignete Maßnahmen bei Störungen des Vertragsablaufs ergreifen?
- Können Sie in Zukunft an Ihrem Arbeitsplatz mit Fragen und Problemen zum Vertragsrecht sicher umgehen?
- Können Sie in Zukunft an Ihrem Arbeitsplatz auf derartige Probleme angemessen reagieren?
- In welchen Bereichen besteht noch Änderungs- und Handlungsbedarf?

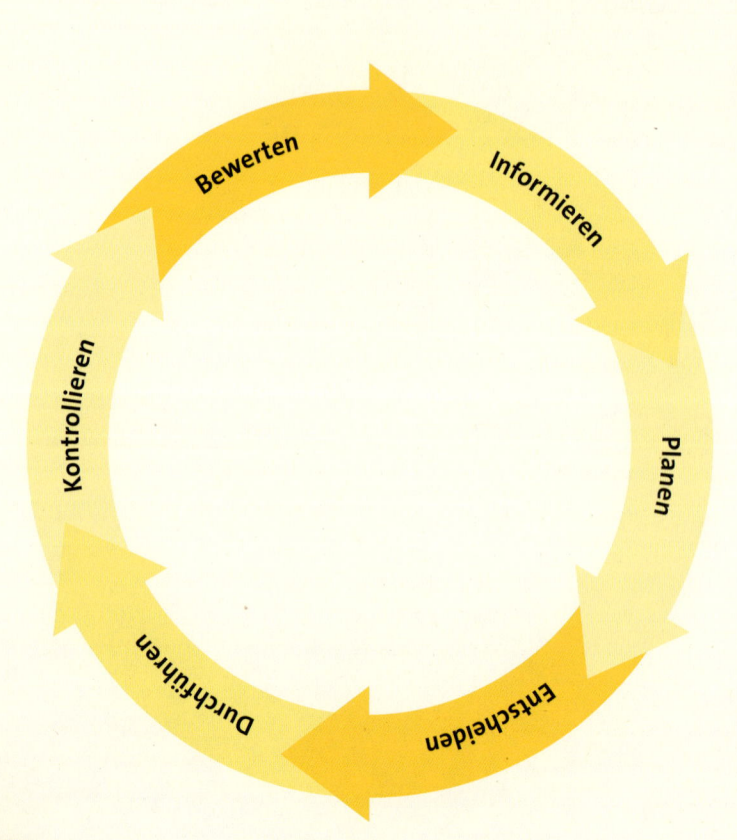

# 9.1 Grundlagen des Vertragsrechts

> Der siebzehnjährige Timo hat sich um einen Ausbildungsplatz in der Augenoptik beworben. Nach einer Woche Probearbeit ist der Inhaber des Geschäfts sehr zufrieden und zeigt Interesse, Timo als Auszubildenden einzustellen. Timo möchte auf der Stelle den Ausbildungsvertrag abschließen, um seine Eltern, die im Urlaub sind, damit zu überraschen. Der Geschäftsinhaber meint, dass dies nicht möglich sei. Als Timo jedoch zwei Wochen später mit seinen Eltern erscheint, um den Ausbildungsvertrag abzuschließen, wird ihm mitgeteilt, dass ein anderer Bewerber eingestellt wurde.

## 9.1.1 Geschäfts- und Rechtsfähigkeit

Wenn Kinder und Jugendliche Rechtsgeschäfte abschließen wollen, ist zu prüfen, ob sie dazu berechtig sind. Dabei ist zwischen Rechtsfähigkeit und Geschäftsfähigkeit zu unterscheiden. Unter Geschäftsfähigkeit versteht man die Fähigkeit, selbstständig gültige Rechtsgeschäfte abschließen zu können. Unsere Rechtsordnung geht davon aus, dass diese Fähigkeit von der Reife des Handelnden abhängig ist und unterscheidet deshalb drei Stufen der Geschäftsfähigkeit.

- **Geschäftsunfähigkeit**
Geschäftsunfähig sind Kinder bis zu sieben Jahren und Personen mit einer dauerhaften Störung der Geistestätigkeit. Willenserklärungen, die von diesen Personenkreisen abgegeben werden, sind von vornherein nichtig. Wenn ein Geschäftsunfähiger als Bote handelt, also die Willenserklärung eines Geschäftsfähigen überbringt, ist das Rechtsgeschäft gültig.

- **Beschränkte Geschäftsfähigkeit**
Kinder und Jugendliche zwischen 7 und 18 Jahren besitzen lediglich eine beschränkte Geschäftsfähigkeit. Die Willenserklärung ist in diesem Falle nur wirksam, wenn der gesetzliche Vertreter dem Geschäft vorher zustimmt (Einwilligung) oder es nachträglich billigt (Genehmigung). Für die Genehmigung gibt es eine Frist von 14 Tagen, während der die Willenserklärung schwebend unwirksam ist.

Ausnahmen der beschränkten Geschäftsfähigkeit: Personen, die nur beschränkt geschäftsfähig sind, dürfen ohne Zustimmung des gesetzlichen Vertreters rechtswirksam
- Geschäfte abschließen, die ausschließlich rechtliche Vorteile haben, z. B. Annahme einer Schenkung in Form von Bargeld.
- im Rahmen ihrer eigenen Mittel (Taschengeld) einkaufen. Allerdings gilt dies nur für Bargeschäfte, nicht für Ratenkauf.
- im Rahmen ihres vom gesetzlichen Vertreter genehmigten Arbeitsverhältnisses Geschäfte abschließen.

> **Geschäftsfähigkeit:** Fähigkeit, Rechtsgeschäfte selbstständig und voll gültig abzuschließen

**Bild 9.1** Welche Rechte hat ein 17-Jähriger?

- **Volle Geschäftsfähigkeit**
Mit Vollendung des 18. Lebensjahres ist man voll geschäftsfähig. Menschen mit geistiger Behinderung sind je nach Schwere der Behinderung nicht oder eingeschränkt geschäftsfähig. Voll geschäftsfähige Personen können selbstständig gültige Rechtsgeschäfte abschließen und müssen hierfür auch die volle Verantwortung übernehmen (Tabelle 9.1).

# 9 Dienstleistungen und Verwaltungsarbeiten durchführen

| Geburt | 7 Jahre | 18 Jahre | Tod |
|---|---|---|---|
| **Geschäftsunfähigkeit** | **Beschränkte Geschäftsfähigkeit** | **Volle Geschäftsfähigkeit** | |
| Rechtgeschäfte sind **nichtig**. | Rechtsgeschäfte sind **schwebend unwirksam**. Der gesetzliche Vertreter muss zustimmen. Ausnahmen:<br>• eigene Mittel<br>• rechtlicher Vorteil<br>• in genehmigtem Arbeitsverhältnis | Rechtsgeschäfte sind **voll gültig**. | |

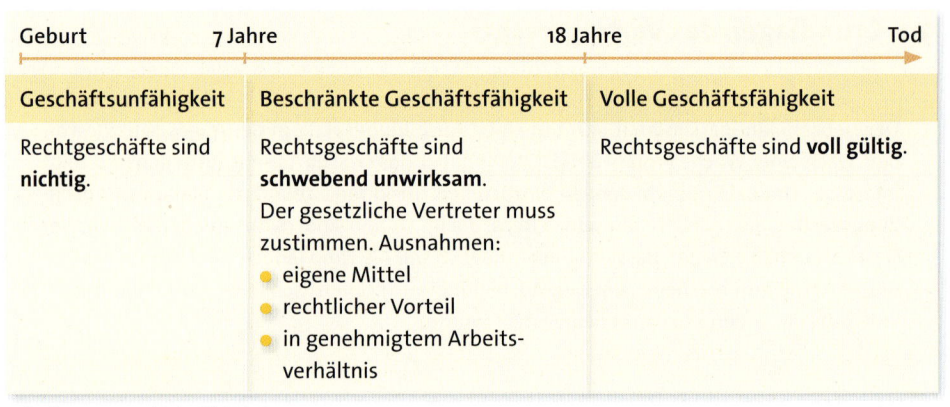

**Tabelle 9.1** Geschäftsfähigkeit

### Rechtsfähigkeit

> **Rechtsfähigkeit:** Fähigkeit, Träger von Rechten und Pflichten zu sein

Die Rechtsfähigkeit ist nicht vom Lebensalter abhängig. Rechtsfähigkeit ist die Fähigkeit, Träger von Rechten und Pflichten zu sein. Sie beginnt mit der Geburt und endet mit dem Tod. So kann zum Beispiel ein kleines Kind als Erbe eingesetzt werden, da es rechtsfähig ist. Allerdings ist es nicht in der Lage, seine Rechte selbst wahrzunehmen, da es nicht geschäftsfähig ist. Es handelt dann ein gesetzlicher Vertreter. Das Rechtswesen unterscheidet zwischen **natürlichen Personen** (Menschen) und **juristischen Personen**. Juristische Personen sind rechtliche Gebilde, denen eine eigene Rechtsfähigkeit zuerkannt wird. Man unterscheidet:

- Juristische Personen des öffentlichen Rechts, z. B. Gemeinden, Bundesländer, Handwerkskammern. Sie erhalten Rechtsfähigkeit durch staatliche Verleihung und verlieren sie durch staatlichen Entzug.
- Juristische Personen des privaten Rechts, z. B. Gesellschaft mit beschränkter Haftung (GmbH), eingetragener Verein (e. V.). Sie erlangen Rechtsfähigkeit durch Eintrag in einem öffentlichen Register (z. B. Handelsregister, Vereinsregister) und verlieren sie durch die Löschung in diesen Registern.

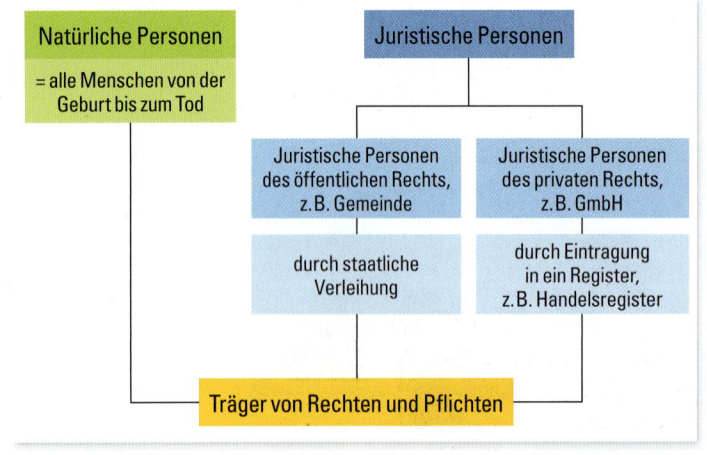

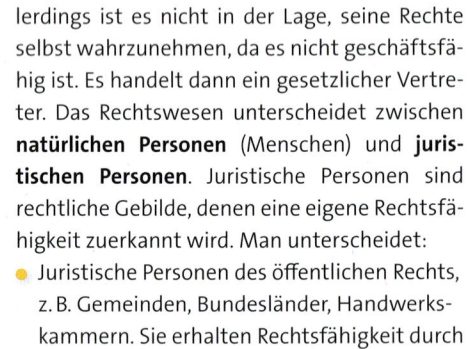

**Natürliche Personen** = alle Menschen von der Geburt bis zum Tod

**Juristische Personen**
- Juristische Personen des öffentlichen Rechts, z. B. Gemeinde → durch staatliche Verleihung
- Juristische Personen des privaten Rechts, z. B. GmbH → durch Eintragung in ein Register, z. B. Handelsregister

→ **Träger von Rechten und Pflichten**

**Bild 9.2** Rechtsfähigkeit

## 9.1.2 Arten von Rechtsgeschäften

> **Willenserklärung:** rechtlich wirksame Äußerungen einer Person, durch welche bewusst eine Rechtsfolge herbeigeführt wird

Rechtsgeschäfte entstehen durch die Abgabe von Willenserklärungen.
Willenserklärungen sind möglich
- durch ausdrückliche Erklärung: Sie kann mündlich, fernmündlich oder schriftlich erfolgen, z. B. ein Augenoptiker bestellt beim Lieferanten per E-Mail Kontaktlinsen
- durch schlüssiges Handeln, z. B. der Lieferant schickt die bestellten Kontaktlinsen ohne ausdrückliche Auftragsbestätigung
- im Ausnahmefall durch Schweigen: Grundsätzlich gilt Schweigen als Ablehnung, unter Kaufleuten kann es bei bereits bestehenden Geschäftsbeziehungen als Zustimmung gelten, z. B. der Lieferant schickt aufgrund eines Lieferengpasses zunächst weniger als die bestellte Menge Kontaktlinsen

Rechtsgeschäfte sind in einseitige und zweiseitige Rechtsgeschäfte einzuteilen.

Einseitige Rechtsgeschäfte entstehen, wenn nur eine Person oder Partei eine Willenserklärung abgibt. Man unterscheidet hierbei zwischen **empfangsbedürftigen, einseitigen Rechtsgeschäften**, die erst gültig sind, wenn der Partner die Willenserklärung erhalten hat, und **nicht empfangsbedürftigen, einseitigen Rechtsgeschäften**, die sofort mit Abgabe der Willenserklärung ihre Gültigkeit erlangen. Bei zweiseitigen Rechtsgeschäften sind zwei, dem Ziel nach übereinstimmende Willenserklärungen für das Zustandekommen des Rechtsgeschäftes erforderlich. Aus den hieraus entstehenden Verträgen ergibt sich eine Erfüllungsverpflichtung, die je nach Rechtsgeschäft einseitig oder zweiseitig verpflichtend sein kann.

### Arten von Rechtsgeschäften
nach Zahl und Art der Willenserklärungen

**Einseitige Rechtsgeschäfte** — Willenserklärung einer Person erforderlich
- **Empfangsbedürftige Rechtsgeschäfte**: Willenserklärung wird erst wirksam, wenn sie einer anderen Person zugeht. z. B. Kündigung
- **Nicht empfangsbedürftige Rechtsgeschäfte**: Willenserklärung ist gültig, ohne dass sie einer anderen Person zugeht. z. B. Testament

**Zwei- oder mehrseitige Rechtsgeschäfte** — Willenserklärungen (von zwei oder mehr Personen)
- **Einseitig verpflichtende Verträge**: Nur eine Person übernimmt Pflichten aus dem Vertrag. z. B. Schenkung
- **Zwei- oder mehrseitig verpflichtende Verträge**: Beide oder mehrere Personen übernehmen Pflichten aus dem Vertrag. z. B. Kaufvertrag

**Bild 9.3** Arten von Rechtsgeschäften

Im Allgemeinen können Willenserklärungen nach dem **Grundsatz der Formfreiheit** in beliebiger Form abgegeben werden. Deshalb werden die meisten Rechtsgeschäfte (z. B. Kaufverträge) mündlich, also formlos, abgeschlossen. Häufig ist es jedoch sinnvoll, trotz bestehender Formfreiheit schriftliche Verträge abzuschließen, die bei eventuell entstehenden Streitigkeiten als Beweismittel dienen können. Bei einigen besonders wichtigen Rechtsgeschäften schreibt das Gesetz eine bestimmte Form vor. Wird dieser **Formzwang** nicht eingehalten, ist das Rechtsgeschäft nichtig, d. h. von Anfang an unwirksam, da es nicht zustande gekommen ist.

**Vorgeschriebene Formen für Willenserklärungen**

| Form | Erläuterung | Beispiele |
| --- | --- | --- |
| Schriftform | Schriftstück mit eigenhändiger Unterschrift der Beteiligten | Ratenkaufverträge, Kreditverträge, Berufsausbildungsverträge |
| Öffentliche Beglaubigung | Schriftstück mit eigenhändiger Unterschrift der Beteiligten; die Echtheit der Unterschrift, nicht des Inhalts, wird durch Notar oder Behörde beglaubigt. | Anträge zu öffentlichen Verzeichnissen (Handelsregister, Vereinsregister, Grundbuch) |
| Öffentliche Beurkundung | Notar fertigt die Willenserklärung an und bestätigt Inhalt und Unterschriften. | Grundstückskaufverträge, Eheverträge, Schenkungsversprechen |

**Tabelle 9.2** Formen der Willenserklärung

### 9.1.3 Nichtigkeit und Anfechtbarkeit von Rechtsgeschäften

**Nichtigkeit** bedeutet, dass ein Rechtsgeschäft aufgrund eines Mangels gar nicht erst zustande gekommen ist, d.h. es ist von Anfang an unwirksam und kann somit keine Rechtsfolgen auslösen.

Nichtig sind Rechtsgeschäfte,

- die mit Geschäftsunfähigen abgeschlossen werden
  Beispiel: Ein 6-Jähriger tauscht seine Brille gegen einen Fußball ein.

  > BGB § 105,1 Geschäftsunfähigkeit
  > BGB § 105,2 Bewusstlosigkeit, vorübergehende Störung der Geistestätigkeit

- die mit beschränkt Geschäftsfähigen geschlossen werden, wenn die Genehmigung des gesetzlichen Vertreters verweigert wird.
  Beispiel: Ein 15-Jähriger kauft eine Sonnenbrille für 250 Euro.

  > BGB § 108
  > Beschränkte Geschäftsfähigkeit
  > Der Vertrag ist vorher schwebend unwirksam.

- die nur zum Schein abgeschlossen werden.
  Beispiel: Im notariellen Kaufvertrag über ein Haus wird ein Preis angegeben, der erheblich unter dem wirklich gezahlten Preis liegt, um dadurch Grunderwerbssteuern zu sparen.

  > BGB § 117 Scheingeschäft

- die nur als Scherz gedacht sind.
  Beispiel: Ein Kunde erklärt, dass er in diesem Moment sein „letztes Hemd" für eine Tasse Kaffee gäbe.

  > BGB § 118 Scherzgeschäft

- bei denen die gesetzlich vorgeschriebene Form nicht eingehalten wurde.
  Beispiel: Ein Ausbildungsvertrag wird per Handschlag geschlossen.

  > BGB § 125 Verstoß gegen Formvorschriften

- die gegen ein gesetzliches Verbot verstoßen.
  Beispiel: Verkauf von Diebesgut

  > BGB § 134 Verstoß gegen gesetzliche Verbote

- die gegen die guten Sitten verstoßen
  Beispiel: Kreditvertrag mit 20 % Monatszinsen

  > BGB § 138 Wucher / Sittenwidrigkeit

Ein **anfechtbares Rechtsgeschäft** ist im Gegensatz zum nichtigen Rechtsgeschäft zunächst zustande gekommen, also gültig. Nachträglich kann es jedoch durch die Anfechtung rückwirkend unwirksam (nichtig) werden. Bis zur Klärung des Sachverhaltes bleibt dieses Rechtsgeschäft schwebend unwirksam.

Anfechtbar sind Rechtsgeschäfte,

- denen ein Irrtum oder eine falsche Übermittlung zugrunde liegt.
  Beispiel: Ein Lehrer bestellt einen Klassensatz Fachbücher, gibt jedoch versehentlich statt 30 Exemplaren die Zahl 300 an.

  > BGB § 119 Inhaltsirrtum, Erklärungsirrtum
  > BGB § 120 Falsche Übermittlung

- die durch arglistige Täuschung herbeigeführt wurden.
  Beispiel: Ein Angestellter wird mit gefälschten Zeugnissen eingestellt.

  > BGB § 123 Arglistige Täuschung

- die durch widerrechtliche Drohung herbeigeführt wurden.
  Beispiel: Ein Angestellter droht mit Weitergabe von Geschäftsgeheimnissen, wenn sein Lohn nicht erhöht wird.

  > BGB § 123 Widerrechtliche Drohung

Die Anfechtung aufgrund eines Irrtums muss unverzüglich nach Kenntnisnahme erfolgen. Rechtsgeschäfte, die aufgrund arglistiger Täuschung oder widerrechtlicher Drohung zustande gekommen sind, können innerhalb eines Jahres angefochten werden (Bild 9.5).

**Bild 9.4**

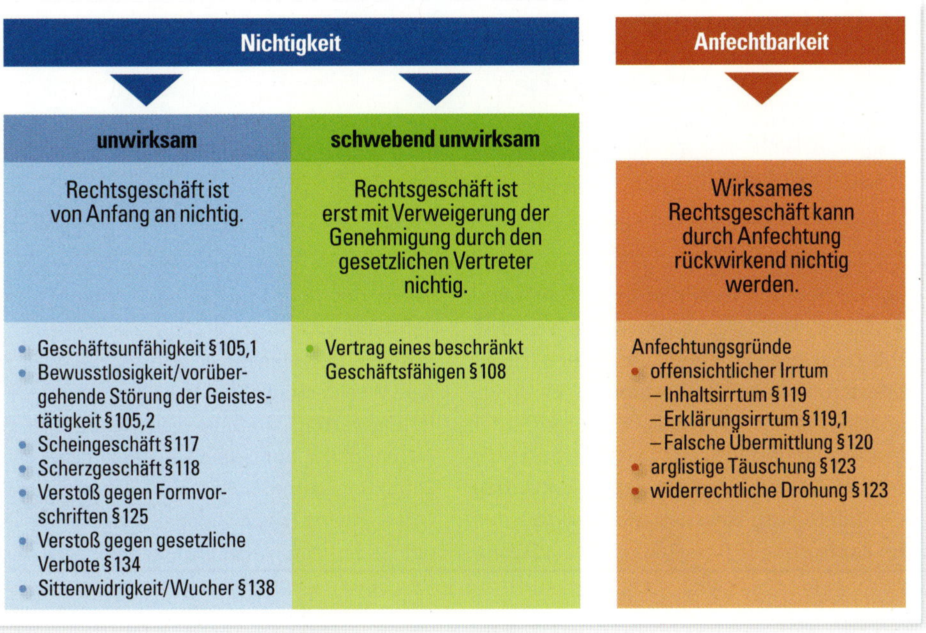

## 9.1 Grundlagen des Vertragsrechts

| Nichtigkeit | | Anfechtbarkeit |
|---|---|---|
| **unwirksam** | **schwebend unwirksam** | |
| Rechtsgeschäft ist von Anfang an nichtig. | Rechtsgeschäft ist erst mit Verweigerung der Genehmigung durch den gesetzlichen Vertreter nichtig. | Wirksames Rechtsgeschäft kann durch Anfechtung rückwirkend nichtig werden. |
| • Geschäftsunfähigkeit § 105,1<br>• Bewusstlosigkeit/vorübergehende Störung der Geistestätigkeit § 105,2<br>• Scheingeschäft § 117<br>• Scherzgeschäft § 118<br>• Verstoß gegen Formvorschriften § 125<br>• Verstoß gegen gesetzliche Verbote § 134<br>• Sittenwidrigkeit/Wucher § 138 | • Vertrag eines beschränkt Geschäftsfähigen § 108 | Anfechtungsgründe<br>• offensichtlicher Irrtum<br>  – Inhaltsirrtum § 119<br>  – Erklärungsirrtum § 119,1<br>  – Falsche Übermittlung § 120<br>• arglistige Täuschung § 123<br>• widerrechtliche Drohung § 123 |

**Bild 9.5** Nichtigkeit und Anfechtbarkeit von Rechtsgeschäften

---

### Aufgaben

1. Grenzen Sie die Begriffe Rechts- und Geschäftsfähigkeit voneinander ab.
2. Wann beginnt und wann endet die Rechtsfähigkeit bei
   a) natürlichen Personen,
   b) juristischen Personen?
3. Welche Stufen der Geschäftsfähigkeit gibt es? Erläutern Sie diese.
4. Welche Rechtsgeschäfte können beschränkt Geschäftsfähige rechtsgültig abschließen?
5. Wodurch entstehen Rechtsgeschäfte?
6. Grenzen Sie einseitige von zweiseitigen Rechtsgeschäften ab. Nennen Sie drei Beispiele für beide Formen.
7. Welche Bedeutung hat der Grundsatz der Formfreiheit bei Rechtsgeschäften?
8. Für bestimmte Rechtsgeschäfte besteht ein gesetzlicher Formzwang. Erläutern Sie die Bedeutung des Formzwangs mithilfe von Beispielen.
9. Unterscheiden Sie anhand verschiedener Beispiele zwischen nichtigen und anfechtbaren Rechtsgeschäften.

## 9.2 Der Kaufvertrag

> Im Schaufenster Ihres Geschäftes haben Sie eine Sonnenbrille versehentlich mit 19,90 € ausgezeichnet. Der reguläre Preises beträgt jedoch 199,90 €. Eine Kundin betritt das Geschäft und will diese Brille zum Preis von 19,90 € kaufen.

Der Augenoptiker berät Kunden, verkauft Brillen, Gläser, Brillenfassungen sowie verschiedene Zusatzprodukte und führt Führerscheinsehtests und Augenglasbestimmungen durch. Je nach Tätigkeit können dabei in rechtlicher Hinsicht unterschiedliche Verträge zustande kommen. So ist zwischen dem **Werkvertrag** (z. B. Anfertigung einer Korrektionsbrille) und dem **Kaufvertrag** (z. B. Verkauf eines Zusatzproduktes) zu unterscheiden.

> **§ 631 BGB**
> Durch den Werkvertrag wird der Unternehmer zur Herstellung des versprochenen Werkes, der Besteller zur Entrichtung der vereinbarten Vergütung verpflichtet. Gegenstand des Werkvertrages kann sowohl die Herstellung oder Veränderung einer Sache als auch ein anderer durch Arbeit oder Dienstleistung herbeizuführender Erfolg sein.

Wenn der Augenoptiker nach vorgegebenen Refraktionsdaten eine Korrektionsbrille anfertigen soll, schließt er mit dem Kunden einen Werkvertrag, den sogenannten Werklieferungsvertrag ab. Dabei verpflichtet sich der Augenoptiker, auf Grundlage der angegebenen Refraktionsdaten vom Kunden ausgesuchte Gläser in eine Fassung einzubauen und die fertige Brille anatomisch anzupassen. Doch auch für diesen Werklieferungsvertrag gelten die Vorschriften des Kaufrechts.

> **§ 651 S. 1 BGB**
> Auf einen Vertrag, der die Lieferung herzustellender oder zu erzeugender beweglicher Sachen zum Gegenstand hat, finden die Vorschriften über den Kauf Anwendung.

Beim Kauf handelt es sich immer um ein **zweiseitiges Rechtsgeschäft** über den Eigentumswechsel von

- beweglichen Sachen (z. B. Brillen, Werkstattgeräte)
- unbeweglichen Sachen (z. B. Ladenlokal)
- Rechten, z. B. Patente, Lizenzen.

### 9.2.1 Warenbeschaffenheit – Bezugsquellen

Viele Produkte eines augenoptischen Betriebes, wie Brillen, Kontaktlinsen und Kontaktlinsenpflegemittel sind Medizinprodukte im Sinne des **Medizinproduktegesetzes** (MPG). Ziel des Gesetzes ist es, Patienten und Anwender von Medizinprodukten zu schützen und einen freien Warenverkehr innerhalb der Europäischen Union zu ermöglichen. Alle Medizinprodukte sind daher nach den „Grundlegenden Anforderungen" (MPG § 4–7) so zu konzipieren und herzustellen, dass sie die Sicherheit von Patienten und Anwendern nicht gefährden. Dies wird durch die **CE-Kennzeichnung** dokumentiert. Die CE-Kennzeichnungspflicht betrifft vorwiegend die Hersteller und Lieferanten von Brillengläsern und -fassungen sowie Kontaktlinsen und Pflegemitteln. Der Augenoptiker hat die Aufgabe, die Herstellerangaben an den Kunden weiterzugeben.

Korrektionsbrillen sind nach dem MPG Sonderanfertigungen, die nach schriftlich verordneten bestimmten Merkmalen speziell angefertigt und zur ausschließlichen Anwendung bei namentlich bekannten Probanden bestimmt sind. Die CE-Kennzeichnung erfolgt über die Halbfabrikate Gläser und Fassungen. Selbstverständlich fallen auch Fertigbrillen und

Sonnenbrillen unter die CE-Kennzeichnungspflicht. Die schützende Wirkung des MPG zeigte sich in einem Urteil, das den Verkauf von Fertigfernbrillen an den Endverbraucher in Selbstbedienungsmärkten verboten hat, da die Sicherheit und Gesundheit gefährdet werden könnte.

> **Praxis-Tipp**
> Prüfen Sie, ob das Produkt, das Sie verkaufen, das Prüfsiegel CE aufweist. Erläutern Sie Ihrem Kunden die Bedeutung des Prüfsiegels.

Bei der Beschaffung der Waren muss auf entsprechende Qualität geachtet werden, da die Sicherheit und die Gesundheit der Kunden an oberster Stelle steht. Um gleichzeitig die Wirtschaftlichkeit des Unternehmens zu gewährleisten, ist es sinnvoll, Preise verschiedener Zulieferer einzuholen und zu vergleichen. Auch wenn viele augenoptische Unternehmen feste Beziehungen zu bestimmten Glas- und Fassungsherstellern haben, ist es dennoch ratsam, in regelmäßigen Abständen Informationen zu neuen Produkten und alternativen Lieferanten und Bezugsquellen einzuholen.

### 9.2.2 Anfrage und Angebot

Der Markt ist mit einer Vielzahl an Herstellern und einem großen Warenangebot unübersichtlich. Als Kunde versucht man über Preisvergleiche die jeweils günstigsten Preise zu ermitteln. Dies geschieht mittels einer Anfrage, die schriftlich oder mündlich erfolgen kann. Es wird unterschieden zwischen der allgemeinen und der speziellen Anfrage.

Die **allgemeine Anfrage** liegt vor, wenn man wissen möchte, welche Produkte eine Firma im Angebot hat. Durch die Bitte um Zusendung von Katalogen, Preislisten oder auch Vertreterbesuche werden auf diese Weise Informationen von Augenoptikern bei Zulieferern und Geräteherstellern eingeholt.

Die **spezielle Anfrage** wird an ein Unternehmen gerichtet, wenn der Kunde schon genau weiß, was er möchte. Mit dieser Anfrage holt man sich Informationen über eine bestimmte Ware oder Dienstleistung, über Qualität, Preis, Lieferzeit sowie Lieferungs- und Zahlungsbedingungen ein.

Grundsätzlich gilt: Eine **Anfrage** ist immer **unverbindlich**. Sie ist im rechtlichen Sinne keine Willenserklärung, deshalb kann sie auch keine Rechtsfolgen auslösen.

Ein **Angebot** ist dagegen rechtlich bindend, wenn es an eine bestimmte Person gerichtet ist und keine Freizeichnungsklauseln, wie zum Beispiel „unverbindlich", „solange der Vorrat reicht", enthält (Tabelle 9.3).

**Schweigen** auf ein Angebot gilt im Regelfall als Ablehnung!

Einem ausführlichen Angebot kann der Kaufinteressent alle wesentlichen Informationen entnehmen, die er für seine Kaufentscheidung benötigt (Bild 9.6).

| Angebot | | | | |
|---|---|---|---|---|
| Mündlich | Telefonisch | Per E-Mail | Per Fax | Per Brief |
| Annahme sofort | Annahme sofort | Annahme am selben Tag (telefonisch, per E-Mail oder Fax) | Annahme am selben Tag (telefonisch, per E-Mail oder Fax) | Annahme spätestens nach einer Woche |

**Tabelle 9.3** Formen eines Angebots

## Dienstleistungen und Verwaltungsarbeiten durchführen

**Inhalte eines Angebots:**
- Beschreibung der Ware nach Art und Güte
- Preis der Ware
- Menge
- Zahlungsbedingungen
- Erfüllungsort
- Liefertermin und Lieferbedingungen
- Gültigkeitsdauer des Angebots

**Bild 9.6** Inhalte eines Angebots und eines Kaufvertrags

> **Wichtig**
> Schriftlich fixierte Termine sind als Liefertermin bindend. Treffen Sie solche Absprachen nur, wenn Sie die Termine auch sicher einhalten können!

Warenschulden sind nach dem Gesetz Holschulden. Der Verkäufer muss die Ware also bereithalten und bei Abholung übergeben.

- **Zahlungsbedingungen**
Der Käufer muss auf eigene Gefahr und Kosten die Ware abholen und das Geld überbringen. Wenn kein besonderer Zahlungstermin vereinbart wurde, hat die Zahlung bei Warenübergabe zu erfolgen. Angeboten werden können folgende Zahlungsbedingungen:

– Zahlung bei Lieferung (Barkauf)
  Die Zahlung erfolgt bei Übergabe der Ware.

– Zahlung nach Lieferung (Zielkauf)
  Die Zahlung erfolgt innerhalb eines gesetzten Zeitraumes, z. B. innerhalb von 30 Tagen.

– Zahlung vor Lieferung
  Die Zahlung erfolgt durch Vorauskasse oder Anzahlung bei Auftragserteilung, bzw. Vertragsabschluss.

– Ratenzahlung
  Es erfolgt eine Anzahlung, der restliche Betrag wird in Raten gezahlt.

– Preisnachlass
  Preisnachlässe, wie Rabatt und Skonto dürfen nur dann vorgenommen werden, wenn sie bei Vertragsabschluss vereinbart wurden.

Diese Bestandteile sind Inhalt eines schriftlichen Kaufvertrags. Das empfiehlt sich, um spätere Streitigkeiten zu vermeiden. Grundsätzlich trifft jedoch, von den Ausnahmen über besondere Formvorschriften abgesehen, auch beim Kaufvertrag der Rechtsgrundsatz der Formfreiheit zu. Wenn im Angebot oder Kaufvertrag nichts Besonderes vereinbart wurde, gelten unter anderem folgende gesetzliche Regelungen:

- **Art und Güte der Ware**
Wurde vertraglich nichts vereinbart, ist von einer gewöhnlichen Verwendung auszugehen, d. h., von einer Beschaffenheit, die bei gleichartigen Sachen üblich ist.

- **Lieferzeit und Lieferbedingungen**
Wenn keine Lieferzeit festgelegt wurde, ist sofort zu liefern. Wurde eine Lieferfrist vereinbart (z. B. innerhalb einer Woche), liegt ein **Terminkauf** vor. Ein **Fixkauf** ist gegeben, wenn ein genauer Termin vereinbart wurde (z. B. Lieferung am 15. August).

### 9.2.3 Zustandekommen eines Kaufvertrages

Wie jeder Vertrag kommt der Kaufvertrag durch zwei übereinstimmende Willenserklärungen (= Einigung) zustande, die in der Absicht abgegeben werden, einen bestimmten rechtlichen Erfolg zu erzielen.

1. Willenserklärung: Vertragsantrag
2. Willenserklärung: Vertragsannahme

Der Vertrag begründet ein Schuldverhältnis. Die Vertragspartner werden hierdurch zur Erfüllung der versprochenen Leistung verpflichtet (Verpflichtungsgeschäft). Das Schuldverhältnis erlischt, wenn die Vertragspartner die jeweils geschuldete Leistung erbringen (Erfüllungsgeschäft).

### Der Antrag

Der Antrag ist, isoliert betrachtet, ein einseitiges, empfangsbedürftiges Rechtsgeschäft.
- Der Antrag muss an eine bestimmte Person gerichtet sein.
- Der Antrag muss so formuliert sein, dass die Annahme durch ein einfaches „Ja" zustande kommen kann.
- Ein rechtlicher Bindungswille des Antragstellers muss gegeben sein (§§ 145 ff. BGB).

### Die Annahme

Die Annahme muss sofort bzw. in angemessener Zeit erfolgen.
- Die Annahme muss ohne Einschränkungen und Bedingungen erfolgen.
- Eine abgeänderte oder verspätete Annahme gilt als neuer Antrag (§§ 130, 145 ff., 150 BGB).

Grundsätzlich kann der Anstoß für den Kaufvertrag sowohl vom Käufer als auch vom Verkäufer ausgehen.

In der Augenoptik ist im Regelfall der Kunde derjenige, der das Verkaufsgespräch auslöst. In rechtlicher Hinsicht ist das zunächst nur eine Anfrage. Erst mit der Äußerung des Kaufwillens oder der Erteilung eines Auftrags liegt ein Antrag vor. Eine Auftragsbestätigung durch den Kunden entspricht einer Annahme. In der Augenoptik ist es nicht üblich, am Ende des Verkaufsgesprächs den Vertragsabschluss schriftlich zu fixieren. Ein solches Gespräch endet im Regelfall jedoch damit, dass dem Kunden noch einmal genau dargestellt wird, welche Produkte er zu welchem Preis bestellt hat. Es bietet sich an, diese Daten auf einem Auftragsformular schriftlich zu fixieren und den Kunden den Auftrag unterschreiben zu lassen.

> **Praxis-Tipp**
> Erfassen Sie bei einem erfolgreichen Verkaufsabschluss alle Daten auf einem Auftragsformular und lassen Sie den Kunden den Auftrag unterschreiben.

**Bild 9.7** Der Kaufvertrag ist eine übereinstimmende Willenserklärung zwischen Käufer und Verkäufer

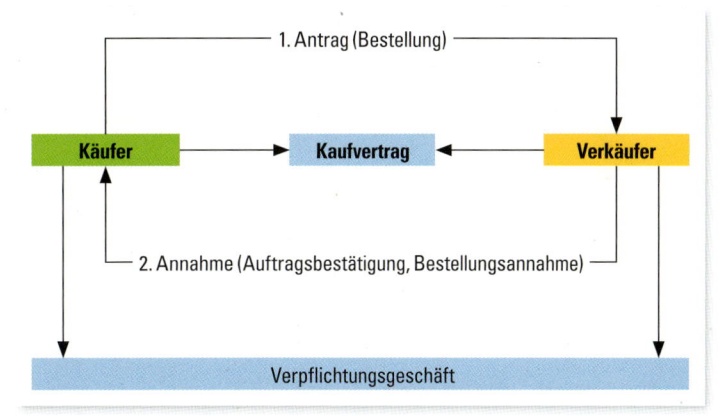

**Bild 9.8** Zustandekommen eines Kaufvertrags (Antrag vom Käufer)

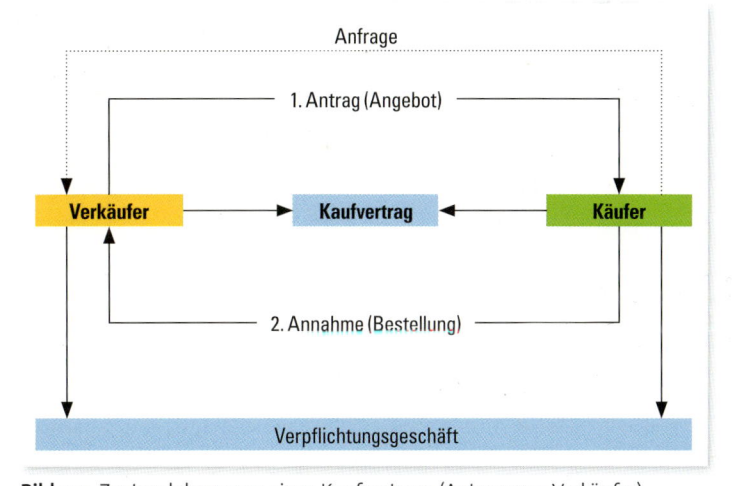

**Bild 9.9** Zustandekommen eines Kaufvertrags (Antrag vom Verkäufer)

## 9.2.4 Erfüllung des Kaufvertrages

Durch die beiden Willenserklärungen Antrag und Annahme, die grundsätzlich freiwillig erfolgen, kommt ein Kaufvertrag zustande. Mit dem Abschluss des Kaufvertrages werden Verkäufer und Käufer verpflichtet, den abgeschlossenen Vertrag zu erfüllen. Das heißt, beide Vertragsparteien verpflichten sich, Leistungen gemäß den getroffenen Vereinbarungen zu erbringen. Durch den Vertragsabschluss entsteht also zunächst ein Verpflichtungsgeschäft, das ein gegenseitiges Schuldverhältnis beinhaltet. Das wechselseitige Schuldverhältnis erlischt, wenn jeder Vertragspartner seine Pflichten erfüllt hat. Diese Erfüllung stellt ein eigenes Rechtsgeschäft dar, das sogenannte **Erfüllungsgeschäft**.

Grundsätzlich müssen Verkäufer und Käufer also Einigung darüber erzielen, dass das Eigentum an der Sache gegen Bezahlung auf den Käufer übergehen soll. Anschließend muss die Sache tatsächlich übergeben werden. Mit der Übergabe wird der Käufer Eigentümer und Besitzer der Ware. Dabei gilt:

- **Eigentum** ist die rechtliche Gewalt über eine Sache.
- **Besitz** ist die tatsächliche Gewalt über eine Sache.

**Bild 9.10** Erfüllungsgeschäft

Der Eigentümer übt die rechtliche Gewalt über eine Sache aus. Er kann darüber verfügen, wie er will, wenn nicht das Gesetz oder Rechte Dritter entgegenstehen. Der Besitzer einer Sache übt die tatsächliche Gewalt aus, das heißt, er hat die Sache in seinem Besitz und kann sie nutzen (z. B. Firmenwagen), ist aber nicht der Eigentümer. In vielen Kaufverträgen taucht in den Lieferbedingungen der Begriff „Eigentumsvorbehalt" auf. Das bedeutet, dem Käufer wird die Ware zwar übergeben und er ist damit Besitzer. Eigentümer bleibt jedoch bis zur vollständigen Bezahlung der Verkäufer. Bei gestohlenen oder verlorengegangenen Sachen gilt, dass der rechtmäßige Eigentümer die Herausgabe seines Eigentums auch von einem gutgläubigen Erwerber oder von einem Finder verlangen kann.

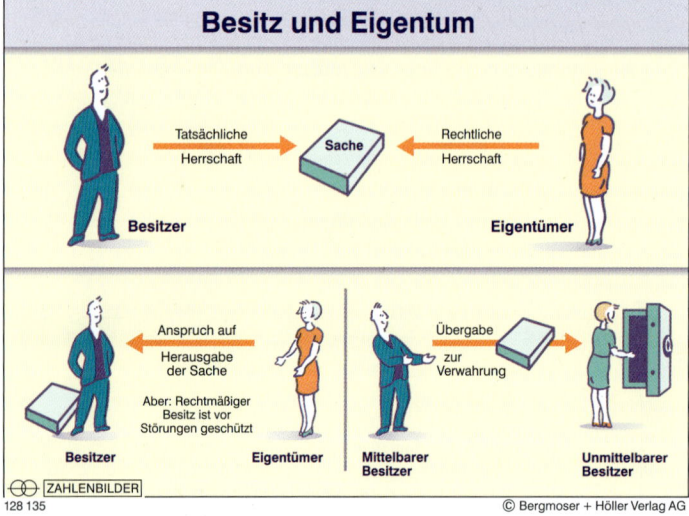

**Bild 9.11** Besitz und Eigentum

## 9.2.5 Erfüllungsstörungen beim Kaufvertrag

Auf den gegenseitigen Pflichten der Vertragspartner basiert das Erfüllungsgeschäft. Kommt ein Partner seinen Pflichten nicht nach, entstehen Pflichtverletzungen bei der Erfüllung von Kaufverträgen, die sogenannten Erfüllungsstörungen (Bild 9.12).

## Erfüllungsstörungen beim Kaufvertrag

**Verkäufer**
1. Schlechtleistung
   - Lieferung mangelhafter Ware (mangelhafte Lieferung)
2. Nicht-Rechtzeitig-Lieferung
   - Keine rechtzeitige Lieferung (Lieferverzug)
3. Annahmeverzug
   - Annahmeverweigerung des Geldes

**Käufer**
1. Nicht-Rechtzeitig-Zahlung
   - Keine rechtzeitige Zahlung des Kaufpreises (Zahlungsverzug)
2. Annahmeverzug
   - Annahmeverweigerung der Ware

**Bild 9.12** Erfüllungsstörungen

Der Käufer hat einen Anspruch darauf, dass die Ware in einem einwandfreien Zustand übergeben wird. Besitzt die Ware nicht die vertraglich vereinbarte Beschaffenheit, liegt ein Sachmangel vor. Eine solche mangelhafte Lieferung heißt Schlechtleistung und kann verschiedene Mängel aufweisen (Tabelle 9.4):

Je nachdem, ob eine Privatperson oder ein Unternehmer als Käufer auftritt, ändern sich der Umfang der Sachmangelhaftung und damit die Verjährungsfristen. Zu den Pflichten des Käufers beim Verbrauchsgüterkauf gehört es, die gelieferte Ware zu prüfen und entdeckte Mängel unverzüglich dem Verkäufer als **Mängelrüge** anzuzeigen. Vom Gesetzgeber ist keine besondere Form der Mängelrüge vorgeschrieben. Sie kann dem Verkäufer mündlich erklärt oder – wie im Geschäftsleben üblich – schriftlich formuliert werden. Dabei müssen Art und Umfang des festgestellten Mangels genau beschrieben werden. Ein versteckter Mangel muss unverzüglich nach Entdeckung, spätestens innerhalb von zwei Jahren gerügt werden. Bei arglistig verschwiegenen Mängeln verlängert sich die Rügefrist auf drei Jahre.

**Bild 9.13** Mangelhafte Lieferung kann beim Kunden zu Verstimmung führen.

**Fehlerhafte Ware**
- entspricht nicht der vereinbarten Beschaffenheit, z. B. Gläser von einem anderen Hersteller als vereinbart
- eignet sich nicht für die vorausgesetzte Verwendung, z. B. Skibrille ohne ausreichende Tönung
- eignet sich nicht für eine gewöhnliche Verwendung, z. B. Lackschäden an der Fassung

**Nicht eingehaltene Werbeaussage**
- Der Ware fehlen Eigenschaften, die durch Werbeaussage oder Kennzeichnung versprochen wurden, z. B. photochromatisches Glas färbt sich nicht ein

**Falsche Ware**
- Mangel in der Art, z. B. blaue statt schwarze Fassung

**Falsche Menge**
- Mangel in der Menge, z. B. 6 statt 12 Kontaktlinsen pro Packung

**Montagemangel**
- Montagefehler: unsachgemäße Montage durch den Verkäufer, z. B. Zentrierfehler
- Mangelhafte Montageanleitung: mit der Folge falscher Montage durch den Käufer, sog. „Ikea-Klausel"

**Rechtsmangel**
- Verkäufer ist nicht Eigentümer der Sache, z. B. Verkauf von leihweise überlassenen Sachen

**Tabelle 9.4** Sach- und Rechtsmängel

### Verbrauchsgüterkauf und Gewährleistung

Der Verbrauchsgüterkauf ist ein Kaufvertrag zwischen Verbraucher (Käufer) und Unternehmer (Verkäufer). Es handelt sich hierbei um den Verkauf von beweglichen Sachen, wie z. B. Korrektionsbrillen, Zusatzverkäufe und Fertigprodukte.

Beim Verbrauchsgüterkauf muss der Verkäufer für alle neuen Produkte zwei Jahre haften. Der Verkäufer muss im Rahmen seiner Gewährleistungspflicht dem Käufer in den ersten sechs Monaten beweisen, dass kein anfänglicher Mangel vorlag. Nach Ablauf der sechs Monate muss der Käufer beweisen, dass der Mangel bereits bei der Übergabe des Gutes vorhanden war. Bei gebrauchten Produkten kann der Unternehmer die Haftung auf ein Jahr herabsetzen. Von der Haftung ausgeschlossen ist der allgemein übliche Verschleiß.

Dies hat Bedeutung für die Gewährleistungspflicht des Augenoptikers. Grundsätzlich muss er im Rahmen seiner Gewährleistungspflicht für alle Mängel haften, die bei Abgabe des Produktes vorgelegen haben. Dies gilt auch für die Korrektionsbrille, selbst wenn sich Mängel erst später zeigen. Für Mängel, die nach der Abgabe entstanden sind, haftet der Augenoptiker grundsätzlich zunächst nicht. Nach den Regeln des Verbrauchsgüterkaufs wird jedoch zu Gunsten des Kunden vermutet, dass ein Mangel, der innerhalb von sechs Monaten nach Abgabe der Brille auftritt, bereits zum Zeitpunkt der Abgabe vorlag. Das bedeutet: Der Augenoptiker muss Mängel, die innerhalb von sechs Monaten nach Abgabe vom Kunden gerügt werden, auf eigene Kosten beseitigen, es sei denn, der Mangel ist eindeutig auf eine unsachgemäße Behandlung der Brille zurückzuführen.

> § 476 BGB (Beweislastumkehr)
> Zeigt sich innerhalb von sechs Monaten seit Gefahrübergang ein Sachmangel, so wird vermutet, dass die Sache bereits bei Gefahrübergang mangelhaft war, es sei denn, diese Vermutung ist mit der Art der Sache oder des Mangels unvereinbar.

Die Gewährleistungsfrist kann auch dann nicht verkürzt werden, wenn der Kunde damit einverstanden ist. Auch für alte, aber nicht gebrauchte Fassungen gilt diese Frist. Die Gewährleistungsfrist verlängert sich nicht automatisch durch Nachbesserungsarbeiten. Das gilt nur für die Beseitigung des konkreten Mangels. Wird die komplette Brille neu geliefert, beginnt bei Übergabe die Gewährleistungspflicht erneut.

Werden nur die Gläser ausgetauscht, z. B. weil sich die Beschichtung gelöst hat, so kann der Kunde Mängel an den Gläsern erneut zwei Jahre lang rügen. Mängel an der Fassung können in diesem Fall jedoch trotz der ausgetauschten Gläser nur innerhalb der ursprünglichen Gewährleistungsfrist gerügt werden.

### Rechte des Käufers bei Schlechtleistung

Bei einer rechtzeitigen Mängelrüge kann der Käufer folgende Rechte geltend machen. Das **vorrangige Recht** des Käufers ist die **Nacherfüllung**. Hierbei kann der Käufer grundsätzlich zwischen Neulieferung und Nachbesserung (Reparatur) wählen. Nacherfüllung bedeutet, dass der Verkäufer, also der Augenoptiker, das Recht hat, den gerügten Mangel zu beseitigen. Das kann in Form einer Neu-/Ersatzlieferung (neue Brille) oder in Form einer Nachbesserung (Behebung des konkreten Mangels) geschehen. Grundsätzlich besteht der Nacherfüllungsanspruch auch bei geringfügigen Mängeln. Allerdings kann der Verkäufer die Nacherfüllung verweigern, wenn unverhältnismäßig hohe Kosten für ihn anfallen würden. Liegt nur ein geringfügiger Mangel vor, kann der Augenoptiker eine Neulieferung im Regelfall wegen Unzumutbarkeit verweigern.

> § 439,3 BGB
> Der Verkäufer kann die vom Käufer gewählte Art der Nacherfüllung [...] verweigern, wenn sie nur mit unverhältnismäßigen Kosten möglich ist. Dabei sind insbesondere der Wert der Sache in mangelfreiem Zustand, die Bedeutung des Mangels und die Frage zu berücksichtigen, ob auf die andere Art der Nacherfüllung ohne erhebliche Nachteile für den Käufer zurückgegriffen werden könnte. [...]

In den **Allgemeinen Geschäftsbedingungen** behalten sich die meisten Händler das Recht auf Nachbesserung vor. Das hat für den Käufer zur Folge, dass er nicht Neulieferung fordern kann und dem Verkäufer eine angemessene Frist zur Nachbesserung einräumen muss, d. h., der Verkäufer hat in der Regel zwei Reparaturversuche.

Die Nacherfüllung ist fehlgeschlagen, wenn eine angemessene Frist zur Mangelbeseitigung erfolglos abgelaufen ist oder der Verkäufer die Nacherfüllung verweigert. Ebenso fehlgeschlagen ist sie nach zwei erfolglosen Nachbesserungsversuchen des Verkäufers.

> **Wichtig**
> Die anatomische Endanpassung bei Übergabe der Brille ist keine Nachbesserung, sondern Bestandteil der Leistung „Anfertigung einer Korrektionsbrille".

**Bild 9.14** Der Verkäufer hat in der Regel zwei Reparaturversuche

Bei einer fehlgeschlagenen oder unzumutbaren Nacherfüllung kann der Käufer **nachrangig** folgende Rechte geltend machen:

- **Minderung**
  Diese bietet sich bei geringfügigen Mängeln an, das heißt der Kaufpreis wird herabgesetzt. Dieser Gewährleistungsanspruch hat in der Augenoptik beim Brillenkauf allerdings nur eine geringe Bedeutung, da die Kunden in der Regel einen Mangel an der Brille nicht akzeptieren werden, auch wenn der Kaufpreis herabgesetzt wird.

- **Rücktritt vom Vertrag**
  Bei nicht geringfügigen Mängeln kann der Käufer den Rücktritt vom Vertrag verlangen. Das ursprüngliche Vertragsverhältnis wird also rückabgewickelt, das heißt, der Kunde ist berechtigt, den gezahlten Kaufpreis zurückzuverlangen. Dies entfällt, falls der Mangel nur geringfügig ist und der Reparaturaufwand nur einen kleinen Anteil des Kaufpreises ausmacht (in der Regel weniger als 5 Prozent). Statt der Rückabwicklung des Vertrages kommt in einem solchen Fall nur Minderung in Betracht.

- **Schadensersatz**
  Neben diesen nachrangigen Rechten kann der Käufer auch Schadensersatz verlangen. So können zum Beispiel Kosten, die zur Durchsetzung der Gewährleistungsansprüche entstanden sind, eingefordert werden.

  Bei Verschulden des Verkäufers kann zudem **Schadensersatz statt Leistung** sowie der **Ersatz vergeblicher Aufwendungen** vom Käufer gefordert werden.

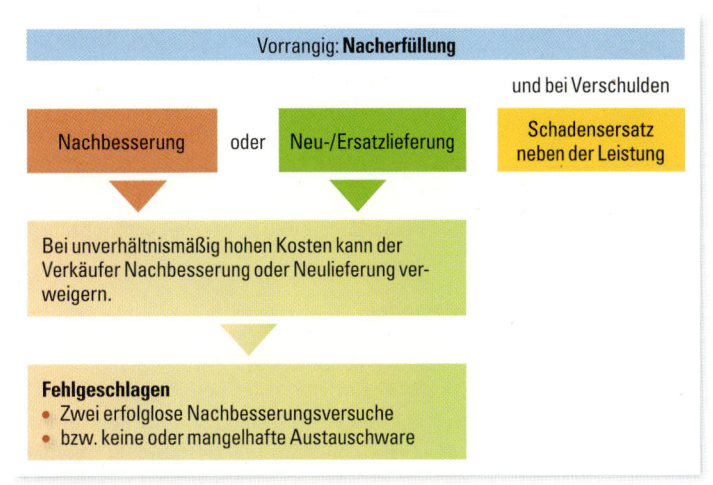

**Bild 9.15** Schlechtleistung – vorrangige Rechte des Käufers

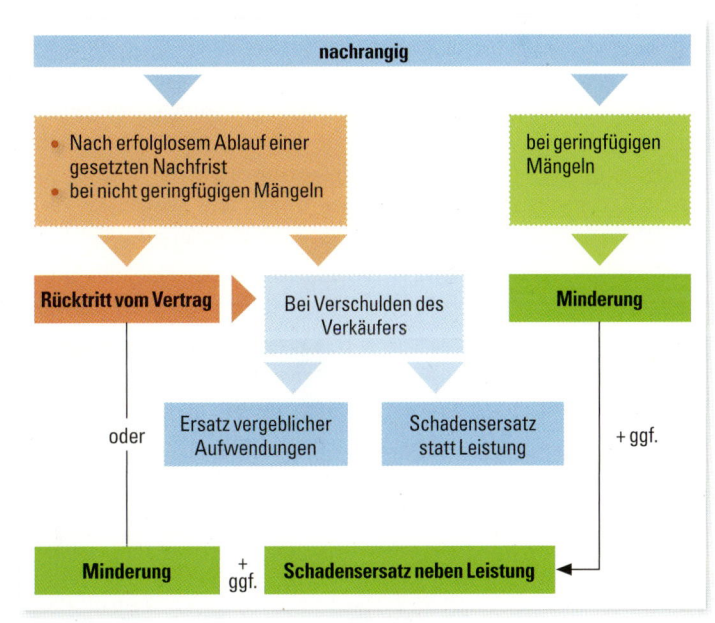

**Bild 9.16** Schlechtleistung – nachrangige Rechte des Käufers

Häufig bieten Verkäufer statt des Rücktritts vom Vertrag eine Ersatzlieferung in Form eines Gutscheins an. Dies muss der Kunde nicht akzeptieren, auch dann nicht, wenn es sich bei der Ware um Restposten oder Sonderverkaufsware gehandelt hat, bei der ein Umtausch ausdrücklich ausgeschlossen worden ist. Da es sich um eine Schlechtleistung handelt, muss der Gewährleistungsanspruch eingehalten werden, es sei denn, der Verkäufer hat vor Kaufabschluss auf den Mangel hingewiesen. Anders ist die Rechtslage, wenn kein Mangel vorliegt, sondern der Kunde die Ware lediglich umtauschen möchte. Grundsätzlich besteht kein Umtauschrecht. Ein Gutschein des Händlers wäre in diesem Fall ein Entgegenkommen, also eine Kulanzleistung des Verkäufers. Zudem besteht kein generelles 14-tägiges Rückgaberecht. Dies käme nur dann in Betracht, wenn der Augenoptiker die Ware über das Internet vertreibt.

### Garantien

Häufig liegt gekauften Geräten eine Garantiekarte vom Hersteller bei. Hiermit verpflichtet sich dieser, für sein Erzeugnis die Garantie über einen bestimmten Zeitraum zu übernehmen. Die Haftung bezieht sich im Regelfall auf Fabrikationsfehler und verpflichtet den Hersteller, die Sache kostenfrei auszubessern oder zu ersetzen, sofern der Kunde die Garantiebedingungen beachtet hat. Diese Herstellergarantien werden teilweise jedoch dazu genutzt, um gesetzliche Haftungsverpflichtungen bei Kaufverträgen einzuschränken. Solche „Garantieurkunden" engen zum Beispiel das Recht auf Preisnachlass (Minderung) oder das Rücktrittsrecht ein. Deshalb ist es empfehlenswert, die Garantiebedingung vor dem Kauf genau durchzulesen. Solche Garantieerklärungen entbinden den Verkäufer jedoch nicht von seiner Sachmangelhaftung, denn nur mit ihm hat der Kunde vertragliche Beziehungen. Wenn der Händler stellvertretend für den Hersteller die Garantiekarte ausfüllt und abstempelt, kommt neben dem Kaufvertrag ein zweiter Vertrag über die Garantie zustande. Das bedeutet für den Kunden, dass er in der Regel entscheiden kann, an wen er seine Reklamation richten will.

Manche Augenoptiker übernehmen gegenüber den Kunden eine sogenannte **„Verträglichkeitsgarantie"**. Dies wird vor allem beim Kauf von Gleitsichtbrillen angeboten. Der Augenoptiker garantiert in diesem Fall dem Kunden, dass er mit der mangelfrei hergestellten Brille zurechtkommen wird. Mit Gewährleistungsansprüchen auf Sachmängel hat die freiwillig eingeräumte Verträglichkeitsgarantie nichts zu tun. Da der Eintritt des Garantiefalls auf der subjektiven Wahrnehmung des Kunden beruht und objektiv nicht zu überprüfen ist, handelt es sich hier nicht um eine Garantie im Rechtssinn. Mit dieser Garantieübernahme räumt der Augenoptiker dem Kunden praktisch ein Umtausch- bzw. sogar ein Rücktrittsrecht ein, welches ohne Angabe eines objektiv feststellbaren Mangels wahrgenommen werden kann.

Hiervon zu unterscheiden ist die **Haltbarkeitsgarantie** (§ 443,1 BBG). Damit garantiert der Augenoptiker dem Kunden, dass die Korrektionsbrille für eine bestimmte Zeit eine bestimmte Beschaffenheit behält (z. B. 3 Jahre Haltbarkeitsgarantie auf Federscharniere).

### Rückgriffanspruch des Augenoptikers

Wenn ein Kunde gegenüber einem Augenoptiker einen Gewährleistungsanspruch geltend macht, der einen Mangel hinsichtlich der Gläser oder der Fassung betrifft, so kann der Augenoptiker die Aufwendungen, welche für die Erfüllung des Gewährleistungsanspruch erforderlich sind, seinerseits vom Glas- bzw. Fassungshersteller verlangen (§ 478,2 BGB). Dieser Anspruch besteht aber nur, wenn der Mangel bereits zum Zeitpunkt der Lieferung beim Augenoptiker vorlag. Zu seinen Gunsten wird dies jedoch vermutet, wenn der Mangel an den Gläsern oder an der Fassung innerhalb von sechs Monaten nach Abgabe der Brille aufgetreten ist.

**Bild 9.17** Die „Verträglichkeitsgarantie" ist eine Art Umtauschgarantie für den Kunden

### Nicht-Rechtzeitig-Lieferung (Lieferverzug)

Ein Verkäufer kommt in Verzug, wenn er schuldhaft eine fällige Ware nicht oder nicht rechtzeitig liefert (z. B. ein augenoptisches Gerät). Eine Lieferung ist fällig, wenn ein konkreter Termin festgelegt wurde. Bei einer kalendermäßig unbestimmten Lieferzeit muss der Kunde dem Lieferer eine formlose Mahnung erteilen, mit der der Verzug beginnt. Ein Verschulden des Lieferers liegt nicht vor, wenn aufgrund höherer Gewalt (z. B. Naturkatastrophen, Streik) nicht geliefert werden konnte.

### Rechte des Käufers bei Lieferverzug

Der Käufer kann, wenn er eine angemessene Nachfrist gesetzt hat,
- auf Lieferung bestehen
- und zusätzlich Schadensersatz wegen verspäteter Lieferung verlangen.

Nach Ablauf der Nachfrist kann der Käufer
- die Lieferung ablehnen und vom Vertrag zurücktreten oder
- die Lieferung ablehnen und Schadensersatz statt Leistung verlangen.

### Annahmeverzug (Nicht-Annahme der Ware)

Kommt ein Käufer seiner Pflicht zur Annahme der Ware nicht nach, so liegt eine Leistungsstörung von Seiten des Käufers vor. Er gerät in Annahmeverzug, wenn er die ordnungsgemäß und pünktlich gelieferte Ware nicht oder nicht rechtzeitig abnimmt. Ordnungsgemäß heißt, dass die Ware mangelfrei, zur richtigen Zeit, an den richtigen Ort geliefert worden ist. Dabei spielt es keine Rolle, aus welchen Gründen der Käufer die Ware nicht annimmt. Hat der Kunde – wie in der Augenoptik üblich – sich verpflichtet, die Ware abzuholen, tritt der Annahmeverzug erst nach einer Mahnung ein.

### Rechte des Verkäufers bei Annahmeverzug

Der Verkäufer kann
- die Ware in Verwahrung nehmen und auf Abnahme klagen.
- sich von der Leistungsfrist befreien, indem er die Ware an einem geeigneten Ort sicher einlagert (Lagerhaus) oder öffentlich verkauft oder versteigern lässt (Selbsthilfeverkauf). Bei verderblichen Waren kann er einen Notverkauf durchführen. Kosten und Mindererlöse trägt in diesen Fällen der Käufer.
- die Lieferung ablehnen und vom Vertrag zurücktreten.
- zusätzlich Schadensersatz verlangen.

In der Augenoptik taucht diese Erfüllungsstörung hin und wieder auf, im Regelfall in Verbindung mit Zahlungsverzug, z. B. beim Verkauf von Korrektionsbrillen. Grundsätzlich kann der Verkäufer vom Vertrag zurücktreten, ohne weitere Forderungen an den Kunden zu richten. Das kann dann der Fall sein, wenn die Ware ohne Schwierigkeiten an einen anderen Kunden verkauft werden kann. Da eine Korrektionsbrille aber immer eine individuelle Sonderanfertigung ist, stellen Annahme- und Zahlungsverzug für Augenoptiker ein grundsätzliches Problem dar.

### Nicht-Rechtzeitig-Zahlung (Zahlungsverzug)

Zahlt ein Kunde die fällige Rechnung nicht, ohne dass ein berechtigter Grund besteht (z. B. Schlechtleistung), so kommt er mit Zugang einer Mahnung in Verzug. Ohne Mahnung ist der Schuldner bereits in Verzug, wenn er zu einem festvereinbarten Zahlungstermin oder innerhalb einer vereinbarten Zahlungsfrist nicht bezahlt. Spätestens 30 Tage nach Zugang einer Rechnung befindet sich der Schuldner automatisch in Verzug, auch wenn der Gläubiger auf eine Mahnung verzichtet. Für Verbraucher, also für Kunden der Augenoptik, gilt diese 30-Tage-Frist nur, wenn in der Rechnung ausdrücklich darauf hingewiesen worden ist.

### Rechte des Verkäufers bei Zahlungsverzug

Der Verkäufer kann
- Zahlung verlangen und auf Zahlung klagen.
- Zahlung und Schadensersatz verlangen (Zahlung zuzüglich Verzugszinsen).
- vom Vertrag zurücktreten und die Ware zurücknehmen, nachdem er dem Schuldner eine angemessene Nachfrist gesetzt hat.
- nach Ablauf der Nachfrist die Ware zurücknehmen und Schadensersatz fordern (Verzugszinsen und Mindererlös beim Weiterverkauf).

## Mahnverfahren

Üblich ist es, drei Mahnungen zu verschicken, obwohl eine Mahnung genügen würde. Das erste Schreiben ist im Regelfall als höfliches Erinnerungsschreiben gestaltet, muss aber auf jeden Fall eine Zahlungsfrist enthalten, um den Kunden in Verzug zu setzen. In der zweiten Mahnung wird eindringlich die Zahlung gefordert, dabei können Gebühren, die als Kosten durch das Mahnverfahren entstehen, erhoben werden. In der dritten Mahnung wird erklärt, dass ein Rechtsanwalt beauftragt wird, den anstehenden Geldbetrag durch Einleitung eines gerichtlichen Mahnverfahrens einzuziehen. Für den Schuldner entstehen dadurch Kosten in Form von Verzugszinsen, Mahnkosten und Rechtsanwaltskosten.

Wenn dieses kaufmännische Mahnverfahren nicht zum Erfolg führt, hat der Gläubiger die Möglichkeit, ein gerichtliches Verfahren einzuleiten.

In vielen Fällen wird in der Augenoptikbranche auf das gerichtliche Mahnverfahren verzichtet. Stattdessen wird der Auftrag storniert und die Brille wieder demontiert. Auf diese Weise erspart sich das Unternehmen Konflikte mit Kunden und eventuell damit verbundene negative Mundpropaganda. Zudem besteht häufig auch die Verträglichkeitsgarantie, die dem Kunden jederzeit die Möglichkeit des Umtausches oder des Rücktrittes vom Vertrag offen lässt.

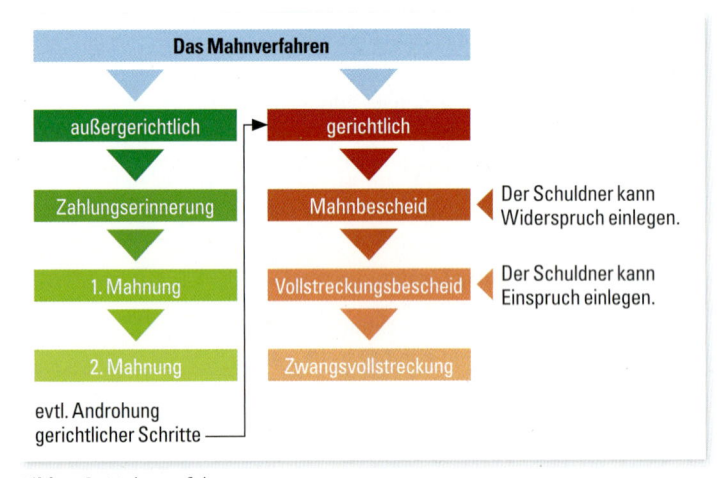

**Bild 9.18** Mahnverfahren

### Aufgaben

1. Skizzieren Sie die Phasen eines Kaufvertrages, wenn der Antrag vom Verkäufer ausgeht.
2. Nennen und erläutern Sie vier Erfüllungsstörungen beim Kaufvertrag.
3. Welche Sachmängel können beim Kaufvertrag auftreten? Erläutern Sie diese anhand verschiedener Beispiele aus Ihrer Berufspraxis.
4. Welche Rechte hat der Käufer bei Schlechtleistung? Erläutern Sie diese anhand von Beispielen aus Ihrer Berufspraxis.
5. Beurteilen Sie die Rechtslage in den folgenden Fällen und begründen Sie Ihre Entscheidung.
   a) Ein Kunde besteht beim Kauf einer Fassung auf den Preis, der irrtümlich in einer Zeitungsannonce angegeben wurde.
   b) Ein Kunde verlangt eine neue Brille, weil der Bügel hinter dem Ohr drückt.
   c) Ein Kunde verlangt eine neue Fassung, weil die Farbbeschichtung nach 4 Monaten großflächig abblättert.
   d) Ein Kunde verlangt vom Kaufvertrag zurückzutreten, weil bei der Montage die Achsen der Gläser verdreht worden sind (Begründung: mangelndes Vertrauen zum Augenoptiker).

## 9.3 Dienstleistungen und Vertragsarten in der Augenoptik

> Ein Kunde möchte in Ihrem Betrieb eine Refraktion durchführen lassen. Diese soll kostenlos sein. Die ermittelten Werte möchte er schriftlich von Ihnen bekommen.

In der Praxis entstehen häufig Fragen, die mit bestimmten Dienstleistungen verbunden sind. Dabei geht es zum Beispiel darum, ob Gewährleistungen durch den Augenoptiker zu übernehmen sind oder ob dem Kunden bei einer Refraktion die ermittelten Daten auszuhändigen sind. Die Beantwortung dieser Fragen ist abhängig davon, welche Vertragsart Grundlage für die Tätigkeit des Augenoptikers ist:

1. **Verkauf von Zusatz- und Fertigprodukten**
   Beim Verkauf aller Zusatz- und Fertigprodukte trifft die Vertragsart **Kaufvertrag** mit den Regeln des Verbrauchsgüterkaufs zu.

2. **Anfertigung einer Korrektionsbrille**
   Bei der Anfertigung einer Korrektionsbrille schließt der Augenoptiker mit dem Kunden einen **Werkvertrag** (Werklieferungsvertrag) ab, für den die Vorschriften des Kaufs und die Regeln des Verbrauchsgüterkaufs Anwendung finden.

3. **Refraktion**
   Bei einer Refraktion, die gegen Bezahlung durchgeführt wird, wird ein **Werkvertrag** abgeschlossen. Damit verpflichtet sich der Augenoptiker, dem Kunden ein bestimmtes Ergebnis zu bieten. Es reicht also nicht die Überprüfung der Sehschärfe. Der Augenoptiker schuldet die Feststellung konkreter Werte, die für die Anfertigung einer Brille erforderlich sind. Der Werkvertrag verpflichtet den Augenoptiker, nach Erstellung des Werkes, also nach Bestimmung dieser Werte, das Werk an den Kunden weiterzugeben. Das heißt, der Kunde hat Anspruch auf die Daten der Verordnung.

Bei einer unentgeltlichen Augenglasbestimmung liegt kein Werkvertrag vor, da hierfür ein vereinbarter Werklohn Voraussetzung ist. In diesem Fall erhält der Augenoptiker vom Kunden den **Auftrag**, die Werte, die für die Anfertigung einer Sehhilfe erforderlich sind, zu ermitteln. Auch hier ist der Augenoptiker als Auftragnehmer verpflichtet, die ermittelten Werte an den Kunden weiterzugeben.

Bei einer „Refraktion in Verbindung mit der Herstellung einer Korrektionsbrille" liegen zwei Werkverträge und damit auch zwei verschiedene Leistungspflichten des Augenoptikers vor. Dabei handelt es sich zum einen um die Ermittlung der Refraktionsdaten und zum anderen um die Fertigstellung und Übereignung der Korrektionsbrille. Auch in diesem Fall ist der Augenoptiker verpflichtet, die Refraktionsdaten dem Kunden auszuhändigen.

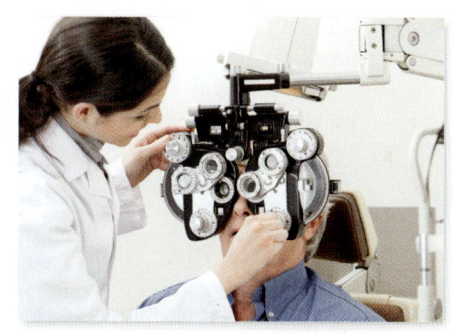

**Bild 9.19** Hat der Kunde grundsätzlich Anspruch auf die Daten der Refraktion?

Selbstverständlich entstehen in den geschilderten Fällen Gewährleistungspflichten gegenüber dem Kunden, wenn Daten übergeben werden, die für die Korrektion der Fehlsichtigkeit ungeeignet sind.

Wenn der Augenoptiker verhindern möchte, dass Kunden kostenlos ermittelte Refraktionsdaten nutzen, um über das Internet eine Brille zu erwerben, ist es möglich, mittels einer entsprechenden Vereinbarung gegenzusteuern. Eine solche Vereinbarung kann mündlich erfolgen, stellt ein Angebot des Augenoptikers und somit einen Antrag dar.

> **Praxis-Tipp**
> Ein Augenoptiker kann seinen Kunden folgende Vereinbarung anbieten:
> „Eine Refraktionsbestimmung kostet bei uns x Euro. Die Kosten übernehmen wir beim Kauf einer Brille in unserem Betrieb."
> Oder: „Die Refraktion ist natürlich kostenlos, wenn wir die Refraktionsdaten für die Anfertigung einer neuen Sehhilfe für Sie verwenden."

### 4. Kontaktlinsenabgabe

Bei Tauschsystemen (Tages-/Wochen-/Monatslinsen) besteht ein Kombinationsvertrag mit **werk- und kaufvertraglichen Elementen**. Die werkvertragliche Pflicht besteht in der Anpassung einer geeigneten Kontaktlinse. Kernbestandteil dieser Pflicht ist die Ermittlung und Herausgabe der Anpassdaten, sodass der Kunde jederzeit in der Lage ist, geeignete Kontaktlinsen nachzukaufen. Als kaufvertragliche Pflicht muss der Augenoptiker dem Kunden die Kontaktlinsen in der vereinbarten Anzahl übergeben und übereignen. Verkauft der Augenoptiker aufgrund eines Anpassfehlers falsche Kontaktlinsen, muss der Augenoptiker den erhobenen Werklohn für die Anpassung und den Kaufpreis der Kontaktlinsen zurückzahlen.

Sind die Kontaktlinsen allerdings aufgrund eines Herstellungsfehlers mangelhaft, muss der Augenoptiker im Rahmen der Nacherfüllungspflicht lediglich mangelfreie Kontaktlinsen nachliefern.

Bei Abgabe von konventionellen weichen und formstabilen Kontaktlinsen besteht genau wie bei der individuellen Anfertigung einer Korrektionsbrille auf der Grundlage selbstermittelter Refraktionsdaten ein einheitlicher Werkvertrag mit zwei verschiedenen werkvertraglichen Leistungspflichten. Dabei handelt es sich zum einen um die Ermittlung der erforderlichen Anpassdaten und zum anderen um die mangelfreie Beschaffung und Übereignung der Kontaktlinsen. Die Gewährleistungspflichten sind folglich genauso wie bei der Anfertigung der Korrektionsbrille.

### 5. Augenoptisches Screening

Das augenoptische Screening ist im Wesentlichen rechtlich wie die Refraktion zu behandeln.

> **Aufgaben**
>
> 1. Ermitteln Sie, welche rechtlichen Folgen mit den aufgeführten Handlungen und Dienstleistungen in Ihrem Betrieb verbunden sind.
>    a) Ein Kunde möchte ein im Schaufenster ausgestelltes Fernglas kaufen.
>    b) Ein Kunde möchte einen Führerscheinsehtest durchführen lassen.
>    c) Ein Kunde möchte die von Ihnen ermittelten Werte schriftlich erhalten, nachdem er eine Lesebrille in Ihrem Betrieb gekauft hat.
>    d) Ein Stammkunde kauft von Ihnen ein Päckchen Monatslinsen eines anderen Herstellers als sonst, weil diese günstiger sind. Am nächsten Tag will er diese reklamieren.
>    e) Sie haben einem Kunden eine Brille nach den vom Augenarzt ermittelten Werten gefertigt. Der Kunde ist unzufrieden.

## 9.4 Kundenorientierung und Beschwerdemanagement

> Ein Kunde stürmt sichtlich aufgebracht ins Geschäft und beschwert sich, ohne vorher zu grüßen, lautstark über seine neue Gleitsichtbrille, mit der er nicht zurechtkomme. Dabei wirft er diese achtlos auf den Verkaufstisch. Alle anwesenden Kunden werden darauf aufmerksam.

### 9.4.1 Kundenbindung und Kundenbetreuung

Steigende Kundenerwartungen im Dienstleistungsbereich stellen die entsprechenden Unternehmen vor neue Herausforderungen, vor allem auch, weil es in den nächsten Jahren zu einer sinkenden Kundenloyalität kommen könnte. Diese ist auf immer kürzere Nutzungszyklen der Produkte, auf eine zunehmende Transparenz der Märkte und knapper werdende Finanzmittel zurückzuführen. Deshalb sollten sich Unternehmen noch stärker auf Kundenorientierung, -zufriedenheit und -bindung konzentrieren. Während sich das klassische Marketing bisher stärker am Neukunden orientierte, gewinnt in der jetzigen Situation das **Stammkundenmarketing** immer mehr an Bedeutung. Erkenntnisse in der Kundenforschung haben ergeben, dass

- die Kundenrentabilität mit der Dauer der Geschäftsbeziehung zunimmt,
- die Neukundengewinnung in Folge hoher Kommunikationskosten und abnehmender Werbekraft immer weniger rentabel erscheint,
- es um ein Vielfaches schwerer ist, einen Neukunden zu gewinnen, als einen Kunden zu halten.

|  | Klassisches Marketing | Customer Relationship Marketing |
|---|---|---|
| Ziel | einen Verkauf tätigen | einen Kunden gewinnen |
| Verkauf | Abschluss einer Beziehung zum Kunden | Beginn einer Beziehung zum Kunden |
| Käufer und Verkäufer | unabhängig voneinander | voneinander abhängig |
| Ausrichtung | Produkt | Kunde und Service am Kunden |
| Marketingaktivitäten | ausgerichtet am Produkt | ausgerichtet an der Beziehung zum Kunden |
| Kommunikation | einseitig: Informationen über das Produkt | zweiseitig, partnerschaftlich: Orientierung am individuellen Kunden |
| Kunde | anonym | bekannt (Name, Adresse, Lebensstil) |

**Tabelle 9.5** Gegenüberstellung verschiedener Marketingansätze

Das Customer-Relationship-Marketing (CRM) ist ein Marketingansatz, der auf den systematischen Aufbau und die Pflege von Kundenbeziehungen ausgerichtet ist, wobei der Focus auf langfristigen Kundenbeziehungen liegt.

**Bild 9.20** Ziel: langfristige Kundenbindung

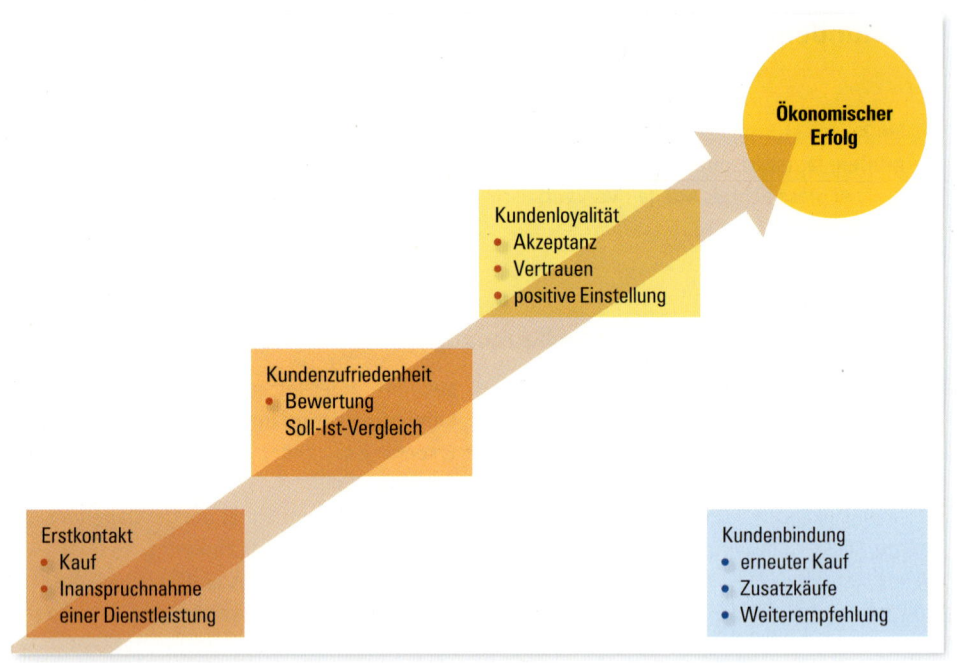

**9** Dienstleistungen und Verwaltungsarbeiten durchführen

**Ökonomischer Erfolg**

**Kundenloyalität**
- Akzeptanz
- Vertrauen
- positive Einstellung

**Kundenzufriedenheit**
- Bewertung Soll-Ist-Vergleich

**Erstkontakt**
- Kauf
- Inanspruchnahme einer Dienstleistung

**Kundenbindung**
- erneuter Kauf
- Zusatzkäufe
- Weiterempfehlung

**Bild 9.21** Wirkungskette der Kundenbindung

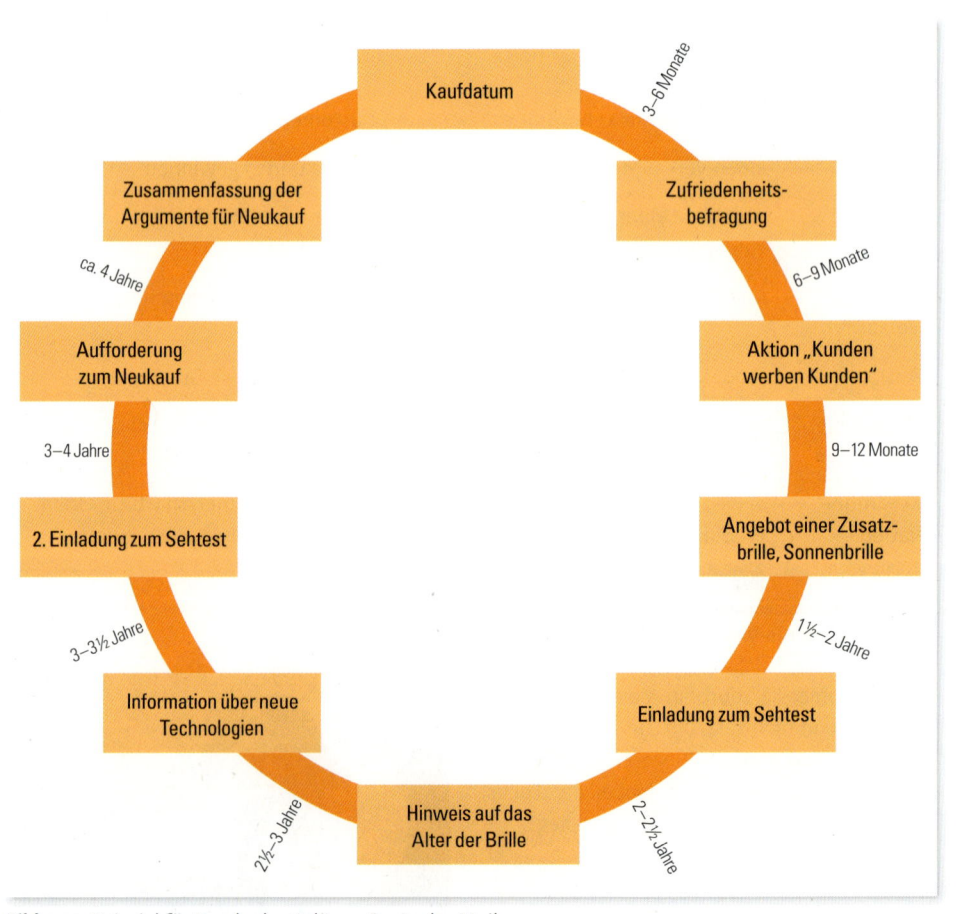

- Kaufdatum
- 3–6 Monate
- Zufriedenheitsbefragung
- 6–9 Monate
- Aktion „Kunden werben Kunden"
- 9–12 Monate
- Angebot einer Zusatzbrille, Sonnenbrille
- 1½–2 Jahre
- Einladung zum Sehtest
- 2–2½ Jahre
- Hinweis auf das Alter der Brille
- 2½–3 Jahre
- Information über neue Technologien
- 3–3½ Jahre
- 2. Einladung zum Sehtest
- 3–4 Jahre
- Aufforderung zum Neukauf
- ca. 4 Jahre
- Zusammenfassung der Argumente für Neukauf

**Bild 9.22** Beispiel für Kundenkontakt per Post oder Mail

Ziel des CR-Marketings ist es, die Bindung des Kunden an den Anbieter zu verstärken. Besonders geeignet hierfür sind Informationsmaßnahmen und Zusatzleistungen wie zum Beispiel:
- fortlaufende Informationen über neue Waren und Dienstleistungen in Anschreiben, Newslettern, Angeboten im Internet, über Social Media, auf der Firmenhomepage usw.,
- Vergünstigungen, wie Gewährung von Sonderkonditionen und anderen Vorteilen (Bonus-Aktionen, exklusive Angebote usw.),
- Einladungen zu Informationsveranstaltungen, Ausstellungen, Vorträgen usw.,
- Garantiezusagen über die gesetzliche Gewährleistung hinaus,
- großzügige Behandlung von Änderungswünschen,
- Kulanzleistungen,
- finanzielles Entgegenkommen durch Rabatte usw.,
- großzügiger Umgang mit Reklamationen.

Durch dieses aktive und reaktionsorientierte Direktmarketing ist eine individuelle und direkte Ansprache des Konsumenten mit der Möglichkeit einer Reaktion beabsichtigt. Auf diese Weise soll ein Dialog zwischen Unternehmen und Kunden entstehen und die Kundenbindung intensiviert werden.

### 9.4.2 Umgang mit Reklamationen

Kein Unternehmen kann sich davor schützen, dass ein Kunde mit dem erworbenen Produkt nicht zufrieden ist oder etwas zu beanstanden hat. Die Bearbeitung von Reklamationen und der Umgang mit Beschwerden sind ein entscheidender Faktor für die Kundenzufriedenheit. Ein professioneller Umgang mit Beschwerden und Reklamationen kann folgende Vorteile mit sich bringen:
- Kunden, die sich beschweren, sind weiterhin an einer Zusammenarbeit interessiert. Häufig beschweren sich unzufriedene Käufer nicht, sondern wechseln zur Konkurrenz.
- Kunden, die nach Beschwerden und Reklamationen zufrieden das Geschäft verlassen, fühlen sich enger mit dem Unternehmen verbunden als vorher.
- Eine systematische Aufarbeitung von Beschwerden und Reklamationen ermöglicht eine genauere Erfassung von Kundenwünschen und -erwartungen und damit eine Qualitätssteigerung.

**Wichtig**
Mit jeder Reklamation gibt der Kunde eine neue Gelegenheit, ihn zufrieden zu stellen. Ein Kunde, der reklamiert, schenkt erneut sein Vertrauen.

Im Folgenden wird ein Modell zur Reklamationsbehandlung dargestellt, das sich in fünf Phasen gliedert.

**Phase 1: Annahme der Reklamation**

Der Kunde ist unzufrieden mit dem Produkt und mit der Arbeit des Augenoptikers. Er ist enttäuscht und fühlt sich unter Umständen betrogen, weil seine Erwartungen nicht erfüllt wurden und er Geld für etwas bezahlt hat, das für ihn so keinen Nutzen hat. Der Kunde muss die Möglichkeit haben, „Dampf abzulassen" und seine Frustration zu verbalisieren. In diesem Moment ist eine Beschäftigung mit dem Reklamationsgegenstand, z. B. der Brille, nicht angebracht. Ausschließlich der Kunde und seine Emotionen stehen im Vordergrund.

**Bild 9.23** Am Anfang ist es wichtig, einfach nur zuzuhören.

# 9 Dienstleistungen und Verwaltungsarbeiten durchführen

aktives Zuhören ▶ siehe auch Modell „Die vier Seiten einer Nachricht", LF 4, S. 128 f.

**Methode des Spiegelns**

Ziel dieser Methode ist es, dem Kunden zu signalisieren, dass seine Gefühle wahrgenommen und verstanden werden. Dies kann auf nonverbaler Ebene geschehen, z. B. durch ein zustimmendes Nicken oder einen Blick, der Anteilnahme ausdrückt. Formulierungen wie „Das kann ich gut verstehen, mir würde es genauso wie Ihnen gehen", zeigen dem Kunden, dass er vom Berater ernst genommen und verstanden wird.

Durch **aktives Zuhören** versucht der Berater sich in den Gesprächspartner einzufühlen und dessen Problem Aufmerksamkeit und Interesse entgegenzubringen. Dabei gibt es folgende Regeln (Tabelle 9.6):

- ehrliches, offenes Interesse zeigen
- Aufmerksamkeit zeigen
- Zuhören, ohne zu werten
- Zuhören, ohne Lösungsvorschläge
- positive Körpersprache
- nie ohne Notwendigkeit unterbrechen
- Störfaktoren ausblenden
- eigene Gedanken abschalten

Eine Entschuldigung für den Ärger und die Unannehmlichkeiten, die für den Kunden entstanden sind, kann die Situation entspannen. Jedoch sollte der Berater keinen Fehler eingestehen, wenn der Sachverhalt noch nicht geklärt ist.

**Praxis-Tipp**
Machen Sie sich in dieser Phase Notizen zum Sachverhalt. Sie können bei der Lösungsfindung und der Dokumentation der Reklamation hilfreich sein.

**Praxis-Tipp**
Versetzen Sie sich in die Lage des Kunden und versuchen Sie seine Gefühle zu verstehen.

**Phase 3: Entwicklung von Lösungsansätzen**

Sobald geklärt ist, ob die Reklamation berechtigt ist, wird dem Kunden erläutert, was die Ursache für den auftretenden Mangel ist und wie dieser im Folgenden beseitigt werden kann.

**Phase 2: Ermittlung des Reklamationsgrundes**

Der Kunde wird gebeten, noch einmal den Reklamationsgrund bzw. die Probleme, die er mit dem Produkt hat, genau zu schildern. Es bietet sich hier an, den aufgebrachten Kunden in einen ruhigen Bereich des Geschäfts zu begleiten und ihm einen Platz anzubieten. Dies verhindert außerdem, dass unbeteiligte Kunden verunsichert werden.

Häufig hat der Kunde im Vorfeld sich selbst schon Gedanken zur Lösung des Problems gemacht und bietet einen konkreten Vorschlag an. Kundenvorschläge können zuweilen in Art, Umfang und Kosten sogar unter den Angeboten liegen, die der Augenoptiker dem Kunden spontan präsentieren würde.

In Fällen, in denen die Reklamation nicht berechtigt ist und keine Gewährleistungspflichten vorliegen, besteht immer die Möglichkeit,

| 1. Paraphrasieren | Die Aussage wird mit eigenen Worten wiederholt. |
|---|---|
| 2. Verbalisieren | Die Gefühle des Kunden werden gespiegelt, z. B. „Das hat Sie bestimmt maßlos geärgert." |
| 3. Nachfragen | „Sie haben also besonders beim Lesen Schwierigkeiten?" |
| 4. Zusammenfassen | Das Gehörte wird mit wenigen Worten zusammengefasst. |
| 5. Klären | Unklarheiten beseitigen: „Sie haben gesagt, Sie könnten mit der neuen Brille nicht gut sehen. Ist das nur beim Lesen so?" |
| 6. Weiterführen | „Möchten Sie lieber zusätzlich eine Lesebrille?" |
| 7. Abwägen | „Möchten Sie eine Gleitsichtbrille oder wieder zwei Brillen?" |

**Tabelle 9.6** Techniken des aktiven Zuhörens

bei einsichtigen Kunden oder Stammkunden Kulanzangebote zu machen.

> **Praxis-Tipp**
> Fragen Sie Ihren Kunden, ob er schon Vorstellungen von einer sinnvollen Lösung hat, z.B. „Herr Müller, was schlagen Sie vor, was können wir tun, um die Situation zu Ihrer Zufriedenheit zu lösen."

### Phase 4: Planung der Reklamationsabwicklung

Alle Mitarbeiter sind für die ordnungsgemäße Bearbeitung der Kundenaufträge verantwortlich, dazu gehört auch die Einhaltung der Termine und eine zuverlässige Endkontrolle des fertigen Auftrags. Mit dem Kunden werden folgende Informationen abgesprochen:

- Welche Änderungen werden vorgenommen?
- Wer bearbeitet den Auftrag?
- Wie ist der konkrete Ablauf?
- Wann wird der Auftrag voraussichtlich fertiggestellt sein?

Der besprochene Reklamationsablauf besitzt absolute Verbindlichkeit. Deshalb dürfen vom Berater ausschließlich Zusagen gemacht werden, die mit Sicherheit eingehalten werden können.

> **Praxis-Tipp**
> Fragen Sie bei der Reklamation einer Brille, ob der Kunde während der Reklamationsabwicklung auf die Brille verzichten kann.

### Phase 5: Erfolgskontrolle

Die Reklamation ist erst dann abgeschlossen, wenn der Kunde mit dem Ergebnis vollkommen zufrieden ist. Der Kunde ist dazu explizit zu befragen. Anschließend bedankt der Berater sich für das entgegengebrachte Vertrauen. Der Kunde erfährt dadurch eine Wertschätzung und verlässt mit einem positiven Gefühl das Geschäft. Der Reklamationsvorgang wird schriftlich dokumentiert und dem Kundenauftrag zugeordnet (Tabelle 9.7).

**Bild 9.24** Ein zufriedener Kunde wird vielleicht ein Stammkunde

| Phase | Ziel/Funktion | Methoden |
|---|---|---|
| 1. Annahme der Reklamation | Beziehungsstörung mindern, ungeteilte Aufmerksamkeit für den Kunden, „Dampf ablassen" | Aufmerksames Zuhören, Spiegeln, Verständnis zeigen |
| 2. Ermittlung des Reklamationsgrundes | Abbau der Beziehungsstörung, Feststellung und Überprüfung des Sachverhalts | Aktives Zuhören, Überprüfung von Mängelursachen |
| 3. Entwicklung von Lösungen | Lösungen finden, Entwicklung einer ungestörten, partnerschaftlichen und lösungsorientierten Kommunikation | Einbeziehung des Kunden in Lösungsansätze, Kunden- und lösungsorientiertes Informationsgespräch |
| 4. Planung der Reklamationsabwicklung | Sicherheit über den Ablauf der Reklamationsabwicklung | Einbeziehung des Kunden in Ablaufplanung, Kunden- und lösungsorientiertes Informationsgespräch |
| 5. Erfolgskontrolle | Ergebnissicherung, Zufriedenheitskontrolle | Kontrollfragen |

**Tabelle 9.7** Die Phasen der Reklamationsbearbeitung

## Aufgaben

1. Stellen Sie in einem Kurzvortrag die Methoden zur Gesprächsführung vor.

2. Erproben Sie in Partnerarbeit anhand von selbstgewählten Beispielen aus Ihrer Berufspraxis die Methoden „Spiegeln" und „Aktives Zuhören".

3. Stellen Sie eines dieser Beispiele als Rollenspiel vor.

4. Was halten Sie von der „Verträglichkeitsgarantie"?
Stellen Sie Pro- und Contra-Argumente zusammen.
Führen Sie eine Diskussion zu diesem Thema durch.

5. Nehmen Sie Stellung zu der Firmenstrategie: „Jede Reklamation wird anerkannt."
Stellen Sie Pro- und Contra- Argumente zusammen.
Führen Sie eine Diskussion zu diesem Thema durch.

## 9.5 Kalkulation in der Augenoptik

> Eine Kundin hat bei einem Sturz ihre Brille beschädigt. Die Metallfassung ist gebrochen und muss gelötet werden. Die Kundin möchte von Ihnen wissen, wie teuer es ungefähr ist, die Brille zu reparieren.

Die derzeitige Marktsituation ist für die Augenoptikerbranche durch intensiven Wettbewerb geprägt. Unabhängig von der Betriebsgröße ist jeder Geschäftsinhaber gezwungen, moderne kaufmännische Verfahrensweisen einzusetzen, die fundierte Kenntnisse und Fähigkeiten erfordern. Der gesamte Bereich des betrieblichen Rechnungswesens umfasst unterschiedliche Teilgebiete (Tabelle 9.8).

### 9.5.1 Preiskalkulation – Kostenträgerrechnung

Aufgabe der Kostenträgerrechnung ist es, den einzelnen Kostenträgern (Produkten oder Dienstleistungen) jene Kosten zuzuordnen, die sie tatsächlich verursacht haben.

> Die Endprodukte haben die entstandenen Kosten zu „tragen". Deshalb wird von Kostenträgern und Kostenträgerrechnung gesprochen.

Kostenträger sind die Absatzleistungen eines Augenoptikbetriebes, die die Kosten verursacht haben. Das sind zum Beispiel Aufträge, Produkte oder Dienstleistungen. Werden die Kosten einzelnen Artikeln, Aufträgen oder Verkaufseinheiten zugeordnet, wird von der **Kostenträgerstückrechnung** oder **Kalkulation** gesprochen.

| Finanzbuchhaltung | Kostenrechnung, Betriebsbuchhaltung | Vergleichsrechnung, betriebswirtschaftliche Statistik | Planungsrechnung |
|---|---|---|---|
| • Sie dient der systematischen Erfassung aller Geschäftsfälle,<br>• liefert in der Bilanz eine Übersicht aller Vermögensteile und Schulden und ermittelt das Eigenkapital,<br>• ermittelt durch die Gegenüberstellung von Aufwendung und Erträgen den Gewinn oder den Verlust,<br>• liefert Daten für die Kostenrechnung und Kalkulation,<br>• liefert Unterlagen für die betriebswirtschaftliche Statistik und Planungsrechnung. | • Sie stellt fest, welche Kosten entstanden sind,<br>• stellt fest, wo die Kosten entstanden sind,<br>• stellt fest, in welcher Höhe die Kosten einem Auftrag zuzuordnen sind,<br>• ermittelt die Aufschlagssätze, die in die Kalkulation eingehen,<br>• ermittelt das Betriebsergebnis als Gegenüberstellung von Kosten und Leistung,<br>• liefert Unterlagen für die betriebswirtschaftliche Statistik und Planungsrechnung. | • Sie ermittelt Daten zur Wirtschaftlichkeit und Produktivität,<br>• liefert Daten für betriebliche Entscheidungen und die Planungsrechnung,<br>• überprüft die Rentabilität im Vergleich zu Vorjahren,<br>• führt Zeit-, Betriebs-, Branchenvergleiche durch. | • Sie erstellt Investitions-, Beschaffungs-, Absatz- und Finanzpläne,<br>• plant und kontrolliert die zukünftige Betriebsentwicklung,<br>• stellt eine Zukunftsprognose her. |

**Tabelle 9.8** Betriebliches Rechnungswesen

Mit Kostenträgerstückrechnung wird also die rechnerische Ermittlung der Selbstkosten für die Erstellung einer Ware oder einer Dienstleistung bezeichnet. Kein Unternehmen kann sich damit zufriedengeben, seine erzeugten Leistungen zum Selbstkostenpreis abzugeben. Es wird ein angemessener Gewinnzuschlag einbezogen. Deshalb besteht die Kalkulation aus der Ermittlung der Selbstkosten und der Ermittlung des Verkaufspreises.

> Die Hauptfunktionen der Kalkulation bestehen darin,
> • Informationen für die Preisgestaltung zur Verfügung zu stellen,
> • Grundlagen für den Verkaufspreis festzulegen,
> • Grundlagen für die Bestandsbewertung zu liefern.

### 9.5.2 Kostenarten, Kostenstellen und Kostenträgerrechnung

Für die exakte Kalkulation des Verkaufspreises einer Ware muss feststehen, welche Kosten die Herstellung eines Produktes verursacht hat. Dabei zeigt sich, dass nicht alle Kosten einem Erzeugnis direkt zuzuordnen sind. Deshalb wird unterschieden in:
• Einzelkosten (= direkte Kosten)
• Gemeinkosten (= indirekte Kosten)

**Einzelkosten** fallen unmittelbar für einen bestimmten Auftrag oder ein bestimmtes Erzeugnis an. Diese Kostenart kann direkt auf den Kostenträger, also die betriebliche Leistung, bezogen werden. Zu den direkten Kosten gehören zum Beispiel Fertigungsmaterialien wie Brillengläser und -fassungen.

**Gemeinkosten** können nicht direkt einer betrieblichen Leistung zugeordnet werden, da sie für alle oder für mehrere Produkte anfallen. Dazu gehören beispielsweise Mietkosten, Energiekosten, Wartungs- und Instandhaltungskosten. Die Gemeinkosten werden mithilfe ermittelter Gemeinkosten-Zuschlagssätze prozentual auf die Einzelkosten verteilt. Deshalb nennt sich diese Kalkulation auch **Zuschlagskalkulation**.

Die Gemeinkostenzuschläge werden mithilfe des **Betriebsabrechnungsbogens (BAB)** erfasst und können nach verschiedenen Bereichen (Kostenstellen) differenziert werden, z. B.
- Materialgemeinkosten (Bestellung, Lagerung, Präsentation usw.)
- Verwaltungsgemeinkosten (Buchhaltung)
- Vertriebsgemeinkosten

In den folgenden Beispielaufgaben werden die Gemeinkostenzuschläge zur Vereinfachung zusammengefasst (Bild 9.25).

Der Betriebsabrechnungsbogen dient dazu, alle Gemeinkosten auf die verschiedenen Kostenstellen zu verteilen, da beispielsweise allgemeine Kosten wie Miete, Strom oder Verwaltungskosten von allen Kostenstellen anteilig verbraucht werden. Auf diese Weise findet eine Kostenverrechnung zwischen den Kostenstellen statt, sodass sich die Gemeinkostenzuschlagssätze für die einzelnen Kostenstellen berechnen lassen. Diese Gemeinkostenzuschlagssätze sind Grundlage bei der Kalkulation der Angebotspreise. Sie dienen der Umlage von Gemeinkosten auf die Produkte bzw. Dienstleistungen. Der Betriebsabrechnungsbogen ist somit das zentrale Instrument der Kostenstellenrechnung. Er liefert Informationen über die Kostenverursachung einzelner Betriebsbereiche und dient der Feststellung der Kostenentwicklung für jede Kostenstelle in festgelegten Zeitabständen.

Durch einen Vergleich der angefallenen Kosten mit den geplanten Kosten (Soll-/Ist-Vergleich) erfolgt die Kostensteuerung und damit Wirtschaftlichkeitskontrolle.

| Betriebsabrechnungsbogen | | Hilfskostenstellen | | Hauptkostenstellen Materialwirtschaft | |
|---|---|---|---|---|---|
| **Kostenstellen →** z. B. **Kostenarten ↓** z. B. | Bereinigte Zahlen der Buchhaltung | Kennziffer → Ausbildung | Schaufenster, Werbung | Brillengläser | Brillenfassungen |
| Umsatzerlöse/Leistungen | | | | | |
| Material-/Wareneinsatz | | | | | |
| **Rohertrag/Deckungsbeitrag** | | | | | |
| Personalkosten Mitarbeiter | | | | | |
| Personalkosten Auszubildende | | Zeilen = Kostenarten | | | |
| Kalkulatorischer Unternehmerlohn | | | | | |
| **Summe Personalkosten** | | | | | |
| Miete/kalkulatorische Miete | | | | | |
| Sonstige Raumkosten | | | | Spalten = Kostenstellen | |
| Instandhaltung Räume | | | | | |
| **Summe Raumkosten** | | | | | |
| Gewerbesteuer | | | | | |
| Versicherungen | | | | | |
| Beiträge | | | | | |
| **Summe Steuern, Versicherungen, Beiträge** | | | | | |
| Fahrzeugkosten | | | | | |
| Werbekosten | | | | | |
| u. Ä. | | | | | |

**Bild 9.25** Vereinfachte Darstellung eines Betriebsabrechnungsbogens

## 9.5 Kalkulation in der Augenoptik

| Kostenartenrechnung | Kostenstellenrechnung | Kostenträgerrechnung |
|---|---|---|
| Welche Kosten sind entstanden? | Wo sind die Kosten entstanden? | Welches Produkt bzw. welcher Auftrag hat Kosten zu tragen? |
| • Gemeinkosten, z. B. Miete, Strom<br>• Einzelkosten, z. B. Fertigungsmaterial | • Betriebsabrechnungsbogen (BAB), z. B. Fertigung, Vertrieb, Material, Verwaltung | • Kalkulation, z. B. Produkt 1: Handelsware, Produkt 2: Reparatur |

**Bild 9.26** Kostenarten-, Kostenstellen-, Kostenträgerrechnung

Die Einzelkosten (z. B. Einkaufspreise für Material) gehen direkt in die Kalkulation ein, da sie für das Produkt genau berechenbar sind. Die Gemeinkosten müssen mittels eines Verteilerschlüssels auf die Kostenstellen verteilt werden. Die Kostenstellen werden durch Zuschlagssätze (z. B. Materialgemeinkostenzuschlag) in der Kalkulation berücksichtigt.

Handelsware wird in der Augenoptik ohne Bearbeitung oder Veränderung weiterverkauft. Also ist es naheliegend, die Angebotskalkulation für diese Waren auf dem Bezugspreis des Artikels (Einkaufspreis) aufzubauen.

> **Rechenbeispiel: Brillenetui**
>
> Materialeinzelkosten (EK): 0,90 €
> Materialgemeinkostenzuschlag: 40 %
> Selbstkosten: 0,90 € + 0,36 € = 1,26 €

Für Handelsware, die einen hohen Beratungsaufwand hat, ist es sinnvoll, diesen zusätzlich in die Kalkulation einfließen zu lassen. Wenn zum Beispiel der Verkauf einer Lupe im Durchschnitt ca. 15 Minuten dauert, ist diese Zeit in Form von Lohnkosten bei der Kalkulation zu berücksichtigen.

Den größten Geschäftsanteil bilden jedoch nicht die Handelswaren. Da augenoptische Erzeugnisse überwiegend nicht unbearbeitet weiterverkauft werden, müssen sowohl die Dienstleistungen des Augenoptikers als auch das verwendete Material in die Kalkulation einfließen.

• Materialkosten
Die Einzelkosten (Materialeinzelkosten) liegen durch den Einkaufspreis des Materials vor. Sie werden um die Materialgemeinkostenzuschläge erweitert. Mit der Materialwirtschaft sind Risiken verbunden. Weil beispielsweise Fassungen modischen Trends unterworfen sind und Gläser einem erhöhten Bruchrisiko unterliegen, wird hierfür ein Risikozuschlag einbezogen.

> **Rechenbeispiel: Einstärkenglas**
>
> Materialeinzelkosten (EK):           12,50 €
> + Materialgemeinkosten-
>   zuschlag: 81,6 % →                 10,20 €
> ─────────────────────────────────
>                                      22,70 €
> + Risikozuschlag: 10 % →              2,27 €
> ─────────────────────────────────
> = Selbstkosten:                      24,97 €

• Fertigungslohnkosten
Unter dieser Kostenstelle lassen sich alle Dienst- und Handwerksleistungen zusammenfassen, die bei der Erstellung und Reparatur von Sehhilfen entstehen. Diese Kosten werden ermittelt, indem der Zeitaufwand für handwerkliche Tätigkeiten, für Beratung oder für optometrische Dienstleistungen erfasst wird. Der Zeitaufwand, der für bestimmte Tätigkeiten in der Augenoptik erforderlich ist, lässt sich in Minuten ermitteln und mit einem individuell festgelegten Preis pro Minute multiplizieren. Für sehr viele augenoptische Tätigkeiten sind Messungen durchgeführt worden, um den Zeitaufwand für gängige Arbeiten zu ermitteln. Grundlage hierbei sind AW3-Einheiten zur Erfassung der Dienst- und Handwerksleistungen. AW3-Einheiten sind Zeiteinheiten

auf 3-Minuten-Basis. Eine Zeitstunde besteht somit aus 20 AW3-Einheiten. Durch REFA-Messungen wurde bestimmt, welcher Zeitumfang für die Durchführung festgelegter Arbeitsschritte erforderlich ist. Hierbei wurden jeweils ein Mindest-, ein Mittel- und ein Höchstwert festgelegt und als AW3-Anzahl angegeben. Mithilfe der folgenden Tabelle 9.10 lässt sich der Verkaufspreis von Reparaturen exemplarisch ermitteln. Für weitere Dienstleistungen sind solche Verzeichnisse in der Schriftenreihe des ZVA zu finden.

Einer AW3-Anzahl wird danach ein bestimmter AW3-Wert zugeordnet. Der AW3-Wert ist ein Betrag, der für eine AW3-Einheit berechnet wird. Bei Reparaturen werden Beratungs- und Werkstatttätigkeiten unterschieden (Tabelle 9.9).

**AW3-Wert** (in €/pro 1 AW3-Anzahl)
- Werkstatt 1,48 €
- Beratung 2,36 €

Für optometrische Dienstleistungen und die Kontaktlinsenanpassung liegen ebenfalls AW3-Anzahlen vor, die in der Schriftenreihe des ZVA veröffentlicht sind. Diesen Angaben ist jedoch kein AW3-Wert zugeordnet, das heißt, den Preis pro AW3-Anzahl muss jeder Betrieb individuell festgelegen. Weil die angegebenen Einheiten nur exemplarischen Charakter haben, empfiehlt es sich, die Angaben auf der Basis eigener Betriebsdaten zu überprüfen. Für die handwerkliche Verarbeitung von Werkstoffen und Fertigungsmaterialien in der Werkstatt ist ein Risikozuschlag vorgesehen. Gleiches ist auch für optometrische Dienstleistungen, zum Beispiel Refraktionen, möglich und sinnvoll.

In die Ermittlung des Verkaufspreises müssen folglich die Selbstkosten für das Material, ein Materialgemeinkostenzuschlag, ein Risikozuschlag, ein Gewinnzuschlag sowie die Mehrwertsteuer einbezogen werden.

Wenn zusätzlich Dienstleistungen oder handwerkliche Leistungen erforderlich sind, müssen diese ebenfalls in die Berechnung des Verkaufspreises mit einbezogen werden, wobei auch hier Zuschläge für Risiko, Gewinn und Mehrwertsteuer zu berücksichtigen sind.

Aus der Kalkulation ergeben sich für den Unternehmer die **Endverbraucherpreise** für die angebotenen Produkte und Dienstleistungen. Vor der endgültigen Festlegung des Preises sind jedoch noch weitere Gesichtspunkte zu berücksichtigen, nämlich

- der kalkulatorisch ermittelte Endpreis, der dem Unternehmer auch den kalkulierten Gewinn garantiert,
- die Bedingungen, die auf dem Markt für die jeweils kalkulierten Produkte und Dienstleistungen herrschen sowie
- die Erwartung der Käufer an Service- und Garantieleistungen in diesem Marktsegment.

In der Augenoptik sind vor allem im Bereich der Service- und Garantieleistungen die Kundenerwartungen sehr hoch. So können zum Beispiel Reparaturen häufig nicht kostendeckend durchgeführt werden, auch durch die „Verträglichkeitsgarantie" können weitere Kosten entstehen. Diese Faktoren fließen natürlich neben dem Konkurrenzdruck mit in die Preispolitik ein. Darüber hinaus können preispolitische Maßnahmen Einfluss auf den Verkaufspreis haben, dazu gehören z. B. Rabatte, besondere Zahlungsbedingungen, Preisnachlässe oder Kreditgewährungen. Derartige Aspekte sind bei der Kalkulation ebenso zu berücksichtigen.

> **REFA-Verband:** Organisation für Arbeitsgestaltung, Betriebsorganisation und Unternehmensentwicklung. REFA entwickelt Methoden zur betrieblichen Datenermittlung und zum Management.

| Durchschnittliche Kalkulationsparameter | | |
|---|---|---|
| Materialgemeinkostenzuschlag (MGK) Reparaturen | 81,6 | % |
| Stundensatz Beratungsraum | 47,20 | € |
| AW3-Wert Beratungsraum (3 min) | 2,36 | € |
| Stundensatz Werkstatt | 29,60 | € |
| AW3-Wert Werkstatt (3 min) | 1,48 | € |
| Risiko (R) zur Berechnung des Materialpreises | 10 | % |
| Risiko (R) zur Berechnung der Handwerksleistung | 5 | % |
| Gewinn (G) | 8 | % |
| Mehrwertsteuer (MwSt.) | 19 | % |

Tabelle 9.9 Kalkulationsparameter für die verursachungsgerechte Kalkulation

| Korrektionsgläser | Pos.Nr. | | AW3-Anzahl | | |
|---|---|---|---|---|---|
| Einstärkenglas, Gruppe 3 | 15.107 | Beratungsraum | 2,2 | **2,5** | 3,0 |
| | 15.108 | Werkstatt | 3,6 | **4,0** | 4,8 |
| Mehrstärkenglas, Gruppe 3 | 15.207 | Beratungsraum | 2,4 | **2,7** | 3,2 |
| | 15.208 | Werkstatt | 7,3 | **8,1** | 9,7 |
| **Umschleifen vorhandener Gläser ohne Montage** | | | | | |
| Automatenschliff | 15.301 | Beratungsraum | 3,8 | **4,3** | 4,8 |
| | 15.302 | Werkstatt | 2,7 | **5,8** | 8,8 |
| Schleifen von Hand | 15.541 | Beratungsraum | 3,8 | **4,3** | 4,8 |
| | 15.542 | Werkstatt | 6,5 | **11,9** | 17,3 |
| **Vollmontage** | | | | | |
| Einstärkenbrille, Kunststoff | 19.820 | Werkstatt | 3,5 | **4,0** | 4,6 |
| Mehrstärkenbrille, Kunststoff | 19.825 | Werkstatt | 4,2 | **4,7** | 5,3 |
| **Ersetzen von Teilen** | | | | | |
| Metall-Bügel ersetzen | 19.450 | Werkstatt | 3,0 | **3,3** | 3,7 |
| Kunststoff-Bügel ersetzen | 19.420 | Werkstatt | 4,6 | **5,0** | 5,8 |
| Schraube ersetzen | 19.630 | Werkstatt | 1,5 | **1,7** | 2,0 |
| Bügelenden ersetzen | 19.670 | Werkstatt | 1,5 | **1,7** | 2,0 |
| ganzes Scharnier, genietet | 19.615 | Werkstatt | 7,4 | **8,3** | 9,6 |
| Gewinde schneiden | 19.280 | Werkstatt | 1,5 | **1,7** | 2,0 |
| **Lötung** | | | | | |
| Teil-Demontage, Brillenfassungen | 19.112 | Werkstatt | 0,9 | **1,0** | 1,3 |
| Lötung, einfach | 19.240 | Werkstatt | 3,3 | **3,7** | 4,3 |
| Lötung, kompliziert | 19.250 | Werkstatt | 6,0 | **6,7** | 7,7 |
| Teil-Montage, Einstärkenbrille | 19.812 | Werkstatt | 2,6 | **2,9** | 3,4 |
| Teil-Montage, Mehrstärkenbrille | 19.816 | Werkstatt | 2,8 | **3,1** | 3,7 |
| **Kittung** | | | | | |
| Glasrand | 19.210 | Werkstatt | 4,5 | **5,0** | 5,8 |
| Brücke | 19.230 | Werkstatt | 5,1 | **5,7** | 6,6 |

**Tabelle 9.10** AW3-Einheiten für die verursachungsgerechte Kalkulation

Der Unternehmer muss, völlig unerheblich auf welche Weise die Kalkulation erfolgt, aus betriebswirtschaftlicher Sicht den Selbstkostenpreis zuzüglich eines kalkulatorischen Gewinns für seine Leistung vom Kunden erhalten. Da dies nicht in allen Bereichen der augenoptischen Produkt- und Dienstleistungspalette möglich ist, muss der Unternehmer durch Ausgleichs- und Mischkalkulationen sowie durch Kostencontrolling in allen Unternehmensbereichen das betriebswirtschaftliche Gesamtergebnis steuern und planen.

### 9.5.3 Verursachungsgerechte Kalkulation

Verursachungsgerecht bedeutet, dass bei dieser Kalkulation der exakte Verkaufspreis von Dienstleistungen und Reparaturen ermittelt wird, auch wenn dieser Preis letztendlich nicht vom Kunden bezahlt wird. Viele Betriebe leisten kleinere Reparaturaufträge als Service, sodass dem Kunden nicht deutlich wird, welche Kosten hiermit verbunden sind.

> **Beispielaufgabe:**
>
> Ein Glas einer Brille ist zerkratzt und muss ersetzt werden. Es handelt sich um ein Einstärkenglas, das im Einkauf 12,50 € kostet.

Die verursachungsgerechte Kalkulation geht von zwei Berechnungskomponenten aus:
- Berechnung des Materialpreises
- Berechnung der Handwerksleistung

Der Materialpreis besteht aus den Kosten, die direkt auf das Material bezogen werden können (Einkaufspreis des Materials), sowie aus den Kosten, die durch Materialbeschaffung und -bestand entstehen, z. B. Bestellwesen, Lagerung, Warenpflege. Diese Kosten fließen als Materialgemeinkosten in die Kalkulation ein.

Folglich besteht die Kalkulationsformel für den Verkaufspreis des Materials aus folgenden Komponenten:

| Einstärkenglas | |
|---|---|
| Materialeinzelkosten (EK): | 12,50 € |
| Materialgemeinkostenzuschlag: | 81,6 % |
| Risikozuschlag: | 10 % |
| Gewinnzuschlag: | 8 % |
| Mehrwertsteuer: | 19 % |

Zur Vereinfachung des Rechenweges werden in der folgenden Rechnung die prozentualen Zuschläge nicht, wie üblich, in diesen zwei Rechenschritten ermittelt:
1. Berechnung des prozentualen Aufschlags
2. Addition des prozentualen Aufschlags auf den Ausgangsbetrag zur Ermittlung des neuen Grundwerts

Stattdessen wird die Formel zur Berechnung des vermehrten Grundwertes angewendet:

Durch Multiplikation, die auch mehrfach hintereinander erfolgen kann, wird der neue Grundwert ermittelt.

Der Ausgangswert, der um einen bestimmten Prozentsatz erhöht werden soll, wird mit dem Faktor 1 (= 100 %) in die Formel eingegeben, wobei die prozentuale Erhöhung als Nachkommazahl an den Faktor 1 angehängt wird (Wachstumsfaktor). Das bedeutet also, dass der Ausgangswert nacheinander mit dem jeweiligen Wachstumsfaktor multipliziert werden muss.

**Formel zur Berechnung des Materialverkaufspreises (VK-MPR)**

$$\text{VK-MPR} = \text{EK} \cdot \text{MGK} \cdot \text{R} \cdot \text{G} \cdot \text{MwSt}$$

$$\text{VK-MPR} = 12{,}50\ € \cdot 1{,}816 \cdot 1{,}10 \cdot 1{,}08 \cdot 1{,}19$$

Materialeinzelkosten (EK) · Materialgemeinkosten · Risiko · Gewinn · Mehrwertsteuer

$$\text{VK-MPR} = 32{,}09\ €$$

Die Berechnung der Handwerksleistung enthält alle Kosten, die durch die Verarbeitung der Halbfabrikate Brillenglas und Brillenfassung sowie durch Reparatur- und Ersatzteile entstehen. Handwerksleistungen können sowohl im Beratungsraum (Auftragsannahme, Voranpassung, Ermittlung der Zentriermaße, Endanpassung, Nachbetreuung u. Ä.) als auch in der Werkstatt (Anfertigung, Reparatur u. Ä.) erbracht werden. Bei der Berechnung werden die mittleren AW3-Einheiten und die durchschnittlichen Kalkulationsparameter der Tabellen für die verursachungsgerechte Kalkulation (Tabellen 9.9 und 9.10) zugrunde gelegt.

Die Handwerksleistung findet in diesem Beispiel an zwei Orten statt:
1. Beratungsraum (P 1)
   z. B. Ermittlung der erforderlichen Daten und Werte, Endanpassung
2. Werkstatt (P 2)
   z. B. Formrandung und Montage des Glases

**Formel zur Berechnung der Handwerksleistung (HWL)**

HWL = P 1: (AW3-Anzahl · AW3-Wert) +
      P 2: (AW3-Anzahl · AW3-Wert) · R

HWL = P 1: (2,5 · 2,36 €) +
      P 2: (4,0 · 1,48 €) · 1,05
HWL = P 1: 5,90 € + P 2: 6,22 €
HWL = 12,12 €

Beide Ergebnisse, der ermittelte Verkaufspreis des Materials und der ermittelte Selbstkostenpreis der Handwerksleistung werden jetzt in die Formel zur Berechnung des kompletten Verkaufspreises eingesetzt, wobei auf die Handwerksleistung noch Gewinn und Mehrwertsteuer aufgeschlagen werden müssen.

VK = VK-MPR + (P 1 + P 2) · G · MwSt.
VK = 32,09 € + (5,90 € + 6,22 €) · 1,08 · 1,19
VK = 47,67 €

Der Verkaufspreis des Einstärkenglases beträgt folglich 47,67 Euro.

Die gesamte Formel zur Durchführung einer verursachungsgerechten Kalkulation lautet also wie folgt:

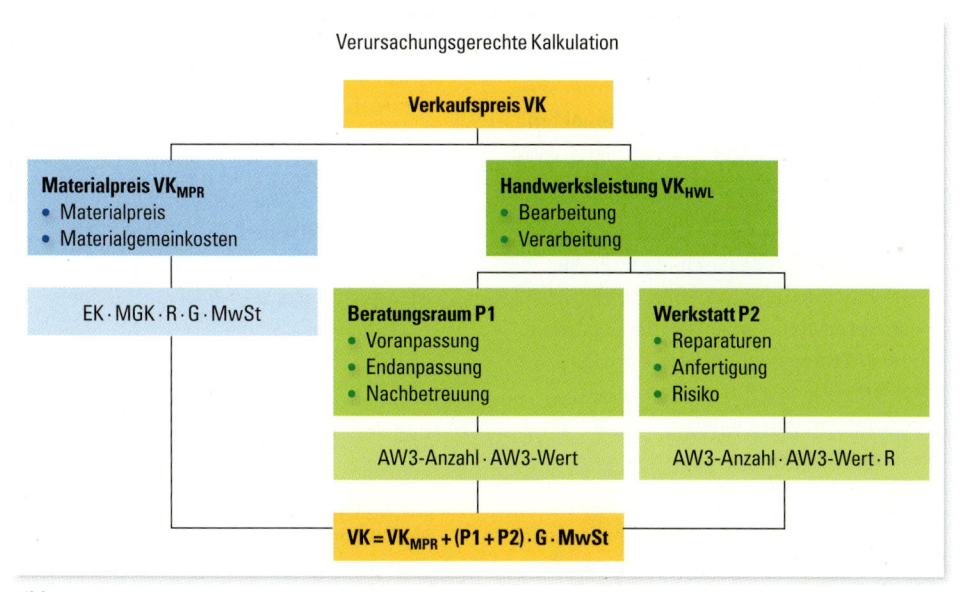

**Bild 9.27** Formel zur Berechnung einer verursachungsgerechten Kalkulation

In die Formel werden nur die Positionen eingesetzt, die auch wirklich Kosten verursachen. Wenn für eine Reparatur beispielsweise keine Materialkosten anfallen, so tauchen diese auch nicht bei der Berechnung auf. Gleiches gilt auch dann, wenn zum Beispiel keine Handwerksleistung im Beratungsraum stattfindet. Ein sicherer Umgang mit dieser Formel ist Voraussetzung, um Reparaturaufträge kalkulieren zu können und somit den finanziellen Aufwand, der für den augenoptischen Betrieb entsteht, bestimmen zu können.

## Aufgaben

1. Einige augenoptische Unternehmen geben die Kittung einer Brücke als Serviceleistung ab. Kalkulieren Sie diese Leistung unter verursachungsgerechten Gesichtspunkten und Berücksichtigung der mittleren AW3-Einheiten. Nehmen Sie einen anteiligen EK von Euro 0,05 für das Aceton an. Vernachlässigen Sie bei Ihrer Kalkulation sowohl die Teildemontage der Fassung als auch die AW3-Einheiten im Beratungsraum.

2. Herr Schneider hat seine Brille bei einem Fahrradsturz beschädigt. Da er an der Fassung hängt, möchte er den komplizierten Bruch löten lassen. Für die Lötung (inkl. Montagearbeit) benötigen Sie 39 Minuten. Auch ein Glas wurde beschädigt und muss ersetzt werden (Pos. 15.107, 15.108). Die Materialkosten belaufen sich auf 0,20 Euro für die Lötung und 16,50 Euro für das Einzelglas. Kalkulieren Sie diese Leistung unter verursachungsgerechten Gesichtspunkten und Berücksichtigung der mittleren AW3-Einheiten!

3. Durch einen Sturz bei Glatteis hat Frau Winter ihre Brille beschädigt. Die Metallfassung ist gebrochen und ein Glas muss ersetzt werden. Bei der Reparatur der Fassung handelt es sich um eine komplizierte Lötung, die inklusive aller Montagearbeiten 36 Minuten dauert. Die Materialkosten betragen für die Lötung 0,10 Euro und für das Einzelglas 15,00 Euro. Kalkulieren Sie diese Leistung unter verursachungsgerechten Gesichtspunkten und Berücksichtigung der mittleren AW3-Einheiten.

4. Sie erhalten in Ihrem Betrieb eine große Lieferung Sonnenbrillen. Das Stück kostet im Einkauf 11,90 Euro. Kalkulieren Sie den Verkaufspreis. Der Materialgemeinkostenzuschlag beträgt 45 Prozent. Für die Beratung setzen Sie durchschnittlich 9 Minuten an.

5. In Ihrem Betrieb soll eine Gleitsichtglasaktion durchgeführt werden. Sie erhalten den Auftrag den Verkaufspreis der Gläser zu kalkulieren und erfahren vom Glashersteller, dass der Einkaufspreis pro Stück für alle Positionen 90,16 € netto beträgt. Der Materialgemeinkostenzuschlag für die Gläser beträgt 81,6 %. Als Beratungs- und Handwerksleistung kalkulieren Sie pro Glas 6 Minuten. Der Zuschlag für den Gewinn soll 8 % betragen. Berücksichtigen Sie bei der Kalkulation die gesetzliche Mehrwertsteuer und einen Barzahlungsnachlass von 2 %.

## Projektaufgaben

1. Ein Kunde hat seine bestellte Brille nicht abgeholt. Entwickeln Sie ein Mahnkonzept für den Kunden.

2. Entwickeln Sie eine Werbeaktion für Sonnenbrillen mit Korrektionsgläsern. Verfassen Sie ein Anschreiben, in dem Sie Ihre Stammkunden über diese Aktion informieren.
Entwickeln Sie darüber hinaus ein Konzept, das dazu dienen soll, einen Neukunden als Stammkunden zu gewinnen.

3. Ein Kunde hat bei Ihnen eine Gleitsichtbrille mit mineralischen Gläsern gekauft, die Sie ihm empfohlen haben. Nach einem Monat kommt er in Ihren Betrieb, weil sich nach seiner Aussage ein Glas aus der Fassung gelöst hat und auf den Fliesen seines Badezimmers zersprungen ist.
   - Beurteilen Sie die Rechtslage in diesem Fall.
   - Kalkulieren Sie die Kosten einer Reparatur.
   - Führen Sie mit dem Kunden in Form eines Rollenspiels ein Reklamationsgespräch. Lassen Sie das Gespräch von zwei Beobachtern bewerten. Tauschen Sie danach die Rollen.

# Lernfeld 10
# Presbyope Kunden beraten und versorgen

Einer Ihrer Kunden ist Taxifahrer und mit seiner Brille im Prinzip zufrieden. Allerdings kann er Tacho und Taxameter zunehmend schlechter ablesen. Das Ausschreiben von Quittungen bereitet ihm noch größere Schwierigkeiten.

- Wie wirkt sich die Alterssichtigkeit aus?
- Welche Ursachen hat die Presbyopie?
- Welche Korrektionsmittel stehen zur Verfügung?

- Wie groß sind Akkommodationsbreite und individueller Arbeitsabstand?
- Welcher Nahzusatz ist erforderlich?
- Welche Akkommodationsgebiete ergeben sich?

- Sie empfehlen ein geeignetes Korrektionsmittel.
- Sie erläutern Aufbau und Korrektion verschiedener Mehrstärkengläser.
- Sie benennen Vor- und Nachteile ausgewählter Glasausführungen.

- Sie entscheiden sich für eine der relevanten Zentrierforderungen.
- Sie wählen Mess-Tools für die Ermittlung der Zentrierdaten aus.
- Sie ermitteln die erforderlichen Zentrierdaten.

- Orientiert sich die Glasauswahl an den Sehanforderungen?
- Können im Gebrauch der Gläser Schärfelücken ausgeschlossen werden?
- Wurden die zugelassenen Grenzabweichungen eingehalten?

- Wurde der Kunde in den Gebrauch seiner Brille eingewiesen?
- Konnte der Kunde Ihren Erläuterungen folgen?
- Wären Korrektionsalternativen möglich gewesen?

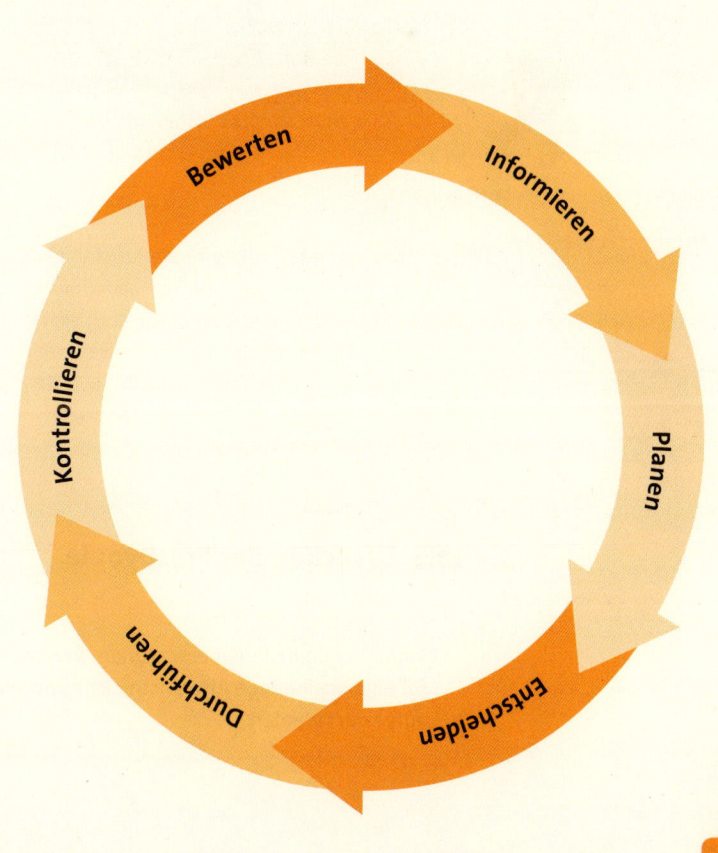

## 10.1 Auswirkungen der Presbyopie

> Eine 42-jährige Redakteurin der örtlichen Tageszeitung leidet unter Kopfschmerzen, die sich insbesondere bei langwierigen Schreibtischarbeiten einstellen. Eine ernsthafte Krankheit haben die von ihr aufgesuchten Ärzte zum Glück ausschließen können.

**présbys** (griech.) = alt
**ōps** (griech.) = Auge

Die Presbyopie zählt zwar nicht zu den Ametropien, kann eine vorhandene Ametropie jedoch überlagern. Bei der Alterssichtigkeit handelt es sich um eine physiologische Erscheinung, von der alle Menschen ab dem 40. Lebensjahr betroffen sind. Sie lässt sich darauf zurückführen, dass die bei der Akkommodation erforderliche Brechwertzunahme vom Auge nicht mehr ohne Schwierigkeiten aufgebracht werden kann und ist stets mit einer Vergrößerung des Nahpunktabstands $a_P$ verknüpft. Die ersten Anzeichen der Alterssichtigkeit zeigen sich darin, dass in der Nähe befindliche Objekte nicht mehr so deutlich gesehen werden.

dationsbreite bezeichnete maximale Akkommodationserfolg $\Delta A_{max}$ mit zunehmendem Lebensalter kontinuierlich ab.

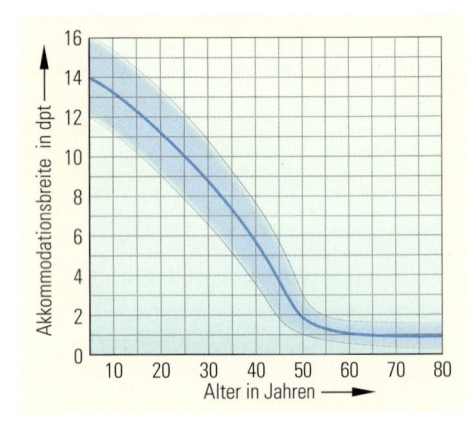

**Bild 10.2** maximaler Akkommodationserfolg nach Duane in Abhängigkeit vom Lebensalter

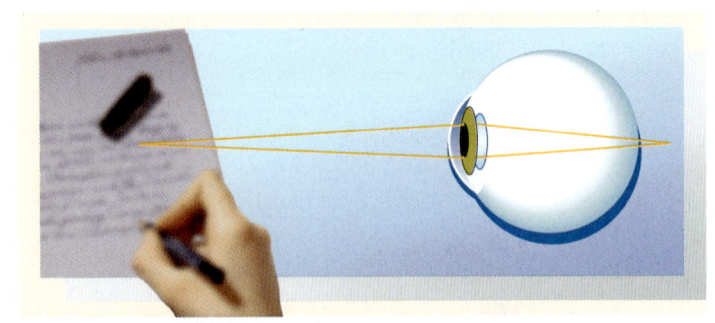

**Bild 10.1** Seheindruck bei Presbyopie

**Asthenopie:** Symptome, die sich auf visuelle Belastungen zurückführen lassen

Die abnehmende Akkommodationsfähigkeit lässt sich in erster Linie auf den allmählichen Elastizitätsverlust der Augenlinse zurückführen. Dadurch nimmt der auch als Akkommo-

Anfangs lassen sich die typischen Auswirkungen der Presbyopie noch durch optimale Beleuchtungsverhältnisse und die Vergrößerung des Naharbeitsabstands ein wenig hinauszögern. Spätestens, wenn sich die Lesehaltung als zu unbequem erweist und asthenopische Beschwerden wie Ermüdungserscheinungen, Augenbrennen oder Kopfschmerzen ausgelöst werden, wird der Betroffene aber einen Ophthalmologen oder Augenoptiker aufsuchen müssen.

## 10.2 Ursachen der Presbyopie

> Ratlos schildert Ihnen eine Kundin verschiedene Situationen und Anzeichen, die typisch für eine beginnende Alterssichtigkeit sind. Nun möchte Sie verständlich über die Ursachen aufgeklärt werden.

Mit zunehmendem Alter kommt es im Auge zu verschiedenen anatomischen und physiologischen Veränderungen, die zu den charakteristischen Auswirkungen der Presbyopie führen. Davon ist nicht nur die Augenlinse, sondern auch der Ziliarkörper und die Regenbogenhaut betroffen.

|  | neugeborenes Kind | 80-jähriger Erwachsener |
|---|---|---|
| Anzahl der Linsenfasern | ca. 1,5 Millionen | ca. 3,5 Millionen |
| Dicke der Augenlinse | ca. 3,5 mm | bis zu 5 mm |
| Gewicht der Augenlinse | ca. 65 mg | ca. 260 mg |

**Tabelle 10.1** Appositionelles Wachstum der Augenlinse

## Augenlinse

Die Augenlinse besteht aus einem mehr oder weniger formstabilen Linsenkern, einer weichen Linsenrinde und einer elastischen Linsenkapsel.

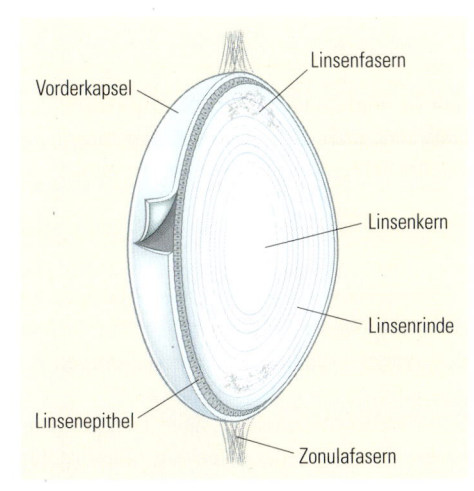

**Bild 10.3** Aufbau der Augenlinse

Die Innenseite der vorderen Linsenkapsel ist mit einer Epithelschicht ausgekleidet, die sich ständig erneuert. Aus den verdrängten Epithelzellen entstehen Linsenfasern. Diese werden nicht abgestoßen, sondern lagern sich, ähnlich wie die Jahresringe eines Baumes, sukzessive an den Fasern der Linsenrinde ab.

Durch diesen auch als **appositionelles Wachstum** bezeichneten Vorgang kommt es insbesondere im Linsenkern zu einer Sklerotisierung. Die Augenlinse nimmt dabei kontinuierlich an Gewicht und Dicke zu. Das appositionelle Linsenwachstum gilt als Hauptverursacher der Alterssichtigkeit, weil dadurch die zur Akkommodation erforderliche Fähigkeit zur Änderung der Linsenform kontinuierlich abnimmt (Tabelle 10.1).

Die Lens cristallina besitzt aufgrund ihres hohen Proteingehalts eine relativ hohe Brechzahl. Trotz ihrer Langlebigkeit unterliegen die Proteine der Augenlinse einem Alterungsprozess, bei dem es zu einer Brechzahl mindernden Denaturierung kommt. Mit der Alterung ist auch eine mehr oder minder starke Eintrübung verknüpft, die zu einem unvermeidbaren Transparenzverlust führt. Unter bestimmten Bedingungen kann sich daraus eine Katarakt entwickeln.

**Denaturierung:** strukturelle Veränderung von Biomolekülen

**Katarakt:** als *Grauer Star* bezeichnete Linsentrübung

## Ziliarkörper

Auch innerhalb des Ziliarkörpers kommt es im fortgeschrittenen Alter zu Gewebeveränderungen. Dabei werden Muskelfasern durch Bindegewebe ersetzt. Diese Veränderungen schränken den Einfluss des Corpus ciliare durch Kontraktion und Relaxation auf das Akkommodationsvermögen des Betroffenen ein.

Darüber hinaus verlagern sich durch das appositionelle Linsenwachstum die Ansatzstellen der vorderen Zonulafasern vermehrt auf die Vorderseite der Augenlinse. Die von diesen Fasern übertragenen Kräfte wirken dann parallel zur Linsenvorderfläche und bewirken nicht mehr die erforderliche Verformung der Augenlinse.

## Regenbogenhaut

Eine weitere Veränderung betrifft die zentrale Öffnung der Regenbogenhaut. Die altersabhängige Abnahme des Pupillendurchmessers wird auch als **senile Miosis** bezeichnet. Sie lässt sich sowohl auf den Elastizitätsverlust des Irisstromas als auch auf ein unausgewogenes Muskelgleichgewicht zwischen Pupillenöffner und -schließer zurückführen. Die Altersmiosis verhilft zwar zu einer größeren Schärfentiefe, reduziert aber gleichzeitig den Lichteinfall und damit die Leuchtdichte auf der Netzhaut.

**Sklerotisierung:** Verhärtung

**Miosis:** Verkleinerung

> **Aufgaben**
>
> 1. Ermitteln Sie den durchschnittlichen maximalen Akkommodationserfolg eines 10-, 30-, 50- und 70-jährigen Probanden.
> 2. Erläutern Sie Symptome, die auf eine beginnende Presbyopie hindeuten.
> 3. Fassen Sie zusammen, durch welche anatomischen und physiologischen Veränderungen die Alterssichtigkeit ausgelöst wird.

## 10.3 Korrektion der Presbyopie

> Der Augenoptikermeister Ihres Betriebes verordnet einem Kunden einen Nahzusatz mit dem Hinweis, dass die erforderliche Addition mit zunehmendem Alter noch ansteigen werde. Der Proband möchte wissen, weshalb er denn nicht schon zum jetzigen Zeitpunkt eine höhere Addition erhalten könne.

Damit der alterssichtige Kunde beim Blick in die Nähe wieder deutlich sehen kann, muss das eingeschränkte Akkommodationsvermögen auf optischem Wege kompensiert werden. Dafür stehen Brillengläser, aber auch Kontaktlinsen zur Verfügung. In beiden Fällen ist für die Ferne zunächst einmal Vollkorrektion herzustellen.

> **Wichtig**
> Das für die Nähe erforderliche Korrektionsmittel besitzt immer eine höhere Pluswirkung als die Fernkorrektion.

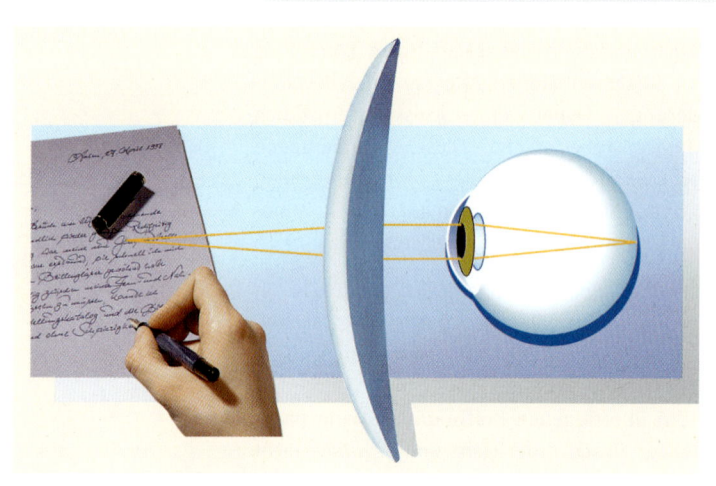

**Bild 10.4** Korrektion der Presbyopie

### 10.3.1 Akkommodationsbreite und Arbeitsentfernung

Der Betrag, um den sich der sphärische Anteil der Fernkorrektion von dem der Nahkorrektion unterscheidet, wird als Nahzusatz oder auch als Addition bezeichnet. Der jeweils erforderliche Nahzusatz richtet sich nach dem maximalen Akkommodationserfolg und dem Akkommodationsbedarf, der sich wiederum aus dem individuellen Arbeitsabstand ergibt. Der **maximale Akkommodationserfolg** eines Kunden lässt sich neben anderen Verfahren auch mithilfe eines Akkommodometers ermitteln.

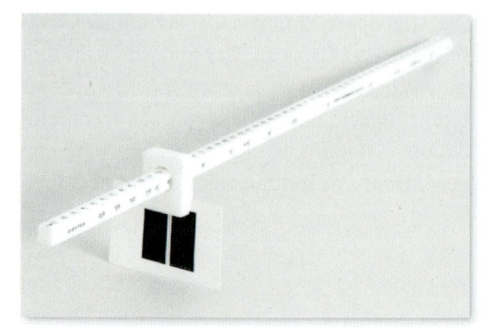

**Bild 10.5** Akkommodometer

## 10.3 Korrektion der Presbyopie

Bei diesem Gerät handelt es sich um eine Messeinrichtung, bei der eine Testfigur entlang einer skalierten Schiene verschoben werden kann. Als Testzeichen hat sich die Strichfigur nach Duane bewährt.

**Bild 10.6** Duane'sche Strichfigur

Um einen Einfluss der Konvergenz auf die Akkommodation auszuschließen, erfolgt die Messung stets monokular. Dabei wird die Sehprobe dem rechtsichtigen beziehungsweise fernkorrigierten Auge solange angenähert, bis die senkrechte Linie gerade noch deutlich gesehen werden kann. Sie befindet sich dann im Nahpunkt des Probanden.

Der maximale Akkommodationserfolg $\Delta A_{max}$ ergibt sich aus dem Kehrwert des in Metern gemessenen Nahpunktabstands $a_P$. Beide Größen lassen sich der Skala direkt entnehmen. Beträgt die Differenz zwischen der Akkommodationsbreite des rechten und linken Auges mehr als 0,5 dpt, sind verschiedene Additionen zu verordnen.

Beispiel:
Ein für die Ferne vollkorrigiertes myopes Auge ($A_R = -4{,}0$ dpt) besitzt einen Nahpunktabstand von 20 cm. Zu berechnen ist der maximale Akkommodationserfolg.

$$A_{Pcc} = \frac{1}{a_{Pcc}} = \frac{1}{-0{,}2\ m} = -5{,}0\ \frac{1}{m}$$

Weil die Messung stets am fernkorrigierten Auge vorgenommen werden sollte, liegt der Fernpunkt mit Korrektion $R_{cc}$ in unendlicher Entfernung vor dem Auge. Daraus folgt eine Fernpunktrefraktion $A_{Rcc}$ von 0,0 dpt sowie ein maximaler Akkommodationserfolg von

$$\Delta A_{max} = A_{Rcc} - A_{Pcc} = 0{,}0\ \text{dpt} - (-5{,}0)\ \text{dpt}$$
$$= +5{,}0\ \text{dpt}$$

### 10.3.2 Nahzusatz und Nahkorrektion

Da sich der Nahzusatz immer nur auf eine bestimmte Entfernung stützen kann, kommt dem Beratungsgespräch eine ganz entscheidende Bedeutung zu. Deshalb ist im Rahmen der Bedarfsanalyse die hauptsächlich genutzte Arbeitsentfernung in Erfahrung zu bringen. Dabei kann eine detailgetreue Schilderung der besonderen Sehanforderungen in Beruf und Freizeit wertvolle Informationen liefern.

Der erforderliche maximale Akkommodationsaufwand $\Delta D_{max}$ ist um etwa 10 % größer als der maximale Akkommodationserfolg $\Delta A_{max}$. Weil es sich bei der Berechnung des Nahzusatzes um einen vorläufigen Wert handelt, der im Rahmen der Nahprüfung ohnehin noch abgeglichen werden muss, ist der Unterschied aber vernachlässigbar. Daher gilt für die nachfolgenden Betrachtungen als grobe Näherung der folgende Zusammenhang:

> **maximaler Akkommodationserfolg**
>
> $\Delta A_{max} \approx \Delta D_{max}$

Der individuelle Nahzusatz $Z$ berechnet sich unter Berücksichtigung sämtlicher einsatzbezogener Anforderungen aus dem maximalen Akkommodationserfolg $\Delta A_{max}$ sowie der gewünschten Nahsehentfernung $a_E$. Er soll ein Zwischenbild erzeugen, das sich im Akkommodationsgebiet $AG_{sc}$ des nichtkorrigierten Auges befindet sowie ein ermüdungsfreies Nahsehen ermöglichen und dadurch asthenopische Beschwerden verhindern. Aus diesem Grund wird bei den gängigen Verfahren zur Berechnung des Nahzusatzes berücksichtigt, dass die vollständige Akkommodationsbreite nur über einen kurzen Zeitraum hinweg zur Verfügung steht.

**Akkommodationsaufwand:** Brechwertzuwachs des Auges

### Nahzusatz nach Schober

Nach Schober wird der individuelle Nahzusatz $Z$ unter der Annahme berechnet, dass der Proband etwa ⅔ seines maximalen Akkommodationserfolges mühelos aufbringen kann. Das trifft insbesondere auf Emmetrope und Myope sowie auf solche Probanden mit ausreichender Akkommodationsbreite ($\Delta A_{max} > 1{,}0$ dpt) zu.

> **Nahzusatz nach Schober**
>
> $$Z = \left| \frac{1}{a_E} \right| - \frac{2}{3} \cdot \Delta A_{max}$$
>
> gilt für $\Delta A_{max} > 1{,}0$ dpt

### Nahzusatz nach Reiner

Für anspruchsvolle Sehaufgaben in geringer Distanz ist für ein ermüdungsfreies Sehen eine größere Entlastung der Akkommodation erforderlich. Abweichend von Schober hat sich deshalb bei hyperopen Presbyopen, geringer Akkommodationsbreite ($\Delta A_{max} \leq 1{,}0$ dpt) sowie bei der Verrichtung von feinmechanischen Arbeiten die Berechnung des Nahzusatzes nach Reiner bewährt.

> **Nahzusatz nach Reiner**
>
> $$Z = \left| \frac{1}{a_E} \right| - \frac{1}{2} \cdot \Delta A_{max}$$
>
> gilt für $\Delta A_{max} \leq 1{,}0$ dpt

**Beispiel:**
Ein Kunde besitzt einen Arbeitsabstand von 20 cm. Die ermittelte Akkommodationsbreite beträgt 6,0 dpt. Zu berechnen ist der vorläufige Nahzusatz.

Weil der maximale Akkommodationserfolg mehr als 1,0 dpt beträgt, ist in diesem Fall der Nahzusatz nach Schober zu bestimmen.

$$Z = \left| \frac{1}{a_E} \right| - \frac{2}{3} \cdot \Delta A_{max} = \left| \frac{1}{-0{,}2\,m} \right| - \frac{2}{3} \cdot 6{,}0\,\frac{1}{m}$$

$$= 1{,}0\,\frac{1}{m}$$

Der Nahzusatz verschafft dem Auge eine zusätzliche Pluswirkung und entlastet dadurch den Akkommodationsaufwand beim Blick in die Nähe. Für die Ferne wird das emmetrope oder vollkorrigierte Auge jedoch um den Betrag der Addition myopisiert.

> **Wichtig**
> Je höher der Betrag des Nahzusatzes, desto stärker die Myopisierung für die Ferne und umso kleiner der Bereich, in dem ein deutliches Sehen möglich ist.

Damit sich der Proband auf die veränderten Sehbedingungen einstellen kann, ist er bereits im Vorfeld über Lage und Größe der künftig nutzbaren Bereiche zu informieren.

### Nahkorrektion

Der Scheitelbrechwert der Nahkorrektion ergibt sich aus der Summe der Fernkorrektion und des Nahzusatzes.

> **Scheitelbrechwert der Nahkorrektion**
>
> $$S'_N = S'_F + Z$$

**Beispiel:**
Die Verordnung eines Kunden lautet **R / L sph + 2,0 cyl − 1,25 90°  Add.: 1,75**. Ermittelt werden sollen die Bestellwerte für die Gläser einer Einstärkennahbrille.

Bei der Berechnung ist lediglich die sphärische Komponente der Fernkorrektion zu berücksichtigen.

$$S'_N = S'_F + Z = 2{,}0\,dpt + 1{,}75\,dpt = +3{,}75\,dpt$$

Daraus ergibt sich für die Nahkorrektion beidseitig ein Bestellwert von **sph + 3,75 cyl − 1,25 A 90°**.

> **Aufgaben**
>
> 1. Berechnen Sie die Nahpunktabstände für einen 20-, 40- und 60-jährigen Emmetropen auf Basis der durchschnittlichen Akkommodationsbreiten.
>
> 2. Listen Sie mögliche Fragen auf, mit denen sich die Sehgewohnheiten Ihres Kunden eingrenzen lassen.
>
> 3. Überlegen Sie, welche Arbeitsentfernungen sich aus den folgenden Tätigkeiten ableiten lassen: Lesen eines Buches, Arbeiten am Schreibtisch, Ausübung von feinmechanischen Tätigkeiten, Lehrtätigkeiten, Arbeiten am Bildschirmarbeitsplatz, Kochen.
>
> 4. Der Arbeitsabstand eines Probanden beträgt 33 cm und sein maximaler Akkommodationserfolg 3,0 dpt. Bestimmen Sie den vorläufigen Nahzusatz.
>
> 5. Die Verordnung eines Probanden lautet sph – 1,25 cyl – 0,75 A 0° Add.: 2,5. Zu ermitteln sind die Werte der Nahkorrektion.

## 10.4 Brillenglasberatung

> Der Augenoptikermeister Ihres Betriebs empfiehlt einer bisher mit Zweistärkengläsern versorgten Kundin aufgrund einer zu erwartenden Schärfelücke im Akkommodationsgebiet Trifokalgläser. Die Kundin möchte wissen, was sie sich unter einer Schärfelücke vorzustellen hat.

Die Presbyopie lässt sich auf unterschiedliche Art und Weise korrigieren. Dafür stehen Monofokal-, Bifokal-, Trifokal- und Multifokalgläser in unterschiedlichen Ausführungen und Qualitäten zur Verfügung. Welche Variante die geeignete ist, hängt unter anderem davon ab, ob sie ein deutliches Sehen in allen Entfernungen zulässt. Bevor eine Empfehlung zur Glasausführung ausgesprochen werden kann, sollte der Berater im Rahmen der Bedarfsanalyse kundenrelevante Arbeitsabstände in Erfahrung bringen und sich Informationen über deutliche Sehbereiche sowie zu erwartende Schärfelücken verschaffen. Diese lassen sich aus dem Betrag des Nahzusatzes $Z$ und dem maximalen Akkommodationserfolg $\Delta A_{max}$ ermitteln.

> **Wichtig**
> Je höher die Anzahl der in einem Brillenglas vereinigten Korrektionswerte, desto besser lassen sich Schärfelücken vermeiden und umso größer ist der Sehkomfort.

### 10.4.1 Monofokalgläser

Emmetrope Kunden favorisieren zur Korrektion ihrer Alterssichtigkeit oftmals Einstärkengläser, die ausschließlich für Arbeiten in der Nähe genutzt werden. Sie bieten zwar ein großes Gesichtsfeld, besitzen aber einen homogenen Scheitelbrechwert ohne Wirkungsanstieg, sodass ein deutliches Sehen nur innerhalb gewisser Grenzen möglich ist. Für das Sehen in der Ferne oder im Zwischenbereich muss die Nahbrille abgenommen werden. Um diese Einschränkungen zu kompensieren, greifen einige Probanden auf Brillen mit geringer Scheibenhöhe zurück. Diese sogenannten Halbbrillen werden in der Regel so tief angepasst, dass sich über den Glas- beziehungsweise Fassungsrand hinweg blicken lässt.

**Akkommodationsgebiet $AG_{cc\,N}$**

von $\quad a_{Rcc\,N} = -\dfrac{1}{Z}$

bis $\quad a_{Pcc\,N} = -\dfrac{1}{Z + \Delta A_{max}}$

Beispiel:
Ein emmetroper Presbyop besitzt eine Akkommodationsbreite von 2,25 dpt. Welche deutlichen Sehbereiche ergeben sich aus einer als Halbbrille ausgeführten Nahkorrektion von **R/L sph + 1,5**?

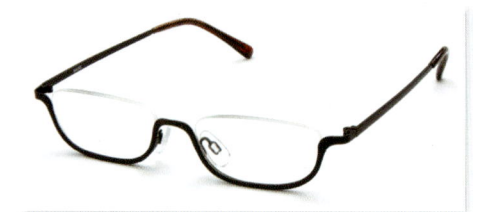

$AG_{sc}\quad$ von $\quad a_{Rsc} = -\dfrac{1}{A_R} = -\dfrac{1}{0{,}0\,\dfrac{1}{m}} = -\infty\,m$

bis $\quad a_{Psc} = -\dfrac{1}{\Delta A_{max}} = -\dfrac{1}{2{,}25\,\dfrac{1}{m}} = -0{,}\overline{4}\,m$

**Bild 10.7** Halbbrille

### Akkommodationsgebiet

Die Verwendung von Einstärkengläsern für die Nähe schränkt das Akkommodationsgebiet $AG_{cc\,N}$ des Brillenträgers ein. Es lässt sich anhand der folgenden Zusammenhänge berechnen.

$AG_{cc\,N}\quad$ von $\quad a_{Rcc\,N} = -\dfrac{1}{Z} = -\dfrac{1}{1{,}5\,\dfrac{1}{m}} = -0{,}666\,m$

bis $\quad a_{Pcc\,N} = -\dfrac{1}{Z + \Delta A_{max}}$

$\quad = -\dfrac{1}{(1{,}5 + 2{,}25)\,\dfrac{1}{m}}$

$\quad = -0{,}266\,m$

Sofern keine Halbbrille verwendet wird, muss das Korrektionsmittel für ein deutliches Sehen außerhalb des ermittelten Akkommodationsbereichs $AG_{cc\,N}$ abgenommen werden.

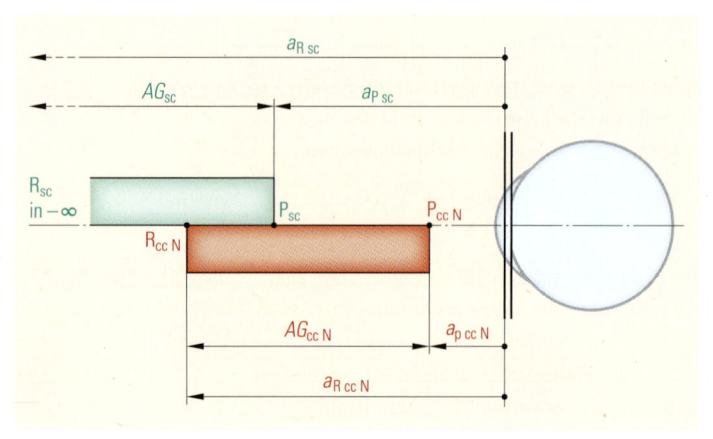

**Bild 10.8** Deutlicher Sehbereich im Gebrauch eines Einstärkenglases

|  | Vorteile | Nachteile |
|---|---|---|
| Vollrandbrille | keine Trennkante sichtbar | deutliches Sehen nur im Nahbereich |
|  | keine Gesichtsfeldeinschränkungen | Absetzen oder Wechsel der Brille erforderlich |
| Halbbrille | keine Trennkante sichtbar | nur bei Emmetropie sinnvoll |
|  | geringe Gesichtsfeldeinschränkungen | Skotom im Bereich der Glasoberkante |
|  | kein Absetzen oder Wechsel der Brille erforderlich | Schärfelücke bei geringem $\Delta A_{max}$ |

**Tabelle 10.2** Vor- und Nachteile von Einstärkengläsern für die Nähe

## 10.4.2 Bifokalgläser

Ein Bifokalglas besteht aus einem Grundteil mit den verordneten Fernwerten und einer integrierten Zusatzlinse mit einer Wirkung in Höhe der Addition. Während sich die Addition in organischen Brillengläsern bei homogener Brechzahl nur über eine äußere Abformung erreichen lässt, wird in das Grundglas von mineralischen Ausführungen meist konvexseitig eine Zusatzlinse mit höherem Brechungsindex eingeschmolzen. Bifokalgläser sind bei einem ausreichenden Akkommodationserfolg für den ständigen Gebrauch vorgesehen, sodass sich ein Absetzen oder Wechsel der Brille erübrigt.

### Aufbau und Bezeichnung

Die gängigen Nahteile besitzen gerade, gebogene oder pantoskopisch geformte Oberkanten. Seltener kommen kreisrunde Nahteile oder solche mit einer durchgehenden Trennkante vor. Viele Hersteller orientieren sich bei der Bezeichnung ihrer Bifokalgläser sowohl an der Form als auch an der Breite der Additionslinse.

> **Wichtig**
> Bezeichnung eines Bifokalglases = Kennbuchstabe der Nahteilform + Nahteilbreite

| Bezeichnung | Nahteil | Beispiel |
|---|---|---|
| E-Typ | durchgehende Nahteilkante | Exellent, Executive |
| R-Typ | rund (= round) | R22 |
| S-Typ | gerade (= straight) | S25 |
| C-Typ | gebogen (= curved) | C28 |
| P-Typ | pantoskopisch | P30 |

**Tabelle 10.3** Nahteilformen

Welche Nahteilform die richtige ist, hängt in erster Linie vom ästhetischen Empfinden des Brillenträgers ab. Die Breite des Nahteils sollte sich dagegen an der individuellen Gebrauchssituation orientieren. Die meisten Sehanforderungen können zwar bereits mit einer Nahteilbreite von 25 mm bewältigt werden, für häufige und detailreiche Arbeiten in mittleren oder kurzen Entfernungen sind aber auch Nahteilbreiten von bis zu 40 mm erhältlich.

Von wenigen Ausnahmen abgesehen, werden die Bifokalgläser bereits bei der Fertigung mit einem sogenannten **Inset** ausgestattet. Dafür wird der optische Mittelpunkt der Additionslinse gegenüber dem Fernbezugspunkt in nasaler Richtung verlagert. Damit reagiert der Hersteller auf die Tatsache, dass das Augenpaar auf in der Nähe liegende Objekte konvergiert. Obwohl der Inset vom Arbeitsabstand, der Fern-Pd und dem Hornhautscheitelabstand abhängt, geben die meisten Hersteller einen festen Betrag $e$ von 2 oder 2,5 mm vor.

> **Inset:**
> horizontaler Versatz des Nahteils

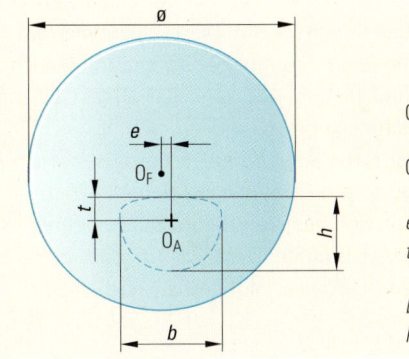

$O_F$: optischer Mittelpunkt des Fernteils
$O_A$: optischer Mittelpunkt der Additionslinse
$e$: Inset
$t$: Abstand zwischen Nahteiloberkante und $O_A$
$b$: Nahteilbreite
$h$: Nahteilhöhe

**Bild 10.9** Bemaßung eines Zweistärkenglases

### Wirkungsanstieg

Der Wirkungsanstieg eines Mehrstärkenglases lässt sich in Abhängigkeit von der Durchblickhöhe auch grafisch darstellen. In einem Bifokalglas erfolgt dieser im Bereich der Nahteiloberkante in Form einer Stufe (Bild 10.10).

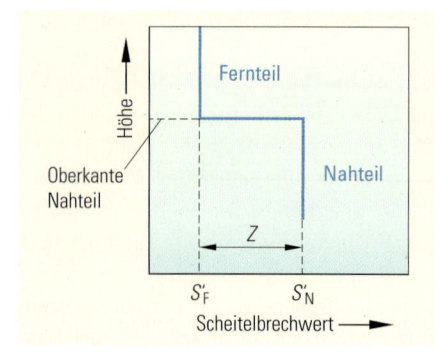

**Bild 10.10** Wirkungsanstieg in einem Zweistärkenglas

### Bildsprung und prismatischer Wirkungsverlauf

In einem Einstärkenglas nimmt die prismatische Wirkung zum Glasrand hin gleichmäßig zu. Bei einem Bifokalglas hingegen kann es an der Nahteiloberkante zu einer sprunghaften Änderung der prismatischen Wirkung kommen. Objektstrahlen, die unmittelbar ober- oder unterhalb dieser Kante auf das Brillenglas treffen, erfahren dann unterschiedliche Ablenkungen. Die Folge ist, dass sich das Objekt, je nachdem, ob es durch das Fern- oder Nahteil betrachtet wird, an verschiedenen Orten zu befinden scheint. Dieses Phänomen wird als **Bildsprung J** (Jump) bezeichnet. Im Bereich der Trennkante selbst kann das Objekt gar nicht wahrgenommen werden, weil es sich in einer toten Zone befindet. Bezogen auf ein Auge, dessen Fixierlinie das Nahteil gerade unterhalb der Trennkante durchstößt, befindet sich die Basis unten. Der Bildsprung des betrachteten Objektes erfolgt deshalb nach oben.

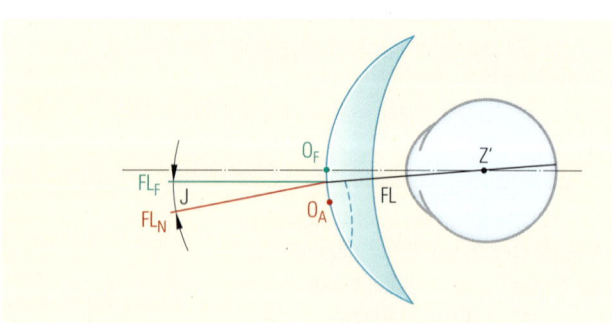

**Bild 10.11** Bildsprung an der Trennkante eines Zweistärkenglases

Die Stärke des Bildsprungs entspricht der prismatischen Wirkung der Zusatzlinse an der oberen Trennkante und lässt sich über die Prentice-Formel berechnen:

> **Bildsprung eines Bifokalglases**
>
> $J_o = t \cdot Z$
>
> $t$: Abstand zwischen $O_A$ und Trennkante in cm
> $Z$: Addition des Nahteils in 1/m

Welchen Einfluss der Bildsprung auf die prismatische Gesamtwirkung in vertikaler Richtung hat, lässt sich anhand einer grafischen Analyse veranschaulichen. Dafür muss die prismatische Wirkung im Fern- und Nahteil in Abhängigkeit von der Durchblickhöhe ermittelt und in ein Diagramm übertragen werden.

Beispiel:
Unter Vernachlässigung des Insets ist der vertikale gesamtprismatische Wirkungsverlauf für das gegebene Bifokalglas C28 mit einer Verordnung von **sph + 1,25 Add: 2,0** zu bestimmen (Bild 10.12).

Da der Wirkungsverlauf in einem sphärischen Glas linear verläuft, reicht für den Fernteil die Bestimmung der prismatischen Wirkung in zwei Punkten aus. Im optischen Mittelpunkt $O_F$ ergibt sich diese zu 0 cm/m. Der zweite Punkt kann beliebig gewählt werden. Für einen Rohglasdurchmesser von 70 mm ergibt sich beispielsweise am oberen Glasrand

$$P = c \cdot |S'| = \frac{7}{2} \text{ cm} \cdot 1{,}25 \frac{1}{\text{m}} = 4{,}38 \frac{\text{cm}}{\text{m}} \text{ B } 270°$$

Durch die Verbindung der beiden Punkte im Diagramm ist der prismatische Wirkungsverlauf im Fernteil eindeutig bestimmt.

Für den prismatischen Wirkungsverlauf im Bereich der Zusatzlinse müssen ebenfalls zwei Punkte bekannt sein. An der Trennkante wird die prismatische Wirkung des Fernteils vom Bildsprung überlagert. Dieser ist abhängig vom Abstand $t$ zwischen Nahteiloberkante und optischem Mittelpunkt $O_A$ sowie der Addition.

$$t = h - \frac{b}{2} = 1{,}9 \text{ cm} - \frac{2{,}8 \text{ cm}}{2} = 0{,}5 \text{ cm}$$

$$J_o = t \cdot Z = 0{,}5 \text{ cm} \cdot 2{,}0 \frac{1}{\text{m}} = 1 \frac{\text{cm}}{\text{m}} \text{ B } 270°$$

## 10.4 Brillenglasberatung

Unmittelbar unter der Trennkante tragen Fern- und Nahteil gemeinsam zur prismatischen Gesamtwirkung bei. Die Addition beider Einzelwirkungen führt im Diagramm zu dem charakteristischen Sprung $J_o$ im Wirkungsverlauf. Dieser erfolgt bei unten liegender Basis. Im optischen Mittelpunkt der Zusatzlinse liegt hingegen keine prismatische Wirkung vor. Die prismatische Gesamtwirkung besteht dort allein aus der Wirkung des Grundglases. Der Verlauf im Nahteil ergibt sich schließlich aus der Verbindung beider Punkte. Der untere Bildsprung $J_u$ spielt in der Praxis keine Rolle, weil die Nahteilunterkante in den weitaus meisten Fällen ohnehin bei der Formrandung abgeschliffen wurde (Bild 10.12).

Damit sich der Brillenträger auf den Effekt des Bildsprungs einstellen kann, sollte er bereits im Vorfeld darauf hingewiesen werden. Sehkomfort beeinträchtigende Irritationen lassen sich aber auch durch bildsprungfreie Bifokalgläser reduzieren. Dafür muss der optische Mittelpunkt der Additionslinse $O_A$ mit der Nahteiloberkante zusammenfallen.

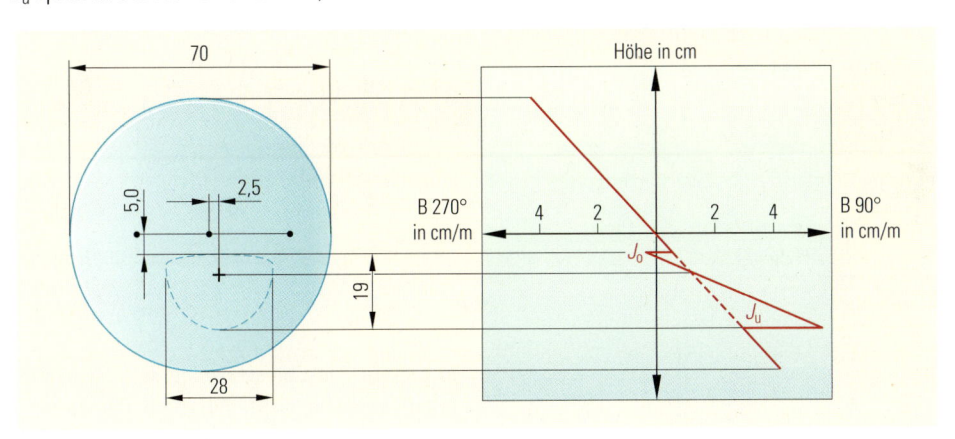

**Bild 10.12** Vertikaler prismatischer Wirkungsverlauf

### Akkommodationsgebiete

Bifokalgläser besitzen zwei voneinander abgegrenzte Zonen, die für das Sehen in der Ferne und in der Nähe geeignet sind. Ob im Gebrauch solcher Gläser Schärfelücken zu erwarten sind, hängt von der Stärke des Nahzusatzes sowie der Akkommodationsbreite des Presbyopen ab und lässt sich rechnerisch ermitteln.

**Akkommodationsgebiet $AG_{ccF}$**

von $a_{RccF} = -\dfrac{1}{A_{RccF}}$

bis $a_{PccF} = -\dfrac{1}{\Delta A_{max}}$

**Akkommodationsgebiet $AG_{ccN}$**

von $a_{RccN} = -\dfrac{1}{Z}$

bis $a_{PccN} = -\dfrac{1}{Z + \Delta A_{max}}$

Beispiel:
Ein myoper Kunde wird mit Zweistärkengläsern R/L sph – 1,5 Add.: 1,0 versorgt. Welche deutlichen Sehbereiche ergeben sich bei einem maximalen Akkommodationserfolg von 2,5 dpt?

$AG_{ccF}$ von $a_{RccF} = -\dfrac{1}{A_{RccF}} = -\dfrac{1}{0{,}0\,\frac{1}{m}} = -\infty\,m$

bis $a_{PccF} = -\dfrac{1}{\Delta A_{max}} = -\dfrac{1}{2{,}5\,\frac{1}{m}}$

$= -0{,}4\,m$

$AG_{ccN}$ von $a_{RccN} = -\dfrac{1}{Z} = -\dfrac{1}{1{,}0\,\frac{1}{m}} = -1{,}0\,m$

bis $a_{PccN} = -\dfrac{1}{Z + \Delta A_{max}}$

$= -\dfrac{1}{(1{,}0 + 2{,}5)\,\frac{1}{m}} = -0{,}285\,m$

Da sich die berechneten Bereiche überschneiden, kann der Kunde in sämtlichen Distanzen zwischen − ∞ und − 0,285 m deutlich sehen (Bild 10.13).

**Beispiel:**
Einem hyperopen Kunden wurden Bifokalgläser **R/L sph + 1,5 Add.: 2,5** verordnet. Welche deutlichen Sehbereiche ergeben sich bei einem maximalen Akkommodationserfolg von 1,0 dpt?

$$AG_{ccF} \text{ von } a_{RccF} = -\frac{1}{A_{RccF}} = -\frac{1}{0,0\frac{1}{m}} = -\infty \text{ m}$$

$$\text{bis } a_{PccF} = -\frac{1}{\Delta A_{max}} = -\frac{1}{1,0\frac{1}{m}}$$

$$= -1,0 \text{ m}$$

$$AG_{ccN} \text{ von } a_{RccN} = -\frac{1}{Z} = -\frac{1}{2,5\frac{1}{m}} = -0,4 \text{ m}$$

$$\text{bis } a_{PccN} = -\frac{1}{Z + \Delta A_{max}}$$

$$= -\frac{1}{(2,5+1,0)\frac{1}{m}} = -0,285 \text{ m}$$

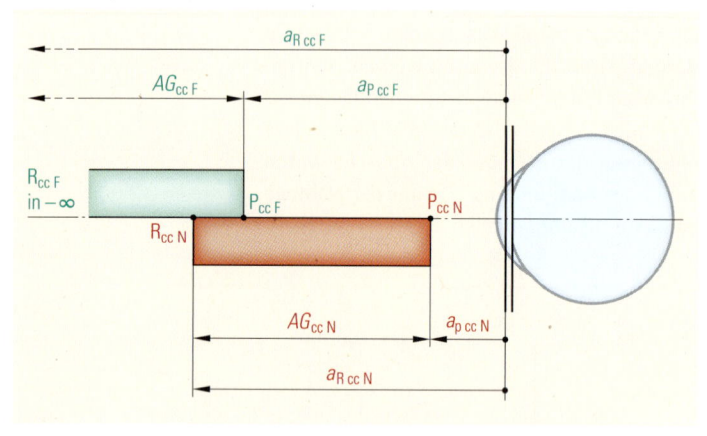

**Bild 10.13** Deutliche Sehbereiche im Gebrauch eines Zweistärkenglases

In diesem Fall überschneiden sich die ermittelten Bereiche nicht. Aufgrund der vorhandenen Schärfelücke ist ein deutliches Sehen zwischen − 1,0 und − 0,4 m nicht möglich (Bild 10.14).

> **Wichtig**
> Im Gebrauch eines Zweistärkenglases ist mit einer Schärfelücke zu rechnen, wenn die Addition des Nahteils größer ist als der maximale Akkommodationserfolg.

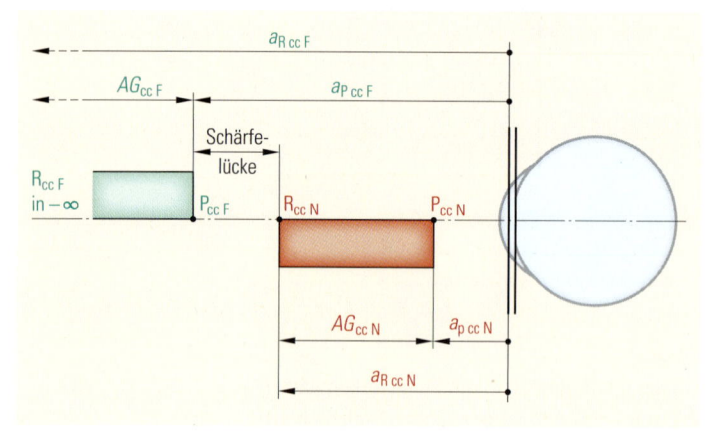

**Bild 10.14** Schärfelücke im Gebrauch eines Zweistärkenglases

| Vorteile | Nachteile |
|---|---|
| Nahteilform und -größe wählbar | sichtbare Trennkante |
| geringe Gesichtsfeldeinschränkungen | fühlbare Trennkante bei organischen Gläsern |
| kein Wechsel der Brille erforderlich | Skotom in Höhe der Trennkante |
| bildsprungfreie Ausführungen lieferbar | Bildsprung bei konventionellen Ausführungen |
| deutliches Sehen in allen Distanzen bei großem $\Delta A_{max}$ möglich | Schärfelücken bei geringem $\Delta A_{max}$ |
| | heterogenes Reflexionsverhalten bei mineralischen Gläsern |

**Tabelle 10.4** Vor- und Nachteile von Zweistärkengläsern

## 10.4.3 Trifokalgläser

Im Grundteil eines Dreistärkenglases ist außer dem Nahteil ein Zwischenteil integriert, das dem Brillenträger deutliche Abbildungen von Gegenständen liefert, die sich in mittleren Entfernungen befinden. Der erforderliche Wirkungsanstieg ist bei der Verarbeitung von organischen Brillenglaswerkstoffen nur über eine äußere Abformung möglich. Bei mineralischen Ausführungen werden Zwischen- und Nahteil aus höher brechendem Flintglas meist konvexseitig einschmolzen.

Die Empfehlung eines Trifokalglases kann sinnvoll sein, wenn der maximale Akkommodationserfolg des Probanden so gering ist, dass sich bei der Korrektion mit Bifokalgläsern eine störende Schärfelücke ergeben würde. Durch das Zwischenteil eines Trifokalglases ist meist ein deutliches Sehen in allen Entfernungen möglich. Bei der Auswahl der Nahteilform steht das ästhetische Empfinden des Probanden im Vordergrund, während sich die Nahteilbreite an der individuellen Gebrauchssituation orientieren sollte.

**Aufbau und Bezeichnung**
Die Bezeichnung eines Dreistärkenglases richtet sich im Wesentlichen nach der für Bifokalgläser üblichen Systematik. Vor der Angabe der Nahteilbreite enthält sie allerdings außerdem einen Hinweis auf die Höhe des Zwischenteils.

> **Wichtig**
> Bezeichnung eines Trifokalglases =
> Kennbuchstabe der Nahteilform +
> Zwischenteilhöhe + Nahteilbreite

Bei einem Mehrstärkenglas mit der Bezeichnung C828 handelt es sich demzufolge um ein Trifokalglas mit durchgebogener Nahteilkante, einer Zwischenteilhöhe $h_Z$ von 8 mm und einer Nahteilbreite $b$ von 28 mm. Der Betrag, um den Zwischen- und Nahteil nasal verlagert sind, ist vom Hersteller abhängig und beträgt wie bei den Zweistärkengläsern 2 beziehungsweise 2,5 mm. Anders als bei konventionellen Bifokalgläsern üblich, liegt der optische Mittelpunkt der Additionslinse in einem Dreistärkenglas auf der Trennkante zum Nahteil und fällt mit dem optischen Mittelpunkt des Zwischenteils zusammen.

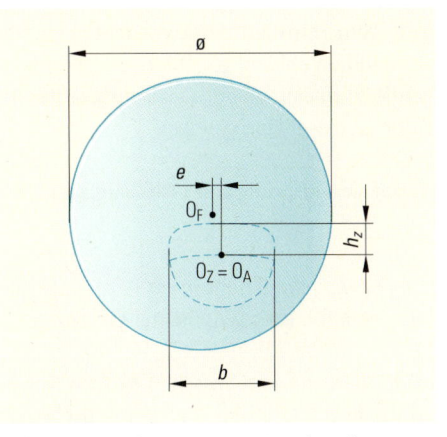

**Bild 10.15** Bemaßung eines Dreistärkenglases

**Wirkungsanstieg**
Die Brechwertzunahme im Zwischenteil eines Trifokalglases entspricht dem halben Betrag der verordneten Addition.

> **Addition im Zwischenteil**
> $$Z_Z = \frac{Z_N}{2}$$

Sowohl das Zwischen- als auch das Nahteil verursacht in der grafischen Darstellung eine Stufe in Höhe ihrer Trennkanten.

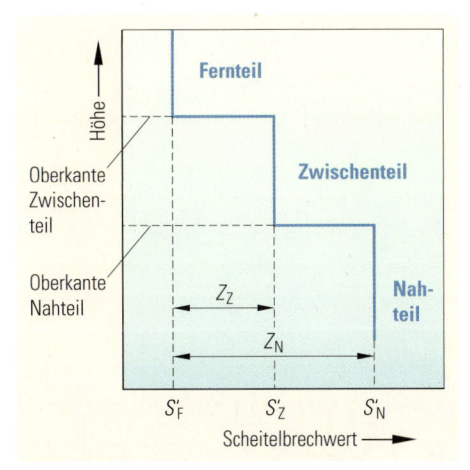

**Bild 10.16** Wirkungsanstieg in einem Dreistärkenglas

**Bildsprung und prismatischer Wirkungsverlauf**
In einem Dreistärkenglas erfolgt beim Übergang vom Fern- auf das Zwischenteil ein von der Addition abhängiger oberer Bildsprung. Im Vergleich zu einem Bifokalglas mit gleicher Addition ist dieser aber geringer.

> **oberer Bildsprung eines Trifokalglases**
>
> $J_o = h_Z \cdot Z_Z$
>
> $h_Z$: Zwischenteilhöhe in cm
> $Z_Z$: Addition des Zwischenteils in 1/m

Beim Übergang vom Zwischen- auf das Nahteil erfolgt kein Bildsprung, weil der optische Mittelpunkt des Zwischenteils $O_Z$ normalerweise mit dem optischen Mittelpunkt der Additionslinse $O_A$ zusammenfällt.

Beispiel:
Zu bestimmen ist der vertikale gesamtprismatische Wirkungsverlauf für das gegebene Bifokalglas C728 **sph – 1,0 Add: 3,5** unter Vernachlässigung des Insets.

Für einen Rohglasdurchmesser von 70 mm ergibt sich am oberen Glasrand eine prismatische Wirkung von

$$P = c \cdot |S'| = \frac{7}{2} \, cm \cdot 1 \, \frac{1}{m} = 3,5 \, \frac{cm}{m} \; B\,90°$$

Durch die Verbindung dieses Punktes mit dem Ursprung des Diagramms ist der prismatische Wirkungsverlauf für das Fernteil eindeutig bestimmt.

An der oberen Trennkante wird die prismatische Wirkung des Fernteils vom oberen Bildsprung $J_o$ überlagert. Dieser berechnet sich aus der Zwischenteilhöhe und der Addition $Z_Z$ des Zwischenteils.

$$J_o = h_Z \cdot Z_Z = 0,7 \, cm \cdot 1,75 \, \frac{1}{m} = 1,23 \, \frac{cm}{m} \; B\,270°$$

Weil die optischen Mittelpunkte vom Zwischen- und Nahteil zusammenfallen, beträgt der Bildsprung an der Trennkante zum Nahteil 0 cm/m. Die prismatische Gesamtwirkung besteht an dieser Stelle allein aus der des Grundglases. Der Verlauf im Nahteil lässt sich nur über den unteren Bildsprung $J_u$ in Höhe der unteren Nahteilkante ermitteln.

$$J_u = h_N \cdot Z_N = 1,4 \, cm \cdot 3,5 \, \frac{1}{m} = 4,9 \, \frac{cm}{m} \; B\,90°$$

Damit sind alle relevanten Punkte für den prismatischen Wirkungsverlauf in vertikaler Richtung bekannt. Der Verlauf im Zwischen- und Nahteil ergibt sich schließlich aus der Verbindung dieser Punkte (Bild 10.17).

Auf den Bildsprung und die Gesichtsfeldeinschränkungen im Bereich des Zwischenteils sollte der Kunde im Verlauf der Beratung hingewiesen und in diesem Zusammenhang auf eventuell erforderliche Eingewöhnungsphasen vorbereitet werden.

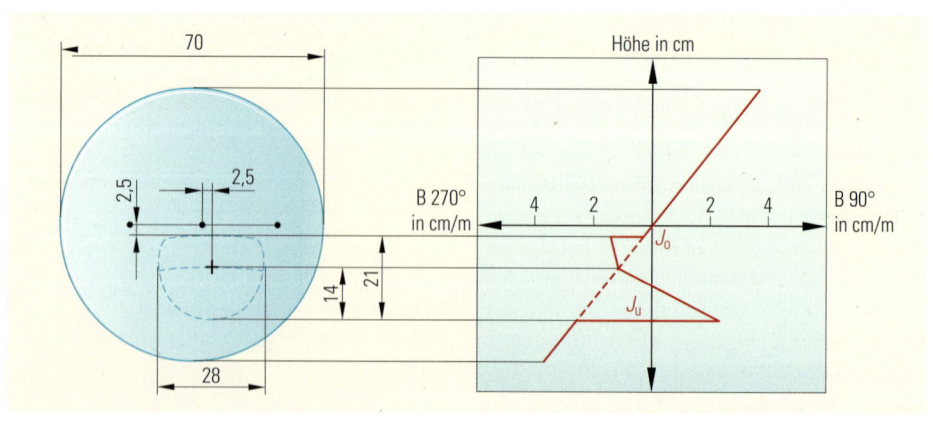

**Bild 10.17** Vertikaler prismatischer Wirkungsverlauf

## 10.4 Brillenglasberatung

### Akkommodationsgebiete

Ergeben sich mit Bifokalgläsern Schärfelücken, können diese unter bestimmten Voraussetzungen durch die Verwendung von Dreistärkengläsern beseitigt werden. Erreicht wird das durch ein Zwischenteil, dessen Addition in etwa halb so groß wie die des Nahteils ist.

**Akkommodationsgebiet $AG_{ccF}$**

von $\quad a_{RccF} = -\dfrac{1}{A_{RccF}}$

bis $\quad a_{PccF} = -\dfrac{1}{\Delta A_{max}}$

**Akkommodationsgebiet $AG_{ccZ}$**

von $\quad a_{RccZ} = -\dfrac{1}{Z_Z}$

bis $\quad a_{PccZ} = -\dfrac{1}{Z_Z + \Delta A_{max}}$

**Akkommodationsgebiet $AG_{ccN}$**

von $\quad a_{RccN} = -\dfrac{1}{Z_N}$

bis $\quad a_{PccN} = -\dfrac{1}{Z_N + \Delta A_{max}}$

**Beispiel:**
Einem hyperopen Probanden wurde eine Trifokalbrille **R/L sph + 3,0 Add.: 2,0** verordnet. Sein maximaler Akkommodationserfolg beträgt 1,0 dpt. Zu berechnen sind die Bereiche, in denen deutlich gesehen werden kann.

$AG_{ccF}$ von $\quad a_{RccF} = -\dfrac{1}{A_{RccF}} = -\dfrac{1}{0,0\,\frac{1}{m}} = -\infty\,m$

bis $\quad a_{PccF} = -\dfrac{1}{\Delta A_{max}} = -\dfrac{1}{1,0\,\frac{1}{m}}$

$\qquad = -1,0\,m$

$AG_{ccZ}$ von $\quad a_{RccZ} = -\dfrac{1}{Z_Z} = -\dfrac{1}{\frac{2,0}{2}\,\frac{1}{m}} = -1,0\,m$

bis $\quad a_{PccZ} = -\dfrac{1}{Z_Z + \Delta A_{max}}$

$\qquad = -\dfrac{1}{\left(\frac{2,0}{2}+1,0\right)\frac{1}{m}} = -0,5\,m$

$AG_{ccN}$ von $\quad a_{RccN} = -\dfrac{1}{Z_N} = -\dfrac{1}{2,0\,\frac{1}{m}} = -0,5\,m$

bis $\quad a_{PccN} = -\dfrac{1}{Z_N + \Delta A_{max}}$

$\qquad = -\dfrac{1}{(2,0+1,0)\,\frac{1}{m}} = -0,333\,m$

Die Ergebnisse machen deutlich, dass durch die Empfehlung eines Trifokalglases eine zwischen −1,0 und −0,5 m liegende Schärfelücke gerade eben geschlossen werden kann (Bild 10.18 und Tabelle 10.5).

> **Wichtig**
> Im Gebrauch eines Dreistärkenglases ist mit Schärfelücken zu rechnen, wenn die Addition des Zwischenteils größer ist als der maximale Akkommodationserfolg.

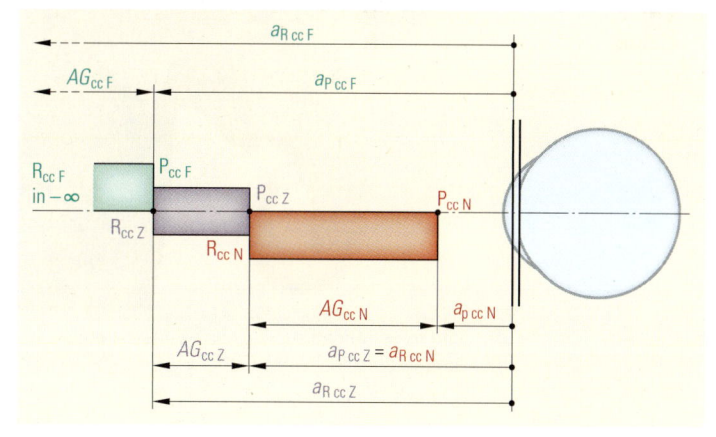

**Bild 10.18** Deutliche Sehbereiche im Gebrauch eines Dreistärkenglases

| Vorteile | Nachteile |
|---|---|
| Nahteilform und -größe wählbar | sichtbare Trennkanten |
| kein Wechsel der Brille erforderlich | fühlbare Trennkanten bei organischen Gläsern |
| geringe Gesichtsfeldeinschränkungen | Skotome in Höhe der Trennkanten |
| kein Bildsprung zwischen Nah- und Zwischenteil | Bildsprung zwischen Fern- und Zwischenteil |
| deutliches Sehen in allen Distanzen auch bei geringerem $\Delta A_{max}$ möglich | heterogenes Reflexionsverhalten bei mineralischen Gläsern |

**Tabelle 10.5** Vor- und Nachteile von Dreistärkengläsern

### 10.4.4 Multifokalgläser

Das erste Gleitsichtglas wurde von der Firma Essilor entwickelt und 1959 unter der Bezeichnung Varilux® auf den Markt gebracht. Zwischen dem Fern- und Nahbereich solcher Gläser befindet sich die sogenannte Progressionszone, in der die Wirkung nach unten hin kontinuierlich ansteigt. Durch die stufenlosen Akkommodationsgebiete lassen sich Schärfelücken schließen. Die Mehrheit der presbyopen Brillenträger wird bei steigender Tendenz bereits mit Multifokalgläsern versorgt.

> **Progression** (lat.) = Fortschritt

#### Aufbau und Bezeichnung

Die Brechwertzunahme in einem Gleitsichtglas wird bei einer homogenen Brechzahl ausschließlich durch eine stetige Änderung der Glasdurchbiegung erreicht. Die Geometrie der daraus resultierenden Progressionsfläche lässt sich mit der eines Elefantenrüssels vergleichen, dessen Vertikal- und Horizontalradien nach unten hin kontinuierlich abnehmen. Sämtliche Punkte, an denen sich diese Radien schneiden, bilden entlang des Hauptmeridians die sogenannte **Nabellinie** (Bild 10.19).

Der Inset eines Multifokalglases lässt sich zwar über eine symmetrische Fertigung mit anschließender Schwenkung herstellen, der Verlauf der Nabellinie sollte sich im Idealfall aber an der realen Konvergenzbewegung des Auges orientieren (Bild 10.20).

**Bild 10.19** Modell zur Flächengeometrie einer Progressionsfläche

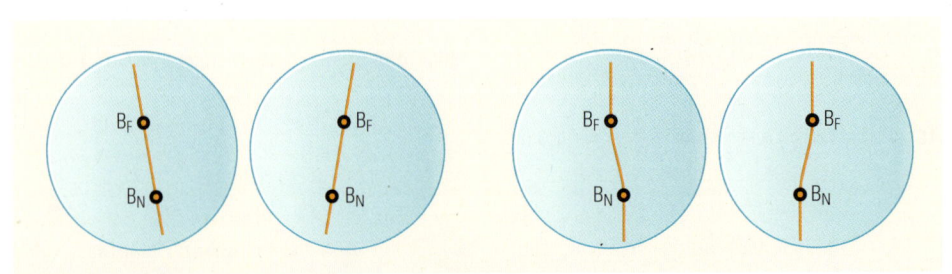

**10.20** Nabellinie eines symmetrisch und asymmetrisch gefertigten Multifokalglaspaares

Die Herstellung von derart komplexen Flächen erfolgt heute mithilfe von hochgenauen CNC-gesteuerten Fräs-, Schleif-, Schneid- und Poliermaschinen. Unter Ausnutzung der Freiformtechnologie werden dabei bis zu 50.000 Punkte des Halbfabrikats angefahren und bearbeitet.

Bei der Fertigung einer Gleitsichtglasfläche entstehen additionsabhängige Abbildungsfehler, die sich nicht vermeiden lassen und in Form von Flächenastigmatismus auftreten. Nach Minkwitz ändert sich der Flächenastigmatismus senkrecht zur Nabellinie proportional zur Brechwertänderung entlang dieser Linie. Während der Flächenastigmatismus in unmittelbarer Umgebung der Nabellinie noch verhältnismäßig gering ist, steigt er abseits davon an. Die Summe des Flächenastigmatismus in einem Multifokalglas wird gelegentlich mit Sand in einem Kasten verglichen, der sich zwar verteilen, aber keinesfalls beseitigen lässt. Nach diesem Modell sind stabile Zonen ohne Abbildungsfehler nur möglich, wenn der Flächenastigmatismus in solche Bereiche verschoben wird, in denen er sich als nicht so störend erweist.

> **Wichtig**
> Je größer die stabilen Zonen in einem Gleitsichtglas, desto höher die Anhäufung des Flächenastigmatismus in den Randbereichen und umso härter das sogenannte Flächendesign.

Wie breit die Progressionszone ausfällt, richtet sich in erster Linie nach ihrer von der Scheibenhöhe abhängigen Länge, der verordneten Addition sowie dem tolerierten Flächenastigmatismus. Liegt dieser unter 0,5 dpt, ist in den meisten Fällen noch keine Visusschwächung zu befürchten. Unter Berücksichtigung dieser Gegebenheiten lässt sich die nutzbare Breite der Progressionszone anhand einer Näherungsformel abschätzen.

> **nutzbare Breite der Progressionszone**
>
> $$b_P = l_P \cdot \frac{A_{Fl\,max}}{Z}$$
>
> $l_P$: Länge der Progressionszone
> $A_{Fl\,max}$: tolerierter Flächenastigmatismus
> $Z$: Addition

**Beispiel:**
Ein Multifokalglas besitzt eine Progressionszonenlänge von 16 mm. Welche Breite ist bei einem tolerierten Flächenastigmatismus von 0,5 dpt und einer Addition von 2,0 dpt nutzbar? Ermitteln Sie die Breite für einen Wirkungsanstieg von 1,5 dpt.

$$b_P = l_P \cdot \frac{A_{Fl\,max}}{Z} = 16\,\text{mm} \cdot \frac{0{,}5\,\text{dpt}}{2{,}0\,\text{dpt}} = 4{,}0\,\text{mm}$$

$$b_P = l_P \cdot \frac{A_{Fl\,max}}{Z} = 16\,\text{mm} \cdot \frac{0{,}5\,\text{dpt}}{1{,}5\,\text{dpt}} = 5{,}3\,\text{mm}$$

**Beispiel:**
Die Länge der Progressionszone eines Gleitsichtglases beträgt 12 mm. Welche Breite resultiert aus einer Addition von 2,5 dpt und einem tolerierten Flächenastigmatismus von 0,5 dpt? Wie ändert sich die Breite für ein Glas mit einer 4 mm längeren Progressionszone?

$$b_P = l_P \cdot \frac{A_{Fl\,max}}{Z} = 12\,\text{mm} \cdot \frac{0{,}5\,\text{dpt}}{2{,}5\,\text{dpt}} = 2{,}4\,\text{mm}$$

$$b_P = l_P \cdot \frac{A_{Fl\,max}}{Z} = 16\,\text{mm} \cdot \frac{0{,}5\,\text{dpt}}{2{,}5\,\text{dpt}} = 3{,}2\,\text{mm}$$

> **Wichtig**
> Je geringer die Addition eines Gleitsichtglases, und je länger der Progressionsbereich, desto größer ist seine nutzbare Breite.

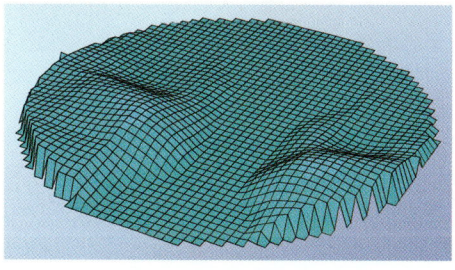

**Bild 10.21** Flächenastigmatismus eines Multifokalglases

Der Flächenastigmatismus eines Multifokalglases kann von anderen Effekten überlagert werden. Dazu zählt auch die vom Vorderflächenbrechwert abhängige Eigenvergrößerung. Insofern hat auch die Lage der Progressions- und Rezeptfläche einen Einfluss auf die Abbildungseigenschaften. In diesem Zusammenhang lassen sich vier Flächenkonzeptionen voneinander unterscheiden (Tabelle 10.6).

Die folgende Übersicht macht deutlich, dass sich nur bei konkavseitig aufgebrachter Progressions- und Rezeptfläche eine sphärische Basiskurve realisieren lässt. Diese Flächenkonzeption verspricht eine homogene Eigenvergrößerung und beeinträchtigt die Abbildung nicht zusätzlich.

| Lage der Progression | Lage der Rezeptfläche | Eigenvergrößerung |
|---|---|---|
| konvexseitig | konkavseitig | heterogen |
| konkavseitig | konvexseitig | heterogen |
| konvex- und konkavseitig | konkavseitig | heterogen |
| konkavseitig | konkavseitig | homogen |

**Tabelle 10.6** Flächenkonzeptionen von Multifokalgläsern

Aufgrund der zahlreichen Konzepte und Philosophien mit ihren zum Teil sehr unterschiedlichen Ansätzen, aber auch aus marketingtechnischen Gründen, ist das Interesse der optischen Industrie an einem gemeinsamen Modus für die Bezeichnung ihrer Multifokalgläser relativ gering. Viele Hersteller nehmen aber eine für Kunden nachvollziehbare und vollkommen ausreichende Einteilung ihrer Gleitsichtgläser nach Qualitätsstufen vor. Für das Beratungsgespräch stellen sie dem Augenoptiker unterschiedliche Demonstrationsmedien zur Verfügung. Die Darstellungen der darin als nutzbar gekennzeichneten Bereiche treffen allerdings nur unter günstigsten Bedingungen zu und sind in hohem Maße verkaufsfördernd idealisiert. Zur Veranschaulichung von Tendenzen eignen sie sich dennoch sehr gut.

Bei der Berechnung von **standardisierten** Multifokalgläsern werden meist nur durchschnittliche Gebrauchsparameter zugrunde gelegt. Stimmen diese mit denen des Kunden überein, werden die nutzbaren Bereiche des Glases durchaus als ausreichend empfunden. Besonders bei geringeren Additionen eignet sich das Glas sehr gut für Einsteiger.

Bei großen Abweichungen von den Durchschnittswerten bieten sich sogenannte **wirkungsoptimierte** Gleitsichtgläser an. Bezüglich der Spontanverträglichkeit sind sie den standardisierten Ausführungen gegenüber überlegen und bieten dem Brillenträger auch bei mittleren Additionen größere Fern-, Progressions- und Nahbereiche.

Für **individuell** berechnete Ausführungen benötigt der Hersteller die Pupillendistanz des Kunden, den Hornhautscheitelabstand, die Vorneigung, die Fassungsmaße sowie den Arbeitsabstand. Im Vergleich stellen individuell berechnete Multifokalgläser relativ breite Übergangs- und Nahbereiche zur Verfügung und versprechen reduzierte Eingewöhnungszeiten (Bild 10.22).

**Bild 10.22** Nutzbarer Sehbereich von wirkungsoptimierten und individuell berechneten Multifokalgläsern

Die optische Industrie versieht ihre Multifokalgläser in einem nach DIN empfohlenen Abstand mit Mikrogravuren sowie mit aufgestempelten Zentrierhilfen. Die Gravur stellt sicher, dass sich die wesentlichen Bezugs- und Messpunkte mit einer auf den Glastyp abgestimmten Messschablone des Herstellers jederzeit rekonstruieren und zu Kontrollzwecken heranziehen lassen (Bild 10.23).

— Stempel
— Mikrogravur

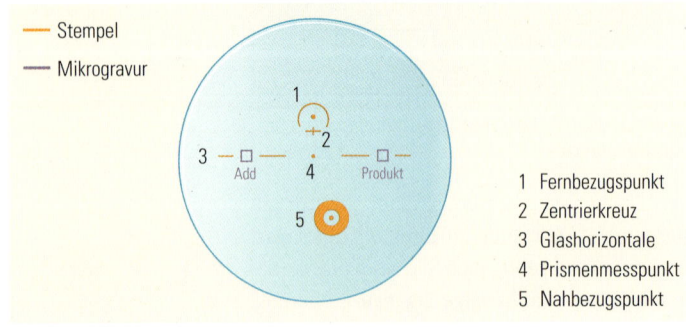

1 Fernbezugspunkt
2 Zentrierkreuz
3 Glashorizontale
4 Prismenmesspunkt
5 Nahbezugspunkt

**Bild 10.23** Mikrogravur und Stempel eines Gleitsichtglases

## 10.4 Brillenglasberatung

### Wirkungsanstieg

Der Wirkungsanstieg in einem Multifokalglas erfolgt stufenlos und ohne Bildsprünge. Dadurch ist ein deutliches Sehen von der Ferne bis hin zum Naharbeitsabstand ohne Schärfelücken möglich.

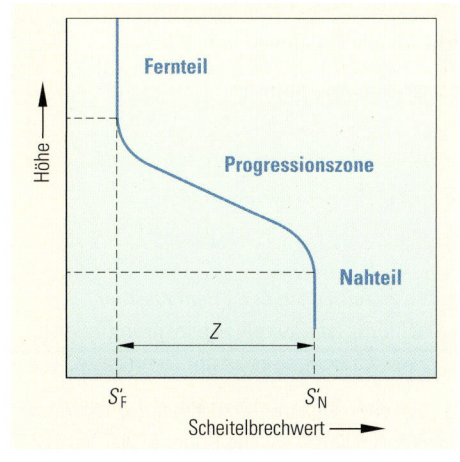

**Bild 10.24** Wirkungsanstieg eines Multifokalglases

Obwohl Gleitsichtgläser im Vergleich zu den konventionellen Lösungen im Mehrstärkenbereich entscheidende Vorteile bieten, sollte der Anpasser die Situationen kennen, in denen ihr Einsatz Probleme verursachen könnte. So kann der Kunde auf Besonderheiten im Gebrauch und auf eventuelle Änderungen im Vergleich zur vorausgegangenen Korrektion vorbereitet werden.

### Akkommodationsgebiet

Einen lückenlosen Akkommodationsbereich garantiert selbst bei geringer Akkomodationsbreite letztendlich nur ein Multifokalglas. Durch seinen kontinuierlichen Wirkungsanstieg im Bereich der Progressionszone verfügt es im Grunde über unendlich viele Nahzusätze.

**Akkommodationsgebiet $AG_{cc}$**

von $\quad a_{Rcc\,F} = -\dfrac{1}{A_{Rcc\,F}}$

bis $\quad a_{Pcc\,N} = -\dfrac{1}{Z + \Delta A_{max}}$

**Beispiel:**
Im Beratungsgespräch haben Sie einen ametropen Presbyopen von den Vorteilen eines Multifokalglases überzeugen können. Seine Verordnung lautet **R/L sph + 0,75 cyl − 1,25 A 90° Add.: 2,5**. Zu ermitteln ist der deutliche Sehbereich für einen maximalen Akkommodationserfolg von 2,5 dpt.

$$AG_{cc} \quad \text{von} \quad a_{Rcc\,F} = -\frac{1}{A_{Rcc\,F}} = -\frac{1}{0{,}0\,\frac{1}{m}} = -\infty\,m$$

$$\text{bis} \quad a_{Pcc\,N} = -\frac{1}{Z_N + \Delta A_{max}}$$

$$= -\frac{1}{(2{,}5 + 2{,}5)\,\frac{1}{m}} = -0{,}2\,m$$

Der deutliche Sehbereich erstreckt sich ohne Schärfelücken vom im Unendlichen liegenden Fernpunkt $R_{cc\,F}$ bis hin zum Nahpunkt $P_{cc\,N}$ (Bild 10.25 und Tabelle 10.7).

> **Wichtig**
> Im Gebrauch eines Multifokalglases entsteht in keinem Bereich eine Schärfelücke.

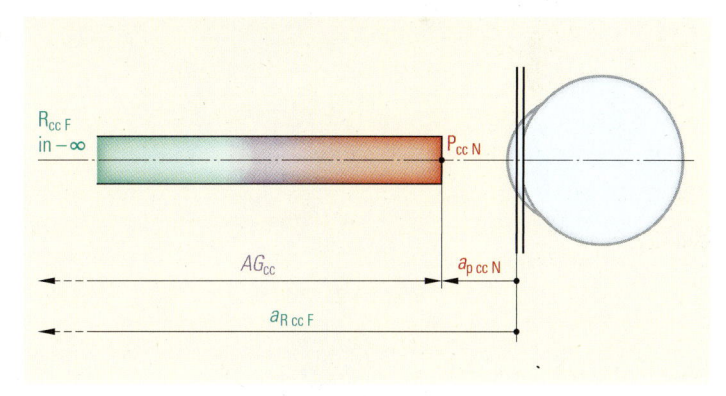

**Bild 10.25** Deutlicher Sehbereich im Gebrauch eines Multifokalglases

## Presbyope Kunden beraten und versorgen

| Vorteile | Nachteile |
|---|---|
| ästhetisch, da keine Trennkante sichtbar | Unschärfen in den Randbereichen |
| hygienisch, da keine Trennkante fühlbar | eingeschränkter Progressions- und Nahbereich |
| stufenloses Akkommodationsgebiet | Eingewöhnungsphase erforderlich |
| keine Bildsprünge | nicht in allen Gebrauchssituationen nutzbar |
| homogenes Reflexionsverhalten | nicht für alle Fassungen brauchbar |
| individuelle Ausführungen möglich | kostspielige Anschaffung |

**Tabelle 10.7** Vor- und Nachteile von Multifokalgläsern

### Aufgaben

1. Bringen Sie in Erfahrung, mit welchen Argumenten die unterschiedlichen Mehrstärkengläser vom Brillenglaslieferanten Ihres Betriebes beworben werden.

2. Zeichnen Sie die dargestellten Bifokalgläser im Maßstab 1:1 unter Vernachlässigung des Insets. Konstruieren Sie dann den vertikalen prismatischen Wirkungsverlauf. Kennzeichnen Sie anschließend den oberen und unteren Bildsprung.
   a) sph − 2,0 Add.: 3,0

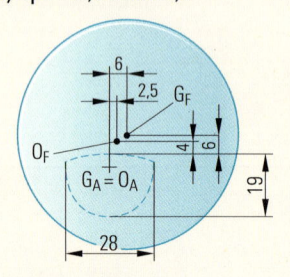

   b) sph + 2,0 Add.: 3,0

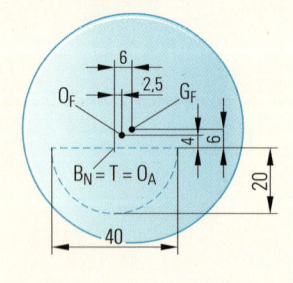

3. Beschreiben Sie den prismatischen Wirkungsverlauf eines bildsprungfreien Zweistärkenglases an der Trennkante.

4. Erstellen Sie eine Tabelle, der entnommen werden kann, welche Brillengläser bei der Korrektion eines alterssichtigen Kunden unter welchen Voraussetzungen in Frage kommen.

5. Erläutern Sie im Zusammenhang mit der Empfehlung von Multifokalgläsern den Satz nach Minkwitz.

6. Erklären Sie, wodurch sich ein hartes vom weichen Flächendesign eines Multifokalglases unterscheidet. Geben Sie Faktoren an, die ein weiches Flächendesign begünstigen.

7. Erläutern Sie, worauf sich eine Schärfelücke zurückführen und wodurch sich diese schließen lässt.

8. Ein alterssichtiger Kunde mit einem Akkommodationserfolg $\Delta A_{max}$ von 2,75 dpt ist mit dem Fernteil seiner Bifokalbrille vollkorrigiert. Der Nahzusatz $Z$ beträgt + 1,0 dpt. Geben Sie die deutlichen Sehbereiche des Kunden an.

## 10.5 Korrektion mit Kontaktlinsen

Die Alterssichtigkeit lässt sich nicht nur durch Brillengläser, sondern auch mithilfe von Kontaktlinsen kompensieren. Mehrstärkenkontaktlinsen sind in formstabiler oder weicher Ausführung lieferbar, selbst als Tauschsystem sind sie erhältlich. Sie enthalten unterschiedliche auf das Sehen in mehreren Entfernungen abgestimmte Zonen. Diese Bereiche sind segmentförmig oder konzentrisch innerhalb der Kontaktlinse angeordnet. Damit die Möglichkeiten der Mehrstärkenkontaktlinsen ausgeschöpft werden können, ist eine Anpassung mit zentrischem Sitz und hinreichender Beweglichkeit anzustreben.

### Alternierende Systeme

Die segmentförmige Bauform alternierender Systeme stellt dem Kontaktlinsenträger zwei oder auch drei Bereiche zur Verfügung, die in Abhängigkeit von der Sehaufgabe abwechselnd genutzt werden können.

**konzentrisch:** ringförmig

**alternieren:** abwechseln

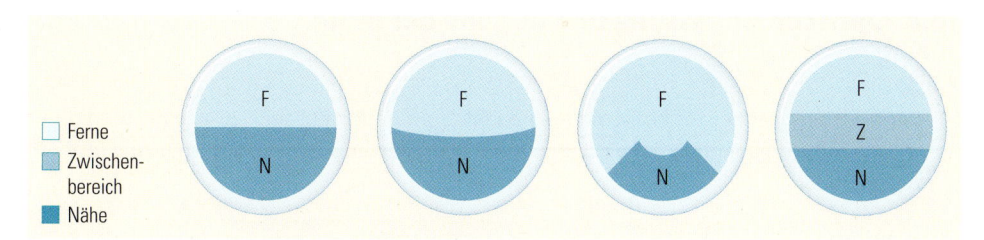

**Bild 10.26** Segmentförmige Mehrstärkenkontaktlinsen

Dabei bestimmen Blicksenkung des Auges und Position des Unterlides darüber, ob das Fern-, Zwischen- und Nahsegment genutzt werden kann. Hierfür bewegt sich das Auge hinter der vom Unterlid in Position gehaltenen Kontaktlinse. An den Segmentkanten kann es zu Irritationen durch Reflexe oder Doppelbilder kommen. Die räumliche Wahrnehmung wird dadurch nicht beeinträchtigt. Darüber hinaus kann es bei der Korrektion mit segmentförmigen Mehrstärkenkontaktlinsen zu Schärfelücken kommen.

### Simultane Systeme

Das Design des konzentrischen Typs ist dagegen auf ein simultanes Sehen abgestimmt. Dafür befinden sich Fern-, Nah- und gegebenenfalls auch der Zwischenbereich der Kontaktlinse gleichzeitig vor der Pupille des Auges. So entstehen auf der Netzhaut mehrere sich überlagernde Abbildungen, deren Qualität wiederum vom Pupillendurchmesser abhängt. Welches der Bilder weiterverarbeitet und deutlich wahrgenommen wird, hängt vom jeweiligen Akkommodations- und Konvergenzzustand des Auges ab (Bild 10.27).

### Monovision

Eine besondere Form der Presbyopiekorrektion besteht darin, das eine Auge für die Ferne und das andere für die Nähe auszukorrigieren. Dabei werden dem Alterssichtigen Einstärkenkontaktlinsen aufgesetzt, sodass zwischen dem rechten und linken Auge nur ein alternierendes Sehen möglich ist. Die jeweils nicht benötigte Abbildung wird vom Sehzentrum unterdrückt. Mit dieser Methode wird allerdings nicht nur das Akkommodationsgebiet, sondern auch das räumliche Sehen des Probanden eingeschränkt.

**simultan:** gleichzeitig

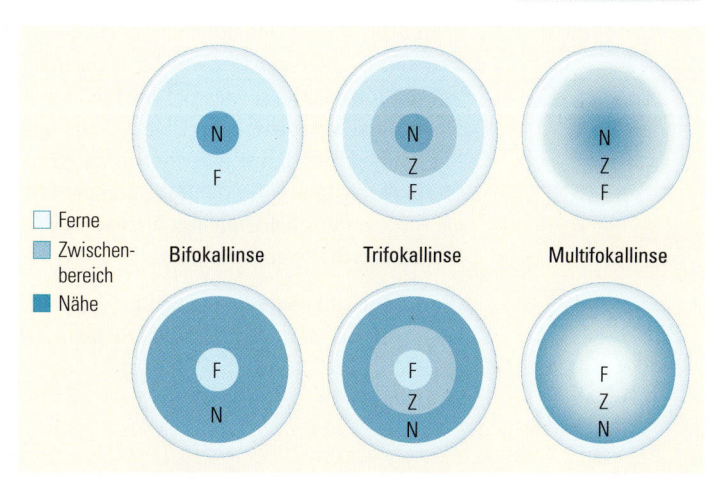

**Bild 10.27** Konzentrische Mehrstärkenkontaktlinsen

> **Aufgaben**
>
> 1. Unterscheiden Sie die Wirkungsweise alternierender und simultaner Kontaktlinsensysteme für die Korrektion der Alterssichtigkeit.
> 2. Informieren Sie sich bei verschiedenen Herstellern über die lieferbaren Kontaktlinsenausführungen zur Korrektion der Presbyopie.
> 3. Schildern Sie die zu erwartenden Probleme einer Monovision-Korrektur.

## 10.6 Optische Anpassung und Abgabe der Brille

> Der Augenoptikermeister beauftragt Sie damit, dem neuen Kollegen zu demonstrieren, wie die Zentrierpunkte bei der Verordnung von Mehrstärkengläsern zu ermitteln und festzulegen sind.

Bevor die horizontalen und vertikalen Zentrierdaten festgelegt werden können, ist eine gewissenhafte anatomische Voranpassung unerlässlich. Das Mittelteil der Brillenfassung sollte anschließend den endgültigen Sitz auf der Nase des Probanden besitzen. Eine Korrektur der anatomischen Anpassung nach Festlegung der Zentrierpunkte wäre automatisch mit einer Abweichung von der Zentriervorschrift verknüpft.

> **Praxis-Tipp**
> Hat sich die Zentrierung der alten Brille bewährt, kann sie nach entsprechender Überprüfung auf die Folgegläser übertragen werden.

### 10.6.1 Zentrierung von Monofokalgläsern

#### Horizontalzentrierung

Die Fixierlinien des Augenpaares bewegen sich beim Blick in die Nähe aufeinander zu. Die erforderliche Konvergenz ist von der Pupillendistanz $p$ für die Ferne sowie vom Abstand $s$ zwischen Fassungsebene und Objekt abhängig. Der Betrag $c$, um den sich der horizontale Zentrierpunktabstand $q$ für die Nähe von dem für die Ferne unterscheidet, hängt außerdem vom Drehpunktscheitelabstand $b'$ ab.

Unter Vernachlässigung der verordneten Wirkung gilt für den Zentrierpunktabstand der Nähe:

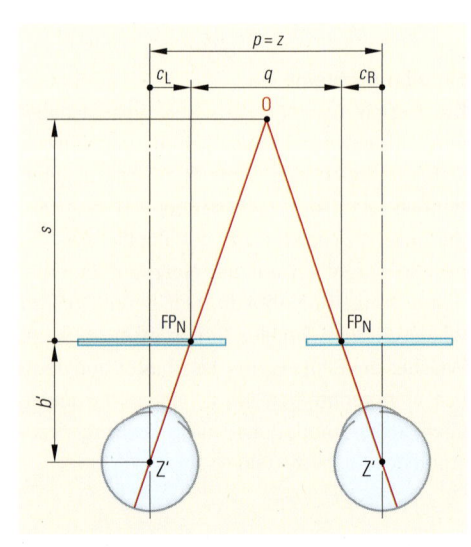

**Bild 10.28** Zentrierpunktabstand für die Nähe

## 10.6 Optische Anpassung und Abgabe der Brille

**Zentrierpunktabstand für die Nähe**

$$q = \frac{p \cdot s}{s - b'} = \frac{p \cdot s}{s - (e + 13{,}5 \text{ mm})}$$

- $p$: Pupillendistanz für die Ferne
- $s$: Abstand zwischen Fassungsebene und Objekt
- $b'$: Drehpunktscheitelabstand

Ist eine Zentrierung der Einstärkennahgläser nach Bezugspunktforderung erforderlich, muss der Anpasser den Inset für jede Gebrauchssituation individuell ermitteln. Einen feststehenden Dezentrationsbetrag zugrunde zu legen ist nicht sinnvoll, weil eine Übereinstimmung mit der Realität nur zufällig wäre.

Dennoch kann in den meisten Fällen auf einen nasalen Versatz der Bezugspunkte verzichtet werden. Die Horizontalzentrierung von Einstärkennahgläsern erfolgt dann analog zu der von Monofokalgläsern für die Ferne. Wie sich eine solche Zentrierung auswirkt, hängt vom Scheitelbrechwert der Brillengläser ab. Eine Nahbrille mit Minusgläsern reduziert den erforderlichen Konvergenzaufwand aufgrund der prismatischen Wirkung, während dieser von einer Nahbrille mit Plusgläsern belastet wird (Bild 10.29).

Aus der Abbildung ist ersichtlich, dass sich das Augenpaar hinter fernzentrierten **Minusgläsern** auf eine Entfernung einstellt, die größer als die bis zum Objekt ist. Dadurch werden Akkommodation und Konvergenz entlastet. Hinter den **Plusgläsern** einer auf die Ferne zentrierten Nahbrille ist zwar ein größerer Akkommodations- und Konvergenzaufwand erforderlich, in den meisten Fällen werden dadurch aber keine Unverträglichkeiten ausgelöst. Darüber hinaus sind für fernzentrierte Brillengläser geringere Rohglasdurchmesser erforderlich als für eine Zentrierung nach Nah-Pd. Im Plusbereich sind dadurch geringere Mittendicken möglich, sodass erheblich an Volumen und Gewicht eingespart werden kann.

Von Ausnahmen abgesehen sind demnach sämtliche Einstärkennahgläser wie Einstärkengläser in einer Fernbrille zu zentrieren.

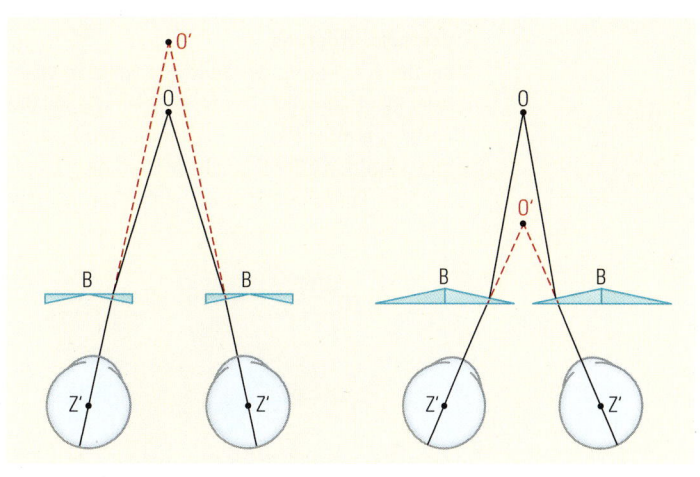

**Bild 10.29** Entlastung und Belastung der Konvergenz

**Praxis-Tipp**
Rotationssymmetrische asphärische Brillengläser werden ohne Ausnahme nach der Augendrehpunktforderung für die Ferne zentriert, damit der Visus nicht beeinträchtigt wird.

Bei vorliegender Anisometropie muss unter Umständen von dieser Empfehlung abgewichen und nach der Bezugspunktforderung für die Nähe zentriert werden, damit sich keine **ungleichen** prismatischen Wirkungen ergeben. Für die Festlegung und Kontrolle der Nahdurchblickpunkte hat sich die sogenannte Spiegelmethode bewährt. Dafür wird ein Spiegel benötigt, der mit einem Kreuz markiert und in der erforderlichen Arbeitsentfernung vor dem Probanden auf dem Anpasstisch abgelegt wird. Während der Kunde die Markierung fixiert, kann der Anpasser die Lage der Nahdurchblickpunkte von der gegenüberliegenden Seite ermitteln und kontrollieren.

**Anisometropie:** unterschiedliche Fernpunktrefraktion beider Augen

**Bild 10.30** Spiegelmethode zur Ermittlung der Nahdurchblickpunkte

### Vertikalzentrierung

Bei der Festlegung der Zentrierpunkte in vertikaler Richtung wird so vorgegangen wie bei der Vertikalzentrierung einer Fernbrille. Zu bestimmen sind nun allerdings die Höhen der Hauptdurchblickpunkte $H_B$ für die Nähe. Dafür neigt der Proband seinen Kopf so weit nach hinten, bis die entsprechend vorgeneigte Fassungsebene senkrecht zum Boden steht. Es spricht nichts dagegen, dass der Kunde dabei eine sitzende Position einnimmt. Während seine Fixierlinien parallel zum Boden verlaufen, kann nun der Anpasser die Höhe abschätzen, auf die Musterverglasung übertragen und anschließend kontrollieren.

Eine besondere Situation stellt die Höhenzentrierung von Einstärkennahgläsern in Halbbrillen dar. Sie sollte in der Regel so vorgenommen werden, dass keine Irritationen durch Bildsprünge entstehen. Dafür muss der optische Mittelpunkt des Brillenglases mit dem oberen Glasrand zusammenfallen.

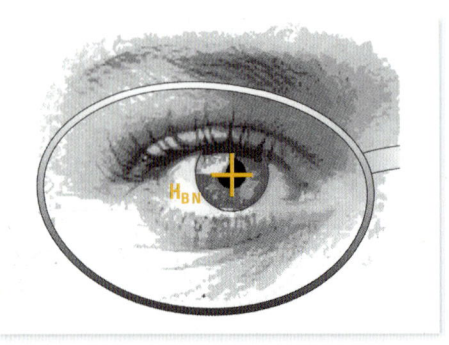

**Bild 10.31** Zentrierung von Einstärkennahgläsern

### 10.6.2 Zentrierung von Bifokalgläsern

Bifokalgläser sind in der Horizontalen und Vertikalen vorrangig nach der Blickfeldforderung zu zentrieren, weil die Nahteile nur begrenzte Bereiche zur Verfügung stellen. Dabei sollen sich die Blickfelder beider Augen in der hauptsächlich genutzten Nahsehentfernung decken.

### Horizontalzentrierung

Von Ausnahmen abgesehen, wurden die Nahteile von Zweistärkengläsern bereits bei der Fertigung vom Hersteller um einen Inset von 2 oder 2,5 mm nasal verlagert. Die Zentrierung in der Werkstatt erfolgt in der Regel auf Basis der mit dem Pupillometer ermittelten Pupillendistanz für die Ferne. Normalerweise ist bei diesem Vorgehen nicht mit Blickfeldeinschränkungen zu rechnen.

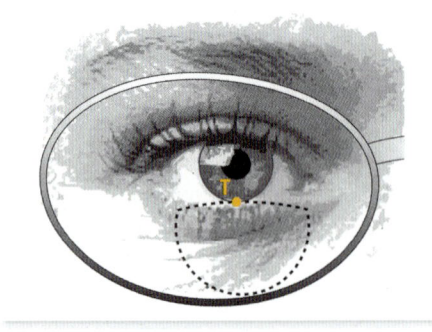

**Bild 10.32** Zentrierung von Zweistärkengläsern

### Vertikalzentrierung

Um auch in vertikaler Richtung die Blickfeldforderung zu erfüllen, darf die Nahteiloberkante weder zu tief und noch zu hoch angepasst werden. Für Erstanpassungen wird empfohlen, den Extrempunkt T der Nahteiloberkante mit der Irisunterkante zusammenfallen zu lassen.

Bei der Anzeichnung ist darauf zu achten, dass der Kunde im Stehen seine habituelle Kopf- und Körperhaltung sowie die Nullblickrichtung eingenommen hat. Falls die Unterkante der Iris vom Unterlid verdeckt wird, liegt der Extrempunkt dementsprechend unterhalb der Oberkante des Unterlids.

**habituell:** gewohnt

## 10.6.3 Zentrierung von Trifokalgläsern

Bei der Zentrierung von Trifokalgläsern steht aufgrund der eingeschränkten Größe des Zwischen- und Nahteils ebenfalls die Blickfeldforderung im Vordergrund.

**Horizontalzentrierung**

Bei der Fertigung werden Zwischen- und Nahteil eines Dreistärkenglases bereits um einen festen Betrag von 2 beziehungsweise 2,5 mm nasal dezentriert. Als Grundlage für die Horizontalzentrierung ist die Fern-Pd heranzuziehen.

**Vertikalzentrierung**

Während die Horizontalzentrierung dieses Glastyps analog zu der von Bifokalgläsern erfolgt, ist die Zentrierung in vertikaler Richtung so vorzunehmen, dass der Extrempunkt T der Zwischenteiloberkante mit der Pupillenunterkante zusammenfällt. Bei parallel zum Boden verlaufenden Fixierlinien nimmt der Kunde dafür wieder seine gewohnte Kopf- und Körperhaltung im Stehen ein. So kann der Anpasser die korrekte Höhe abschätzen, übertragen und kontrollieren. Weil die Pupille des Kunden dabei ihren mittleren Durchmesser besitzen sollte, ist die Messung bei durchschnittlichen Beleuchtungsverhältnissen durchzuführen.

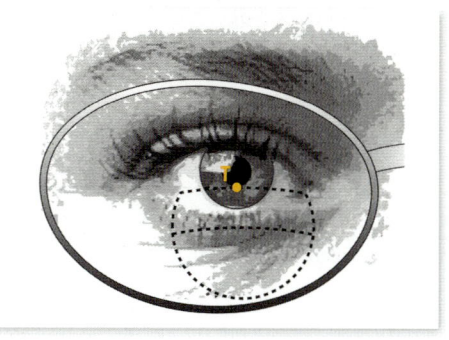

**Bild 10.33** Zentrierung von Dreistärkengläsern

## 10.6.3 Zentrierung von Multifokalgläsern

Für die Zentrierung von Multifokalgläsern müssen bei habitueller Kopf- und Körperhaltung die Nulldurchblickpunkte $O_B$ im Stehen ermittelt und angezeichnet werden.

**Horizontalzentrierung**

Für die Horizontalzentrierung ist zunächst nur die Pupillendistanz für die Ferne maßgebend. Ob dann noch die Blickfeldforderung für die Nähe erfüllt wird, hängt in hohem Maße von dem Inset des Herstellers ab. Bei der Berechnung der Flächengeometrie von standardisierten Gleitsichtgläsern fließt dieser aber nur als Durchschnittswert ein, während er sich bei individuell berechneten Ausführungen variabel an die Gebrauchssituation anpassen lässt. Es kann also sinnvoll sein, den Nahbereich auf die Musterverglasung zu übertragen, um anschließend eine Kontrolle nach der Spiegelmethode vornehmen zu können.

**Vertikalzentrierung**

Als Referenzpunkt für die Höhenzentrierung von Multifokalgläsern gilt die Pupillenmitte. Die eigentliche Anzeichnung erfolgt, während der Proband ein Objekt in Höhe der Augenpupille fixiert, also bei eingenommener Nullblickrichtung.

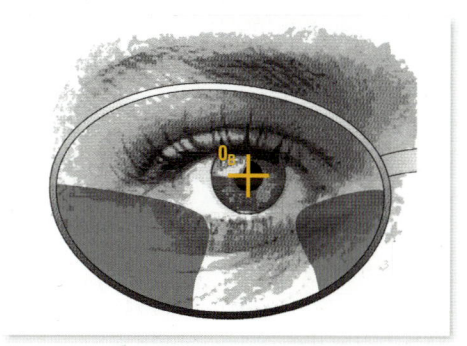

**Bild 10.34** Zentrierung von Multifokalgläsern

> **Aufgaben**
>
> 1. Ermitteln Sie, um welchen Betrag sich der Zentrierpunktabstand für die Nähe von dem für die Ferne unterscheidet, wenn der Abstand zwischen Fassungsebene und Objekt 33 cm, der Hornhautscheitelabstand 12 mm und die Fern-Pd 72 mm beträgt.
>
> 2. Berechnen Sie den Zentrierpunktabstand $q$ für einen Kunden mit einer Fern-Pd von 62 mm. Legen Sie die Rahmenbedingungen der vorherigen Aufgabe zugrunde.
>
> 3. Erläutern Sie, aus welchen Gründen die Zentrierung sämtlicher Einstärkennahbrillen auf Basis der Pupillendistanz für die Ferne empfohlen wird.
>
> 4. Erklären Sie, in welchen Fällen die Spiegelmethode die Zentrierarbeit unterstützen kann.
>
> 5. Beschreiben Sie, wie bei der Vertikalzentrierung von monofokalen, bifokalen, trifokalen und multifokalen Brillengläsern vorzugehen ist.

### 10.6.4 Abgabe der Brille

Bei der Endkontrolle der formgerandeten und montierten Gläser sind für die Horizontal- und Vertikalzentrierung die Grenzabweichungen nach DIN EN ISO 21987 zugrunde zu legen. Sowohl die Nahteilsegmente als auch die Verbindungslinien zwischen den Mikrogravuren von Multifokalgläsern dürfen nicht mehr als ± 2° gegenüber der Horizontalen verdreht sein.

Natürlich ist auch bei der Abgabe von Brillen zur Korrektion der Presbyopie zu überprüfen, ob die anatomische Voranpassung der Fassung bei ihrer Verglasung geändert wurde und korrigiert werden muss. Im Anschluss daran sind die Bügelenden parallel zum Ohrwurzel- und Schädelverlauf auszurichten.

Abschließend sollte der Kunde in Gebrauch und Nutzung seines Korrektionsmittels eingewiesen sowie auf die zu erwartenden Effekte wie Schärfelücken, Bildsprünge, Gesichtsfeldeinschränkungen oder Abbildungsfehler vorbereitet werden. Die erforderlichen Pflege- und Handhabungshinweise unterscheiden sich im Grunde nicht von denen einer Fernbrille.

## 10.6 Optische Anpassung und Abgabe der Brille

**Projektaufgaben**

1. Ihr Ausbildungsbetrieb plant eine Werbekampagne für die über 40-Jährigen der Bestandskunden. Die Zielgruppe soll in kundengerechter Art und Weise über die Ursachen und Auswirkungen der Alterssichtigkeit aufgeklärt sowie über die Möglichkeiten der Korrektion mit Brillengläsern informiert werden. Fertigen Sie dafür einen illustrierten Flyer an.

2. Ein 60-jähriger Lektor besitzt eine Bifokalbrille R/L sph + 2,0 Add.: 1,5. Trotz Vollkorrektion für die Ferne und optimaler Beleuchtung seines Arbeitsplatzes kann er die kleinen Schriftzeichen in seinem gewohnten Arbeitsabstand von 35 cm nicht deutlich erkennen.
   a) Beschreiben Sie, wie der maximale Akkommodationserfolg gemessen werden kann.
   b) Berechnen Sie auf Basis des zu erwartenden Akkommodationserfolgs, in welchen Bereichen im Gebrauch der bisherigen Brille deutlich gesehen werden kann.
   c) Ermitteln Sie den erforderlichen ermüdungsfrei nutzbaren Nahzusatz.
   d) Skizzieren Sie die Akkommodationsgebiete mit dem von Ihnen ermittelten Nahzusatz.
   e) Empfehlen Sie dem Kunden begründet ein geeignetes Mehrstärkenglas.

3. Im Rahmen einer betriebsinternen Fortbildung sollen alle Mitarbeiter über die fachgerechte Anpassung von Mehrstärkengläsern informiert werden.
   a) Bilden Sie dafür Gruppen von jeweils drei Personen und üben Sie die Anzeichnung von Bifokal-, Trifokal- und Gleitsichtgläsern. Nehmen Sie im rollierenden Verfahren die Rolle des Kunden, des Anpassers sowie des Beobachters ein und kontrollieren Sie sich gegenseitig.
   b) Erstellen Sie in Ihrer Gruppe eine moderierte Filmsequenz, die Ihre Kollegen mit den wesentlichen Inhalten der Fortbildung versorgt.

# Lernfeld 11
# Kunden mit beeinträchtigtem Binokularsehen beraten und versorgen

Der Augenoptikermeister beauftragt Sie mit der Beratung einer Kundin, auf deren Verordnung neben den üblichen sphärischen und zylindrischen auch prismatische Werte ausgewiesen sind. Als Indikation wurde darauf der Begriff Heterophorie vermerkt.

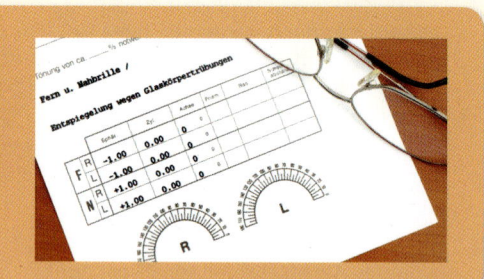

- Wodurch zeichnet sich ein intaktes Binokularsehen aus?
- Welche Symptome deuten auf eine Beeinträchtigung hin?
- Welche Korrektionsverfahren kommen zur Anwendung?

- Welche Informationen liefert Ihnen die Verordnung?
- Welche Form der Beeinträchtigung liegt vor?
- Muss der Kunde an den Augenarzt verwiesen werden?

- Sie planen den Einsatz von Demonstrationsmedien.
- Sie entscheiden, wie die Verordnung umgesetzt wird.
- Sie verweisen gegebenenfalls an den Ophthalmologen.

- Sie erläutern die Hintergründe der Beeinträchtigung.
- Sie setzen prismatische Verordnungen um.
- Sie führen verordnete pleoptische Maßnahmen aus.

- Entspricht die Wirkung der prismatischen Verordnung?
- Liegen die Abweichungen innerhalb der zulässigen Grenzen?
- Wurde der Kunde in den Gebrauch der Sehhilfe eingewiesen?

- Konnten die Beeinträchtigungen reduziert werden?
- Beherrscht der Kunde den Umgang mit seiner Sehhilfe?
- Hätte es alternative Umsetzungsmöglichkeiten gegeben?

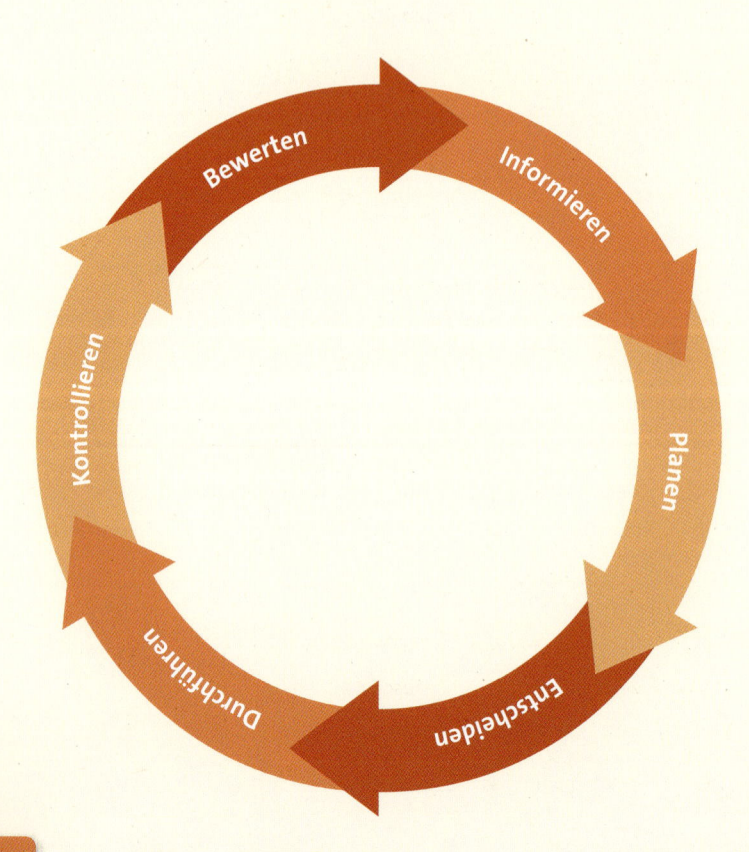

Bewerten · Informieren · Planen · Entscheiden · Durchführen · Kontrollieren

# 11.1 Unbeeinträchtigtes Binokularsehen

> Bei der Gestaltung Ihres Schaufensters wird ein altes aber intaktes Stereoskop dekoriert, das Sie natürlich sofort ausprobieren. Weil Sie von dem dreidimensionalen Effekt begeistert sind, fragen Sie Ihren Ausbilder worauf sich dieser zurückführen lässt.

Beim Binokularsehen sind im Gegensatz zum Monokularsehen beide Augen am Sehvorgang beteiligt. Die beiden Netzhautbilder werden über die Sehbahnen zum visuellen Cortex geleitet und im Idealfall zu einem gemeinsamen Seheindruck verschmolzen. Dabei können Schwächen des einzelnen Auges durch das andere ausgeglichen werden, sodass sich im Vergleich zum monokularen Sehen eine bessere Sehleistung ergibt. Diese zeigt sich normalerweise in Form eines höheren Visus, einem größeren Blick- und Gesichtsfeld sowie einer mehr oder weniger stark ausgeprägten räumlichen Wahrnehmung.

Eine Tiefenempfindung kann zwar selbst bei Einäugigkeit entwickelt werden, ist dann allerdings auf Seherfahrungen zurückzuführen und verhältnismäßig ungenau. Ein intaktes räumliches Sehen ermöglicht dagegen eine exakte Abschätzung von Entfernungen und wird deshalb auch als stereoskopisches Tiefensehen oder Stereopsis bezeichnet.

Die Stereopsis beruht unter anderem auf der Verarbeitung von ähnlichen Abbildungen, die sich aus der Betrachtung des Objekts aus leicht unterschiedlichen Richtungen ergeben. Sie ist nur dann möglich, wenn binokular einfach, also ohne Doppelbilder, gesehen werden kann. Die Verarbeitung der Netzhautbilder wird auch als Fusion bezeichnet. Sie erfolgt **motorisch** über die Augenmuskeln und **sensorisch** über Schaltvorgänge im Sehzentrum.

> **binokular:** beidäugig
> **monokular:** einäugig
>
> **stereos** (griech.) = räumlich
> **skopeo** (griech.) = betrachten
>
> **motorisch:** den Bewegungsablauf betreffend
> **sensorisch:** die Sinneswahrnehmung betreffend

## 11.1.1 Motorische Fusion

An der motorischen Fusion sind ausschließlich die insgesamt zwölf Bewegungsmuskeln des Augenpaares beteiligt. Durch sie lassen sich sämtliche Augenbewegungen bewusst herbeiführen.

Jedes Auge verfügt über vier gerade und zwei schiefe Augenmuskeln. Die geraden Augenmuskeln setzen im vorderen Drittel, die schiefen im hinteren Drittel der Sclera an. Der schiefe untere Augenmuskel endet als einziger im unteren Bereich des Nasenbeins, alle anderen im hinteren Teil der Augenhöhle in einer als Zinn'scher Ring (Anulus tendineus communis) bezeichneten ringförmigen Sehne. Der schiefe obere Augenmuskel wird dabei über eine Sehnenschlaufe, die sogenannte Trochlea, umgelenkt. Der dem geraden oberen Augenmuskel überlagerte Lidhebermuskel (Musculus levator palpebrae) zählt nicht zu den Bewegungsmuskeln des Auges.

| deutsche Bezeichnung | lateinische Bezeichnung |
|---|---|
| gerader innerer Muskel | Musculus rectus medialis / nasalis |
| gerader äußerer Muskel | Musculus rectus lateralis / temporalis |
| gerader oberer Muskel | Musculus rectus superior |
| gerader unterer Muskel | Musculus rectus inferior |
| schiefer oberer Muskel | Musculus obliquus superior |
| schiefer unterer Muskel | Musculus obliquus inferior |

**Tabelle 11.1** Bezeichnung der Augenmuskeln

# 11 • Kunden mit beeinträchtigtem Binokularsehen beraten und versorgen

**Foveola:** Zentrum der Netzhautgrube

**ortho** (griech.) = richtig

Die Muskeln des Auges arbeiten immer paarweise. Dabei wird ein Muskel gedehnt, während sich der andere zusammenzieht. Die geraden inneren und äußeren Muskeln bewirken die horizontalen, die geraden oberen und unteren Muskeln im Zusammenspiel mit den schiefen die vertikalen Augenbewegungen.

Damit Netzhautbilder miteinander verschmolzen werden können, müssen sich die Fixierlinien beider Augen im betrachteten Objektpunkt schneiden. Das Objekt übt dabei einen Fusionsreiz aus, der gegensinnige oder gleichsinnige Augenbewegungen in Form von Vergenzen beziehungsweise Versionen auslöst. Sowohl der Akkommodationsvorgang als auch die Regulierung der Pupillenweite ist mit diesen Augenbewegungen verknüpft. Wird das Objekt bei binokularer Fixation in der Foveola des rechten und linken Auges abgebildet, liegt die auch als Orthostellung bezeichnete Fixierliniensollstellung vor.

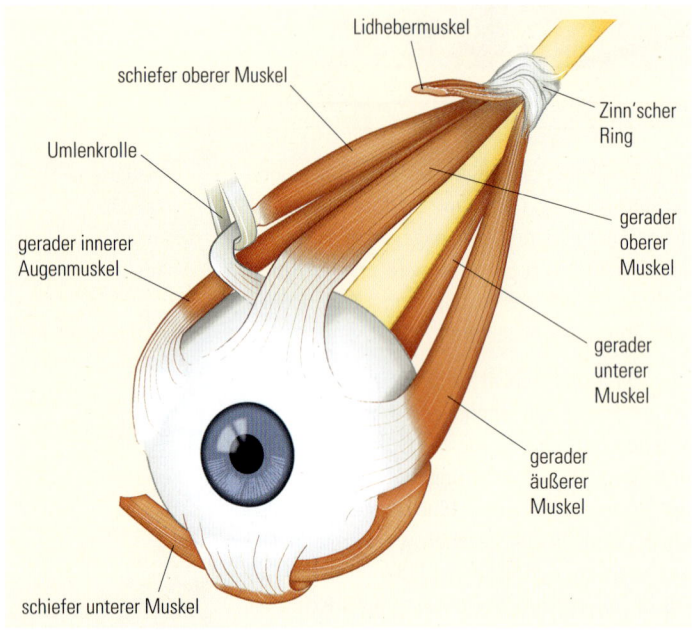

**Bild 11.1** Augenmuskeln

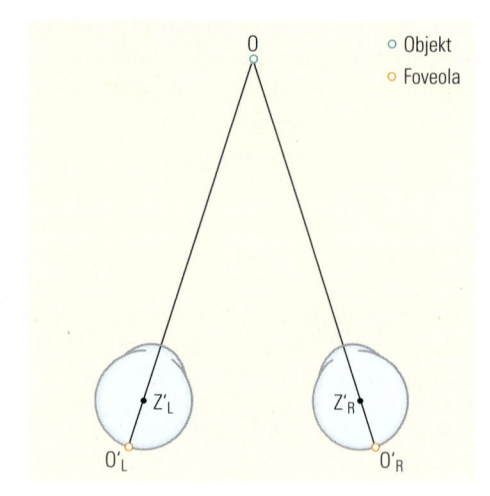

**Bild 11.2** Orthostellung bei binokularer Fixation

## 11.1.2 Sensorische Fusion

Die sensorische Fusion kompensiert motorische Ungenauigkeiten und verhilft darüber hinaus zu einem räumlichen Seheindruck. Dabei spielen die Areale, auf denen das Objekt abgebildet wird, eine entscheidende Rolle. Jedem Netzhautort wird ein bestimmter Richtungswert zugewiesen, so zum Beispiel einer fovealen Abbildung der Richtungswert „geradeaus". Abbildungen auf Netzhautorten mit identischem Richtungswert liegen auf sogenannten korrespondierenden Netzhautstellen und werden binokular einfach wahrgenommen.

■ Richtungswert „oben rechts"
▲ Richtungswert „unten links"
○ Richtungswert „geradeaus"

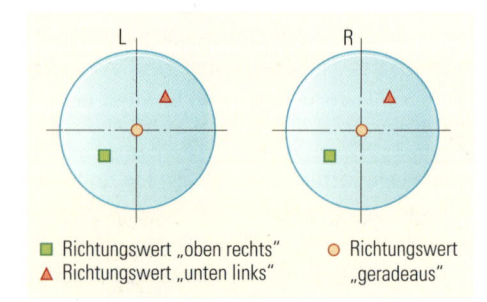

**Bild 11.3** Richtungswerte und von hinten betrachtete korrespondierende Netzhautstellen

Selbst, wenn die Abbildungen des fixierten Objekts außerhalb der Netzhautgruben zustandekommen, werden sie zumindest innerhalb gewisser Grenzen vom visuellen Cortex toleriert, ohne Diplopie zu verursachen. Die Toleranzfelder umschließen die korrespondierenden Netzhautstellen in Form einer liegenden Ellipse und werden als Panumbereiche bezeichnet. Liegen Abbildungen innerhalb von zugehörigen Panumbereichen, ist ein binokulares Einfachsehen möglich. Dabei werden horizontale Abweichungen eher als vertikale akzeptiert. Außerhalb liegende Abbildungen führen zwar zu Doppelbildern, werden aber nicht als störend empfunden.

**Diplopie:** Doppelbilder

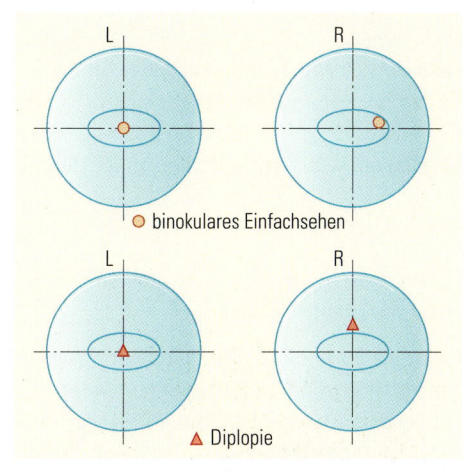

**Bild 11.4** Auswirkung der Panumbereiche auf die Wahrnehmung

### Aufgaben

1. Geben Sie an, auf welche Erfahrungen sich die Tiefenempfindung zurückführen lässt, wenn nur ein Auge am Sehvorgang beteiligt ist.
2. Positionieren Sie einen Gegenstand in einem beliebigen Abstand vor Ihren Augen und schließen Sie diese abwechselnd. Beschreiben und erklären Sie Ihre Beobachtungen.
3. Fertigen Sie die Zeichnung eines fixierenden Augenpaares an, die deutlich macht, welche Netzhautabbildung mit dem Richtungswert „rechts" verknüpft wird.

## 11.2 Beeinträchtigtes Binokularsehen

> Eine Kundin berichtet von leichten, aber immer wiederkehrenden Kopfschmerzen, die trotz Vollkorrektion meistens erst im Verlauf des Tages auftreten. Sämtliche von ihr aufgesuchten Ärzte haben ihr jedoch beste Gesundheit bescheinigt.

Das Binokularsehen kann sehr unterschiedlich ausgeprägt sein und lässt sich in dementsprechenden Qualitätsstufen kategorisieren.

| Qualitätsstufe | Erläuterung |
| --- | --- |
| 1. Monokularsehen | einäugiges Sehen |
| 2. alternierendes Sehen | abwechselndes Sehen |
| 3. Simultansehen ohne Fusion | beidäugiges Sehen mit Doppelbildern |
| 4. Simultansehen mit Fusion | beidäugiges Sehen ohne Doppelbilder |
| 5. stereoskopisches Tiefensehen, Stereopsis | räumliches Sehen |

**Tabelle 11.2** Qualitätsstufen des Binokularsehens

# 11 Kunden mit beeinträchtigtem Binokularsehen beraten und versorgen

Eine Beeinträchtigung des Binokularsehens kann von einer Einschränkung der Stereopsis bis hin zur Hemmung eines Seheindrucks führen. Mögliche Ursachen dafür sind Augenstellungsfehler wie Heterophorien oder Heterotropien. Die Qualität des Binokularsehens kann aber auch durch das Vorliegen einer Anisometropie oder durch fehlzentrierte Brillengläser herabgesetzt worden sein.

## 11.2.1 Heterophorien

Bleibt die Fixierliniensollstellung eines Augenpaares selbst dann noch erhalten, wenn der Fusionsanreiz ausgeschaltet wird, ist von einer sogenannten **Orthophorie** auszugehen. Im Falle einer Orthophorie werden die beteiligten Augenmuskeln in gleichem Maße beansprucht, sodass von einem Muskelgleichgewicht gesprochen werden kann.

**Bild 11.5** Orthophorie bei Ausschaltung des Fusionsreizes

Abweichungen von diesem Idealzustand lassen sich häufig auf anatomische Ursachen zurückführen. So können zum Beispiel die Augenmuskeln hinsichtlich ihrer Länge oder ihres Querschnitts unterschiedlich stark ausgeprägt beziehungsweise ihre Ansätze fehlerhaft sein. Möglich sind aber auch sogenannte Innervationsstörungen, die nur eine unzureichende Steuerung und Koordination der Augenmuskeln zulassen.

> **Innervation:**
> Versorgung mit Nervengewebe

Lassen sich diese Ursachen durch zusätzliche Muskelarbeit des Augenpaares ausgleichen, liegt eine sogenannte **Heterophorie** vor. Weil der Augenstellungsfehler dann nicht mehr zu beobachten ist, wird sie auch als latentes oder verborgenes Schielen bezeichnet. In manchen Fällen führt der kontinuierlich erforderliche motorische Ausgleich allerdings zu asthenopischen Beschwerden. Diese Beschwerden äußern sich auf ganz unterschiedliche Art und Weise, wie zum Beispiel in Form von Lidschwere, Müdigkeit, Unwohlsein, Kopfschmerzen oder Migräne. In solchen Fällen ist ein optischer Ausgleich mit prismatischen Brillengläsern anzustreben, hinter denen das Augenpaar seine Ruhestellung einnehmen kann. So wird die Abweichung der Fixierlinien zwar sichtbar, die Asthenopie aber beseitigt.

> **heteros** (griech.) = ungleich

### Nachweis von Heterophorien

Auch bei Abwesenheit des Fusionsreizes befinden sich die Augenmuskeln in einem Zustand der größtmöglichen Entspannung. Die damit eingenommene Ruhestellung entspricht dann allerdings nicht mehr der Orthostellung. Dieses Phänomen lässt sich nutzen, um den Nachweis einer Heterophorie zu erbringen. Ihre Eingrenzung ist nicht nur in qualitativer, sondern auch in quantitativer Hinsicht unter Anwendung von

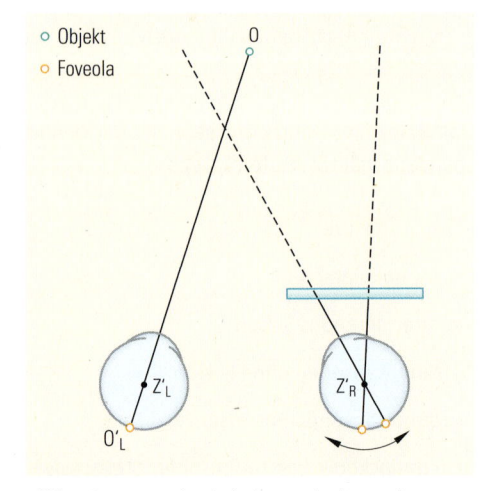

**Bild 11.6** Heterophorie bei Ausschaltung des Fusionsreizes

unterschiedlichen Testverfahren möglich. Dabei beruhen die verwendeten Verfahren darauf, den Fusionsanreiz ganz oder zumindest teilweise auszuschalten.

### Aufdeck-Test
Die auch als Uncover-Test bezeichnete Methode eignet sich zum Nachweis vorliegender Heterophorien, sowie zu ihrer Klassifizierung. Dabei sitzen sich Prüfer und Prüfling gegenüber. Der Prüfling fixiert ein in der Ferne liegendes Objekt, wie zum Beispiel ein Fixierlicht oder die Optotype einer Sehtesttafel. Anschließend verdeckt der Augenoptiker eines der beiden Augen mit einer als Okkluder bezeichneten Abdeckscheibe.

**Bild 11.7** Okkluder

Weil in dieser Situation kein Fusionsanreiz mehr vorhanden ist, wird das hinter dem Okkluder liegende Auge seine Ruhestellung einnehmen. Anschließend entfernt der Prüfer die Abdeckscheibe und achtet auf eventuelle Einstellbewegungen des Auges. Dabei darf er das Gesichtsfeld des Probanden nicht verdecken. Die Richtung der Einstellbewegung lässt nunmehr Rückschlüsse auf die Abweichung von der Orthostellung zu. Bewegt sich das Auge nach dem Aufdecken beispielsweise nach außen, so muss sich die Fixierlinie in der Ruhestellung innen befunden haben.

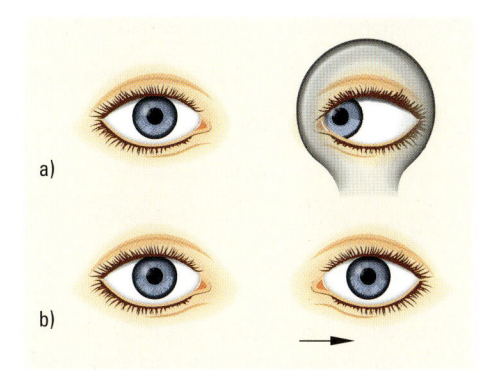

**Bild 11.8** Ablauf des Uncover-Tests

**uncover** (engl.) = aufdecken

**occludere** (lat.) = verschließen

> **Praxis-Tipp**
> Wenn kein Okkluder zur Verfügung stehen sollte, können Sie das Auge des Prüflings auch mit einem Stück Papier oder Ihrer Handfläche abdecken.

Die Heterophorien werden je nach Richtung der vorliegenden Abweichung in drei Hauptgruppen unterteilt. Die erste Gruppe umfasst die horizontalen Abweichungen, die zweite die vertikalen und die dritte schließlich jene Abweichungen, die eine Verrollung der senkrechten Hornhautmeridiane verursachen (Bild 11.9 und Tabelle 11.3).

horizontale Abweichung

vertikale Abweichung

Verrollungen

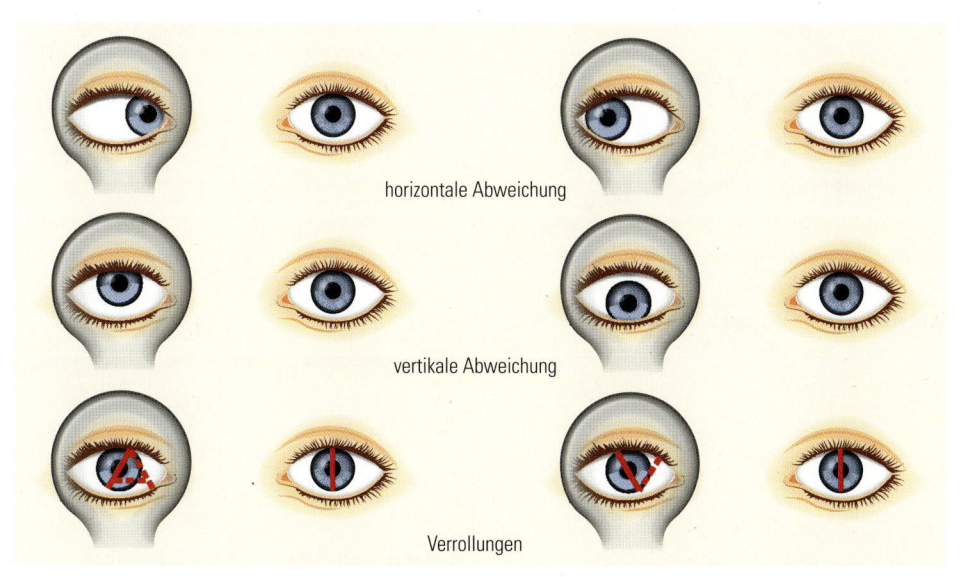

**Bild 11.9** Abweichungen bei vorliegender Heterophorie

## Kunden mit beeinträchtigtem Binokularsehen beraten und versorgen

| Hauptgruppe | Untergruppe | Abweichung von der Orthostellung |
|---|---|---|
| Horizontalphorien | Esophorie | nach innen |
| | Exophorie | nach außen |
| Vertikalphorien | positive Vertikalphorie$_{R/L}$ (Hyperphorie$_{R/L}$) | nach oben |
| | negative Vertikalphorie$_{R/L}$ (Hypophorie$_{R/L}$) | nach unten |
| Zyklophorien | Inzyklophorie | A-förmige Verrollung |
| | Exzyklophorie | V-förmige Verrollung |

**Tabelle 11.3** Klassifizierung der Heterophorien

**Kreuz-Test**

Während mit dem Uncover-Test lediglich überprüft werden kann, zu welcher Art eine vorliegende Heterophorie gehört, ist mithilfe des Kreuz-Tests eine Aussage über ihr Ausmaß möglich. Der Kreuz-Test beruht auf dem Prinzip der Polarisation. Das Testzeichen besteht aus einem senkrechten in 135° polarisierten sowie einem waagerechten in 45° polarisierten Balken. Ein dem Prüfling vorgehaltener Trenner mit jeweils 90° dazu liegenden Polarisationsrichtungen bewirkt, dass von einem Auge nur der senkrechte und vom anderen nur der waagerechte Balken des Kreuzes wahrgenommen werden kann.

Weil der Fusionsreiz durch den Trenner gedämpft wird, kann das dahinter liegende Augenpaar seine Ruhestellung einnehmen. Bei Orthophorie ist der binokular wahrgenommene Seheindruck erwartungsgemäß ein aus den beiden Balken zusammengesetztes, symmetrisches Kreuz.

Deckt sich die Ruhestellung dagegen nicht mit der Orthostellung, wird das Objekt auch nicht mehr foveal, sondern an einem anderen Ort der Netzhaut abgebildet. Dieser Effekt wird als Objektversatz wahrgenommen und gibt einen Hinweis auf die vorliegende Heterophorie. So wird im Falle einer Esophorie das jeweilige Testobjekt temporal versetzt wahrgenommen, weil die zugehörige Abbildung auf der nasalen Netzhauthälfte liegt. Ein vom Probanden wahrgenommener Versatz von einer Balkenstärke entspricht dabei einer kompensierenden prismatischen Wirkung von etwa 1 cm/m.

**Bild 11.10** Netzhautbilder bei Orthophorie

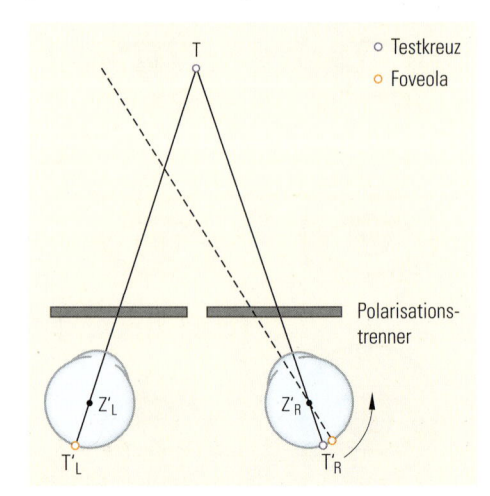

**Bild 11.11** Bildverschiebung bei vorliegender Heterophorie

## Kompensation von Heterophorien

Sobald abgeklärt worden ist, dass sich die vorliegenden Beschwerden auf eine Heterophorie zurückführen lassen, kommt eine Kompensation mit prismatischen Brillengläsern in Betracht. Diese sollen die vom Objekt kommenden Lichtstrahlen so ablenken, dass die Abbildung bei eingenommener Ruhestellung in das Zentrum beider Netzhautgruben fällt. Dafür muss die Basis des kompensierenden Prismas stets in entgegengesetzter Richtung des Stellungsfehlers liegen. Dabei ist zu bedenken, dass der optische Ausgleich zwar die Ursachen der Asthenopie beseitigt, in keinem Fall aber die Fehlstellung selbst. Daraus folgt, dass der Augenstellungsfehler erst bei aufgesetzter Sehhilfe offensichtlich und für den Außenstehenden zu beobachten sein wird.

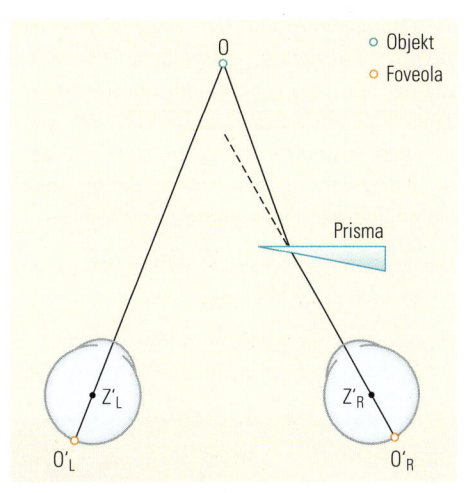

**Bild 11.12** Bildverschiebung bei vorliegender Heterophorie

> **Wichtig**
> Obwohl sich Zyklophorien mit speziellen Testverfahren nachweisen lassen, ist eine Kompensation mit Brillengläsern **nicht** möglich.

Horizontal- und Vertikalphorien können natürlich auch in kombinierter Form auftreten. Deshalb hat sich bei der Refraktionsbestimmung bewährt, das horizontale Gesamtprisma zunächst einmal auf der einen Seite der Messbrille und das gegebenenfalls vorhandene Vertikalprisma auf der Gegenseite einzusetzen. Erst im Anschluss daran muss für die Verordnung das Gesamtprisma ermittelt und gleichmäßig auf das rechte und linke Brillenglas verteilt werden. Dieses Vorgehen hat nicht nur funktionelle und ästhetische, sondern auch optische Gründe. So wird mit der Aufteilung das Ziel verfolgt, eine symmetrische Gewichtsverteilung sicherzustellen, die Randdicke an der Stelle der Prismenbasis zu reduzieren und die Wahrnehmung von Abbildungsfehlern wie die chromatische Aberration herabzusetzen.

### Aufgaben

1. Beschreiben Sie die Vorgehensweise bei der Durchführung des Uncover-Tests und skizzieren Sie die zu erwartenden Beobachtungen unter der Annahme, dass eine Exophorie kombiniert mit einer negativen Vertikalphorie$_{(R)}$ vorliegt.

2. Erstellen Sie eine Tabelle, der die kompensierende Basisrichtung in Abhängigkeit von der vorliegenden Heterophorie entnommen werden kann.

3. Erläutern Sie anhand von geeigneten Abbildungen, warum beim Vorliegen einer Heterophorie am Kreuz-Test eine Bildverschiebung wahrgenommen wird.

4. Die folgenden Abbildungen zeigen den binokularen Seheindruck des Kreuztests bei vorgeschaltetem Polarisationstrenner, wobei der senkrechte Balken vom rechten Auge wahrgenommen wird. Leiten Sie daraus die jeweils vorliegende Heterophorie, sowie die vorläufige prismatische Verordnung ab.

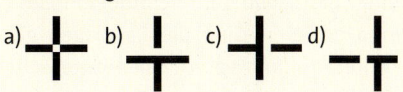

5. Erläutern Sie, weshalb sich Zyklophorien nicht mit optischen Mitteln kompensieren lassen.

## Prismatische Verordnungen

Die verordnete prismatische Wirkung setzt sich aus der Stärke der prismatischen Ablenkung sowie der Basislage gemäß dem erweiterten TABO-Gradbogenschema zusammen. Bei horizontalen und vertikalen Basislagen sind aber auch Bezeichnungen wie **Basis außen, innen** beziehungsweise **oben, unten** gebräuchlich.

Beispiel einer sphärozylindrischen Verordnung mit prismatischer Wirkung:

R sph −3,50 cyl +0,75 A 70° pr 2,00 B 0°
L sph −3,25 cyl +0,50 A 80° pr 2,00 B 180°

**Bild 11.14** Prismatische Brillengläser

Für die Korrektion einer Heterophorie ist es unerheblich, ob das Prisma rechts, links oder verteilt auf beide Augen wirksam wird. Entscheidend ist die Gesamtabweichung zwischen Ruhe- und Orthostellung. Dennoch sollte die prismatische Wirkung gleichmäßig auf beide Brillengläser verteilt werden. Im Falle einer Heterotropie ist das Prisma nicht zu verteilen, sondern der ärztlichen Verordnung entsprechend umzusetzen.

### Verteilung prismatischer Wirkungen

Bei der Aufteilung von Prismen wird die prismatische Ablenkung betragsgleich auf beide Brillengläser verteilt. Dabei ist zu beachten, dass sich die Teilprismen nur bei entgegensetzten Basislagen zum verordneten Gesamtprisma addieren. Sind die Basislagen gleichgerichtet, kommt es zu einer gegenseitigen Aufhebung der Prismen.

Beispiel (Bild 11.13):

a) R kein Prisma
L 4,00 cm/m B.i.
Insgesamt liegt ein Prisma von 4,00 cm/m mit Basislage innen vor. Die abgelenkten Strahlen schließen den Schielwinkel ein, der etwa dem Ablenkungswinkel δ des Prismas entspricht.

b) R 2,00 cm/m B.i.
L 2,00 cm/m B.i.
Das Gesamtprisma wurde gleichmäßig auf beide Brillengläser verteilt. Der von den abgelenkten Strahlen eingeschlossene Winkel ist im Vergleich zu a) unverändert. Die Basislagen sind dem TABO-Gradbogenschema gemäß entgegengesetzt (0° und 180°).

c) R 2,00 cm/m B.a.
L 2,00 cm/m B.i.
Die Basen der Prismen besitzen dieselbe Richtung (180°). Somit werden die Strahlen gleich abgelenkt und verlaufen weiterhin parallel. Die Prismen kompensieren sich und ergeben ein Gesamtprisma von Null.

> **Wichtig**
> Sind die Basislagen gemäß dem TABO-Gradbogenschema angegeben, gilt für das aus beiden Prismen resultierende Gesamtprisma
> - bei entgegengesetzter Basislage
> $P_{gesamt} = P_R + P_L$
> - bei gleicher Basislage
> $P_{gesamt} = |P_R − P_L|$

Prismatische Wirkungen lassen sich durch **Vektoren** (Pfeile) darstellen. Dabei entspricht die Länge des Vektors der prismatischen Ablenkung und seine Richtung der Basislage. Vektoren werden durch „Hintereinanderhängen" addiert. Die Verbindung des Fußpunkts des ersten Vektors mit der Spitze des zweiten ergibt dann den Ergebnisvektor. Besitzt ein prismatisches Brillenglas eine horizontale ($P_h$) und eine vertikale Komponente ($P_v$), so ergibt sich das Gesamtprisma $P_{Gesamt}$ des Glases zu:

**Bild 11.13** Verteilung prismatischer Wirkungen

> **Vektor:**
> Darstellung einer physikalischen Größe, die sich aus Betrag (Zahlwert) und Richtung zusammensetzt

## 11.2 Beeinträchtigtes Binokularsehen

**Gesamtprisma**

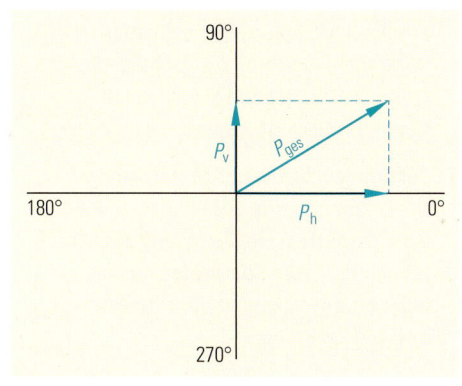

$$P_{Gesamt} = \sqrt{P_h^2 + P_v^2}$$

**Bild 11.15** Vektorielle Addition von Prismen

Die resultierende Basislage ist mithilfe der trigonometrischen Funktionen zu ermitteln.

Beispiel:
Im Rahmen der Refraktionsbestimmung wurde die horizontale Komponente der Verordnung am rechten und die vertikale am linken Auge ermittelt (Bild 11.16).

R: pr 6,00 B 180°
L: pr 2,00 B 270°

Um die Verordnung umzusetzen, sind die Teilprismen auf beide Brillengläser zu verteilen und glasweise zu einer Gesamtwirkung zusammenzufassen.

a) Verteilung der Prismen:
 R  pr 3,00 B 180°  pr 1,00 B  90°
 L  pr 3,00 B   0°  pr 1,00 B 270°

b) Bestimmung des Gesamtprismas beim rechten Brillenglas:

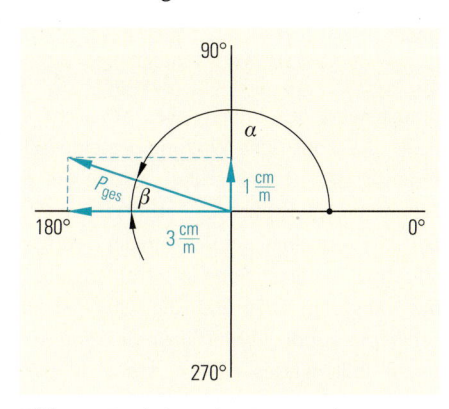

**Bild 11.17** Ermittlung des Gesamtprismas

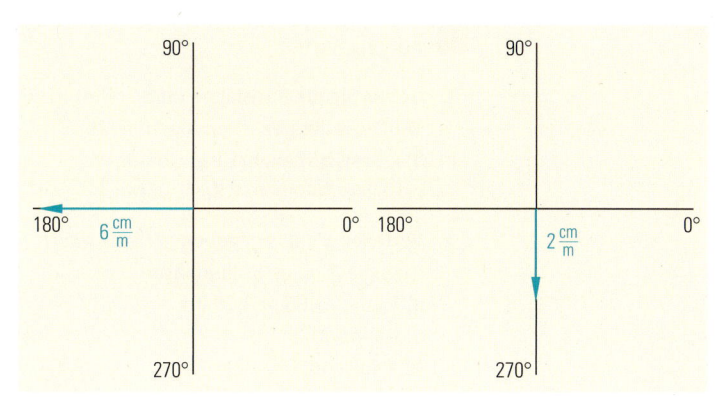

**Bild 11.16** Verordnung mit horizontaler und vertikaler Komponente

Prismatische Ablenkung

$$P_R = \sqrt{(3\tfrac{cm}{m})^2 + (1\tfrac{cm}{m})^2} = 3,16 \tfrac{cm}{m}$$

Basislage

$$\tan(\beta) = \frac{P_{90}}{P_{180}}$$

$$\beta = \tan^{-1}\left(\frac{1,00 \tfrac{cm}{m}}{3,00 \tfrac{cm}{m}}\right) = 18,4°$$

$$\alpha_R = 180° - 18,4° = 161,6°$$

c) Bestimmung des Gesamtprismas beim linken Brillenglas

Prismatische Ablenkung

$$P_L = P_R = 3,16 \tfrac{cm}{m}$$

Basislage

$$\alpha_L = \alpha_R + 180° = 341,6°$$

Die prismatische Ablenkung des linken Brillenglases entspricht aufgrund der gleichmäßigen Verteilung der des rechten. Die Basislage ist entgegengesetzt.

d) Bestellwerte der Verordnung (gerundet)

  **R pr 3,00 B 161,6°    L pr 3,00 B 341,6°**

> **trigonometrische Funktion:** Winkelfunktion wie *sin*, *cos*, *tan*

# Kunden mit beeinträchtigtem Binokularsehen beraten und versorgen

## Aufgaben

1. Geben Sie die Basislagen dem erweiterten TABO-Gradbogenschema gemäß an.
   a) R Basis außen, b) L Basis oben,
   c) L Basis außen, d) R Basis unten

2. Verteilen Sie das gegebene Prisma gleichmäßig auf beide Brillengläser:
   a) R sph + 2,00 pr 3,00 B.a.
      L sph + 1,75
   b) R sph – 3,50
      L sph – 2,75 pr 2,50 B.o.
   c) R sph – 1,75 cyl + 0,50 A 75° pr 4,50 B 0°
      L sph – 2,50 cyl + 0,75 A 80°
   d) R sph + 1,25
      L sph + 1,25 pr 3,50 B 225°

3. Im Rahmen der Augenglasbestimmung wurden die Prismen
   R pr 4,50 B.a.   L 3,00 B.o.
   ermittelt. Verteilen Sie die prismatischen Wirkungen gleichmäßig auf beide Brillengläser und berechnen Sie die resultierenden Gesamtprismen.

4. Bestimmen Sie die horizontale und vertikale Komponente des Prismas pr 8,00 B 30°. Ermitteln Sie die Lösung zunächst zeichnerisch und überprüfen Sie das Ergebnis anschließend mithilfe einer exakten Rechnung.

## Zentrierung prismatischer Brillengläser

Bei der Festlegung der Zentrierpunkte befindet sich das Augenpaar in der Orthostellung, weil die Musterverglasung der Brillenfassung keine Wirkung besitzt. Hinter den Korrektionsgläsern nimmt es jedoch seine Ruhestellung ein. So bewegen sich die Fixierlinien bei außen liegender Basis nach innen, woraus sich eine Verringerung des Zentrierpunktabstands ergibt. Unter der Annahme eines durchschnittlichen Drehpunktscheitelabstands $b'$ von 28,5 mm ist der Bezugspunkt des Brillenglases abweichend vom Zentrierpunkt mit sehr guter Näherung um 0,25 mm pro 1,00 cm/m nasal zu versetzen. Bei innen liegender Basis verhält es sich dagegen umgekehrt. Die Einstellbewegung der Augen erfolgt nun nach außen, sodass die Bezugspunkte um den entsprechenden Betrag temporal zu verlagern sind.

> **Praxis-Tipp**
> Der Bezugspunkt eines prismatischen Brillenglases ist pro 1,00 cm/m um 0,25 mm entgegen der Basislage zu verschieben.

## Messen prismatischer Wirkungen

Der optische Mittelpunkt prismatischer Brillengläser fällt nicht mit dem geometrischen Mittelpunkt zusammen. Bei der Messung im Bezugspunkt wird das Testmarkenbild im Scheitelbrechwertmesser aufgrund der prismatischen Wirkung abgelenkt. Es befindet sich nun nicht mehr im Zentrum der Strichplatte, sondern ist um eine bestimmte Strecke verschoben. Die Richtung der Verschiebung entspricht der Basislage, ihre Länge der prismatischen Ablenkung. Diese kann mithilfe der konzentrischen Kreise auf der Strichplatte des Scheitelbrechwertmessers ermittelt werden. Der Abstand zweier benachbarter Kreise entspricht dabei einer Ablenkung von 1 cm/m (Bild 11.18). Bei hohen prismatischen Wirkungen wird das Testmarkenbild so weit verschoben, dass es außerhalb des Gesichtsfelds liegt. In solchen Fällen muss die Messung mithilfe eines Prismenkompensators durchgeführt werden. Ist er auf die Wirkung des Rezeptprismas eingestellt, wird es vollständig kompensiert. Die Testmarke wird dann, wie bei einem Glas ohne prismatische Wirkung, in der Strichplattenmitte abgebildet.

Zu beachten ist, dass der **Messwert** vom **Gebrauchswert** des Brillenglases abweicht. Das heißt, die dioptrische Wirkung des eingeschliffenen Glases ist eine andere als die mit dem Scheitelbrechwertmesser ermittelte. Grund dafür ist zum einen der sich von der Gebrauchssituation unterscheidende Strahlengang bei der Messung: Während die Objektstrahlen senkrecht auf die Vorderfläche des eingeschliffenen Brillenglases treffen, steht der Messstrahlengang schräg zur Vorderfläche. Zum anderen beinhaltet der **prismatische Schliff** in der

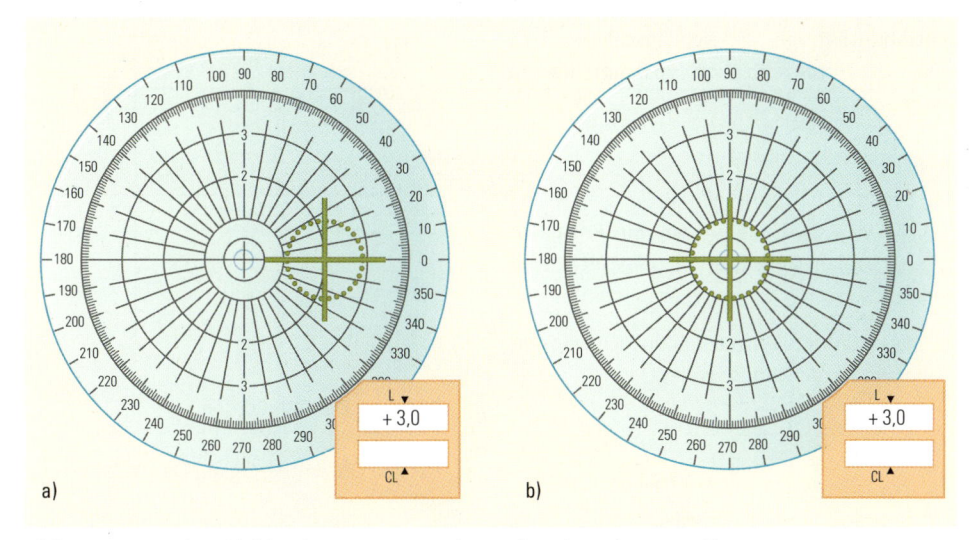

**Bild 11.18** Testmarkenabbildung eines prismatischen Brillenglases (pr 2,0 B 0°)
a) ohne und b) mit Prismenkompensator

Regel einen **Kompensationszylinder**, der dem **Astigmatismus schiefer Bündel** entgegenwirkt und Einfluss auf den Messwert hat. Die Differenz zwischen Mess- und Gebrauchswert ist abhängig von der Wirkung des Brillenglases. Bei starken Minusgläsern ist sie sehr gering, während es bei Plusgläsern zu großen Unterschieden kommen kann. Somit ist die Kontrolle der verordneten dioptrischen Wirkung im Bezugspunkt durch den Augenoptiker nur eingeschränkt möglich. In diesem Fall muss er sich auf die richtige Ausführung durch den Glashersteller verlassen.

**Umsetzung prismatischer Verordnungen durch Dezentration**

Da sphärische und sphärotorische Brillengläser außerhalb ihres optischen Mittelpunktes über prismatische Wirkungen verfügen, lassen sich prismatische Verordnungen auch durch Dezentration solcher Gläser realisieren. Der Zusammenhang zwischen dem Scheitelbrechwert $S'$, der Dezentration $c$ und der resultierenden prismatischen Ablenkung $P$ wird durch die Prentice-Formel beschrieben.

> **Prentice-Formel**
>
> $P = c \cdot |S'|$
>
> $c$: Dezentration in cm

Die aus der Verschiebung des optischen Mittelpunktes resultierende Basislage ist davon abhängig, ob es sich um ein Plus- oder Minusglas handelt.

> **Wichtig**
> Bei Plusgläsern liegt die Basis in Dezentrationsrichtung, bei Minusgläsern liegt die Basis entgegen der Dezentrationsrichtung.

Natürlich kann der Bezugspunkt auch durch Messen mit dem Scheitelbrechwertmesser ermittelt werden. Da die Dezentration aber unter Umständen größere Rohglasdurchmesser erfordert, ist eine vorherige Berechnung der Dezentrationsstrecke ratsam.

Beispiel:
Die Verordnung sph + 4,00 pr 1,25 B 90° soll durch Dezentration umgesetzt werden.

$$P = c \cdot |S'| \rightarrow c = \frac{P}{|S'|} = \frac{1,25 \frac{cm}{m}}{4,00 \frac{1}{m}} = 0,31 \text{ cm}$$

Die Dezentration des optischen Mittelpunkts hat, bezogen auf den Zentrierpunkt, um 3,1 mm in Richtung 90° zu erfolgen.

Im Falle eines sphärotorischen Brillenglases ist die verordnete prismatische Wirkung zunächst vektoriell in Richtung der Hauptschnitte zu zerlegen. Aus diesen Teilprismen ergeben sich Dezentrationsbeträge, die sich anschließend zu einer Gesamtdezentration zusammenfassen lassen.

Beispiel:
Bei einem sphärotorischen Brillenglas R sph − 3,25 cyl + 1,00 A 150° soll ein Prisma pr 1,75 B.i. durch Dezentration umgesetzt werden.

a) Das verordnete Prisma wird in Richtung der beiden Hauptschnitte zerlegt.

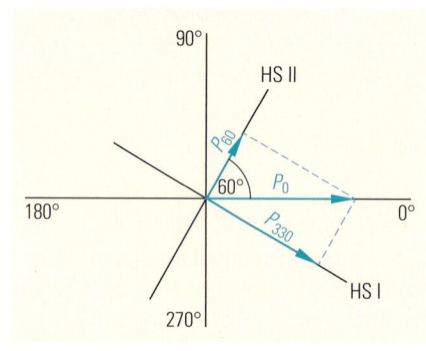

**Bild 11.19** Zerlegung des Prismas

Für die beiden Teilprismen ergibt sich

HS I:   $P_{330} = 1{,}75 \frac{cm}{m} \cdot \sin(60°) = 1{,}52 \frac{cm}{m}$

HS II:  $P_{60} = 1{,}75 \frac{cm}{m} \cdot \cos(60°) = 0{,}88 \frac{cm}{m}$

b) Da beide Hauptschnittwirkungen negativ sind, ist jeweils entgegen der Basis zu dezentrieren.

Die Dezentrationsbeträge ergeben sich zu

HS I:   $c_{150} = \frac{P}{|S'|} = \frac{1{,}52 \frac{cm}{m}}{3{,}25 \frac{1}{m}} = 0{,}47 \text{ cm}$

HS II:  $c_{240} = \frac{P}{|S'|} = \frac{0{,}88 \frac{cm}{m}}{2{,}25 \frac{1}{m}} = 0{,}39 \text{ cm}$

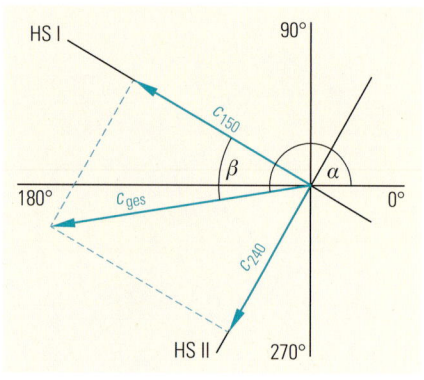

**Bild 11.20** Dezentrationsbetrag

c) Für den Gesamtbetrag der Dezentration $c_{ges}$ gilt

$c_{ges} = \sqrt{(0{,}47 \text{ cm})^2 + (0{,}39 \text{ cm})^2} = 0{,}61 \text{ cm}$

d) Die Dezentrationsrichtung $\alpha$ ergibt sich mit dem Hilfswinkel $\beta$

$\beta = \tan^{-1}\left(\dfrac{0{,}39 \frac{cm}{m}}{0{,}47 \frac{cm}{m}}\right) = 39{,}7°$

→ $\alpha = 150° + 39{,}7° = 189{,}7°$

Das Glas ist also um 6,1 mm in Richtung 189,7° zu dezentrieren.

Die Umsetzung einer prismatischen Verordnung durch Dezentration ist nicht in allen Fällen möglich. So sind bei starker prismatischer Wirkung der Verordnung oder geringer sphärischer Wirkung des Brillenglases große Dezentrationsstrecken erforderlich, wodurch entsprechend große Glasdurchmesser benötigt würden. Bei starken Dezentrationen ergibt sich zusätzlich das Problem, dass das Brillenglas seine optimalen Abbildungseigenschaften im optischen Mittelpunkt besitzt, während Abbildungsfehler zum Glasrand hin zunehmen. Bis zu einer sphärischen Wirkung von ± 10,0 dpt und prismatischen Wirkungen von 5,0 cm/m kann jedoch davon ausgegangen werden, dass die Abbildungsqualität des dezentrierten Brillenglases nur geringfügig von der eines prismatisch gefertigten abweicht.

> **Praxis-Tipp**
> Asphärische Brillengläser dürfen zum Erzielen einer prismatischen Wirkung **nicht** dezentriert werden.

## Prismatische Gesamtwirkung

Streng genommen wird die Fixierlinienstellung nicht nur von der Höhe der prismatischen Wirkung, sondern auch vom Drehpunktscheitelabstand $b'$ beeinflusst. Wird dieser berücksichtigt, ergibt sich die **prismatische Gesamtwirkung $P_G$**. Sie lässt sich mit der auch als Weinholdformel bezeichneten erweiterten Prentice-Formel berechnen.

Die prismatische Gesamtwirkung eines Plusglases ist größer als seine prismatische Wirkung. Bei Minusgläsern verhält es sich umgekehrt.

Wird die Augennachstellbewegung bereits bei der Refraktionsbestimmung berücksichtigt, liegt die sogenannte **Formelfallzentrierung** vor. In diesem Fall ist der Unterschied zwischen prismatischer Wirkung und Gesamtwirkung vernachlässigbar klein.

> **Erweiterte Prentice-Formel**
>
> $$P_G = \frac{c \cdot S'}{1 - b' \cdot S'}$$
>
> $c$: Dezentration in cm
> $b'$: Drehpunktscheitelabstand in m

## Prismenfolien

Alternativ zu prismatisch geschliffenen oder dezentrierten Brillengläsern werden auch Prismenfolien verwendet. Aufgebracht werden sie auf der Rückseite des Glases und haften dort allein aufgrund von Adhäsionskräften. Vorteilhaft ist der geringe Fertigungs- und Kostenaufwand sowie das geringe Gewicht, sodass sich Prismenfolien zum Beispiel bei Übergangslösungen anbieten. Nachteilig sind die verminderte Abbildungsqualität, das unästhetische Erscheinungsbild sowie die problematische Reinigung.

**Bild 11.21** Brillenglas mit aufgebrachter Prismenfolie

> **Adhäsion:**
> Anhangskraft durch molekulare Wechselwirkung

### Aufgaben

1. Durch Dezentration eines sphärischen Minusglases soll eine prismatische Verordnung mit Basislage außen realisiert werden. In welcher Richtung vom optischen Mittelpunkt befindet sich der Bezugspunkt?

2. Ein sphärisches Brillenglas wurde um 2 mm nach außen dezentriert. Die resultierende prismatische Wirkung beträgt 0,80 cm/m B.i. Welche sphärische Wirkung besitzt das Glas?

3. Wie weit und in welche Richtung sind die angegebenen sphärotorischen Brillengläser zu dezentrieren, um eine prismatische Wirkung von 1,25 cm/m in Basisrichtung 180° zu realisieren?
   a) sph 3,50 cyl + 0,50 A 180°
   b) sph − 1,00 cyl + 1,00 A 90°
   c) sph 1,75 cyl + 1,25 A 65°

4. Ein sphärisches Brillenglas der Wirkung − 8,50 dpt wurde um 4 mm temporal dezentriert. Der Drehpunktscheitelabstand beträgt 2,9 cm. Bestimmen Sie, wie stark die prismatische Wirkung von der Gesamtwirkung abweicht.

## 11.2.2 Zentrierfehler

### Auswirkung von Zentrierfehlern auf das Sehen

Wurde das Brillenglas fehlerhaft dezentriert, ergibt sich eine nicht verordnete prismatische Wirkung, die das Binokularsehen stören kann. Das äußert sich unter Umständen in asthenopischen Beschwerden, einer gestörten räumlichen Wahrnehmung oder in Doppelbildern. Art und Stärke der Beeinträchtigung hängen nicht nur von der Höhe der prismatischen Wirkung, sondern auch von der Basislage ab. Bei der Beurteilung von Zentrierfehlern werden drei Fälle unterschieden:

- **Weniger kritische Richtung:**
  Liegt die Basis außen, wird eine entgegengesetzte Ausgleichbewegung der Augen nach innen erzwungen. Diese Konvergenzstellung wirkt sich in einer Fernbrille **weniger kritisch** aus, da das Augenpaar an Einwärtsbewegungen gewöhnt ist.
- **Kritische Richtung:**
  Bei Basislage innen wird eine Divergenzstellung der Augen hervorgerufen. Im Gebrauch einer Fernbrille entspricht diese keiner natürlichen Augenbewegung und wirkt sich dadurch **kritisch** aus.
- **Sehr kritische Richtung:**
  Ein Vertikalprisma erzwingt vertikale Vergenzen des Augenpaares und ist deshalb als **sehr kritisch** zu beurteilen.

Sollen dagegen die fehlzentrierten Gläser einer Nahbrille beurteilt werden, verhält es sich bei der **kritischen** und **weniger kritischen Richtung** genau anders herum. So wirken sich Zentrierfehler mit Basis innen konvergenzentlastend aus, während solche mit Basis außen nur durch einen noch höheren Konvergenzaufwand kompensiert werden können.

Besitzen die Fehlprismen des rechten und linken Brillenglases eine nach TABO gleiche Basislage, so schwächen sie sich gegenseitig. Doch selbst, wenn es dabei zu einer vollständigen Kompensation der prismatischen Wirkung kommt, verbleibt eine Beeinträchtigung des Sehkomforts durch höhere Abbildungsfehler in den dann stärker genutzten Randbereichen des Glases. Unter Umständen wird zudem eine ungewohnte Kopfhaltung erzwungen.

### Abgabefähigkeit gemäß DIN EN ISO 21987

Zur Beurteilung der Abgabefähigkeit ist die **Norm für Grenzabweichungen von fertig montierten Brillengläsern** nach DIN EN ISO 21987 (Tabelle 11.4) heranzuziehen. Darin ist für Ein- und Mehrstärkengläser festgelegt, wie stark die prismatische Wirkung vom Rezeptwert abweichen darf. Dabei ist wie folgt vorzugehen:

1. Anzeichnen der verordneten Zentrierpunkte auf den eingearbeiteten Brillengläsern
2. Messen der prismatischen Wirkungen, die in den Zentrierpunkten vorliegen
3. Zusammenfassen der monokularen Einzelwirkungen zu einer prismatischen Gesamtwirkung
4. Vergleich der Gesamtwirkung mit den Grenzabweichungen

Beispiel
R sph − 2,50 cyl + 0,25 A 0° pr 1,0 B.a.
L sph − 4,50 cyl + 0,75 A 0° pr 1,0 B.a.

Sollwerte: $y_R$ = 13 mm, $y_L$ = 13 mm
$z_R$ = 32 mm, $z_L$ = 33 mm
Istwerte: $y_R$ = 12 mm, $y_L$ = 12 mm
$z_R$ = 32 mm, $z_L$ = 31 mm

Der absolut schwächste Hauptschnitt des Gläserpaares beträgt − 2,25 dpt, das verordnete Gesamtprisma 2,0 cm/m B.a. Daraus folgt eine horizontale Grenzabweichung von 0,67 cm/m und eine vertikale von 0,50 cm/m.

a) Abgabefähigkeit vertikal

$$P_{V_R} = c \cdot |S'| = 0{,}1 \text{ cm} \cdot |-2{,}25| \frac{1}{m}$$

$$= 0{,}23 \frac{cm}{m} \text{ B.o.}$$

$$P_{V_L} = c \cdot |S'| = 0{,}1 \text{ cm} \cdot |-3{,}75| \frac{1}{m}$$

$$= 0{,}38 \frac{cm}{m} \text{ B.o.}$$

$$P_{V_{ges}} = 0{,}38 \frac{cm}{m} - 0{,}23 \frac{cm}{m} = 0{,}15 \frac{cm}{m}$$

$$< 0{,}50 \frac{cm}{m}$$

→ vertikal abgabefähig

## 11.2 Beeinträchtigtes Binokularsehen

b) Abgabefähigkeit horizontal

$P_{h_R} = 0$

$P_{h_L} = 0{,}2 \text{ cm} \cdot |-4{,}50| \frac{1}{m} = 0{,}90 \frac{cm}{m}$

$P_{h_{ges}} = 0 + 0{,}90 \frac{cm}{m} > 0{,}67 \frac{cm}{m}$

→ horizontal nicht abgabefähig

Demnach ist die Brille insgesamt nicht abgabefähig.

| absolut schwächster Hauptschnitt des Gläserpaares | Horizontale Grenzabweichung der prismatischen Wirkung für | | |
|---|---|---|---|
| | Rezept-Prisma bis 2,00 cm/m | Rezept-Prisma über 2,00 cm/m bis 10,00 cm/m | Rezept-Prisma über 10,00 cm/m |
| bis ± 3,25 dpt | 0,67 cm/m | 1,00 cm/m | 1,25 cm/m |
| über ± 3,25 dpt | Prisma resultierend aus 2 mm Dezentration | 0,33 cm/m plus Prisma resultierend aus 2 mm Dezentration | 0,58 cm/m plus Prisma resultierend aus 2 mm Dezentration |

| absolut schwächster Hauptschnitt des Gläserpaares | Vertikale Grenzabweichung der prismatischen Wirkung für | | |
|---|---|---|---|
| | Rezept-Prisma bis 2,00 cm/m | Rezept-Prisma über 2,00 cm/m bis 10,00 cm/m | Rezept-Prisma über 10,00 cm/m |
| bis ± 5,00 dpt | 0,50 cm/m | 0,75 cm/m | 1,00 cm/m |
| über ± 5,00 dpt | Prisma resultierend aus 1 mm Dezentration | 0,25 cm/m plus Prisma resultierend aus 1 mm Dezentration | 0,50 cm/m plus Prisma resultierend aus 1 mm Dezentration |

**Tabelle 11.4** Horizontale und vertikale Grenzabweichungen der prismatischen Wirkung nach DIN EN ISO 21987

### Aufgaben

1. Ein Plus- und ein Minusbrillenglas wurden nach innen fehlzentriert. Geben Sie die jeweils resultierende Basislage an und beschreiben Sie, wie sich der Fehler auswirkt.

2. Das rechte Glas einer Brille (R = L sph – 6,00) wurde 1 mm nach oben fehlzentriert. Bestimmen Sie die erzeugte prismatische Wirkung und erläutern Sie, wie das linke Glas eingearbeitet werden muss, damit die Brille noch abgabefähig ist.

3. Nach der Einarbeitung von Brillengläsern
R sph – 5,25 cyl + 0,50 A 30°
L sph – 4,75 cyl + 1,00 A 45°
ist die Abgabefähigkeit zu überprüfen. Mithilfe des Scheitelbrechwertmessgerätes ermitteln Sie die folgenden Abweichungen:
R pr 1,25 B 180°
L pr 0,50 B 180°

4. Durch einen Übertragungsfehler wurde bei der Einarbeitung der Brillengläser die rechte und linke Pd vertauscht. Überprüfen Sie, ob die Brille dennoch abgabefähig ist.
R sph – 3,75  cyl + 0,25 A 90°   pr 0,5 B.i.
L sph – 4,50                     pr 0,5 B.i.

Sollwerte:   $y_R$ = 14 mm, $y_L$ = 13 mm
             $z_R$ = 32 mm, $z_L$ = 33 mm

### 11.2.3 Heterotropie

Wenn die Ruhestellung des Augenpaares nicht mit der Fixierliniensollstellung übereinstimmt und der Fusionsaufwand für eine Kompensation nicht ausreicht, ist das Binokularsehen gestört. Solche Augenstellungsfehler werden als offensichtliches beziehungsweise manifestes Schielen, Strabismus oder auch als Heterotropie bezeichnet. Die Klassifizierung der Heterotropien erfolgt in drei Hauptgruppen (Tabelle 11.5).

**strabos** (altgriech.) = Schieler

Sowohl die Diagnose als auch die Therapie eines Strabismus bleibt prinzipiell dem Augenarzt vorbehalten. Dennoch muss der Augenoptiker in der Lage sein, einen Strabismus zu erkennen, damit er zur weiteren Klärung an den Ophthalmologen verweisen kann. Dieser verordnet dann eine geeignete Therapie oder führt die Behandlung selbst durch. Es werden nur zwei Grundformen voneinander unterschieden.

| Hauptgruppe | Untergruppe | Abweichung von der Orthostellung |
|---|---|---|
| Horizontaltropien | Esotropie | nach innen |
| | Exotropie | nach außen |
| Vertikaltropien | positive Vertikaltropie$_{R/L}$ (Hypertropie$_{R/L}$) | nach oben |
| | negative Vertikaltropie$_{R/L}$ (Hypotropie$_{R/L}$) | nach unten |
| Zyklotropien | Inzyklotropie | A-förmige Verrollung |
| | Exzyklotropie | V-förmige Verrollung |

**Tabelle 11.5** Klassifizierung der Heterotropien

#### Begleitschielen

Beim Vorliegen eines sogenannten **Strabismus concomitans** ist immer nur eine Fixierlinie auf das Objekt ausgerichtet, während die andere jeweils um einen bestimmten Schielwinkel von der Orthostellung abweicht. Weil das abweichende Auge dabei stets mitläuft, wird bei dieser Form auch vom Begleitschielen gesprochen. Die Ursachen des Begleitschielens können Muskelanomalien, manifestierte Heterophorien, aber auch Refraktionsanomalien sein, die nicht hinreichend korrigiert wurden.

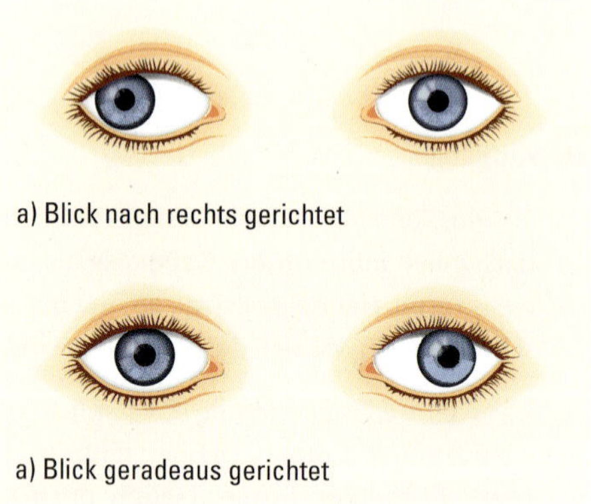

Wechseln sich die Augen bei der Fixation eines Objekts alternierend ab, handelt es sich um einen **Strabismus alternans**. Im Falle eines **Strabismus unilateralis** ist ein Auge dominant und fixiert permanent. Ein vorübergehendes Begleitschielen wird dagegen als **Strabismus transiens** bezeichnet. In allen Fällen bleibt der Betrag des Schielwinkels aber konstant.

**unus** (lat.) = einer
**latus** (lat.) = Seite

**transire** (lat.) = vorbeigehen

**Amblyopie** (griech.) = „stumpfes Auge", Schwachsichtigkeit

Weil die aus der Fehlstellung resultierenden Doppelbilder zu Irritationen führen, wird der Seheindruck des abweichenden Auges häufig unterdrückt. Aus diesem auch als **monokulare**

a) Blick nach rechts gerichtet

a) Blick geradeaus gerichtet

**Bild 11.22** Strabismus concomitans mit gleichbleibendem Schielwinkel bei rechts fixierendem Auge

**Suppression** bezeichneten Effekt kann sich eine Amblyopie entwickeln, die immer mit einem Visusabfall einhergeht. Deshalb zielt jede Therapie des Begleitschielens in erster Linie darauf ab, die Gefahr der Ausbildung einer Schwachsichtigkeit zu verhindern. Die Erfolgsaussichten einer Therapie sind umso besser, je früher damit begonnen wird. Dem Ophthalmologen steht eine Reihe von Maßnahmen zur Verfügung, die gegebenenfalls auch miteinander kombiniert werden müssen. Unter anderem kommen dabei die nachfolgend aufgeführten Methoden zum Einsatz.

- **Brillenverordnung:**
  Gemäß den Abgrenzungsrichtlinien für das Augenoptiker-Handwerk darf eine solche Verordnung vom Augenoptiker zwar nicht vorgenommen, aber ausgeführt werden.
- **Pleoptik:**
  Dabei wird das besser sehende Auge okkludiert, um den Visus des schlechter sehenden zu erhalten beziehungsweise zu steigern.

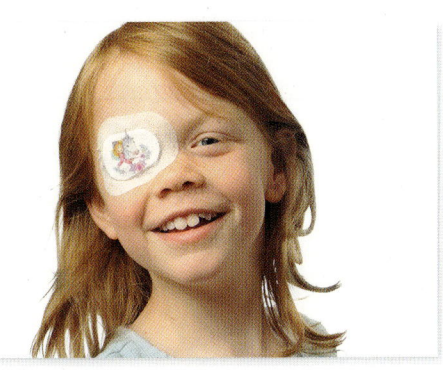

**Bild 11.23** Okklusionsfolien

- **Orthoptik:**
  Bei dieser Therapie werden binokulare visuelle Übungen durchgeführt, um das Zusammenspiel beider Augen zu trainieren.
- **Operation:**
  Dieser Eingriff zielt auf die Reduzierung des Schielwinkels durch Kürzung von Muskeln oder Verlagerungen ihres Ansatzes auf mechanischem Wege ab.

### Lähmungsschielen

Der **Strabismus paralyticus**, also die Lähmung eines oder mehrerer Augenmuskeln, lässt sich auf Entzündungen, Verletzungen oder auf Tumore im Schädelbasisbereich zurückführen. Augenmuskellähmungen können aber auch angeboren oder durch einen Schlaganfall hervorgerufen worden sein. Beim Vorliegen eines Strabismus paralyticus ändert sich der Schielwinkel immer in Abhängigkeit von der jeweiligen Blickbewegung. In den meisten Situationen ist er mit Doppelbildern verbunden, deren Abstand voneinander immer vom Schielwinkel abhängt.

Um Diplopie zu vermeiden, wird der Betroffene versuchen, die vorliegende Fehlstellung durch eine geeignete, aber unnatürliche Kopfhaltung zu kompensieren. Diese symptomatische Reaktion erfolgt mehr oder weniger unbewusst.

a) Blick nach rechts gerichtet

b) Blick geradeaus gerichtet

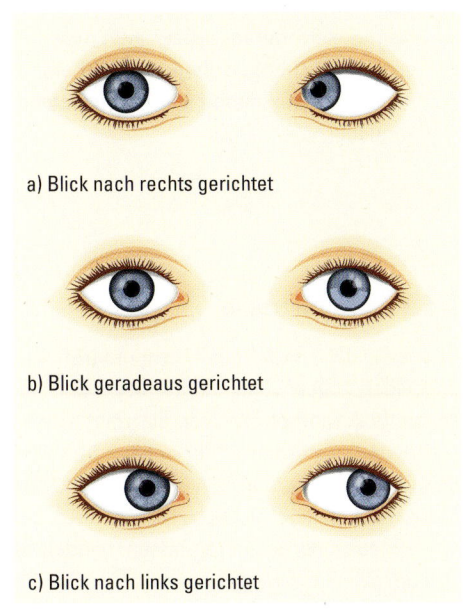

c) Blick nach links gerichtet

**Bild 11.24** Strabismus paralyticus bei Lähmung des rechten geraden äußeren Augenmuskels

Die Wahl der Therapie richtet sich nach der Lähmungsursache. Dabei wird zunächst versucht, diese medikamentös oder operativ zu beheben. Kann die Lähmung des Augenmuskels auf diese Weise nicht beseitigt werden, lassen sich die störenden Doppelbilder nur durch Okklusion des betroffenen Auges ausschalten. Mit einer Operation der entsprechenden Muskelpartien kann über den kosmetischen Aspekt hinaus unter Umständen erreicht werden, dass keine unnatürliche Kopfhaltung mehr eingenommen werden muss.

**paralyticus** (lat.) = gelähmt

## Aufgaben

1. Erläutern Sie den Unterschied zwischen einer Heterophorie und einer Heterotropie.

2. Beschreiben Sie, wodurch sich ein Strabismus concomitans auszeichnet, worauf er zurückzuführen ist und welche therapeutischen Maßnahmen ergriffen werden können.

3. Fertigen Sie die Skizze eines Augenpaares beim Vorliegen eines Strabismus paralyticus für verschiedene Blickrichtungen an, der durch eine Lähmung des linken Musculus rectus medialis verursacht wurde.

4. Erklären Sie, durch welche Zwangskopfhaltung sich Doppelbilder im Falle eines Strabismus paralyticus bei Esotropie des rechten Auges vermeiden lassen.

### 11.2.4 Anisometropie

**eikon** (altgriech.) = Bild

Unterscheidet sich die Fernpunktrefraktion beider Augen voneinander, liegt eine sogenannte Anisometropie vor. Sie zeigt sich in Form von Differenzen in der Sphäre, im Zylinder oder in der Achslage. Wenn sich die Differenzen auf unterschiedliche Brechwerte der Augenmedien zurückführen lassen, handelt es sich um eine Brechwertanisometropie, sind unterschiedliche Baulängen dafür verantwortlich, wird dagegen von einer Längenanisometropie gesprochen. Sehr viel häufiger kommen allerdings Mischformen vor.

> **Faustregel**
> - Ein Hornhautradienunterschied von 0,1 mm entspricht einer Refraktionsdifferenz von etwa 0,6 dpt.
> - Ein Längenunterschied von 1 mm entspricht einer Refraktionsdifferenz von ungefähr 3 dpt.

**aniso** (altgriech.) = ungleich

Die Korrektion der Anisometropie mit Brillengläsern kann das Binokularsehen bereits beeinträchtigen, wenn sich die Fernpunktrefraktion des rechten und linken Auges um mehr als 2 dpt voneinander unterscheidet. Beeinträchtigungen lassen sich nicht nur auf den unterschiedlichen Akkommodationserfolg, sondern auch darauf zurückführen, dass sich unterschiedliche prismatische Nebenwirkungen ergeben, sobald die Fixierlinien des Augenpaares die Bezugspunkte der Brillengläser nicht mehr durchstoßen. Eine weitere Folge ist die unterschiedliche Größen- oder Formwahrnehmung der monokularen Seheindrücke. Auch dieser als **Aniseikonie** bezeichnete Effekt kann zu asthenopischen Beschwerden oder dazu führen, dass eine Verschmelzung beider Netzhautbilder trotz bifovealer Fixation nicht möglich ist.

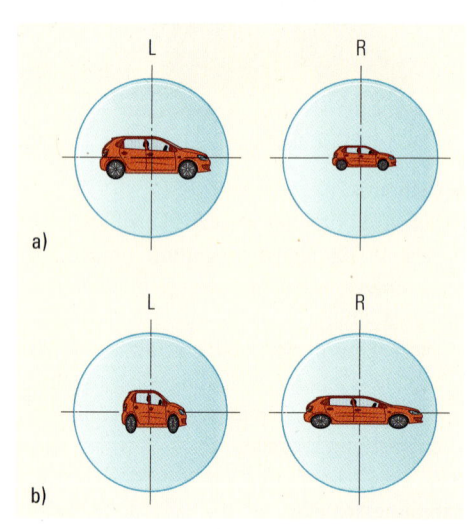

**Bild 11.25** Aniseikonie als Folge der Anisometropie (schematisch)

Das Binokularsehen wird mit hoher Wahrscheinlichkeit in Mitleidenschaft gezogen, wenn der subjektiv wahrgenommene Bildgrößenunterschied mehr als 4 bis 5 % beträgt. Er ist von der Gesamtvergrößerung des Systems „Brillenglas-Auge" und der Bildweite im Auge abhängig und lässt sich mithilfe des Aniseikoniequotienten bestimmen. Dieser berechnet sich aus

$$AQ = \frac{N_{G_R}}{N_{G_L}} \cdot \frac{a'_R}{a'_L} = \frac{1 + \bar{e} \cdot A_{R_R}}{1 + \bar{e} \cdot A_{R_L}} \cdot \frac{a'_R}{a'_L}$$

- $AQ$: Aniseikoniequotient
- $N_{G_{R/L}}$: Gesamtvergrößerung
- $a'_{R/L}$: Bildweite im Auge
- $\bar{e}$: Hauptpunktabstand
- $A_{R_{R/L}}$: Fernpunktrefraktion

Ist der Aniseikoniequotient bekannt, ergibt sich die prozentuale Bildgrößendifferenz $\Delta y'$ aus

$$\Delta y' = |AQ - 1| \cdot 100\%$$

### Merke
- Aniseikoniequotient $AQ > 1$
  → das mit dem rechten Auge wahrgenommene Netzhautbild ist größer
- Aniseikoniequotient $AQ = 1$
  → es liegt Iseikonie bei gleich groß wahrgenommenen Netzhautbildern vor
- Aniseikoniequotient $AQ < 1$
  → das mit dem rechten Auge wahrgenommene Netzhautbild ist kleiner

Jede Ametropie lässt sich prinzipiell mit Brillengläsern oder Kontaktlinsen auskorrigieren. Beim Vorliegen einer Anisometropie sollte allerdings überprüft werden, aus welcher Korrektionsmethode die geringeren Bildgrößenunterschiede resultieren.

## Korrektionsmöglichkeiten bei vorliegender Anisometropie

Sind die erforderlichen Daten bekannt, lässt sich die günstigere Korrektionsvariante rechnerisch ermitteln. Dabei soll zunächst die Korrektion einer reinen Längenanisometropie der Korrektion einer reinen Brechwertanisometropie gegenübergestellt werden, um anschließend die Mischformen näher zu betrachten.

### Längenanisometropie

$A_{R_R} = +2{,}25$ dpt  $\bar{e}_{Brille} = 15$ mm  $a'_R = 21{,}94$ mm
$A_{R_L} = -3{,}75$ dpt  $\bar{e}_{KL} \approx 0$ mm  $a'_L = 24{,}34$ mm

a) Brillenkorrektion:

$$AQ = \frac{1 + \bar{e} \cdot A_{R_R}}{1 + \bar{e} \cdot A_{R_L}} \cdot \frac{a'_R}{a'_L}$$

$$= \frac{1 + 0{,}015\ \text{m} \cdot (+2{,}25)\frac{1}{\text{m}}}{1 + 0{,}015\ \text{m} \cdot (-3{,}75)\frac{1}{\text{m}}} \cdot \frac{21{,}94\ \text{mm}}{24{,}34\ \text{mm}}$$

$$= 0{,}987$$

$\Delta y' = |AQ - 1| \cdot 100\% = |0{,}987 - 1| \cdot 100\%$
$= 1{,}3\%$

b) KL-Korrektion:

$$AQ = \frac{1 + \bar{e} \cdot A_{R_R}}{1 + \bar{e} \cdot A_{R_L}} \cdot \frac{a'_R}{a'_L}$$

$$= \frac{1 + 0\ \text{m} \cdot (+2{,}25)\frac{1}{\text{m}}}{1 + 0\ \text{m} \cdot (-3{,}75)\frac{1}{\text{m}}} \cdot \frac{21{,}94\ \text{mm}}{24{,}34\ \text{mm}}$$

$$= 0{,}901$$

$\Delta y' = |AQ - 1| \cdot 100\% = |0{,}901 - 1| \cdot 100\%$
$= 9{,}9\%$

Weil sich aus einer Kontaktlinsenkorrektion der größere Bildgrößenunterschied ergibt, ist die Korrektion mit Brillengläsern vorzuziehen.

### Brechwertanisometropie

Beispiel:
$A_{R_R} = +2{,}25$ dpt  $\bar{e}_{Brille} = 15$ mm  $a'_R = 22{,}78$ mm
$A_{R_L} = -3{,}75$ dpt  $\bar{e}_{KL} \approx 0$ mm  $a'_L = 22{,}78$ mm

a) Brillenkorrektion:

$$AQ = \frac{1 + \bar{e} \cdot A_{R_R}}{1 + \bar{e} \cdot A_{R_L}} \cdot \frac{a'_R}{a'_L}$$

$$= \frac{1 + 0{,}015\ \text{m} \cdot (+2{,}25)\frac{1}{\text{m}}}{1 + 0{,}015\ \text{m} \cdot (-3{,}75)\frac{1}{\text{m}}} \cdot \frac{22{,}78\ \text{mm}}{22{,}78\ \text{mm}}$$

$$= 1{,}095$$

$\Delta y' = |AQ - 1| \cdot 100\% = |1{,}095 - 1| \cdot 100\%$
$= 9{,}5\%$

b) KL-Korrektion:

$$AQ = \frac{1 + \bar{e} \cdot A_{R_R}}{1 + \bar{e} \cdot A_{R_L}} \cdot \frac{a'_R}{a'_L}$$

$$= \frac{1 + 0\ \text{m} \cdot (+2{,}25)\frac{1}{\text{m}}}{1 + 0\ \text{m} \cdot (-3{,}75)\frac{1}{\text{m}}} \cdot \frac{22{,}78\ \text{mm}}{22{,}78\ \text{mm}} = 1$$

$\Delta y' = |AQ - 1| \cdot 100\% = |1 - 1| \cdot 100\% = 0\%$

## Kunden mit beeinträchtigtem Binokularsehen beraten und versorgen

Weil sich aus der Korrektion mit Brillengläsern der größere Bildgrößenunterschied ergibt, ist eine Korrektion mit Kontaktlinsen vorzuziehen.

> **Praxis-Tipp**
> Eine reine Längenanisometropie lässt sich besser mit Brillengläsern korrigieren, bei einer reinen Brechwertanisometropie ist die Korrektion mit Kontaktlinsen vorteilhafter.

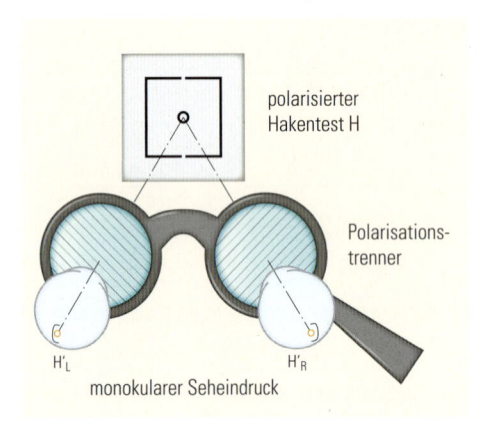

**Bild 11.26** Netzhautbilder bei Iseikonie

### Mischformen

Weil insbesondere die Bildweite des Auges nicht praktikabel ermittelt werden kann und für die Korrektion einer Aniseikonie ohnehin der vom Probanden wahrgenommene Seheindruck entscheidend ist, sollte das Ausmaß der Aniseikonie stets mithilfe von subjektiven Prüfverfahren ermittelt werden. Ein solches Verfahren stellt der auf Polarisation beruhende Hakentest dar.

Der Hakentest ist ein Binokulartest, der unter monokularen Bedingungen erfolgt. Ob die Öffnung der in 45 und 135° polarisierten Haken in horizontaler oder vertikaler Richtung liegen, spielt für das Testergebnis keine Rolle. Der Prüfling muss lediglich die Größe der getrennt voneinander dargebotenen Haken beurteilen. Unterscheiden sich diese in ihrer Ausdehnung um eine Strichstärke, entspricht das einer Bildgrößendifferenz von etwa 3,5 %.

Der Korrektion von störenden Bildgrößenunterschieden dienen sogenannte iseikonische Brillengläser, die von manchen Herstellern auch als Size-Lenses bezeichnet werden. Dabei handelt es sich um Brillengläser, mit denen durch große Mittendicken und starke Durchbiegungen hohe Eigenvergrößerungen erreicht werden können. Solche Gläser werden prinzipiell vor das Auge mit dem kleineren Seheindruck geschaltet, während das Gegenauge eine Standardkorrektur erhält.

### Aufgaben

1. Erläutern Sie den Zusammenhang zwischen einer Anisometropie und einer Aniseikonie.

2. Ermitteln Sie näherungsweise die Refraktionsdifferenz, wenn sich
   a) bei identischen Hornhautradien die Länge beider Augen um 1,25 mm voneinander unterscheidet.
   b) bei gleicher Augenlänge die Hornhautradien beider Augen um 0,5 mm voneinander abweichen.

3. Überprüfen Sie anhand des Aniseikoniequotienten, welche Korrektionsart im folgenden Fall vorzuziehen ist.

   $A_{R_R} = \pm 0,00$ dpt; $\overline{e}_{Brille} = 15$ mm;
   $a'_R = 23,28$ mm

   $A_{R_L} = + 5,75$ dpt; $\overline{e}_{KL} \approx 0$ mm;
   $a'_L = 22,78$ mm

4. Schildern Sie ausführlich ein Verfahren, mit dem eine subjektiv wahrgenommene Bildgrößendifferenz ermittelt werden kann.

## Projektaufgaben

1. Eine Kundin wurde vom Internisten zu Ihnen geschickt, da ihre Ermüdungserscheinungen nicht auf organische Ursachen zurückzuführen sind. Weil Sie eine Heterophorie vermuten, führen Sie den Uncover-Test durch. Die anschließend vom Augenoptikermeister vorgenommene Prüfung am Kreuztest bestätigt die angenommene positive Vertikalphorie$_{(R)}$.
   a) Schildern Sie die zu erwartenden Beobachtungen beim Aufdecken des linken Auges.
   b) Beschreiben Sie den von der Kundin binokular wahrgenommenen Seheindruck am Kreuz-Test.
   c) Treffen Sie eine begründete Entscheidung darüber, ob die Heterophorie kompensiert werden sollte.
   d) Erstellen Sie eine Skizze, der die kompensierende Basislage und die Fixierlinieneinstellung des Augenpaares entnommen werden kann.

2. Die Eltern eines 4-jährigen Jungen überreichen Ihnen die Verordnung über eine Okklusionsfolie, mit der das Führungsauge des Kindes bis zur bevorstehenden Operation abgedeckt werden soll. Die Indikation lautet Strabismus concomitans unilateralis.
   a) Erklären Sie Ursachen und Auswirkung des vorliegenden Augenstellungsfehlers.
   b) Machen Sie den verunsicherten Eltern deutlich, weshalb ausgerechnet das Führungsauge abgedeckt werden soll.
   c) Erläutern Sie, was unter den außerdem vom Augenarzt angekündigten orthoptischen Maßnahmen zu verstehen ist.

3. Im Rahmen der Refraktionsbestimmung wurde das Brillenglas
   **R sph + 2,25 cyl − 0,75 A 35°**
   **pr 0,5 B 0° pr 0,75 B 90°**
   verordnet. Die dioptrische Wirkung soll durch Dezentration realisiert werden.
   a) Fassen Sie das Horizont- und Vertikalprisma zu einem Gesamtprisma zusammen.
   b) Zerlegen Sie das Gesamtprisma in Richtung der Hauptschnitte.
   c) Ermitteln Sie die notwendigen Dezentrationen in Richtung der Hauptschnitte.
   d) Fassen Sie die Einzeldezentrationen zu einer Gesamtdezentration zusammen.
   e) Berechnen Sie die sich ergebenden Abweichungen der Zentrierpunktkoordinaten, indem Sie die horizontalen und vertikalen Komponenten der Gesamtdezentration ermitteln.

4. Bei der Abgabe einer neu verordneten Brille schildert Ihnen die Kundin spontan auftretende Sehprobleme. Der Kundendatei können Sie folgende Angaben entnehmen:
   R − 1,5    $e$ = 12 mm    $r_{HH_R}$ = 7,6 mm
   L + 1,5    $e$ = 12 mm    $r_{HH_L}$ = 8,0 mm
   a) Geben Sie an, wie Ihre Kundin die zu erwartenden Beeinträchtigungen beschreiben könnte.
   b) Liefern Sie eine Erklärung für die in diesem Fall wahrscheinlich vorliegende Form der Anisometropie.
   c) Leiten Sie aus dem Aniseikoniequotienten eine zutreffende Aussage zur Bildgrößendifferenz ab.
   d) Entscheiden Sie sich begründet für die günstigere Korrektionsvariante.
   e) Skizzieren Sie den subjektiv wahrgenommenen Seheindruck am Hakentest.

# Lernfeld 12
# Kunden mit Sondergläsern und Schutzbrillen versorgen

Eine Kundin berichtet, dass ihr nach der Katarakt-Operation keine Intraokularlinse eingesetzt werden konnte. Aus der vorliegenden Verordnung des Augenarztes geht hervor, dass mit Brillengläsern korrigiert werden soll. Die Probandin wünscht sich eine fundierte Beratung sowie eine optimale Versorgung.

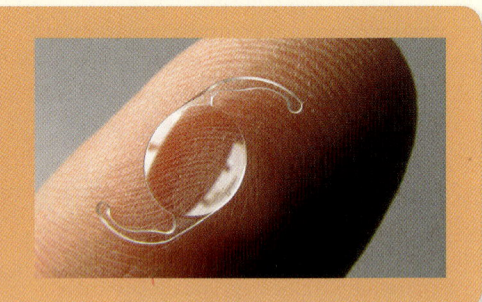

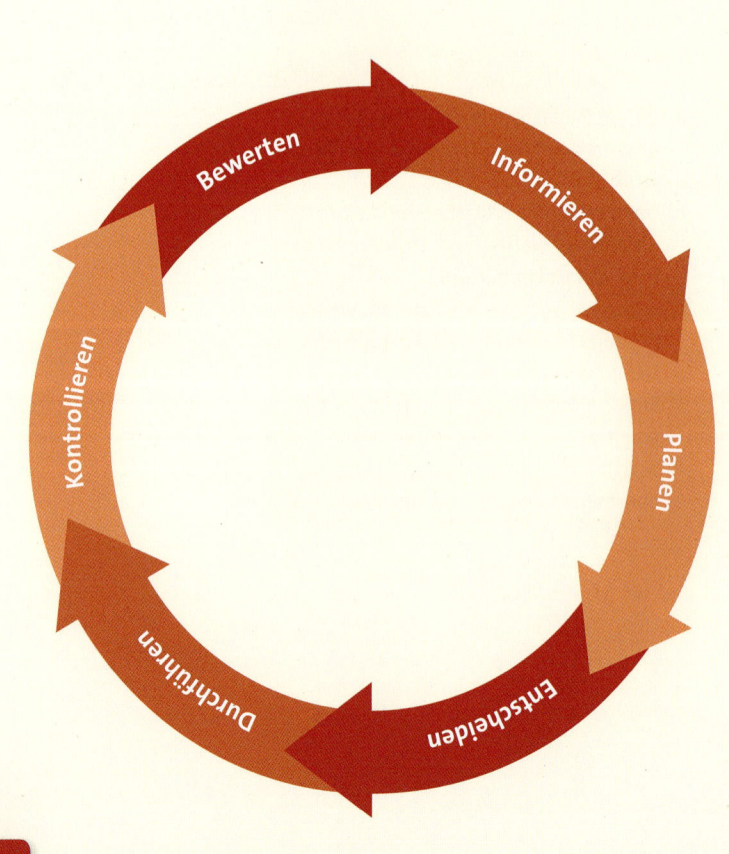

- Welche Sondergläser und -fassungen werden angeboten?
- In welchen Ausführungen sind diese lieferbar?
- Nach welchen Kriterien werden sie ausgewählt?

- Welche Hinweise liefert Ihnen die Verordnung?
- Welche Rahmenbedingungen beeinflussen die Auswahl?
- Welche Besonderheiten sind bei der Bestellung zu berücksichtigen?

- Sie klären die relevanten Einsatzbereiche der Gläser.
- Sie empfehlen und ermitteln erforderliche Filterwirkungen.
- Sie entscheiden, nach welcher Forderung zu zentrieren ist.
- Sie ermitteln die erforderlichen Zentriermaße und Parameter.
- Sie nehmen die Bestellung der Sondergläser vor.
- Sie arbeiten die Sondergläser in die Fassung ein.

- Entspricht die Wirkung der Sondergläser den Erwartungen?
- Wurde der Kunde in den Gebrauch seiner Brille eingewiesen?
- Kennt sich der Kunde mit ihrer sachgemäßen Pflege aus?

- Konnte das Sehen verbessert werden?
- Beherrscht der Kunde den Umgang mit seiner Sehhilfe?
- Hätte es Alternativen zu Ihrer Empfehlung gegeben?

# 12.1 Versorgung mit Sondergläsern

> Ein Kunde klagt insbesondere beim Blick durch die Nahteile seiner ersten Bifokalbrille über Doppelbilder. Eine Überprüfung hat ergeben, dass die eingearbeiteten Werte der Verordnung
>
> R   sph + 2,5 cyl +0,5 A 90°     Add.: 2,0
> L   sph + 4,5 cyl +0,5 A 90°     Add.: 2,0
>
> entsprechen und die Zentrierung fehlerfrei ist.

Neben den gängigen sphärischen und astigmatischen Ametropien oder Kombinationen daraus existieren auch Fehlsichtigkeiten und Augenerkrankungen, die eine Versorgung mit speziellen Brillengläsern erfordern. Dabei müssen häufig nicht nur funktionelle, sondern auch ästhetische Anforderungen erfüllt werden.

## 12.1.1 Iseikonische Brillengläser

Im Falle einer Anisometropie kann zwar relativ leicht Vollkorrektion hergestellt werden, im Zusammenspiel beider Augen sind aber Probleme möglich. Sie äußern sich unter Umständen in Form einer Aniseikonie. Dieses Phänomen lässt sich auf die unterschiedlichen Eigenvergrößerungen der Brillengläser und die vom HSA abhängige Systemvergrößerung zurückzuführen. Ab einem Bildgrößenunterschied von 4 bis 5 % wird die Differenz als störend empfunden und kann zu Unverträglichkeiten führen. Die Grenzen sind allerdings fließend und individuell verschieden.

**Gesamtvergrößerung**

$$N_G = N_E \cdot N_S$$

mit $N_E$   Eigenvergrößerung
    $N_S$   Systemvergrößerung

Zur Korrektion der Aniseikonie wird die Gesamtvergrößerung des Auges, bei dem das kleinere Netzhautbild vorliegt, durch die Erhöhung der Eigenvergrößerung gesteigert und so an die des anderen Auges angepasst. Das andere Auge erhält eine Standardkorrektur. Die Eigenvergrößerung ist vom Brechwert der Vorderfläche $D_1$ und der Mittendicke $d$ des Glases abhängig und lässt sich über diese beiden Größen beeinflussen.

**Eigenvergrößerung**

$$N_E = \frac{1}{1 - \frac{d}{n} \cdot D_1}$$

Das **iseikonische Brillenglas** zeichnet sich durch eine starke Krümmung der Vorderfläche und eine sehr hohe Mittendicke aus. Die erforderlichen Berechnungen erfolgen durch den Hersteller. Dieser sorgt dafür, dass das Verhältnis aus Eigenvergrößerung des iseikonischen Glases und der des Standardglases mit dem Aniseikoniequotienten übereinstimmt.

**Aniseikoniequotient**

$$AQ = \frac{N_{E_{Iseikonieglas}}}{N_{E_{Standardglas}}}$$

Der Nachteil solcher auch als Size-Lenses bezeichneten Gläser liegt in ihrer beeinträchtigten Ästhetik.

> **Anisometropie:** Vorhandensein unterschiedlicher Fernpunktrefraktionen beider Augen
>
> **Aniseikonie:** in Größe oder auch Form unterschiedlich wahrgenommene Netzhautbilder beider Augen

### 12.1.2 Slab-off-Schliff

Beim sogenannten **Slab-off** handelt es sich um eine Schleifart, mit der sich ein durch Anisometropie ausgelöstes Vertikalprisma im Nahbereich eines Mehrstärkenglases gezielt kompensieren lässt. Dabei können bereits Refraktionsunterschiede von 1,5 dpt zwischen beiden Augen Probleme verursachen. Schaut der Brillenträger nicht exakt durch die Fernbezugspunkte, ergeben sich zwischen rechtem und linkem Brillenglas, aufgrund der unterschiedlichen Brechwerte, in der Senkrechten verschiedene prismatische Wirkungen. Daraus resultiert ein vertikales Gesamtprisma, das zu asthenopischen Beschwerden oder Diplopie führen kann. Mithilfe des Slab-off-Schliffs lassen sich diese Belastungen mindern oder sogar beseitigen. Bei diesem erhält eines der Brillengläser ein **Höhenausgleichprisma**. Der Slab-off-Schliff lässt sich aus fertigungstechnischen Gründen jedoch nur bei mineralischen Mehrstärkengläsern realisieren.

> **Diplopie:**
> Wahrnehmung von Doppelbildern

#### Slab-off-Schliff bei Bifokalgläsern

Die technische Umsetzung des Höhenausgleichprismas erfolgt bei oben liegender Basis im Nahbezugspunkt des mathematisch negativeren Glases. In den Nahdurchblickpunkten sind die prismatischen Nebenwirkungen somit an- beziehungsweise ausgeglichen. In vertikaler Richtung liegen die Zwischenbilder dann wieder auf gleicher Höhe und können ohne asthenopische Beschwerden zu einem Gesamtbild fusioniert werden. Bifokalgläser mit einem Slab-off-Schliff sind daran zu erkennen, dass auf ihrer Vorderfläche eine sicht- und fühlbare waagerechte Schliffkante durch den Extrempunkt der Nahteilkante verläuft, die sich über die gesamte Glasbreite erstreckt (Bild 12.1).

Für die Umsetzung wählt der Glashersteller ein Grundglas, das den erforderlichen Materialabtrag erlaubt. Im ersten Fertigungsschritt erfolgt die Bearbeitung konvexseitig, sodass im Bereich des Fernteils ein Prisma Basis unten entsteht. Dann erfolgt die Fertigung der Rezeptfläche, wobei das Halbzeug mit einem sogenannten Slab schräg aufgeblockt wird, um das zuvor erzeugte Fernprisma wieder aufzuheben. Das Resultat ist ein Prisma mit oben liegender Basis im Nahteil. Im letzten Schritt wird der Slab wieder entfernt.

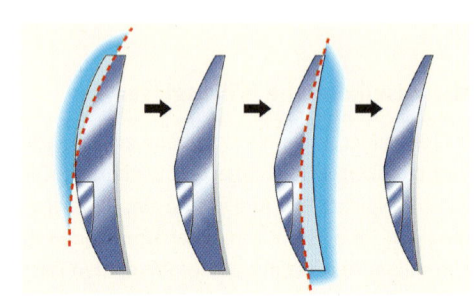

**Bild 12.2** Fertigungsschritte des Slab-off-Schliffs bei Bifokalgläsern

#### Slab-off-Schliff bei Gleitsichtgläsern

Käme das zuvor geschilderte Verfahren auch bei Gleitsichtgläsern zur Anwendung, wäre nur im Prismenbezugspunkt ein Prismengleichgewicht vorhanden. Deshalb erfordert der Slab-off-Schliff in diesem Fall einen höheren Aufwand.

**Bild 12.1** Bifokalglas mit Slab-off-Schliff

**Bild 12.3** Gleitsichtglas mit Slab-off-Schliff

# 12.1 Versorgung mit Sondergläsern

Zunächst wird auf die Rückfläche des fertigen Gleitsichtglases eine Hilfslinse aufgekittet. Nach der erfolgten Aushärtung muss es auf der Konvexseite schräg aufgeblockt werden, damit sich der prismatische Ausgleich im unteren Bereich der Rückfläche realisieren lässt. Abschließend wird die Hilfslinse wieder entfernt. So kann auch der Alterssichtige beim Vorliegen einer Anisometropie die Vorzüge eines Gleitsichtglases nutzen. Das Glas ist im Bereich der rückwärtigen Slab-off-Kante zwar nicht nutzbar, von diesem Nachteil abgesehen, stehen dem Fehlsichtigen aber im Vergleich zu den konventionellen Bifokalgläsern deutlich mehr Sehbereiche zur Verfügung.

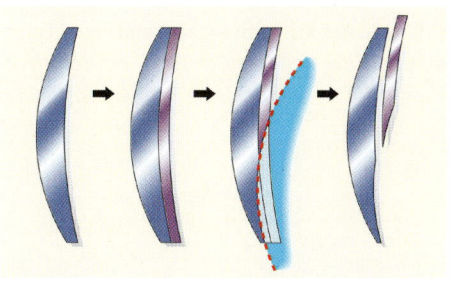

**Bild 12.4** Fertigungsschritte des Slab-off-Schliffs bei Gleitsichtgläsern

> **Praxis-Tipp**
> Obwohl sich im Prismenmesspunkt beider Gläser aufgrund des Slab-off-Schliffs unterschiedliche Wirkungen messen lassen, wurde das Gläserpaar korrekt geliefert.

## Aufgaben

1. Überprüfen Sie die Eigenvergrößerung eines Glases mit einem Scheitelbrechwert von + 1,0 dpt, einem Vorderflächenbrechwert von + 9,5 dpt, einer Mittendicke von 10 mm sowie einer Brechzahl von 1,6.

2. Ändern Sie die Mittendicke des obigen Glases auf 8 mm und 12 mm. Wie verändern sich Eigenvergrößerung und Scheitelbrechwert?

3. Schildern Sie stichwortartig, in welchen Punkten sich die Slab-off-Fertigung bei Bifokal- und Gleitsichtgläsern unterscheidet.

4. Das Brillenglas ($n_{CR39}$ = 1,5) einer Verordnung (R sph + 1,25 $N_E$ = 1,09) besitzt eine Mittendicke von 9,54 mm. Ermitteln Sie Vorderflächen-, Rückflächen- und Gesamtbrechwert des Iseikonieglases.

## 12.1.3 Lentikulargläser

**Lentikulargläser** sollen die Nachteile von Gläsern mit sehr hohen optischen Wirkungen reduzieren. Dabei handelt es sich um
- starke Vorwölbungen und große Mittendicken bei Plusgläsern,
- hohe Randdicken bei Minusgläsern,
- große Rohglasgewichte sowie
- Abbildungsfehler und Ringskotome im Randbereich.

Da sich diese Nachteile umso deutlicher auswirken, je größer der Glasdurchmesser ist, lassen sie sich durch die Wahl einer kleineren optischen Zone verringern. Um die Brillenglaskontur dennoch abdecken zu können, wird ein Tragrand benötigt, der den optisch wirksamen Linsenteil hält. Die Zone zwischen beiden Bereichen lässt sich durch einen sanften Übergang verblenden.

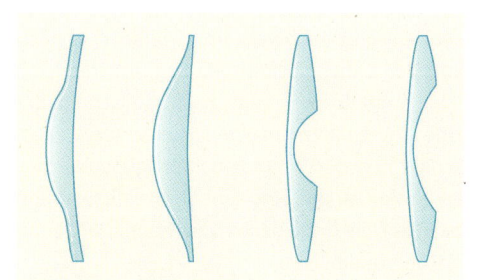

**Bild 12.5** Lentikulargäser

> **Skotom:** Gesichtsfeldausfall

## Kunden mit Sondergläsern und Schutzbrillen versorgen

Üblich ist die Ausführung als **Rund-** oder **Formlenti**. Da der Randbereich keine optische Wirkung besitzt, ist der Visus dort entsprechend herabgesetzt. Im Falle einer Myopie wird der Randbereich jedoch kaum zum aktiven Sehen genutzt, sodass ein ausreichend großes Blickfeld weiterhin vorhanden ist. Bei vorliegender Hyperopie hingegen ist von einer Beeinträchtigung des peripheren Sehens auszugehen.

Zur Verbesserung der Abbildungsqualität werden auch asphärische Flächengeometrien genutzt. Um prismatische Wirkungssprünge und damit verbundene Ringskotome im Übergangsbereich zu verhindern, kann dieser auch kontinuierlich gestaltet werden. Damit bleibt das Gesichtsfeld vollständig erhalten und ermöglicht dem Brillenglasträger eine Raumorientierung über den gesamten Glasdurchmesser.

**Bild 12.6** a) Rund- und b) Formlenti

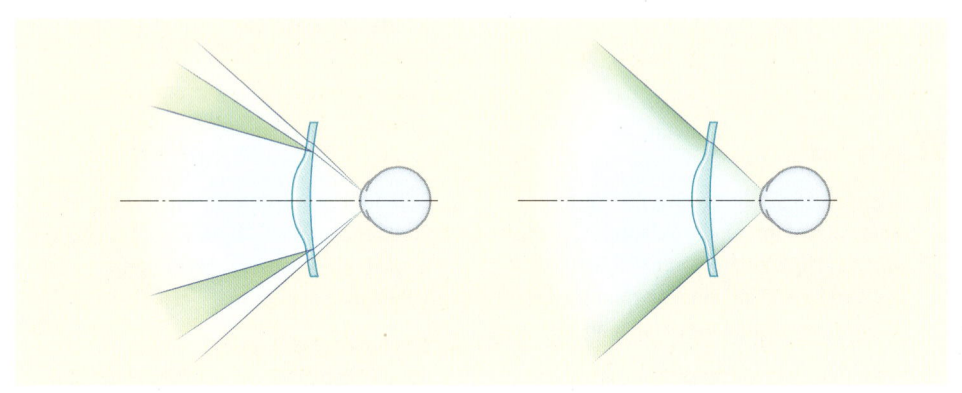

**Bild 12.7** Lentikularglas mit und ohne Ringskotom

### 12.1.4 Starbrillengläser

> **Aphakie:**
> Linsenlosigkeit

**Starbrillengläser** korrigieren das aphake Auge nach einer Operation des Grauen Stars, wenn sich aus medizinischen Gründen keine Intraokularlinse einsetzen lässt. Das linsenlose Auge nimmt in optischer Hinsicht eine besondere Stellung unter den Fehlsichtigkeiten ein, da sein Gesamtbrechwert im Grunde nur noch von der Cornea bestimmt wird. Im Vergleich zum emmetropen Auge nach Gullstrand beträgt der zu kompensierende Brechwertunterschied etwa 16,7 dpt. Das korrigierende Brillenglas muss also eine sehr starke Pluswirkung besitzen, die mit einer extrem hohen Mittendicke verbunden ist.

Aus diesen Gründen werden Stargläser als Lentikulargläser ausgeführt. Trotz der verkleinerten optischen Zone ist der Sehkomfort deutlich eingeschränkt. Der Aphake bemerkt Ringskotome und kissenförmige Verzeichnungen. Das Glas ist praktisch nur in der Mitte vollständig nutzbar und das Gesichtsfeld dadurch relativ klein. Da Blickbewegungen nur eingeschränkt möglich sind, sind stärkere Kopfbewegungen erforderlich. Deshalb sollte der Anpasser das

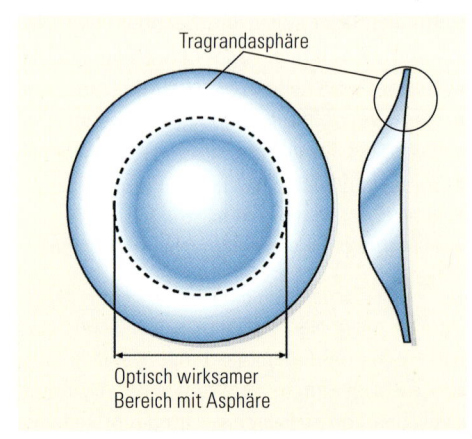

**Bild 12.8** Asphärisches Lentikularglas bei Aphakie

Starbrillenglas in einem möglichst geringen Abstand vom Auge platzieren. Hinzu kommt ein ästhetischer Aspekt: Die Augenpartie hinter dem Starglas erscheint einem äußeren Betrachter stark vergrößert und verzerrt. Auch wenn durch asphärische Ausführungen eine bessere Abbildung, ein geringeres Gewicht sowie eine geringere Mittendicke erzielt werden kann, so bleiben die geschilderten Probleme doch tendenziell erhalten.

Da das aphake Auge nicht mehr in der Lage ist zu akkommodieren, ist eine Nah- oder Mehrstärkenbrille mit einem Nahzusatz erforderlich. Die optische Industrie stellt für solche Fälle Stargläser mit kreisrunden Nahteilen zur Verfügung.

### Aufgaben

1. Erläutern Sie Unterschiede, Vor- und Nachteile von Rund- und Formlentis.

2. Erklären Sie die Ursachen von Ringskotomen und wie sich diese reduzieren lassen.

3. Machen Sie deutlich, welche speziellen Probleme bei vorliegender Aphakie gelöst werden müssen.

4. Berechnen Sie die bildseitige Brennweite des aphaken Auges unter Berücksichtigung des Hornhautbrechwertes ($D_{Cornea}$ = 43,08 dpt) nach Gullstrand.

## 12.2 Spezialfiltergläser für medizinische Anwendungen

Ein Kunde betritt ihren Betrieb und beklagt eine zunehmende Blendung. Er fragt nach der Ursache und bittet um Beratung sowie Beseitigung der geschilderten Einschränkungen.

### 12.2.1 Spezialfiltergläser bei Achromasie

Bei einer ungestörten Farbwahrnehmung sind sämtliche Zapfentypen der Retina am Sehvorgang beteiligt. Alle aus den drei Grundfarben Rot, Grün und Blau resultierenden Farbtöne können erkannt werden, sodass von **Trichromasie** gesprochen wird. Eine Abweichung von diesem Idealzustand kann in Form einer Farbsehschwäche oder auch als partielle beziehungsweise totale Farbenblindheit vorliegen. Dabei sind sowohl genetische als auch pathologische Ursachen möglich.

Bei einer Farbschwäche ist die Funktion der drei Zapfenarten zwar prinzipiell gegeben, bestimmte Farbnuancen werden aber nicht wahrgenommen oder miteinander verwechselt. Eine Schwäche im roten Bereich wird als Protanomalie, eine im grünen als Deuteranomalie und eine im blauen als Tritanomalie bezeichnet.

Im Falle einer partiellen Farbenblindheit arbeiten nur noch zwei Zapfenarten ordnungsgemäß. Bei einer solchen **Dichromasie** können bestimmte Farben nicht mehr voneinander unterschieden werden, andere werden mitunter gar nicht mehr wahrgenommen. Zu unterscheiden sind hier die Protanopie und Deuteranopie, die beide zu Rot-Grün-Verwechselungen führen sowie die Tritanopie, die Blau-Gelb-Verwechselungen bewirkt. Die Einschränkungen durch eine partielle Farbenblindheit lassen sich zwar durch Übung und Gewöhnungseffekte zum Teil kompensieren, sie stellen jedoch einen Ausschluss für bestimmte Berufe dar. Eine Therapie ist nicht möglich.

> **Achromasie:** totale Farbenblindheit

> **Trichromasie:** normales Farbensehen mit allen drei Zapfentypen

> **Dichromasie:** partielle Farbenblindheit, Sehen bei dem nur zwei Zapfentypen beteiligt sind

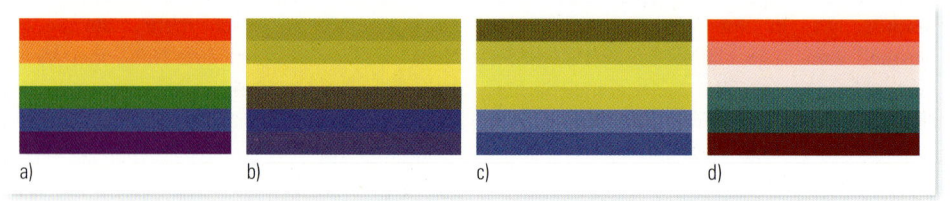

# 12 Kunden mit Sonderglärsern und Schutzbrillen versorgen

**Bild 12.9** Farbeindruck bei a) Trichromasie, b) Deuteranopie, c) Protanopie, d) Tritanopie

**Kantenfilter:** Filter, das bis zu einer bestimmten Wellenlänge (Kante) eine starke Reduktion und ab dieser eine große Transmission besitzt

Spezielle Filtergläser werden beim Vorliegen einer **Achromasie** eingesetzt, sofern sich diese auf eine Anomalie der Zapfen zurückführen lässt. Die Farbwahrnehmung ist dann unbunt, es werden somit nur noch Kontraste empfunden.

Die sogenannte **Stäbchenmonochromasie** ist auf den Totalausfall aller Zapfen zurückzuführen, das Sehen ist nur noch mit den Stäbchen möglich. Die Betroffenen leiden unter einem stark reduzierten Visus, großer Blendempfindlichkeit und Augenzittern (Nystagmus). Hilfe können **Kantenfiltergläser** bieten, die den kurzwelligen Violett/Blau- und zum Teil auch Grün-Bereich vollständig herausfiltern und nur den langwelligen Gelb/Orange/Rot-Bereich durchlassen. Diese Filter stehen in vielen verschiedenen Ausführungen zur Verfügung. Mit welchem der Filter dabei der größte Erfolg zu erzielen ist, hängt von der subjektiven Wahrnehmung ab und muss in Trageversuchen, bei unterschiedlichen Lichtverhältnissen, ermittelt werden. In Abhängigkeit von der jeweiligen Tragesituation kann auch die Versorgung mit verschiedenen Filtergläsern erforderlich sein.

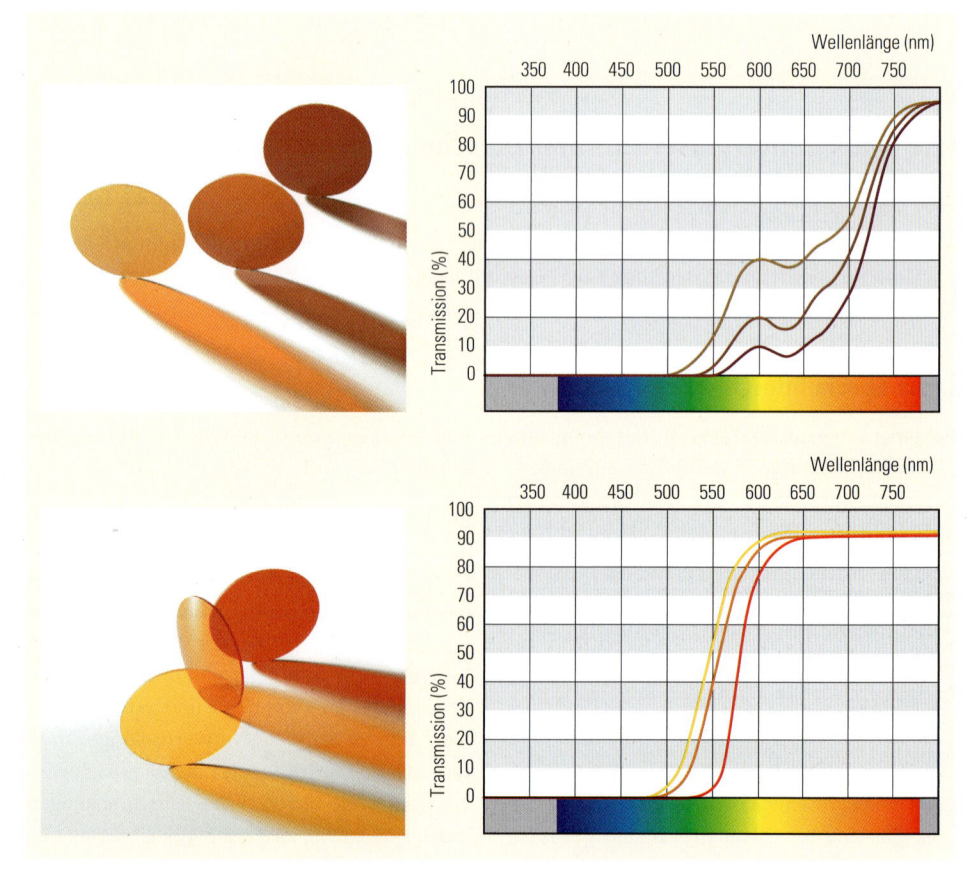

**Bild 12.10** Spezialfiltergläser für Stäbchenmonochromasie und medizinische Anwendungen

In selteneren Fällen ist neben der Funktion der Stäbchen noch die der Blauzapfen vorhanden. Es wird dann von **Blauzapfenmonochromasie** gesprochen. Der Visus ist herabgesetzt und zudem sind Kontrastempfinden und Dämmerungssehschärfe beeinträchtigt. Hier können blaue Filtergläser zu einer Verbesserung führen. Auch hier spielt die subjektive Akzeptanz eine große Rolle und muss in Trageversuchen erprobt werden.

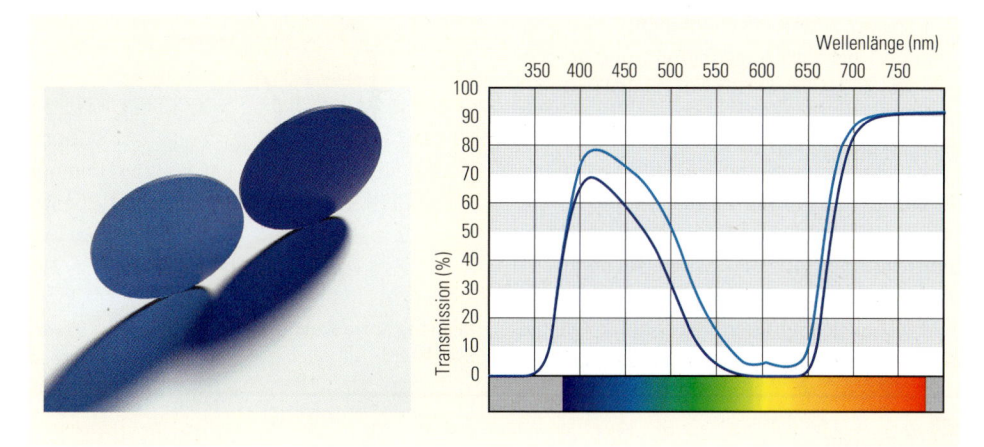

**Bild 12.11** Spezialfiltergläser bei Blauzapfenmonochromasie

## 12.2.2 Spezialfiltergläser bei Retinopathia pigmentosa und Retinopathia diabetica

Bei vorliegender **Retinopathia pigmentosa** werden die Rezeptoren der Netzhaut aufgrund einer Stoffwechselstörung immer schlechter versorgt und sterben von der Peripherie ausgehend allmählich ab. Sobald davon Netzhautareale mit einer höheren Zapfendichte betroffen sind, fallen der Visus und das Kontrast- und Farbensehen rapide ab. Der Betroffene ist blendempfindlich und leidet unter Adaptationsstörungen.

Die **diabetische Retinopathie** stellt in Europa und Nordamerika die größte Ursache für eine Erblindung im Alter zwischen 25 und 65 Jahren dar. Sie ist eine Netzhauterkrankung, die auf die Zuckerkrankheit zurückführen ist. Statistisch zeigt sich nach einer 20-jährigen Dauer des Diabetes bei 90 % der Betroffenen eine Erkrankung des Augenhintergrunds. Bei etwa 2 % der Diabetiker führt die Retinopathie letztendlich zur Erblindung. Die Krankheit setzt die Kontrastempfindlichkeit herab, sodass sich helle von dunklen Bildzonen nicht mehr voneinander unterscheiden lassen, zudem ist sie mit erhöhter Blendempfindlichkeit und Adaptationsstörungen verbunden.

Bei beiden Erkrankungen lässt sich die Sehleistung durch Kantenfilter mit Transmission im Gelb-Orange-Rot-Bereich steigern. Prinzipiell können dort Filtertypen wie im Falle der Stäbchenmonochromasie eingesetzt werden. Eine individuelle Auswahl ist auch hier erforderlich.

> **Wichtig**
> Medizinische Spezialfiltergläser sind in der Regel nicht signallichttauglich. Der Augenoptiker muss den Kunden im Rahmen seiner Informationspflicht darauf hinweisen, dass bei Verwendung der Filter kein Kraftfahrzeug geführt werden darf.

### 12.2.4 Filtergläser bei Aphakie

Unmittelbar nach einer Staroperation stellt sich häufig ein blaustichiges Sehen ein. Während die Netzhaut bis zu diesem Eingriff durch die getrübte Linse vor kurzwelligem Licht geschützt war, kann es nach ihrer Entfernung ungehindert bis zum Augenhintergrund vordringen. Moderne Intraokularlinsen (IOL) werden jedoch bereits vom Hersteller mit wirksamen UV- und Blaulichtfiltern geliefert.

Wenn die Implantation einer IOL nicht möglich ist, sollten die empfohlenen Brillengläser den Schutz vor fotochemischen Netzhautschäden übernehmen. Störende Reflexe und Streulicht lassen sich darüber hinaus durch Entspiegelungen reduzieren.

**Bild 12.12** Intraokularlinsen ohne und mit Blaufilter

#### Aufgaben

1. Erstellen Sie ein Diagramm, dem sich die Kategorisierung der Farbfehlsichtigkeiten entnehmen lässt.
2. Benennen Sie Bereiche, in denen eine partielle Farbenblindheit die Berufswahl einschränkt oder bestimmte Tätigkeiten erheblich erschwert.
3. Geben Sie an, welchem Brillenglaswerkstoff sich die allermeisten Spezialfilter zuordnen lassen und begründen Sie Ihre Aussage.
4. Informieren Sie sich in der Preisliste Ihres Glasherstellers über weitere Spezialfilter und ihre Anwendungsbereiche.

## 12.3 Sportbrillen

> Eine Kundin erzählt Ihnen begeistert vom Training für den kommenden Marathonlauf. Natürlich möchte sie auf das bevorstehende Ereignis auch in visueller Hinsicht bestmöglich vorbereitet sein.

Die Beratung im Zusammenhang mit einer Sportbrille erfordert nicht nur augenoptisches Fachwissen, sondern möglichst auch Kenntnisse über die betreffende Sportart. Den Sport selber auszuüben kann dabei sehr hilfreich sein. Eine gezielte Informationsbeschaffung ist aber auch über Seminare und Fortbildungen der Glashersteller möglich.

Obwohl mit jeder Sportart ganz spezifische Ansprüche verbunden sind, lassen sich einige gemeinsame Anforderungen zusammenfassen.

Dazu gehört die Forderung nach
- einer guten Wahrnehmung von Sportgerät, Raum und eventuellen Mitstreitern,
- einer optimalen Passform und einer großen Flexibilität,
- einem geringen Gewicht und hohem Tragekomfort,
- einem guten Schutz vor Zugluft und ablaufendem Schweiß sowie
- einer wirksamen Luftzirkulation zur Reduzierung der Beschlagsneigung.

## 12.3.1 Lauf- und Radsport

Die Hauptfunktionen einer Laufsportbrille beziehen sich im Wesentlichen auf den Schutz vor Insekten und aufgewirbelten Steinchen, UV-Strahlung, Wind, Regen und Kälte sowie auf die Ableitung des Schweißes. Sowohl die Optimierung der Wahrnehmung als auch der Blendschutz ist abhängig vom spezifischen Laufverhalten. Ein Läufer, der überwiegend im Wald trainiert, wird eine geringere Blendschutzstufe benötigen als ein Sportler, der sich neben der Straße, im Stadion oder auf einer Bergstrecke betätigt. Auch die Farbauswahl des Filters erfolgt sehr individuell, weil alle Filter neben einer physikalischen auch immer eine psychologische Wirkung besitzen. Viele Hersteller bieten auch Modelle mit Gläsern an, die sich auswechseln lassen und so eine Anpassung an wechselnde Sehsituationen ermöglichen. In Bezug auf die Fassung bevorzugen viele Läufer leichte Oberbalkenbrillen, die beim gleichmäßigen Lauf nicht schwingen.

Die Radsportbrille ist der Laufbrille ähnlich, da die Anforderungen im Grunde identisch sind. Der entscheidende Unterschied liegt lediglich in der Geschwindigkeit. Während der Läufer mit 10 bis 20 km/h unterwegs ist, erreicht der Radsportler durchaus 60 km/h und mehr. Dementsprechend ist dem sicheren Sitz der Brille und dem Windschutz mehr Aufmerksamkeit zu widmen. Häufig ist bei einer Radsportbrille ein Seitenschutz integriert, der aber auch durch stark gewölbte, größere Scheiben oder weit umgreifende Bügel erreicht werden kann.

**Bild 12.13** Radsportbrille mit Innenclip zur Aufnahme eines optischen Glases

## 12.3.2 Winter- und Bergsport

Ein wichtiges Kriterium für eine gute Winter- und Bergsportbrille ist ein Filter, das der Umgebungshelligkeit angepasst ist. Die Witterungs- und Lichtverhältnisse können jedoch sehr wechselhaft sein. Eine in der Morgendämmerung startende Hochgebirgstour, mit mittäglichem Erreichen des Gletschers und dem anschließenden Abstieg durch ein schattiges Tal am Nachmittag stellt hohe Ansprüche an die verwendete Sportbrille. In einem solchen Fall werden dringend zwei bis drei Wechselscheiben benötigt.

Die Probleme beim Skifahren und Snowboarden sind ähnlich, da die Lichtverhältnisse von strahlendem Sonnenschein mit hoher UV-Belastung bis hin zu diffusem Licht bei aufkommendem Nebel reichen. Zudem kann es zu einem raschen Wechsel zwischen Licht und Schatten kommen. Da im Bergsport der Schutz des Kopfes obligatorisch ist, sollte der Sitz der Brille nach Möglichkeit bei aufgesetztem Helm kontrolliert werden.

Für den Kletterer kann die uneingeschränkte Funktion der Brille lebensnotwendig sein. Deshalb ist ein sicherer Sitz der Brille besonders wichtig. Darüber hinaus ist auf einen guten seitlichen Abschluss zu achten. Weil der Wind im Gebirge recht häufig weht und das Auge austrocknet, kommt es zu einer erhöhten Tränenabsonderung mit Sichtbeeinträchtigung. Auch hier ist zu beachten, dass mitunter Helme getragen werden.

### 12.3.3 Wassersport

Da ultraviolettes Licht an Wasseroberflächen stark reflektiert wird, kommt dem entsprechenden Schutz beim Wassersport eine hohe Bedeutung zu. Außerdem werden die Augen durch Blendung, Wind und eventuell auch Salzwasser belastet.

Weil das an Wasseroberflächen reflektierte Licht polarisiert ist, kann der Einsatz von Polarisationsfiltern in Betracht gezogen werden. Ob diese sinnvoll sind, hängt von den individuellen Bedürfnissen des Sportlers ab. So kann ein erfahrener Segler anhand der Reflexe die Richtung einer Bö erkennen. Mit einem Polfilter ist die Beschaffung einer solchen Information nicht möglich. Weiter ist zu beachten, dass viele Instrumente über ein LCD-Display verfügen, dessen Ablesbarkeit durch das Polfilter eventuell beeinträchtigt sein könnte. Ob der Einsatz für den Kunden sinnvoll ist, lässt sich nur anhand von Trageversuchen beantworten.

Die Fassung sollte im unteren Bereich Ablauföffnungen besitzen, da es beim Wassersport häufig zu Spritzwasser kommt. In diesem Fall ist auch eine Sauber-Schicht ratsam. Brillenfassung und -gläser müssen Salzwasser gegenüber resistent sein.

Die verwendete Filterfarbe hängt von der Umgebungshelligkeit und der Blendempfindlichkeit ab. Ist der Himmel bedeckt, kann unter Umständen ein leichter orangefarbener Filter hilfreich sein. Bei Sonnenschein haben sich Tönungen der Kategorie 3 bewährt. Die Farbe kann neutralgrau oder -braun sein. Weil für den Segler die Interpretation der Wolkenbildung eine Rolle spielen kann, empfiehlt sich ein kontraststeigernder Blaudämpfer.

**Bild 12.14** Wassersportbrille

### 12.3.4 Tauch- und Schwimmsport

**Tauchmasken**

Tauchmasken ermöglichen deutliches Sehen unter der Wassergrenze. Bei emmetropen Tauchern wird dies bereits dadurch erreicht, dass sich nun vor der Hornhaut wieder das übliche Medium „Luft" befindet, der Vorderflächenbrechwert der Cornea also voll erhalten bleibt. Im Falle einer Ametropie sind Scheiben mit Korrektionswirkung erforderlich. Dabei ist die Vorderfläche der Tauchmaske plan, während die gesamte optische Wirkung auf der Rückfläche realisiert wird. So liegt über und unter Wasser Vollkorrektion vor. Der Scheitelbrechwert einer Tauchmaske stimmt im Prinzip mit dem der Refraktionsbestimmung überein, allerdings muss dem veränderten Hornhautscheitelabstand Rechnung getragen werden. Selbst die Korrektion von stärkeren Ametropien ist möglich. Bei sehr hohen Pluswerten kommt der Scheitelpunkt des Glases dem Apex der Hornhaut allerdings sehr nah. Starke Minusgläser können aufgrund ihrer hohen Randdicke unter Umständen zu Verletzungen der Gesichtshaut führen.

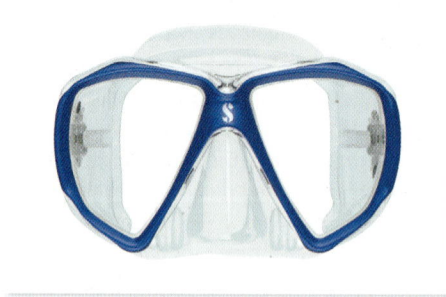

**Bild 12.15** Tauchmaske

Bei der Verglasung wird die Planfläche der Korrektionslinse auf die Innenseite der Tauchmaske geklebt. Dazu wird spezieller, hochelastischer Kleber verwendet, der ein großes Temperaturspektrum abdeckt. Unter keinen Umständen darf es zu Luftbläschen in der Klebung kommen. Der Markt stellt aber auch

Tauchmasken zur Verfügung, in die sich die Korrektionslinsen direkt einsetzen lassen. Die Maske sollte ein möglichst großes Gesichtsfeld zulassen. Zudem muss sie dicht sein und gleichmäßig anliegen, damit sich der Innenraum nicht mit Wasser füllen kann.

Die Horizontalzentrierung der Tauchmaske erfolgt nach den bekannten Empfehlungen. Da es unter Wasser jedoch keine definierte Hauptblickrichtung gibt, erfolgt die Höhenzentrierung auf Scheibenmitte. Bei der Umsetzung sind großes handwerkliches Geschick und Sorgfalt erforderlich, denn unter Wasser kann eine fehlerbehaftete Brille schwerwiegende Folgen haben. Eine durch Fehlzentrierungen hervorgerufene Störung des Binokularsehens kann den Gleichgewichtssinn beeinträchtigen und so lebensbedrohliche Drehschwindelanfälle auslösen.

Im Falle einer Presbyopie lässt sich die Tauchmaske auch mit einem Nahzusatz ausstatten. Dabei ist bei der Ermittlung des Leseabstands unbedingt zu beachten, dass unter Wasser alle Strecken optisch um den Faktor 0,75 verkürzt sind. Bei einem tatsächlichen Abstand von zum Beispiel 40 cm müsste also auf eine Entfernung von 30 cm akkommodiert werden.

**Schwimmbrillen**

Wie Tauchmasken können auch Schwimmbrillen mit optischen Gläsern ausgestattet werden. Sie bestehen üblicherweise aus zwei Teilen, einem Silikonband, das um den Kopf des Trägers gelegt wird und der von diesem Band gehaltenen Aufnahme für die Korrektionsgläser. Diese werden lediglich in die Glasaufnahme hineingedrückt und so gehalten. Im Gegensatz zur Tauchmaske ist bei der Schwimmbrille kein Druckausgleich des Innenraums über die Nase möglich. Dies hat zur Folge, dass mit größerer Tauchtiefe ein wachsender Unterdruck entsteht, der das Auge schädigen kann. Aus diesem Grund sollte mit einer Schwimmbrille nicht tiefer als 2 m getaucht werden.

### 12.3.5 Flug- und Luftsport

Der Flug- beziehungsweise Luftsport umfasst eine große Bandbreite an Betätigungen. Dazu gehören Motor- und Segelfliegen, Paragleiten ebenso wie Fallschirmspringen und Ballonfahren. Aus diesen Sportarten ergeben sich wieder ganz individuelle Anforderungen. Der beratende Augenoptiker sollte die spezifischen Arbeitsabstände genau erfragen und gegebenenfalls vor Ort überprüfen.

Der Paragleiter und Fallschirmspringer ist dem Wind direkt ausgesetzt und benötigt eine Schutzbrille. Sie wird mit einem Sicherungsband auf der Rückseite des Helms befestigt. Neben der Berücksichtigung des erforderlichen UV- und Blendschutzes muss ein weiterer Punkt beachtet werden: GPS-Gerät und Steigmesser müssen durch die Korrektionsgläser genauso gut erkennbar sein wie der Windsack aus einer Höhe von 200 m. Hinzu kommt, dass der Schirm fortwährend beobachtet und kontrolliert werden muss. Diese Sehaufgaben lassen sich bei Presbyopie nur mit Multifokal- oder Bifokalgläsern bewältigen.

Für Segel- und Motorflieger ist wichtig, dass sich die üblichen photochromatischen Brillengläser hinter einer schützenden Kanzel aus Plexiglas kaum einfärben. Auch der Einsatz von Polfiltern ist problematisch, weil Spannungen in der Windschutzscheibe deutlich sichtbar werden und zudem die Wahrnehmbarkeit von LCD-Anzeigen eingeschränkt sein kann. Zur Steigerung des Kontrastsehens sind Blaudämpfer empfehlenswert, die nur einen geringen Anteil der Streulicht verursachenden Strahlung durchlassen und dennoch ein ausgeglichenes Farbsehen ermöglichen. Weiterhin ist zu beachten, dass beim Segel- und Motorflug für die Kommunikation mit Tower und Begleitmannschaft Headsets genutzt werden. Ob das gleichzeitige Tragen von Brille und Headset Probleme verursacht, sollte im Vorfeld erprobt werden.

### 12.3.6 Schulsport

Gemäß den Empfehlungen des Ressorts „Sportophthalmologie" des Berufsverbandes der Augenärzte Deutschlands und der amerikanischen Sicherheitsstandards für Sportbrillen sollten Kinder und Schulsportbrillen bestimmte Kriterien erfüllen. Demzufolge soll die mit bruchfesten Gläsern ausgelieferte Fassung

- aus splitterfreiem Sicherheitskunststoff gefertigt und
- ohne Metalleinlagen ausgestattet sein,
- keine scharfen Kanten aufweisen,
- sich an der Form der Orbita orientieren,
- augenseitig eine tiefer ausgearbeitete Nut besitzen sowie
- über eine silikongepolsterte Nasenauflage mit definierter Mindestauflagefläche sowie
- ein elastisches Kopfband verfügen.

Viele Hersteller bieten spezielle Kinder- und Schulsportbrillen an, die sämtliche Kriterien erfüllen.

Elastische Titanfassungen besitzen im alltäglichen Gebrauch viele Vorteile, sind aber nicht sporttauglich. Sie weichen den Belastungen eher aus, als dass sie ihnen einen Widerstand entgegenbringen. Der flexible Rahmen führt bei Kontakt zu einer punktförmigen Belastung, die nicht selten zu Schnitt- oder Platzwunden führt.

Die noch nicht ausgewachsene Nase des Kindes ist ein besonders kritischer Punkt. Sie ist wenig ausgeprägt und besteht aus vielen knorpeligen Weichteilen, die leicht verschiebbar sind. Eine sehr große und breite Dreipunktauflage aus Silikon verteilt den Druck und schützt im Nasenauflagebereich. Mit dem elastischen Kopfband lässt sich die Brille sicher am Kopf fixieren. Als Brillenglaswerkstoffe eignen sich besonders Polycarbonat oder Trivex. Ein Lentikularschliff kann den Halt der Gläser unter Umständen verbessern.

> **Orbita:** knöcherne Augenhöhle

**Bild 12.16** Brille für den Schulsport

### 12.3.7 Schießsport

Im Deutschen Schützenbund sind etwa 1,5 Millionen Schützen organisiert. Das Visieren über Kimme und Korn auf die Zielscheibe erfordert hohe Konzentration, Körperbeherrschung und Sehvermögen. Auch für diesen Sport ist eine Spezialisierung des Augenoptikers erforderlich. Die normale Brille ist für den Schießsport häufig völlig ungeeignet, weil im Alltag ganz andere Einstellentfernungen, Hornhautscheitelabstände und Brillenglasareale genutzt werden. In vielen Fällen werden auch Filtergläser oder Vorhänger benötigt, Abdeckscheiben oder Seitenschutzteile montiert. Außerdem verlangt die Schießordnung für einige Waffenarten, dass die Schützen sowie ihre Mitarbeiter eine unzerbrechliche Schutzbrille tragen.

**Pistolenschießen**

Der Pistolenschütze schießt auf Ziele in einer Entfernung von 15 bis 50 m und blickt bei aufrechter Körperhaltung üblicherweise geradeaus. Über Kimme und Korn visiert er die Zielscheibe. Da es nicht möglich ist, gleichzeitig in allen Ebenen scharf zu sehen, wird eine leichte Unschärfe der Scheibe in Kauf genommen.

Ein Hilfsmittel für den Pistolenschützen ist die Irisblende, die vor dem visierenden Auge positioniert wird. Sie reduziert sphärische Aberrationen und wirkt sich so günstig auf die Schärfentiefe aus. Die Position der Blende lässt sich exakt justieren. Denn nur, wenn sie sich genau vor der Augenpupille befindet, kann der Schütze von der größeren Schärfentiefe profitieren (Bild 12.17).

**Bild 12.17** Irisblende für den Pistolenschützen

### Gewehr- und Bogenschießen

Der Gewehrschütze schießt auf Entfernungen zwischen 10 und 300 m, dabei wird eine liegende, kniende, stehende oder auch wechselnde Körperhaltung eingenommen. Fixiert wird das Korn in einem Abstand von etwa 80 bis 100 cm vom Auge. Eine normale Fernbrille ist für diese Sehaufgabe nicht geeignet, da der Gewehrschütze nasal durch das Brillenglas blicken würde. Um durch den Bezugspunkt sehen zu können, besitzt die spezielle Schießbrille in diesem Fall eine drehbare Aufnahme, mit der sich das Glas senkrecht zur Fixierlinie justieren lässt. Das andere Auge wird nicht zugekniffen, sondern abgedeckt, um Verspannungen oder vorzeitigen Ermüdungserscheinungen vorzubeugen.

Das dynamisch ablaufende Tontaubenschießen erfordert ein großes Gesichtsfeld, für das spezielle Brillen mit geringer Stegbreite entwickelt wurden. Die Kontur solcher Fassungen reicht deutlich weiter nach oben als üblich und erlaubt so ein besseres Sehen im inneren und oberen Bereich. Eine ähnliche Scheibenform benötigt der Jäger. Seine Brille wird mit Ohrwurzel umlaufenden flexiblen Bügelenden ausgestattet, damit sie bei schnellen Bewegungen sicher gehalten wird. Ob Filtergläser eingesetzt werden, hängt von der subjektiven Akzeptanz ab.

Der Bogenschütze fixiert noch stärker nasal auf die Zielscheibe. Deshalb benötigt er eine Schießbrille, die mit einem größeren Glas für die Orientierung in der Umgebung als auch mit einem drehbaren kleineren Glas ausgestattet ist, über das der Zielvorgang erfolgt.

**Bild 12.18** Schießbrille mit drehbarer Glasaufnahme für Bogenschützen

### 12.3.8 Farbfilterwirkung von Sportgläsern

Filterfarben besitzen eine physikalische Wirkung, die sich anhand von Transmissionskurven visualisieren lässt. Darüber hinaus können sie auch die Psyche beeinflussen. Ob und mit welchen Effekten dabei zu rechnen ist, hängt erheblich von der Sensibilität und vom subjektiven Empfinden des Brillenträgers ab. Bei der Versorgung mit Sportbrillen stellt die optische Industrie Tabellen zur Verfügung, denen in Abhängigkeit von der Sportart die empfohlene Filtertönung entnommen werden kann (Tabelle 12.1).

Etliche Sportbrillen sind mit Wechselscheiben oder Wechselsystemen ausgestattet, sodass eine flexible Anpassung der Filterfarbe an die jeweiligen Bedingungen möglich ist. Zu beachten ist, dass die Verkehrs-, Nachtfahr- und Signallichttauglichkeit durch die Filter eingeschränkt sein kann, worauf der Kunde hingewiesen werden muss.

# 12 Kunden mit Sondergläsern und Schutzbrillen versorgen

| Sportart | ☀ | ⛅ | ☁ | Farbwahl | Licht-dämpfung | Filter-kategorie | UV-Schutz bis |
|---|---|---|---|---|---|---|---|
| Alle Sportarten | | | | ColorMatic IQ® Contrast Orange | 40–85 % | 1–3 | 400 nm |
| | | | | ColorMatic IQ® Contrast Green | 50–85 % | 1–3 | 400 nm |
| 🏃 | | | | Gelb | 15 % | 0 | 380 nm |
| | | | | SunContrast Dynamic Red | 80 % | 2 | 400 nm |
| | | | | SunContrast Braun | 85 % | 3 | 400 nm |
| 🚴 | | | | SunContrast Orange | 40 % | 1 | 400 nm |
| | | | | SunContrast Drive | 75 % | 2 | 400 nm |
| | | | | SunContrast Dynamic Red | 80 % | 2 | 400 nm |
| ⛷ | | | | Gelb | 15 % | 0 | 380 nm |
| | | | | SunContrast Dynamic Red | 80 % | 2 | 400 nm |
| | | | | SunContrast Braun | 85 % | 3 | 400 nm |
| 🎾 | | | | Gelb | 15 % | 0 | 380 nm |
| | | | | SunContrast Bernstein | 65 % | 2 | 400 nm |
| | | | | SunContrast Bernstein | 80 % | 2 | 400 nm |
| 🏑 | | | | Gelb | 15 % | 0 | 380 nm |
| | | | | SunContrast Bernstein | 65 % | 2 | 400 nm |
| | | | | SunContrast Drive Graduell | 10/75 % | 2 | 400 nm |
| ⛵ | | | | SunContrast Orange | 40 % | 1 | 400 nm |
| | | | | SunContrast Bernstein | 65 % | 2 | 400 nm |
| | | | | SunContrast Grün | 85 % | 3 | 400 nm |
| 🚶 | | | | SunContrast Orange | 40 % | 1 | 400 nm |
| | | | | SunContrast Bernstein | 65 % | 2 | 400 nm |
| | | | | SunContrast Bernstein | 80 % | 2 | 400 nm |
| 🧗 | | | | Gelb | 15 % | 0 | 380 nm |
| | | | | SunContrast Bernstein | 65 % | 2 | 400 nm |
| | | | | SunContrast Braun | 85 % | 3 | 400 nm |

**Tabelle 12.1** Farbempfehlungen für einzelne Sportarten

## 12.3.9 Zentrierung von Sportgläsern

Sportfassungen sind häufig sehr viel stärker durchgebogen als konventionelle Korrektionsbrillen. Ein Maß für diese Durchbiegung ist der Fassungsscheibenwinkel. Er befindet sich zwischen der Fassungs- und Scheibenebene (Bild 12.19).

Aus dem Fassungsscheibenwinkel und der hohen Krümmung des Sportglases ergibt sich in Abhängigkeit von den Zentrierdaten zudem ein Verkippungswinkel, der unter anderem prismatische Wirkungen und Astigmatismus schiefer Bündel verursacht (Bild 12.20).

Um diese Abbildungsfehler zu minimieren, nimmt der Brillenglashersteller unter Einbeziehung der geometrisch-optischen Bedingungen Korrekturrechnungen vor. Weil der anatomische Abstand der Pupillenmitten nicht mit dem für die Formrandung erforderlichen Maß übereinstimmt, berechnet er außerdem eine korrigierte Pupillendistanz (Bild 12.21).

Die relevanten Bestellparameter sind vom Augenoptiker nach gewissenhafter Voranpassung der Sportfassung unter Anwendung der üblichen Methoden zu ermitteln. Der Glashersteller benötigt für die Fertigung

- den Glastyp, sowie eventuelle Tönungen und Beschichtungen,
- das Ergebnis der Refraktionsbestimmung mit Angabe der Zylinderachse,
- die Pupillendistanz,
- den Fassungsscheibenwinkel,
- die Vorneigung der Fassung,
- den Hornhautscheitelabstand,
- die Fassungs- und Zentrierdaten sowie die Scheibenform.

> **Wichtig**
> Die Zentrierung von monofokalen Sportgläsern erfolgt horizontal nach Fern-Pd und vertikal nach der Augendrehpunktforderung, die von multifokalen Sportgläsern nach der Bezugspunktforderung für die Ferne.

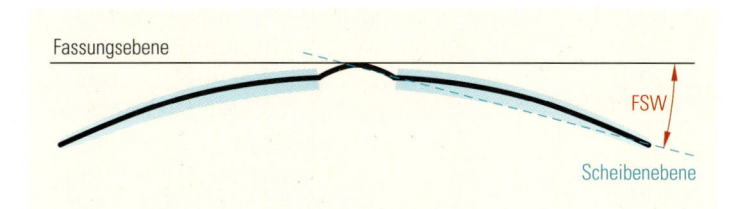

**Bild 12.19** Fassungsscheibenwinkel (FSW)

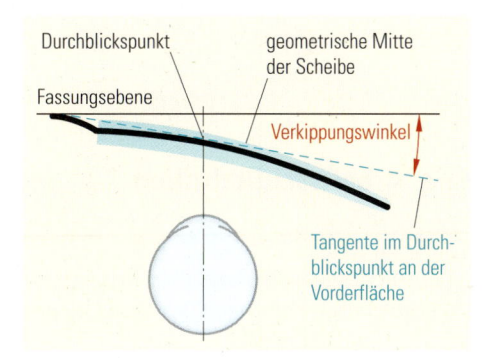

**Bild 12.20** Verkippungswinkel

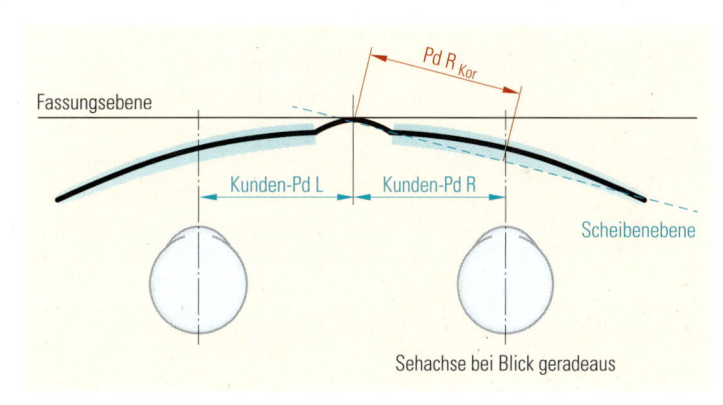

**Bild 12.21** Korrigierte Pupillendistanz ($Pd_{Kor}$)

Weil die bei der Augenglasbestimmung verwendeten Prüfgläser im Gegensatz zu den Sportgläsern geringe Durchmesser, Mittendicken und Durchbiegungen besitzen, können sich Bestell- und Messwerte deutlich voneinander unterscheiden. Damit das Glas aber einer Eingangskontrolle unterzogen werden kann, gibt der Hersteller auf der Verpackung beide Größen an. Bei sämtlichen Zentrierarbeiten ist fortan darauf zu achten, dass die modifizierte Pupillendistanz zugrunde gelegt wird.

### 12.3.10 Handhabung und Pflege der Sportbrille

Jede Sportbrille sollte in einem stabilen und verschließbaren Etui aufbewahrt werden, in dem auch eventuell genutzte Wechselscheiben sicher und griffbereit verwahrt werden können. Zum Schutz aufgebrachter Beschichtungen sind für die Reinigung die üblichen Hinweise zu beachten, nämlich die Verwendung von fließendem Wasser unter Zuhilfenahme von Spülmittel und das anschließende Trocknen mit einem weichen und fusselfreien Tuch. Alkoholhaltige Reiniger und Feuchttücher sind nicht zu empfehlen. Bei schweißtreibendem Sport sorgt ein Antibeschlagmittel für freie Sicht. Während des Wintersports ist besondere Vorsicht geboten, da messerscharfe Schnee- und Eiskristalle die Oberfläche des Brillenglases beeinträchtigen können. Die Gläser sind frei zu pusten, bevor sie trocken getupft werden können.

## 12.4 Arbeitsschutzbrillen

> Die Berufsgenossenschaft hat bei einer Kontrolle Ihrer Werkstatt das Fehlen von Arbeitsschutzbrillen bemängelt. Ihr Ausbilder beauftragt Sie mit der Auswahl und Bestellung in ausreichender Anzahl.

90 % aller Sinneseindrücke werden vom Auge aufgenommen. Dementsprechend kommt seinem Schutz eine große Bedeutung zu. Üblicherweise werden Arbeitsschutzbrillen durch den Sicherheitsbeauftragten des Betriebs abgegeben. Dabei ist sowohl eine Einweisung in den sachgerechten Gebrauch als auch der Hinweis auf eine regelmäßig vorzunehmende Kontrolle der Schutzfunktion erforderlich. Besitzt die Schutzbrille eine Korrektionswirkung, ist eine enge Zusammenarbeit mit dem Augenoptiker erforderlich. Es empfiehlt sich, die Arbeitsplatzverhältnisse genau zu erfassen. Dabei sind unter anderem die folgenden Fragen zu klären:

- Welche Art von Arbeiten werden durchgeführt?
- In welcher Distanz muss deutlich gesehen werden können?
- Sind unterschiedliche Distanzen vom gleichen Standort aus zu betrachten?
- In welcher Blickrichtung liegen die relevanten Bereiche?
- Wie groß ist das erforderliche Blickfeld?
- Wodurch zeichnet sich die erforderliche Kopf- und Körperhaltung aus?
- Werden die Arbeiten sitzend, stehend oder liegend ausgeführt?
- Bei welchen Beleuchtungsverhältnissen wird die Arbeit durchgeführt?

### 12.4.1 Mechanische, chemische und optische Gefahren

Mit 71 % lässt sich der größte Teil aller Augenverletzungen auf mechanische Ursachen und 21 % auf chemische Stoffe zurückzuführen. Nur 8 % der Augenverletzungen werden durch optische Strahlung verursacht.

**Gefährdung durch mechanische Einwirkung**

Bei den mechanischen Ursachen von Arbeitsunfällen handelt es sich häufig um Schläge, Stöße, verselbstständigte Teile, das Abgleiten von Handwerkszeug, Nägel oder Staub.

## 12.4 Arbeitsschutzbrillen

| | |
|---|---|
|  🔵 | Augenschutz benutzen |
|  ⚠️ | Warnung vor optischer Strahlung |
|  ⚠️ | Warnung vor Laserstrahl |
|  ⚠️ | Warnung vor UV-Strahlung |
|  ⚠️ | Warnung vor ätzenden Stoffen |

**Tabelle 12.2** Gebots- und Warnzeichen

Sie führen typischerweise zu Prellungen und Bindehautblutung, geschädigter Regenbogenhaut, Verletzungen und Blutungen im Augeninneren, Durchdringung der Hornhaut, Schädigung der Netzhaut oder Metallteilen im Auge. Eingedrungene Fremdkörper können sich zudem infektiös auswirken. Metallspäne korrodieren unter Umständen sehr rasch und schädigen das Auge zusätzlich.

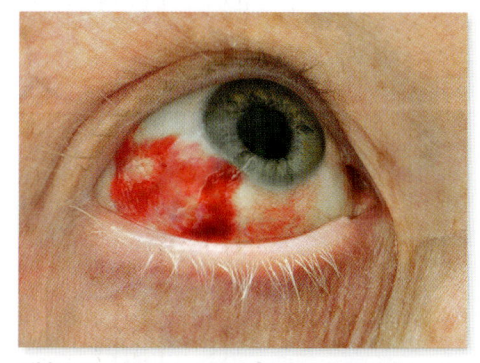

**Bild 12.22** Blutung nach mechanischem Schlag

### Gefährdung durch chemische Einwirkung

Chemikalien können als feste, flüssige oder gasförmige Stoffe ins Auge gelangen. Ein häufiger Befund ist die Verätzungen durch Säuren oder Laugen, die zur Eintrübung der gesamten Hornhaut bis hin zum Verwachsen von Augapfel und Augenlid führen kann. So zählt zum Beispiel der Kontakt mit ungelöschtem Kalk (Ätzkalk) zu den chemisch bedingten Unfallursachen.

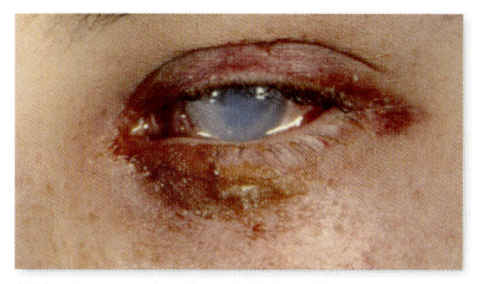

**Bild 12.23** Hornhaut nach Kalkverätzung

### Gefährdung durch optische Einwirkung

Zur Beeinträchtigung des Auges kann es bereits kommen, wenn es bestimmten Bereichen des sichtbaren Lichts ausgesetzt wird. Augenschäden werden aber eher durch den Kontakt mit ultraviolettem, infrarotem oder Laserlicht verursacht.

Wenn Hornhaut und Bindehaut insbesondere dem kurzwelligen UV-Licht (200 bis 315 nm) zu lange ausgesetzt waren, kann es durch die Schädigung von Epithelzellen zur Entzündung von Cornea und Conjunktiva kommen. Dieser Zustand ist jedoch bei nicht zu starker Schädigung reversibel und wird umgangssprachlich als „Verblitzung" oder auch „Schneeblindheit" bezeichnet. Wer sich unter UV-Lampen aufhält, mit starker Sonneneinstrahlung im Hochgebirge in Berührung kommt oder Schweißarbeiten ausführt, gehört zum gefährdeten Personenkreis.

Eine übermäßige sichtbare Strahlung (380 bis 780 nm) schädigt das Auge normalerweise nicht, sondern führt lediglich zu Sehbeeinträchtigungen durch Blendung, Reflexion oder Überstrahlung.

Kurzwelligere Infrarotstrahlung (780 bis 1000 nm) ist gefährlich, da sie nicht wahrgenommen wird, obwohl sie zum größten Teil bis

**Photokeratitis:** durch UV-Licht verursachte Hornhautentzündung
**Photokonjunktivitis:** durch UV-Licht verursachte Bindehautentzündung

**reversibel:** umkehrbar

zur Netzhaut vordringt und direkte Verbrennungen hervorrufen kann. Die langwellige Infrarotstrahlung (1000 bis 2000 nm) wird im Auge absorbiert und führt zur Erwärmung von Kammerwasser und Augenlinse. Tritt diese Belastung über Jahre auf, kann es zur Eintrübung der Augenlinse kommen. Das Phänomen ist als „Feuerstar" bekannt und tritt bei gefährdeten Personen wie Stahlarbeitern, Gasschweißern oder Glasbläsern auf.

Das mit einem Laser erzeugte Licht ist monochromatisch und stark gebündelt. Dadurch ist die Energie des Laserstrahls auf eine äußerst geringe Fläche konzentriert und stellt eine große Gefahrenquelle für das Auge dar. Ein Laserstrahl mit einer Leistung von nur wenigen Milliwatt kann die Netzhaut bleibend schädigen, während eine Glühlampe von 100 Watt Leistung gar keine Schäden bewirkt.

### 12.4.2 Augenschutzmittel

Augenschutzmittel können je nach Einsatz und Anforderung als Schutzbrille, Schutzschild, Schutzschirm oder Schutzhaube ausgeführt sein. Dabei ist zu beachten, dass es kein Schutzmittel gibt, das bei allen Tätigkeiten einen wirksamen Schutz bietet. Bei der Suche nach dem geeigneten Schutzmittel stehen bestimmte Fragen im Vordergrund:

- Ist der Augenschutz für die jeweilige Tätigkeit geeignet?
- Trägt das Augenschutzmittel eine Kennzeichnung, die den Verwendungsbereich zutreffend beschreibt?
- Genügt der Augenschutz den betrieblichen Anforderungen?
- Wird das vorgesehene Augenschutzmittel individuell auf den Träger angepasst?
- Wird das Augenschutzmittel von den Mitarbeitern akzeptiert und getragen?
- Kennen die Mitarbeiter die betrieblichen Weisungen bezüglich des Tragens, Pflegens, Überprüfens und Lagerns von Augenschutzmitteln?
- Sind die Arbeitsplätze mit entsprechenden Sicherheitszeichen gekennzeichnet?
- Wird das Tragen von Augenschutzmitteln regelmäßig kontrolliert?
- Entspricht das Augenschutzmittel den allgemein anerkannten Regeln der Technik und trägt es die erforderlichen Prüfzeichen?
- Wird das verwendete Augenschutzmittel regelmäßig auf Funktion und Sicherheit überprüft?

Schutzbrillen können als Bügel- oder Korbbrillen ausgeführt sein. Sie bestehen aus Tragkörper und Sichtgläsern. Die **Bügelbrille** ist eine leichte Schutzbrille mit oder ohne Seitenschutz. Die Sichtgläser sind in einer Fassung mit Bügeln montiert. Haben die Gläser auch eine korrigierende Wirkung, wird von einer Korrektionsschutzbrille gesprochen. Die leichte Schutzbrille eignet sich prinzipiell bei zu befürchtender mechanischer Einwirkung. Das kann bei

- der spanabhebenden Bearbeitung von Werkstoffen,
- dem Umgang mit Handwerkszeug,
- dem Schärfen von Schneiden oder
- der Arbeit im Labor der Fall sein.

Die **Korbschutzbrille** (Maskenbrille) ist eine geschlossene Schutzvorrichtung, die den Augenbereich komplett umschließt. Ihr Tragkörper besteht aus einem weichen, elastischen und dadurch gut anliegenden Material. Sie bietet sich an, wenn sie von mehreren Personen genutzt wird und schützt vor

- mechanischer Einwirkung von allen Seiten,
- Tropfen und Spritzern von Flüssigkeiten und
- Grobstaub.

**Bild 12.24** Korbbrille zum Schutz vor Laserstrahlung

### 12.4.3 Augenschutz bei Kontaktlinsenträgern

Kontaktlinsen gewähren dem Auge keinen Schutz gegen Einwirkungen von außen. Besonders gefährdet sind Träger von Kontaktlinsen durch Staub und reizende Chemikalien. Mit der Tränenflüssigkeit gelangen diese Stoffe leicht unter die Linse und können zu Schädigungen führen. Staubpartikel können den vorderen Augenabschnitt gefährden. Bei Chemikalien ist die Gefahr einer Schädigung besonders groß. Weil bei einem Unfall zunächst die Kontaktlinse entfernt werden muss, kann die Konzentration der schädigenden Substanz durch Augenspülung nicht schnell genug herabgesetzt werden. Kontaktlinsen ersetzen also in keiner Weise den Augenschutz.

> **Wichtig**
> - Kontaktlinsenträger dürfen keine Arbeiten verrichten, bei denen die Augen ständig durch Fremdkörper, gewebeschädigende Substanzen oder Staubpartikel gefährdet sind.
> - Kontaktlinsenträger müssen gut abschließende Schutzbrillen tragen, wenn sie nur gelegentlichen oder kurzzeitigen Gefährdungen ausgesetzt sind.

### 12.4.4 Handhabung und Pflege der Arbeitsschutzbrille

Die Handhabung und Pflege der Schutzbrille umfasst ihre
- sichere Aufbewahrung,
- sachgemäße Reinigung sowie
- Überprüfung in regelmäßigen Abständen.

Die Schutzbrille muss stets griffbereit sein. Diesem Zweck können spezielle Brillenkästen und Regale dienen. Gürteltasche oder Etui sind dann zu empfehlen, wenn der Träger an wechselnden Arbeitsplätzen tätig ist. Eine Schutzbrille kann ihren Zweck nur dann erfüllen, wenn sie sauber getragen wird. Deshalb sollten Reinigungsstationen in direkter Nähe vorhanden und mit entsprechenden Hilfsmitteln ausgestattet sein. Die ordnungsgemäße Funktion der Schutzbrille sollte unmittelbar vor ihrer Nutzung durch den Träger überprüft werden.

> **Aufgaben**
>
> 1. Bennen Sie konkrete Beispiele für Gefährdungen durch mechanische, chemische und optische Einwirkungen aus Ihrer beruflichen Praxis.
> 2. Erklären Sie, wodurch sich Bügel- und Korb- beziehungsweise Maskenschutzbrillen unterscheiden.
> 3. Erläutern Sie, weshalb Kontaktlinsen keineswegs einen Schutz vor UV-Licht bieten.
> 4. Bringen Sie in Erfahrung, wie hoch die Leistung eines gängigen Laserpointers ist und mit welchen Prüf- und Sicherheitshinweisen dieser versehen wurde.

## Projektaufgaben

1. Nach einer Kataraktoperation werden Stargläser verordnet, wenn medizinische Gründe gegen Intraokular- oder Kontaktlinsen sprechen. In der Regel wird zunächst nur ein Auge operiert. Sobald mit diesem wieder eine befriedigende Sehleistung erreicht ist, erfolgt die Operation des zweiten Auges.
   a) Geben Sie den verbleibenden Brechwert eines aphaken Auges an, das vor der Operation emmetrop war.
   b) Berechnen Sie die Fernpunktrefraktion des Auges.
   c) Ermitteln Sie die Wirkung des notwendigen Vollkorrektionsglases bei einem Hornhautscheitelabstand von 16 mm.
   d) Vergleichen Sie die Netzhautbildgrößen eines nichtoperierten und eines mit Starglas vollkorrigierten Auges und beurteilen Sie die Auswirkungen auf das Binokularsehen.
   
   Gehen Sie bei sämtlichen Berechnungen von den Daten des Gullstrand'schen Normalauges aus.

2. Entwerfen Sie einen illustrierten Flyer für den sportbegeisterten Brillenträger. Ihm sollen darin
   a) die besonderen visuellen Anforderungen beim Sport verdeutlicht,
   b) die Vielfalt besonderer Sportfassungen veranschaulicht sowie
   c) die Möglichkeiten spezieller Sportgläser aufgezeigt werden.

# Lernfeld 13
# Kunden die Anwendung vergrößernder Sehhilfen erklären

Ein Kunde betritt in Begleitung Ihren Betrieb und legt Ihnen das Rezept des Augenarztes über eine Fernrohrbrille vor. Er bittet Sie um eine ausführliche Beratung, Interpretation und Umsetzung der Verordnung.

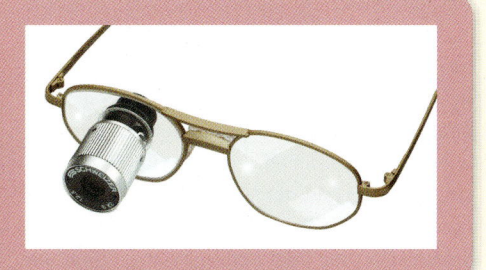

- Welche Symptome weisen auf eine Augenerkrankung hin?
- Wodurch kann eine Augenerkrankung ausgelöst werden?
- Welche vergrößernden Sehhilfen stehen zur Verfügung?
- Welche Form der Sehbehinderung liegt vor?
- Muss der Kunde an den Augenarzt verwiesen werden?
- Wie groß sind die zu erwartenden Erfolgsaussichten?
- Sie verweisen gegebenenfalls an den Ophthalmologen.
- Sie verschaffen sich bezüglich möglicher Sehhilfen einen Überblick.
- Sie wählen geeignete Demonstrationsmedien aus.
- Sie erklären die Angaben der ärztlichen Verordnung.
- Sie weisen in den sachgemäßen Gebrauch des Instruments ein.
- Sie erläutern begünstigende Rahmenbedingungen.
- Entspricht die Endanpassung der Sehhilfe der Zentriervorschrift?
- Haben sich die angenommenen Erfolgsaussichten bestätigt?
- Wurde der Kunde in den Gebrauch der Sehhilfe eingewiesen?

- Können weitere Hilfsmittel den visuellen Erfolg noch steigern?
- Beherrscht der Kunde den Umgang mit dem System?
- Hätte es alternative Umsetzungsmöglichkeiten gegeben?

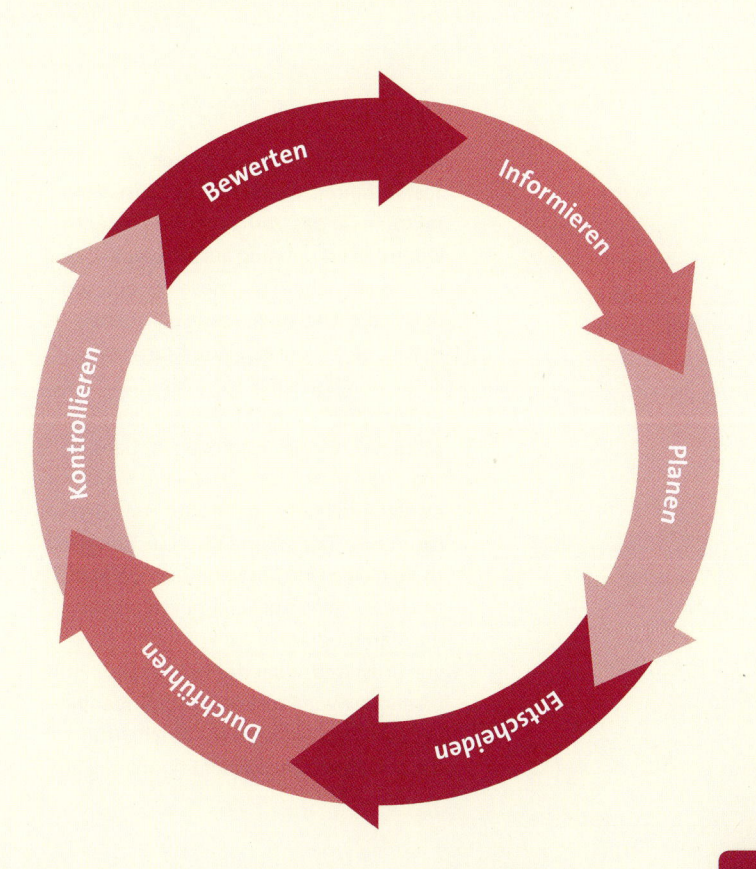

Bewerten – Informieren – Planen – Entscheiden – Durchführen – Kontrollieren

# 13.1 Sehbehinderung und Blindheit

> In der Fußgängerzone begegnet Ihnen ein Mann mit Blindenbinde. Sie fragen sich, weshalb der Mann eine Brille trägt und allen Hindernissen relativ sicher ausweichen kann.

Der Gesetzgeber grenzt die Sehbehinderung von der Blindheit unabhängig von ihrer Ursache anhand des Restsehvermögens ab. Dabei bezieht er sich auf die zentrale Sehschärfe bei bestmöglicher Korrektur mit Brillengläsern oder Kontaktlinsen. Von einer Sehbehinderung wird dann gesprochen, wenn der binokulare Visus unter 0,3 und der Visus eines Auges 0,075 oder mehr beträgt. Im Falle einer hochgradigen Sehbehinderung liegt der binokulare Visus unter 0,05, während der monokulare bei 0,03 oder darüber liegt. Erst bei einem binokularen Visus unter 0,02 wird von einer praktischen Blindheit gesprochen. Diese Kategorisierung hat einen entscheidenden Einfluss auf den Anspruch von Leistungen und Zuschüssen der Versicherer.

Die Symptome von Sehbehinderungen sind genauso vielfältig, wie die dafür verantwortlichen Ursachen. Obwohl der Augenoptiker weder eine Diagnose stellen noch therapeutische Maßnahmen ergreifen darf, muss er dennoch im Stande sein, charakteristische Anzeichen von vorliegenden oder beginnenden Augenkrankheiten zu erkennen. Dabei kann ein systematisches Screening wertvolle Hinweise liefern. In solchen Fällen ist der Proband ganz im Sinne der Abgrenzungsrichtlinien zur weiteren Abklärung an den Ophthalmologen zu verweisen. Dieser entscheidet darüber, ob medikamentös oder operativ behandelt werden kann.

**Screening:** Selektion, Durchsiebung

| Bezeichnung | Visus, monokular | Visus, binokular |
|---|---|---|
| Sehbehinderung | ≥ 0,075 | < 0,30 |
| hochgradige Sehbehinderung | ≥ 0,030 | < 0,05 |
| praktische Blindheit |  | < 0,02 |

Tabelle 13.1 Einteilung der Sehbehinderungen nach deutschem Recht

---

**Screening**

Beim Screening handelt es sich um ein Testverfahren, das dazu dient, Risikofaktoren für das Vorhandensein einer bestimmten Erkrankung aufzudecken. Dabei wird keine sichere Diagnose erstellt, sondern lediglich eine Aussage darüber gemacht, ob der untersuchte Krankheitsindikator auffällig (= positiv) oder unauffällig (= negativ) ist. Aus der Menge aller Getesteten werden die auffälligen Probanden „herausgesiebt". Für diesen Personenkreis erfolgt anschließend mithilfe von aufwändigeren Verfahren und Untersuchungsmethoden eine Diagnose durch einen Arzt. Typische Beispiele für Screeningtests sind die Mammographie zur Früherkennung von Brustkrebs oder der PSA-Test zur Früherkennung von Prostatakrebs. Screeningtests werden an Personen durchgeführt, die keine Anzeichen einer Erkrankung aufweisen und dienen damit der Früherkennung. Diese ist nur dann sinnvoll, wenn auch ein deutlich besserer Therapieverlauf erwartet werden kann. Um volksgesundheitlich wirksam zu werden, sind große Personengruppen mithilfe von einfachen Verfahren zu untersuchen.

Die Testaussagen **positiv** und **negativ** entsprechen nur mit einer bestimmten Wahrscheinlichkeit dem tatsächlichen Gesundheitszustand des Probanden. Folgende Fälle sind möglich:

1. Ein „positiv" getesteter Proband ist tatsächlich **krank** – das Ergebnis ist somit „wahr positiv". In diesem Fall hätte der Test seinen Zweck erfüllt, eine zuvor unentdeckte Erkrankung wurde erkannt und die ärztliche Therapie kann früher einsetzen.

2. Ein „positiv" getesteter Proband ist in Wirklichkeit **gesund** – das Ergebnis ist somit „falsch positiv". Dieses Testergebnis führt zunächst zu einer starken Verunsicherung des Probanden, die solange anhält, bis ärztliche Untersuchungen den tatsächlichen „gesunden" Zustand feststellen.

3. Ein „negativ" getesteter Proband ist tatsächlich **gesund** – das Ergebnis ist somit „wahr negativ". Dieses Ergebnis gibt dem Probanden das beruhigende Gefühl gesund zu sein.

4. Ein „negativ" getesteter Proband ist in Wirklichkeit **krank** – das Ergebnis ist somit „falsch negativ". Das Ergebnis beruhigt den Probanden, es wiegt ihn jedoch in falscher Sicherheit. Die vorhandene Krankheit kann unentdeckt voranschreiten.

Die Wahrscheinlichkeit dafür, dass ein kranker Proband auch „wahr positiv" getestet wird, wird als **Sensitivität** bezeichnet. Die Wahrscheinlichkeit, einen gesunden Probanden „wahr negativ" zu testen, heißt **Spezifität**. Wünschenswert ist eine hohe Sensitivität bei gleichzeitig hoher Spezifität. In der Regel ist eine Erhöhung der Sensitivität jedoch mit einer Verringerung der Spezifität verbunden. Häufig ist die Wahrscheinlichkeit, dass ein „positiv" getesteter Proband tatsächlich krank ist, trotz hoher Sensitivität relativ gering. Diese scheinbar paradoxe Tatsache hängt davon ab, wie stark die Erkrankung in der untersuchten Personengruppe statistisch verbreitet ist. Eine genaue Aussage erfordert exakte statistische Daten und spezifisches mathematisches Fachwissen.

> **Praxis-Tipp**
> Der Augenoptiker darf, im Gegensatz zum Arzt, keine medizinische Diagnose stellen. Mögliche Aussagen gegenüber dem Kunden könnten sein:
> – Test positiv
>   „Das Testergebnis weicht vom Normalwert ab. Das heißt nicht, dass Sie wirklich krank sind, aber Sie sollten dies vom Augenarzt überprüfen lassen."
> – Test negativ
>   „Das Testergebnis deutet nicht auf eine Erkrankung hin. Bitte denken Sie auch weiterhin an die regelmäßigen Routineuntersuchungen beim Augenarzt."

In der Augenoptik kommen mehrere Verfahren zum Screening zur Anwendung. Sie dienen der Erkennung von pathologischen Abweichungen (Glaukomfrüherkennung), aber auch der Klassifizierung der Sehleistung (Führerscheinsehtest) oder des Farbsinns.

**Farbsinnscreening mit pseudoisochromatischen Tafeln**

Pseudoisochromatische Tafeln bestehen aus verschiedenfarbigen Punkten, die in ihrer Gesamtheit ein Testzeichen enthalten. Diese sind farblich so gestaltet, dass sie von farbsinngestörten Personen nicht oder nur falsch erkannt werden können. Ein Beispiel für solche Tafeln ist der sogenannte Ishihara-Test, dessen Muster Testzeichen aus Zahlen enthalten.

Da das Farbempfinden von der Art der Beleuchtung abhängt, muss der Test unter genau definierten Rahmenbedingungen

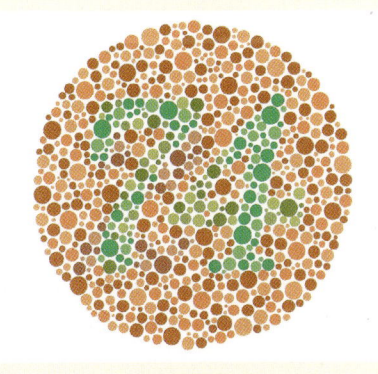

**Bild 13.1** Ishihara-Farbtafel

# 13 Kunden die Anwendung vergrößernder Sehhilfen erklären

**Anomaloskop:** Farbmischgerät zur quantitativen Erfassung einer Rot-Grün-Schwäche

durchgeführt werden. Er wird unter anderem bei der Reihenuntersuchung von Schulkindern eingesetzt. Bei einem positiven Ergebnis sind genauere Untersuchungen mithilfe eines Farblegetests oder eines Anomaloskops möglich.

### Intraokulardruckmessung zur Glaukomfrüherkennung

Unter den Glaukomarten stellt das **primäre Offenwinkelglaukom** die häufigste Form dar. Es zeichnet sich unter anderem durch einen erhöhten Augeninnendruck aus. Da dieser Druck individuell sehr unterschiedlich sein kann und zudem auch zeitlichen Schwankungen unterliegt, ist die Angabe eines exakten Grenzwertes problematisch. Deshalb wird für den Test ein durchschnittlicher Maximaldruck von 21 mm Hg zugrunde gelegt.

**1 mm Hg:** Druck, der dem Schweredruck einer 1 mm hohen Quecksilbersäule entspricht

**Tonometer:** Gerät zur Bestimmung des Augeninnendrucks

Tonometer, die auch von Augenoptikern eingesetzt werden dürfen, deformieren die Hornhaut kurzzeitig durch einen definierten Luftstoß oder durch den Beschuss mit einem kleinen Stempel. Das Elastizitätsverhalten der Hornhaut gibt Auskunft über den Druck im Augeninneren. Zu beachten ist, dass sich mithilfe der Tonometrie nur Anhaltspunkte für das primäre Offen- oder Engwinkelglaukom aufspüren lassen. Sogenannte Normaldruckglaukome bleiben bei dieser Methode unentdeckt. Im Falle eines positiven Befunds sind weitere Untersuchungen wie Gesichtsfeldmessungen oder Fundusbeobachtungen erforderlich.

**Fundus:** Augenhintergrund

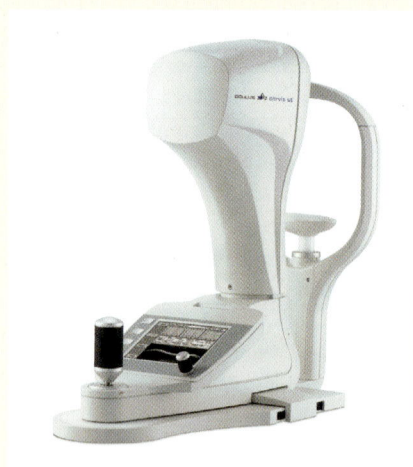

**Bild 13.2** Non-Contact-Tonometer

Zu den häufigsten Ursachen der Sehbehinderungen gehören die **Katarakt**, die altersbedingte **Makuladegeneration**, das **Glaukom**, die **diabetische Retinopathie** sowie die **Retinopathia pigmentosa**.

### Katarakt

Bei der Katarakt handelt es sich um eine meist von der Mitte ausgehenden Eintrübung der Augenlinse. Dabei nimmt der Betroffene seine Umwelt wie durch einen Schleier wahr. Diese Sehbehinderung wird auch als **Grauer Star** bezeichnet. Die Eintrübung ist auf eine altersbedingte Veränderung der Linsenproteine zurückzuführen. Sie reduziert die Transparenz, verursacht Streulicht und setzt die Kontrastwahrnehmung zumindest im fortgeschrittenen Stadium erheblich herab.

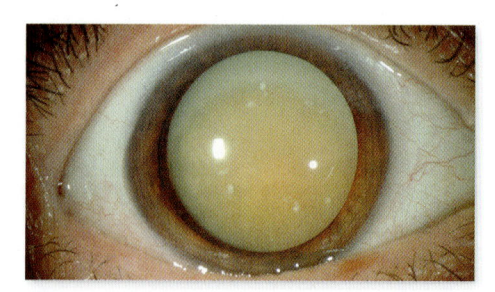

**Bild 13.3** Katarakt im fortgeschrittenen Stadium

Die Katarakt kann durch einen Eingriff beseitigt werden, bei dem zunächst die körpereigene Linsenkapsel ausgeräumt und anschließend durch eine Intraokularlinse (IOL) ersetzt wird. Diese zur **Pseudo-Aphakie** führende Operation ist eine der häufigsten im ophthalmologischen Bereich. Neben den standardisierten Intraokularlinsen mit konstanter Brennweite lassen sich inzwischen auch multifokale und akkommodative Ausführungen implantieren.

**Aphakie:** Linsenlosigkeit

## Altersbedingte Makuladegeneration (AMD)

Bei der Makula handelt es sich um das Zentrum der Netzhautgrube, also um den Bereich mit der höchsten Zapfendichte. Die Randbereiche der Netzhaut sind von der Rückbildung nicht betroffen, sodass zunächst keine Einschränkung des peripheren Gesichtsfelds zu befürchten ist. Häufig kündigt sich die Degeneration der Makula durch eine verzerrte Wahrnehmung von Linien und Konturen sowie durch dunkle Bereiche im Gesichtsfeldzentrum an. Symptomatisch sind auch der Abfall von Sehschärfe und Lesefähigkeit, eine Abnahme der Kontrast- und Farbwahrnehmung sowie eine höhere Blendempfindlichkeit. Diese Sehbehinderung kann als trockene oder feuchte Form auftreten.

Bei der **trockenen Makuladegeneration** bilden sich zwischen Ader- und Netzhaut aufgrund der Ablagerung von Stoffwechselprodukten sogenannte harte Drusen. Diese bewirken eine Vorwölbung und Ablösung der Retina sowie ein allmähliches Absterben von benachbarten Rezeptoren. Diese Form der AMD ist relativ häufig und verläuft meistens recht langsam. Die ausgelösten Schädigungen sind in jedem Fall irreversibel. Bei der sehr viel seltener auftretenden **feuchten Makuladegeneration** führen abnorme Blutgefäße unter der Netzhaut zu Blut- und Flüssigkeitsansammlungen, die als weiche Drusen bezeichnet werden. Die Auswirkungen der feuchten Variante sind mit denen der trockenen vergleichbar, ihr Verlauf erfolgt allerdings in kürzerer Zeit (Bild 13.4).

Die AMD wird wahrscheinlich durch die mangelhafte Entsorgung von Stoffwechselprodukten ausgelöst. Vermutet werden aber auch genetische Ursachen. Eine unausgewogene Ernährung, ein unzureichender Schutz vor UV-Licht und ein übermäßiger Nikotinkonsum könnten ebenfalls zu einer Degeneration der Makula beitragen.

Operative Eingriffe zielen in erster Linie darauf ab, abnorme Blutgefäße unter der Netzhaut durch eine Laserbehandlung zu schließen, um weitere Ablösungen zu verhindern. Andere Behandlungswege bestehen zum Beispiel in der Injektion von Hemmstoffen, die das Gefäßwachstum stoppen und Gefäße abdichten sollen.

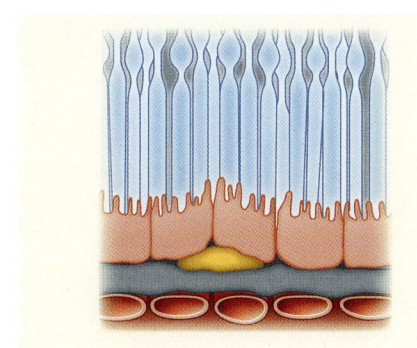

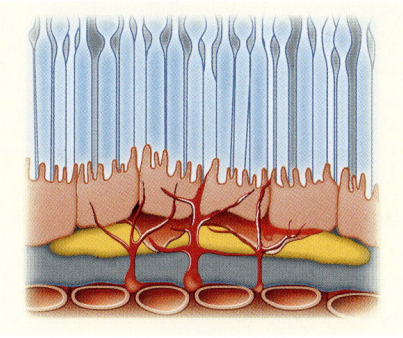

**Bild 13.4** Trockene und feuchte Makuladegeneration

## Glaukom

Das **Glaukom** wird auch als **Grüner Star** bezeichnet. Es ist weltweit eine der häufigsten Ursachen für eine Erblindung. Bei einem Glaukom kommt es zu einem Nervenfaserverlust am Sehnervenkopf. Dadurch entstehen Gesichtsausfälle, die der Betroffene allerdings erst im fortgeschrittenen Stadium wahrnimmt. Einmal eingetretene Schädigungen heilen weder aus, noch lassen sie sich umkehren. Inzwischen ist bekannt, dass nicht nur der Augeninnendruck, sondern auch die Durchblutung des Sehnervs einen entscheidenden Einfluss auf Entstehung und Verlauf der Erkrankung hat. Der Intraokulardruck (IOD) ist das Resultat aus der Produktion des Kammerwassers im Ziliarkörper sowie seines Abtransports über das Trabekelwerk und den Schlemm'schen Kanal. Häufig wird in diesem Zusammenhang ein maximaler IOD von 21 mm Hg angegeben. Bei einer sehr guten Durchblutung des Sehnervs darf er aber auch darüber liegen. Wird er dagegen unzureichend durchblutet, können sogar schon bei niedrigeren Werten Skotome entstehen. Aus diesem Grund hat der oben angegebene Grenzwert lediglich eine statistische, keinesfalls aber eine medizinische Bedeutung. Eine zuverlässigere Diagnose kann der Ophthalmologe erst nach Messung der Hornhautdicke, Ermittlung des Gesichtsfelds und Beurteilung des Augenhintergrundes stellen.

Das primäre **Offenwinkelglaukom** ist mit etwa 90 % die häufigste Form aller Glaukome. Dabei ist der Kammerwasserabfluss durch Trabekelwerk und Schlemm'schen Kanal gestört. Das **Normaldruckglaukom** zählt ebenfalls zu dieser Variante und ist häufig auf Durchblutungsstörungen zurückführen. Wird der Kammerwinkel von der Regenbogenhaut versperrt und behindert dadurch den Abtransport des Kammerwassers, handelt es sich dagegen um ein primäres **Engwinkelglaukom** (Bild 13.5).

Die Entstehung eines Glaukoms kann neben anderen Faktoren durch ein hohes Lebensalter, eine erbliche Veranlagung, eine hochgradige Längenametropie, einen zu hohen oder zu niedrigen Blutdruck, einer vorliegenden Diabetes oder einen übermäßigen Nikotinkonsum begünstigt werden.

Die Therapiemöglichkeiten sind vielfältig und bei rechtzeitiger Beseitigung der Ursachen Erfolg versprechend. Die medikamentöse Behandlung des Glaukoms zielt unter anderem darauf ab, die Produktion des Kammerwassers zu reduzieren, die Kontraktion des Ziliarkörpers zur Freigabe des Kammerwinkels herbeizuführen und das Trabekelwerk zu öffnen. Verschiedene Operationstechniken und spezielle Laserbehandlungen verbessern die Abflussmöglichkeiten des Kammerwassers auf mechanischem Wege.

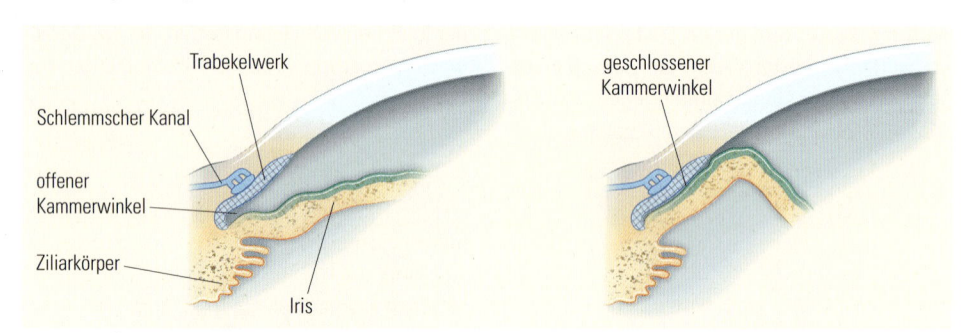

**Bild 13.5** Offenwinkel- und Engwinkelglaukom

### Diabetische Retinopathie

Bei der **Diabetischen Retinopathie** handelt es sich um eine Folgeerscheinung des Diabetes. Im Falle einer **nichtproliferativen Retinopathie** kommt es zu stoffwechselbedingten Gefäßveränderungen unterschiedlichen Ausmaßes, die sich allerdings auf die Netzhaut beschränken und das Sehvermögen vorerst nicht beeinträchtigen. Diese Gefäße führen bei der **proliferativen Retinopathie** zu regelrechten Einblutungen, die bis in den Glaskörper vordringen können. Sobald die Gefäße narbenartig zusammenschrumpfen, kann es außerdem zu Netzhautablösungen kommen, die sich mitunter durch die Wahrnehmung von Lichtblitzen ankündigen. Die visuelle Beeinträchtigung zeigt sich in Form von Unschärfen, dunklen Flecken und rötlichen Schleiern.

Neben der medikamentösen Behandlung des Diabetes lässt sich der Verlauf der Retinopathie durch die Kontrolle des Körpergewichts, die Beachtung von Diätempfehlungen sowie den Verzicht auf Nikotin und Alkohol erheblich beeinflussen. Darüber hinaus können durch gezielte Laserbehandlungen Blutungsherde verödet sowie die Neubildung von Gefäßen aufgehalten werden.

> **Proliferation:** Wachstum

## Retinopathia pigmentosa (RP)

Bei der **Retinopathia pigmentosa** handelt es sich um eine erbliche Augenerkrankung, bei der die Rezeptoren der Netzhaut aufgrund von abgelagerten Stoffwechselprodukten allmählich absterben. Betroffen sind davon zunächst allerdings nur die Stäbchen. Aus diesem Grund nimmt der Betroffene die ersten Beeinträchtigungen besonders in der Dämmerung wahr. Das Gesichtsfeld engt sich von außen zunehmend ein, sodass es früher oder später zum charakteristischen Röhren- oder Tunnelblick kommt. Mit einer Einschränkung der Farb- und Kontrastwahrnehmung sowie einer Abnahme der Sehschärfe ist zu rechnen, sobald auch zentrale Netzhautareale betroffen sind.

Die RP beginnt häufig bereits im Jugendalter, entwickelt sich unter Umständen über Jahrzehnte hinweg und führt nicht selten zur Erblindung. Prophylaktische Maßnahmen, medikamentöse Therapien oder operative Eingriffe zur Verzögerung des Krankheitsverlaufs sind bis heute nicht möglich.

## Uveitis

Die als Uvea bezeichnete Gefäßhaut setzt sich aus der Aderhaut, dem Ziliarkörper und der Regenbogenhaut zusammen. Bei einer **Uveitis** handelt es sich um eine entzündliche Erkrankung der Gefäßhaut. Sie lässt sich in Abhängigkeit vom Entzündungsort klassifizieren (Tabelle 13.2).

Verursacht wird die Uveitis durch Bakterien, Viren, Pilze oder Parasiten. Entwickelt sich die Entzündung der Gefäßhaut schleichend, nimmt der Visus zwar allmählich ab, das Auge bleibt aber häufig reiz- und schmerzfrei. Wenn sie dagegen in kurzer Zeit entsteht, sind verschiedene Anzeichen symptomatisch. Die Beeinträchtigungen zeigen sich durch

- eine deutliche Rötung des Auges,
- eine erhöhte Sekretion,
- eine zunehmende Blendungsempfindlichkeit,
- ein schlechteres Sehen und
- Augenschmerzen.

Wird die Entzündung nicht rechtzeitig behandelt, kann es zu Verwachsungen zwischen Regenbogenhaut und Linse oder Kammerwinkel, zur Eintrübung des Glaskörpers, zur Katarakt oder zum Glaukom bis hin zur Erblindung kommen. Verabreichte Medikamente zielen in erster Linie auf die Beseitigung der Entzündung ab. In chirurgischer Hinsicht kommen unter anderem Kälteanwendungen zur Aufhellung, aber auch Operationen zur Entfernung des Glaskörpers in Frage.

| Bezeichnung | Ort der Entzündung |
|---|---|
| Uveitis anterior | • Regenbogenhaut<br>• Ziliarkörper |
| Uveitis intermedia | • Vorderkammer<br>• Glaskörper |
| Uveitis posterior | • Netzhaut<br>• Aderhaut |
| Panuveitis | • sämtliche Bereiche |

**Tabelle 13.2** Klassifizierung der Uveitis

**anterior:** vorne
**intermedia:** dazwischen
**posterior:** hinten
**pan:** gesamt

### Aufgaben

1. Legen Sie eine Tabelle der geschilderten Augenerkrankungen an, aus der sich die primären Ursachen, Auswirkungen und eventuelle Therapiemöglichkeiten entnehmen lassen.
2. Grenzen Sie die trockene von der feuchten AMD, das Offen- vom Engwinkelglaukom sowie die proliferative von der nichtproliferativen Retinopathie ab.
3. Erläutern Sie, weshalb die Erfolgsaussichten mit vergrößernden Sehhilfen beim Vorliegen einer Retinopathia pigmentosa als gering eingestuft werden müssen.
4. Benennen Sie Hilfsmittel, auf die blinde Personen zurückgreifen können, um sich im Alltag zu orientieren.

## Kunden die Anwendung vergrößernder Sehhilfen erklären

**ohne Sehbehinderung**

**Katarakt**

**Makuladegeneration**

**Glaukom**

**Retinopathia pigmentosa**

**Tabelle 13.3** Wahrnehmung bei Sehbehinderung

## 13.2 Arbeitshilfen und vergrößernde Sehhilfen

> Ein Kunde interessiert sich für eine vergrößernde Sehhilfe, möchte sich aber zunächst einmal mit Ihrer Unterstützung einen umfassenden Überblick verschaffen.

Damit aus dem reichhaltigen Angebot der Arbeits- und Sehhilfen ein geeignetes Produkt ausgewählt werden kann, müssen eine ganze Reihe von Informationen beschafft werden. Dabei ist insbesondere das Gesichtsfeld des Probanden, seine Lesefähigkeit, seine Kontrast- und Farbwahrnehmung einzubeziehen. Sowohl die Diagnose und Einleitung von therapeutischen Maßnahmen als auch die Verordnung von speziellen Filtergläsern oder vergrößernden Sehhilfen erfolgt ausschließlich durch den Augenarzt. Der Augenoptiker sorgt für die Umsetzung der verordneten Maßnahmen.

Befindet sich ein Objekt in einer großen Entfernung vom Beobachter oder betrachtet er sehr kleine Gegenstände, ist die Erkennbarkeit unter Umständen sehr schwierig, vielleicht aber auch gar nicht möglich. Deshalb bieten sich in speziellen Berufen und für bestimmte Hobbys verschiedene optische Geräte an, die auch als **Arbeitshilfen** bezeichnet werden. Wird mit solchen Instrumenten die Versorgung eines Amblyopen angestrebt, ist dagegen häufig von **vergrößernden Sehhilfen** die Rede (Tabelle 13.4).

Der Vergrößerungseffekt dieser Instrumente beruht unabhängig vom Einsatzgebiet immer auf dem gleichen Prinzip. Sie erzeugen vom Objekt ein Bild, das dem Auge unter einem größeren Sehwinkel dargeboten wird. Die Vergrößerung ergibt sich letztendlich aus dem Verhältnis der Netzhautbilder mit und ohne Instrument (Bild 13.6).

**Vergrößerung**

$$\Gamma' = \frac{\tan \sigma'}{\tan \sigma} = \frac{\text{Netzhautbildgröße mit Instrument}}{\text{Netzhautbildgröße ohne Instrument}}$$

Welche Vergrößerung geeignet ist, hängt in hohem Maße von der Sehaufgabe und dem dafür erforderlichen Visus ab. Dieser ist umso höher anzusetzen, je mehr Details erkannt werden müssen (Tabelle 13.5).

| vergrößernde Arbeitshilfen | vergrößernde Sehhilfen |
|---|---|
| Lupenbrillen | Lesegläser |
| Uhrmacherlupen | Fernrohrbrillen |
| Ferngläser | Fernrohrlupenbrillen |
| Mikroskope | elektronische Lesegeräte |

**Tabelle 13.4** Vergrößernde Arbeits- und Sehhilfen

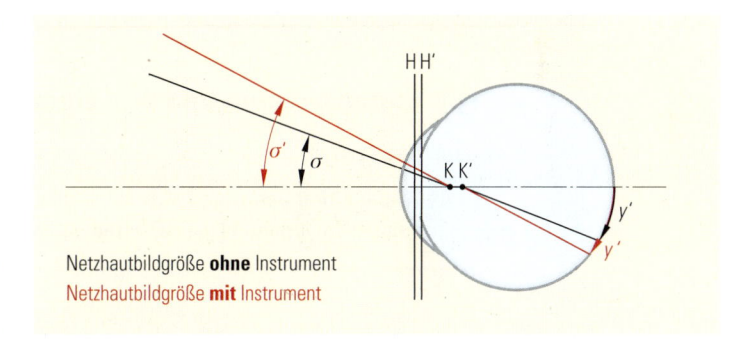

**Bild 13.6** Prinzip der Vergrößerung

| Sehaufgabe | erforderlicher Visus $V_{min}$ |
|---|---|
| Orientierung im Freien | > 0,1 |
| Fernsehen | > 0,3 bis 0,4 |
| Zeitungsdruck | > 0,4 bis 0,5 |
| Telefonbuch, Fahrplan | > 0,7 bis 0,8 |

**Tabelle 13.5** Erforderlicher Visus in Abhängigkeit von der Sehaufgabe

Ist der mit bestmöglichem Brillenglas erreichbare Visus bekannt, lässt sich der vorläufige Vergrößerungsbedarf berechnen.

**Amblyopie:** Schwachsichtigkeit

**Vergrößerungsbedarf**

$$\Gamma' = \frac{V_{min}}{V_{cc}}$$

$V_{min}$: erforderlicher Visus
$V_{cc}$: Visus mit Korrektion

Die Erfolgsaussichten bei der Versorgung mit Arbeitshilfen und vergrößernden Sehhilfen hängen aber nicht nur von einer geeigneten Vergrößerung ab, sondern auch von den vorliegenden Beleuchtungsverhältnissen, von der Lage und Größe eventuell vorhandener Skotome und nicht zuletzt von der Kontrastempfindlichkeit und Lesefähigkeit des Probanden.

### ■ Aufgaben

1. Informieren Sie sich über das Angebot vergrößernder Arbeits- und Sehhilfen und benennen Sie diese.

2. Geben Sie Tätigkeiten in Beruf und Freizeit an, in denen vergrößernde Arbeitshilfen zum Einsatz kommen.

3. Ermitteln Sie den Visus $V_{cc}$ eines Sehbehinderten, der eine 3-fache Vergrößerung benötigt, um wieder Zeitung lesen zu können.

## 13.3 Lupensysteme und ihre Eigenschaften

Im Verlauf Ihrer Beratung möchten Sie einen Kunden von einer Lupe überzeugen. Dafür informieren Sie ihn über Eigenschaften und Nutzung des Instruments.

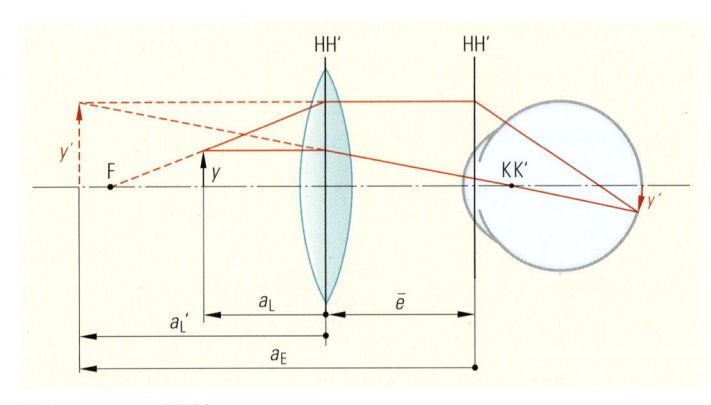

**Bild 13.7** Lupenabbildung

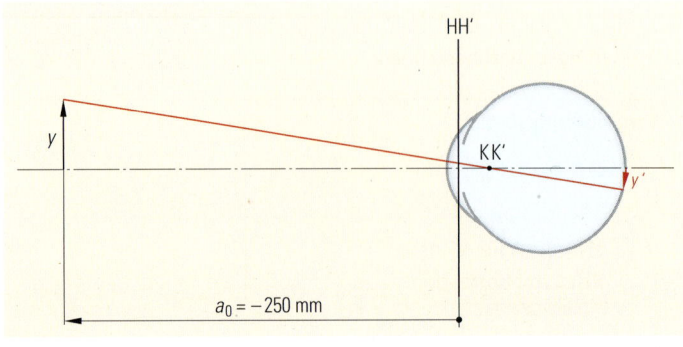

**Bild 13.8** Bezugssehweite

Sämtliche Lupen sind Linsen oder Linsensysteme mit einer Pluswirkung, die virtuelle, aufrechte und vergrößerte Abbildungen liefern, sofern sich der zugehörige Gegenstand innerhalb der einfachen objektseitigen Brennweite befindet (Bild 13.7).

### 13.3.1 Lupenvergrößerung

Weil die optische Industrie eine Vielzahl von Lupen anbietet, ist eine Unterteilung nach unterschiedlichen Kriterien möglich. Eine übliche Möglichkeit besteht darin, die Instrumente in Abhängigkeit von ihrer Vergrößerung zu gruppieren. Die Lupenvergrößerung ist ein Faktor, der sich aus dem Vergleich zweier Sehwinkel ergibt. Dabei resultiert der eine aus der Lupenabbildung und der andere aus dem in Bezugssehentfernung und ohne Lupe betrachteten Gegenstand (Bild 13.8).

## 13.3 Lupensysteme und ihre Eigenschaften

> **Wichtig**
> Die Bezugssehweite $a_0$ ist eine genormte Distanz, in der ein nicht presbyoper Emmetrop nahe Gegenstände noch ohne Mühe scharf erkennen kann. Sie wurde zu 25 cm festgelegt.

Die allgemeine Lupenvergrößerung lässt sich unter Berücksichtigung des Lupenbrechwertes, dem Abstand zwischen Lupe und Auge sowie der Objekt- und Einstellweite nach Sloan-Habel oder Kühl berechnen. Beide Formeln führen zu identischen Ergebnissen.

> **Lupenvergrößerung nach Sloan-Habel**
> $$\Gamma' = \frac{a_0}{a_L - \bar{e} \cdot (1 + a_L \cdot D_L)}$$
> $a_0$: Bezugssehweite
> $a_L$: Objektweite
> $\bar{e}$: Abstand zwischen Lupe und Auge
> $D_L$: Gesamtbrechwert der Lupe

> **Lupenvergrößerung nach Kühl**
> $$\Gamma' = -\frac{D_L}{A_0} + \frac{A_E}{A_0} \cdot (1 - \bar{e} \cdot D_L)$$
> $A_0$: Kehrwert der Bezugssehweite
> $A_E$: Kehrwert der Einstellentfernung

In bestimmten Gebrauchssituationen gelten allerdings besondere Bedingungen. Befindet sich etwa der betrachtete Gegenstand in der objektseitigen Brennebene der Lupe, wird die Netzhautbildgröße von der Systemweite nicht beeinflusst. Wenn bildseitiger Lupenbrennpunkt und Knotenpunkt des Auges zusammenfallen, hat auch der Objektabstand keinen Einfluss auf die Größe des Netzhautbildes. In beiden Fällen reduziert sich die allgemeine Lupenvergrößerung nach Kühl auf eine einfache Gleichung, mit der die sogenannte **Normalvergrößerung** ermittelt werden kann.

> **Normalvergrößerung, allgemein**
> $$\Gamma'_N = -\frac{D_L}{A_0}$$
>
> **Normalvergrößerung mit $a_0 = -250$ mm**
> $$\Gamma'_N = \frac{D_L}{4\,\text{dpt}}$$

Die Normalvergrößerung bietet den Vorteil, dass verschiedene Instrumente direkt miteinander verglichen werden können. Aus diesem Grunde wird sie auch von vielen Lupenherstellern direkt oder indirekt über den Gesamtbrechwert angegeben.

Einige Hersteller favorisieren die Angabe der sogenannten **Katalogvergrößerung**. Dafür müssen zwei Bedingungen gleichzeitig erfüllt werden. Einerseits müssen Auge und Lupe sehr nah beieinanderliegen ($\bar{e} \approx 0$) und andererseits muss die Einstellentfernung exakt der Bezugssehweite entsprechen. Letztendlich ergibt sich auch die Katalogvergrößerung aus der allgemeinen Lupenvergrößerung nach Kühl.

> **Katalogvergrößerung, allgemein**
> $$\Gamma'_K = -\frac{D_L}{A_0} + 1$$
>
> **Katalogvergrößerung mit $a_0 = -250$ mm**
> $$\Gamma'_K = \frac{D_L}{4\,\text{dpt}} + 1$$

Ob eine Lupe mit der Normal- oder Katalogvergrößerung gekennzeichnet wurde, ist letztendlich unerheblich. Entscheidend ist, dass bei einem Vergleich dieselbe Vergrößerung zugrunde gelegt wird.

Lupen mit bis zu einer 3-fachen Normalvergrößerung können in einem relativ großen Arbeitsabstand verwendet werden und lassen sich aufgrund ihrer größeren Durchmesser häufig auch binokular nutzen. Zu diesen auch als Lesegläser bezeichneten Instrumenten gehören beispielsweise Aufsetzlupen, Lesestäbe in Form von Plankonvex-Zylindern und sogenannte Visolettlupen.

Aufsetzlupe     Lesestab     Visolettlupe

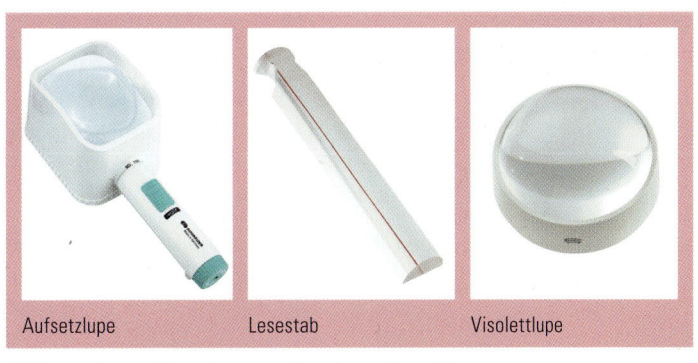

**Bild 13.9** Auswahl von Lupen mit geringer Vergrößerung

Höhere Vergrößerungen sind mit stärkeren Pluslinsen möglich. Sie besitzen dann allerdings kleinere Durchmesser, sind deshalb häufig nur monokular einsetzbar und müssen aufgrund der geringeren Brennweite in einem kurzen Arbeitsabstand gehalten werden. Dazu zählen Messlupen, Uhrmacherlupen, aber auch Hand- und Standlupen.

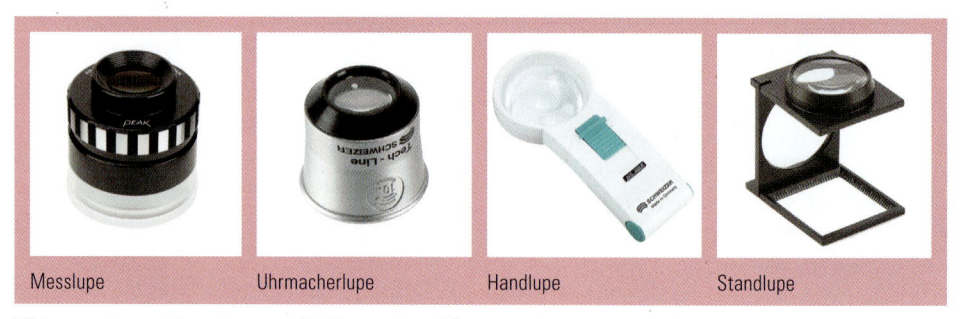

| Messlupe | Uhrmacherlupe | Handlupe | Standlupe |

**Bild 13.10** Auswahl von Lupen mit höherer Vergrößerung

### 13.3.2 Abbildungsfehler und Lupenausführungen

Je höher der Gesamtbrechwert einer Lupe, desto eher kann der Anwender Abbildungsfehler wahrnehmen. Dazu gehören unter anderem die sphärische und chromatische Aberration sowie die Verzeichnung und der Astigmatismus schiefer Bündel. Die **sphärische Aberration** bewirkt Unschärfen, die sich darauf zurückführen lassen, dass Randstrahlen stärker als solche gebrochen werden, die in der Nähe der optischen Achse einfallen. Eine Folge der sphärischen Aberration ist die sogenannte **Verzeichnung**. Sie wird durch einen inkonstanten Abbildungsmaßstab hervorgerufen und führt im Gebrauch einer Lupe zu kissenförmig verzerrten Abbildungen. Die **chromatische Aberration** beruht dagegen auf Dispersion und bewirkt Farbsäume an den Konturen des abgebildeten Objekts. Befindet sich der betrachtete Gegenstand nicht in Höhe der optischen Achse, kommt es zum **Astigmatismus schiefer Bündel**, aus dem nicht nur unscharfe, sondern auch verzerrte Abbildungen resultieren.

> **aberration** (lat.) = Abweichung

| sphärische Aberration | chromatische Aberration | Verzeichnung | Astigmatismus schiefer Bündel |

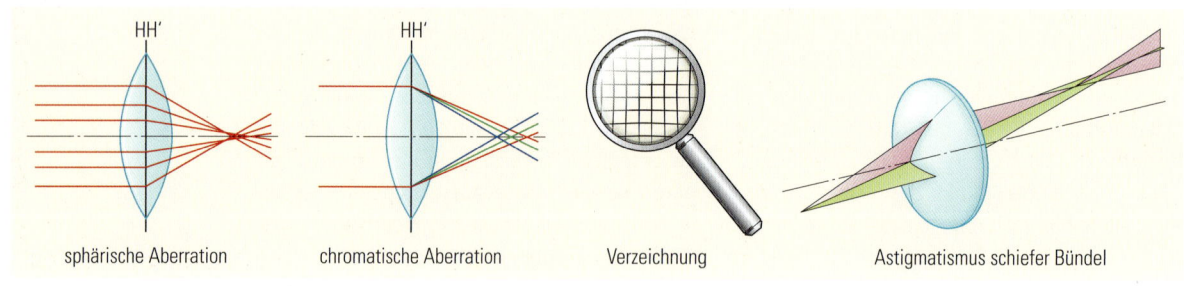

**Bild 13.11** Abbildungsfehler

Einige der geschilderten Abbildungsfehler lassen sich bereits durch eine sachgerechte Handhabung, andere nur durch eine besondere Flächengeometrie oder durch eine spezielle Anordnung von mehreren Linsen reduzieren.

Lupen mit asymmetrisch bikonvex geformter Einzellinse minimieren sphärische Aberration und Verzeichnung, sofern die stärker gekrümmte Fläche dem Objekt zugewendet wird. Sie eignen sich bis zu einer 5-fachen Normalvergrößerung. Auch die asphärischen Lupen bestehen aus einer Einzellinse. Sie besitzt eine sphärische und eine dem Objekt zugekehrte asphärische Fläche und schränkt die sphärische Aberration sowie die Verzeichnung bis zu einer Vergrößerung $\Gamma'_N$ von 7 hinreichend ein.

Werden die gekrümmten Flächen zweier Plankonvexlinsen in einem geringen Abstand zueinander positioniert, entsteht ein sogenannter **Aplanat**, der ebenfalls sphärische Aberration und Verzeichnung minimiert. Dabei sind allerdings höhere Vergrößerungen ($\Gamma'_N$ bis 10) erreichbar. Nimmt die chromatische Aberration störende Ausmaße an, kann der Anwender auf **aplanatisch-achromatische Lupen** zurückgreifen. Sie bestehen aus der Kombination einer Bikonvex-Linse aus Kronglas und einer Konvexkonkav-Linse aus Flintglas. Ein solches Linsensystem reduziert sowohl Unschärfen und Verzeichnungen im Randbereich als auch störende Farbsäume bis zu einer 20-fachen Vergrößerung. Der Astigmatismus schiefer Bündel lässt sich dagegen kompensieren, indem für bis zu 15-fache Normalvergrößerungen auf spezielle mehrlinsige **Anastigmate** zurückgegriffen wird. Er kann aber auch eingeschränkt werden, indem die Lupe möglichst parallel zur Objektebene gehalten wird, damit die abbildenden Strahlenbüschel senkrecht auf die Linse fallen.

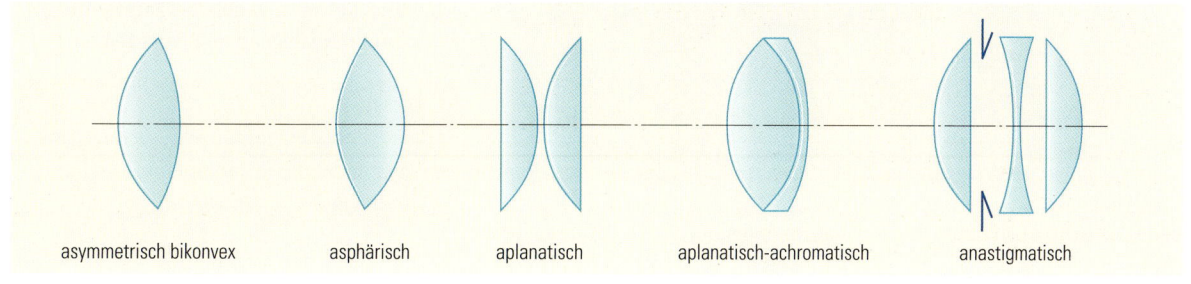

**Bild 13.12** Lupenausführungen

### 13.3.3 Kontrast und Beleuchtung

Weil Menschen im fortgeschrittenen Alter Leuchtdichtenunterschiede nicht mehr so gut wahrnehmen können, besitzen sie häufig ein vermindertes Kontrastsehen. Das lässt sich unter anderem auf eine eingeschränkte Pupillenreaktion und ein herabgesetztes Adaptationsvermögen zurückführen. Altersbedingte Trübungen der brechenden Augenmedien, aus veränderten Linsenproteinen resultierendes Fluoreszenz- und Streulicht sowie der Verlust von Rezeptoren, Sehnervenfasern und Zellen der Sehnervenrinde können den wahrgenommenen Kontrast ebenfalls herabsetzen.

Wie gut die Wahrnehmung von Objekten mit unterschiedlichem Kontrast ist, lässt sich über Sehzeichen mit abnehmender Schwärzung ermitteln. Dabei wird angegeben, um wie viel Stufen der Visus bei schwachem Kontrast geringer als bei hohem ist. Wird ein eingeschränktes Kontrastempfinden nachgewiesen, das sich durch medizinische Maßnahmen nicht steigern lässt, gefährdet der Betroffene sich selbst und andere im Straßenverkehr, in der Dämmerung, aber auch in diesiger oder nebeliger Umgebung.

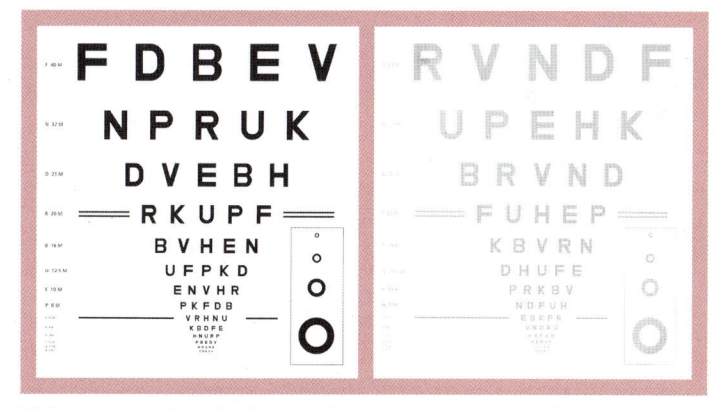

**Bild 13.13** Sehproben für die Ermittlung der Kontrastwahrnehmung

> **Wichtig**
> Je höher die Beleuchtungsstärke, desto besser lassen sich Kontraste voneinander unterscheiden und umso geringer ist die erforderliche Vergrößerung.

Die Kontrastwahrnehmung und damit die visuelle Leistungsfähigkeit lässt sich mit einer geeigneten Beleuchtung entscheidend verbessern. Der Proband sollte stets darauf achten, dass die Lichtquelle das Lesegut von der Seite oder von hinten beleuchtet, damit störende Reflexionen und Schattenwurf vermieden werden. Darüber hinaus sollte sie keine Wärme abstrahlen, eine gleichmäßige und flimmerfreie Ausleuchtung sicherstellen sowie in individuellen Farbnuancen erhältlich sein.

Obwohl kein Zusammenhang zwischen Augenkrankheiten und bevorzugter Lichtfarbe nachgewiesen wurde, können sich Sehbehinderte häufig spontan für eine Beleuchtung entscheiden, mit der sie in visueller Hinsicht subjektiv besser versorgt sind. Ein Maß für die Lichtfarbe ist die in Kelvin angegebene Farbtemperatur. Sie nimmt mit steigendem Blauanteil zu.

> **Wichtig**
> Je höher der Blauanteil des weißen Lichts, desto höher die Farbtemperatur und umso kühler der Farbeindruck.

Lichtfarbe 2700 K (gelblich-weiß)  Lichtfarbe 4500 K (neutral-weiß)  Lichtfarbe 6000 K (kalt-weiß)

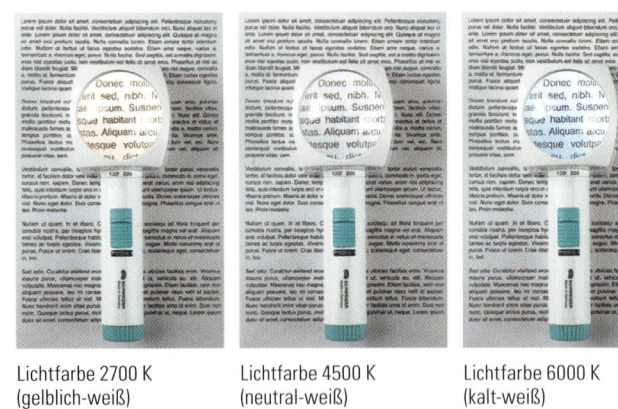

**Bild 13.14** Lichtfarben unterschiedlicher Farbtemperatur

### 13.3.4 Anpassung von Lupensystemen

Grundsätzlich gilt, dass der Markt zwar keine Sehhilfe für alle Sehaufgaben, dafür aber für jede Sehaufgabe eine geeignete Sehhilfe bereithält. Aus diesem Grund sollte bei der Auswahl und Anpassung dieser Sehhilfe systematisch vorgegangen werden.

Vergrößerungsbedarf
↓
Auswahl der Lupe
↓
Auswahl der Beleuchtung
↓
Auswahl der Brille

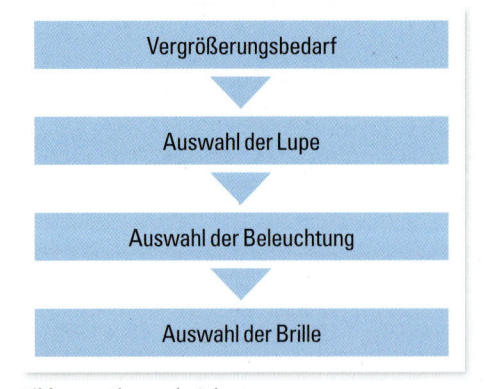

**Bild 13.15** Phasen bei der Lupenanpassung

Für die Ermittlung einer angemessenen Vergrößerung sind gewisse Rahmenbedingungen zu erfüllen. Dazu gehört unter anderem die Einhaltung einer Prüfentfernung von 25 cm. Damit der Proband während der Prüfung auf die Ferne akkommodieren kann, ist vor seine Fernkorrektion ein Abstandsglas von 4 dpt zu schalten. Weil die Lesefähigkeit beurteilt werden muss, ist der Einsatz von fortlaufenden Texten erforderlich. Solchen Testtafeln kann der Anpasser meist direkt den vorläufigen Vergrößerungsbedarf, manchmal aber auch den entsprechenden Lupenbrechwert, entnehmen.

**Bild 13.16** Sehtafel mit Angabe des vorläufigen Vergrößerungsbedarfs

Zunächst einmal muss sich der Prüfer allerdings ein Bild von der Lesefertigkeit seines Probanden machen. Diesem werden solange Texte in absteigender Schriftgröße dargeboten, bis er beim Lesen ins Stocken gerät. Die vorläufige Vergrößerung orientiert sich an der Textpassage, die gerade noch flüssig gelesen werden kann. Der theoretische Bedarf ergibt sich schließlich aus einem Zuschlag von 20 %.

> **theoretischer Vergrößerungsbedarf**
>
> $\Gamma'_{theo} = \Gamma'_{vorl} \cdot 1{,}2$
>
> $\Gamma'_{vorl}$: vorläufiger Vergrößerungsbedarf

> **Wichtig**
> Die endgültige Lupenvergrößerung sollte zugunsten von Bildruhe und Gesichtsfeld immer so klein wie möglich gewählt werden.

Welche Lupenart und -ausführung letztendlich zum Einsatz kommt, hängt in erster Linie von den Bedürfnissen und Fertigkeiten des Anwenders ab. Aus diesem Grunde ist er bestmöglich aufzuklären und in sämtliche Entscheidungsprozesse einzubinden.

Die Auswahl einer geeigneten Beleuchtung orientiert sich in hohem Maße am subjektiven Empfinden des Probanden und führt häufig zu einem verbesserten Kontrast, der unter Umständen eine geringere Vergrößerung zulässt.

Weil sich das Lupenbild immer in der Einstellebene vor dem Lesegut befindet, ist der Betrachter weder mit einer Fern-, noch mit einer Nahbrille optimal ausgestattet. Eine Arbeitsbrille mit einer mittleren Addition kann aber Abhilfe schaffen. Sehr variabel ließe sich auch eine Multifokalbrille mit breiter Progressionszone und erweitertem Nahbereich einsetzen. Für den Gebrauch der Lupe in einer möglichst habituellen Kopfhaltung haben sich darüber hinaus Lesepulte bewährt, deren Neigung sich entsprechend anpassen lässt.

**Bild 13.17** Hilfsmittel Lesepult

> **Aufgaben**
>
> 1. In einer Entfernung von 20 mm vor einer Lupe ($f'_L$ = + 30 mm) befindet sich ein Objekt. Wo und in welcher Größe entsteht das Lupenbild? Ermitteln Sie zunächst konstruktiv und kontrollieren Sie dann rechnerisch.
>
> 2. Beschreiben Sie, unter welchen Bedingungen eine Lupe vergrößert und charakterisieren Sie das so erzeugte Lupenbild.
>
> 3. Eine Lupe mit einer Brennweite von 200 mm wird 100 mm über dem zu beobachtenden Gegenstand positioniert. Der Abstand Lupe-Auge beträgt 15 cm. Berechnen Sie die Lage des Lupenbildes und die Einstellrefraktion des Auges. Ermitteln Sie anschließend die Lupenvergrößerung nach Kühl und Sloan-Habel bei einer Bezugssehweite von 250 mm.
>
> 4. Während der Beratung hält sich ein Kunde eine Lupe ($D_L$ = + 20 dpt) sehr dicht vor das Auge ($\bar{e} \approx 0$ mm). Außerdem entspricht die Einstellentfernung exakt der Bezugssehweite. Welche Lupenvergrößerung nach Kühl ergibt sich aus diesen Informationen?
>
> 5. Mit einer Lupe ($D_L$ = + 20 dpt) soll ein Objekt betrachtet werden, das sich in ihrem objektseitigen Brennpunkt befindet. Der Systemabstand $\bar{e}$ beträgt zunächst 100 und dann 200 mm. Berechnen Sie für beide Fälle die Lupenvergrößerung nach Kühl und interpretieren Sie Ihre Ergebnisse.
>
> 6. Bei einer Visolettlupe handelt es sich um eine Plankonvexlinse mit direktem Kontakt zum Lesegut. Der Radius ihrer Konvexfläche beträgt immer das 0,75-fache der Mittendicke. Ein Objekt ($y$ = 30 mm) wird mit einer solchen Lupe ($n$ = 1,5 und $d$ = 8 cm) betrachtet. Konstruieren Sie das Lupenbild und ermitteln Sie daraus den Abbildungsmaßstab. Kontrollieren Sie Ihr Ergebnis auf rechnerischem Wege.
>
> 7. Benennen Sie die für den Gebrauch einer Lupe relevanten Abbildungsfehler und schildern Sie, wie sich diese reduzieren lassen.
>
> 8. Berechnen Sie den Gesamtbrechwert einer aplanatischen Lupe, deren 5 mm voneinander entfernte Einzellinsen ($n$ = 1,5) einen Radius von 30 mm besitzen.

## 13.4 Fernrohrsysteme und ihre Eigenschaften

> Ein ametroper Kunde interessiert sich für ein Fernglas aus der Schaufensterauslage. Nun benötigt er Informationen über die Eignung des Instruments sowie eine fundierte Beratung zu seiner fachgerechten Verwendung.

Eine Lupe wird immer in einem verhältnismäßig geringen Arbeitsabstand benutzt. Er entspricht in etwa der Lupenbrennweite, liegt häufig aber auch darunter. Befinden sich Objekte jedoch in großen Entfernungen, muss der Kunde auf Fernrohre oder Ferngläser zurückgreifen. Der Unterschied besteht lediglich darin, dass Fernrohre für den monokularen und Ferngläser für den binokularen Einsatz vorgesehen sind. Sie werden nicht nur im Freizeitbereich, sondern auch in zahlreichen Berufen als vergrößernde Arbeitshilfe verwendet.

Selbst im Falle einer Amblyopie kann die Anpassung von geeigneten Fernrohrsystemen dazu beitragen, die Unabhängigkeit des Sehbehinderten zu erhalten. Solche vergrößernden Sehhilfen lassen sich sehr flexibel einsetzen, weil sie in Kombination mit Aufsteckgläsern auch zu Fernrohrlupenbrillen umfunktioniert werden können.

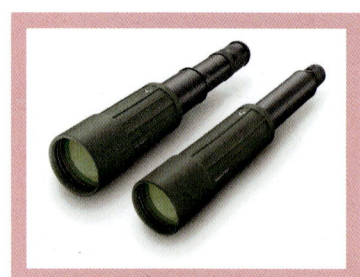

**Bild 13.18** Fernrohr und Fernglas

### 13.4.1 Grundaufbau und Systemweite

#### Grundaufbau

Im Grundaufbau besteht jedes Fernrohr aus nur zwei Linsen. Die dem Objekt zugewandte Linse wird als Objektiv, die Linse vor dem Auge als Okular bezeichnet. Während es sich beim Objektiv immer um eine Pluslinse handelt, kann das Okular eine positive oder negative Wirkung besitzen. Ein Fernrohr mit positiver Okularwirkung wird als Kepler-System und ein solches mit negativer als Galilei-System bezeichnet.

> **afokal:**
> ohne Brennpunkt

#### Systemweite

Soll ein in der Ferne befindliches Objekt für einen emmetropen Nutzer abgebildet werden, muss der bildseitige Brennpunkt des Objektivs mit dem objektseitigen des Okulars zusammenfallen. Weil sich der Gesamtbrechwert des Instruments in der geschilderten Situation zu Null ergibt, wird auch von der afokalen Einstellung gesprochen. Die Systemweite des Fernrohres lässt sich dann rechnerisch ermitteln. Dabei ergibt sich für das Kepler-System ein tendenziell längerer und für das Galilei-System ein tendenziell kürzerer Weg, den das Licht im Instrument zurücklegen muss (Bild 13.20).

**Bild 13.19** Galileo Galilei (1564–1642) und Johannes Kepler (1571–1630)

> **Systemweite**
>
> $\bar{e} = f'_{OB} + f'_{OK}$
>
> $f'_{OB}$: bildseitige Objektivbrennweite
> $f'_{OK}$: bildseitige Okularbrennweite

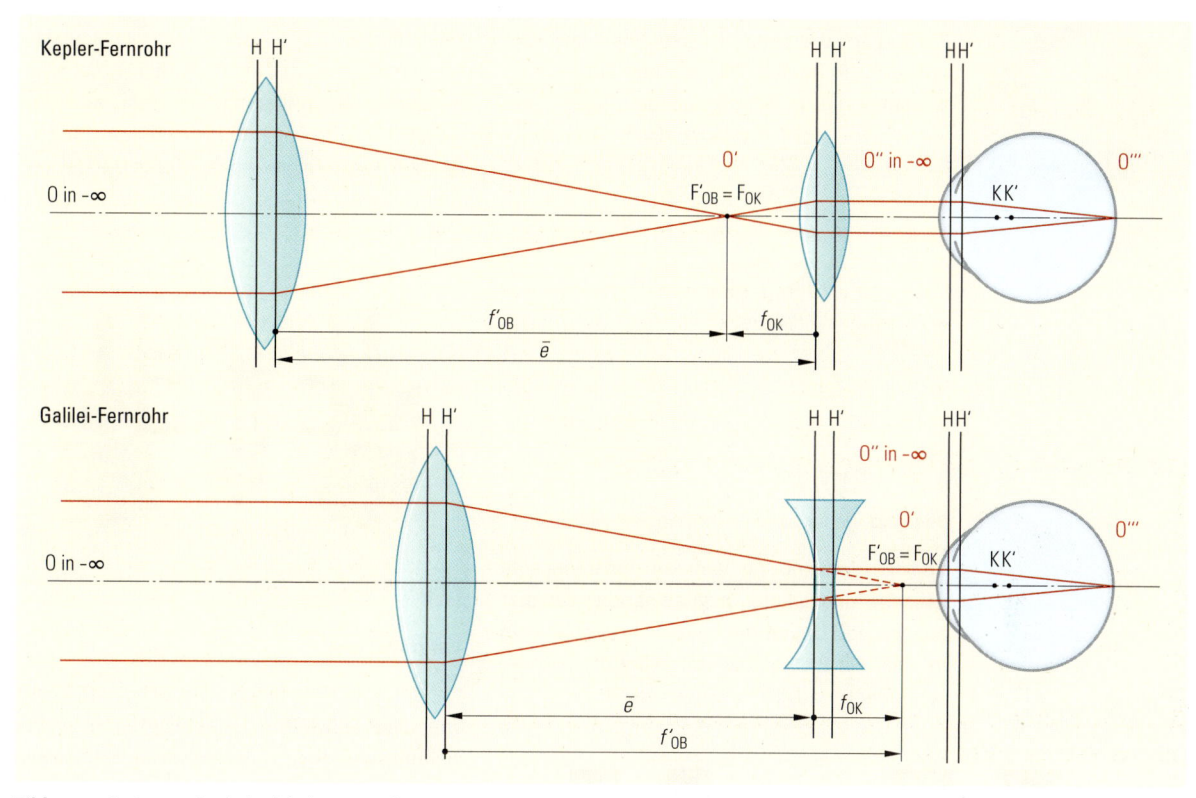

**Bild 13.20** Systemweite bei afokaler Einstellung

## 13.4.2 Abbildung und Vergrößerung

**Abbildung**

Die Konstruktion der Zwischen- und Netzhautbilder macht deutlich, dass **Kepler-Systeme** immer umgekehrte Abbildungen des Objekts liefern. Weil sich auf dem Kopf stehende Bilder bei der Betrachtung von Himmelskörpern aber nicht störend auswirken, wird ein solches Instrument auch als astronomisches Fernrohr bezeichnet.

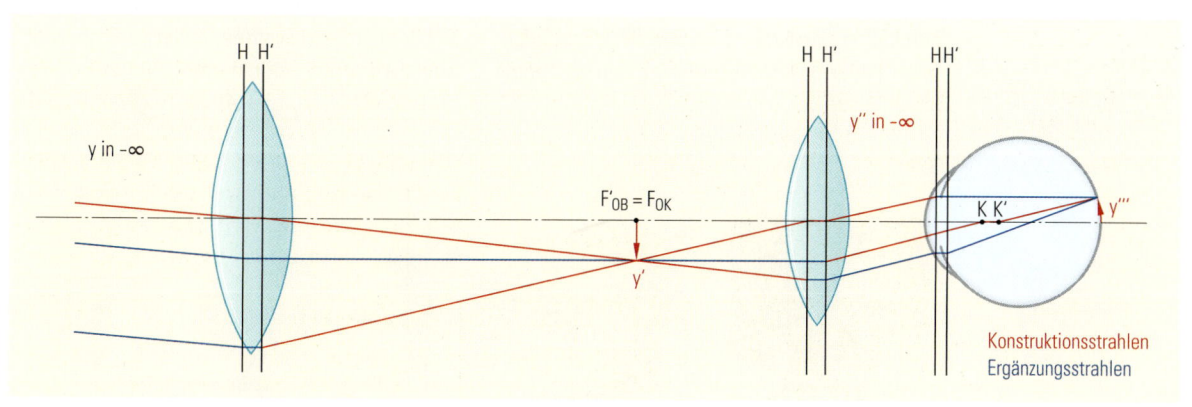

**Bild 13.21** Abbildung durch das Kepler-System bei afokaler Einstellung

## 13 • Kunden die Anwendung vergrößernder Sehhilfen erklären

Hans Lipperhey
(1570–1619)

Für Erdbeobachtungen ist allerdings eine Bildumkehr erforderlich. Das ist über Linsen oder Spiegel möglich. Häufig werden dafür aber auch Porro- oder Geradsichtprismen verbaut.

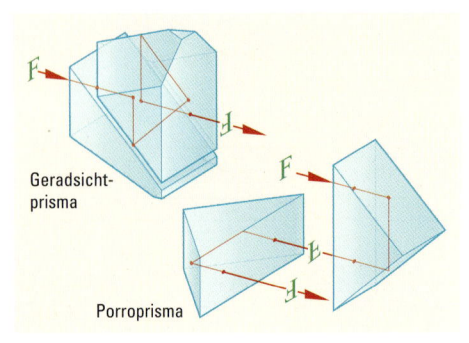

**Bild 13.22** Lichtweg bei erforderlicher Bildumkehr

Bei der Verwendung von Porroprismen sind Objektiv und Okular gegeneinander versetzt angeordnet. Liegen die beiden Linsen dagegen in einer Flucht, hat der Hersteller die Bildumkehr über Geradsichtprismen realisiert.

Der Erfinder dieses Systems war der deutsche Auswanderer Hans Lipperhey, der in den Niederlanden als Brillenmacher tätig war. Aus diesem Grunde wird heute auch vom holländischen Fernrohr gesprochen. Der Handel vertreibt es jedoch meist als Theater- oder Opernglas.

**Bild 13.25** Theater-/Opernglas

### Vergrößerung

Die Vergrößerung beider Fernrohr-Typen hängt von den Brennweiten der beteiligten Linsen beziehungsweise von deren Gesamtbrechwert ab.

---
**Fernrohrvergrößerung**

$$\Gamma'_{FR} = -\frac{f'_{OB}}{f'_{OK}} = -\frac{D_{OK}}{D_{OB}}$$

$D_{OB}$: Gesamtbrechwert des Objektivs
$D_{OK}$: Gesamtbrechwert des Okulars

---

Besitzt die Fernrohrvergrößerung ein negatives Vorzeichen, handelt es sich um ein Kepler-System. Es deutet darauf hin, dass umgekehrte Bilder erzeugt werden. Zudem zeichnen sich Kepler-Fernrohre durch hohe Vergrößerungsfaktoren ($|\Gamma'_{FR\ Kepler}| > 4$) aus, während die der

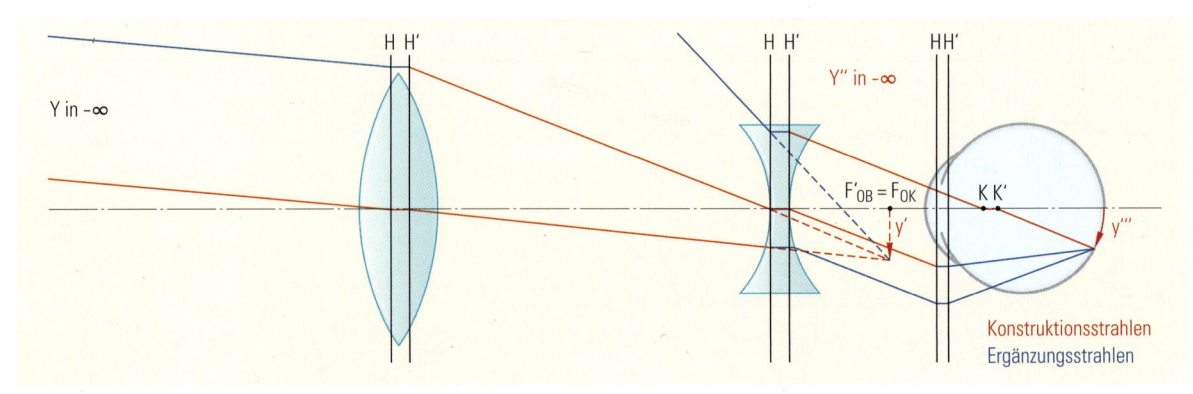

**Bild 13.23** relative Lage von Objektiv und Okular in Prismengläsern

Das **Galilei-System** führt aufgrund seiner negativen Okularwirkung immer zu gleichgerichteten Bildern. Deshalb erübrigt sich auch eine Bildumkehr.

**Bild 13.24** Abbildung durch das Galilei-System bei afokaler Einstellung

## 13.4 Fernrohrsysteme und ihre Eigenschaften

Galilei-Fernrohre darunter liegen ($\Gamma'_{\text{FR Galilei}} < 4$). Aus diesem Grund sind die Kepler-Systeme für Beobachtungen von Details aus größeren Distanzen geeignet. Galilei-Systeme sind dagegen für die Betrachtung von Objekten vorgesehen, die sich in geringeren Entfernungen befinden.

> **Wichtig**
> Je höher der Vergrößerungsfaktor eines Fernrohres, desto größer ist die Gefahr des Verwackelns und umso ruhiger muss das Instrument vom Anwender gehalten oder gelagert werden.

### 13.4.3 Gesichtsfeld und Austrittspupille

**Gesichtsfeld**

Das Gesichtsfeld umfasst sämtliche Objektpunkte, die von dem Fernrohr oder dem Fernglas abgebildet werden. Von manchen Herstellern wird das Gesichtsfeld auch als Sehfeld bezeichnet. Eine Möglichkeit besteht darin, die Größe des Gesichtsfelds über den Gesichtsfeldwinkel $2\sigma$ zu beschreiben. Er lässt sich bei bekannten Fernrohrdaten für beide Systeme berechnen.

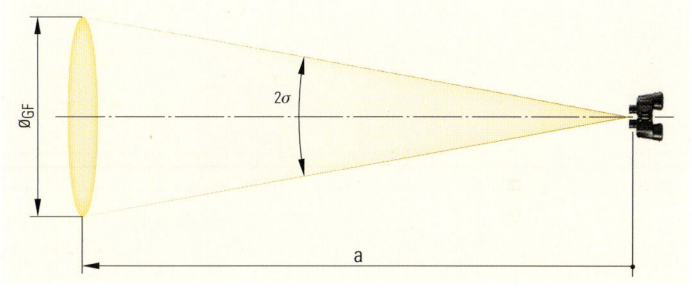

**Bild 13.26** Zusammenhang zwischen Gesichtsfeldwinkel und -durchmesser

---

**Gesichtsfeldwinkel**

$$2\sigma_{\text{Kepler}} = 2 \cdot \tan^{-1}\left(\frac{\varnothing_{\text{OK}}}{2 \cdot \bar{e}}\right)$$

$$2\sigma_{\text{Galilei}} = 2 \cdot \tan^{-1}\left(\frac{\varnothing_{\text{OB}}}{2 \cdot \bar{e} \cdot \Gamma'_{\text{FR}}}\right)$$

$\varnothing_{\text{OK}}$: Okulardurchmesser
$\varnothing_{\text{OB}}$: Objektivdurchmesser
$\bar{e}$: Systemweite
$\Gamma'_{\text{FR}}$: Fernrohrvergrößerung

---

Alternativ dazu kann auch der Gesichtsfelddurchmesser $\varnothing_{\text{GF}}$ angeben werden. Damit eine solche Angabe allerdings vergleichbare Werte liefert, wurde eine Entfernung $a$ definiert, auf die sich der Durchmesser bezieht. Diese Distanz beträgt für Kepler-Systeme grundsätzlich 1000 und für Galilei-Systeme 100 m (Bild 13.26).

Unter Berücksichtigung dieser Vereinbarungen lassen sich die gebräuchlichen Angaben einfach ineinander umrechnen.

---

**Gesichtsfelddurchmesser**

$$\varnothing_{\text{GF}} = -2 \cdot a_{\text{Kepler/Galilei}} \cdot \tan(\sigma)$$

$a_{\text{Kepler}}$: Bezugsentfernung ($= -1000$ m)
$a_{\text{Galilei}}$: Bezugsentfernung ($= -100$ m)
$\sigma$: halber Gesichtsfeldwinkel

---

**Austrittspupille**

Das in das Fernrohr einfallende Strahlenbündel wird durch den Durchmesser der Objektivlinse beziehungsweise durch ihre Einfassung begrenzt. Sie wirkt damit als Blende, wird als Eintrittspupille bezeichnet und wird vom Okular abgebildet. Diese Abbildung nennt sich Austrittspupille. Sie zeigt sich je nach vorliegender Bauart als reelle oder virtuelle Lichtscheibe und repräsentiert die dem Auge zur Verfügung gestellte Lichtmenge (Bild 13.28).

Die Austrittspupille ist vom Durchmesser des Objektivs sowie der Fernrohrvergrößerung abhängig. Die meisten Hersteller geben diese Eckdaten auf dem Korpus des Fernrohres an. So lässt sich aus der Kennzeichnung **7 x 30** eine 7-fache Vergrößerung sowie ein Objektivdurchmesser von 30 mm ableiten.

**Bild 13.27** Aufdruck der Kenndaten

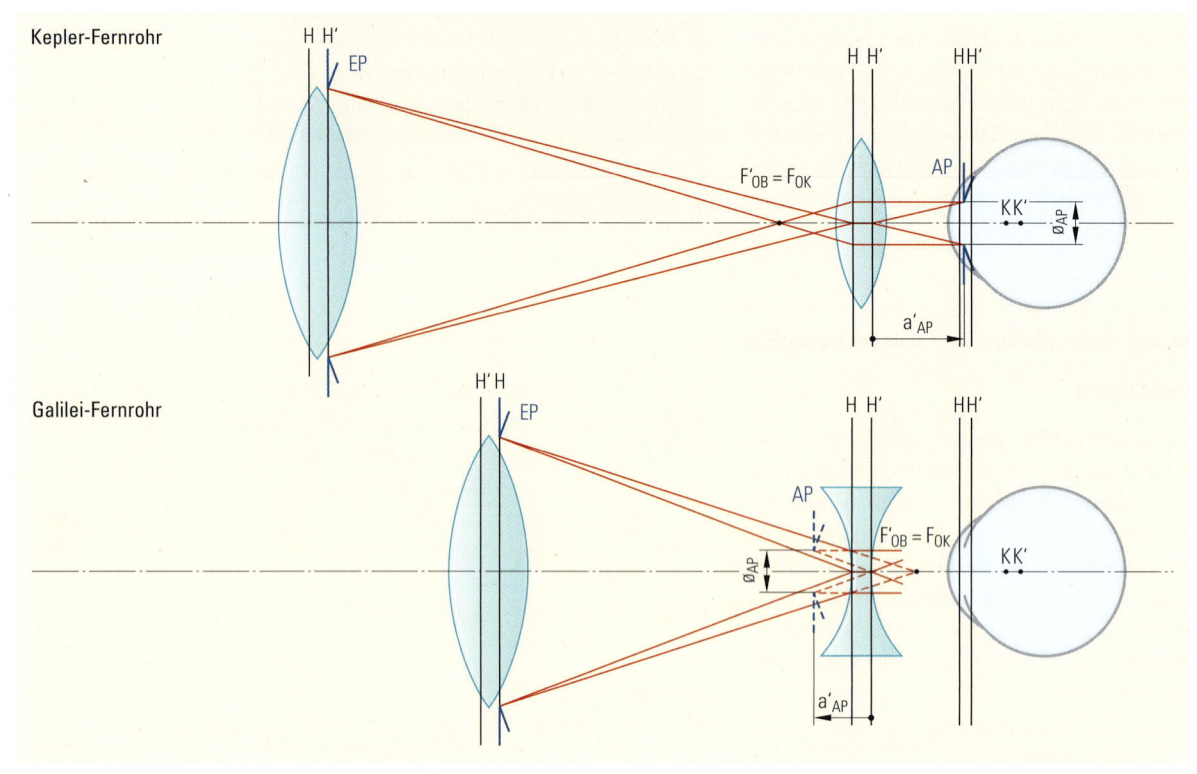

## Kunden die Anwendung vergrößernder Sehhilfen erklären

**Bild 13.28** Durchmesser und Lage der Austrittspupille

Ist außer diesen Standardwerten die Systemweite bekannt, lässt sich nicht nur der Durchmesser, sondern auch die Lage der Austrittspupille ermitteln.

**Durchmesser der Austrittspupille**

$$\varnothing_{AP} = \frac{\varnothing_{EP}}{|\Gamma'_{FR}|}$$

**Lage der Austrittspupille**

$$a'_{AP} = -\frac{\bar{e}}{\Gamma'_{FR}}$$

$\varnothing_{EP}$: Objektivdurchmesser
$\Gamma'_{FR}$: Fernrohrvergrößerung
$\bar{e}$: Systemweite

> **Wichtig**
> Damit das vom Fernrohr bereitgestellte Strahlenbündel komplett genutzt werden kann, müssen Austrittspupille des Fernrohrs und Eintrittspupille des Auges gleich groß sein. Um darüber hinaus einen „Schlüsselocheffekt" und damit Gesichtsfeldeinschränkungen zu vermeiden, sollten sie sich außerdem an der gleichen Stelle befinden.

Der Durchmesser der Augenpupille ist eine variable Größe und kann je nach vorliegenden Lichtverhältnissen zwischen 2 und 8 mm betragen. Vor diesem Hintergrund lässt sich eine grobe Einteilung der **Kepler-Systeme** bezüglich ihres Einsatzes vornehmen (Tabelle 13.6).

Der Hersteller stellt über die Form der Okularmuscheln sicher, dass Eintrittspupille des Auges und Austrittspupille des Kepler-Fernrohres zusammenfallen. Manche Okularmuscheln lassen sich auch umstülpen, sodass der erforderliche Abstand auch bei aufgesetzter Brille eingehalten werden kann. Solche Instrumente sind für Brillenträger geeignet und werden häufig mit dem Kennbuchstaben „B" versehen.

| Austrittspupille $\varnothing_{AP}$ | Einsatz |
|---|---|
| über 3 mm | am Tag |
| über 5 mm | am Tag und bei beginnender Dämmerung |
| über 7 mm | in der Dämmerung |

**Tabelle 13.6** Einteilung der Kepler-Systeme

Im Gegensatz dazu fällt die Austrittspupille des **Galilei-Systems** aufgrund der geringen Vergrößerung prinzipiell größer als die Augenpupille des Anwenders aus. Weil sich die virtuelle Austrittspupille aber zwischen Objektiv und Okular befindet und deshalb für das Auge des Beobachters ohnehin nicht zugänglich ist, sind Gesichtsfeldeinschränkungen unvermeidbar. Auf diese Tatsache haben auch Okularmuscheln keinen Einfluss.

### 13.4.4 Lichtstärke und Dämmerungszahl

**Lichtstärke**

Die **geometrische Lichtstärke** ist ein theoretisches Maß für den Helligkeitswert eines Fernrohrs. Sie ist von der Fläche der Austrittspupille abhängig und ergibt sich aus dem Vergleich mit der Fläche einer Augenpupille, deren Durchmesser mehr oder weniger willkürlich zu 1 mm angenommen wird. Die Lichtstärke ist einheitenlos.

---

**geometrische Lichtstärke**

$$L_{geom} = \frac{\emptyset_{AP}^2 \cdot \frac{\pi}{4}}{\emptyset_{EP_{AU}}^2 \cdot \frac{\pi}{4}} = \frac{\emptyset_{AP}^2}{mm^2}$$

$\emptyset_{AP}$: Durchmesser der Austrittspupille
$\emptyset_{EP_{AP}}$: Durchmesser einer Augenpupille von 1 mm

---

Aus dem mathematischen Zusammenhang wird deutlich, dass die geometrische Lichtstärke mit dem Durchmesser der Austrittspupille quadratisch ansteigt. Mit ihrer Hilfe ist zwar eine Aussage darüber möglich, um welchen Faktor sich die Lichtstärke zweier Instrumente theoretisch voneinander unterscheidet, über die Qualität der Abbildung liefert sie allerdings keine Informationen.

> **Wichtig**
> Die geometrische Lichtstärke dient lediglich dem Vergleich mehrerer Instrumente, sie gibt keine zusätzlichen Hinweise auf die Lichtausbeute und lässt keine Aussage über die Abbildungsgüte des Fernrohres zu.

Durch eine geeignete Vergütung sämtlicher Optikteile lassen sich die durch Reflexion, Absorption und Streulicht hervorgerufenen Lichtverluste erheblich reduzieren. Auf diese Weise entstehen hellere und kontrastreichere Abbildungen. Wie brillant diese allerdings wahrgenommen werden, kann nur über einen subjektiven Vergleich festgestellt werden.

**Dämmerungszahl**

Ein weiterer vom Hersteller angegebener Wert ist die sogenannte Dämmerungszahl. Je höher dieser Wert ausfällt, desto höher ist die Auflösung und umso besser ist die Erkennbarkeit von Details in der Dämmerung. Er dient dem Vergleich verschiedener Fernrohre, lässt sich wie die geometrische Lichtstärke mithilfe der aufgedruckten Standarddaten berechnen und ist ebenfalls einheitenlos.

---

**Dämmerungszahl**

$$z = \sqrt{|\Gamma'_{FR}| \cdot \frac{\emptyset_{EP}}{mm}}$$

$\Gamma'_{FR}$: Fernrohrvergrößerung
$\emptyset_{EP}$: Durchmesser der Eintrittspupille

### 13.4.5 Okularverschiebung

Eine Okularverschiebung ist immer dann erforderlich, wenn
- sich das Objekt in einer endlichen Entfernung vor dem Objektiv befindet,
- ein ametroper Anwender das Fernrohr ohne Korrektion nutzen möchte beziehungsweise
- das Instrument einjustiert werden muss.

Ein in der Nähe befindliches Objekt wird nicht mehr in der bildseitigen Brennebene des Objektivs, sondern rechts davon abgebildet. Um sicherzustellen, dass trotzdem parallel zueinander verlaufende Strahlen in das emmetrope Auge gelangen, muss der objektseitige Brennpunkt des Okulars in die Ebene des erzeugten Zwischenbildes $y'$ gebracht werden. Dafür ist das Okular um den entsprechenden Betrag herauszudrehen (Bild 13.29).

Damit ergibt sich die Okularverschiebung $v$ rechnerisch aus der Bildweite des Zwischenbildes und der Objektivbrennweite.

> **Okularverschiebung**
>
> $v_{Nähe} = a'_{OB} - f'_{OB}$
>
> $a'_{OB}$: Bildweite
> $f'_{OB}$: bildseitige Objektivbrennweite

Soll das Fernrohr bei unkorrigierter Ametropie eingesetzt werden, ist ebenfalls eine Okularverschiebung vorzunehmen. Sie verfolgt das Ziel, das vom Okular erzeugte Zwischenbild $y''$ in den Fernpunkt des fehlsichtigen Auges zu stellen. Dafür muss der Myope das Okular herein- und der Hyperope herausdrehen. Die Systemweite verändert sich dann um den Betrag der Okularverschiebung (Bild 13.30).

Unter der Voraussetzung, dass Auge und Okular in etwa zusammenfallen, lässt sich die Okularverschiebung in Abhängigkeit von der Okularbrennweite und dem Fernpunktabstand berechnen. Sein Vorzeichen gibt dabei die Richtung der Verschiebung an.

> **Okularverschiebung**
>
> $v_{Ametropie} = \dfrac{{f'_{OK}}^2}{a_R}$
>
> $f'_{OK}$: bildseitige Brennweite des Okulars
> $a_R$: Fernpunktabstand

> **Wichtig**
> Die erforderliche Okularverschiebung des kurzsichtigen Anwenders führt zu einem kurzen und die des übersichtigen Anwenders zu einem langen Fernrohr.

Für die Justierung des Fernrohres sollte das Okular zunächst so weit wie möglich herausgedreht werden, um einen stark konvergenten Strahlengang zu erzeugen. Dieser führt zu einer Myopisierung des Auges, sodass Nahakkommodation ausgeschlossen werden kann. Anschließend ist das Okular solange hereinzudrehen, bis das zweite Zwischenbild im Fernpunkt des Benutzers steht und gerade eben scharf gesehen wird.

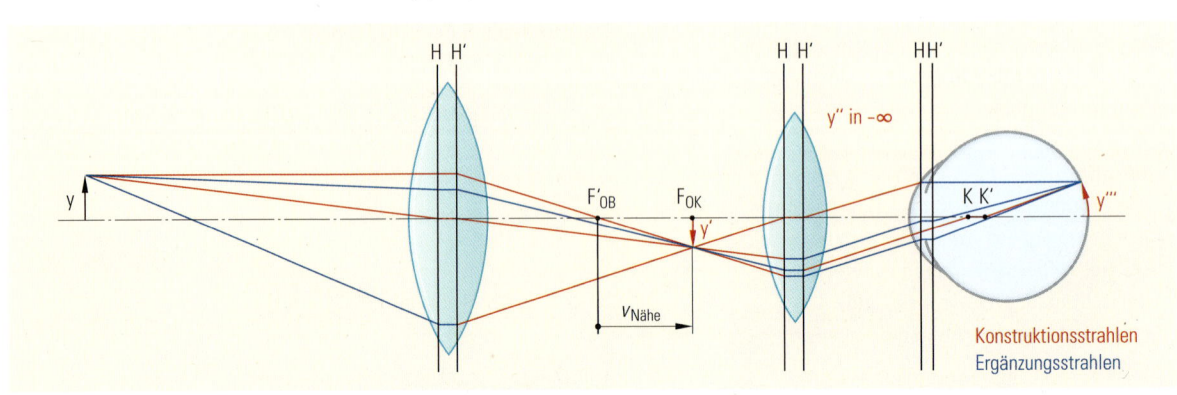

**Bild 13.29** Okularverschiebung bei in der Nähe befindlichem Objekt

## 13.4 Fernrohrsysteme und ihre Eigenschaften

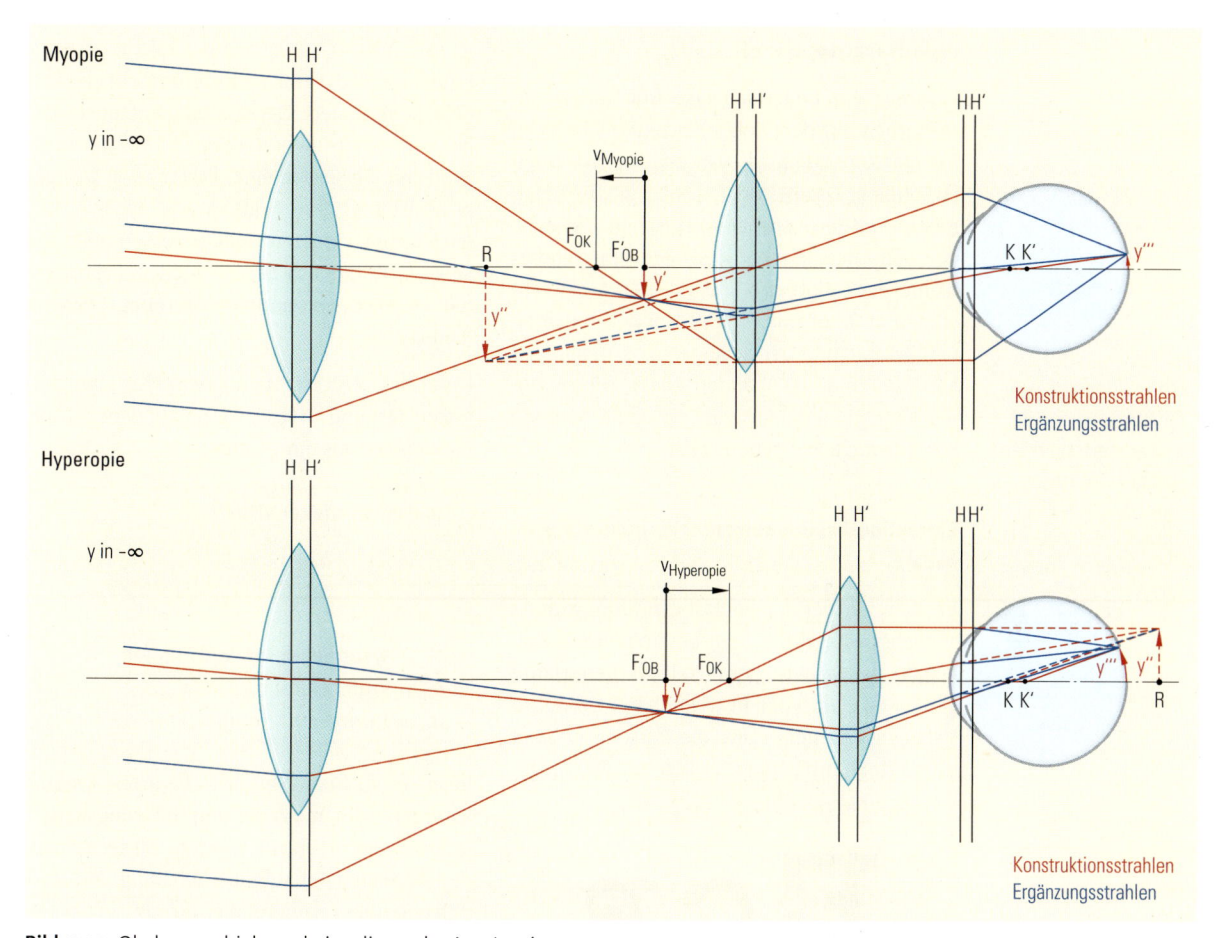

**Bild 13.30** Okularverschiebung bei vorliegender Ametropie

### 13.4.6 Anpassung von Fernrohrsystemen

Wenn der Einsatz von Lupen oder Lupenbrillen nicht zum gewünschten Erfolg führt, stellt die Anpassung eines Fernrohr-Systems unter Umständen eine gute Alternative dar. Es besitzt allerdings einige Nachteile, wie zum Beispiel die geringe Lichtstärke, die unruhigen Bilder und das eingeschränkte Gesichtsfeld. Darüber hinaus ist es auffälliger und kostenintensiver.

Vor der Anpassung sollte in jedem Fall sichergestellt werden, dass der Sehbehinderte trotz der geschilderten Nachteile hinreichend motiviert und eine Abstimmung auf seine Bedürfnisse und Fertigkeiten überhaupt möglich ist. Eine fach- und sachgerechte Versorgung mit vergrößernden Sehhilfen sollte sich an den vom Zentralverband der Augenoptiker veröffentlichten Arbeitsrichtlinien für das Augenoptiker-Handwerk sowie an den Empfehlungen des Herstellers orientieren.

**Bild 13.31** Phasen bei der Anpassung von Fernrohrsystemen

## Kunden die Anwendung vergrößernder Sehhilfen erklären

### Bedarfsanalyse

Während der Bedarfsanalyse sind in Zusammenarbeit mit dem Sehbehinderten sämtliche für die Anpassung relevanten Informationen einzuholen. Dazu gehört nicht nur die Dokumentation der ophthalmologischen Befunde, der vom Betroffenen geschilderten Sehprobleme, der Tätigkeiten und üblichen Arbeitsabstände in Beruf und Freizeit, sondern auch eine Einschätzung der geistigen und manuellen Fertigkeiten des Probanden. Diese Informationen können für die Auswahl der vergrößernden Sehhilfe ausschlaggebend sein.

> **Normalentfernung:** Distanz, aus der die betrachtete Schriftgröße einem Visus von 1,0 entspricht

### Refraktionsbestimmung und Vergrößerungsbedarf

Im Rahmen der Augenglasbestimmung muss zunächst einmal mit dem bestmöglichen Brillenglas der Fernvisus ermittelt werden. Damit genügend Optotypen in erkennbarer Größe zur Verfügung stehen, sollte die Prüfung in einer verkürzten Entfernung erfolgen. Über sogenannte Abstandsgläser wird erreicht, dass der Proband trotz dieser Reduzierung auf die Ferne akkommodiert. Deren Stärke entspricht dabei immer dem Kehrwert der Prüfentfernung. Wird zum Beispiel in einer Distanz von 2 m geprüft, ist in die Messbrille ein Abstandsglas von + 0,5 dpt einzusetzen. Bei der Bestimmung der Sehschärfe hat sich der Einsatz von Prüftafeln mit angegebener Normalentfernung bewährt (Bild 13.32).

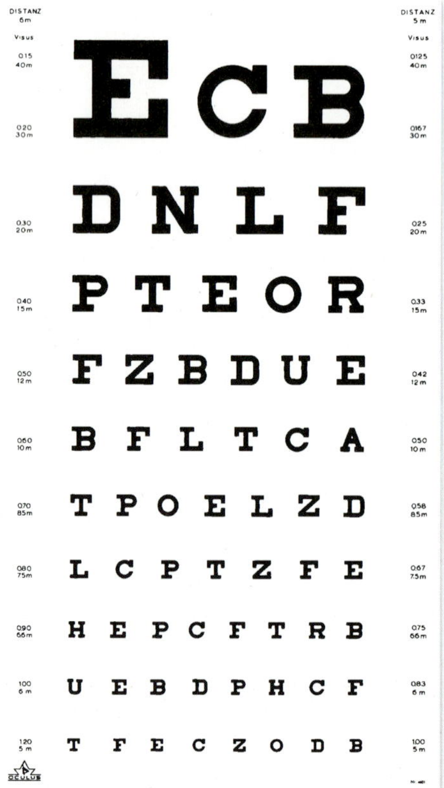

Unter der Berücksichtigung von Prüf- und Normalentfernung lässt sich dann auf den real vorhandenen Visus umrechnen.

> **real vorhandener Visus**
>
> $$V_{real} = V_{soll} \cdot \frac{a_{real}}{a_{soll}}$$
>
> $V_{soll}$: Visus bei Normalentfernung
> $a_{real}$: Prüfentfernung
> $a_{soll}$: Normalentfernung

Bevor es zur Auswahl eines Fernrohr-Systems kommen kann, muss der Vergrößerungsbedarf in Erfahrung gebracht werden. Dieser ist von der jeweiligen Sehaufgabe abhängig und lässt sich ebenfalls rechnerisch ermitteln.

> **Vergrößerungsbedarf (Ferne)**
>
> $$\Gamma'_{FR} = \frac{V_{min}}{V_{cc_F}}$$
>
> $V_{min}$: Visusbedarf in Abhängigkeit von der Sehaufgabe
> $V_{cc_F}$: Fernvisus mit Korrektion

Bei der Ermittlung des Vergrößerungsbedarfs für die Nähe steht nicht mehr die Erkennbarkeit einzelner Schriftzeichen, sondern die Lesefähigkeit im Vordergrund. Dafür werden dem mit Abstandsglas ausgestatteten Probanden in einer Entfernung von 25 cm spezielle Testtafeln mit fortlaufenden Texten unterschiedlicher Größe gezeigt. Neben der gerade noch flüssig gelesenen Textpassage kann der Vergrößerungsbedarf, manchmal sogar die endgültig erforderliche Addition, abgelesen werden (Bild 13.33).

**Bild 13.32** Prüftafel mit angegebener Normalentfernung

## 13.4 Fernrohrsysteme und ihre Eigenschaften

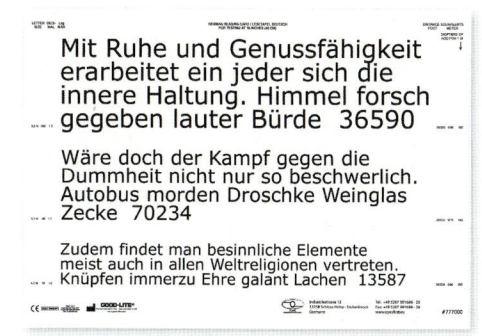

**Bild 13.33** Testtafeln zur Ermittlung des Vergrößerungsbedarfs für die Nähe

| Merkmal | Galilei-Systeme | Kepler-Systeme |
|---|---|---|
| Vergrößerung | 1,2 bis 3 | 3 bis 8 |
| Bildunruhe | geringer | höher |
| Fokussierung | meist nur auf eine Entfernung | variabel durch Okularverschiebung |
| Handhabung | einfacher | schwieriger |
| Baulänge | geringer | höher |
| Gewicht | geringer | höher |

**Tabelle 13.7** Besonderheiten der Fernrohrsysteme

### Auswahl

Bei der Auswahl einer vergrößernden Sehhilfe sollten in jedem Fall die spezifischen Merkmale und Besonderheiten der in Frage kommenden Fernrohrsysteme berücksichtigt werden. Bei allen Entscheidungen ist der Kunde einzubeziehen und hinreichend auf die visuell wahrnehmbaren Veränderungen vorzubereiten (Tabelle 13.7).

Damit ein System auch in kürzeren Entfernungen nutzbar ist, muss ein **Akkommodationsausgleich** vorhanden sein, eine geeignete **Aufstecklinse** zur Verfügung stehen oder aber eine **Okularverschiebung** vorgenommen werden können.

Ein nicht fokussierbares System muss für die Nutzung in der Nähe mit einem Akkommodationsausgleich ausgestattet werden, der trotz des Einsatzes in kurzen Distanzen ein ermüdungsfreies Sehen bei Fernakkommodation möglich macht. Der Ausgleich ergibt sich aus der Systemvergrößerung und dem erforderlichen Arbeitsabstand.

---

**Akkommodationsausgleich**

$$A = \frac{\Gamma'^2_{FR}}{|a_E|}$$

$\Gamma'_{FR}$: Fernrohrvergrößerung
$a_E$: Arbeitsabstand

---

Der berechnete Akkommodationsausgleich ist dann mit der ermittelten Fernkorrektion zu verrechnen und als Korrektionslinse augenseitig in das Fernrohrsystem einzuarbeiten. Das Instrument ist dann allerdings nur im vorgewählten Arbeitsabstand nutzbar.

Beispiel:
Ein amblyoper Kunde (sph − 0,5 cyl − 0,75 A 90°) erreicht mit einer 2,5-fachen Vergrößerung einen ausreichenden Fernvisus. Er benötigt ein System, mit dem er in einer Entfernung von 2,75 m das Fernsehprogramm verfolgen kann.

Der Akkommodationsausgleich berechnet sich aus

$$A = \frac{\Gamma'^2_{FR}}{|a_E|} = \frac{2,5^2}{2,75\,m} = 2,27\,\frac{1}{m} \approx 2,25\,\frac{1}{m}$$

Dieser Ausgleich wird nun zur Fernkorrektion hinzu addiert

```
  sph − 0,50      cyl − 0,75    A 90°
+ sph + 2,25
-----------------------------------------
  sph + 1,75      cyl − 0,75    A 90°
```

Die so ermittelte Restkorrektion entspricht der Stärke der Korrektionslinse, die in das Fernrohrsystem einzuarbeiten ist.

Eine weitere Möglichkeit besteht darin, das Objektiv des auf die Ferne fest eingestellten Systems mit sogenannten Aufstecklinsen auszustatten. Auf diese Weise ist eine Versorgung des Sehbehinderten für mehrere Entfernungen möglich. Der Brechwert solcher Linsen ist immer vom jeweils erforderlichen Arbeitsabstand abhängig.

---

**Gesamtbrechwert der Aufstecklinse**

$$D_{Aufstecklinse} = \frac{1}{|a_E|}$$

$a_E$: Arbeitsabstand

## 13 ● Kunden die Anwendung vergrößernder Sehhilfen erklären

**Normalvergrößerung der Aufstecklinse**

$$\Gamma'_{\text{Aufstecklinse}} = -\frac{D_{\text{Aufstecklinse}}}{A_0}$$

$D_{\text{Aufstecklinse}}$: Gesamtbrechwert der Aufstecklinse
$A_0$: Kehrwert der Bezugssehentfernung

**Beispiel:**
Ein sehbehinderter Prüfling kommt mit einem Kepler-System bei einer 2,1-fachen Vergrößerung auf einen Fernvisus von 0,4. Damit er in einem Abstand von 20 cm wieder Taschenbücher lesen kann, erhält er eine Aufstecklinse mit einem Brechwert von 5 dpt.

Die Vergrößerung der Aufstecklinse berechnet sich aus

$$\Gamma'_{\text{Aufstecklinse}} = -\frac{D_{\text{Aufstecklinse}}}{A_0} = -\frac{5 \text{ dpt}}{-4 \text{ dpt}} = 1,25$$

Die Gesamtvergrößerung und der mit System zu erwartende Nahvisus ergeben sich dann zu

$$\Gamma'_{\text{ges}} = \Gamma'_{\text{FR}} \cdot \Gamma'_{\text{Aufstecklinse}} = 2,1 \cdot 1,25 = 2,63$$

$$V_{cc_N} = V_{cc_F} \cdot \Gamma'_{\text{Aufstecklinse}} = 0,4 \cdot 1,25 = 0,5$$

Bei fokussierbaren Fernrohrsystemen muss zumindest der zylindrische Anteil der Fernkorrektion augenseitig eingearbeitet worden sein. Sowohl der Ausgleich des sphärischen Anteils als auch die Einstellung auf den gewünschten Arbeitsabstand wird über die Okularverschiebung reguliert.

**Bild 13.34** Galilei-System mit Aufstecklinse

Damit kann nicht nur die Fernrohrvergrößerung, sondern auch der mit System erreichbare Fernvisus noch um den Vergrößerungsfaktor der Aufstecklinse gesteigert werden.

**Gesamtvergrößerung**

$$\Gamma'_{\text{ges}} = \Gamma'_{\text{FR}} \cdot \Gamma'_{\text{Aufstecklinse}}$$

$\Gamma'_{\text{FR}}$: Fernrohrvergrößerung
$\Gamma'_{\text{Aufstecklinse}}$: Normalvergrößerung der Aufstecklinse

**Nahvisus mit System**

$$V_{cc_N} = V_{cc_F} \cdot \Gamma'_{\text{Aufstecklinse}}$$

$V_{cc_F}$: Fernvisus mit System
$\Gamma'_{\text{Aufstecklinse}}$: Normalvergrößerung der Aufstecklinse

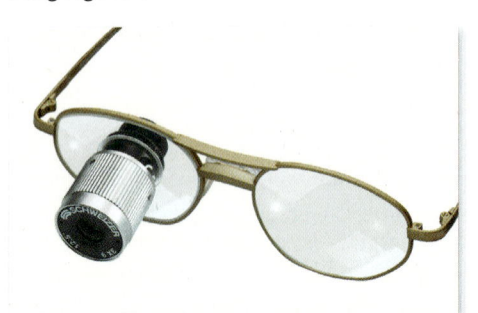

**Bild 13.35** Kepler-System

Für eine sichere Aufnahme des Systems muss die ausgewählte Fassung formstabil und verwindungsfrei sein sowie über eine ausreichende Scheibengröße verfügen. Um darüber hinaus einen möglichst hohen Tragekomfort zu gewährleisten, ist insbesondere darauf zu achten, dass der Systemträger eine ausreichende Bügellänge besitzt und mit einem Sattelsteg ausgestattet ist (Bild 13.36).

**Bild 13.36** Systemträger für Damen und Herren

Die erforderlichen Zentrierpunkte dürfen erst nach einer gewissenhaften anatomischen Voranpassung des Systemträgers festgelegt werden. Dabei ist zu beachten, dass sich ein kleiner Hornhautscheitelabstand immer günstig auf das Gesichtsfeld auswirkt. Das Fernrohr-System ist in allen Fällen nach der Augendrehpunktforderung zu zentrieren. Dabei entspricht der horizontale Zentrierpunktabstand der Pupillendistanz für die Ferne. Für die Festlegung der Höhe neigt der Proband zunächst seinen Kopf nach hinten, bis die Fassungsebene senkrecht zum Boden steht. Erst dann können bei eingenommener Nullblickrichtung die Hauptdurchblickpunkte gekennzeichnet werden.

### Bestellung und Fertigung

Nach der Auswahl von System und Fassung kann die Bestellung anhand der ermittelten Daten erfolgen. Wenn der Augenoptiker nicht den Einschleifservice des Herstellers in Anspruch nimmt, muss er die Trägerscheiben der Zentriervorschrift entsprechend in den Systemträger einarbeiten, die gelieferten Systemkomponenten montieren sowie eine Endkontrolle vornehmen.

**Bild 13.37** Trägerscheibe und Fernrohrsystem

### Abgabe und Endanpassung

Bevor die vergrößernde Sehhilfe an den Kunden abgegeben werden kann, erfolgt die Endanpassung des Systemträgers nach anatomischen und physikalischen Gesichtspunkten. Für die korrekte horizontale und vertikale Ausrichtung ist insbesondere eine Kontrolle beziehungsweise Korrektur der Nasenauflage, des Hornhautscheitelabstands, der Vorneigung sowie der Bügelauf- und anlage vorzunehmen.

Nach der Endanpassung sind die Zentriervorgaben zu überprüfen. Dafür wird das Kepler-System mit einer Lichtquelle von vorne durchleuchtet. Von der Seite kann der Anpasser nun feststellen, ob die Austrittspupille des Fernrohrs mit der Eintrittspupille des Probanden zusammenfällt. Handelt es sich um ein Galilei-System, strahlt der Anpasser das Auge des Kunden von der Seite an und nimmt die Sichtkontrolle durch das Objektiv vor. Bei korrekter Zentrierung ist das ausgeleuchtete Auge zu sehen.

Um zu überprüfen, ob die erwartete Sehleistung auch wirklich erreicht wird, ist im Anschluss daran unter Mitwirkung des Kunden eine endgültige Funktionsprüfung der Sehhilfe vorzunehmen.

Abschließend ist der Sehbehinderte kundengerecht in die Bedienung und den Gebrauch seiner Korrektion einzuweisen.

### Kontrolle und Nachbetreuung

Bereits bei der Abgabe der vergrößernden Sehhilfe sollte der Anpasser einen Kontrolltermin vereinbaren, damit nach etwa einem Monat sowohl der Sitz des Systemträgers als auch die Funktion des Fernrohrsystems überprüft und gegebenenfalls korrigiert werden kann. Zur Nachbetreuung gehört auch die Durchführung von erforderlichen Wartungs- und Reinigungsarbeiten.

## Kunden die Anwendung vergrößernder Sehhilfen erklären

**Aufgaben**

1. Zeigen Sie anhand der Formel für den Gesamtbrechwert von Linsensystemen, dass sich der Systembrechwert eines Fernrohres zu Null ergibt, sofern es sich in der afokalen Einstellung befindet.

2. Erläutern Sie die Bedeutung der Austrittspupille für den praktischen Einsatz eines Fernrohr-Systems.

3. Ein Kepler-Fernrohr besitzt eine 8-fache Vergrößerung und eine Systemweite von 135 mm. Ermitteln Sie den Gesamtbrechwert von Objektiv und Okular.

4. Erklären Sie, in welchen Schritten bei der Justierung eines Fernrohrsystems vorgegangen werden sollte.

5. Ermitteln Sie Größe und Lage der Austrittspupille für ein Galilei-System mit $D_{OB}$ = + 10 dpt, $D_{OK}$ = – 25 dpt und $\varnothing_{OB}$ = 20 mm.

6. Die bildseitige Okularbrennweite eines astronomischen Fernrohrs beträgt 25 mm. Die Austrittspupille befindet sich 30 mm rechts vom Okular. Ermitteln Sie aus diesen Angaben die Fernrohrvergrößerung.

7. Interpretieren Sie den Fernrohraufdruck „8 x 30 B 135 m", und leiten Sie daraus möglichst viele Informationen ab.

8. Ein Keplerfernrohr (10 x 40) besitzt eine Fernrohrlänge von 120 mm und einen Okulardurchmesser von 20 mm. Berechnen Sie den Gesichtsfeldwinkel und den Gesichtsfelddurchmesser.

9. Erklären Sie an einer Handskizze, in welcher Gebrauchssituation sich der bildseitige Brennpunkt des Objektivs innerhalb der einfachen objektseitigen Brennweite des Okulars befinden muss.

10. Konstruieren Sie den zentralen Öffnungsstrahlengang ($\varnothing_{OB}$ = 30 mm) für ein Kepler-System ($f'_{OB}$ = + 50 mm und $f'_{OK}$ = + 25 mm), das für die Bildumkehr mit einer Linse ($f'_{UL}$ = + 20 mm) ausgestattet wurde.

11. Begründen Sie, weshalb die Bildumkehr in Ferngläsern astronomischer Bauart nicht durch Linsen, sondern über Prismen erfolgt.

12. Für ein Fernrohr ist der Brechwert der darin verbauten Umkehrlinse zu berechnen. Der Produktbeschreibung entnehmen Sie eine 10-fache Vergrößerung, eine Objektivbrennweite von 50 cm und eine Systemweite von 71 cm.

13. Ermitteln Sie, auf welche Objektentfernung sich ein Fernrohrsystem ($D_{OB}$ = 4 dpt) einstellen lässt, dessen Okular um maximal 4 mm herausgedreht werden kann.

14. Von einem Fernrohrsystem ist die Objektivbrennweite ($f'_{OB}$ = 120 mm) bekannt. Der beobachtete Gegenstand befindet sich 5 m vor dem Objektiv. In welche Richtung und um welchen Betrag ist das Okular von einem emmetropen Nutzer zu verschieben?

15. Berechnen Sie, welcher Akkomodationsausgleich für einen Arbeitsabstand von 120 cm erforderlich ist, wenn ein Fernrohrsystem mit einer 3-fachen Vergrößerung angepasst werden soll.

16. Der Fernvisus eines amblyopen Kunden kann durch ein Fernrohrsystem auf 0,5 angehoben werden. Welcher Nahvisus ist zu erwarten, wenn für die Betrachtung von Gegenständen in einer Entfernung von 25 cm eine Aufstecklinse verwendet wird?

## 13.4 Fernrohrsysteme und ihre Eigenschaften

### Projektaufgaben

1. Ihr Betrieb möchte sich auf die Versorgung mit vergrößernden Sehhilfen spezialisieren. Deshalb plant Ihr Ausbilder eine betriebsinterne Fortbildung. In diesem Zusammenhang bittet er Sie um eine Präsentation, mit der Sie Ihre Kollegen über die relevanten Augenkrankheiten informieren sollen.

2. Eine 22-jährige Kundin ($\Delta A_{max}$ = 12 dpt) kommt bei der Refraktionsbestimmung nur auf einen geringen Visus. Weil sie häufig das Kursbuch der Deutschen Bahn benötigt, empfehlen Sie ihr eine Lupe mit einem Gesamtbrechwert von 16 dpt.
    a) Berechnen Sie die Normalvergrößerung der empfohlenen Lupe und geben Sie an, unter welchen Voraussetzungen diese nur zutrifft.
    b) Der Hersteller gibt für das Instrument eine 5-fache Vergrößerung an. Erklären Sie, wodurch die Differenz zur Normalvergrößerung zustande kommt.
    c) Ihre Kundin führt das Kursbuch nun so lange an die Lupe heran, bis sie gerade eben ein scharfes und aufrechtes Bild wahrnimmt. Ermitteln Sie, welche Vergrößerung in dieser Situation zu erreichen ist.
    d) Erläutern Sie der Kundin, auf welche Art und Weise sie die maximale Vergrößerung erreicht und berechnen Sie diese.

3. Ein Kunde interessiert sich für ein Fernglas (7 x 30 130 m), das auf seinem Kajütboot sowohl am Tage, als auch bei beginnender Dämmerung zum Einsatz kommen soll.
    a) Überprüfen Sie, ob das Instrument den geschilderten Beleuchtungsverhältnissen gerecht wird.
    b) Erklären Sie Ihrem Kunden, wie er bei der Justierung vorgehen muss, damit sich das Prismenglas bei Fernakkommodation nutzen lässt.
    c) Das Kepler-System besitzt einen Kompass, sowie ein Fadenkreuz zum Anpeilen von Seezeichen. An welcher Stelle hat der Hersteller die Peileinrichtung sinnvollerweise zu installieren?
    d) Ihr Kunde möchte nun wissen, ob das Gesichtsfeld mit dem eines weiteren Prismenglases ($\varnothing_{OK}$ = 15 mm $\bar{e}$ = 150 mm) vergleichbar ist.

4. Ein schwachsichtiger Kunde soll eine Fernrohrbrille erhalten. Für die Refraktionsbestimmung musste die Prüfentfernung der auf 6 m berechneten Optotypentafel allerdings auf 4 m reduziert werden. Mit den verordneten Werten (sph + 2,5 cyl – 0,75 A 0°) kann der Kunde die mit 0,3 gekennzeichneten Sehzeichen gerade noch erkennen. Nun sollen Sie Ihrem Ausbilder bei der Anpassung assistieren.
    a) Dokumentieren Sie auf Basis dieser Informationen den real vorhandenen Fernvisus.
    b) Ermitteln Sie für einen Visusbedarf von 0,6 die erforderliche Fernrohrvergrößerung.
    c) Berechnen Sie den erforderlichen Akkomodationsausgleich sowie den Bestellwert der einzuarbeitenden Korrektionslinse, wenn das nicht fokussierbare System ausschließlich in einem Abstand von 3 m genutzt werden soll.

# English Communication for Opticians

1 Advising customers

2 Selling products

2 Writing emails

4 Making telephone calls

5 Vocabulary

## 1 Advising customers

It is early afternoon on a warm and sunny day in summer. A customer enters the shop and looks around.

*Customer*   Hello, do you speak English?
*Optician*   Yes, sure. How can I help you, sir?
*Customer*   Well I need a new pair of sunglasses.
*Optician*   I'm sure we'll find some for you, but first I need to know whether you normally wear glasses or contact lenses.
*Customer*   I don't wear either.
*Optician*   Right, so that will make things a bit easier. What kind of frames were you thinking of: plastic or metal?
*Customer*   Oh, I think plastic frames will be okay, You see, I left my sunglasses at home so it's just for the holiday here.
*Optician*   Oh, I see, so I suppose the sunglasses shouldn't be too expensive, is that right?
*Customer*   Yes, that's what I was thinking, but they should still have high UV protection.
*Optician*   Well, sir, I can assure you that we only offer high quality products, and all our sunglasses have excellent UV protection. Would you like to have a look at some of our best selling products?

You show the customer a selection of sunglasses that would suit him.

*Customer*   Oh, those glasses with the red frames look really nice!
*Optician*   Yes, don't they? Would you like to try them on?
*Customer*   They fit perfectly. Would you say they look good?
*Optician*   Absolutely, but maybe you would like to try the same style in brown.

The customer tries on the sunglasses with the brown frames and looks in the mirror.

*Customer*   Well, I believe these ones look better. What would you say?
*Optician*   I agree. I think you should go for the sunglasses with the brown frames.
*Customer*   Okay. And what about UV protection?
*Optician*   Oh, there is no difference: both pairs have 100 % UV protection
*Customer*   And how much are these glasses then?
*Optician*   Well, usually they cost € 37.90, but at the moment we have them on special offer for just € 29.00.
*Customer*   Oh, that's even cheaper than the last ones I bought in England!
*Optician*   That's good, then, isn't it? Would you like to have a glasses case?
*Customer*   No, thank you.
*Optician*   Do you want to pay cash or by credit card?
*Customer*   Cash, please.
*Optician*   Thank you very much.

The customer pays and when you give him the receipt and the change you say:

*Optician*   So, here is your change and your receipt. If you have any problems with your new glasses, please come back and we'll see what we can do.
*Customer*   Thanks a lot, bye bye.
*Optician*   Good bye.

**Useful phrases:**

Good morning, madam / Good afternoon, sir / Good evening, madam
Can I help you / How can I help you?
Are you being served? / Who is next, please?
I'll be with you shortly / Would you like to take a seat for a minute?

Would you like to have a look around?
Do you have anything particular in mind?
Have you had ... before?

Have you been given a prescription?
May I see your old glasses?
How would you like these ones?
Would you prefer ... ?
Would you rather take ... ?

| | |
|---|---|
| Let me<br>May I<br>Can I | show you ...<br>recommend to you ...<br>ask you to ...<br>give you ... |
| Would you like to<br>Do you want to<br>Can you<br>Could you | try these ones?<br>choose / select one of these<br>come back later?<br>have a look at the brochures / catalogue?<br>give me your glasses?<br>tell me what's wrong with the other ones? |
| I'm afraid<br>I'm sorry, but<br>I'm awfully sorry, but | we don't have any left.<br>you will have to wait for a couple of minutes.<br>we have run out of ... |

Which colour do you prefer?
Is it / are they the right size?
Does it feel comfortable?

That suits you really well.
This may suit you even better.

Allow me to take some measurements.
We can tighten them for you.
Shall I loosen them a bit?
We can easily adjust the glasses.

Could you come back next week? The glasses should be ready by then.
I will call you as soon as they are ready.
I'll ring you (up) on Tuesday.

Would you like to pay cash?
Can I have your credit card, please?
Please, sign here.

Please come back if there are any problems.
See you next week!
Bye, bye!
Good bye!

# 1 Advising customers

## Exercises

1. Read the dialogue again and see if you can add any phrases to the phrase boxes.

2. Write a new dialogue using the "useful phrases". Change the situation into one of the following:
   a) The customer cannot make up his mind.
   b) The customer wears contact lenses.
   c) The customer has chosen glasses that do not suit him.

## Vocabulary

| | | | |
|---|---|---|---|
| anbieten | to offer | Kunststoff | plastic |
| anpassen | to adjust | lockern | to loosen |
| anziehen, nachziehen | to tighten | Messung | measurement |
| ausprobieren | to try | passen | to suit / to fit |
| aussehen | to look | Platz nehmen | to take a seat |
| Auswahl | selection | Prospekt | brochure |
| auswählen | to select / choose | qualitativ hochwertig | high quality |
| bar | cash | Quittung | receipt |
| baugleich | the same style | Rahmen | frames |
| bedienen | to serve | Rezept | prescription |
| bequem | comfortable | Sonderangebot | special offer |
| bestimmtes | particular | teuer | expensive |
| Brille | (a pair of) glasses | sich umschauen | to have a look around |
| Brillenetui | glasses case | unterschreiben | to sign |
| empfehlen | to recommend | UV-Schutz | UV-protection |
| Fahrt | journey | vermuten | to suppose |
| Fassung | frames | wählen | to choose |
| Katalog | catalogue | Wechselgeld | change |
| Kontaktlinsen | contact lenses | zahlen | to pay |
| Kreditkarte | credit card | | |

# English Communication for Opticians

## Glasses or contact lenses

A customer enters the shop. You greet her ...

*Optician*    Good morning, madam, can I help you?
*Customer*    I'm not quite sure; you see, I've been wearing glasses for three years now; and I am considering wearing contact lenses instead. Could you tell me something about the advantages and disadvantages?
*Optician*    Yes, of course. First of all, some people prefer glasses because they are used to them or they find that they suit them so well ...
*Customer*    Yes, I know, but that is not true for me. In fact, I feel glasses have a lot of disadvantages: you can lose them, you can forget where you left them ...
*Optician*    They can be a bit of a problem when you are playing sport or when you go out in the evening ...
*Customer*    That's absolutely right, but I'm concerned that contact lenses aren't as good as glasses. Is that right?
*Optician*    No, absolutely not! The properties of lenses and glasses are identical. In fact, contact lenses have even more advantages than the ones you have mentioned.
*Customer*    For example?
*Optician*    Just think of sunglasses: with contact lenses you don't have to swap to your prescription sunglasses, but simply put on sunglasses.
*Customer*    Yeah, that's always a bit of a problem, especially when you are driving a car. But isn't it difficult to put them in and take them out? I must say, I'm a bit scared of that.
*Optician*    Oh, I can understand that, but I can assure you that there is absolutely no need to be worried.

...

### Exercises

1. Match the vocabulary items below with the right definitions.
2. Continue the dialogue. Use words and phrases from the vocabulary list below.

| | |
|---|---|
| 1) daily disposables | a) Contacts which must be replaced every month |
| 2) two weekly disposables | b) Contacts which can be worn day and night |
| 3) monthly disposables | c) for people who suffer from astigmatism |
| 4) extended wear lenses | d) Contacts which must be replaced every day |
| 5) toric lenses | e) for people who are short- and far-sighted |
| 6) multi-focal lenses | f) only for fashion |
| 7) coloured contact lenses | g) Contacts must be replaced every two weeks |

## 1 Advising customers

**3.** Put the following instruction into correct order:

| STEP 1 | Insert the lens. Use the forefinger on your other hand to hold up your upper eyelid to prevent you from blinking. Use the third finger on the hand in which you have the contact lens to hold down your lower eyelid. Look up and place the contact lens onto the white of your eye. Look downwards to allow the lens to slip into position. Remove your fingers and close your eye momentarily. Your lens should be in place. |
|---|---|
| STEP 2 | Repeat the procedure on your other eye. |
| STEP 3 | Wash your hands with soap, rinse them thoroughly and dry them with a clean towel. |
| STEP 4 | Ensure that the contact lens is not inside out and place it on your forefinger (your pointing finger). |
| STEP 5 | Place the contact lens on the palm of your hand, check that it is clean and not torn. |

**www**
lenstore.co.uk/lens-wearing-guide

### Vocabulary

| | | | |
|---|---|---|---|
| an etw. gewöhnt sein | to be used to something | Vorteil | advantage |
| Bedürfnis | requirement | Zweistärkenglas | bifocal lens |
| bevorzugen | to prefer | ersetzen | to replace |
| Brille | glasses (pl.) | Ein-Tages-Kontaktlinsen | disposable lenses |
| Dreistärkenglas | trifocal lens | kurzsichtig | short-sighted |
| Eigenschaften | properties | weitsichtig | far-sighted |
| einsetzen | to put sth. in / to insert sth. | unter etw. leiden | to suffer from |
| Einweg-Tageskontaktlinse | daily disposable | Ganztageslinsen | extended wear lenses |
| Entspiegelung | AR coating | torische Linsen | toric lenses |
| etw. steht jemd. | sth. suits so. | Multifokallinsen | multi-focal lenses |
| Freizeit | leisure time | Zeigefinger | forefinger |
| herausnehmen | to take sth. out / to remove sth. | Augenlid | eyelid |
| Hornhautverkrümmung | astigmatism | zwinkern | to blink |
| Kontaktlinsen | contact lenses | der weiße Teil des Auges | white of the eye |
| Nachteil | disadvantage | in die richtige Lage gleiten | to slip into position |
| tauschen | to swap | Handfläche | palm |
| verschreiben | to prescribe | (ein-)reißen | to tear |
| versichern | to assure | | |

## Sunglasses

The sun is necessary to keep plants, animals and humans alive, and most people just love sunshine. However, too much of it can be dangerous for your skin — that's why you use sun protection lotion. If you want to protect your eyes, you need to wear sunglasses.

Ideally the glasses should filter out the dangerous UVB and UVA rays at a level of 100 %. Apart from protecting your eyes, the sunglasses make it easy to see clearly in the sun. But what exactly is UV light?

Read the following definitions and fill in the missing words from the list on the right:

| Text | Missing words In alphabetical order |
|---|---|
| UV light, short for ultraviolet light, is light with a wavelength shorter than that of visible light, but longer than _____, that is, in the range 10 nm to 400 nm.<br><br>It is so-named because the _____ consists of electromagnetic waves with frequencies higher than those in what we see as violet. These frequencies are _____ to humans, but a number of insects and birds can see them.<br><br>The sun emits light at all the different wavelengths in an electromagnetic spectrum, but it is ultraviolet _____ that are responsible for causing sunburn. UV light is emitted by electric arcs and specialised lights such as black light. It can cause chemical _____, and it causes many substances to glow or fluoresce.<br><br>A great deal (> 97 %) of mid-range ultraviolet is blocked by the _____, and would cause a lot of damage to living organisms if it penetrated the _____. | atmosphere<br>invisible<br>ozone layer<br>reactions<br>spectrum<br>waves<br>X-rays |

There are five different tints for sunglasses:

| European Standard | Lens Description | Environment & Activity | Level of Protection |
|---|---|---|---|
| 4 | Very Dark | Mountains, glaciers & sea; extreme conditions. Car driving is forbidden | UV 100 % – Visible light 95 % |
| 3 | Dark | Sea & mountains; intense conditions | UV 100 % – Visible light 85 % |
| 2 | Medium Tint | Sea & mountains; bright sunlight | UV 100 % – Visible light 70 % |
| 1 | Slightly Tinted | All environments; variable sunlight – everyday use | UV 100 % – Visible light 40 % |
| 0 | Clear Tint | Urban, variable light conditions for comfort & appearance | UV 100 % – Visible light 10 % |

# 1 Advising customers

## Exercise

With a partner, write one of the four dialogues below in which you explain different types of sunglasses to a customers:
- customer A: wants to go skiing
- customer B: summer holidays in Greece
- customer C: needs new sunglasses for car driving
- customer D: wants to look good

The dialogue can begin like this:

*It is 10 a.m. on a Saturday morning. A customer enters the shop. You greet him ...*

You: Good morning sir, can I help you?
Customer: I hope so. You see, I want to go skiing in two weeks. It is the first time for me, so I'm not sure what I'm doing. What do you think, do I need sunglasses in the Alps?
You: ...

| Vocabulary | | | |
|---|---|---|---|
| alltäglich | everyday | Schutz | protection |
| Aussehen | appearance | sichtbar | visible |
| aussenden | to emit | Solarium | tanning bed / solarium |
| Bedingung | condition | Sonnenbrand | sunburn |
| Bogen | arc | städtisch | urban |
| filtern | to filter | Strahlung | radiation |
| Frequenz | frequency | Tönung | tint |
| Gletscher | glacier | Umgebung | environment |
| hell | bright | veränderlich | variable |
| Helligkeit | brightness | verboten | forbidden |
| Ozonschicht | ozone layer | Welle | wave |

## 2 Selling products

Selling glasses, lenses or other products can be interesting and challenging. It is also different from customer to customer. Some general rules, however, should be followed, no matter whether your customer speaks German, English, or another language.

**Bild 1**
Create a positive shopping experience

1. Adapt your language to the customer.
2. Ask open w-questions (what, when, where, why).
3. Ask the customer how satisfied (s)he is with the glasses (s)he is wearing.
4. Consider how others perceive you.
5. Create a positive shopping experience.
6. Emphasise the benefits of the product, and not the technical details.
7. Explore the customer's situation at work, leisure and at home.
8. Find out the intended purpose of new glasses / lenses.
9. Focus on the customer's needs.
10. Actively greet the customer.
11. Help the customer to overcome price inhibitions.
12. Leave the customer space to reach his own decision.
13. Listen and collect information.
14. Look up the price and do not state it from memory.
15. Make sure you inform the customer about the price of the product precisely.
16. Meet the customer without prejudice.
17. Present a wide range of products.
18. Put the product at the centre, not the costs.
19. Respond to the customer's personal situation.
20. Stay polite – always!
21. Summarise the most important arguments.
22. Treat all products with great care.
23. Work continually on your manners, clothes, and behaviour.
24. Try to listen more than you talk.
25. Ignite the customer's desires.

Quelle: Silke Sage, FOCUS AZUBI, 07/08_2009

## 2 Selling products

### Exercise

These rules can be grouped under five headings:

I First impression
II Finding out customers' needs
III Presenting products
IV Giving advice
V The sale

### Vocabulary

| | | | |
|---|---|---|---|
| anpassen | to adapt | Hemmung | inhibition |
| Auswahl | range | konzentrieren auf | *hier:* to focus on |
| auswendig | from memory | Vorteile | benefits |
| beabsichtigen | to intend | Vorurteil | prejudice |
| bedenken | to consider | wahrnehmen | to perceive |
| betonen | to emphasise | zufrieden | satisfied |
| Fernglas | binoculars *(plural)* | Zweck | purpose |
| Freizeit | leisure | entfachen, wecken | to ignite |

### Exercise

Write a dialogue with your partner:

A customer wants to buy binoculars. She thinks that they are quite expensive.

Look up words you don't know in a dictionary.

## Small Talk

Small talk is often regarded as an icebreaker, it helps start a conversation with a customer. If the customer's stay is longer, some small talk may help keep the conversation going.

When you deal with English speaking customers, make sure that you are always polite, friendly and stay positive as much as possible. On the following page are some phrases that you can use:

a) **Show that you are interested in the customer:**
- How did you find our shop?
- Are you on holiday or are you on business here?
- Is this your first visit to our town?
- Have you been able to do some sightseeing yet?
- What are your first impressions of Germany?

b) **Use question tags when possible:**
- The weather is great today, isn't it?
- It's a bit windy today, isn't it?
- That looks good, doesn't it?
- You didn't drive all the way, did you?
- You have not been here before, have you?
- These glasses are quite nice, aren't they?

c) **Do <u>not</u> talk about any of the following topics in a small talk:**
- financial matters, especially salary
- religion
- politics
- sexuality
- marital status

### Exercise

A customer enters the shop and looks at the collection of sunglasses.

Make up some more small talk questions. Start a conversation with the customer.

*You:* I see you are looking at the sunglasses. It has been quite sunny recently, hasn't it? Are you here on holiday?
*Customer:* I am indeed! Such a lovely town …
*You:* …

## 3 Writing emails

When ordering new products you may have to get in touch with companies in Great Britain, the USA or other English-speaking countries. Today it has become quite common to write formal emails instead of formal letters to your business partners. You could need to write an enquiry, an offer, a complaint, a reservation, an application, or for another purpose.

This is what an email might look like:

---

From:
Subject: Request for Information brochures about glaucoma
Date:
To:

---

Dear Sir or Madam

As a leading optician in the university town of Münster in Germany, we have quite a few English-speaking customers. We recently had a customer who suffers from glaucoma. We found your homepage www.glaucoma-association.com very helpful when dealing with that particular customer.

We would like to have some information brochures in English in our shop. Would it be possible to order 100 copies, and what would the payment conditions be?

We look forward to hearing from you.

Yours faithfully,

Lukas Frings
- Trainee -

---

Optik Wehnigfrau
Schlossplatz 2
48149 Münster
Tel.: 0049 (0)251 / 3242521
Fax: 0049 (0)251 / 3242683
www.optik-wehnigfrau.de
info@wehnigfrau.de

---

| Vocabulary | | | |
|---|---|---|---|
| *Anfrage / Bitte um* | request for | *Glaukom* | glaucoma |
| *Augenoptiker* | optician | *Mit freundlichen Grüßen* | Yours sincerely |
| *Auszubildende(r)* | trainee | *Sehr geehrte Damen und Herren* | Dear Sir or Madam |
| *benennen* | to state | *sich freuen auf* | to look forward to |
| *erhalten* | to receive | *speziell* | particular |
| *führend* | leading | *Zahlungsbedingungen* | conditions of payment |

Make sure that you include the following elements when writing a formal email:

**Subject line:** State the purpose of your email. It should be short and clear.

In the **salutation line** you should greet the person with his/her name: *Dear Mr Brown or Dear Ms Atkinson*. If you do not know the name of the person, you just write *Dear Sir or Madam*.

The **text body** of your email should be short and precise. Email is much less formal than a written letter. However, don't forget to remain polite!

The **closing** at the end of the mail:
- Yours sincerely, (formal, use this if you have started with a name)
- Yours faithfully (formal, use this if you have started with "Dear Sir or Madam")
- Best regards, (formal)
- Best wishes, (If the person is a close business contact or friend)
- All the best, (If the person is a close business contact or friend)

Your **signature**: name and address – including the position you have in your company, your email address, telephone and fax number . The signature should be at the end of the email.

**Some facts about emails**

1. **E-mail email or mail?** The first two forms are used to describe electronic mail and the most popular form is the spelling "email". This is a verb (please *email* me) and a noun (please send me an *email*).
   *Mail* is only used for paper-based communications which you put in an envelope and post in a mailbox.

2. **Your own email address:** When you create your own email address and only plan to use it to communicate with friends, you may be funny and creative (ich-wer-sonst@...). However, make sure that you also have a serious address for applications, business contacts etc.

3. **Abbreviations and emoticons:** Do not use any of these in business emails. In personal emails you may write *"asap"* (= as soon as possible) or *"lol"* (laugh out loud). Do not use emoticons like *;-)* in business emails.
   Don't use irony in emails. The addressee might not recognise irony because he or she cannot see and hear you.

4. **Correct spelling:** Correct spelling is also important in emails.

5. **Pronunciation of . / @ / -:** Sometimes it may be necessary to read or rather spell out email addresses, for example on the phone. This is the correct way to read them:
   - info@wehnigfrau: info at wehnigfrau
   - miller/info: miller slash info
   - wehnigfrau.com: wehnigfrau dot com
   - Peter_Dawson: Peter underscore Dawson
   - Mary-Spark: Mary hyphen Spark (Don't say 'minus'!)

6. **Leerzeichen:** The German word "Leerzeichen" in English is "space". Ohne Leerzeichen: "no space" or "all one word"

7. **Anhang:** When you write a letter and put something else in the same envelope, (then the German word "Anhang" means "enclosure"). In emails you cannot put the document into an envelope. Therefore, "Anhang" here gets called "attachment".

## 3 Writing emails

| Some useful phrases for emails | |
|---|---|
| **English** | **German** |
| Thank you for your email of August 5th. | Vielen Dank für Ihre Mail vom 05.08. |
| We are delighted to inform you that ... | Wir freuen uns Ihnen mitteilen zu können, dass ... |
| I am sorry to have to tell you that ... | Leider muss ich Ihnen mitteilen, dass ... |
| Could you please send us ...? | Könnten Sie uns bitte ... zusenden? |
| We would be grateful if you could forward this mail. | Wir wären Ihnen dankbar, wenn Sie diese Mail weiterleiten könnten. |
| We are very sorry for the inconvenience we have caused. | Wir bedauern die Unannehmlichkeiten sehr, die wir verursacht haben. |
| I would like to apologise for the delay. | Ich möchte mich für die Verspätung entschuldigen. |
| Please ensure that the sunglasses reach us by September 10th. | Bitte stellen Sie sicher, dass wir die Sonnenbrillen bis zum 10.09. erhalten. |
| If you need any further information, please do not hesitate to contact us. | Zögern Sie nicht, sich mit uns in Verbindung zu setzen, falls Sie weitere Informationen benötigen. |
| Please find attached our current price list. | Im Anhang finden Sie unsere aktuelle Preisliste |
| We look forward to hearing from you soon. | Wir freuen uns darauf, bald von Ihnen zu hören. |

# English Communication for Opticians

> **Exercise**
>
> Translating an email
>
> You wrote an email to the International Glaucoma Association in the UK and asked for information brochures in English. You have just received the following answer. Translate this email into German:
>
> | | |
> |---|---|
> | From: | info@iga.org.uk |
> | To: | frings@wehnigfrau.de |
> | Sent: | 2013-08-11 09:27 |
> | Attachment: | |
> | Subject: | **Information brochures** |
>
> Dear Mr Frings,
>
> Thank you for your request concerning information brochures on glaucoma. We are a UK charity for people with glaucoma. It is our mission to raise awareness of glaucoma, promote research related to early diagnosis and treatment and to provide support to patients throughout the UK.
>
> We can only achieve this with the support of countless volunteers and the donations of the thousands of people in the UK who fund our projects.
>
> Unfortunately, raising awareness outside the UK is not part of our charity's mission. We are therefore unable to send you any brochures.
>
> However, we would like to recommend our website http://www.glaucoma-association.com, on which your English-speaking customers can get comprehensive information free of charge.
>
> Best regards
>
> Melissa Hall
>
> ---
>
> International Glaucoma Association
> Woodcote House
> 15 Highpoint Business Village
> Henwood, Ashford, Kent TN24 8DH

## 4 Making telephone calls

Before you make a business call to someone in English – this could be a an English speaking customer or a business partner in an English speaking country – you should prepare yourself and make a few notes that will help you:

Make a list of the main questions or problems you want to discuss.
- Think of possible questions you may be asked and have an answer ready.
- Speak slowly and clearly.
- Be polite: say "please" and "thank you" whenever possible.
- It does not matter if you make mistakes. Nobody is perfect.
- Make sure you are able to spell words that may be difficult to understand for the person you are calling. This is how to spell the alphabet (see the table on the right).

You say: „it's 'a' – as in Alpha, 'b' – as in Bravo." Do not say „'a' like Alpha, 'b' like Bravo."

When you call a person in English speaking countries you will often not hear the name, but the number *(Oxford 49 76 35)*. You will then have to answer: "Good morning, this is Ms Müller calling. Can I speak to Mr Kimber, please?"

Telephone numbers are read out in single digits.
Example: 01705 / 36 927: Oh – one – seven – Oh – five – three – six – nine – two – seven)
When two following numbers are the same, you say "double".
Example: 0251 / 66 399: Oh – two – five – one – double six – three – double nine.
Native English speakers often say the numbers in blocks of three, e. g.: "oh-one-seven / oh-five-three / six-nine-two"

Telephone calls may vary from call to call, but you will certainly be able to use some of the following elements in every phone call (see the following page):

| A | [eɪ] | Alpha | N | [n] | November |
| B | [biː] | Bravo | O | [əʊ] | Oscar |
| C | [siː] | Charly | P | [piː] | Papa |
| D | [diː] | Delta | Q | [kjuː] | Quebec |
| E | [iː] | Echo | R | [aːr] | Romeo |
| F | [ef] | Foxtrot | S | [es] | Sierra |
| G | [dʒiː] | Golf | T | [tiː] | Tango |
| H | [eɪtʃ] | Hotel | U | [juː] | Uniform |
| I | [aɪ] | India | V | [viː] | Victor |
| J | [dʒeɪ] | Juliet | W | [dʌbbel juː] | Whisky |
| K | [keɪ] | Kilo | X | [æks] | X-Ray |
| L | [l] | Lima | Y | [waɪ] | Yellow |
| M | [m] | Mike | Z | [zæt] | Zulu |

**Bild 2** Making notes before a call can help

| | |
|---|---|
| Greeting the speaker | • Good morning / good afternoon / good evening<br>• Hello<br>• This is Laura Müller speaking.<br>• How can I help you? |
| Asking for the right person | • I would like to speak to Mr McDonald, please.<br>• Can I speak to somebody from the N.N. department, please?<br>• Could you put me through to Ms Nelson, please? |
| Saying somebody isn't there | • I am sorry, but Mr Schneider is not available at the moment.<br>• Sorry, but he isn't in today. Would you like to leave a message?<br>• Do you want me to pass on a message to her? |
| Connecting the call | • I'll put you through to Ms Wolf.<br>• Just a moment, please.<br>• I'll connect you with Mr Atkinson, who is in charge.<br>• Please hold the line. |
| Calling again | • Would you please ask him to call me back?<br>• Can I call back later?<br>• When would be a good time to call back? |
| Ending the phone call | • Thank you very much for your time.<br>• Thanks for calling.<br>• Have a nice day. Goodbye. |

A big part of communication is non-verbal, so it can be difficult to fully understand the person you are talking to on the phone.

Here are some phrases that can help you to avoid or clear up misunderstandings:

| English | German |
|---|---|
| I am sorry, but I'm afraid I didn't quite get that. | Entschuldigen Sie bitte, aber ich fürchte, ich habe Sie nicht ganz verstanden. |
| I am very sorry, but I don't really understand what you mean. | Es tut mir leid, aber ich verstehe nicht ganz, was Sie meinen. |
| Excuse me for interrupting you, but could you say that again, please? | Entschuldigen Sie, dass ich Sie unterbreche, aber könnten Sie das bitte wiederholen? |
| I'm afraid I couldn't quite follow. Could you please repeat what you just said? | Könnten Sie bitte wiederholen, was Sie gerade sagten? |
| Sorry? | Bitte? |
| Could you speak a little more slowly, please? | Können Sie bitte etwas langsamer sprechen? |
| Could you spell that word for me, please? | Könnten Sie mir das Wort bitte buchstabieren? |
| If you don't mind, I'll just spell that for you. | Ich buchstabiere … |
| Would you mind speaking a bit louder, please? | Können Sie bitte etwas lauter sprechen? |

## Arranging an eye test

A customer calls and Lukas Frings, the trainee, answers the phone:

*The telephone rings.*

| | |
|---|---|
| Trainee: | Optik Wehnigfrau hier. Guten Tag; Sie sprechen mit Lukas Frings. |
| Customer: | Good afternoon, Ick sprecke nickt gutt Deutsch. Do you speak English? |
| Trainee: | Yes, I do. |
| Customer: | Oh, that's good. Thank you. My name is Greg Swain and I've lived in Germany for over six months, but German on the phone is still a bit of a problem for me. |
| Trainee: | Oh, I can understand that; I find speaking English on the phone a little bit difficult, as well, but I'm sure we'll be able to sort things out. |
| Customer: | That sounds brilliant. |
| Trainee: | So, how can I help you? |
| Customer: | Well, over the last few months I have noticed that I'm beginning to find it difficult reading texts in small print, like the articles in newspapers. |
| Trainee: | Oh, I see what you mean. Well Mr Swain, how old are you, if I may ask? |
| Customer: | Yes, of course. I'm 45 years old. |
| Trainee: | That's an age when a lot of people start having problems with their sight. I would suggest doing an eye test to find out if you need glasses. |
| Customer: | That sounds reasonable, but do I have to go to a doctor or do you also offer eye tests? |
| Trainee: | Yes, we do – no problem, and you don't even have to pay for it. |
| Customer: | Oh, wonderful! |
| Trainee: | So, all we have to do is find an appointment. What would be a good time for you? |
| Customer: | You see I usually work until about 5 pm, but I guess, I could take a day off work if necessary. |
| Trainee: | No, that won't be necessary, we don't close until 6.30 pm. |
| Customer: | Good. Would next Monday be okay then? |
| Trainee: | Let me just check ... |

*Lukas Frings checks the calendar.*

| | |
|---|---|
| Trainee: | I'm afraid Monday is not a good day for us, but what about Tuesday or Thursday next week? |
| Customer: | Tuesday is a bit difficult, but Thursday is okay. |
| Trainee: | Alright then. So let's say next Thursday at about 5.30 pm. Is that okay with you? |
| Customer: | Well, I might be a few minutes late ... |
| Trainee: | Oh, that doesn't matter. |
| Customer: | Thank you very much then. |
| Trainee: | Not at all. I'm looking forward to seeing you next week then. Bye bye. |
| Customer: | Goodbye. |

## Exercise

Making a telephone call

Work with a partner: Read the information about telephone calls on pages 437–438 again. Then prepare a telephone call in English using the German information below.

Sie sind:

**Lukas Frings,**
Auszubildender bei der Firma Optik Wehnigfrau

Sie sind:

**Ken Clayton**,
Kunde, der sich in der letzten Woche nach englischen Informationsbroschüren über Glaukom erkundigt hat

Gehen Sie ans Telefon und melden sich auf deutsch.

Sagen Sie, dass es Ihnen nichts ausmacht, Englisch zu sprechen.

Versichern Sie Herrn Clayton, dass Sie sich an ihn erinnern und berichten Sie ihm von Ihrer Mail an IGA (International Glaucoma Association).

Bejahen Sie die Frage und erzählen Sie Herrn Clayton, dass die IGA keine Broschüren ins Ausland versendet und nennen Sie die Gründe aus der Mail.

Sagen Sie, dass IGA ihn und andere Kunden ausdrücklich ermuntert hat, sich Informationen über die Homepage zu beschaffen und nennen Sie die Anschrift.

Tun Sie das. Fragen Sie nun Herrn Clayton, ob es sonst noch etwas gibt, das Sie für ihn tun können.

Bejahen Sie das und weisen Sie auf die Öffnungszeiten von 08:00 Uhr bis 13:00 Uhr am Samstag hin.

Sagen Sie, dass Sie sich freuen, ihn am Samstag begrüßen zu dürfen. Danach verabschieden Sie sich ebenfalls.

Entschuldigen Sie sich dafür, dass Sie Englisch sprechen.

Stellen Sie sich vor und erinnern Sie Herrn Frings daran, dass Sie in der letzten Woche im Laden waren, um nach einer englischsprachigen Broschüre über Glaukom zu fragen.

Bedanken Sie sich für die Mühe und erkundigen Sie sich, ob IGA bereits geantwortet hat.

Zeigen Sie Verständnis dafür und fragen Sie, ob Herr Frings zufällig die Homepage von IGA kennt.

Bitten Sie Herrn Frings, die Anschrift zu buchstabieren.

Sagen Sie, dass Sie die Fragen zu Glaukom zunächst mit Ihrem Augenarzt besprechen wollen, aber dass Sie auf jeden Fall ein neues Brillenetui benötigen. Fragen Sie, ob das Geschäft auch samstags geöffnet hat.

Bedanken Sie sich für die Hilfe und verabschieden Sie sich bis Samstag.

## Vocabulary

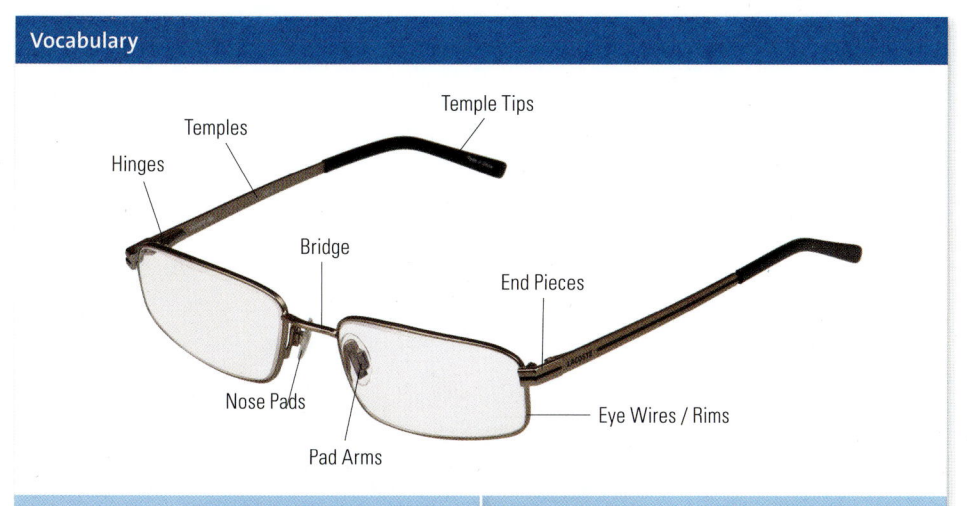

Parts of glasses labeled: Hinges, Temples, Temple Tips, Bridge, End Pieces, Nose Pads, Pad Arms, Eye Wires / Rims

| | | | |
|---|---|---|---|
| Achse | axis | Auszubildende(r) | trainee |
| Addition | addition | Backe (Brille) | end piece |
| alltäglich | everyday | bar | cash |
| Alterssichtigkeit, Presbyopie | presbyopia | baugleich | the same style |
| an etwas gewöhnt sein | to be used to sth. | beabsichtigen | to intend |
| anbieten | to offer | bedenken | to consider |
| Anfrage / Bitte um | request for | bedienen | to serve |
| anpassen, an etw. | to adapt | Bedingung | condition |
| anpassen, etw. | to adjust | bequem | comfortable |
| anziehen, nachziehen | to tighten | beraten, jmd. | to advise so. |
| Astigmatismus | astigmatism | Beratung | consultation |
| Augenarzt | ophthalmologist | betonen | to emphasise |
| Augenhornhaut | cornea | bevorzugen | to prefer |
| Augenlid | eyelid | Bildschirmarbeits-platzbrille | glasses for screen work (pl.) |
| Augenoptiker | optician | Bindehaut | conjunctiva |
| ausprobieren | to try | binokular | binocular |
| aussehen | to look | Bogen | arc |
| Aussehen | appearance | Brille | (a pair of) glasses, eyeglasses |
| aussenden | to emit | Brillenband | eyewear cord, eyewear strap |
| Auswahl | selection, range | Brillenbügel (pl.) | temple arms, side pieces |
| auswählen | to select / choose | Brillenetui | glasses case |

| | | | |
|---|---|---|---|
| *Brillenputztuch* | glasses cleaning cloth | *Garantie* | warranty |
| *Brillenrezept* | eyeglass prescription | *getönt* | tinted |
| *Brücke* | bridge | *Glasstärke* | glass thickness |
| *Bügelende* | temple tip | *Glaukom, grüner Star* | glaucoma |
| *der weiße Teil des Auges* | white of the eye | *Gletscher* | glacier |
| *Dioptrie* | diopter | *Handfläche* | palm |
| *Dreistärkenglas* | trifocal lens | *hell* | bright |
| *Druckstelle* | pressure mark | *Helligkeit* | brightness |
| *Eigenschaften* | properties *(pl.)* | *Hemmung* | inhibition |
| *einsetzen* | to put sth. in / to insert sth. | *herausnehmen* | to take sth. out / to remove sth. |
| *empfehlen* | to recommend | *Hersteller* | manufacturer |
| *Entspiegelung* | AR coating, anti-reflective coating | *Hornbrille* | horn-rimmed glasses *(pl.)* |
| *erhalten* | to receive | *Hornhautscheitel-abstand* | corneal vertex distance |
| *ersetzen* | to replace | *Hornhaut-verkrümmung* | astigmatism |
| *etw. steht jmd.* | sth. suits so. | *Hypermetropie, Weitsichtigkeit* | hypermetropia |
| *Fahrerlaubnis-Test* | driver's license vision test | *in die richtige Lage gleiten* | to slip into position |
| *Fassung* | frames *(pl.)* | *Iris* | iris |
| *Fernbrille* | distance glasses *(pl.)* | *Katalog* | catalogue |
| *Fernglas* | binoculars *(pl.)* | *Katarakt, grauer Star* | cataract |
| *filtern* | to filter | *Keratometer* | keratometer, opthalmometer |
| *fokussieren* | to focus | *Kinderbrille* | children's glasses, kids' frames *(pl.)* |
| *Freizeit* | leisure time | *Kontaktlinsen (pl.)* | contact lenses, contacts |
| *führend* | leading | • *Bifokallinsen* | bifocal lenses |
| *Führerschein* | driver's license | • *Einweg-Tageslinsen* | daily lenses, daily disposables |
| *Ganztageslinsen (pl.)* | extended wear lenses *(pl.)* | • *farbige Kontakt-linsen* | coloured contact lenses |

| | | | |
|---|---|---|---|
| • *Ganztageslinsen* | extended wear lenses | *Prospekt* | brochure |
| • *harte Linsen* | hard contact lenses | *Prüfraum* | testing room |
| • *Monatslinsen* | monthly lenses | *Pupillenabstand* | pupillary distance |
| • *Multifokallinsen* | multifocal lenses | *Pupillometer* | pupilometer |
| • *torische Linsen* | toric lenses | *qualitativ hochwertig* | high quality |
| • *weiche Linsen* | soft contact lenses | *Quittung* | receipt |
| *körpereigene Augenlinse* | natural crystalline lens | *Rahmen* | frames |
| *Kreditkarte* | credit card | *Rand* | rim |
| *Kunde* | customer | *randlose Brille* | rimless glasses *(pl.)* |
| *Kunststoff* | plastic | *reparieren* | to repair, to fix |
| *kurzsichtig* | short-sighted | *Rezept* | prescription |
| *Lederhaut* | sclera | *Scharnier* | hinge |
| *Lesebrille* | reading glasses | *Scheitelbrechwertmesser* | lensmeter |
| *Linse* | lens | *Schutz* | protection |
| *lockern* | to loosen | *Sehschärfe* | visual acuity |
| *Lupe* | magnifying glass, loupe | *Sehtest* | eye test, visual test |
| *Makuladegeneration* | macular degeneration | *sich umschauen* | to have a look around |
| *Messbrille* | trial frame | *sichtbar* | visible |
| *Messung* | measurement | *Solarium* | tanning bed / solarium |
| *Myopie, Kurzsichtigkeit* | myopia | *Sonderangebot* | special offer |
| *Nachteil* | disadvantage | *Sonnenbrille* | sun glasses *(pl.)* |
| *Nasenpads (pl.)* | nose pads | *Spaltlampe* | slit-lamp |
| *ophtalmometer, keratometer* | ophtalmometer, keratometer | *Sphäre* | sphere |
| *optische Sehhilfen* | low vision aids | *sphärisch* | spherical |
| *Ozonschicht* | ozone layer | *spülen, abspülen* | to rinse |
| *passen* | to suit / to fit | *Steg* | bridge |
| *Pflegemittel (pl.)* | care products | *Strahlung* | radiation |
| *Platz nehmen* | to take a seat | *tauschen* | to swap |
| *Prisma* | prism | *Testtafel* | eye chart |

| | | | |
|---|---|---|---|
| *teuer* | expensive | *Vorteile* | benefits |
| *Titan* | titanium | *wählen* | to choose |
| *Tönung* | tint | *wahrnehmen* | to perceive |
| *Tränen* | tears | *Wechselgeld* | change |
| *Umgebung* | environment | *weitsichtig* | far-sighted |
| *umtauschen* | to exchange sth. | *zahlen* | to pay |
| *undeutlich* | blurred | *Zahlungsbedingungen* | conditions of payment |
| *unter etw. leiden* | to suffer from | *Zeigefinger* | forefinger |
| *unterschreiben* | to sign | *zufrieden* | satisfied |
| *UV-Schutz* | UV protection | *Zweck* | purpose |
| *veränderlich* | variable | *Zweistärkenglas* | bifocal lens |
| *verschreiben* | to prescribe | *zwinkern* | to blink |
| *verzerrt* | distorted | *Zylinder* | cylinder |
| *Vorteil* | advantage | *zylindrisch* | cylindrical |

# Sachwortverzeichnis

0 + 1 + 2-Regel  286

## A

Abbe-Zahl  80, 193, 263
Abbildungsfälle  63
Abbildungsfehler  261
Abbildungsgleichung  65
Abbildungsmaßstab  65
Aberration  261
Abgabe  138
Abgabe der Brille  273
Abgabefähigkeit  94, 96, 364
Abgleichleisten  107
Ablenkungswinkel  53, 94
Absaugvorrichtung  214
Absolutblendung  220
Absorption  223
Absorptionsgrad  80, 223
Abstandsglas  406
Abstehphase  192
Abverkaufshäufigkeit  151
Aceton  214
Achromasie  377 f.
Achsfehler  287
Achsstabilisierung  285
Action  148
Adaptation  111, 219
Adaptationsblendung  220
Addition  326
Addition im Zwischenteil  335
additive Farbmischung  120
Aderhaut  109
A-förmige Achslage  287
AIDA-Modell  148
Akkommodation  116, 251, 259
Akkommodationsaufwand  242, 243, 327
Akkommodationsausgleich  417
Akkommodationsbreite  116, 324, 327
Akkommodationserfolg  242
Akkommodationsgebiet  242, 330, 333, 337, 341
Akkommodationsgebiet des hyperopen Auges  255
Akkommodationsgebiet des myopen Auges  246
Akkommodationsruhelage  113
Akkommodationstrias  117
Akkommodometer  326
aktives Zuhören  312
akzessorische Tränendrüsen  156
Albinismus  111
Allgemeine Geschäftsbedingungen  302
Alloy®  198
Alternativfrage  133
alternierende Systeme  343
altersbedingte Makuladegeneration (AMD)  397
Altersmiosis  325
Aluminiumlegierungen  178
Amblyopie  366
AMD (altersbedingte Makuladegeneration)  397
Ametropie  13, 122
amorphes Polyamid  188
Amplitude  85
Amplitudenbedingung  86
anakrine Zelle  113
anamorphotische Vergrößerungsdifferenz  286
anamorphotische Verzerrungen  262, 286
Anastigmate  405
anatomische Brillenanpassung  234, 268
anatomische Endanpassung  273
anatomische Voranpassung  268, 344
Anfrage  297
Angebot  297
Angel (Feile)  208
angulare Sehschärfe  100
Aniseikonie  368, 373
Aniseikoniequotient  368 f., 373
Anisometropie  345, 368 f., 373
Anlass-Fenster  148
Annahme  299
Annahmeverzug  305
Anode  180
Anomaloskop  125, 396
Anpassung von Fernrohrsystemen  415
antagonistisch  120
Antrag  299
Anulus tendineus communis  351
Apex  123
Aphakie  376, 380
Aplanat  405
aplanatisch-achromatische Lupen  405
Appell  129
Appellebene  128
appositionelles Linsenwachstum  325
Arbeitshilfen  401
Arbeitsschutzbrillen  388, 390
Arbeitstemperatur  214
Arbeitszeitgesetz (ArbZG)  27 f.
Arterien  235
asphärische Brillengläser  345
Asthenopie  282
asthenopische Beschwerden  324, 354, 368
astigmatische Differenz  278
Astigmatismus  124, 276 f.
Astigmatismus gegen die Regel  277
Astigmatismus inversus  277
Astigmatismus irregularis  276
Astigmatismus nach der Regel  277
Astigmatismus obliquus  277
Astigmatismus rectus  277
Astigmatismus regularis  276
Astigmatismus schiefer Bündel  262, 404
astronomisches Fernrohr  409
Attention  148
Auditor  153
Auditplan  153
Aufbewahrung der Sehhilfe  273
Aufdeck-Test  355
Auflösungsvermögen  100
Aufstecklinse  417
Auftrag  307
Augapfel  109, 157
Augenbindehaut  110
Augendrehpunktforderung  268, 345
Augenhintergrund  113, 117
Augeninnendruck  110
Augenkammer  110
Augenlänge  123, 245, 254
Augenlänge bei Emmetropie  240
Augenlänge des Gullstrandauges  240
Augenlider  156
Augenlinse  109, 325
Augenmuskel  110
Augenmuskellähmung  367
Augenpol  115
Augenprüfraum  13
Augenweiß  110
Augenzittern  378
Augenzylinder  287
Ausbildungsordnung  26
Ausbildungsrahmenplan  26
außentorisch  71
äußere Akkommodation  116
äußerer Astigmatismus  283
Ausstattungspolitik  142
Austrittspupille  411
automatischer Scheitelbrechwertmesser  70

# Sachwortverzeichnis

Autorefraktometer 107
AW3-Anzahl 318
AW3-Einheiten 317, 319
AW3-Wert 318
Axone 113

## B

Bariumkronglas 194
Basis 94, 358
Basiskurve 198
Bedarfsermittlung 132
beeinträchtigtes Binokularsehen 353
Begeisterungsforderungen 140
Begleitschielen 366
Begrüßung 132
Beleuchtungsstärke 405
Benetzung 167
Beraten 127
Beratungsbereich 13, 23
Bergsport 381
Berufsausbildungsvertrag 27
Berufsbildungsgesetz (BBig) 26
Beschichtung 180
Beschwerdemanagement 140
Beschwerden 311
Bestandskontrolle 151
Bestätigungsfragen 134
Betrieb 16
betriebliches Rechnungswesen 315
Betriebsabrechnungsbogen 316
Betriebsräume 21
Bevorratungslücken 151
Beziehungsaussage 129
Beziehungsebene 128
Beziehungsohr 129
Bezugspunkt 90
Bezugspunktforderung 269
Bezugssehentfernung 402
Bezugssehweite 402 f.
Bifokalgläser 19, 331
bifoveale Fixation 368
Bild 62

bildseitiger Brennpunkt 122
bildseitige Brennweite 59, 123
bildseitiger Hauptpunkt 123
bildseitiger Knotenpunkt 123
bildseitiger Scheitelbrechwert 60
bildseitige Schnittweite 60
Bildsprung 332, 336
Bildweite 65
Bindehaut 157
Bindung 204
biokatalytische Neutralisation 166
bitorisch 285
Blanks 197
Blaudämpfer 231
Blauzapfenmonochromasie 379
Blendung 220
Blickfeld 118 f.
Blickfeldforderung 269
Blickkontakt 130
Blindheit 394
Blockplatzierung 146
Blueattenuator 231
Blutgefäße 235
Bohren 209
Bohrerarten 209
Botschaft 127
Bowman'sche Membran 158
Brechung 53
Brechungsgesetz 53
Brechungsindex 53, 123
Brechwert 113
Brechwertanisometropie 368 ff.
Brechwertdefizit 124
Brechwerthyperopie 253
Brechwertmyopie 244
Brechwertzunahme 116
Brechzahl 53, 193
Brennlinien 76, 276
Brennpunkt 57, 122
Brennweite 59
Brillenanpassung 232

Brillenglasberatung 261, 264
Brillengläser 19
Brillenglasgewicht 81
Brillenkronglas 194
Bruch-Membran 111
Brückescher Muskel 112
Buchstabieralphabet 131
Bückzone 147
Bulbus 109
Bulbus oculi 109, 157
Bumerang-Methode 136
Bundesurlaubsgesetz (BUrlG) 27
Button 193

## C

Canalis opticus 118
CE-Kennzeichnung 296
Checkliste 149, 153
chemische Gefahren 389
Chiasma 118
Chorioidea 111
chromatische Aberration 263, 404
chromatische Adaptation 220
chromatische Längsabweichung 263
chromatische Vergrößerungsdifferenz 263
Chrombeschichtungen 181
Clean-Coat 88
CNC 23
codieren 127
Columbia Resin 39 CR 39® 196
Compliance 163
Conjunktiva 157
Cornea 157
Corporate Behaviour 143
Corporate Design 143
Corporate Identity 142 f.
Corpus ciliare 111, 325
Corpus geniculatum laterale 118
Corpus vitreum 117
Cross-Selling 151
Customer Relationship Management 139
Customer-Relationship-Marketing 309

## D

Dämmerungsmyopie 123
Dämmerungssehen 219
Dämmerungszahl 413
Daueradaptation 220
Deckzellen 112
Degeneration 101
Dekoration 146
Demonstrationsmedien 126, 150, 340
Denaturierung 325
Descemet'sche Membran 158
Desinfektion 165
Desire 148
destruktive Interferenz 84
Deuteranomalie 377
Deuteranopie 377
Deutsche Ophthalmologische Gesellschaft DOG 103
Dezentration 361
diabetische Retinopathie 379, 398
Dichromasie 377
Dichte 81
DIN 102
DIN EN ISO 9001:2000 153
DIN EN ISO 21987 288, 348
Diplopie 353
Dispersion 79 f., 263
Dispersionswinkel 79
Dissonanz 137
Distanzzone 132
Doublèverfahren 179
Drehkontrolle 77
Drehpunktscheitelabstand 271
Drehzahl 207
Drei-Farben-Theorie 120
Dreistärkenglas 335
Duane'sche Strichfigur 327
Dunkeladaptation 219
Durchmesser der Austrittspupille 412
Duroplaste 183
duroplastische Brillenglaswerkstoffe 205
dynamische Stabilisierung 284

# Sachwortverzeichnis

## E

Edelstahl 177
Eigenschaften von Kunststoffen 182
Eigenschaften von Metallen 172
Eigenschaften von mineralischen Brillenglaswerkstoffen 192
Eigenschaften von organischen Brillenglaswerkstoffen 194
Eigenvergrößerung 60, 286, 339, 373
Einblickgerät 106
Einfachentspiegelung 85
Eingewöhnungszeiten 340
Einstärkengläser 19, 329
Einstellentfernung 242
Einstellrefraktion 242
Einteilung des Astigmatismus 277
Eintrittspupille 411
Einwand 136
Einzelkosten 315, 317
Eisengusswerkstoffe 171
Eisenmetalle 171
Elastizität 116
Elastoplaste 183
elektrische Signale 113
Elektrolyse 180
Elektrolyt 180
elektromagnetisches Spektrum 52
Elektrophorese 182
elektrophoretische Beschichtungen 182
Eloxalbeschichtungen 181
emmetrop 122
Emmetropie 239, 240
Emmetropielinie 241
Emotionen 128
Empathie 12
Empfänger 127
Empfehlungsmarketing 138
Endothel 158
Endverbraucherpreise 318
Engwinkelglaukom 398
Entspiegelungsschicht 83

enzymatische Neutralisation 165
Epithel 157
Epoxidharz EP 187
Erfüllungsgeschäft 300
Erfüllungsstörungen 301
Ergänzungsteil 193
Erlebniskauf 145
Erregungsrichtung 113
Erscheinungsbild 143
erweiterte Prentice-Formel 363
Essigsäure-Ethylester 214
Essigsäure-Methylester 214
EU-Führerscheinklassen 105
eutektische Zusammensetzung 174
externer Auditor 153
externes Hauptaudit 153
Extrempunkt T 346 f.
extrudiertes Plattenmaterial 185 f.

## F

Fahrerlaubnisverordnung FeV 107
Fantasie-Fenster 148
Farbenblindheit 377
Farbensehen 108
Färbeverfahren 227
Farbgesichtsfelder 119
Farbsaum 263
Farbsehen 101
Farbsehschwäche 377
Farbtemperatur 406
Farbwahrnehmung 119
Faserhaut 109
Fassungsberatung 18
Fassungsmaße 90
Fassungsvorneigung 271
Feedback 127
Feedback-System 129
Fehlsichtigkeit 122
Fehlsphäre 288
Fehlzylinder 287
Feilen 208
Feilenblatt 208
Feilenheft 208
Feinschliff 198
Felsenbein 234, 237

Fenster am Gang 146
Fernakkommodation 122, 244
Fernakkommodation des hyperopen Auges 253
Fernglas 408 f.
Fernpunkt 241
Fernpunktabstand 241
Fernpunktrefraktion 241, 245, 254, 280
Fernrohr 408 f.
Fernrohrlupenbrillen 408
Fernrohrsysteme 408
Fernrohrvergrößerung 410
Fernvisus 102
Fertigungshauptgruppen 201
Fertigungslohnkosten 317
Fertigungsverfahren 201
feuchte Makuladegeneration 397
Feuerstar 222
Filterfarben 226, 385
Filtergläser 219
Filtergläser für medizinische Anwendungen 377
Filzscheibe 206
Firma 16
Fixierlinien 117
Fixierliniensollstellung 354, 366
Fixierlinieneinstellung 352
Flächenastigmatismus 339
Flächenbrechwert 58
Flächenkonzeptionen 339
Flintgläser 193
Flugsport 383
Fluoreszein 162
Fluoreszein-Bilder 162, 285
Fluoreszenz 222
Flussmittel 192, 214
Formelfallzentrierung 363
Formscheibe 91
Formscheibendrehpunkt 91
Formschema 74
formschlüssige Verbindungen 212
formstabile Kontaktlinsen 160

Fornix 157
Fotorezeptoren 100, 114, 120
Foveola 114
Fovea centralis 114
Fragetechniken 134
Fräsen 210
Freifläche 204
Freiformschleifen 200
Freiformschneiden 200
Freiformtechnologie 200, 339
Freischnitt 208
Fresnel'sches Reflexionsgesetz 80, 223
Führerscheinsehtest 104, 106
Führerscheinsehtestgerät 106
Fusion 351
Fusionsanreiz 355
Fusionsreiz 352

## G

Galilei-Fernrohr 409
Galilei-System 408, 410, 418
Gallert 117
galvanische Beschichtungen 180
Ganglienzelle 113
Gangunterschied 85
Garantie 304
Gebrauchsentfernung 102
gebrochene Preise 149
Gefahrstoffe 41
Gefäßhaut 109, 399
Gegenfarbentheorie 120
Gegenfrage 136
Gelber Fleck 110, 114
gelegtes Plattenmaterial 184, 186
Gemeinkosten 216, 316
Gemenge 174
Gemisch 173
Genossenschaft 16
geometrische Lichtstärke 413
geometrischer Mittelpunkt 90
Geradsichtprisma 410
Geruchsfilter 206

Gesamtastigmatismus 276
Gesamtbrechwert 58
Gesamtprisma 358
Gesamttransmission 224
Gesamtvergrößerung 286, 373
Geschäftsfähigkeit 291
Geschäftsunfähigkeit 291
geschlossene Fragen 134
gesellschaftliche Zone 133
Gesellschaftsformen 16
Gesichtsfeld 118, 252, 260, 411
Gesichtsfelddurchmesser 411
Gesichtsfeldgrenze 119
Gesichtsfeldwinkel 411
Gesprächsführung 47
Gestaltungsmittel 145
Gestik 127
Gewichtsminimierung 286
Gewichtsoptimierung 285
Gewindebohrer 210
Gewindeschneiden 210
Gewinnaufschlag 216
gezackte Linie 113
Glasauflage 206
Glasberatung 19
Glasbildner 192
Glaskörper 109
Glaskörpertrübung 117
Glasmaterialien 266
Glaukom 116, 397, 400
Gleitsichtglas 338
Goldanteil 179
Goldlegierungen 179
Gratioletsche Sehstrahlung 118
Grauer Star 396
Grenzabweichung der Zylinder-Achse 97
Grenzabweichungen 348, 364 f.
Grenzwinkel der Totalreflexion 54
Griffzone 147
Grundfarben 120, 377
Grundforderungen 140
Grundkurve 74
Grüner Star 397

Gullstrand, Allvar 122
Gullstrandformel 58
Günstigkeitsprinzip 25
Gussteil 185 f.
Gutachten 103
Gütesiegel 154

## H

habituelle Kopfhaltung 346
habituelle Körperhaltung 346
Hakentest 370
Halbbrille 330
Halbfabrikate 172, 184, 197
Halbkreuzung 118
halbsynthetische Kunststoffe 171, 182, 186
Haltbarkeitsgarantie 304
Handelsware 317
Handwerksleistung 217, 321
harte Drusen 397
Hartlöten 213
Hartschicht 89
Hauptbrechzahl 79
Hauptdispersion 79
Hauptdurchblickpunkte 271, 346
Hauptebenen 59
Hauptpunkt 59
Hauptpunktscheitelabstand 247, 280
Hauptschneiden 209
Hauptschnitt 72
Hauptschnittwirkung 279
Haut 235
Helladaptation 219
Hemmung 354
Hering'sche Gegenfarbentheorie 120
Herstellung von Kunststoffen 182
Herstellung von mineralischen Halbfabrikaten 192
Herstellung von organischen Halbfabrikaten 195
Heterophorie 354
Heterotropie 366
hexagonal 172

Hieb 208
Hiebzahl 208
High-Plast 196
Hilfsstoffe 172
hinterer Hauptpunkt 59
hinterer Knotenpunkt 67
Höhenausgleichprisma 374
Höhenzentrierung 346
Holz für Brillenfassungen 190
Horizontalphorien 356 f.
Horizontaltropien 366
Horizontalzelle 113
Horizontalzentrierung 270, 344, 346 f.
Horn für Brillenfassungen 191
Hornhaut 109, 157
Hornhautastigmatismus 283
Hornhautmeridian 283
Hornhautscheitelabstand 281
HSA-Änderung 248, 257
Humor aquaeus 115
Hydrozonlötgerät 213
hyper 124
hyperop 124
Hyperopie 124
Hyperopisierung 249, 282

## I

Image 143
Indikation 159
individuell berechnete Ausführungen 340
Informationsfrage 129
Informationsphase 132
Infrarotstrahlung 222
Inklination 233
innentorisch 71
innere Akkommodation 116
innere Grenzmembran 114
innerer Astigmatismus 283 f.
Innervationsstörungen 354
Inset 331, 345
Interaktion 127
Interest 148

Interferenz 85
interner Auditor 153
internes Voraudit 153
intime Zone 133
Intraokulardruck (IOD) 397
Intraokulardruckmessung 396
Intraokularlinse 380, 396
Iris 110
Irisendothel 111
Irisepithel 111
Irisstroma 111
irregulärer Astigmatismus 276, 282
IR-Strahlung 222
iseikonische Brillengläser 370, 373
Ishihara-Test 395
ISO 9001 153
ISO-Zertifikat 153
Iwanoffscher Muskel 112

## J

Ja-aber-Technik 136
Jochbein 234
Jugendarbeitsschutzgesetz (JarbSchG) 27, 29
juristische Person 16, 292
Justierung 414

## K

Kalkulation 217, 314
Kammerwasser 109, 112
Kammerwinkel 116
Kantenfiltergläser 378
Kapillaren 111
Kapillarwirkung 214
Kapitalgesellschaft 16 f.
Karat 179
Kassenbereich 22
Kasten-Maßsystem 90
Katalogvergrößerung 403
Katalysator 182
Katarakt 123, 325, 396, 400
Kathode 180
Kaufbestätigung 138
Käuferprofil 14
Kaufimpuls 140, 147, 150
Kaufverhalten 149
Kaufvertrag 296, 298 ff., 307
Keilbein 234

Keilprisma 94
Keilwinkel 204
Kepler-Fernrohr 409
Kepler-System 408, 418
Keratograph 161, 283
Kinetik 230
kissenförmige Verzeichnung 262
Kitten 214
Klassifizierung der Heterophorien 356
Klassifizierung der Heterotropien 366
knöcherne Augenhöhle 109
Knorpel 234
Knotenpunkte 67
Kognitionen 128
kognitiv 137
kognitive Dissonanz 137
Kohlrausch-Knick 219 f.
Koinzidenz 100
Kollagen 110
Kommunikationsebenen 129
Kommunikationsmittel 126
Kommunikationsmodelle 127
Kommunikationspolitik (Promotion) 142
Kommunikationsregeln 127
Kommunikationsstörungen 129
Kompensation von Heterophorien 357
kompensierendes Prisma 357
Kompetenzen 42
Komplementärfarbe 121
Konfliktbehandlung 46
Konflikte 45
Konkurrenz 14
Konstruktion der Baulänge 245, 254
Konstruktionsstrahlen 61
Kontaktlinsen 20
Kontaktlinsenanpassung 161
Kontaktlinsenpflege 163

Kontaktlinsenpflegemittel 155
Kontaktlinsensysteme 160
Kontraindikation 159
Kontraktion 113
Kontrast 102
Kontrastsehen 108, 405
kontraststeigernde Brillengläser 231
Kontrastwahrnehmung 406
Kontrollmaßnahmen 154
konventionelle Kontaktlinsen 160
Konvergenz 117, 251, 259
Körperfarben 121
Körperhaltung 128, 130
Körpersprache 130
Korrektion mit Kontaktlinsen 251, 259
Korrektionsglas und Bildentstehung 249, 258
Korrektionsglas und Netzhautbildgröße 250, 259
Korrektionsmittel 122
Korrektionsmöglichkeiten bei vorliegender Anisometropie 369
Korrektionsprinzip 280
Korrektionszylinder 287
korrespondierende Netzhautstellen 352 f.
Korrosion 180, 182, 186
Kostenartenrechnung 317
Kostenführerschaft 141
Kostenstelle 216
Kostenstellenrechnung 317
Kostenträgerrechnung 314, 317
Kostenträgerstückrechnung 314 f.
kraftschlüssige Verbindungen 212
Kraus'sche Drüse 156
Kreis engster Einschnürung 76, 276
Kreis kleinster Verwirrung 76
Kreuzblock 146
Kreuz-Test 356

Kreuzungsstelle 118
Kreuzzylinder 278 f., 287
Kristallgemenge-Typ 174
Kristallisation 173
Kristallisationsvorgang 173
kritischer Winkel 54
Krongläser 193
Krypte 111
kubisch-flächenzentriert 172
kubisch-raumzentriert 172
Kundenbereich 22
Kundenbetreuung 138
Kundenbindung 15, 140, 309 f.
Kundenkommunikation 127
Kundenlauf 145
Kundenpotenzial 14
Kundensignale 137
Kundenzufriedenheit 15, 140
Kündigungsbedingungen 31
Kunststoffe 171
Kunststoffgläser 194
Kupferlegierungen 175
kurzsichtig 123
Kurzsichtigkeit 123

**L**

Lackbeschichtungen 180
Ladeneinrichtung 145
Ladenhüter 151
Lage der Austrittspupille 412
Lagerung der Sehhilfe 273
Lähmungsschielen 367
Lamina cribrosa sclerae 115
Landolt, Edmund 102
Landolt-Ring 102
Längenanisometropie 368 ff.
Längenhyperopie 253
Längenmyopie 244
Laserbehandlung 397 f.
latentes Schielen 354
Laufsport 381
Läuterung 192
Lebensstil 144

Lederhaut 109, 236
Leerfeldmyopie 123
legiert 177
Legierungen 173, 175
Legierungskomponenten 175
Legierungstypen 173
Leichtmetalle 171
Leistungsforderungen 140
Lens cristallina 325
Lentikulargläser 375
Lesefähigkeit 406
Lesefertigkeit 406
Lesegläser 403
Lesepult 407
Leuchtdichte 106
Leuchtdichtenunterschiede 405
Licht 52
Lichteinfall 111
Lichtfarben 120, 406
Lichtgeschwindigkeit 53
Lichtquelle 406
Lichtrichtung 113
Lichttransmissionsgrad 224
Lidhaut 156
Lidhebermuskel 351
Lidknorpel 156
Lieferbedingungen 298
Lieferverzug 305
Lieferzeit 298
Lifestyle-Forschung 144
limbisches System 130
Limbus 110, 157
Linsenkapsel 116
Linsenkern 116
Lipide 156
Lösungskleben 214
Löten 213
Lötstation 214
Luftsport 383
Lupenanpassung 406
Lupenfall 63
Lupenvergrößerung 402
Lupenvergrößerung nach Kühl 403
Lupenvergrößerung nach Sloan-Habel 403
Lutein 114
Lymphe 112

## M

Macula lutea 114
Magnesiumfluorid 86
Mahnverfahren 306
Makuladegeneration 397, 400
Mängelrüge 301
manifestes Schielen 366
Mariottescher Fleck 115
Markenblock 146
Marketing 140 f.
Marketinginstrumente 140
Marketing Mix 141
Marktentwicklung 140
Marktposition 14
Massetönung 227
Materialeigenschaften 170
Materialkosten 317
Materialpreis 217, 320
Materialverkaufspreis 320
maximaler Akkommodationsaufwand 243
maximaler Akkommodationserfolg 242, 324, 326 f.
Maximalvisus 101
maximal zulässiger Fehlzylinder 288
mechanische Gefahren 388
Medizinproduktegesetz 153, 296
Mehrfachentspiegelung 86
Mehrstärkengläser 19
Mehrstärkenkontaktlinsen 343
Mehrwertsteuer 216
Meibom'sche Drüsen 156, 159
Membrana limitans interna 114
Memory-Effekt 187
Meniskus 56
meridional 112
Merkmal-Nutzen-Argumentation 135
mesopisches Sehen 219
Messbrille 108

Messgläser 107
Messgläsersatz 108
Metabolismus 113
Metalle 170 f.
Metallfassungen 175
metallkatalytische Neutralisation 165
Methode des Spiegelns 312
MIHADES-Modell 131
Mikrogravuren 340
mikrokristallines Polyamid 188
Mimik 127
Minderung 303
Mindestabstand 102
mineralisches Bifokalglas 193
Minimum separabile 100
Minkwitz 339
Minuslinse 57
Minuszylinderschreibweise 73
Miosis 111, 117
Mischkalkulation 217
Mischkristall-Typ 173
Missverständnisse 127, 129
Mitbewerber 14
Mittendickenreduktion 285 f.
mittlere Augenhaut 111
mittlerer Ablenkungswinkel 80
Moll'sche Drüsen 157
monochromatische Aberrationen 261
Monofokalgläser 329
monokulare Suppression 366
Monomere 182
Monovision 343
motorisch 351
motorische Fusion 351
Mouche volantes 117
MR 7 196
MR 8 196
Müllerscher Muskel 112
Multifokalgläser 19, 338
Musculus dilatator pupillae 111
Musculus levator palpebrae 351

Musculus sphincter pupillae 111
Muskelgleichgewicht 354
Muzine 159
Mydriasis 111
Mydriatikum 112
myop 123
Myopie 123
Myopisierung 249, 282

## N

Nabellinie 338
Nacherfüllung 302
Nachricht 127
Nachtfahrtauglichkeit 225
Nachtmyopie 123
Nachtsehen 219
Nachweis von Heterophorien 354
Nahakkommodation 116
Nahbrille 330
Nahkorrektion 124, 326, 328
Nah-Pd 345
Nahpunkt 241
Nahpunktabstand 242, 324
Nahpunktrefraktion 241, 246, 255
Nahteilformen 331
Nahvisus 418
Nahzusatz 326 f.
Nahzusatz nach Reiner 328
Nahzusatz nach Schober 328
Namensschild 134
Nasenbein 234
Nasenwinkel 233
natürliche Fassungswerkstoffe 190
natürliche Person 16, 292
Naturstoffe 171
Nebenschneiden 209
Negation 137
Nerven 235
Nervenfaser 113
Nervenfaserband 118
Nervenzellen 113
Nervus opticus 114
Netzhaut 100, 109

Netzhautbildgröße 239, 244
Netzhautblutgefäß 110
Netzhautgrübchen 114
Netzhautgrube 114
Neuronen 113
Neuronennetzwerk 113
Neutralisation 165
Nichteisenmetalle 171
Nichtmetalle 170, 171
nichtproliferative Retinopathie 398
nichtrostend 177
Nickelallergiker 176
Nickellegierungen 176
Nickel-Titan 177
Niet 213
Nieten 213
Nonius 100
Noniussehschärfe 100
nonverbale Kommunikation 128
Normaldruckglaukom 398
Normalentfernung 416
Normalvergrößerung 403
Nullblickrichtung 346 f.
Nulldurchblickpunkte 271, 347
Nutenfräser 210
Nutzenargumentation 135
Nystagmus 378

## O

Oberflächentönung 227
Oberhaut 236
objektive Refraktionsbestimmung 103
objektseitige Brennweite 59, 123
objektseitiger Hauptpunkt 123
objektseitiger Knotenpunkt 123
objektseitiger Scheitelbrechwert 60
objektseitige Schnittweite 60
Objektweite 65
offene Frage 133
offensichtliches Schielen 366

öffentliche Zone 133
Offenwinkelglaukom 398
Öffnungsfehler 261
Ohrkuhle 237
Ohrwurzel 237
Okkluder 355
Okklusion 367
Okularscheitelbrechwertmesser 69
Okularverschiebung 414, 417
Opernglas 410
Ophthalmologe 107
Ophthalmometer 161, 283
Opsine 120
optische Achse 56
optische Anpassung 344
optische Brillenanpassung 268
optische Gefahren 389
optischer Mittelpunkt 90
Optotypen 102
Ora serrata 113
Orbita 109
Ordnungsprinzip 24
orthokeratologische Kontaktlinsen 160
Orthophorie 354
Orthoptik 367
Orthostellung 352, 356
Oxidationsmittel 165
Oxidschicht 176, 178

### P

Palpebrae 156
Panumbereiche 353
Panuveitis 399
Papille 113
parazentral 118
partielle Farbenblindheit 377
pathologische Myopie 123
Perimeter 118
Peroxid-Systeme 165
Personalpolitik 142
Personengesellschaft 16 f.
persönliche Zone 133
Pflege der neuen Brille 273
Pflüger-Haken 104
Phasenbedingung 86
Phoropter 108

photochromatische Brillengläser 229
Photonen 113
photopisches Sehen 114, 219
phototrope Brillengläser 229
physiologische Hyperopie 124
Pigment 111
Pigmentblatt 111
Pigmentepithel 111, 113
Pigmentierung 111
Pigmentzellschicht 113
Plakat-Fenster 148
Plasmaverfahren 88
Pleoptik 367
Pluslinse 57
Plus-Minus-Technik 136
Pluszylinderschreibweise 73
Polarisation 228, 356
Polarisationsfilter 227, 229
Polieren 206 f.
Polierkegel 206
Poliermaschine 206
Polierpads 199
Polierpaste 206
Polierprozess 207
Poliervorgang 198
Polyaddition 183
Polyaddukt 183
Poly-Allyl-Diglykol-Carbonat PADC 196
Polyamid PA 188
Polycarbonat PC 196
Polykondensat 183
Polykondensation 183
Polymere 182
Polymerisat 183
Polymerisation 183
Polymethylmetacrylat PMMA 189
Polyvinylchlorid PVC 189
Porroprisma 410
POS 146
Positiv-Formulierung 137
POS-Materialien 146, 147
Präsentation 48 ff.
Preisauszeichnung 149
Preisempfinden 150

Preisgespräch 135
Preiskategorie 151
Preispolitik 141
Prentice-Formel 95, 332, 361
Prentice-Formel, erweiterte 363
Presbyopie 324
Pressling 192, 197
Prisma 94
prismatische Ablenkung 95
prismatische Brillengläser 357
prismatische Gesamtwirkung 363
prismatische Ablenkung 358
prismatischer Schliff 360
prismatischer Wirkungsverlauf 332, 336
prismatische Verordnungen 358
prismatische Wirkung 95, 358
Prismenballast 284
Prismenfolien 363
Prismenkompensator 360
Probezeit 33
Produktmerkmale 135
Produktpolitik 141
Progressionsfläche 338
Progressionszone 339
Projektionsscheitelbrechwertmesser 70
proliferative Retinopathie 398
Promille 179
Protanomalie 377
Protanopie 377
Proteinablagerungen 167
Prozesspolitik 142
Prüfdistanz 102
Prüfentfernung 101
Prüfleuchtdichte 103
Pseudo-Aphakie 396
psychologische Merkmale 144
Pulverbeschichtungen 181
Punktabstand 102
Pupillarsaum 111

Pupille 111
Pupillenabstandsmessgerät 270
Pupillendurchmesser 112
Pupillenlichtreflex 219
Pupillenweite 117
PVD-Beschichtungen 181

### Q

QM-Handbuch 152
Qualität 141, 152
Qualitäts-Fenster 148
Qualitätsführerschaft 141
Qualitätsmanagement 152
Qualitätsmanagement-Beauftragte (QMB) 152
Qualitätsmanagement-Handbuch 152
Qualitätsprüfung 154
Qualitätsstrategie 142
Qualitätsstufen 353
Qualitätsverbesserung 152

### R

Radsport 381
Rahmenlehrplan 26
Raumgitter 172
räumlicher Seheindruck 352
räumliches Sehen 351
real vorhandener Visus 416
Rechtsfähigkeit 292
Rechtsgeschäfte 292 ff.
rechtsichtig 122
Reckzone 147
Reduktion 80, 223
reduzierende Gläser 219
reelles Bild 62
REFA-Verband 318
Reflexe 84
Reflexion 53, 223
Reflexionsgesetz 53
– Fresnel'sches 80, 223
Reflexionsgrad 80, 223
Refraktionsbestimmung 13
Refraktionsdefizit 247, 256
Regalebenen 146
Regalzonen 147

# Sachwortverzeichnis

Regelgewinde 212
Regenbogenhaut 109, 325
regulärer Astigmatismus 276
Reizebene 134
Reklamation 152, 311 ff.
Reklamationsbearbeitung 313
Relativblendung 220
Relaxation 113
Restastigmatismus 285
Restreflexfarbe 86
Retina 109
Retinopathia diabetica 379
Retinopathia pigmentosa 379, 399 f.
Rezeptfläche 74, 198
Rezeptoren 101
Rhodopsin 120
Richtungswert 352
Rillautomat 206
Rillen 206
Rillgerät 206
Rillrad 206
Risikozuschlag 216
Rohglasdurchmesser 92
Rohglasgewicht 81
Rohling 197
Röhrenblick 399
Rohschmelze 192
Rot-Grün-Test 263
rücktorisch 285
Ruhestellung 355 f.
Rundbürste 206
Rundkopf 213

## S

Sachaussage 129
Sachebene 128
Sägen 207
Sammelkanälchen 115
Sandwichmethode 135
Sandwich-Verfahren 180
Sauber-Schicht 88
Schädel 234
Schadensersatz 303
Schärfelücken 333 ff., 338
Schärfentiefe 117
Schaufenster 147
Scheitelbrechwert 60, 247, 280
Scheitelbrechwert der Kontaktlinse 251
Scheitelbrechwertmessgerät 69
Scheitelpunkt 56
schematisches Auge nach Gullstrand 239
schematisches Modellauge reduzieren 122
schiefer Astigmatismus 277
Schießsport 384
Schläfenbein 234
Schlagschutzeinrichtung 207
Schlechtleistung 301 ff.
Schleifen 204
Schleifmittel 204
Schleifpads 198
Schlemmscher Kanal 115
Schließkopf 213
Schmelze 173
Schneidöl 210
Schnittgeschwindigkeit 204, 207, 209
Schnittweite 60
Schrauben 212
Schraubenverbindung 212
Schulsport 384
Schulz von Thun, Friedemann 128
Schutzbrillen 388, 390
Schutzgas 177
Schwarzlicht 221
Schwermetalle 171
Schwimmbrillen 383
Schwimmsport 382
Sclera 110
Screening 394
Segmentblock 146
Sehaufgabe 401
Sehbehinderung 394
Sehfarbstoffe 114
Sehnerv 101, 110
Sehnervenaustritt 113
Sehnervenfasern 101
Sehnervenkopf 115
Sehnervkanal 118
Sehnervpapille 110
Sehöffnung 111
Sehorgan 109
Sehprobentafel 102
Sehschärfe 100
Sehtestbescheinigung 104
Sehtestformular 106
Sehteststelle 104
Sehzeichendisplay 108
Sehzeichendurchmesser 103
Sehzeichenprojektor 108
seitlicher Kniehöcker 118
Selbstoffenbarung 129
Selbstoffenbarungsebene 128
Sender 127
senile Miosis 325
Senkkopf 213
Sensations-Fenster 149
Sensitivität 395
sensorisch 351
sensorische Fusion 352
Setzkopf 213
Sichtzone 147
Siebplatte 115
Signallichttauglichkeit 225
Silikatgläser 192
Silikon SI 189
simultane Systeme 343
Size-Lenses 370, 373
Skiaskop 107
Sklerotisierung 325
Skotom 115
skotopisches Sehen 114, 219
Slab-off-Schliff 374
Snellen-Haken 103
social support 137
Sofortadaptation 220
solarer UV-Transmissionsgrad 224
Sondergläser 373
Sonnenbrillen 20
Sonnenschutzgläser 219 f.
Sortimentsbreite 150
Sortimentstiefe 150
soziale Kompetenz 12
soziodemographische Merkmale 144
Spanfläche 204
Spannut 209
Spanwinkel 204
Spezial-Fenster 148
spezifische Merkmale 144
spezifisches Gewicht 81
Spezifität 395
sphärische Aberration 261, 404
sphärische Flächen 197
sphärische Gläser 56
Sphärometer 59
sphärotorisch 71
sphärotorische Brillengläser 70, 124
Spiegelmethode 345, 347
Spin-Coating-Verfahren 88
Spitzgewinde 212
Sportbrillen 380
Spritzgussteile 185 f.
Stäbchen 101, 113, 120
Stäbchenmonochromasie 378
stabile Zonen 339
Stabilisatoren 192
Stabsichtigkeit 124
Stahl 171
Stahllegierungen 177
Stammkunden 140
Stammkundenmarketing 309
Standardausrichtung 232
standardisierte Multifokalgläser 340
Standort 14
Stapel-Fenster 148
Starbrillengläser 376
Staubfangeinrichtung 207
Staubfilter 206
Stegwinkel 233
Stereopsis 354
stereoskopisches Tiefensehen 351
Stirnbein 234
Stirnmantelfräser 210
stoffschlüssige Verbindungen 212
Strabismus 366
Strabismus alternans 366
Strabismus concomitans 366
Strabismus paralyticus 367
Strabismus transiens 366

Strabismus unilateralis 366
Strahl beliebiger Neigung 64
Streik 35
Streulicht 220
Strichplatte 69
Strichstärke 102
Stroma 158
Sturm'sches Konoid 75 f., 276
Stutzkante 284
subtraktive Farbmischung 121
suggestiv 134
Suggestivfragen 134
Synapse 114
Systemträger 418, 419
Systemvergrößerung 286, 373
Systemweite 408

T
TABO-Gradbogenschema 72
Tagsehen 101, 219
Tarifautonomie 34
Tarifempfehlungen 36
Tarifvertrag 27, 34 f.
Tarsus 156
Taucherbrilleneffekt 146
Tauchlackverfahren 88
Tauchmasken 382
Tauchsport 382
Tauschsystem 160
teilkristallines Polyamid 188
Telefonkompetenz 131
Temperprozess 195
Testmarke 69
Testmarkenabbildung 77
Theaterglas 410
Themen-Fenster 148
Thermoplaste 183
thermoplastisch 205
Tiefenempfindung 351
Titanlegierungen 176
Titan P 177
tonnenförmige Verzeichnung 262
Tonometer 396

torisch 71
torische Flächen 197
totale Farbenblindheit 377
Totalreflexion 54
Trabekelwerk 115
Trägerscheibe 419
Tragkörper 204
Tränenflüssigkeit 158
Tränensee 158
transitorische Myopie 123
Transmission 223
Transmissionsgrad 80, 223
Transmissionskurve 225
Transparenz 117
Transversalwellen 85
Trenner 356
Trennverfahren 202
Trichromasie 377
trichromatisches Sehen 119
Trifokalgläser 19, 335
Tritanomalie 377
Tritanopie 377
Trivex® 196
Trochlea 351
trockene Makuladegeneration 397
Tunica fibrosa 109
Tunica media 111
Tunnelblick 399
Turnover 157
Türöffner 147

U
überbetriebliche Ausbildung 31
Überfang 230 f.
Überkorrektion 248, 257
übersichtig 124
Übersichtigkeit 124
Übersichts-Fenster 148
Überzeugungskette 136
Ultraviolettstrahlung 221
Umlenkspiegel 102
Umsatzsteuer 217
Umschlagfalte 157
Umschlagshäufigkeit 151
unbeeinträchtigtes Binokularsehen 351 f.
Uncover-Test 355
Unfallverhütung 40

unlegiert 177
Unterhaut 236
Unterkorrektion 248, 257
Unternehmen 16
Unternehmensform 16
UV-Absorber 186
Uvea 109, 399
Uveitis 399
Uveitis anterior 399
Uveitis intermedia 399
Uveitis posterior 399
UV-Strahlung 116, 221

V
Vaskularisationen 158
Venen 235
Ventilette 202
Verabschiedung 132
verborgenes Schielen 354
Verbundstoffe 170 f.
Verfahrensanweisungen 153
Vergenzen 352
vergrößernde Sehhilfen 401 f.
Vergrößerungsbedarf 401, 407, 416
Vergrößerungseffekt 401
Verkaufen 127
Verkaufsabschluss 127, 132
Verkaufsatmosphäre 145
Verkaufsförderungsmaßnahmen 147
Verkaufspsychologie 127
Verkaufsraum 149
Verkaufswirksamkeit 151
Verkehrstauglichkeit 225
Verneinung 137
Verschiebekontrolle 57, 77
Versionen 352
Vertikalphorien 356 f.
Vertikaltropien 366
Vertikalzentrierung 271, 346 f.
verträgliche HSA-Änderung 249
Verträglichkeitsgarantie 304
Vertriebs- und Präsentationspolitik 142
Vertriebswege 142

verursachungsgerechte Kalkulation 320 f.
Verzeichnung 262, 404
Verzerrungen 262
V-förmige Achslage 287
virtuelles Bild 62
Visolettlupen 403
visueller Cortex 118, 351
visuelles Marketing 147
Visus 100 f., 251, 259
Visusabfall 244, 253
Visus cum correctione 100
Visus sine correctione 100
Visusstufe 103
VKF 146
VKF-Visuals 146
Vollkorrektion 247, 256, 280 f.
vollsynthetische Kunststoffe 171, 182, 186
vorderer Augenabschnitt 156
vorderer Hauptpunkt 59
vorderer Knotenpunkt 67
Vorneigung 233
Vorschleifen 198
Vorteil-Nachteil-Methode 136
vorübergehende Myopie 123
Vorwand 136

W
Warenauswahl 132, 135
Warenauszeichnung 149
Warenbestand 151
Warengruppe 145, 148
Warenpalette 126
Warenpflege 151
Warenplatzierung 146
Warenpräsentation 126
Warensegment 146
Warenvorlage 150
Wärmestrahlung 222
Wassersport 382
Wasserstoffperoxid 165
Watzlawick, Paul 127
weiche Drusen 397
weiche Kontaktlinsen 160
Weichmacher 186
Weinholdformel 363

## Sachwortverzeichnis

Weiterbildung 37
Weiterqualifizierung 38
Wellenlänge 85
Wellenmodell 85
Werkstatt 23
Werkstattbereich 13
Werkstoffe 170
Werkstoffuntergruppen 170
Werkvertrag 296, 307
Werkzeugschale 199
Werkzeugschneide 204
Wettbewerbsintensität 140
Wimpern 157
Winkelverzerrung 262
Wintersport 381
Wirkungsanstieg 331, 335, 341
wirkungsoptimierte Gleitsichtgläser 340
Wirkungsschema 72, 280
Wolfring'sche Drüse 156

## Y
Young-Helmholtz'sche Drei-Farben-Theorie 120

## Z
Zahlungsbedingungen 298
Zahlungsverzug 305
Zangen 202
Zapfen 101, 113, 120
ZDH-ZERT e.V. 153
Zeis'sche Drüsen 156
Zelluloseacetat CA 186
Zelluloseacetobutyrat CAB 187
Zellulosepropionat CP 187
zentrale Sehschärfe 100
zentrale Tagessehschärfe 107
Zentralverband der Augenoptiker 13
Zentrierfehler 364
Zentrierforderungen 268
Zentriermaße 90
Zentrierpunkt 90, 270
Zentrierung 90
Zentrierung prismatischer Brillengläser 360
Zentrierung von Bifokalgläsern 346
Zentrierung von Monofokalgläsern 344
Zentrierung von Multifokalgläsern 347
Zentrierung von Sportgläsern 387
Zentrierung von Trifokalgläsern 347
Zerspanung von mineralischen Gläsern 205
Zertifizierung 153
Zielgruppe 14, 132, 144
Ziffernfolgen 150
Ziliarfortsatz 112
Ziliarkörper 109, 325
Ziliarmuskel 112
Zilien 157
Zinn'scher Ring 351
Zonulafasern 112
Zugabe 213
Zusatzangebot 139
Zusatzprodukte 139
Zusatzverkäufe 151
Zuschlagskalkulation 316
Zweikreismethode 55
Zwischenteil 335
Zyklophorien 356 f.
Zyklotropien 366
Zylinderlinse 71